Zu diesem Buch

Eine geliebte Fiktion mit der schnöden Wirklichkeit zu vermischen ist das Vorhaben von Meirion James Trow in seiner Lestrade-Serie, von der nun «*Lestrade und die Struwwelpeter-Morde*», «*Lestrade und der Tasmanische Wolf*» und «*Lestrade und der Sarg von Sherlock Holmes*» in einer einmaligen Neuauflage vorliegen. Die Romane um Sholto Lestrade sind keine angestaubten Whodunits alter englischer Tradition. Diese vielschichtigen, modernen Kriminalromane bieten auf stilistisch hohem Niveau: spannende Geschichten, ein Kaleidoskop des Spätviktorianischen Zeitalters, vom harmlosen Scherz der Unterschicht über die «Etonians» bis zu gewitzten literarischen Anspielungen und sind deshalb konkurrenzlos.

Nach Erscheinen des ersten Bandes um Inspector Lestrade urteilte die *Times* knapp und euphorisch: «Ein intelligentes, literarisches Lesevergnügen.»

Der Autor:
M. J. Trow, geboren in Rhondda Valley, behauptet von sich, daß er der einzige Waliser sei, der weder singen noch Rugby spielen könne. Er lebt mit seiner Familie in Havenstreet auf der Isle of Wight.

Der Herausgeber:
Thomas Schreiber, 1959 geboren, arbeitet als Korrespondent für den Norddeutschen und Westdeutschen Rundfunk in London.
Mitherausgeber der Bände «Über Arno Schmidt I» 1984, «Über Arno Schmidt II» 1987.

Der Übersetzer:
Hans J. Schütz, 1936 geboren, arbeitete nach dem Studium als Buchhändler und Verlagslektor. Seit 1976 Schriftsteller, Publizist und Übersetzer. Übersetzte u.a. Bücher von H. P. Lovecraft, J. R. R. Tolkien, Mark Twain und zahlreiche Texte der Brontë-Schwestern.

M. J. Trow

Lestrade und die Struwwelpeter-Morde

Lestrade und der Tasmanische Wolf

Lestrade und der Sarg von Sherlock Holmes

Aus dem Englischen
von Hans J. Schütz

Rowohlt

rororo thriller
Herausgegeben von Bernd Jost

Diese Ausgabe wurde
editorisch betreut und jeweils mit einem Nachwort
versehen von Thomas Schreiber

Veröffentlicht im Rowohlt Taschenbuch Verlag GmbH,
Reinbek bei Hamburg, Dezember 1996
Copyright © 1996 by Rowohlt Taschenbuch Verlag GmbH,
Reinbek bei Hamburg
«Lestrade und die Struwwelpeter-Morde»
Copyright © 1990 by Rowohlt Taschenbuch Verlag GmbH,
Reinbek bei Hamburg
Die Originalausgabe erschien 1985 unter dem Titel
«The Adventures of Inspector Lestrade» bei Macmillan, London
«Lestrade und der Tasmanische Wolf»
Copyright © 1990 by Rowohlt Taschenbuch Verlag GmbH,
Reinbek bei Hamburg
Die Originalausgabe erschien 1986 unter dem Titel
«Brigade. Further Adventures of Inspector Lestrade»
bei Macmillan, London
«Lestrade und der Sarg von Sherlock Holmes»
Copyright © 1991 by Rowohlt Taschenbuch Verlag GmbH,
Reinbek bei Hamburg
Die Originalausgabe erschien 1987 unter dem Titel
«Lestrade and the Hallowed House» bei Macmillan, London
Copyright © M. J. Trow, 1985, 1986, 1987
Umschlaggestaltung Walter Hellmann
(Foto: Fred Dott)
Redaktion Peter M. Hetzel
Gesamtherstellung Clausen & Bosse, Leck
Printed in Germany
1500-ISBN 3 499 43194 7

Lestrade und die
Struwwelpeter-Morde

Zu diesem Buch

Die Kriminalgeschichte spricht seit 1891 von dem «Struwwelpeter-Fall». Der erste Tote in dieser Mordkette ähnelt der Darstellung des Struwwelpeter – mit wirren Haaren und überlangen Fingernägeln. Dann wird der böse Friedrich von seiner Jagdmeute zerbissen, der fliegende Robert stürzt als Aeronautiker ab, Paulinchen war allein zu Haus, raucht Zigaretten und verbrennt.
Jeder Mord ist ein perfekter Mord und verdächtig sind viele. Inspector Lestrade von Scotland Yard erkennt als einziger das System.
Dem englischen Schriftsteller M. J. Trow lag die Rehabilitierung von Inspector Lestrade am Herzen, dem ewigen Zweiten im Vergleich zu Sherlock Holmes. Trow will entkräften, was Dr. Watson einmal sagte: «Es gab da einen kleinen blassen Burschen mit einem Rattengesicht und dunklen Augen, der mir als Mr. Lestrade vorgestellt wurde.»
Inspector Sholto Lestrade arbeitet gründlich und effektiv: er verhört Oscar Wilde ebenso wie Conan Doyle; Sherlock Holmes gibt im Kokainrausch unpassende Ratschläge; Lestrade verliebt sich in eine Witwe und erlebt mit ihr eine erotische Nacht in viktorianischer Atmosphäre; er duelliert sich mit dem Sohn des Thronfolgers, der ebenfalls zu den Verdächtigen zählt. Selbstverständlich ist Lestrade in der Lage, die Taten des Struwwelpeter-Mörders aufzuklären.

In dieser Kriminalgeschichte

aus dem Jahre 1891 treten auf: Inspector Lestrade – ein Detektiv von Scotland Yard; Melville McNaghten – Chef von Scotland Yard und Vater einer energischen Tochter; Sherlock Holmes – ein kokainsüchtiger «Beratender Detektiv»; Dr. Watson – Verwandter zweier Mordopfer; Arthur Conan Doyle – Provinzarzt und Chronist der abstrusen Erlebnisse von Holmes und Watson; Edward Prince of Wales – Thronfolger und Vater von Victor, Duke of Clarence – duellfreudig und verdächtig; Oscar Wilde – berühmtere Hälfte eines Liebespärchens samt Freund; große Dichter, berühmte Maler; gläubige Spiritisten; ein Eton-Schüler bei Scotland Yard; zehn Mordopfer und der *Struwwelpeter*-Mörder – der sich ein Kinderbuch zum Vorbild nimmt.

Inhalt

Der Mann in der Schlucht 9
Ein Tod am Morgen 34
Die Tochter des Vikars 51
Pik-Drei 71
Die Witwe 96
Ein Ball mit Gewitter 115
Duelle 132
Séance an einem kalten Donnerstagabend 153
Wahnsinnige und Schwule 171
Die Weiße Lady 191
Finale 209

Anmerkungen 228
Nachwort 243
Dr. Doyle, M. J. Trow
und der *Struwwelpeter*

Der Mann in der Schlucht

Melville McNaghten schob das Hauptbuch weg. Er drückte die Knöchel in seine Augenhöhlen und fuhr sich mit den Fingern über seine Wangen, wobei er weniger als sonst darauf achtete, seinen schwachgefetteten Schnurrbart nicht in Unordnung zu bringen.
Drei Jahre Arbeit, sinnierte er. Viele tüchtige Leute, eine Menge Panik und das Resultat – nichts. Was hatte Ihre Majestät gesagt? «Wir müssen die Arbeit unserer Kriminalpolizei verbessern.» Fünf Frauen waren gestorben – oder waren es mehr? Über zweihundert Männer verhaftet, Hunderte andere verhört. Ihn schauderte bei dem Gedanken an das Fiasko mit Barnaby und Burgho, den Bluthunden, denen nicht nur der Mörder durch die Lappen gegangen war, sondern die im Nebel ihre Führer verloren hatten. Und dieser Schwachkopf Charles Warren, der die antisemitischen Parolen von der Mauer abgewischt hatte. Er war inzwischen wieder bei der Armee – dort war er am besten aufgehoben. Und wer war der Tölpel gewesen, der darauf verfallen war, die toten Augen von Catherine Eddowes zu fotografieren, in der Hoffnung, ein Abbild des Mörders werde auf der Platte erscheinen?
Zumindest, dachte er, konnte er von Glück sagen, daß er nicht in dieses Possenspiel verwickelt gewesen war. Er war der erste Polizist, der sich mit dem Fall befaßte – jedenfalls der erste richtige. Abermals stachen ihm die vier Namen ins Auge – *seine* Verdächtigen, *seine* Schlußfolgerungen. Natürlich hatte er keine handfesten Beweise, überhaupt nichts Greifbares. Aber ihm genügte es. Es war so viel, daß er nur einen dieser Namen auf der Straße zu flüstern brauchte und die Vigilanten von Whitechapel würden mit Henkersseil und Feuereifer aus ihren Rattenlöchern ausschwärmen. Er glaubte geradezu hören zu können, wie Mr. Lusk, ihr Präsident, sich voller Vorfreude die Hände rieb.
Ein Klopfen an der Tür versetzte ihn wieder in die Gegenwart. Er ließ das Hauptbuch zuknallen.

«Herein.»
Im flackernden Lampenlicht erblickte er die Hosenbeine eines Constables, der den Raum betrat.
«Inspector Lestrade, Sir.»
McNaghten zupfte seine Krawatte gerade. «Führen Sie ihn herein.»
Im Lichtschein verschwanden jetzt die Hosenbeine des Constables und die des Inspectors traten an ihre Stelle. Hastig ließ McNaghten das Buch in einer seitlichen Schublade seines geräumigen Schreibtisches verschwinden. Lestrade blieb an der Tür stehen und verfolgte jede Bewegung mit einem sarkastischen Lächeln.
«Die Ripper-Akte, Sir?»
«Wie?» Die Schnelligkeit und die Lautstärke, mit der McNaghten antwortete, ließen darauf schließen, daß er nur zu gut verstanden hatte.
«Das Hauptbuch, Sir.» Lestrade trat ein wenig näher ins Licht und deutete auf die Schublade, die McNaghten gerade verschloß.
«Äh... ja.» McNaghten fühlte sich wohler, als er wieder bequem in seinem Sessel saß. Er strich mit der Hand über seinen Schnurrbart und richtete abermals seine Krawatte. Lestrade rührte sich nicht, die Hände in den Taschen seines voluminösen Donegal vergraben. McNaghten seufzte und fand sich mit der unausgesprochenen Frage ab...
«Lestrade...» Zu formell, er brauchte Vertraulichkeit. «Sholto...» Lestrade glaubte zu spüren, wie der Arm sich onkelhaft um seine Schultern legte. «Sie wissen, daß ich über den Inhalt kein Wort verlauten lassen darf...»
Es genügte nicht. Lestrade hatte sich nicht gerührt. McNaghten las seine Gedanken. «Ja, ich weiß, daß Sie sich damit beschäftigt haben, aber es war Abberlines Fall.» Es war noch immer nicht genug. McNaghten erhob sich abrupt, und die beiden Männer sahen sich an, im dämmrigen Raum, die Gesichter von unten beleuchtet, wie die Wachsfiguren in Madame Tussauds Kabinett. «Verdammt noch mal, Lestrade. Die Sache ist geheim.» McNaghten haßte es, sich mit Untergebenen auseinanderzusetzen, besonders wenn sie so scharfsinnig waren wie Lestrade. Er war ein Dorn in seinem Fleisch, ein Juckreiz, gegen den kein Kratzen half. Der Chef der Obersten Kriminalpolizeibehörde wandte sich zum Fenster. Draußen trieb der Regen träge über den Fluß und die Bogenlampen am Ufer. «Eines

Tages», sagte er zum trüben Londoner Himmel, «eines Tages werden sie darüber schreiben. Eines Tages werden sie meine Akten lesen und alles erfahren.»
«Dann werde ich hundertachtunddreißig Jahre alt sein», sagte Lestrade.
«Zum Teufel, Lestrade.» McNaghten fuhr herum. Das hatte er bereits gesagt, und seine Argumente wurden nicht besser, wenn er sich wiederholte.
Lestrade lächelte. Er hob die Hände und gab zu erkennen, daß er sich geschlagen gab.
«Ich verstehe, Sir», sagte er. Er stellte seinen Kragen hoch und schickte sich an zu gehen. An der Tür blieb er stehen.
«Gute Nacht, Sir.» Das Lächeln war frostig.
Die Tür schloß sich und McNaghten knallte einen Briefbeschwerer auf seinen Tisch. Typisch Lestrade, daß er Einblick verlangte. Aber er durfte es nicht erfahren. Niemand durfte es. In hundert Jahren, wenn sie die Akte, die er dem Archiv anvertrauen wollte, offiziell einsahen, würde das keine Rolle mehr spielen. Er selbst, Lestrade und alle anderen würden tot sein.
Lestrades Hosenbeine im Lichtschein wurden durch einen stahlblauen rauschenden Rock ersetzt.
«Vater?» McNaghtens Tochter stürmte ins Zimmer.
«Oh, meine Liebe.» McNaghtens amtlicher Gesichtsausdruck verschwand. Am Busen seiner Tochter war er wieder Familienvater. Miss McNaghten war schrecklich groß. Und sie war darüber hinaus auch schrecklich energisch.
«Komm, Vater. Zeit, nach Hause zu gehen.»
McNaghten warf einen kurzen Blick auf seine Taschenuhr, ehe ihm seine Tochter seinen Donegal um die Schultern legte.
Drei Minuten nach halb. «Ruf den Wagen, Vater.» McNaghten gehorchte willenlos. Er hatte seit langem aufgehört, es sonderbar zu finden, daß er, der als Amtsperson so unbedenklich Befehle erteilte, als Familienoberhaupt so willenlos Befehle entgegennahm. Der Constable war nicht auf dem Korridor. Verflucht. Er machte sich auf, ihn im Vorzimmer aufzustöbern.
Kaum war er fort, huschte Miss McNaghten um den Schreibtisch herum, zog einen Schlüssel hervor, der mit dem ihres Vaters identisch war, und schloß die Schreibtischschublade auf. Eine weitere

flinke Bewegung, das Hauptbuch war unter ihrem Mantel verschwunden und die Schublade wieder verschlossen.

McNaghten kehrte zurück. «Unten», sagte er. «Constable Dew wird uns heimfahren. Oh...» Ihm fiel das Buch ein. Es mußte in den Safe. Miss McNaghten erriet seine Gedanken und versperrte ihm den Weg. Ihr Tonfall und ihre Überzeugungskraft täuschten über die Panik in ihrem Herzen hinweg, das unter Mantel, Akte und mütterlichem Busen bis zum Hals schlug.

«Der Polizeichef, Vater.»

«Gütiger Gott», murmelte McNaghten, als habe man ihm die Pension gestrichen. «Es ist heute abend, oder?»

«Ja, und Cook hat Bouillabaisse.»

«Ach, ich wunderte mich schon, warum sie so herumlief.»

Der sanfte Stoß seiner Tochter ließ ihn fast durch die Tür taumeln. Sie tappten durch den dunklen Gang. Lampenlicht huschte über die grüngrauen Wände des Gebäudes. Der verschnörkelte Lift quietschte und surrte hinunter ins Erdgeschoß. Sie traten in die feuchte, fröstelige Nacht. Constable Dew, der nicht mehr wiederzuerkennen war, seit er die Leiche von Mary Kelly gesehen hatte, hielt den McNaghtens die Tür auf. Die Polizeidroschke schwankte, als die Tochter des stellvertretenden Polizeipräsidenten einstieg. Der Gaul wich ein paar Schritte zurück und machte einen Buckel. Während der alte McNaghten die Tür schloß, warf seine Tochter das Buch aus dem gegenüberliegenden Fenster. Eine behandschuhte Hand fing es auf, und die Droschke rasselte über das Kopfsteinpflaster des Hofes hinaus auf die Uferstraße, die jetzt in grünem Flußnebel lag.

Aus den Schatten tauchte eine Gestalt auf: Inspector Lestrade, mit durchnäßtem Donegal und regentriefender Melone. Er blickte lächelnd auf die Akte und den kleinen silbernen Schlüssel. Er trat aus dem Tropfenfall unter das nächste Licht und öffnete die Akte. Rasch durchflog er die Beweisaufnahmen, Zeugenaussagen, Protokolle und Theorien Seite für Seite. Sein Blick fiel auf die Briefe – *ich bin nach wie vor hinter den Huren her, und ich werde nicht aufhören, sie aufzuschlitzen, bis ich hinter Schloß und Riegel bin*. Er kannte das alles. Nichts Neues, nichts Besonderes. Es war die letzte Seite, auf die er scharf war. Da war sie, die Liste mit vier Namen, klar und deutlich in McNaghtens gestochener Handschrift. Lestrade lä-

chelte, und sein Lächeln wurde zu einem Glucksen und schließlich zu schallendem Gelächter. Er schlug die Akte zu. Also hat Abberline meinen Rat befolgt, dachte er. Und McNaghten. Alle vier waren aufgelistet. Er war zufrieden. Er wußte, daß sein Name nirgendwo in der Akte auftauchte. Er wußte, daß man sich seiner nicht erinnern würde, wenn man die Akten in hundert Jahren öffnete. Doch das spielte keine Rolle. Für Lestrade genügte es zu wissen, daß er recht gehabt hatte. Das war es, was ihm das Leben immer wieder der Mühe wert erscheinen ließ. Er hatte gern recht.
«Sergeant», Lestrade befand sich wieder im Gebäude, das Buch in den Falten seines Donegal verborgen.
Der Sergeant, der vor sich hin gedöst hatte, nahm hinter seinem Schalter Haltung an.
«Ich gehe hinauf in Sir Melvilles Büro – er möchte, daß ich ein paar Papiere durchsehe.» Er bewegte sich zum Lift. «Oh, verschaffen Sie sich ein wenig Abwechslung und gehen Sie zu Sir Melvilles Haus. Überbringen Sie Miss Naghten eine Botschaft – Dienstboteneingang. Sagen Sie ihr... überbringen Sie ihr meinen Dank und meine Entschuldigung. Ich werde ihr heute abend nicht wie geplant Gesellschaft leisten können. Habe zuviel zu tun.» Lestrade spürte, wie sich hinter seinem Rücken die Augenbrauen des Sergeanten wieder senkten und ein Grinsen sich auf seinem Gesicht breitmachte.
«Oh, Sergeant, da ist noch etwas.» Lestrade marschierte weiter und wandte dem Mann noch immer seinen Rücken zu. Er blieb stehen und drehte sich lächelnd um. «Lassen Sie sich nicht noch einmal von mir beim Schlafen erwischen.» Der Sergeant erstarrte und nahm Haltung an. Man darf sich keine Blöße geben, dachte Lestrade.
«Zu Befehl, Sir», murmelte der Sergeant. «Ich weiß, wie es Ihnen geht.»
Lestrade war im Aufzug und hob angesichts dieser abgedroschenen Redensart die Augen zum Himmel. «Gute Nacht, Dixon.»

Als der rechtschaffene Doktor dem Zug der Southern Railway Company entstieg, befand er sich nicht gerade in bester Stimmung. Zuerst waren seine morgendlichen Eier nicht nach seinem Geschmack gewesen, und dann war seine Post zu spät gekommen – drei Rechnungen. Während der Reise war es im Abteil zugig und feucht gewesen; der *Telegraph* wimmelte von Druckfehlern. Doch was ihn wirklich verdroß, als er auf dem Bahnhofsvorplatz in seinen Hansom stieg, war der Anlaß für seinen Besuch in der Hauptstadt – er mußte seinen Verleger aufsuchen. Seine Briefe waren nicht beantwortet worden – das bedeutete nichts Gutes.

Er schenkte weder den regennassen Straßen noch dem peitschenden Wind Aufmerksamkeit. Das Holpern der Kutsche ärgerte ihn von Zeit zu Zeit, doch es dauerte nicht lange und sie waren vor dem Verlagsgebäude von Blackett angekommen.

Er war auf die Drehtür vorbereitet, nachdem er beim letztenmal mit seiner Gladstone-Reisetasche darin hängengeblieben war. «Sind Sie sicher, daß Ihre Tasche genügend Platz in der Tür hat?» hatte der Portier ihn gefragt. Der Doktor hatte mit zusammengebissenen Zähnen geantwortet: «Inzwischen ist die Tasche groß genug; sie muß auf sich selber aufpassen.» Diesmal war es ein anderer Portier, was der Doktor überaus dankbar begrüßte.

«Dr. Conan Doyle ... das ist aber nett ...»

«Mr. Blackett, Sie haben meine letzten vier Briefe nicht beantwortet.»

«Dr. Conan Doyle ... es ist ...» Blackett war peinlich berührt, er trat von einem Bein aufs andere und zerknüllte sein Taschentuch zwischen seinen Händen.

«Gefällt Ihnen *Die Weiße Gesellschaft* nicht?» Conan Doyle war ganz und gar entspannt.

«Ja doch, Sir, wirklich. Ein schönes Buch – überquellend von historischen Einzelheiten. Aber ...»

«Aber *Die Flüchtlinge* gefallen Ihnen nicht?»

«Nicht, daß sie mir nicht gefielen, Doktor ...»

Conan Doyle saß bewegungslos da und fixierte seinen Verleger mit kaltem Blick.

«Es ist nicht ... zu Ende geschrieben», fuhr Blackett fort.

«Es wird zu Ende geschrieben werden.»

«Gewiß. Gewiß. Aber die Leser mögen neue Sachen. Verbrechen, Spannung.»

«Wie *Das Zeichen der Vier*?»

«Ja.» Blackett erinnerte sich mit Freude, doch dann kamen ihm

Der Mann in der Schlucht

Zweifel. «Aber... äh... Mr. Sherlock Holmes in der Baker Street?»
«Was ist mit ihm?»
«Nun...» Mr. Blackett war auf dem Gipfel der Servilität. «... hat er etwas dagegen? Schließlich gibt es Gesetze gegen Verleumdung.»
«Oh, kommen Sie, Mr. Blackett. Meine Detektivgeschichten haben nicht die geringste Beziehung zur tatsächlichen Arbeit von Mr. Holmes. Das wäre mehr als meine Schriftstellerkarriere oder meine Arztpraxis wert sind.»
«Gut, solange Sie dessen sicher sind. Das sind die Sachen, die die Leute wollen. Verwicklungen, internationale Affären.»
«Blödsinn. Belanglose Brotarbeiten.»
Conan Doyle stand entschlossen auf.
«Ich wäre Ihnen dankbar, wenn Sie mir meine Manuskripte wieder aushändigen würden. Ich werde das Geschäft anderswo machen. Es ist sonnenklar, daß die Firma Blackett von guter Literatur keinen Schimmer hat. Sie will billigen Ramsch, über den sogar das... *Strand Magazine* die Nase rümpfen würde.»
Conan Doyle hatte die Tür erreicht.
«Übrigens... diese Hand da.» Er deutete gebieterisch auf Blackett. Der Verleger starrte auf seinen Arm, als sei dieser gerade abgetrennt worden.
«Nicht der Arm, Mann... die Finger.»
«Die Finger... was ist mit ihnen?» Blackett war verblüfft.
«Wenn ich mich nicht irre – die Grockel'sche Krankheit. In Southsea haben wir eine Menge Fälle. Armer Kerl – wahrscheinlich unheilbar. Guten Morgen.»

Durch die Meerenge Solent von Southsea getrennt, liegt das römische Vectis, die Insel Wight. Niemand winkte Lestrade von der Mole nach, als er in See stach. Bloß eine steife Brise blies aus Südwesten. Der Postdampfer trug ihn zuverlässig nach Ryde, und an der Pier nahm er den Zug nach Shanklin. Wie es sich für den Anlaß geziemte, war er seemännisch ausstaffiert und trug ein Matrosenjackett und eine Schirmmütze. Indes war es kein Tag für einen Ausflug. McNaghten hatte das Ersuchen um Amtshilfe erhalten. Das Telegramm, das widerwillig um Hilfe bat. Eine Leiche, hieß es da. Vor zwei Tagen gefunden. Sie biete keinen hübschen Anblick.

Was die Polizei von Hampshire natürlich ärgerte, war die Jahreszeit. Es war jetzt Ende März; gegen Ende April würden die Touristen mit Wagen und Droschken auf die Insel kommen. Sie brachten Geld, den Lebenssaft der Insel. Es durfte keine Verluste geben, keine Panik. McNaghten hatte das klar erkannt. Er hatte gesehen, was Panik aus dem East End gemacht hatte.
Angesichts der notwendigen Geheimhaltung überraschte es Lestrade um so mehr, daß das gesamte Gebiet um die Schlucht nicht nur von Polizisten, sondern auch von Kavalleristen der Hampshire-Miliz abgesperrt war. Sobald sich die Gelegenheit ergab, sprach er seinen Kontaktmann, einen Sergeanten Bush, darauf an.
«Nun ja, Sir», gab der Sergeant zur Antwort, «es ist wegen Ihrer Majestät. Sie ist über Ostern in Osborne – und wir können nicht vorsichtig genug sein, nicht wahr?»
«Ganz recht», antwortete Lestrade, doch er konnte um alles in der Welt nicht einsehen, wie die Versammlung der Hampshire-Dragoner rings um die Schlucht, in voller Montur mit Helmen und Federbüschen, Ihre Majestät schützen konnte, die sich ein paar Meilen entfernt in Osborne befand. Nach allem, was McNaghten ihm erzählt hatte, hörte es sich nicht gerade nach einem Terroranschlag der Republikaner an. Aber schließlich hatte ihm McNaghten auch nicht viel erzählt. Wie Lestrade vermutete, wußte McNaghten nicht viel.
Er folgte Bush und den zwei Constables den gewundenen Pfad hinunter, der in die Wand der Schlucht gehauen worden war. Als sie um eine Ecke bogen, packte sie die Brise vom Meer. Der Sergeant tauchte unter einem Absperrseil durch und schien durch eine Spalte im Felsen zu verschwinden. Die Constables bezogen auf dem Pfad Posten.
«Sie werden aufpassen müssen, wo Sie hintreten», widerhallte die Stimme des Sergeanten. Lestrade fand sich in einer Welt völliger Finsternis wieder. Der Gestank war gräßlich.
«Können wir Licht machen, Sergeant?» fragte er.
Er spürte, wie eine Hand seinen Arm ergriff.
«Inspector, was Sie erwartet, ist nicht gerade hübsch», sagte der Sergeant grimmig.
«Ich habe fünfzehn Dienstjahre auf dem Buckel, Sergeant. Man gewöhnt sich an diese Anblicke.»

Aber Lestrade war nicht gewappnet. Nicht für diesen Anblick. Bushs Arm fuhr hoch, um das Streichholz anzuzünden, und noch höher, um den «Anblick» zu erleuchten. Der Kopf war etwa einen Fuß von Lestrades Gesicht entfernt. Ein Auge war verschwunden, der Mund war weit aufgerissen, eine klaffende Wunde im bleichen Schädel. Die Haare standen aufrecht wie ein gespenstisches Gestrüpp, vom Seewind zerwühlt. Das Gesicht flackerte im unwirklichen Schein des Streichholzes. Lestrade drückte Bushs Arm herunter und es erlosch. Stille trat ein. Keiner der drei Männer in der Nische atmete. Lestrade wandte sich zum Eingang und atmete wieder frische Luft ein. Die Helme der Constables beruhigten ihn. Sehe ich so elend aus wie ich mich fühle? fragte er sich. Komm schon, Mann, reiß dich zusammen. Du bist fünfzehn Jahre dabei. Und diese Provinzler brauchen deine Hilfe.

Nachdem er sich erholt und seine Beherrschung zurückgewonnen hatte, sah er Bush wieder ins Gesicht. Jetzt war es der Sergeant, der elend aussah.

«Tut mir leid, Sir», krächzte er. «Ich kann mich nicht dran gewöhnen. Ich hab schon ein paar Leichen gesehen. Ertrunkene. Selbstmörder in der Schlucht, wissen Sie. Bei Culver Point. Aber dies hier...» Dem Sergeanten versagte die Stimme.

«... macht Sie froh über den Sonnenschein», bemerkte Lestrade. «Kommen wir hier zum Strand runter?» Er deutete nach vorn. Bush nickte. «Seien Sie so nett und bitten Sie Ihre Männer, hierzubleiben. Wir wollen uns ein wenig die Beine vertreten.»

Am Strand, während sie im Sonnenschein des späten Morgens trockneten und für eine oder zwei Stunden vor dem Angriff der nächsten Flut sicher waren, hatten beide Männer Gelegenheit, ihre Gedanken zu ordnen. Jedem stand der gräßliche Kopf vor Augen. Lestrade hatte nicht einmal Zeit gehabt, das übrige in Augenschein zu nehmen. «Erzählen Sie mir's noch mal», sagte Lestrade.

«Nun, Sir. Arbeiter fanden... äh... ihn. Vor zwei Tagen war's. Warten Sie, ja, am Dienstag war's. Die Schlucht mußte ausgebessert werden. Erosion, wissen Sie. Das Land rutscht weg, und im Winter kriegen wir stürmische Winde. Nun, die Touristen werden bald hier sein. Nun ja, diese Sandflächen sind knietief, seit einer Ewigkeit...»

«Verschonen Sie mich mit den Sprüchen aus den Urlaubsprospekten, Sergeant.»
«Ja, Sir. Also, diese Burschen schaufelten oben auf der Klippe in der unmittelbaren Nähe der Schlucht, als sie diesen Riß entdeckten.»
«Spalt.»
«Wie Sie meinen, Sir. Da diese Burschen von Natur aus neugierig sind, räumten sie das Geröll weg und stiegen rein. Ja, zuerst konnten sie nichts erkennen. Dann, als sie Streichhölzer anzündeten... ja, und dann sahen sie es. Sie holten auf der Stelle den alten Tom Moseley – er ist der Ortspolizist. Der alte Tom ist nicht der Hellste, jedoch hatte er genug Grips, die Stelle absperren zu lassen und mich zu informieren; und ich schickte sofort ein Telegramm nach Portsmouth. Trotzdem hatte ich nicht damit gerechnet, daß sie London benachrichtigen würden, Sir. Ich meine, Scotland Yard selbst – das war's!»
Lestrade saß auf einem Wellenbrecher und folgte mit den Augen der Linie der Sandsteinklippen. Darüber kreiste eine einsame Möwe, stieß herab und suchte die See nach einer Beute ab.
«Aus Portsmouth schickten sie den Coroner rüber, aber sie sagten ihm, er solle... ihn... dort lassen, wo er sei.»
«Todesursache?» fragte Lestrade und schnippte hastig den Guano von seinem Ärmelaufschlag.
«Der Coroner wußte es nicht genau, Sir. Er sagte, der Tod sei schon vor langer Zeit eingetreten.»
Lestrade stand auf. «Besorgen Sie mir eine Laterne, Sergeant. Wir müssen noch mal hin.»
Diesmal ging Lestrade allein. Ohne Bush meinte er seine Gefühle besser unter Kontrolle zu haben. Der Gestank war noch immer ekelerregend, doch das gleichbleibende Licht der Laterne gab dem Leichnam ein weniger abstoßendes und substanzloses Aussehen. Diesmal ging Lestrade mit voller Konzentration und mit seiner ganzen Routine an die Arbeit. Der Leichnam war männlich. Alter – nicht sicher. Er schätzte den Mann auf etwa vierzig. Die Haut hatte die Färbung alten Pergaments, doch an einigen Stellen waren die Schädelknochen zu sehen, von schmutzig-bläßlichem Weiß. Ein Augapfel, oder was davon übrig war, hing an ein paar Muskelfasern auf die Wange hinab. Das andere Auge, blicklos und erloschen, starrte steil nach oben. Die Kleidung, grau und verschmutzt, war

möglicherweise die eines Seemannes – oder eines Landarbeiters. Der Staub des Sandsteins hatte sie grau überpudert, und über Brust und Arme, wo Regenwasser eingesickert war, zogen sich Rinnsale. Die Knochen traten vor. Abermals erregte das Haar Lestrades Aufmerksamkeit – verfilzt, lang und grau – doch, höchst sonderbar, es stand aufrecht. Er kniete nieder und leuchtete mit der Laterne den Boden ab. Gamaschen. Der Mann war Landarbeiter gewesen. Was er als nächstes sah, brachte ihn ein wenig aus der Fassung. Die Hände. Rauh, zerschunden, fast ohne Fleisch, jedoch die Fingernägel waren lang – jeder war etwa drei oder vier Zoll lang, schwarz, gekrümmt und spitz zulaufend. Kein Arbeiter ließ seine Nägel so lang wachsen – er hatte weder die Muße noch die Zeit dazu. Er hatte Fotografien der Kaiserin gesehen und sogar ein paar der Chinesen in London hatten solche Nägel. Doch im nächsten Augenblick ließ er den Gedanken fallen. Worin sollte der Zusammenhang bestehen? Opium? Geheimgesellschaften? Er ermahnte sich, alle Möglichkeiten offenzuhalten und sich nicht festzulegen. Schließlich passierte es nicht jeden Tag, daß in einem wunderschönen Tal eines englischen Badeortes ein gräßlicher Leichnam auftauchte.

Also zurück zu den Fakten. Für Theorien war später Zeit genug. Der Leichnam war in eine stehende Position gebracht worden, die Beine waren unter dem Gewicht des Körpers eingeknickt, doch es war unübersehbar, daß Fuß- und Handgelenke und das Genick vorher gefesselt worden waren. Stranguliert? Das war möglich, doch vom Genick war nicht mehr genug übrig, um das festzustellen. Im Augenblick konnte er nicht mehr tun. In der Enge der Nische war es für weitere Untersuchungen zu dunkel und zu stickig. Älter und klüger kehrte er ins Sonnenlicht zurück. Er gab Anweisung, den Leichnam wegzuschaffen; den Transport wollte er selbst beaufsichtigen. Er mußte mit dem Coroner sprechen, die Nische ausmessen und nach Spuren suchen. Er mußte mit den Arbeitern sprechen, die den Toten gefunden hatten, und mit der Chine Company in Shanklin.

Doch zuerst sah er sich Mrs. Bush gegenüber, die, rundlich und freundlich, geschäftig in ihrer Küche umherwieselte. Lestrade saß in sich gekehrt in einem Winkel, vor sich das tote Gesicht. Dann wurde das Tischgebet gesprochen.

«Ein bißchen Shepherd's Pie, Inspector Lestrade?»

Die Arbeiter waren keine Hilfe. Seit siebzehn Jahren hatten sie von Jugend auf für die Chine Company gearbeitet. Wegen eines Erdrutsches war die Schlucht im vorigen Jahr früher als gewöhnlich geschlossen worden. Anfang September hatte man die Seile und Ketten hochgezogen und die Gatter geschlossen. War es möglich, sich Zutritt zu verschaffen? Ja, wenn man einen Schlüssel hatte. Aber am hellen Tag, mit einem Leichnam? Unwahrscheinlich. Dann also bei Nacht? Möglich, doch der Pfad war tückisch und abschüssig, mit scharfen Kehren und vorspringenden Simsen. Es mußte eine Person gewesen sein, die den Ort kannte – und zwar sehr gut. Ein falscher Tritt, beladen mit dem Gewicht eines ausgewachsenen Mannes, und man hätte vermutlich zwei Leichen in der Schlucht gefunden.

Lestrade brauchte eine Woche, um alle Personen zu befragen, die regelmäßig in der Gegend zu tun hatten. Als er fertig war, hatte er die Gewißheit, daß niemand etwas wußte. Der Werkmeister bemerkte, alles deute darauf hin, daß in der Nische mit Meißeln gearbeitet worden sei und man Spuren frischen Mörtels gefunden habe; ihre Höhe sei vergrößert und der Tote praktisch eingemauert worden.

«Sind Sie mit den Werken des verstorbenen Mr. Allan Poe vertraut?» fragte er Lestrade.

«Flüchtig, Sir.» Lestrade hatte diese Ähnlichkeit bereits in Betracht gezogen, während er sich des achten Shepherd's Pie in Folge gegenübersah, der ihm mit überschwenglichem Stolz von Mrs. Bush vorgesetzt wurde. Jedoch die Übereinstimmung half ihm nicht weiter. Oder etwa doch? Er hatte ein unbehagliches Gefühl, als er nach Portsmouth übersetzte, um den Coroner in dessen Büro aufzusuchen; und dieses Gefühl rührte nicht nur vom Rollen und Schlingern des Postdampfers her.

«Der Mann war bereits einige Monate tot, würde ich sagen.» Der Coroner war in das Studium eines abgetrennten Gliedes vertieft, das geschmackvoll auf einem Operationstisch angeordnet war.

«Ja», wiederholte er, seinen Kneifer zurechtrückend, «einige Monate.»

«Todesursache?»

Der Coroner beendete die routinierte Untersuchung seines Objektes und richtete sich auf. «Ich bin nicht sicher.» Er pellte seine Hände

Der Mann in der Schlucht _____ 21

aus den Gummihandschuhen und spülte sie sorgfältig unter fließendem Wasser. «Sind Sie mit den Werken von Edgar Allan Poe vertraut?» Sogleich erlebte Lestrade ein déjà-vu – oder der Coroner war der Bruder des Werkmeisters. «Flüchtig.» In der Tat hatte er diese Unterhaltung schon einmal geführt.
«Erinnern Sie sich an die Kurzgeschichte *Die Schwarze Katze*?»
«Die Katze wird zusammen mit dem Verstorbenen im Keller eingemauert?»
«Genau. In der Nische in der Schlucht war keine Katze, wie?»
Lestrade schüttelte den Kopf. «Wollen Sie mir sagen», fragte er, «daß wir als Todesursache...»
«Ersticken annehmen müssen, ja», lautete das Urteil des Coroners. «Es läuft darauf hinaus, daß er erstickte, bevor er verhungern oder verrückt werden konnte.»
«Und die Fingernägel? Das Haar?»
Der Coroner wischte sich die Hände an der Weste ab. Er war verlegen. «Eine gräßliche Sache. Entsetzlich. Wenn Sie mich fragen, ich kann es nicht erklären. Etwas Ähnliches habe ich noch nie gesehen, nicht in zwölf Jahren. Bizarr. Das ist das richtige Wort: bizarr.»
«Welchen Beruf hatte der Mann nach Ihrer Meinung?»
«Der Kleidung nach war er ein Arbeiter, würde ich sagen. Die Brust des Kittels mit Smokarbeit. Jedenfalls nicht aus dieser Gegend stammend. Nicht das richtige Muster. Ach, aber dies hier war merkwürdig.» Der Coroner kramte in einer vollgestopften Schublade. «Wofür halten Sie das?» Er reichte Lestrade ein schmutziges Stück Stoff, metallisch glänzend und zerfetzt.
«Litze von einer Uniform?»
«Ich bin beeindruckt, Inspector. Heer, Kavallerie vermutlich. Aber mit Sicherheit von einem Offizier. Wie viele Kavallerieoffiziere kennen Sie, die Landarbeiter werden?»
«Ich teile Ihre Ansicht, Sir.» Lestrade runzelte die Stirn; der Fall entwickelte sich so rasant, daß ihn ein wenig schwindelte. Doch es war ein Hinweis, ein greifbares Beweisstück.
«Und das hier ist noch interessanter.»
Lestrade sah, daß im Gewebe des Halstuches, Reste, die man unter den Hemdkragen des Toten gestopft hatte, von einer kindlichen, ungeschickten Hand der Name *Peter* eingestickt war.
«Was halten Sie davon?»

«Bis jetzt, genaugenommen, noch nichts, Sir. Aber es ist noch früh am Tage.»

Der Coroner geleitete Lestrade in das Vorzimmer. «Der Bursche wird Ihnen den Weg zeigen. Spilsbury?»

Ein kurzsichtiger, pickliger Bengel schlurfte aus einem angrenzenden Zimmer herbei. «Sehen Sie ihn an», murmelte der Coroner. «Der Sprößling meines Vetters aus Leamington. Will mal Gerichtsmediziner werden.» Unter vorgehaltener Hand fügte er hinzu: «Aussichtslos, völlig aussichtslos. Ich halte ihn für einen Selbstmordkandidaten, wissen Sie.»

Da er Sergeant Bush nicht länger zur Last fallen wollte und sich gänzlich außerstande sah, es zum zehntenmal mit einem Shepherd's Pie aufzunehmen, zog Inspector Lestrade ins *Daish's Hotel* um. Jeden Tag spazierte er auf dem Pier und atmete die salzige Luft. Jeden Tag kehrte er zur Schlucht zurück, um sich immer wieder zu fragen: Wer? Warum? Was hatte er denn überhaupt? Eine Leiche. Den Leichnam eines Mannes in mittlerem Alter, eingemauert in einer improvisierten Höhle in einem beliebten Ferienort. Der Mann war ein Arbeiter, hieß Peter und hatte unter Umständen etwas mit der Armee zu tun gehabt. Das war wenig, sehr wenig.

Doch es gab noch einen letzten Zeugen, den er aufsuchen mußte. Einen wild dreinschauenden, schwermütigen alten Mann mit einem dichten Bart, in dessen Stacheldraht sich Morgenei und Tabakfasern verfingen. Mit der Hilfe eines zufällig vorbeifahrenden Heuwagens gelangte Lestrade über die schlechtesten Straßen, die er je benutzt hatte, zu dem riesengroßen überwucherten Landhaus in Farringford.

Sein Eigentümer, der Poet Laureate, humpelte an seinem Stock durch den Garten und beäugte mit nachlassender Sehkraft die Narzissen auf den sanft geschwungenen Rasenflächen.

«Wer ist da?»

«Inspector Lestrade, Sir, von Scotland Yard.»

«Lestraad vom Yaad?» Für einen Reim würde Tennyson alles tun.

«Sehr gut, Sir, sehr witzig.»

«Gewöhnlich empfange ich keine Besucher, Inspector.»

Der Mann in der Schlucht ─────────────────────────────── 23

«Ganz recht, Mylord.»
«Tee?»
Lestrade verbeugte sich. Von irgendwoher brachte ein Butler die silberne Teekanne und die Tassen.
«Sahne und Zucker, Sir?» Der Butler war herablassend – er hatte eine Abneigung gegen Polizisten.
In der Gegenwart des Genies fühlte Lestrade sich unbehaglich. Er selber war nun mal keines, und ihm war deutlich bewußt, daß der Laureate Besucher nicht mit Freuden ertrug. Es ging sogar das Gerücht, er hüpfe lieber aus rückwärtigen Fenstern und fliehe durch die Obstgärten, als sich vom Butler zudringliche Besucher melden zu lassen. Er tat besser daran, diesen Besuch hinter sich zu bringen. Er würde vermutlich ohnehin von nur geringem Wert sein.
«Verzeihen Sie die Störung, Mylord. Wie man mir sagte, sind Sie ein häufiger Besucher von Shanklin Chine – außerhalb der Saison.»
«Wenn ich in Farrington weile, streife ich dort des öfteren umher, ja.»
«Haben Sie einen Schlüssel?»
«Nein. Mein Diener sucht den Torwächter auf, wenn ich Einlaß wünsche.»
«Sind Sie in der letzten Zeit dort gewesen?»
Tennysons Aufmerksamkeit begann nachzulassen. Lestrade mühte sich ab, in der zierlichen Tasse einen Schluck Tee zu entdecken. Wie er die Marotte haßte, eine Tasse nur zur Hälfte zu füllen. Den vom Butler offerierten Hauch Sahne wies er zurück – nicht zuletzt, weil der Mann seinen Daumen im Kännchen hatte.

> «Menschen kommen und Menschen vergehn,
> doch ich werde ewig bestehn.»

Lestrade warf einen raschen Blick auf den Butler, der unbeweglich und hochmütig blieb.
«Ähemm...» Versuche es mal anders, dachte er. Kitzle seinen Sinn für das Exzentrische. «Haben Sie während Ihrer letzten Besuche etwas Ungewöhnliches bemerkt?» Er verfluchte sich ob der Verschwommenheit dieser Frage. Sie öffnete der Senilität Tür und Tor.

«Brecht, brecht, brecht euch nur
am kalten, grauen Fels, o Wellen!
Flögen mir doch die Worte zu
Für die Gedanken, die in mir quellen.»

Amen, fügte Lestrade stumm hinzu.
«Haben Sie irgendwelche Anzeichen von Grabearbeiten entdeckt, Mylord?» Er bemerkte, daß er laut sprach, als führe er eine Unterhaltung mit einem Schwerhörigen oder einem Ausländer. «Ist in der letzten Zeit an der Wand der Schlucht gearbeitet worden? Eine frische Spalte im Sandstein?» Es war ein hartes Stück Arbeit.

«Ach, faßte mich doch eine verschwundene Hand,
Und der Klang einer Stimme, die stumm!»

Das kam der Sache schon näher. Also wußte Tennyson etwas. Ihm war bekannt, daß ein Mord dort stattgefunden hatte. Die Zeitungen hatten die Geschichte noch nicht gebracht. Der edle Poet verschwieg etwas.
«Was sagten Sie gerade, Mylord?»
Tennyson starrte ungerührt unter dem breiten Rand seines Schlapphutes hervor. «Verzeihen Sie mir, Inspector.» Sein Tonfall war anders geworden. «Zuweilen vergesse ich mich. Ist es nicht eitel von mir, aus meinen eigenen Werken zu zitieren?»
Lestrade versuchte, sich nicht anmerken zu lassen, daß er in den letzten paar Minuten dem Gespräch nicht hatte folgen können.
«Kennen Sie jemanden namens Peter?» fragte er.
Tennyson erhob sich mit Hilfe seines Stockes und des Butlers. Lestrade folgte ihm zum großen Haus.
«Warum fragen Sie mich diese Dinge?»
«Wir haben Beweise, daß in der Schlucht ein Verbrechen begangen worden ist, Mylord. Wir fanden den Leichnam eines Mannes, dessen Name möglicherweise Peter war.»
Tennyson blieb stehen und blickte den Inspector an. Er machte dem Butler ein Zeichen, voranzugehen.
«Inspector, ich werde nicht mehr lange auf dieser Erde weilen. Ich habe im Laufe meiner Erdentage viel gesehen... viel Leid... viel Leid. Mein Geist ist nicht mehr klar. Ich zweifle, ob ich es bemerkte,

wenn mir ein Leichnam vor die Füße fiele. Die Schatten werden dichter. Es gibt Tage, an denen ich nicht unterscheiden kann, ob ich zu Menschen oder zu Geistern spreche.»
Lestrade, gewöhnlich kein mitleidiger Mann, tätschelte den Arm des Laureaten. «Danke für den Tee, Mylord», erschien ihm herzlich genug.
Tennyson zitierte abermals:

«Solltest du mein Antlitz nie mehr sehen,
Bete für meine Seele. Mehr Dinge werden durchs Gebet bewirkt,
Als die Welt sich träumen läßt.»

Er winkte den Butler zu sich und humpelte weiter über den Rasen. Lestrade schwenkte seinen Hut, zum Zeichen, daß er den Rückweg allein finden werde.
«Zwielicht und Abendglocke...» hörte er den Dichter deklamieren:

«Und bald danach die Dunkelheit, die Neige!
Und möge keine Traurigkeit das Lebewohl begleiten,
Wenn ich das Boot besteige.»

Ein wenig später an diesem Nachmittag bestieg Lestrade das Postschiff. Er hatte seine Vorgesetzten davon in Kenntnis gesetzt, daß er weiteren Spuren nachgehen werde und der Fall alles andere als hoffnungslos sei, er indessen nicht viel vorangekommen sei. Es hatte sich nicht vermeiden lassen, daß Informationen zur Lokalzeitung durchgesickert waren. Und der Name *Peter* wurde ebenso erwähnt wie der Kittel des Arbeiters und die traurige Berühmtheit der Schlucht. Immerhin hatte der Redakteur soviel Zartgefühl besessen, die grauslichen Details wegzulassen – oder der Coroner war ungewöhnlich wortkarg gewesen.
Lestrade blieb keine Zeit, nach London zurückzukehren. Statt dessen nahm er den Zug und fuhr in bequemen Etappen über Swindon und auf den breiten Gleisen der Great Western nach Haverfordwest. Er war verärgert, daß er, da er seinen Dampfer verpaßte, eine feuchte, kalte Nacht in der Stadt zubringen mußte, die nichts anderes zu sein schien als eine einzige Straße. Falls morgen weitere Ver-

zögerungen eintraten, sah er sich einer Gefahr ausgesetzt, die alle reinblütigen Engländer in einer walisischen Stadt fürchten – einem trockenen Sonntag. Das Wiedererstarken der Methodisten und Mr. Gladstones Ausschankgesetze sorgten im Verein dafür, aus Haverfordwest eine tote Stadt zu machen. Wie sich herausstellte, hätte Lestrade einen trockenen Sonntag jenem feuchten Sonnabend vorgezogen, der ihm beschert wurde. Das Schiff schlingerte und rollte in der unwirtlichen irischen See. Lestrade, alles andere als ein guter Seemann, erlebte, daß sich sein Kopf vor lauter Spekulationen und sein Magen gleichzeitig vor Übelkeit drehte. Die irische Erde gab ihm ein Gefühl der Festigkeit und Sicherheit. Die Kutsche rasselte über Sackville Street in die Vorstadt. Dublin war immer noch eine hübsche Stadt, elegant, wohlhabend, englisch. Und wenn ein Hauch von Feindseligkeit in der Luft lag und die Männer und Frauen einem nicht offen ins Gesicht blickten, brauchte man sich darüber nicht zu wundern. War es nicht dieser charakterlose Wahnsinnige Gladstone, der mit Home Rule spielte? Arbeitete er nicht geradewegs den Feniern in die Hände? Und Salisbury konnte sich nicht lange halten – dafür würden schon die irischen Abgeordneten in Westminster sorgen. Zumindest war es so in der *Times* zu lesen, und Lestrade hatte vor diesem Blatt großen Respekt. Nicht daß er ein politisch interessierter Polizist gewesen wäre, doch er glaubte, daß man sich auf dem laufenden halten müsse.
Als Lestrade an den Kasernen der 13. Husaren ausstieg, fuhr ihm, ehe er sich's versah, deren neue Maschinengewehr-Abteilung über die Füße. Da er vor diesen prächtigen Burschen, die sich mitten in einer Gefechtsübung befanden, nicht als Memme erscheinen wollte, grub er seine Zähne in die Krempe seines Bowlers und trieb seinen Kopf ein paarmal gegen die nächstbeste Mauer.
«Hatten Sie eine angenehme Fahrt, Sir?» grinste der Kutscher auf seinem Bock.
Lestrade bedachte ihn mit einem fuchsteufelswilden Blick und keinem Trinkgeld und humpelte unter Schmerzen in die Regimentskanzlei. Der Sanitätsoffizier versorgte ihn vorschriftsmäßig, verband ihm beide Füße und ließ ihn im Krankenrevier allein. Das geschah ein paar Stunden vorher, , bevor der Mann eintraf, dem der Besuch des Inspectors galt. Zwei stämmige Soldaten erschienen und schleppten Lestrade zwischen sich über den Gang, den Hof und in

Der Mann in der Schlucht ─────────────────────────────── 27

das Dienstzimmer des Colonels. Die Wände waren mit Regimentstrophäen und Fotografien bepflastert, und der ganze Raum roch durchdringend nach Zigarrenrauch und Lederfett.
«Diese Jungens», bellte eine scharfe Stimme hinter ihm. Lestrade sprang einen oder zwei Zoll in die Höhe und bedauerte es umgehend, denn er landete voll auf seinen verletzten Zehen. Colonel Templeton-Smyth marschierte an ihm vorbei zu seinem Schreibtisch. Er war ein Mann mittlerer Größe, energisch und von kerzengerader Haltung, mit dem unvermeidlichen militärischen Schnauzbart versehen, der ein wenig stärker gestutzt war als der von Lestrade. Er hatte das Gesicht eines Falken, klare blaue Augen, ein ausgeprägtes Kinn und gebräunte Pergamenthaut – wahrlich ein recht sonderbarer Kauz. Er warf seine Feldmütze auf den Tisch, hakte seine pelzbesetzte kurze Jacke auf, bevor er sich in seinen Sessel fallen ließ.
«Jungens», wiederholte er und schnippte ein Zigarrenkästchen zu Lestrade hinüber. «Was halten Sie von ihnen, Sergeant-Major?»
«Inspector, Sir, Polizei-Inspector.»
«Ach ja, natürlich. Verzeihung. Ist ein bißchen verwirrend mit diesen Rangbezeichnungen, nicht wahr?»
«Ich glaube, daß Jungen ihren Platz in der Gesellschaft haben. Sie werden wenigstens Jungen sein.»
«O ja, aber Sie sind Polizist, oder?»
Lestrade nickte.
«Sie müßten ein paar von diesen Burschen kennen. Verstehen Sie, ein paar von denen, die der alte Barnado nicht kriegt. Ich habe da eine Idee...»
«Verzeihung, Sir.» Lestrade versuchte trotz seiner pochenden Zehen offiziell zu werden. «Ich bin in einer wichtigen polizeilichen Angelegenheit hier.»
«O ja, natürlich. Feuer?»
Mühsam beugte Lestrade sich vor und brannte dankbar seinen Stumpen an. Die Standuhr schlug vier Uhr.
«Ah, Gabelfrühstück.» Der Oberst betätigte einen Klingelknopf neben seinem Schreibtisch.
«Aber die Verhütung von Verbrechen, Mann. Dieser Ripper-Bursche – er war mal ein Junge. Wir dürfen nicht warten, bis sie zu verklemmten und verbitterten Burschen heranwachsen. Wir müs-

sen sie schulen, sie zu nützlichen Bürgern machen. Ich stelle mir nun vor...»
«Bei allem Respekt, Sir...» unterbrach Lestrade.
«O ja, natürlich. Schießen Sie los. Ha, ha! Guter Spruch, was? Kennen Sie wohl nicht, diesen kleinen Soldatenscherz: Schießen Sie los!» Templeton-Smyth sah, daß Lestrade nicht amüsiert war.
«Nun, dann kommen Sie zur Sache.» Sein Gesicht straffte sich.
«Ich ermittle in einem mutmaßlichen Mordfall, der sich vor kurzem in Shanklin auf der Insel Wight ereignet hat, Sir.»
«Ach ja? Wie kann ich helfen?»
Lestrade kramte in seiner Brieftasche und warf das Stückchen Stoff auf den Schreibtisch des Obersten. «Wofür halten Sie das, Sir?»
Templeton-Smyth untersuchte es eingehend. Er trat damit an das Fenster, wo es heller war. Etwas auf dem Exerzierplatz erweckte seine Aufmerksamkeit, und er schob das Fenster hoch.
«So geht das nicht, Corporal», rief er. «Es wird niemals besser, wenn Sie stocksteif dastehen!»
Hinter seinen Schreibtisch zurückgekehrt, beantwortete der Colonel die Frage des Inspectors. «Litze eines Offiziers. 13. Husaren. Schulterriemen.» Eine Pause, dann – «Könnten natürlich auch die 14. Husaren sein.»
«13. Husaren», sagte Lestrade mit Nachdruck. «Dieser Gegenstand wurde im Futter der Kleidung des Toten gefunden, Sir. Ich habe mir die Mühe gemacht, ihn zu säubern. Ich verschaffte mir auch ein Exemplar der Uniformdienstvorschrift für Offiziere Ihrer Majestät von Gieves & Company, Portsmouth. Ein kurzer Blick in das Werk verriet mir, daß die Litze, wie Sie sagen, zum Schulterriemen eines Offiziers der dreizehnten oder vierzehnten Husaren gehört. Wenn Sie indessen den Gegenstand noch einmal betrachten» – der Colonel tat's – «wird Ihnen auffallen, daß eine Ecke heller und weniger ausgebleicht ist als der übrige Stoff.»
«Ich kann Ihnen nicht folgen, Inspector.»
«Ihr Bursche würde es verstehen, Sir. Jeder Mann, der mit dem Putzen von Regimentslitzen beauftragt ist, würde wissen, daß die Litze dort sauber ist, wo sie von einer Metallverzierung bedeckt ist. Die saubere Fläche auf dem Stoff, den Sie vor sich haben, entspricht in Größe und Form einem Metallschnörkel, auf dem eine Tapferkeitsmedaille blasoniert ist. Ich brauche Ihnen kaum zu sagen, Sir, daß

die Dreizehner das einzige Kavallerieregiment sind, das Kriegsauszeichnungen am Schulterriemen trägt.»
Templeton-Smyths Kinn klappte herunter. «Ich bewundere euch Burschen von der Polizei. Ein Musterbeispiel für eine Deduktion, Lieutenant.»
«Inspector, bitte, Sir.»
«Ach ja, natürlich.» Templeton-Smyth gab die Litze zurück. Die Bedeutung begann ihm zu dämmern. «Also war dieser Bursche... äh... Ihr... Toter... ein Offizier der Dreizehnten?» Seine Schnurrbartenden fingen vor Ekel zu vibrieren an.
«Um das herauszufinden, bin ich hier, Sir.»
«Nun hören Sie mal zu, Lestrade. Das ist nicht denkbar, wissen Sie. Ich meine, bei Offizieren und Gentlemen und so weiter. Bißchen ungehörig, wie? Daß ein Bursche aus dem eigenen Stall endet, indem man ihn umbringt.» Doch die Neugier besiegte die Entrüstung. «Sagen Sie mir, wie es passierte? Säbel? Karabiner? Maschinengewehr?»
Lestrade ignorierte diese phantasievollen Ausflüge ins Reich der Illusionen. Der Mann hatte offensichtlich keine Ahnung vom Handwerk des Mordens. «Haben – oder hatten – Sie unter Ihren Offizieren, Oberst, einen Mann mit Namen Peter? Mit Vornamen, würde ich annehmen.»
Templeton-Smyth durchmaß das Zimmer. «Peter, Peter», sprach er sinnend vor sich hin, sein langes, hagres Kinn streichend. «Nun, seit meiner Zeit als Fähnrich bin ich mittlerweile fünfzehn Jahre bei den Dreizehnern. Es gibt unter den Offizieren nur einen Peter, den ich gekannt habe.»
Lestrade richtete sich auf. War er am Ziel? Hatte sich sein Hasardspiel, sein kostspieliger, unaufgeforderter Ausflug nach Dublin ausgezahlt? Würde er auf eine Verbindung zu diesem vornehmen Kavallerieregiment stoßen? Was würde Templeton-Smyth enthüllen?
«Peter Endercott. Er ist da draußen.» Er deutete zum Fenster.
Lestrade hievte sich mit schmerzverzerrtem Gesicht in die Höhe. Diese verdammten Räder von der Maschinengewehr-Protze mußten ihm die Zehen gebrochen haben.
Er gelangte zum Fenster. Unten wurde eine Schwadron der 13. Husaren im Säbelfechten gedrillt, obgleich der Nachmittag sich unter einem bedrohlichen Himmel dem Ende zuneigte. Das Klirren der

Säbel war durchsetzt von den scharfen Kommandos der Ausbilder. Lestrade erinnerte sich an die Zeit, da er als Constable bei der berittenen Polizei selbst solche Übungen gemacht hatte. Er konnte vier Offiziere erkennen, die lässig dabeistanden und die Männer bei ihren Manövern beobachteten.
«Welcher davon ist er, Sir?»
Templeton-Smyth blickte ihn befremdet an und dann begriff er. «Oh, nein, mein lieber Junge. Dort drüben.» Er zeigte auf eine Gruppe von Ulmen, die in einiger Entfernung vom Exerzierplatz stand. «Drittes Grab von links. Tuberkulose, der arme Kerl. Familie bestand darauf, daß er hier beerdigt wurde. Mit allen militärischen Ehren, versteht sich.»
«Wann?» Lestrades Optimismus war bereits auf dem Tiefpunkt.
«Oh, vor drei – nein, vor vier Jahren. Es war im Juni. Ein Jammer. Er war ein guter vierter Mann.»
«Vierter Mann?»
«Whist, Captain. Spielen Sie?»
«Äh... nein, Sir.»
«Schade. Ist nämlich ein gutes Spiel für Jungens.»
Die Tür öffnete sich und eine große knochige Frau in einem unscheinbaren weißen Kleid erschien.
«Mein Lieber, tut mir leid, daß es mit dem Gabelfrühstück spät geworden ist. Sollen wir es im... Oh, Verzeihung, ich wußte nicht, daß du Besuch hast.»
Lestrade erhob sich schwankend. «Oh, nein, bitte stehen Sie nicht auf. Die Gicht kann einem ganz schön zusetzen, nicht wahr?»
«Dies ist Major Lestrade von der Metropolitan Police, meine Liebe», stellte Templeton-Smyth vor. «Major, meine Schwester.»
«Inspector, Madame», ächzte Lestrade, als Miss Templeton-Smyth ihm herzlich die Hand schüttelte.
«Wir erörtern eine delikate Angelegenheit, meine Liebe...» sagte der Colonel.
«Oh, Robert, mein Lieber, kann das nicht warten? Dieser arme Mann hat eine Tasse Tee verdient.» Sie half Lestrade auf seine bandagierten Füße und stützte ihn mit sehnigem Arm.
«Mädchen», sagte sie, während sie aus dem Zimmer des Colonels humpelten. «Als Polizist haben Sie gewiß mit einigen zu tun, die vom rechten Weg abgekommen sind.»

Lestrade hatte das schon einmal gehört.

«Nun, wir müssen sie schulen, etwas aus ihnen machen, Inspector. Ich habe mit einem der Offiziere meines Bruders, Captain Baden-Powell, darüber gesprochen, bevor er nach Malta ging. Er zog das Ganze freilich ins Lächerliche.» Der Colonel faßte hinter seiner Schwester Tritt. «Wir werden Tee trinken und ich werde Ihnen meine Vorstellungen darlegen...»

So hatte denn Lestrade, nach dem Gespräch mit Tennyson, mit den 13. Husaren eine weitere Niete gezogen. Er hatte sich die Zehen gequetscht, war auf der Rückfahrt von Dublin entsetzlich seekrank geworden und dem endlosen Geschwätz Templeton-Smyths ausgesetzt gewesen, der die Jugend Britanniens in irgendeinem scheußlichen Regiment von Tugendbolden organisieren wollte, die alten Damen über die Straße halfen und sinnlos im Gelände herummarschierten. Welch eine alberne Idee – dieser Baden-Powell-Knabe hatte das ganz richtig gesehen. Und wie lächerlich Colonel Templeton-Smyth in kurzen Hosen aussehen würde!
Während der folgenden achtzehn Tage arbeitete eine Gruppe von Constables vom Kriegsministerium aus, spürte die vierundzwanzig Männer namens Peter auf, die in den Reihen der 13. Husaren dienten oder gedient hatten, und befragte sie. Solange seine Zehen heilten, war Lestrade an den Schreibtisch gefesselt, doch er war einigermaßen überrascht, daß es so viele waren – Männer, natürlich, nicht Zehen. Immerhin war Peter doch kein so häufiger Name. Er war enttäuscht, daß die Nachforschungen nichts Greifbares ergaben. Acht der Männer waren tot, drei von ihnen saßen im Gefängnis. Zwei waren im Ausland und würden wahrscheinlich dort bleiben, und von den verbliebenen elf ließ sich keinerlei Verbindung zu Shanklin, der Insel Wight oder dem Verschwinden eines mittelalten Mannes in einem Arbeiterkittel herstellen. Zumindest wußte Lestrade jetzt, daß der Kittel auf Norfolk hinwies, doch Nachfragen, die per Telegramm oder telefonisch an den Chief Constable dieser Grafschaft gerichtet wurden, ergaben nichts – teilweise deshalb, weil der Chief Constable über kein Telefon verfügte. Doch es gab keine Meldung einer vermißten Person, auf welche die Beschreibung dessen, was einmal der Mann in der Schlucht gewesen war,

zutraf. Natürlich wurden ein paar Katzen vermißt und ein ziemlich bösartiger Salamander, jedoch keine Landarbeiter; um genau zu sein, überhaupt kein menschliches Wesen. Lestrade war gerade im Begriff, das Fazit zu ziehen, daß ein unidentifizierter Mann, dessen Name möglicherweise Peter gewesen war und der möglicherweise in Verbindung mit den 13. Husaren gestanden hatte, durch ein Gewaltverbrechen, verübt von einer oder mehreren Personen, zu Tode gekommen war, als mit der zweiten Post ein Brief eintraf. Es war ein Brief mit Trauerrand und die Botschaft war mit einer Schreibmaschine geschrieben. Lestrade brauchte sie nur einmal zu lesen, um ihre Wichtigkeit zu erkennen:

> Seht ihn an! Wie er dort steht,
> Die Hände schmutzig, das Haar verdreht.
> Seht! Die Nägel schnitt er nie, auf Ehr,
> Und sie sind so schwarz wie Teer;
> Und der Bösewicht, fürwahr,
> Hat noch nie gekämmt sein Haar.

Der Poststempel war London, und der Brief war adressiert an «Inspector Lestrade, Scotland Yard». Der Inspector warf einen zweiten Blick auf die holprigen Verse. Selbstverfaßt? Ja, vermutete er. Er wünschte, er verstünde mehr von Poesie, aber der Einpauker, bei dem er gewesen war, hatte sie für überflüssig gehalten, und die meisten seiner Kollegen beim Yard – Gregson, Athelney Jones, sogar McNaghten – hielten Poesie und Poeten für ermüdend und unmännlich. Der Schreibmaschinentext war sonderbar – ziemlich ungleichmäßig mit einem deutlichen Ausschlag nach oben beim Buchstaben «n», so daß er ein wenig unterhalb der Zeile stand. Er hatte immer geglaubt, es müsse eine Möglichkeit geben, eine fehlerhafte Schreibmaschine aufzuspüren, doch er hatte keine Ahnung, wie man das anstellen sollte.

Wieder fielen ihm die Ripper-Briefe ein. Zwei davon, die er kannte, waren echt. Etwa zweihundert stammten von Verrückten, von Spinnern, die jedesmal, wenn Morde sich häufen, aus ihren Löchern krochen. Diese beiden Briefe jedoch enthielten Informationen, die nur der Mörder kennen konnte. Und so war es auch mit dieser Strophe: einzig das Haar war in der örtlichen Zeitung erwähnt worden, und der Fall – denn dazu war er mittlerweile geworden – drang nicht bis zu allen Tageszeitungen vor. Lediglich der Bericht des Coroners, der von Sergeant Bush von der Hampshire Polizei und Lestrades eigener enthielten sämtliche Fakten. Es gab die Möglichkeit einer undichten Stelle, überlegte Lestrade, während er schmerzerfüllt den Lift ins Erdgeschoß betrat. Vielleicht jemand im Büro des Coroners – dieser pickelige Spilsbury, zum Beispiel – vielleicht einer von Bushs Männern. Doch das glaubte er nicht. Ganz tief im Herzen wußte er, daß der Mörder es gewesen war, der diesen Brief geschrieben und die Strophe verfaßt hatte.

So weit, so gut. Man schrieb das Jahr 1891, und dies war Scotland Yard – das hervorragendste Polizeipräsidium der Welt. Dies war Britannien, die Werkstatt der Welt. Die Forensische Wissenschaft stand ihm zur Verfügung. Hier, in dem düsteren Erdgeschoß, umgeben von Rohrleitungen für Gas und Wasser, hier waren die brillantesten Wissenschaftler versammelt, derer Europa sich rühmen konnte. Wenn sie in dem Brief keine Hinweise entdecken konnten, wer dann?

«Fingerabdrücke?» wiederholte der Gelehrte, als er auf den entfalteten Brief zwischen Lestrades sorgsam gespreizten Fingerspitzen starrte. «Nie gehört?»

Ein Tod am Morgen

Lord Frederick Hurstmonceux lag auf dem Billardtisch im Spielzimmer. Sein gewöhnlich fleckenloser Jagdrock war nur noch in Fetzen vorhanden, sein Hemd zerrissen und ebenso wie Hände und Gesicht mit geronnenem Blut beschmiert. Er war bereits seit etwa sechs Stunden tot, als Lestrade auf McNaghtens persönliche Anordnung eintraf. Das Haus, eine extravagante Scheußlichkeit im Stil Palladios, einer Biegung der Hügellande angeschmiegt, war still und stumm. Nach dem Schütteln und Rattern der pferdelosen Daimler Wagonette war diese Stille ein Segen. Ein grimmiger Butler empfing ihn an der Tür und führte ihn in die gefliese Eingangshalle. Sein Polizistenblick schweifte über die Aspidistrae, den eleganten Schwung der Treppe und die Porträts der Herren von Hurstmonceux, Väter und Söhne, in ihren roten Jagdröcken. Eine Reihe schüchterner, erschreckter Dienstmädchen, steif in ihren gestärkten weißen Schürzen, säumte den Durchgang. Sie waren unsicher, wie sie sich Lestrade gegenüber verhalten sollten. Sie wußten, daß er Polizeibeamter und warum er hier war, doch viele von ihnen hatten nie einen Beamten von Scotland Yard gesehen, einen Mann in Zivil. Einige knicksten, andere folgten ihm mit den Augen.
Der Butler öffnete die doppelten Türen. Lestrade blinzelte in das helle elektrische Licht, das den Tisch überflutete. Er blickte auf die Leiche. «Hat den Tischüberzug ruiniert», murmelte er.
«Ist das alles, Sir?»
«Ja. Würden Sie Sir Henry bitten, mich hier aufzusuchen?»
Der Butler verschwand. Lestrade unterzog die Leiche einer flüchtigen Untersuchung. Als Todesursache nahm er schwere Rißwunden und Schock an. Oder Blutverlust, dachte er, als er den blutverkrusteten Kopf drehte, um die zerrissene Jugularvene zu finden. Von seinen Kleidungsstücken waren bloß die schlammbedeckten Jagdstiefel unversehrt geblieben. Das war ein schmutziges, ein böses Ende, selbst für einen Landadeligen von Hurstmonceux's Reputation.

Ein Tod am Morgen

«McNagthen?»
Die Stimme ließ ihn jäh herumfahren.
«Oh, ich erwartete den Stellvertretenden Polizeipräsidenten McNaghten», sagte die Stimme.
«Inspector Lestrade, Sir.» Lestrade dachte, «Zu Ihren Diensten» hätte zu respektvoll geklungen. «Sir Henry Cattermole?»
Die Stimme streifte an Lestrade vorbei und Cattermole blickte auf die Leiche auf dem Billardtisch. «Ja, ich bin Cattermole.»
«Der Stellvertretende Polizeipräsident McNaghten war leider unabkömmlich. Er hat mich gebeten, Ihnen seine Empfehlungen zu übermitteln. Ich werde Ihnen ein paar Fragen stellen müssen, Sir.»
Cattermole hatte die Leiche nicht aus den Augen gelassen. «Kommen Sie in die Bibliothek», sagte er. «Ich kann ihn nicht länger ansehen.» Lestrade folgte ihm durch die Halle. Dienstmädchen und Butler waren verschwunden. Die Bibliothek war typisch für diese Landhäuser, jede Wand mit ledergebundenen Büchern bedeckt, die niemand gelesen hatte.
«Cognac?»
Lestrade nahm das angebotene Glas. «Wenn es denn sein muß, Sir.»
Cattermole stürzte den Cognac hinunter und füllte nach. «Freddie Hurstmonceux war ein Bastard, Inspector. Ein Bastard von Beruf. Oh, nicht im Sinne seiner Abstammung, verstehen Sie mich recht. Es gibt kaum blaueres Blut als das seine.»
«Mir kam es ziemlich rot vor, Sir.» Lestrade hätte sich wegen der Taktlosigkeit seiner Bemerkung einen Tritt versetzen mögen.
«Nein, Freddie hat diesen Tod verdient. Oder zumindest hat mich sein Tod nicht überrascht.»
«Können Sie mir erzählen, was geschah, Sir?»
«Er war auf der Jagd. Wir alle. Freddie liebte ein offenes Haus. Er liebte es, mit seinen Hunden und Kumpanen auf die Jagd zu reiten. Sie haßten ihn alle, doch er hatte eine Art von ordinärem Charme. Wie auch immer, wir hatten etwas erspäht und die Hunde losgelassen. Das war auf den Unteren Wiesen und Freddie war wie immer in wilder Jagd auf und davon. Er peitschte sein Pferd unbarmherzig.»
«Er behandelte Pferde nicht gut?»

«Pferde, Hunde, Leute. Er behandelte sie alle gleich schlecht. Ich habe gesehen, wie er ein Pferd zu Tode peitschte.»
«Sie haben ihn nicht daran gehindert?»
«Verdammt, Lestrade. Was geht das Sie an?» Cattermole hielt inne. Dann fuhr er, ruhiger geworden, fort. «Einem Mann wie Freddie kommt man nicht in die Quere.» Eine lange Pause. «Er kam also vor mir linker Hand durch das Dickicht. Bertie Cairns und Rosebery waren bei ihm, doch als er die Anhöhe genommen hat, muß er sie hinter sich gelassen haben. Da oben sind natürlich gepflügte Felder, schweres Geläuf. Freddie war ein besserer Reiter als jeder von ihnen. Als ich auf der Anhöhe ankam, war die Hölle los. Die Hunde machten jenseits der Mauer einen Spektakel wie eine Herde Teufel, so daß ich dachte, sie hätten den Fuchs gestellt. Heulend und jaulend rissen sie etwas in Stücke. Doch Bertie und Rosebery galoppierten hinunter, setzten über die Mauer und hieben mit ihren Reitpeitschen auf sie ein. Es war klar, daß etwas nicht in Ordnung war. Als ich hinkam, war alles vorbei. Die Hunde waren angeleint und ich konnte sehen, daß es kein Fuchs gewesen war. Es war Freddie.»
Kurze Zeit vergrub Cattermole das Gesicht in den Händen. Lestrade kam wieder auf die Leiche zu sprechen.
«Das haben Fuchshunde getan?» fragte er ungläubig.
Cattermole lehnte sich in seinen Sessel zurück. «Halten Sie das für unmöglich? Ich hab's gesehen, Lestrade. Sie gingen ihm an die Kehle. Er hatte überhaupt keine Chance.»
«Verzeihen Sie mir, Sir, es ist nicht meine Absicht, irgendwie lästig zu fallen. Aber das ist ein Tod durch Unfall. Ein Aufflammen der Naturinstinkte in bissigen Tieren.» Er gratulierte sich selbst, daß er diesen Satz in einem Atemzug über die Lippen gebracht hatte. Und dann, vielleicht ein wenig bombastisch, setzte er hinzu: «Ich bin vom C.I.D., Sir, der Kriminalpolizei.»
Cattermole erhob sich abrupt. «Inspector...» – sein Gesicht war finster – «ich hätte den Dorfpolizisten rufen können, aber ich wollte nicht, daß Plattfüße auf den letzten Überresten dessen herumtrampeln, was einmal eine große Familie war. Darum habe ich mich an McNaghten gewandt. Gott weiß, ich hätte für Freddie keine Zeit verschwendet. Er ist tot und verdammt in alle Ewigkeit. Aber dort...» – er deutete dramatisch auf das wuchtige Porträt über dem leeren Kamin – «... ist der vierte Pair Hurstmonceux – und einen

besseren Mann hat die Welt nie gesehen.» Henry Cattermole war einer aus der alten Schule, ehrlich und treu. «Freundschaft, die in Eton und Quetta geschmiedet wurde, stirbt nicht, Inspector.» Der Inspector zweifelte nicht an diesen Worten. «Um seinetwillen habe ich den Yard informiert. Keinen Wirbel, keinen Skandal, verstehen Sie?»
«Vollkommen, Sir.»
«Armer Georgie. Freddie war sein einziger Sohn. Der Bastard hat ihn umgebracht.»
«Soll das in die Akten, Sir?»
«Oh, nicht wörtlich, Lestrade. In Wirklichkeit hat er ihm keinen Revolver an die Schläfe gesetzt. Aber durch seine... Art... hätte er ihn ebensogut umbringen können.» Cattermole betrachtete lange das Porträt. Dann sagte er: «Kommen Sie mit, Inspector.»
Die beiden Männer verließen das Haus durch den mit Weinlaub überwucherten Südflügel und schritten quer über den samtweichen Rasen zu den Stallungen. Hinter den Hauptgebäuden, wo die dampfenden Jagdpferde und Vollblüter bewegt wurden, kamen sie zu den Hundezwingern. Lestrade hegte keine sonderliche Vorliebe für Hunde. Einer oder zwei seiner Vorgesetzten waren versessen darauf, Bluthunde einzusetzen, doch ihn schienen die Tiere immer anzupinkeln, wann immer er mit ihnen zu tun hatte. Er fragte sich oft, ob es ihm persönlich oder an dem Ort lag, an dem er sich befunden hatte. In einem Gehege befanden sich dreißig oder vierzig Fuchshunde, prächtige schwarze, braune und weiße Tiere, die sich leckten und schnüffelten. Lestrade war froh, daß sie nicht knurrten oder heulten. Da er nicht wollte, Sir Cattermole könne glauben, er habe Angst vor diesen Kötern, streckte er eine sichere Hand aus, wobei er betete, sie möge nicht zittern. Ein Hund mit massigen Unterkiefern, vielleicht älter, sicherlich dunkler als die übrigen, bohrte seine Nase in Lestrades hohle Hand. Er rubbelte ihm die Ohren.
«Guter Junge, guter Junge.»
«Fällt Ihnen an diesen Hunden etwas auf?» fragte ihn Cattermole. Lestrade haßte es, wenn man ihn auf diese Weise in Verlegenheit brachte. Hatte er es mit einem Einbruch in ein Wohnhaus, einer überfallenen Bank oder auch nur mit einem gefälschten Fünfer zu tun, bewegte er sich auf vertrautem Gelände. Doch Wochenenden mit Geschieße und Gejage und Landhäuser waren nicht sein Revier.

Er prüfte das Nächstliegende – seine beiden Beine. Bis jetzt hatte noch keiner der Hunde versucht, ihn anzupinkeln.
«Sie meinen...» Lange Jahre im Dienst hatten ihn das gemächliche Hinauszögern gelehrt, das er bis zu dem Punkt trieb, der seinem Fragesteller Gelegenheit gab, sich einzumischen.
«Von dem Blut abgesehen.»
Lestrade zuckte mit seiner Hand zurück und hoffte, daß die Bewegung nicht zu plötzlich gewesen war. Er hatte das Blut in der Tat nicht gesehen – bis jetzt. Aber es war da, dunkel und verkrustet um viele Mäuler. Menschliches Blut. Hurstmonceux's Blut.
«Sie sind so fügsam», fuhr Cattermole fort, «oder würden Sie glauben, daß sie vor ungefähr sechs Stunden einen Mann in Stücke gerissen haben?»
Soweit der Anstand es ihm zu erlauben schien, bewegte Lestrade sich rückwärts.
«Dieser da neben Ihnen», sagte Cattermole auf den Hund deutend, den Lestrade getätschelt hatte, «das ist Tray, der Leithund. Er dürfte als erster auf Freddie losgegangen sein. Rosebery sagte, er habe ihn an der Kehle gehabt.»
Lestrade war für die frische Luft dankbar. Quer über den Hof schritt, noch immer im Jagdanzug, Archibald Philip Primrose, V. Earl von Rosebery. Er war ein ängstlich blickender Mittvierziger.
«Ah, Rosebery. Dies ist Inspector Lestrade – von Scotland Yard.»
«O Gott.» Rosebery ergriff die ausgestreckte Hand.
«Mylord.» Lestrade verbeugte sich steif. «Können Sie ein wenig Licht in diese unglückselige Affäre bringen?»
Rosebery blickte sich um wie ein in die Enge getriebener Hirsch, seine wässrigen Augen spähten in jeden Winkel des Hofes. Er nahm Lestrades Arm und führte ihn abseits über den Rasen.
Cattermole spürte die Heimlichkeit und den Argwohn seines Gebarens und ging zum Haus zurück.
«Ich werde mich um Ihr Zimmer kümmern, Lestrade», rief er.
«Ich danke Ihnen, Sir Henry.»
«Hören Sie, Balustrade, es zeichnet sich ab, daß ich den Hosenbandorden kriegen werde.»
«Mylord?» Lestrade hätte alles geglaubt, was ihm Aristokraten erzählten, doch Rosebery hielt er nicht gerade für glaubwürdig.

«Keinen Skandal, verstehen Sie. Ich kann mir keinen Skandal leisten. Jedenfalls nicht im Augenblick, meine ich. Home Rule ist das eine. Und dann die G. G.'s, aber dies hier... Gott, armer Freddie.»
«Was war er für ein Mann, Sir?»
«Wer?»
«Lord Hurstmonceux.»
«Oh, ein Bastard. Ein absoluter Bastard. Er hatte seine Auftritte, zugegeben.» Rosebery stieß ein kaltes, distanziertes Lachen aus. «Nein, ich glaube nicht, daß er über das verfügte, was man einen anständigen Charakter nennen könnte. Hören Sie mal ...äh... Kavalkade... dies wird doch nicht an die Öffentlichkeit kommen, oder?»
Schon früher war in dieser Weise Druck auf Lestrade ausgeübt worden, doch es war verwirrend, daß es diesmal durch einen Mann wie Rosebery geschah, Gladstones rechte Hand, führender Politiker und Peer of the Realm. Er würde Lestrade selbst von seiner Meinung nicht abbringen, doch einem Inspector konnten leicht die Hände gebunden werden, und er war überhaupt nicht sicher, wie McNaghten sich verhalten würde. Gemeinsame Interessen und die Bindung an das alte College, das sie einst alle besucht hatten, trotz der Ausweitung der Bürgerrechte.
«Sie können den Tod eines Mitgliedes des Oberhauses nicht geheimhalten, Mylord.»
«Tod?» Roseberys Ton verriet, daß er Lestrade falsch eingeschätzt hatte. Dann fuhr er, ruhiger, fort: «Oh, ganz recht, ganz recht.»
Aber Lestrade war schneller gewesen. Er hatte den Wink verstanden. Rosebery verbarg etwas.
«Glauben Sie, daß es mehr war, Mylord?»
«Mehr?» Roseberys Anstrengungen, unbeteiligt zu wirken, waren kläglich.
«Mord, Mylord.» Lestrade drehte sich um und fixierte Rosebery, so daß ihr Spaziergang jäh unterbrochen wurde. Rosebery starrte ihn an, den Mund sperrangelweit geöffnet.
«Wie?» war alles, was er hervorbringen konnte.
«Das genau ist es, was mir zu schaffen macht», bekannte Lestrade. «Ich weiß es nicht. Bis jetzt.»
Rosebery blinzelte und ging weiter und überließ sich Lestrades Füh-

rung. Der Ton ihrer Unterhaltung hatte sich verändert. Der Polizist hatte jetzt die Oberhand und führte den edlen Lord an einem unsichtbaren Ring durch dessen aristokratische Nase herum.
«Ich nehme an, Lord Hurstmonceux war ein erfahrener Jäger und Reiter?»
«O ja, ist mit den Quorn, den Cattistock, den Besten geritten.»
«Verstand sich auf Pferde und Hunde?»
«Wie ein Eingeborener. Das ist es ja, was so verdammt sonderbar ist.» Rosebery fing an, aufzutauen. «Ich meine, er behandelte seine Tiere schlecht, Gott weiß es. Aber Hunde sind treue Kreaturen. Sie können eine Menge aushalten, wissen Sie.»
«Wenn Fuchshunde auf der Fährte sind, wonach jagen sie?»
«Nun, nach dem Fuchs natürlich.»
«Wegen der Witterung?»
«Ja. Daraufhin sind sie gezüchtet.»
«Und was könnte sie dazu veranlassen, auf einen Menschen loszugehen, besonders wenn sie in wilder Jagd hinter dem Fuchs her sind?»
Rosebery schüttelte den Kopf. «Ich weiß es nicht», sagte er. «Das ist ein verdammtes Rätsel.»

Das Abendessen verlief überraschend heiter. Zugegeben, Rosebery war immer noch nervös, doch der Wein floß und die Aristokratie empfand die Anwesenheit eines Yard-Beamten eher als ungewöhnlich denn als störend. Lestrade gab, so beredt wie möglich, ein paar Anekdoten aus dem Ripper-Fall zum besten, doch darüber war man in den Klubs offenbar bestens informiert. Für einen Mann seiner Herkunft kam er bemerkenswert gut mit der Unmenge von Bestekken und Silbergeschirr zurecht, die Mrs. Beeton in Schwärmerei versetzt hätte. Es war ein sonderbar männlicher Abend. Als Wochenende der «alten Hirsche» hatte Lord Hurstmonceux diese Zeremonie bezeichnet – nach der Familientradition fand nach der letzten Jagd der Saison ein «reiner Herrenabend» statt. Als man bei Zigarren und Port angelangt war, nahm der dritte Teilnehmer der Gesellschaft, Sir Bertram Cairns, Lestrade beiseite.
«Sie werden die ganze Nacht über Home Rule diskutieren», bemerkte er mit Blick auf Rosebery und Cattermole, die vor dem kra-

chenden Kaminfeuer in ernstem Gespräch die Köpfe zusammensteckten. «Nehmen Sie Ihr Glas mit. Ich möchte Ihnen etwas zeigen.»
Lestrade folgte Cairns durch das Haus, vorbei an seinem eigenen Zimmer und weiter durch endlose Gänge, bis sie zu einer verschlossenen Tür mit Messingbeschlägen gelangten. Cairns zog einen Schlüssel hervor und schloß auf. Es dauerte eine Weile, bis Lestrade das Interieur in sich aufgenommen hatte. Der Raum war offensichtlich eine Art Laboratorium. Von der Decke hingen schauerliche Vögel in Flugstellung herab, die große Schatten auf die Wände warfen. Tauben, die mit Habichten zusammenprallten und sich in ihre Bestandteile auflösten, und Würger, die Insekten auf Dornen spießten. Auf den Tischen und Bänken standen in langen Reihen Flaschen, Kolben und Röhren. In der Mitte des Raumes war der Boden unbedeckt, von Schnitten verunstaltet und mit dunkelbraunen Flecken übersät. Auf den Regalbrettern fand sich in Gläsern jegliche Art von Getier, in einer grünlichen Flüssigkeit schwimmend.
«Lord Hurstmonceux war Wissenschaftler?» fragte Lestrade.
«Nicht ganz», lautete die Antwort. Cairns deutete auf einen länglichen Kasten in einer Zimmerecke. An seinem einen Ende war eine Reihe von schwarzen und weißen Tasten und der Kasten war in Kammern aufgeteilt, über deren Böden Klavierdraht bis zu den Tasten gespannt war. Lestrade hielt es für korrekt zuzugeben, daß er nicht wußte, was es mit dieser Vorrichtung auf sich hatte.
«Das ist das Katzenklavier», sagte Cairns grimmig.
«Das... Katzen... das was?»
«Die Katzen werden in die Kammern gesetzt und eingeschlossen. Dann spielt der... ‹Wissenschaftler›... eine Melodie auf der Tastatur, mit dem Ergebnis, daß die Drähte hochschnellen und die Katzen von unten peitschen, während die Hämmer ihnen auf die Köpfe schlagen.
«Also ist das hier kein Laboratorium», sagte Lestrade, dem allmählich ein Licht aufging.
«Nein, Inspector. Dies ist eine Folterkammer.»
Lestrade fiel erst jetzt auf, daß die Wände und die Tür dick gepolstert waren. Cairns bemerkte seinen Blick.
«Schalldicht», sagte er. «Diese Tiere, die Sie dort in den Gläsern

sehen – ich halte jede Wette gegen Sie, daß an ihnen Operationen durchgeführt wurden, während sie noch sehr lebendig waren.» Cairns ging zu einer Schreibtischschublade und nahm eine dicke Kladde heraus. «Hier – eine Aufzeichnung seiner ‹Experimente›.»
«Vivisektion», murmelte Lestrade.
«O nein, Inspector. Vielleicht ist diese Ansicht unpopulär, aber echte Vivisektion dient wenigstens wissenschaftlichen Zwecken. Aber das hier – das ist reiner Sadismus – Folter um des Vergnügens willen. Und widernatürliche Handlungen», setzte er vieldeutig hinzu.
Lestrade durchblätterte die Kladde. Da war von gekochten Igeln die Rede, wurden Drosseln auf Nadeln gespießt, Füchsen die Vorderbeine abgehackt, Pferde mit Schneiderscheren kastriert, Ziegen mit Hutnadeln geblendet. Kaum der übliche Zeitvertreib für einen Wissenschaftler und Gentleman. Und was Lord Hurstmonceux mit den Schafen auf seinem Grund und Boden anzustellen versuchte, malte man sich am besten überhaupt nicht aus.
«Inwiefern hilft uns das, Sir Bertram?» fragte Lestrade.
«Ich bin mir nicht sicher», erwiderte Cairns. «Doch wir alle wissen, warum Sie hier sind, Lestrade. Hier handelt es sich nicht um einen simplen Tod am Morgen. Hier geht's um Mord.»
«Begangen von einem Hund oder von unbekannten Hundesöhnen?» setzte Lestrade hinzu.
«Wie meinen Sie das?»
«Ich möchte Ihnen etwas über Mord erzählen, Sir Bertram. Wenn ich gerufen werde, um ein Verbrechen aufzuklären, habe ich in der Regel ein Opfer und keinen Mörder. Der durchschnittliche Mörder ist nicht so entgegenkommend, mit einem Gewehr oder einem Messer in der Hand bei der Leiche stehenzubleiben, bis ich eintreffe. Ich setze die Beweisstücke zusammen – wie die Teile eines Puzzles –, und ich gelange zu Schlußfolgerungen. In diesem Fall nun habe ich meinen Mörder – oder besser gesagt meine Mörder. Vierzig Stück an der Zahl. Aber es handelt sich um Fuchshunde, Sir, und gegen einen Fuchshund kann kein Richter Ihrer Majestät ein Verfahren eröffnen. So etwas ist noch nie dagewesen.»
«Gütiger Gott, Mann, ich bin kein Idiot. Freddie Hurstmonceux war einer der unbeliebtesten Männer im Land. Es muß Scharen von Leuten geben, die nicht traurig wären, wenn sie ihn tot sähen.»

«Sehr wahrscheinlich, Sir. Aber wenn Sie mir nicht sagen können, wie sie es angestellt haben, ihn umzubringen, kann ich nicht weitermachen.»

In dieser Nacht schlief Lestrade wenig. In seinem abgelegenen Zimmer im Westflügel schritt er auf und ab. Die Petroleumlampe warf ein gespenstisches Licht auf die schwere chinesische Tapete. Sein Bett war entsetzlich unbequem und das Zimmer kalt. Er war nicht mit der Absicht gekommen, zu übernachten, doch im Hinblick darauf, daß der Verstorbene sie nicht mehr brauchen würde, hatte Sir Henry Cattermole ihm ein Nachthemd und einen Morgenmantel aus Lord Hurstmonceux's Garderobe zur Verfügung gestellt. Sie waren vielleicht ein wenig zu groß und nach Lestrades kleinbürgerlichen Vorstellungen zu aufwendig verziert, aber sie würden ihren Zweck erfüllen. Von Zeit zu Zeit blickte er auf den Rasen hinaus und sah, wie der Mond sich im Wasser des Sees spiegelte.
Gelegentlich rief ihm das Bellen eines Hundes den Grad seiner Erschöpfung ins Bewußtsein. Doch als die Morgendämmerung begann, sich über die niedrigen Bäume unterhalb des Hauses zu stehlen, begann eine Theorie in ihm Gestalt anzunehmen. Nach dem Frühstück wollte Lestrade feststellen, ob sie der Realität standhielt oder nicht. Cairns war ohne Einschränkung dafür. Cattermole hatte seine Zweifel, wollte jedoch das Seine zum Nutzen des Familiennamens tun. Eine Stunde nach dem Frühstück war die Koppel mit ihren Abrichtern draußen, und die Hausgäste, Lestrade eingeschlossen, saßen zu Pferde und waren aufbruchbereit. Es sei ein ganz normales polizeiliches Verfahren, versicherte er ihnen – die Rekonstruktion eines Verbrechens. Er hielt sich so weit als möglich von den Hunden fern, und jeder Mann trug, für den Fall, daß die Hunde abermals Amok liefen, einen geladenen Revolver bei sich. Lestrade war kein übler Reiter, doch an schweres Gelände und hohe Gatter war er nicht gewöhnt. Er hoffte, sie würden weder auf das eine noch auf das andere stoßen.
Es war ein nebliger Morgen, das Wetter für Anfang April ungastlich kalt und mit dem in der klaren Nacht nicht zu vergleichen. Als Cattermole die Jagd eröffnete, lagen schwere Tautropfen wie Perlen auf dem Grund, und die Meute setzte sich in Bewegung. Ein lebensmü-

der Kammerdiener ritt weit vorn, einen toten Fuchs über der Hinterpausche seines Sattels, um die Hunde auf den richtigen Weg zu locken. Es war ein eigentümlicher Anblick. Eine Jagd, eigentlich schon außerhalb der Saison, wenn auch nur um einen Tag, mit zu wenigen Männern und Pferden, keiner Jagdbeute und in einer sonderbar unheilvollen Stille. Es gab keine Fröhlichkeit, keine Neckereien und selbst Cattermoles Horn klang frostig und fremd. Sie überquerten die gepflügten Felder der Südlichen Wiesen, und die Pferde rutschten durch den morgendlichen Schlamm. Lestrade kam sich in Lord Hurstmonceux's Ersatz-Jagdrock ein wenig lächerlich vor, und die scheußlich unbequeme Jagdkappe hüpfte auf seinem Schädel herum. Doch verglichen mit dem Wald waren die Felder ein Vergnügen. Zweige peitschten ihn, als er sich zusammenkrümmte, um im Sattel zu bleiben. Schlammbespritzt und vom Tau der Blätter durchnäßt, bog er, im Bemühen, festen Grund zu finden, vom Pfad ab. Sein Pferd warf sich nach vorn, bäumte sich auf und schnaubte verärgert angesichts der zunehmenden Inkompetenz des Mannes auf seinem Rücken. Flüchtig sah Lestrade Bertie Cairns zu seiner Rechten am Rand eines vereinzelten Feldes. Er sah ihn, wie gesagt, flüchtig, aus der Perspektive eines Mannes, der gerade einen Salto über den Kopf seines Pferdes vollführt.
Lestrade landete platt auf dem Rücken, wobei er sich böse das Rückgrat stauchte. Er besaß die Geistesgegenwart und Geschicklichkeit, sich im Fallen an die Zügel zu klammern, so daß er mit der Hilfe des Pferdes imstande war, sich wieder aufzurichten. Keine Spur von den anderen. Er hoffte, niemand habe ihn gesehen. Zwei oder drei versprengte Hunde rasten an ihm vorbei, ohne ihn zu beachten. Mit Mühe saß er wieder auf und ritt auf das Licht am Waldrand zu. Er sah, daß die Hunde unten in der Senke den Fleck erreicht hatten, an dem nach seiner Meinung Lord Hurstmonceux getötet worden war. Jenseits einer niedrigen Trockenstein-Mauer, ungewöhnlich für diese Gegend, irrten die Hunde schnüffelnd und winselnd ziellos umher und hatten offenbar die Spur verloren. Der Kammerdiener mit dem toten Fuchs hatte seine Sache gut gemacht und seine Verfolger tatsächlich abgehängt. Cattermole, Cairns und Rosebery saßen auf ihren Pferden und hielten nach Lestrade Ausschau.
Der Inspector trieb sein Pferd durch die Ackerfurchen den Hang

hinunter. Vor ihm tanzte und hüpfte der Horizont. Er trieb dem Pferd die Knie in die Weichen und klammerte sich so majestätisch fest, wie er konnte. Der Horizont vor ihm senkte sich, und er war unten. Energisch ließ er sein Pferd einen Kreis beschreiben, um zu den anderen zu gelangen.
«Bravo, Parade», rief Rosebery. Der Name hatte jede Ähnlichkeit mit Lestrades wirklichem Namen verloren, so daß dieser eine Zeitlang annahm, Rosebery habe jemand anderen gemeint. «Einen Yard oder zwei weiter nach links und sie wären in die Egge geraten.»
Lestrade hatte gerade noch Zeit, das Ackergerät in Augenschein zu nehmen, als die Meute in Bewegung geriet. Die Hunde heulten und knurrten und sprangen an Rosebery hoch, sich mit schnappenden Kiefern in der Luft drehend. Cairns und Cattermole zogen ihre Revolver und feuerten wild nach links und rechts. Rosebery klammerte sich, als ob es ums Leben ginge, an den Sattel und versuchte, sein sich aufbäumendes Pferd aus dem Tumult herauszuwinden. Drei oder vier Diener rasten den Hang hinunter auf die Mauer zu, Befehle brüllend. Lestrade trieb sein Pferd durch das Getümmel, packte mit einer Schnelligkeit, die ihn selbst überraschte, Roseberys Zügel und führte das Pferd durch die Furchen auf die Seite. Inzwischen hatte Rosebery seine Beherrschung wiedergewonnen und sein Pferd unter Kontrolle. Lestrade kehrte mit entsichertem Revolver zurück, doch Cairns und Cattermole hatten ganze Arbeit geleistet und die Hunde wichen zurück, jetzt ruhiger und durch die Schüsse und die Kadaver an der Mauer wie betäubt.
Die Reiter begaben sich auf höhergelegenen Grund, während die Diener und die Abrichter die Hunde in ihre Obhut nahmen. Rosebery sackte, aus vielen Wunden blutend, in einem Schock im Sattel zusammen. «Eine gottverdammte Chose!» sagte er, verständnislos nach vorn starrend.
«Du hast Glück gehabt, daß du noch lebst», sagte Cairns und überreichte Rosebery seinen Hut.
«Zumindest der Leithund wird niemanden mehr anfallen», sagte Cattermole. «Ich habe ihn vorhin erschossen.»
«Es war nicht der Leithund», sagte Lestrade mehr zu sich selbst.
«Ich hab's gesehen», sagte Cattermole, «genauso wie beim armen Freddie.»

«Sagen Sie mir, Sir», sagte Lestrade und drehte sich im Sattel um, «als Sie Tray erschossen... wer hat den Hund getötet: Sie oder die Waffe?»
«Wie bitte?»
«Ich will sagen: die Hunde haben Freddie Hurstmonceux getötet. Wer aber hat sie dazu abgerichtet?»
«Abgerichtet?» fuhr Rosebery auf. «Sie können Hunde nicht dazu abrichten, auf einen Mann loszugehen.»
«Doch, man kann», sagte Cairns, «aber sie müssen zugleich dazu abgerichtet worden sein, auch auf Rosebery loszugehen.»
«Nein, Sir, das glaube ich nicht. Wenn meine Annahme zutrifft, dann war der Vorfall heute morgen bloß eine zufällige Wiederholung des Tatvorganges. Lord Hurstmonceux muß aus dem Sattel geworfen worden sein. Sie haben Glück gehabt, Mylord.»
«Wir müssen sehen, daß wir dich zum Haus zurückschaffen, Rosebery», drängte Cattermole. «Ich weiß nicht, was Sie erreicht haben, Lestrade, außer daß fast noch jemand umgekommen ist.»
«Sir Henry, bitte, haben Sie Nachsicht mit mir. Ich glaube die Antwort zu kennen, doch zuvor muß ich noch die Pächter vernehmen. Läßt sich das einrichten?»
«Gütiger Himmel, Mann, das sind fast zweihundert Leute. Dürfen Sie denn so lange vom Yard fortbleiben?»

Lestrade brauchte ein wenig mehr als eine Woche, um alle Pächter von Hurstmonceux zu befragen. Hätte er zwei oder drei Sergeanten zur Unterstützung gehabt, wäre er vielleicht mit der Hälfte der Zeit ausgekommen, doch Cattermole bestand im Interesse der Familienehre darauf, daß nichts über den Vorfall an die Öffentlichkeit gelangte. Lestrade wußte nur zu gut, daß, was immer er hier entdecken würde, niemals etwas davon publik werden würde. Zwar war Freddie Hurstmonceux zu Lebzeiten hinreichend verrufen gewesen, doch niemand würde die Gelegenheit bekommen, die Dinge nach seinem Tod noch schlimmer zu machen. Das «Laboratorium» würde nie ans Tageslicht kommen. Lestrade war nicht einmal sicher, ob Cattermole davon wußte.
Von den hundertdreiundachtzig Erwachsenen auf dem Hurstmonceux-Besitz hatten hundertdreiundachtzig das Motiv und die Gele-

genheit, ihren früheren Herrn zu töten. Sogar einige der Kinder sahen mordlustig aus. Doch Lestrade stellte ihnen nur eine Frage – zumindest war er nur an der Antwort auf eine Frage interessiert: Wer stellte die Egge an die Mauer in den Unteren Wiesen?
Es ergab sich, daß keiner es getan hatte. Lestrade war stolz auf seine Fähigkeit, Menschen zu beurteilen. Es gab viele Pächter, die Lord Hurstmonceux mit einer Hacke den Schädel gespalten, ihn mit einer Schrotflinte weggeblasen oder einer Sichel geköpft hätten, doch wer unter ihnen besaß das Talent, ihn auf diese Weise umzubringen? Als erfahrener Polizist beobachtete er die Reaktionen der Pächter, wenn er sie nach der Egge fragte. Sie sagten ihm die Wahrheit. Niemand hatte sie angerührt.
Darauf nahm er mit aller Gerissenheit, die ihm zu Gebote stand, die Abrichter der Meute ins Verhör. Sie sagten ihm, diese Koppel sei in der Jagd unerfahren gewesen. Lestrade fragte sich, ob sie damit ihre Verschwiegenheit gebrochen hätten, doch der Ernst der Lage verbot diesen Gedanken. Wo sie gekauft worden seien? Auf einer Auktion selbstverständlich.
Lestrade brach sein Versprechen der Verschwiegenheit und schickte ein Telegramm an den Yard, um Nachforschungen anstellen zu lassen. Wie er erwartet hatte, konnte der frühere Besitzer nicht ermittelt werden.
Der Inspector konnte noch eine letzte Karte ausspielen. Rosebery war nach London zurückgekehrt, um seine Wunden zu pflegen und auf den Hosenbandorden zu warten. Die Leichenfeier für Lord Hurstmonceux sollte am folgenden Tag in der Familienkapelle stattfinden, die etwa eine Meile von Hurstmonceux Hall entfernt war. Lestrade würde der Zeremonie nicht beiwohnen. Seine Anwesenheit wäre nicht erwünscht gewesen. In der Nacht vor seiner Abreise schlich sich Lestrade nach Einbruch der Dunkelheit aus seinem Zimmer. Er überquerte den mondlosen Hof und huschte zu den Hundezwingern. Als er drin war, raste sein Herz. Einmal oder zweimal verließ ihn der Mut, doch jedesmal faßte er sich wieder. Trotz seines Eintretens schliefen die Hunde mehr oder weniger fest. Doch er wußte selbst im Dunkeln, daß einer oder zwei wach waren und ihn beobachteten. Er hob den Revolver, einen schweren Smith & Wesson, und betete. Sein Herzschlag brauste in den Ohren. Vor seinen Augen aufblitzend, sah er Freddie Hurstmonceux's zerfetzten

Leichnam wieder, das geronnene Blut an seiner Kehle und an den Kleidern, das verkrustete Rinnsal auf dem Tuch des Billardtisches. Er entsicherte den Revolver – einmal, zweimal –, und von irgendwo aus den Tiefen seiner Kehle kam das geflüsterte Wort: «Egge».

Die Zwinger erwachten zu brüllendem Leben, die Hunde knurrten und schnappten. Lestrade warf sich zurück durch die Tür, schob den Riegel vor und lehnte sich nach Luft ringend an die Mauer. Er hatte recht. Er hatte es bewiesen. Aber im Haus wurde es lebendig, in den Zimmern der Dienerschaft gingen Lichter an. Stimmen und Rufe auf dem Hof.

Lestrade sah keinen Anlaß, sich zu erkennen zu geben. Er steckte den Revolver ein und kroch durch das Gebüsch zu dem Flügel, in dem sein Zimmer lag. Er war die Treppe hinauf und in sein Zimmer geschlichen, bevor das Haus wieder in einen unruhigen Schlaf gefallen war. In der Nacht vor der Beerdigung des Hausherrn schlief jedermann unruhig.

Lestrade reiste mit dem Zug nach London zurück. Die Zeitungen hatten ihre Schlagzeilen: «Schrecklicher Jagdunfall.» Alles war tadellos, vage und normal. Lord Hurstmonceux war vielleicht einfach vom Pferd gefallen. Nur Lestrade wußte, wie. Irgend jemand hatte die Egge an die Mauer auf den Unteren Wiesen plaziert. Dann hatten sie die Jagd dort entlang geführt, vermutlich so, wie Lestrade es gemacht hatte, wobei ein Treiber eine Duftspur gelegt hatte. Hurstmonceux hatte die Mauer übersprungen, war in die Egge geraten oder hatte sie knapp verfehlt. Wie hatte er wohl darauf reagiert? «Wie kommt diese verdammte Egge dort hin?» oder etwas Ähnliches. Wer immer das eingefädelt hatte, er hatte Freddie die Meute bereits verkauft und sie so abgerichtet, daß sie blindlings und bösartig auf jeden losging, der das Wort «Egge» aussprach.

Nun, das war's. Es war phantastisch. Es war erstaunlich riskant, ungewiß. Der Mörder brachte sich in Gefahr, wenn er sich an die Spitze der Jagd setzte. Er hätte leicht gesehen werden können. Wie hatte er den Verkauf eingefädelt? Wie konnte er sicher sein, daß Freddie die Mauer als erster erreichen würde? Und daß er das entscheidende Wort «Egge» aussprechen würde? Daß Freddie zu diesem Zeitpunkt allein war, erwies sich für die anderen, die im Feld ritten, als ein Glück. Lestrade fiel ein, daß er mit ihnen hätte spre-

Ein Tod am Morgen

chen müssen. Doch als er angekommen war, hatten die meisten sich bereits verabschiedet und hätten den Tatsachen vermutlich nichts Neues hinzufügen können.
Trotzdem, so war es abgelaufen. Riskant, unsicher, phantastisch, fürwahr. Aber es hatte funktioniert.
Lestrade wußte also, wie der Mord ausgeführt worden war. Doch er wußte nicht, von wem. Er würde McNaghten die Beweise präsentieren, der würde seinen Schnurrbart streichen, seine Krawatte geradezupfen und die Erkenntnisse in den Eingeweiden seines unbegreiflichen Ablagesystems verschließen. Er könnte sodann eine armlange Liste all jener erstellen, die Freddie als den Mann kannten, der er war: ein Schurke und ein Lump. Es würde ihm nicht viel weiterhelfen.
Der Brief wartete auf ihn, als er zurückkam. Ein Brief mit Trauerrand, der exakt in der Mitte seines Schreibtisches lag. Lestrade erkundigte sich, warum man ihn nicht auf den Stapel der im Laufe der Woche eingegangenen Post gelegt habe, der an einer Seite des Schreibtisches aufgehäuft war. Der diensthabende Sergeant erklärte, der Brief sei heute morgen angekommen, an Lestrade selbst adressiert gewesen und darum als persönlich angesehen worden. Der Inspector öffnete den Brief. Und dann legte er ihn neben den ersten. Kein Zweifel. Sie waren auf verschiedenen Schreibmaschinen geschrieben. Jedoch die Reimerei klang ähnlich, wenn der Verfasser diesmal auch besser informiert schien:

> Der Frederick, der Frederick,
> Der hatte einen bösen Blick;
> Er fing die Fliegen in dem Haus
> Und riß ihnen die Flügel aus,
> Zerbrach die Stühl', schlug Vögel tot,
> Ertränkt die Kätzchen ohne Not;
> Der treue Tray am Brunnen lag,
> Den Durst zu löschen, an heißem Tag;
> Und als er trank, ganz mild und zahm,
> Der böse Fred eine Peitsche nahm;
> Er schlug den Tray, bis er ganz wund
> Und peitscht' und trat ihn ohne Grund:
> Da packt den braven Tray die Wut,

> Er knurrt' und biß ihn bis aufs Blut;
> Und wer dabei war, könnt' beschwören,
> Wie Fred man konnte schreien hören!

Die Erkenntnis drängte sich Lestrade auf. Die Trauerbriefe, die ihm an die Adresse des Yard geschickt wurden. Keine verwertbaren Spuren, was Poststempel und Schriftbild anging. Zwei Gedichte, die eine präzise Kenntnis der jeweils untersuchten Verbrechen verrieten. Und sie stammten, nach dem Stil der Gedichte zu schließen, von demselben Schreiber. Selbst Lestrades unpoetisches Auge konnte das erkennen. Er legte McNaghten die beunruhigenden Beweisstücke vor.
Der Chef der Kriminalpolizei strich seine Krawatte und zupfte seinen Schnurrbart gerade.

Die Tochter des Vikars

Constable Dew brauchte fast zehn Minuten, um den Ort im Atlas zu finden.
«Hier ist er, Sir», sagte er zu Lestrade. «Wildboarclough.»
«Komischer Name», knurrte Lestrade.
«Ungefähr sechs Meilen von Macclesfield entfernt, Sir, Luftlinie.»
Lestrade flog nicht. Bis Macclesfield benutzte er mehrere Züge und mietete dann ein Pony und einen Einspänner, um in die Penninen und nach Wildboarclough zu kommen. Es war Anfang Mai, doch hier oben gab es keine Anzeichen des Frühlings. Er befand sich in der Nähe des *Cat-and-Fiddle-Inn*, einem der höchstgelegenen in England. Es war ein Paradies für Wanderer, doch Lestrade sah heute keinen einzigen. Als sein Pony die schmalen gewundenen Straßen emporklomm, lag in den Senken frischer Schnee. Auf den höhergelegenen Hängen über ihm sah er die Schafe, die sich zusammendrängten, um sich vor dem beißenden Wind zu schützen. Er kam an einem Lamm vorbei, das auf dem offenen Moor tot am Straßenrand lag. Krähen hatten ihm die Augen ausgepickt – ohne Zweifel eine jener Krähen, die nach Dews Meinung den Luftweg von Macclesfield benutzen konnten.
Als er nach Wildboarclough hineinklapperte, waren die Moore weniger deutlich zu erkennen. Hier gab es tiefe Schluchten, unheimlich und dunkel, steile Klippen aus Granit, über den kahlen stummen Winterbäumen aufragend. Er kam am neuen Postamt – eigens für den Besuch Ihrer Majestät auf den Besitzungen Lord Derbys gebaut – und an der Schule vorbei. Das Pfarrhaus lag ein wenig abseits zur Linken, oberhalb der kleinen, grauen Kirche. Alle Häuser waren grau, massig und stumm, deutlich abgesetzt von den immergrünen Laubmassen der Rhododendronbüsche.
Eine Frau, unverkennbar die Haushälterin, öffnete die Tür, während sich der Gärtner um das Pony und den Wagen kümmerte. Le-

strade erklärte, wer er sei, und wurde in den Salon geführt. Er streifte seine Wollhandschuhe ab und streckte die gespreizten Hände über einem winzigen Kaminfeuer aus. Während er es betrachtete, erlosch es, eine einsame Rauchspirale zurücklassend. Lestrade begnügte sich damit, auf seine Finger zu blasen, und versuchte ihre Spitzen in den wärmenden Spitzen seines Schnurrbarts zu verbergen. Er trampelte auf und ab, während er sich zu erinnern suchte, wann er seine Füße zuletzt gespürt hatte. Die Bücher in den deckenhohen Regalen waren von der Art, wie er sie erwartet hatte – theologische Wälzer, umfangreiche Werke zur Kirchengeschichte.
«Inspector Lestrade?»
Der Inspector drehte sich um und sah sich einem stiernackigen, rotgesichtigen Mann gegenüber, etwa doppelt so breit wie er selbst.
«Swallow.»
Lestrade fragte sich, ob das ein alter Cheshire-Brauch sei. Oder vielleicht ein Heilmittel gegen Frostschäden. Er war bereits im Begriff, dem Befehl nachzukommen, als ihm die Erkenntnis dämmerte –
«Inspector Swallow, Cheshire-Polizei.»
Lestrade hoffte, daß sein Adamsapfel nicht allzu deutlich hervorgetreten war, als er die Hand des Inspectors schüttelte.
«Üble Geschichte», knurrte Swallow.
«Was ist passiert?»
«Ich hätte allen Grund, grob zu sein», verkündete Swallow verdrießlich. Lestrade sah ihn an und fragte sich, ob er überhaupt zu etwas anderem fähig wäre. Swallow ging zum Fenster hinüber und blickte über die Rasenfläche zur Kirche hinüber.
«Ich hab ihnen abgeraten. Wir würden das schon in den Griff kriegen, sagte ich. Wir brauchten den Yard nicht, sagte ich.» Aus Furcht, er sei zu grob gewesen, wandte er sich Lestrade zu. «Nichts Persönliches, natürlich.»
Lestrade tat die Beleidigung mit einer Handbewegung ab. «Wir alle führen Befehle aus, Inspector», sagte er. «Ich fürchte, diese Sache ist vielleicht größer als wir beide zusammen.»
«Wie meinen?» Swallow hatte die Floskel nicht verstanden.
«Ich bin noch nicht sicher.»
Swallow ließ die gerahmte Fotografie eines halbwüchsigen Mädchens neben Lestrades Kopf auf den Kaminsims plumpsen.
«Harriet Elizabeth Wemyss. Alter siebzehn. Verbrannt.»

Die Tochter des Vikars

«Das nehme ich an.» Lestrade betrachtete flüchtig die Fotografie. Ein merkwürdig unscheinbares Mädchen, Haare in der Mitte gescheitelt. Sehr altmodisch. Vermutlich ihrer Mutter wie aus dem Gesicht geschnitten. Jetzt wohl nicht mehr wiederzuerkennen, dachte er. Besser nicht weiter darüber nachdenken. Ziemlich unangenehm.

«Ich sah keine Brandschäden, als ich reinkam», sagte er auf gut Glück.

«Konnten Sie auch nicht. Das war kein gewöhnlicher Zimmerbrand. Glauben Sie, wir hätten nach dem Yard geschickt, wenn's einer gewesen wäre?»

«Wie lautet Ihre Theorie?»

Swallow war sich nicht ganz sicher. «Hören Sie, besser Sie kommen mit und sehen sich's selbst an. Der Reverend ist noch eine Weile fort. Er wird nichts dagegen haben.»

Lestrade war überrascht, daß Swallow offensichtlich Anzeichen von Gefühl oder zumindest Respekt zeigte. Er folgte dem stämmigen Polizisten die breite Treppe hinauf, vorbei am Kirchenfensterglas und dem *Licht der Welt*. Der Leichnam lag auf einem Bett in einem Zimmer am Ende des Ganges. Es ließ sich kaum noch eine menschliche Gestalt erkennen, geschweige denn die des Mädchens auf der Fotografie.

«Hoffe, Sie haben einen kräftigen Magen, Lestrade», knurrte Swallow, «sie wird heute noch nach Congleton gebracht. Falls Sie die Leiche untersuchen wollen, tun Sie's am besten gleich.»

«Wer hat den Tod bescheinigt?»

«Der hiesige Arzt. Bursche namens Marsden.»

«Todesursache?»

Swallow sah Lestrade von der Seite an. Das sollte ein Mann vom Yard sein? Er kam ihm eher wie eine Art Kretin vor.

«Verbrennen», erwiderte er.

Lestrade betrachtete den Hals oder die Stelle, wo der Hals hätte sein sollen. Zeichen einer Strangulation würde man unmöglich daran entdecken können. Er blickte auf die Überreste des verkohlten und verschrumpelten Körpers. Vielleicht könnte ein Coroner noch etwas entdecken, dachte er, aber es müßte schon ein verdammt guter sein. Lestrade jedoch konnte es nicht. Er mußte annehmen, daß das Mädchen verbrannt war.

«Erzählen Sie mir, was passierte», sagte er.
«Könnten wir nicht in den Salon zurückkehren?» Swallow sah überraschend elend aus. Lestrade folgte ihm die Treppe hinunter. Am Fuß der Treppe trafen sie mit dem Reverend Wemyss zusammen, der gerade durch die Vordertür eintrat. Binnen Sekunden stand er knietief in Katzen. Die gegenseitige Vorstellung vollzog sich kurz und sachlich. Der Vikar trug zwei seiner Lieblingstiere mit sich in den Salon. Eine dritte Katze hatte sich um Lestrades Nacken gekringelt. Wemyss blieb abrupt stehen.
«Mrs. Drum!» bellte er.
Die Haushälterin wieselte inmitten raschelnder Röcke herein. Der Vikar fuhr sie derartig an, daß die Katzen in alle Richtungen flohen: «Sie haben hier drin ein Feuer gehabt!»
Mrs. Drum brach augenblicklich in Tränen aus. «Tut mir leid, Sir, ich dachte nicht dran. Wir hatten Gäste...»
«Gäste!» Der Vikar war puterrot. Mrs. Drum deutete auf Lestrade. «Ich habe jegliches Feuer in diesem Hause untersagt, Mrs. Drum. Sie sind entlassen.»
Die Haushälterin entschwand tränenüberströmt. Wemyss zwang sich sichtbar zur Ruhe und gebot den Beamten, Platz zu nehmen.
«Bitte verzeihen Sie mir, Gentlemen. Wie Sie sich vorstellen können, ist das für uns alle eine ziemlich nervenaufreibende Zeit.»
«Natürlich, Mr. Wemyss», sagte Lestrade. «Gleichwohl ist es meine schmerzliche Pflicht, Ihnen ein paar Fragen zu stellen.»
«Ganz recht, Inspector. Doch zuerst möchten Sie vielleicht einen Tee?»
«Gern, Sir.»
Der Vikar zog an einem Klingelzug, dann lehnte er sich zurück, um seine Katzen zu streicheln. Ein Dienstmädchen huschte herein, knickste und blieb reglos stehen. «Tee, Hannah...» – und dann nach einigem Nachdenken – «Nein, warte. Ich habe ja gesagt, kein Feuer. Bring uns Limonade.»
Limonade als Krönung einer langen, kalten Reise entsprach nicht Lestrades Vorstellung von einer Erfrischung. Aber schließlich war er ja nicht hier, um es sich gutgehen zu lassen.
«Selbstverständlich habe ich vor Inspector Swallow und seinem Constable bereits eine Aussage gemacht», fing Wemyss an, «aber

Die Tochter des Vikars

ich nehme an, daß es bei der Polizei üblich ist, sich alles mehrmals erzählen zu lassen.»

«Gelegentlich kommen neue Gesichtspunkte ans Licht, Sir», bemerkte Lestrade. «Bitte fahren Sie fort.» Und er hätte sich für diesen Satz ohrfeigen können.

«Ich besuchte eine Versammlung der Abstinenzler in Macclesfield. Das war, warten Sie, am Donnerstag. Vorgestern. Ich kam mit dem Einspänner heim, am frühen Abend. Es war schon dunkel. Als ich ausstieg und Beddoes das Pony nahm, hörte ich die Schreie aus dem Inneren des Hauses. Ich ging hinein und fand...»

Er hielt inne, schien sich jedoch bemerkenswert gut in der Gewalt zu haben.

«Meine Frau und die Gouvernante meiner Tochter, Miss Spinks, waren vor mir dort, beide völlig aufgelöst. Das verkohlte Ding, das einmal meine Tochter war, lag auf dem Treppenabsatz am Boden...» Eine weitere Pause. «Nicht wiederzuerkennen.»

Swallow schlürfte unpassend an seiner Limonade in diesem ergreifenden Augenblick.

«Ich sollte hinzufügen», fuhr Wemyss fort, «daß meine Frau und Miss Spink selbst abwesend gewesen waren, um die älteren Leute im Ort zu besuchen. Sie waren unmittelbar vor mir heimgekommen.»

«Und die Dienstboten?» fragte Lestrade.

«Nur Mrs. Drum war im Haus. Das Dienstmädchen Hannah wohnt nicht hier und hatte seinen freien Tag. Beddoes teile ich mir mit dem Schulmeister. Er war nur für eine oder zwei Stunden auf dem Grundstück gewesen, bevor ich ankam. Ich dulde ihn nie im Haus.»

In diesem Haushalt, dachte Lestrade, beginnt die Nächstenliebe nicht an der eigenen Schwelle.

«Möchten Sie noch etwas hinzufügen?» fragte er.

Wemyss erhob sich, wobei er die Katzen in Unordnung brachte. «Gottes Wege sind unerforschlich, Inspector. Ich habe mir schon seit langem Brutus' Haltung zu eigen gemacht, der den Tod unter seinen Lieben hinnahm. Eines Tages muß es geschehen, und da ich das weiß, kann ich mich damit abfinden.»

Lestrade und Swallow nickten unwillkürlich im Gleichtakt mit den Köpfen. Als sie es bemerkten, hielten sie inne.

«Ich möchte Ihnen etwas zeigen.» Wemyss zog ein abgegriffenes Buch aus dem Regal. «Das Personenstandsregister für das Jahr Unseres Herrn 1767. Ich habe mir die Mühe gemacht, die Seiten zu kennzeichnen.» Er las einen ungewöhnlichen Bericht vor. «Eine Dame wurde verbrannt im Schlafzimmer ihres Londoner Hauses aufgefunden. Eine alte Dame, gewiß, doch man fand nichts, was das Feuer hätte auslösen können. Keine Kerzen, kein Kaminrost, kein Unschlitt. Nichts besonders Brennbares. Sie verbrannte ganz einfach», schloß Wemyss. «Eine Art von... Selbstverbrennung, würden Sie vermutlich sagen.»
«Sie meinen, wie bei einem Automobil, Vikar?» fragte Swallow ganz verblüfft. Wemyss und Lestrade blickten ihn an, und er sackte in seinen Sessel zurück.
«Kann das passieren, Mr. Wemyss?» fragte Lestrade.
«Glaubt man dem Register für 1767, ist es passiert, Inspector Lestrade. Aber nein, ich glaube nicht. Verstehen Sie, ich glaube, daß meine Tochter ermordet wurde.»
Lestrade blickte den älteren Mann an. Welcher Mörder würde ein siebzehnjähriges Mädchen töten – die Tochter eines Vikars? Es konnte sich natürlich um ein Sexualverbrechen handeln, doch der Zustand der Leiche machte es unmöglich, diese Hypothese zu beweisen. Es schien ein wenig unangebracht, die abgedroschene Frage zu wiederholen, doch er tat es trotzdem.
«Hatte Ihre Tochter irgendwelche Feinde, Mr. Wemyss?»
«Inspector, meine Tochter war ein schüchternes, kleines Mädchen von siebzehn Jahren. Sie hatte sehr wenige Freunde, das arme Lämmchen. Wir leben sehr einsam hier oben, wissen Sie. Aber Feinde... nein, Inspector. Sie hatte nicht einen Feind auf der Welt.»
«Warum sagen Sie dann, daß sie ermordet wurde, Sir? Und warum verständigten Sie den Yard?»
«Lassen Sie mich Ihre zweite Frage zuerst beantworten. Es hat immer zu meinen Grundsätzen gehört, meiner Familie das Beste zu bieten – die beste Ernährung, die beste Kleidung, die beste Erziehung – und damit meine ich, wohlgemerkt, nicht Ihre höhere Schule in London – und, ohne daß ich Swallow kränken möchte, die beste Polizei.»
Lestrade verbeugte sich in Anerkennung für das Kompliment.

«Um Ihre erste Frage zu beantworten: weil ich nicht daran glaube» – er zeigte auf das Register – «ich glaube nicht, daß man sich selbst verbrennen kann. Es muß eine rationale Erklärung geben. Die Leiche meiner Tochter wurde oben auf dem Treppenabsatz gefunden. In den oberen Räumen gab es kein Feuer. Es war ziemlich warm für Mai.»
Lestrade zuckte zusammen, als er sich fragte, welche Temperaturen wohl in einem kalten Mai herrschen mußten.
«Ich werde den Schauplatz des Todes ein wenig später noch einmal in Augenschein nehmen, Sir», sagte er, «doch zunächst möchte ich gern mit Ihrer Gattin sprechen, Mr. Wemyss.»
«Ich fürchte, das wird nicht möglich sein, Inspector. Verstehen Sie, meine Frau ist außer sich. Sie hält sich bei ihrer Schwester in Congleton auf. Ich muß darauf bestehen, daß sie nicht belästigt wird. Unser Arzt hat dringend davor gewarnt, weil das in ihrer augenblicklichen seelischen Verfassung sehr schädlich wäre.»
Lestrade vergewisserte sich mit einem raschen Blick bei Swallow. Der derbe Cheshire-Polizist nickte ernsthaft. Lestrade schloß daraus, daß er Mrs. Wemyss vermutlich gesehen hatte. Ihre Aussage würde kaum hilfreich sein.
«Dann muß ich mit Miss Spink sprechen.»
«Gewiß. Ich werde sie sogleich zu Ihnen schicken.»
Jedoch hatte Wemyss die Tür noch nicht erreicht, als eine lautlos weinende Mrs. Drum erschien. «Ich bin im Aufbruch, Sir», brachte sie zwischen zwei Schluchzern heraus und deutete auf eine Reisetasche in ihrer Hand. «Beddoes wird mir meinen Koffer nachschikken. Währenddessen…» An diesem Punkt versagte ihr völlig die Sprache; sie machte nur noch durch eine Bewegung der Hand, die ein riesiges weißes Taschentuch umklammerte, auf das Eintreten von Besuchern aufmerksam.
«Sehr gut.» Wemyss blieb unbeeindruckt von dem aufgelösten Zustand der Frau. «Erwarten Sie kein Zeugnis von mir, Mrs. Drum. Ihre heutige Handlungsweise ruiniert Ihren bisher makellosen Ruf. Mein lieber Watts.»
Wemyss schüttelte dem Neuankömmling die Hand. Ein stattlicher Mann, Mittfünfziger, wie Lestrade schätzte, ausgesucht gekleidet und distinguiert. Hinter ihm trippelte ein kleiner Mann mit kastanienbraunem Haar, den schmalsten Hängeschultern und dem größ-

ten Kopf, den Lestrade je gesehen hatte. Ihm gegenüber verhielt sich Wemyss reservierter. «Swinburne», und ein steifes Kopfnicken war alles, was er empfing. Der kleine Mann nickte ebenfalls.

«Mein teurer Hector, wie unsagbar schrecklich. Wir brachen sogleich auf, nachdem wir es erfahren hatten. Swinburne ging es nicht gut. Wie trägt es die arme Dorothea?»

«Nicht gut, fürchte ich. Du kannst dir vorstellen, welcher Schock es für sie war – die arme Harriet so zu finden. Sie ist bei ihrer Schwester in Congleton.»

«Harriet?» fragte der Neuankömmling.

Alle blickten ihn ziemlich entgeistert an.

«Nein, Dorothea.»

«Ja, natürlich.»

Die Vorstellung war flüchtig: «Inspector Lestrade von Scotland Yard, Inspector Swallow von der Cheshire-Polizei, mein lieber Freund Watts-Dunton, der Dichter. Und Mr. Swinburne.»

Wemyss führte seinen Freund, den Dichter, zur Tür und der letztere sprach ihm im Gehen sein Beileid aus. Die Tür fiel ins Schloß und Mr. Swinburne stand ziemlich überflüssig und deplaziert davor. Lestrade nahm Swallow beiseite und bat ihn, Miss Spink ausfindig zu machen. Dann zog er den kleinen Mann ins Gespräch.

«Algernon Charles Swinburne?»

Der kleine Mann fuhr herum, als habe er einen Schlag empfangen.

«Es ist eine Lüge, ich war nicht dort.» Und dann, ruhiger. «Oh, verzeihen Sie mir, Inspector. Ich vergaß mich.»

«Algernon Charles Swinburne, der Poet?»

«Habe die Ehre, Sir.»

«Sagt Ihnen der Stil dieser Verse etwas, Sir?» Lestrade zog Abschriften der Reimereien aus der Tasche, die ihm in Verbindung mit den letzten beiden Morden Kopfschmerzen machten. Er hatte den Verdacht, dieser bizarre und tragische Mord sei vielleicht ein dritter in dieser Art, war jedoch noch nicht sicher.

«Sie stammen nicht von mir», sagte Swinburne. «Sie sind möglicherweise von Browning.»

Lestrades professionelles Interesse erwachte. Swinburne wußte etwas. «Tatsächlich?»

Swinburne wurde jetzt ein wenig ruhiger und setzte sich auf die

Polsterbank. Er holte seine Taschenflasche hervor und entkorkte sie.
«Oh», er hielt inne und seine Augen flehten mitleidheischend, «Sie werden doch Watts-Dunton nichts erzählen, nicht wahr? Er glaubt, ich hätte es aufgegeben.»
Lestrade machte eine verneinende Handbewegung.
«Dieser Mr. Browning. Wissen Sie zufällig, wo er ist?»
«Westminster Abbey.»
«Poet's Corner?»
Swinburne nickte.
«Würden Sie annehmen, daß diese Verse neueren Datums sind?»
«Da komme ich nicht mehr mit!» sagte Swinburne und kicherte vor sich hin. «Browning ist seit zwei Jahren tot.»
Eine weitere Ziegelmauer türmte sich vor Lestrade auf, doch Swinburne hatte bereits ein neues Thema gefunden.
«Erzählen Sie mir was über die Brutalität der Polizei», sagte er.
«Sir?»
«Oh, nun kommen Sie schon, Inspector. Wenn ihr einen Mann in Gewahrsam habt – wie heißt doch gleich dieser drollige Euphemismus, den ihr Burschen benutzt – ‹der Polizei bei ihren Nachforschungen behilflich sein› – ist es nicht das? Was benutzt ihr? Schlagstöcke? Peitschen? Daumenschrauben?»
Seine Stimme wurde, während er sprach, unmerklich immer lauter, und er kostete jedes Wort aus. Seine Fingerknochen wurden weiß, als er die Armlehne der Polsterbank umklammerte. Lestrade verengte die Augen, als ihm zu dämmern begann, worin Mr. Swinburnes Problem bestand.
«Gummiröhren», sagte er.
Swinburnes Mund klaffte vor Vergnügen und Erstaunen weit auf. Lestrade wurde vertraulich. «Es hinterläßt keine Spuren, verstehen Sie?»
Swinburnes Stimme war ein krächzendes Flüstern. «Wo macht ihr es?»
«Zellenblock A.»
«Nein, nein, ich meine, wo am Körper? Hinterbacken, Oberschenkel?»
«Nein danke», sagte Lestrade, «ich versuche, ohne sie auszukommen.»

Er verließ das Zimmer, während Swinburne Zuflucht zu seiner Taschenflasche nahm und langsam begann, seinen Schlipsknoten zusammenzuziehen, so daß seine Augen hervortraten und sein Gesicht sich rötete. «Züchtige mich!» waren die letzten Worte, die Lestrade hörte, als er zur Treppe ging.

Im Arbeitszimmer saß Miss Spink, eine steife, gezierte Lady, Mitte Dreißig, das Haar zum charakteristischen Nackenknoten der ewigen alten Jungfer zurückgebunden. Hinter ihr stand Swallow wie eine Figur auf einem Atelierfoto.
«Ich möchte Sie gern allein sprechen, Inspector», sagte sie zu Lestrade. Swallow wollte etwas einwenden, doch nach einer Kopfbewegung Lestrades schlurfte er unter gedämpftem Knurren zur Tür.
«Mr. Swinburne ist im Salon, Inspector», rief Lestrade ihm nach. «Sorgen Sie dafür, daß er nicht irgendwie zu Schaden kommt, er ist ein gutartiger Kerl. Und lassen Sie nicht zu, daß er sich Ihre Handschellen anlegt.»
«Inspector?»
«Madame.» Lestrade nahm vor der Gouvernante Platz. Sie war vielleicht nicht attraktiv im herkömmlichen Sinn, doch sie verfügte über das gewisse Etwas. Sie blickte Lestrade tief in die Augen. «Ich konnte es nicht über mich bringen, es diesem Lümmel zu erzählen», bemerkte sie mit Bezug auf den verschwundenen Swallow, «doch ich habe das Gefühl, es gibt etwas, das Sie wissen sollten.»
«Ich bin ganz Ohr, Madame.»
Miss Spink richtete sich inmitten raschelnder Unterröcke kerzengerade auf. Sie wandte Lestrade den Rücken zu. «Das ist sehr schwer für mich, Inspector. Sie können sich nicht vorstellen, welch ein Schock das alles gewesen ist.»
Lestrade hatte ein Gespür dafür, wenn bei Zeuginnen eine besondere Methode notwendig war. Er legte seine Hand beruhigend auf den Arm der Gouvernante. Sie atmete schwer und zog den Arm zurück, doch ihre Miene zeigte, daß er genau das Richtige getan hatte. Sie errötete und blickte zu Boden.
«Harriet traf sich... mit einem Mann», sagte sie.
«Mit einem Mann, Madame?»
«Alle Männer sind Tiere, Inspector», rief sie plötzlich, dann ging ihr

die Dummheit der Bemerkung auf. «Verzeihung. Anwesende selbstverständlich ausgenommen.»
«Dieser Mann – wer ist er?»
«Ich weiß es nicht. Inspector, ich habe mich eines Versäumnisses schuldig gemacht. Ich flehe Sie an, erzählen Sie weder dem Reverend noch Mrs. Wemyss davon. Ich könnte es nicht ertragen, wenn sie die Wahrheit erführen.»
«Und was ist die Wahrheit, Madame?»
Miss Spink begann, in schicklicher Weise, versteht sich, in ein winziges Spitzentaschentuch zu weinen. Lestrade war der vollendete Tröster, bis sie sich allmählich wieder in der Gewalt hatte. «Ich begleitete Harriet regelmäßig nach Macclesfield. Beddoes fuhr uns mit dem Einspänner. Gewöhnlich besuchten wir die Bibliothek und die Teestube, und an schönen Tagen gingen wir im Park spazieren. Zuweilen wanderten wir weiter – nach Buxton, zu den Trinkhallen, zum Beispiel oder nach Congleton.»
«Fahren Sie fort.»
«Nun, vor etwa einem Monat fuhr Harriet allein nach Macclesfield – mit Beddoes, natürlich, aber der ekelhafte Mann sucht ein Wirtshaus auf und bleibt dort bis zu einer verabredeten Stunde.»
«Sie waren nicht anwesend, Madame?»
«Nein, ich war... unpäßlich. Als Harriet an jenem Tag heimkam, war sie erregt, aufgewühlt. Sie tanzte und sang und schwatzte unaufhörlich mit mir, ihrer Mutter und ihrem Vater. Sie wollte keinen Grund für diese neue Hochstimmung nennen – sie war gewöhnlich ein so stilles Kind – außer, daß ihr Leben sich geändert habe und sie nie mehr die alte sein werde.»
«Was war der Grund, nach Ihrer Meinung?»
«Zuerst mochte ich es nicht glauben. Eine junge Dame von Harriets Kultiviertheit, Tochter eines Geistlichen, doch ich argwöhnte – nichts weniger, als daß sie einen Verehrer hatte.»
Lestrades Kopfschütteln und Zungenschnalzen wurden von der sittenstrengen Miss Spinks kommentarlos hingenommen.
«Bitte, fahren Sie fort, Madame.»
«Harriet wurde ein anderes Mädchen. Sie fuhr zweimal oder dreimal in der Woche nach Macclesfield. Jedesmal, wenn sie heimkam, war sie unverschämter und zügelloser. Sie weigerte sich, ihren Studien zu obliegen, und nahm die schändlichsten Gewohnheiten an.»

«Gewohnheiten, Madame? Wollen Sie andeuten, daß sie sich dem katholischen Glauben zuwandte?»
«Aber nein, Inspector. Sie... rauchte.»
«Rauchte?»
«Hier.» Miss Spink förderte aus einer Tasche ihres voluminösen Rockes ein Schächtelchen mit Zigarettenpapier zutage. «Schändlich, nicht wahr? Eine junge Dame von ihrer Vornehmheit. Die Dienstboten wußten es natürlich, doch wir mußten uns Mühe geben, es vor ihren armen Eltern geheimzuhalten.»
«Und wen machen Sie für die Annahme dieser Angewohnheit verantwortlich, Madame?»
«Diesen Mann, dieses scheußliche Untier, den sie in Macclesfield traf und mit dem sie auf diese heimliche Art und Weise auch weiterhin zusammenkam. Er war es, ich bin sicher, der es ihr beigebracht hat... und Gott weiß, was sonst noch.»
«Ich wiederhole, Madame. Wer ist der Mann?»
«Ich sah ihn nur ein einziges Mal. Als Harriet wieder einmal darauf bestand, allein nach Macclesfield zu fahren, widersetzte ich mich. Ich fuhr mit ihr. Als wir uns dem Park näherten, sah ich, daß sie einer Gestalt im Gebüsch ein Zeichen machte. Natürlich sah ich sie nur für den Bruchteil einer Sekunde, weil die Gestalt verschwand. Ich fragte Harriet, wer der Mann sei, und sie lachte und sagte, er sei ein Freund. Mehr konnte ich ihr nicht entlocken.»
«Können Sie mir eine Beschreibung des Mannes geben?»
«Das ist sehr schwer, Mr. Lestrade. Er war groß, kräftig gebaut, trug einen langen Mantel und einen dunklen Hut. Ich konnte sein Gesicht nicht erkennen. Aber ich wußte instinktiv, daß er ein Untier war.»
«Gewiß», pflichtete ihr Lestrade bei und hielt seine Zunge fest an den Gaumen gepreßt.
«Und Sie sahen den Mann niemals wieder?»
Miss Spink schüttelte den Kopf.
Swallow stürzte herein. «Dieser Swinburne ist ein rechter...»
«Danke, Mr. Swallow.» Lestrade stand abrupt auf und wies auf Miss Spink. Swallow hüstelte verlegen.
«Ich werde Mrs. Wemyss in Congleton aufsuchen, Inspector. Bitte behandeln Sie alles, was ich Ihnen erzählt habe, mit strengster Vertraulichkeit.»

Die Tochter des Vikars   63

«Natürlich, Madame. Hätten Sie die Güte, Mr. Beddoes zu sagen, daß ich ihn augenblicklich sprechen möchte?»
Miss Spink schwebte in einer Wolke von Würde hinaus. Sie bedachte Swallow mit einem verächtlichen Kopfschütteln und glitt an ihm vorbei in die Halle.
«So jemand braucht einen verdammt guten...»
«Ganz recht, Inspector.» Lestrade unterbrach ihn abermals.
«Äh, dieser Swinburne.» Swallow kehrte zu seinem Ausgangspunkt zurück. «Er sitzt da und piesackt die Katzen, bis sie ihm ihre Krallen in die Beine schlagen. Verdammten Wahnsinn, nenne ich das.»
«Die meisten von uns nennen das verdammten Wahnsinn, Inspector. Aber es ist wohl kaum eine Sache für die Polizei.»
Swallow zuckte die Achseln.

Beddoes war anfangs weit davon entfernt, eine Hilfe zu sein. Wenn es Schwierigkeiten im Pfarrhaus gab, hatte er sein Vergnügen daran. Seiner sozialen Stellung nach war er kein untertäniger Pächter, und es war klar, daß er für die Leute nichts übrig hatte, die er umherkutschierte. Ja, er hatte Miss Harriet verschiedene Male nach Macclesfield gefahren. Ja, er hatte eine Veränderung ihres Gemüts bemerkt, aber es überraschte ihn nicht. Alle Leute, die in Kutschen fuhren, behandelten ihn schlecht. Sie nörgelten an ihm herum, blickten auf ihn herab, ignorierten ihn. Das Mädchen war also vom Pfad der Tugend abgewichen. Typisch. Nichts überraschte ihn, was die vornehmen Leute anging. Ein Mann? Nein, er wußte nichts von einem Mann. Schließlich hatte er seine Zeit in der *Rose and Crown* verbracht. Wie sollte er da jemanden sehen? Außerdem, durch nichts konnten die vornehmen Leute Beddoes überraschen.
Lestrade brauchte ein wenig Zeit, um diese dürftigen Informationen aus ihm herauszukitzeln, da Beddoes mit breitem Cheshire-Akzent sprach, so daß Lestrade sich mehr als einmal einen Dolmetscher wünschte. Doch als Beddoes sich zum Gehen anschickte, machte er zufällig eine Bemerkung, die er für unwichtig hielt. Für Lestrade war sie von größter Wichtigkeit.
«Ein Hausierer?»
«Ja. Am Morgen von Miss Harriets Tod war's. Da kam so'n Bursche vorbei. Wollte Bürsten verkaufen.»

«Wie sah dieser Mann aus?»
«Oh, hab ihn nicht deutlich gesehn. Kam grad von der Schule rüber. Kräftiger Bursche war's. Hatte 'nen Hut auf.»
«Einen Hut?»
«Ja.»
«Beddoes, wo ist Mrs. Drum?»
«Der Vikar hat sie rausgeschmissen. Hat sich vor 'ner Stunde auf den Weg nach Macclesfield gemacht.»
«Zu Fuß?»
«Nein, ich hab sie zum Bahnhof in Rainow gebracht, weil ich sie nicht weiter fahren durfte.»
«Holen Sie Ihren Einspänner, Mann. Wir müssen ihr nach.»
«Der Einspänner gehört dem Vikar.» Beddoes war plötzlich wegen seines Arbeitgebers erstaunlich besorgt. «Außerdem haben Sie Ihren eigenen Wagen.»
«Inspector Swallow hat ihn geliehen, um seine eigenen Nachforschungen durchzuführen. Im Namen des Gesetzes beschlagnahme ich den Wagen des Vikars.» Dann, ein wenig drohender. «Sie wollen doch wohl nicht angeklagt werden, weil Sie die Polizei bei der Durchführung ihrer Ermittlungen behindert haben?»
«Jetzt werden Sie sie nicht mehr erwischen», rief er, als der Wagen auf den kiesbestreuten Fahrweg bog, der auf die Landstraße führte. «In zehn Minuten fährt der Zug von Rainow ab.»
«Benutzen Sie die Peitsche, Mann. Sie verschwenden Zeit!»
Sie erwischten Mrs. Drum. Während sie im kalten Nieselregen am Bahnhof von Rainow wartete, war sie in einem so erbärmlichen Zustand gewesen, daß der Bahnhofsvorsteher ihr in seinen Amtsräumen Obdach gewährt und ihr die sprichwörtliche Tasse verabreicht hatte, die einen mitnichten aufmuntert. Infolgedessen hatte die redselige Mrs. Drum, während sie ihm ihr Herz ausgeschüttet und er sie voll Tee geschüttet hatte, ihren Zug verpaßt. Lestrade fand sie folglich, immer noch Tee trinkend, im Büro des Bahnhofsvorstehers. Gleichwohl war sie nicht sonderlich hilfreich. Zwar rissen sie Lestrades direkte Fragen aus der Stimmung des Selbstmitleids, doch ihre Beschreibung des Hausierers war ungenügend. Er sei ein großer Mann gewesen, sagte sie, doch sei sein Gesicht zum Teil von einem dicken Schal bedeckt und seine Stimme entsprechend verzerrt gewesen. Sie glaubte sich an durchdringende blaue Augen

Die Tochter des Vikars

zu erinnern, doch da sie von der Hutkrempe beschattet wurden, sei das schwer zu sagen. Zur Zeit von Miss Harriets Tod war Mrs. Drum in der Küche gewesen, um das Essen zuzubereiten, weil das Mädchen seinen freien Tag hatte. Es war gegen halb vier. Daran erinnerte sie sich, weil sie die Uhr in der Halle schlagen hörte, die bekanntermaßen falsch ging. Man nahm also besser an, daß es zwischen drei und vier war. Mrs. Drum hatte ein fauchendes Geräusch gehört, und danach hatten die Schreie eingesetzt. Als sie das obere Ende der Treppe erreichte, war es zu spät. Was von Harriet Wemyss übrig war, lag brennend auf dem Teppich. Von Entsetzen und Übelkeit gepackt, hatte Mrs. Drum sie mit Wasser begossen und alle Decken, die sie von den Betten reißen konnte, über sie geworfen. Der Geruch, sagte sie, sei fürchterlich gewesen und die Erinnerung an diesen Vorfall werde sie nie verlassen.

Lestrade ließ der Ex-Haushälterin Zeit, sich zu erholen. Vielleicht eine halbe Stunde später waren Mrs. Wemyss und Miss Spink angekommen, denen fast unmittelbar darauf der Vikar folgte. Mrs. Drum hatte Beddoes zur Polizei geschickt, doch diese traf noch später ein. «Ich kann nicht begreifen, wie es geschehen konnte, Sir», schluchzte Mrs. Drum, «es ist unfaßbar.»

«Der Hausierer», sagte Lestrade. «Um welche Zeit erschien er?»

«Ich glaube gegen halb eins, Sir. Ich sagte ihm, wir brauchten keine Bürsten, doch er bestand darauf, die Dame des Hauses zu sprechen. Ich sagte ihm, Mrs. Wemyss sei nicht zu Hause, jedoch Miss Harriet kam die Treppe herunter und führte ihn in den Salon.»

«Was taten Sie?»

«Ich machte mit meiner Arbeit weiter, Sir.»

«Kam es Ihnen nicht merkwürdig vor, daß Miss Harriet selbst mit dem Hausierer verhandelte? War das nicht gewöhnlich Ihre Aufgabe?» Offensichtlich hatte Mrs. Drum die Sache unter diesem Aspekt bislang noch nicht gesehen, doch sie gab zu, daß das in der Tat der Fall sei.

«Und wann verließ der Hausierer das Haus?»

«Ich weiß es nicht, Sir. Ich war den größten Teil des Tages in der Küche, und von dort kann man die Vordertür nicht sehen. Ich schätze, Miss Harriet ließ ihn hinaus.»

«Der Hausierer benutzte die Vordertür. War das nicht ungewöhnlich?»

Auch darüber hatte Mrs. Drum nicht nachgedacht. Wiederum räumte sie ein, es sei in der Tat ungewöhnlich.
Lestrade glaubte jetzt, daß er wußte, wie der Mord ausgeführt worden war. Und er wußte, durch wen – oder zumindest hatte er eine Beschreibung des Mörders. Ihm fehlte nur noch der Beweis, und zu diesem Zweck brachte er die protestierende Mrs. Drum zusammen mit dem lamentierenden Beddoes ins Pfarrhaus von Wildboarclough zurück.
Er kam rechtzeitig, um eine Kutsche mit Watts-Dunton und Swinburne abfahren zu sehen; und er meinte ein Übermaß an Peitschengeknall zu hören, war jedoch nicht sicher.
Der Reverend Wemyss war ein wenig verärgert, Miss Drum wiederkommen zu sehen, doch Lestrade versicherte ihm, es sei notwendig und nur von kurzer Dauer.
Es war inzwischen fast dunkel, und die Haushälterin und der Polizist stiegen im Schein einer Petroleumlampe die Treppe hinauf, nachdem Lestrade sich noch einmal erfolgreich über die neuerliche Abneigung des Vikars gegen offenes Feuer hinweggesetzt hatte. Harriets Leiche war in die Leichenhalle von Congleton gebracht worden, begleitet von Swallow und einer oder zwei neugierigen Katzen. Lestrade untersuchte den Treppenabsatz, auf dem Mrs. Drum das brennende Mädchen gefunden hatte. Der Teppich wies dort schlimme Brandspuren auf, und selbst die darunterliegenden Dielenbretter waren angekohlt. Die Brandspuren bildeten eine deutlich sichtbare Spur, die von einer Tür den Flur entlang bis zum Schlafzimmer des toten Mädchens führten.
«Was ist das für ein Raum?» fragte Lestrade.
«Das stille Örtchen», erwiderte Mrs. Drum, die abermals von dem Gefühl überwältigt zu werden schien, auf eben jenem Fleck zu stehen, wo die arme Miss Harriet starb. Lestrade öffnete die Tür – ein herkömmliches bürgerliches Wasserklosett mit einem blaugeblümten Porzellanbecken.
Sehr zum Mißfallen von Mrs. Drum spähte er in das Klosettbecken. Als er sich mit der Lampe hinabbeugte, stellte er fest, daß auf dem Wasser ein farbiger Film schwamm und die hölzerne Brille Brandspuren zeigte.
«Ist dieses Klosett seit dem Vorfall benutzt worden?»
«Aber nein, Inspector. Inspector Swallow untersagte uns, etwas an-

zurühren oder zu verändern. Im anderen Flügel des Hauses gibt es ein zweites – und dann noch den Abtritt im Hof.»
Lestrade war froh, daß Swallow sich in dieser Hinsicht als ein guter Polizist erwiesen hatte.
«Treten Sie zurück, Mrs. Drum. Es erwartet Sie ein zweiter Schock.»
Lestrade warf aus sicherer Entfernung ein brennendes Streichholz in die Klosettschüssel. Es explodierte mit einem Krachen, eine bläuliche Flammensäule schoß in die Höhe, die den Raum, den Treppenabsatz und die entsetzte Mrs. Drum erleuchtete.
Lestrade warf Handtücher über das Feuer und es erlosch langsam und zögernd.
«Ist das der Krach, den Sie hörten, Mrs. Drum, bevor die Schreie einsetzten?»
Am ganzen Körper zitternd lehnte Mrs. Drum an der Wand und konnte erst nach einer Weile stumm nicken.
«In der Küche hätten Sie nicht gehört, wie die Zigarette – die heimliche, verstohlene Zigarette, die Miss Harriet rauchte – ins Wasser fiel. Aber es war kein Wasser, Mrs. Drum. Oder zumindest nicht an der Oberfläche. Es war Petroleum, das sich durch ein Streichholz oder eine brennende Zigarette sofort entzündete. Das arme Geschöpf muß wie eine Fackel in Flammen aufgegangen sein und vor lauter Entsetzen und Qual blindlings versucht haben, Zuflucht in seinem Schlafzimmer zu suchen. Doch die Macht der Flammen war so gewaltig, daß sie nicht dorthin gelangte. Nicht in dieser Welt.»
Inzwischen hatte sich der Reverend Wemyss, aufgeschreckt durch die Explosion und den Entsetzensschrei von Mrs. Drum, in der fast völligen Dunkelheit der Treppe zu dem Pärchen gesellt.
«Kommen Sie, Sir», sagte Lestrade zu ihm. «Sie und ich, wir müssen uns ein bißchen unterhalten.»

Es belastete Lestrade nicht sonderlich, daß er, indem er Wemyss alles erzählte, was er wußte, Miss Spink hinterging, der er Stillschweigen versprochen hatte. Er war sicher, daß seine Aufgabe Vorrang hatte. Was waren häusliche Spannungen, verglichen mit Mord? Der Vikar von Wildboarclough hörte sich mit immer schmaler werdenden Lippen die ganze traurige, bizarre Geschichte an. Er konnte nichts zur Erhellung beitragen. Er wußte von keinem Mann. Er nahm an, Harriets zunehmende Besuche in Macclesfield seien auf ein wachsendes Interesse an der kürzlich vergrößerten Leihbibliothek zurückzuführen. Es war ihm nie in den Sinn gekommen, daß seine Tochter einen verwerflichen Lebenswandel geführt hatte, daß sie von einem anonymen «Versucher» in die Fänge des Teufels gelockt worden war. Seiner Frau würde er nichts erzählen – der zweite Schock würde sie umbringen. Wenn sie ihren augenblicklichen Zustand überwunden hatte und Miss Spink nicht mehr brauchte, würde er künftig auf die Dienste von Frauen verzichten – er meinte die von Miss Spink, nicht die seiner Frau. Dorothea war im Grunde allzu lange «in seinen Diensten» gewesen. Miss Spink war nicht wachsam gewesen. Sie hatte Harriets Geheimnis gekannt und nichts gesagt. Das war gleichbedeutend mit Mord. Sogar Lestrade erwog flüchtig, ob man sie als Mitschuldige zur Rechenschaft ziehen solle, doch er gelangte zu der Ansicht, daß das schlechte Gewissen der Gouvernante Strafe genug sei.

Die Nacht im Pfarrhaus war kalt und düster. Eine schauerliche Stille lag über dem ganzen Haus. Irgendwann hantierte Lestrade mit einem Streichholz, um sich eine Zigarre anzuzünden, doch er mußte zugestehen, daß das plötzliche Aufleuchten einer Flamme im Haus des Todes unpassend, ja fast blasphemisch schien. Er blies das Streichholz aus, vergrub sich unter den Kissen und zog es vor, den Tabak zu kauen. Das kalte Wasser am Morgen, der eiskalte Kaffee und kalter Schinken trugen nicht dazu bei, ihn aufzumuntern oder zu erwärmen. Er frühstückte allein. Selbst das Hausmädchen ließ sich nicht in seiner Nähe blicken. Er konnte seinen leidgeprüften Gastgeber nicht finden, um sich zu verabschieden. Zum guten Schluß trat er auf eine der Katzen und machte sich aus dem Staub.

Dr. Marsden hatte Sprechstunde, als Lestrade ihn aufsuchte. «Einatmen.» Diese Anweisung galt einem älteren Gentleman, der auf einem Bett im Behandlungszimmer leichenähnlich ausgestreckt war.
«Ich kann Ihnen keine große Hilfe sein, Inspector.» Der Arzt blinzelte seinem Besucher durch Schwaden von Zigarrenrauch zu. Hin und wieder fiel Asche auf den Magen des Patienten, was diesen ver-

anlaßte, ein wenig zusammenzuzucken. «Schock oder Verbrennungen dritten Grades oder beides waren die Todesursache. Oh, das ist schon in Ordnung», krächzte er durch die Rauchwolken, als er Lestrades besorgten Blick auf den Patienten bemerkte. «Der ist stocktaub. Wir sind ganz unter uns.»
«Ich versuchte Ihre Aufmerksamkeit auf seine Gesichtsfarbe zu lenken, Doktor. Ich glaube, er wird vielleicht sterben.»
«Gütiger Gott!» Marsden preßte seine Hand heftig auf den Brustkorb der liegenden Gestalt. «Ausatmen, Mann!»
Lestrade war erleichtert, als er den Patienten keuchen und husten hörte.
«Dürfte ich Ihnen eine kitzlige Frage stellen, Doktor? Wir sind schließlich beide Männer von Welt. Unsre Berufe bringen es mit sich, daß nichts Menschliches uns fremd ist.» Er war ziemlich stolz auf den letzten Satz.
«Fragen Sie.» Marsden drückte den Oberkörper des alten Mannes so weit nach vorn, daß sich seine Nase in die Hose bohrte. Das Gesicht des Arztes drückte Überraschung aus, daß sein Patient dazu in der Lage war.
«Wo waren die schlimmsten Verbrennungen, nach Ihrer Meinung? Wo war der Auftreffpunkt der Flamme?»
«Leck mich doch», fluchte der Arzt.
«Doktor?» sagte der Polizist überrascht.
«Nein, nein. Ich habe meine Zigarre verloren.» Beide Männer spähten in das Haar des alten Mannes, und ihre Blicke trafen sich über seinem Kopf. «Aha!» Marsden förderte sie aus dem Hemdkragen seines Patienten zutage.
«Es war das Rektum, das am schlimmsten zugerichtet wurde, würde ich sagen. Die Verbrennungen am oberen Rumpf, oberen Gliedmaßen und am Kopf waren weniger schwer. Es muß das brennbare Material ihres Kleides gewesen sein, das ihr zum Verderben wurde.»
«Also das Rektum», wiederholte Lestrade und bewegte sich zur Tür.
«Leck mich doch am…!» brüllte Marsden.
«Danke, Doktor, ich bin im Bilde.»
«Nein, nein, ich habe wieder meine Zigarre verloren.»

Lestrade saß in seinem Büro, als der Brief eintraf. Seine Füße steckten in einer Schüssel mit heißem Wasser, und er hatte ein Handtuch über seinen Kopf gelegt. Seit drei Tagen konnte er weder schmecken noch riechen. In den letzten drei Nächten hatte er kein Auge zugetan. Sir Melville McNaghten hatte ihm gesagt, er solle nach Hause gehen, doch er war zu beschäftigt. Die stets besorgte Miss McNaghten hatte ihm Hot Toddies und Stärkungsmittel geschickt. Lestrade reagierte darauf abwechselnd mit Schüttelfrost und Fieber. Wenn er des Nachts in seinem Bett lag, fühlte er sich selbst von den Flammen verzehrt, die in Sekundenschnelle Harriet Wemyss eingehüllt hatten. Tagsüber fühlte er sich so tot und kalt wie der Mann in der Schlucht.

Es handelte sich fraglos um einen weiteren Brief der bekannten Art, wie er feststellte, nachdem er das Handtuch abgeworfen hatte. Ein Schnippen mit den Fingern und Dew kam mit dem Gänseschmalz. Er blickte auf die graue schleimige Masse in der Tasse und schickte Dew fort. Ein Trauerbrief – der dritte dieser Sorte, den er bekam. Derselbe Poststempel, dieselbe Schreibmaschine – nichts, womit er etwas hätte anfangen können. Und ebensowenig mit den Versen:

> Vor Tränen möcht ich fast verstummen
> Bei der Geschicht' von Harriet, der Dummen.
> Mama und Papa gingen aus,
> Und ließen sie allein zu Haus...
> Doch weh! die Flamme faßt das Kleid,
> Die Schürze brennt, es leuchtet weit.
> Es brennt die Hand, es brennt das Haar,
> Es brennt das ganze Kind sogar...

Lestrades Faust landete krachend auf dem Tisch. Jemand trieb ein Spiel mit ihm. Dies war ein Katz-und-Maus-Spiel, und es gefiel ihm nicht. Es gefiel ihm überhaupt nicht. Drei Morde – über das Land verstreut. Rätselhaft, tückisch. Wie hingen sie zusammen? Wo waren die Gemeinsamkeiten? Holprige Reimereien – an den Yard geschickt. An ihn. Lestrade war soweit, daß er die Person, die irgendwo die Fäden zog, als seinen persönlichen Feind betrachtete. Dies war ein Kampf zwischen zwei intelligenten Personen, und bis jetzt hatte Lestrade als zweitbester abgeschnitten.

Pik-Drei

«Ich glaube wirklich, daß Dew seine Sache gut macht, Sir», sagte Lestrade.
«Sie können das leicht sagen, Lestrade», antwortete McNaghten, «aber dieser neue Bursche ist verdammt tüchtig. Seine Zeugnisse sind vorzüglich. Dew ist in Ordnung, aber aus ihm wird nie etwas werden. Er hat keinen Schliff, keinen Stil.»
«Aber Eton, Sir? Ein Greifer aus Eton?»
«Oh, ich weiß, das ist nicht die Quelle, aus der wir normalerweise unseren Nachwuchs beziehen, aber Sie sollten keinen falschen Snobismus zeigen. Vielleicht hat er nicht die Vorteile des Instituts in Blackheath genossen, doch das dürfen Sie ihm nicht vorwerfen.»
«Ich werde versuchen, ihm nichts vorzuwerfen», sagte Lestrade an der Tür.

«Bandicoot?» fragte Lestrade ungläubig.
«Ja, Sir.»
«Das meinen Sie nicht im Ernst.»
«Sir?»
Lestrade wanderte auf und ab. Erneut betrachtete er den jungen Mann, der vor ihm stand; sechs Fuß groß nach Lestrades Schätzung, breitschultrig und von stattlichem Wuchs. Sein Anzug, graukariert, war neu, und sein Bowler paßte exakt zwischen den abgewinkelten Arm und den Körper. Vorübergehend wußte Lestrade nicht, was er sagen sollte.
«Ihr Name ist Bandicoot?»
Bandicoot begann einen Hauch von Verärgerung spürbar werden zu lassen.
«Bandicoot ist in einigen Gegenden von Somerset ein wohlbekannter Name, Inspector. Was mich angeht, bin ich noch nie einem Lestrade begegnet.»

«Nun, jetzt sind Sie's.» Lestrades Morgen hatte nicht gut angefangen. Auf seinem Weg ins Büro war er zweimal mit dem Baugerüst kollidiert, welches das Gebäude von New Scotland Yard umgab, solang es sich vor der endgültigen Fertigstellung befand. Sein Tee hatte Ähnlichkeit mit einer Flüssigkeit, die auch von einer der Katzen des Reverend Wemyss hätte stammen können. Und nun dies – ein neuer Constable, ein Anfänger aus Eton. Lestrade saß vor seinem Schreibtisch und legte seine gekreuzten Füße auf die polierte, penibel aufgeräumte Platte.
«Wie lange sind Sie bei der Polizei?»
«Ein knappes Jahr, Sir.»
Lestrade sah mit weitaufgerissenen Augen zu McNaghtens verglaster Bürotür am Ende des Ganges hinüber.
«Haben Sie jemals einen Körper gesehen?»
«Ich bin eigentlich keine Jungfrau mehr, Inspector.» Bandicoot, von Lestrades Frage ein wenig überrascht, wagte ein Grinsen.
«Ich meine einen toten Körper, Idiot!» Lestrade schnellte in die Höhe und stützte sich mit der Hand auf den Tisch.
«Nein, Sir.» Bandicoots Grinsen verschwand und seine Augen blickten geradeaus.
«Was hat Sie bewogen, sich unserer Abteilung anzuschließen, Bandicoot?» Lestrades Ton floß jetzt über von Geduld. «Nein, antworten Sie nicht. Warum sind Sie zur Polizei gegangen?»
«Nun, Sir, es ist eigentlich ziemlich albern.»
Das hatte sich Lestrade beinahe gedacht.
«In Eton trat ich dem Offiziersausbildungskorps bei. Ein paar Witzbolde machten mir weis, es sei das Ausbildungskorps für Polizisten. Das war drei Jahre bevor ich herausfand, daß es sich anders verhielt, und inzwischen hatte ich mein Herz mächtig an die Sache gehängt. Im Verlauf der Zeit wurde ich so etwas wie eine Kanone, ein erstklassiger Fechter – und meine militärischen Fertigkeiten sind ziemlich beachtlich.»
«Ich bin dessen sicher, Bandicoot, aber, sehen Sie, wir von Scotland Yard haben keine große Nachfrage nach einem *beau sabreur*. Sagen Sie mir, ich dachte immer, Gentlemen trügen Zylinder, besonders ältere Gentlemen aus Eton?»
«Oh, das tun wir, Sir, doch niemals vor dem Mittagessen.»
Lestrade nahm alles zurück.

Pik-Drei

«Können Sie Tee zubereiten?» fragte er.
«Äh... ich denke schon, Sir. Sie verwenden dazu eines von diesen kesselartigen Gefäßen, nicht wahr?»
Lestrade applaudierte mit einem langsamen Stakkato-Händeklatschen. «Ich habe immer gefunden, daß es hilfreich ist. In meinem Vorzimmer werden Sie einen Constable finden. Bitten Sie ihn, Sie einzuweisen. Und dann, wenn Sie mir eine Tasse Tee gemacht haben, werde ich Ihnen zeigen, wie ein Aktenschrank aussieht, und wir werden mit der *richtigen* Polizeiarbeit anfangen.»
Bandicoot wollte gehen, als Lestrade ihn am Arm packte. Sein starrer Blick den Flur entlang ließ auch den jüngeren Mann wie angewurzelt stehenbleiben. Eine stattliche junge Frau in Stahlblau hastete auf sie zu. Lestrade drückte sich flach gegen die Wand, spurtete dann zum Fenster und zur Feuerleiter.
«Bandicoot», zischte er, während er das Weite suchte, «machen Sie Miss McNaghten mit Ihrem Eton-Charme begreiflich, daß ich dienstlich ein paar Tage fort bin, und ich werde Sie zum berühmtesten Detektiv in London machen.»

Es war der Anfang der Saison, und London war bereits voll von wieseläugigen Mamas und züchtigen Töchtern, linkischen, plattfüßigen Jünglingen und lüsternen alten Männern. Nachdem der strenge Winter vorüber war, erwachten die vornehmen Viertel Belgravia und Mayfair mit einer endlosen Reihe von Bällen und Soireen wieder zum Leben. Doch diese Saison war sogar noch farbenprächtiger als die vergangene, denn eine neue Berühmtheit war eingetroffen – der ehemalige Sklave Atlanta Washington. Die Presse berichtete über jeden seiner Schritte. Er war zum Ehrenmitglied von White's und Crockford's ernannt worden, hatte sich mit dem Prinzen und der Prinzessin von Wales in Sandringham aufgehalten, und man munkelte, er habe mit allen drei Töchtern der Herzogin von Blessington wie auch mit der Herzogin Affären gehabt. Er hatte freilich auch seine Kritiker, denn es gab viele, welche die Ansicht ihrer weißen Zeitgenossen in Amerika teilten, ein «hochnäsiger Nigger» habe in einer Gesellschaft gesitteter Weißer nichts zu suchen. Washington genoß es, im Rampenlicht zu stehen. Er schrieb gleichermaßen beleidigende Antworten auf die beleidigenden Briefe in der *Times*, und wurde er auf der Straße angespuckt, zögerte er nicht, die Schuldigen vor aller Augen mit der Reitpeitsche zu züchtigen; mindestens vier Vertreter der Metropolitan Police standen dabei, offenbar durch den Anblick eines reichen, gebildeten Niggers eingeschüchtert. Als sie schließlich eingriffen, ließ sich Washington überaus bereitwillig – in Wahrheit ging er voran – zum Revier Cannon Row abführen, wo er auf Bewährung wieder entlassen wurde. Drei Männer verfolgten ihn besonders heftig – die drei Männer, die in Augenschein zu nehmen Lestrade an einem frühen Mittwochmorgen im Juni in den Battersea Park gerufen wurde. Die drei Männer hatten zweierlei gemeinsam – sie waren alle drei tot, und sie waren alle von Kopf bis Fuß mit schwarzer Farbe bedeckt.

Ihre Identität wurde erst bekannt, als die Farbe entfernt worden war, und lange bevor ihre kalten Leichen dem Chirurgen von Scotland Yard zur endgültigen Untersuchung übergeben wurden, schrien ihre Familien laut nach Rache oder, falls sich das nicht machen lasse, nach Gerechtigkeit. McNaghten bekam Druck von oben. Alle drei Männer kamen aus ungemein angesehenen Familien. Jede erdenkliche Anstrengung sei zu unternehmen, nichts dürfe unversucht gelassen werden etc. etc. Lestrade hatte all das bereits zu hören bekommen, doch er bedurfte keiner Ermahnungen. Bislang hatte er noch keinen Brief bekommen, doch er würde nicht lange darauf warten müssen. Dies war exakt die Art von phantastischem Verhalten, die er vorausgesehen hatte. Es war ein weiteres Verbrechen in der Serie, und die Zahl der Opfer betrug inzwischen sechs.

«Erstickung ist mit Sicherheit die Todesursache, Lestrade», sagte der Chirurg zu ihm. «Die Poren in der Haut dieser Männer waren von Farbe verstopft, und das war's, was sie umbrachte. Die Lungen allein genügen nicht. Auch die Haut muß atmen.»

«Wie lange könnte das gedauert haben?»

«Stunden, möglicherweise Tage. Sie sehen die Striemen an den Hand- und Fußgelenken, wo sie gefesselt waren. Schauderhafter Tod.»

«Sie wurden also nicht im Battersea Park getötet?»

«Oh, nein. Sie wurden dort hingelegt, doch sie starben anderswo.»

Ein weiteres Mal wußte Lestrade, wie der Mord begangen worden

war. Doch über Gelegenheit und Motiv – jener anderen Voraussetzungen für die Arbeit eines Detektivs – wußte er nichts. Er warf einen Blick auf die Namen der Opfer. Die Zahl ihrer Familienangehörigen und Freunde ging gewiß in die Hunderte. Es wurde Zeit, Constables loszuschicken, aber Constables hatten bekanntlich Plattfüße und wenig Fingerspitzengefühl. Die Routinearbeit konnte er Dew und Bandicoot übertragen, doch die ernsthaften Vernehmungen mußte er wieder einmal selbst durchführen.
Bandicoot spähte über Lestrades Schulter. «Edward Coke-Hythe!» rief er. Lestrade schüttete sich den Inhalt seiner Teetasse über die Hand und stürmte in den Waschraum, wobei er so gedämpft wie möglich wimmerte, um nicht den ganzen Yard auf seinen Unfall aufmerksam zu machen. Bandicoot folgte ihm auf den Fersen.
«Ein bißchen mehr Vorsicht», zischte Lestrade und zuckte zusammen, als er seine Hand unter den kalten Strahl hielt. Plötzlich versiegte der Strahl mit einem jähen gurgelnden Plumps.
«Diese verdammte neue Wasserleitung», knurrte der Inspector. «Bandicoot, besorgen Sie mir ein bißchen Natriumbicarbonat und beeilen Sie sich, Mann. Sonst wird meine Hand noch den letzten Fetzen Haut verlieren.»
Nachdem die Aufregung vorüber war, legte Lestrade seine verbundene Hand behutsam auf den Tisch. Diesmal brachte Dew ihnen den Tee, und Lestrade vergewisserte sich, als er ihn trank, daß Bandicoot vor ihm saß.
«Also», begann er, jetzt gefaßter, «warum haben Sie, als Sie mir über die Schulter guckten, den Namen eines der Opfer so hinausgebrüllt?»
«Ich kenne den Mann, Sir. Oder besser, ich kannte ihn. Edward Coke-Hythe. Ich war in Eton sein Fuchs. Fabelhafter Bursche. Mannschaftsführer beim Fives – und zwei Prüfungen mit ‹Sehr gut› in Cambridge.»
«Beliebt?»
«Oh, ziemlich, Sir. Armer, alter Teddy. Meine Güte, das wird ein Schlag für seinen Onkel sein.»
«Onkel?»
«Doktor John Watson.»
«Watson? Wie der Watson von Baker Street?»
«Ja. Kennen Sie ihn?»

«Ich kenne ihn. Ich war ein paar Jahre ein Bekannter seines Mitarbeiters, Sherlock Holmes.»
«Oh, der große Detektiv.» Bandicoot strahlte.
«Wenn Sie es sagen», erwiderte Lestrade. «Was ist mit den anderen? William Spender und Arthur Fitz.»
«Fitzwas?» fragte Bandicoot vergnügt.
«Ich mache hier die Witze, Constable», knurrte Lestrade.
«Nein, Sir. Tut mir leid. Sie sind keine Eton-Leute oder zumindest müssen sie um viele Jahre älter sein als ich, falls sie dort waren.»
Lestrade schüttelte den Kopf. «Sie waren alle in den Zwanzigern, gesunde, kräftige, junge Männer. In Ordnung, Bandicoot. Wird Zeit, daß Sie sich die Sporen verdienen. Da Sie Coke-Hythe kennen, reden Sie mal mit seiner Familie – sie haben ein Stadthaus am Portman Square. Gehen Sie behutsam vor, aber versuchen Sie herauszubekommen, was das Opfer am vergangenen Mittwoch gemacht hat. Kontakte, Freunde, Feinde. Werden uns ganz schön die Hacken ablaufen, bis dieser Fall vorüber ist. Oh, Bandicoot...» – der Constable drehte sich im Türrahmen um – «... es ist fast Mittagszeit. Vergessen Sie Ihren Zylinder nicht.»

Lestrade nahm die U-Bahn bis zur Haltestelle Baker Street und ging das kurze Stück bis zur Nummer 221 B zu Fuß. Vor dem Haus sah er eine verhutzelte alte Blumenfrau, zahnlos, hager, mit eisengrauem, verfilztem Haar über einem eisengrauen Gesicht. «Hübsches Sträußchen, Sir?» kreischte sie ihn an.
«Wirklich, Mr. Holmes, was sollte ich mit einem Sträußchen anfangen?»
Die Blumenfrau richtete sich zur vollen Größe von sechs Fuß auf und warf die verfilzte Perücke grimmig auf das Pflaster.
«Hol Sie der Teufel, Lestrade, ich habe fast zwei Stunden gebraucht, um mich so auszustaffieren.»
«Tut mir leid, Mr. Holmes. Ist der brave Doktor zu Hause?»
«Wer?»
«Watson.»
«Ich nehme es an. Sagen Sie Mrs. Hudson, sie soll Teewasser aufsetzen, ja? Ich habe für heute genug herumgeschnüffelt.» Er machte sich daran, seine Waren zu sortieren, während Lestrade eintrat, um

sein Opfer zu suchen. Mrs. Hudson, die Haushälterin, zog sich hastig zurück, um den Befehl auszuführen. Watson saß vor dem Kamin, in dem ein kräftiges Feuer brannte, über der Zeitung eingenickt.
«Doktor Watson.» Lestrade räusperte sich. Der Doktor rührte sich nicht. Noch einmal: «Doktor Watson.» Noch lauter: «Watson.» Dann ein unüberhörbares Flüstern: «Ihr Verleger ist da.» Watson sprang auf, so daß die Zeitung auf den Teppich fiel.
«Hol Sie der Teufel, Lestrade.» Es fing an, sich anzuhören wie der Refrain aus einem Phonographen. «Dieser Mistkerl Conan Doyle veröffentlicht fortgesetzt Artikel unter meinem Namen, und Sie haben nichts anderes zu tun, als auf meine Kosten Witze zu machen. Kann man ihn nicht gerichtlich belangen?»
«Ganz gleich, wer von mir als ‹Trottel› oder ‹Rattengesicht› spricht, wird rasch genug feststellen, wozu Gerichte imstande sind.» Diese Ermahnung meinte Lestrade sich schuldig zu sein. «Bis dahin, fürchte ich, gibt es wichtigere Dinge.»
Watson nahm wieder im Lehnsessel Platz, die Zeitung im Schoß. «Ach ja, mein Neffe. Schrecklich, schrecklich.»
«Sie haben selbstverständlich mein Beileid. Was können Sie mir sagen?»
«Nicht gerade viel, Lestrade. Die Familienbande sind bei uns nicht eng. Um die Wahrheit zu sagen, hatte ich Edward einige Jahre nicht gesehen – eigentlich seit seinem fünfzehnten Geburtstag. Natürlich waren kürzlich verschiedene bedauerliche Dinge in den Zeitungen zu lesen. Die Sache mit diesem schwarzen Burschen, diesem Ex-Sklaven. Aber das war beinahe vorauszusehen.»
«Wirklich?»
«In Eton war er, glaube ich, so etwas wie ein Schlitzohr. Sein Vater drohte, ihn zu enterben, seinen Monatswechsel zu streichen und so fort, es kam jedoch weiterhin zu unliebsamen Zwischenfällen. Da war eine Geschichte mit dem Stubenmädchen und ein Gerücht über hundert Pfund, die verschwunden waren. Ich habe meine Nase da nicht weiter hineingesteckt.»
«Hatte Ihr Neffe Feinde, Doktor?»
«Dutzende, würde ich meinen. Meine Familie hat ein Talent, Leute zu verärgern, Inspector.»
«Sie sprachen nie ein zutreffenderes Wort, Watson.» Holmes, den Arm voll Blumen, Perücken etc., trat ein.

«Guter Gott, Holmes, Sie sehen in diesem Kittel verdammt lächerlich aus», gluckste Watson.
Mrs. Hudson brachte den Tee. «Hören Sie, Holmes, Sie gäben ein hübsches Mütterchen ab. Ha, ha!» Sein Lachen hinterließ in Holmes' finsterem, grimmigem Gesicht nicht die geringste Spur.
«Sehen Sie sich dieses Feuer an, Lestrade», sagte er. «Stockheißer Juni und Watson sitzt an einem krachenden Feuer.»
«Ich bin in Indien gewesen, Holmes. Ich bin eben ein bißchen empfindlich gegen Kälte.»
«Wer ist das, Doktor?» fragte Mrs. Hudson, an der Tür stehenbleibend.
«Scher dich raus, Weib!» rief Holmes. «Welchem Anlaß verdanken wir die Ehre Ihres Besuches, Lestrade?»
«Es besteht kein Anlaß zu solcher Ausdrucksweise, Holmes», murmelte Watson.
«Sie sind offensichtlich zu lange in Indien gewesen, Watson», blaffte Holmes. «Sie fangen an, Queen's English mit reinem Hindustani zu verwechseln.»
«Was mich zu Ihnen führt», unterbrach Lestrade, dem sehr daran gelegen war, die spannungsgeladene Atmosphäre zu besänftigen, «ist der Tod von Dr. Watsons Neffen, Edward Coke-Hythe.»
«Aha.» Holmes nahm Platz, verstaute den voluminösen Rock zwischen seinen Knien und langte, ohne die Augen von Lestrade zu wenden, nach seiner Meerschaumpfeife. «Ich habe mir eine Theorie über den Fall gebildet.»
Lestrade knirschte mit den Zähnen. Deswegen war er nicht gekommen, jedoch in der Vergangenheit hatte sich Holmes als nützlich erwiesen, und ungeachtet seiner Reizbarkeit, seines überlegenen Gehabes und aufbrausenden Temperaments empfand Lestrade widerwillig eine Schwäche für ihn. Holmes zündete die Pfeife an, und einen Augenblick lang erhellte die Flamme seine hageren, gequälten Züge, bevor sie in einer Rauchwolke verschwanden.
«Rache», sagte Holmes genüßlich. «Sie ist etwas Elementares», fügte er angesichts des spöttischen Blickes des guten Doktors hinzu.
«Ich glaubte, so etwas würden Sie nie sagen, Mr. Holmes», sagte Lestrade.
Holmes machte ein finsteres Gesicht. «Wir haben alle unsere

schlechten Tage, Lestrade. Dieser schwarze Bursche – wie hieß er gleich? Philadelphia?»
«Washington.»
«Du liebe Güte, Lestrade», mischte sich Watson ein.
«Ja. Also, Watsons Neffe demütigte Washington öffentlich – oder versuchte es. Washington ärgerte sich darüber und rächte sich auf brillante Weise. Er tötete ihn und seine zwei Kumpane, indem er vollkommene poetische Morde beging. Er färbte sie nicht nur schwarz – wodurch er ihnen seine eigene Häßlichkeit aufzwang –, sondern er tötete sie durch Schwärze. Durch seine Schwärze.»
«Ist das nicht ein bißchen durchsichtig, Holmes?» Watson sprach Lestrades Gedanken aus.
«Nein, nein, Watson. Für euch Mediziner gibt es immer nur Schwarz oder Weiß.»
«Wie komisch, Holmes, wie überaus komisch», gluckste Watson. Holmes achtete nicht auf ihn.
«Es ist ein doppelter Bluff, Lestrade. Eben weil es so durchsichtig erscheinen würde, wußte Washington, daß er ungefährdet sein würde. Das ist ein Grundgesetz, im Roman und im Leben. Verlassen Sie sich darauf, Inspector, Washington ist Ihr Mann.»
Lestrade blickte zu Watson hinüber. «Da es kein anderes Motiv zu geben scheint, Gentlemen, könnte ich ja einmal dort ansetzen.»
Holmes öffnete Watsons Arzttasche und entnahm ihr eine Spritze. «Wollen Sie sich beteiligen, Lestrade?»
«Nein, danke, lieber nicht», erwiderte der Inspector.
Holmes verschwand in einem Nebenzimmer, aus dem kurz darauf der entsetzlichste Lärm eines Geigenbogens ertönte, der über die Saiten kratzte.
«Ich bringe Sie hinaus, Lestrade», sagte Watson. «Tut mir leid, daß ich Ihnen keine große Hilfe sein konnte.»
«Braucht Ihnen überhaupt nicht leid zu tun», sagte Lestrade. «Holmes hat mir eine Sache ganz klargemacht.»
«Welche?»
«Daß Atlanta Washington unschuldig ist.»
«Oh, gewiß. Es geht ihm nicht gut, wissen Sie.»
«Washington?»
«Nein, Holmes. Eines Tages wird diese Angewohnheit ihn umbringen.»

«Eines Tages wird er damit auch gegen das Gesetz verstoßen», sagte Lestrade, als Mrs. Hudson ihm seinen Hut gab. «Das wäre eine traurige Geschichte, wenn der große Detektiv im Gefängnis sterben müßte, unheilbar süchtig.»
Lestrade trat auf die Straße. Über seinem Kopf wurde ein Schiebefenster geöffnet. Holmes lugte heraus, den Geigenhals mit der Faust umklammert. «Ich muß mich für Watson entschuldigen. Ihm ist nicht ganz wohl gewesen. Hat sich in Indien etwas geholt. Ist seitdem nie mehr der alte gewesen. Sie haben die Symptome gesehen. Über mich zu kichern und mich aus dem Hinterhalt anzugreifen. Man sollte, um Gottes willen, von ihm erwarten, daß er sich wie ein Mann vom Fach benimmt. Wie auch immer, es ist nun mal so. Traurig, wie?»
«Sehr», sagte Lestrade, tippte an seinen Hut und ging fort.

Er konnte Coke-Hythes Familie nicht ganz und gar Bandicoot überlassen. Nachdem er dem jungen Constable Zeit zur Befragung gegeben hatte, nahm er eine Kutsche zum Portman Square, wo er auf seine höchst zurückhaltende Scotland-Yard-Manier seine Erkundigungen einzog. Bandicoot war überraschend gründlich gewesen. Ohne Zweifel war ihm dabei zustatten gekommen, daß er denselben Schulschlips trug, doch Lestrade fing hartnäckig noch einmal von vorn an; er bildete sich etwas auf seine erstklassige Fähigkeit ein, in Mienen zu lesen, zufällige Gesten zu deuten, hatte jedoch zugleich das Gefühl, daß der Schlips seiner Blackheath-Penne, den er, bildlich gesprochen, trug, entschieden zweitklassig war.
Ja, Ned war so etwas wie ein feiner Kerl gewesen. Hatte niemals Schwierigkeiten gehabt, ließ man Lestrade wissen. Nein, er machte sich nichts aus Schwarzen, doch das war gewiß verständlich. Schließlich war sein Vetter Rudolph während der Zulu-Kriege dem Wurfspieß eines Eingeborenen zum Opfer gefallen, als Ned gerade in einem Alter war, in dem man für Eindrücke so empfänglich ist. Und dieses Sklavenbürschchen hatte sich ja ziemlich protzig aufgeführt. Jedoch war Ned in den letzten Jahren ein wenig abseits von der Familie aufgewachsen. Er schien den größten Teil seiner Zeit in Cambridge zuzubringen. Und so bestieg Lestrade, nachdem er sich lediglich die Zeit genommen hatte, ein paar Dinge in seinem Gladstone zu verstauen, den Abendzug.

Pik-Drei ———————————————————————————— 81

Die meisten Studenten waren in der Tat in die Sommerferien gefahren. Die Luft war klar und kühl, als der Inspector auf der Suche nach einer Unterkunft durch die Stadt die Silverstreet und die Sidney Street entlangwanderte. Er fand ein bescheidenes Hotel in der Nähe des Magdalene College und fiel dankbar ins Bett.
Als er in aller Frühe erwachte, hörte er drunten von den Stakkähnen fröhliches Gelächter und das Quietschen feuchter Ruder in den Dollen. «Wie wär's mit einem kurzen Bad?» rief ihm ein rotgesichtiger Mann, bekleidet mit Kreissäge und Blazer, zu, als Lestrade den Kopf aus dem Fenster steckte.
«Ist ein bißchen früh für mich», erwiderte er so fröhlich er konnte. Während er sich wusch und rasierte, drangen das Knallen von Champagnerkorken und Frauenlachen durch das Fenster zu ihm hinauf. Mit dem Klingeln von Fahrradglocken und dem Getrappel und Bimmeln von Zugpferden erwachte die Stadt zum Leben.
Lestrade vertilgte sein herzhaftes Frühstück aus Schinken, Eiern, Toast und Kaffee und trat hinaus in das morgendliche Sonnenlicht. Inmitten von gestreiften Anzügen und Strohhüten kam er sich mit seinem schwarzen Anzug aus Wollstoff und Bowler deplaziert vor, und so folgte er einer Laune, betrat den Laden von *Fosdick's*, Herrenausstatter der Universität, und kaufte sich einen Blazer nebst einem Paar Flanellhosen. Er verkniff sich die Schuhgamaschen als ein wenig zu gewagt für einen Mann in seiner Stellung und erhob natürlich auch keinen Anspruch auf ein College-Abzeichen.
Der Rektor des Magdalene College empfing ihn auf der Treppe des Gebäudes. Er war ein riesiger Mann mit einem wehenden Kaiserbart, der schon vor zwanzig Jahren aus der Mode gekommen war, und einem quadratischen Barett, unter dem sich, wie Lestrade argwöhnte, eine totale Glatze verbarg. Er war dem Inspector auf seine Weise behilflich, und während er Lestrade die Uferpromenade, die Kapelle und die drei van Dykes, die dem College so großzügig gestiftet worden waren, zeigte, führte er aus, er habe Edward Coke-Hythe oder seine Freunde nie richtig kennengelernt und sie noch weniger leiden können. Lestrade solle es doch einmal im Albino-Club in Jesus Lane probieren.
«Es tut mir leid, Sir», sagte der Mann an der Pforte dieser erhabenen Institution, «Sie tragen einen schwarzen Schlips. Einer solchen Person kann ich unmöglich Zutritt gewähren.»

Lestrade ließ seinen Dienstausweis sehen. Der Pförtner zögerte, dann gab er den Weg frei. Er führte Lestrade in einen vollkommen weißen Raum – die Wände, die Decke, sogar das Mobiliar bestanden aus schimmerndem Elfenbein. Am entfernten Ende stand ein Klavier ohne Ebenholz-Tasten. Zwei junge Männer in weißen Anzügen lungerten herum. Lestrade erklärte, wer er sei, und fragte, ob einer von ihnen Edward Coke-Hythe gekannt habe. Nachdem sie ein paarmal tief Luft geholt und etwas von «ziemlich schlechten Manieren» und «Rausschmeißen» gemurmelt hatten, wurde Lestrade schließlich Hartington-White vorgestellt, dem Präsidenten des Clubs, Fellow von Peterhouse.

«Hören Sie, Inspector, ich meine, es ist eine Sache, mit einem schwarzen Schlips aufzukreuzen, eine andere jedoch, Fragen nach dem Privatleben eines Mitgliedes zu stellen.»

Lestrade dachte einen Augenblick über die genaue Bedeutung des Wortes «Mitglied» nach, doch das hier war lediglich ein Club für Exzentriker. Er brauchte sich nicht weiter mit einer harmlosen und unbewußten doppeldeutigen Bemerkung abzugeben, es sei denn natürlich, Hartington-White wußte, daß Coke-Hythe niggerschwarz an Haupt und Gliedern nun im Leichenschauhaus Cannon Row lag.

«Edward Coke-Hythe ist tot, Mr. White. Bei der Durchführung seiner Ermittlungen ist ein Polizeibeamter ermächtigt, jede Art von Fragen zu stellen, persönliche oder andere. Die Tatsache, daß der Verstorbene ein Mitglied Ihres Clubs war, interessiert mich keinen Deut... Es könnte freilich auch sehr aufschlußreich sein.»

«Was soll das heißen? Und mein Name, nebenbei bemerkt, ist Hartington-White.»

Lestrade bemerkte, daß der Mann einigen anderen Clubmitgliedern zunickte.

«Welches Ziel verfolgt Ihr Club, Mr. Hartington-White?»

«Ziel? Nun, Erholung natürlich. Jedes Mitglied der Universität ist zur Aufnahme berechtigt.»

«Und keiner ist ein Schwarzer?»

«Dieser Ausdruck gehört nicht zu unserem Wortschatz.»

«Mögen Sie die Farbe Schwarz nicht, Mr. Hartington-White?»

«Wie meinen?»

«Die Ausstattung des Raums, der schwarze Schlips, selbst die

schwarzen Tasten. Ist es nicht das Anliegen dieses Clubs, das zu beseitigen, was Sie als die schwarze Gefahr für die weiße Gesellschaft ansehen?»
«Wirklich, Inspector. Ist das nicht ein bißchen lächerlich?» Doch Hartington-White fühlte sich unbehaglich, und sein Grinsen wirkte gefroren.
«Hat nicht Edward Coke-Hythe für Sie einen Auftrag durchgeführt? Warum wohl war er zum erstenmal in London, seit er hier wohnte? Sollte er nicht der Sache der weißen Vorherrschaft dienen, indem er versuchte, den ehemaligen Sklaven Atlanta Washington zu demütigen?»
«Das ist verrückt, Inspector.» Hartington-White war aufgesprungen und brüllte. «Jetzt muß ich Sie ernsthaft auffordern, zu gehen. Sie... Sie haben keinen weißen Schlips.»
«Und meine Antworten habe ich auch nicht», brüllte Lestrade zurück. Dann fügte er ruhiger hinzu: «Geschweige denn ein schlechtes Gewissen.»
Instinktiv hörte er das Sirren, als das Billardqueue durch die Luft zischte. Er duckte sich und rammte seine Schulter in den Unterleib seines Angreifers. Im Fallen nach einer Ecke des Teppichs greifend, holte Lestrade einen zweiten Angreifer von den Beinen und versetzte Hartington-White einen Tritt in die Magengrube. Als er sich wieder erhob, stellte Lestrade fest, daß er auf Grund seiner Schnelligkeit und seines Tritts nur einen Mann auf Dauer außer Gefecht gesetzt hatte. Der Mann mit dem Billardqueue lag mit entrücktem Gesichtsausdruck da und umkrampfte seine Geschlechtsteile. Vor Lestrade hatten sich vier Clubmitglieder und ein Diener aufgebaut, zwei der Männer waren mit Billardstöcken bewaffnet. Es war einige Zeit her, daß Lestrade sich eines solchen Angriffs hatte erwehren müssen – genaugenommen, seit er Sergeant in Wapping New Stairs gewesen war. Das Mittel, das er damals angewandt hatte, trug er jetzt, obgleich es kaum den polizeilichen Dienstvorschriften entsprach, noch immer in seiner Tasche. Er trennte sich nie davon. Er tauchte unter dem seitlichen Hieb von Hartington-Whites Stock weg, packte den Arm des Mannes, riß ihn zu sich heran und drehte ihn so herum, daß sein Arm ihm die Kehle abschnürte. Lestrade zog mit seiner linken Hand den Apachendolch hervor, ein Stilett, scharf wie ein Rasiermesser und mit Messingringen versehen, die über die

Knöchel reichten. Die Spitze der Klinge war nur einen Zoll von Hartington-Whites linkem Ohr entfernt.

«Einen Schritt weiter, Gentlemen, und euer verehrter Präsident wird den ganzen Teppich vollbluten.»

Sie blieben stehen, zögerten und blickten sich gegenseitig an. «Um Himmels willen, tut etwas», kreischte der Präsident. «Der Wahnsinnige wird mich umbringen.»

«Die Tür, Gentlemen», zischte Lestrade und kippte den Kopf seines Gegners weiter nach hinten, «ich wünsche, daß Sie sie von außen zumachen.»

«Tut, was er sagt.» Hartington-Whites Stimme war zu einem kaum wahrnehmbaren Flüstern geworden.

Einer nach dem anderen gaben sie ihre Angriffshaltung auf und zogen sich zur Tür zurück. Einer nach dem anderen verließen sie den Raum. Hartington-White war ein kräftiger Mann, und Lestrade wußte nun, falls es ihm nicht schon vorher klar war, um seine Mordlust. Er ging kein Risiko ein. Er wirbelte herum und hämmerte ihm Knie und Schlagring gleichzeitig in die Magengrube. Der Club-Präsident ging zu Boden und erbrach sich.

Lestrade kniete neben ihm nieder, gab acht, sich nicht zu besudeln, und setzte ihm den Dolch an die Kehle.

«Nun, Mr. Hartington-White, wo waren wir stehengeblieben? Ach, ja, Sie schickten Coke-Hythe nach London, nicht wahr?»

Hartington-White schnappte nach Luft und nickte.

«Um Atlanta Washington zu quälen?»

Abermals ein Nicken.

«Ihn zu töten?»

Hartington-Whites Kopf blieb reglos. Lestrade verstärkte den Druck der Klinge.

«Falls notwendig», flüsterte der Club-Präsident.

Lestrade steckte das Messer ein, griff sich seine Kreissäge und blickte sich in dem verwüsteten Raum um. Das Mobiliar war in Unordnung geraten. Das Mitglied mit dem beschädigten Glied lag stöhnend in der Ecke. Der Präsident kniete rasend vor Wut und vor Schmerzen zitternd in der Mitte des Fußbodens.

«Bereiten Sie sich auf einen Besuch der örtlichen Polizei vor, Mr. Hartington-White. Die Anklage lautet auf Anstiftung zum Aufruhr und versuchten Mord. Bis die Polizei, die Kirche, die Humanitäts-

apostel und die Presse mit Ihnen fertig sind, wird vom Albino-Club nicht mehr viel übrig sein.»
Er warf einen Blick zur Tür hinüber. Inzwischen war draußen gewiß Verstärkung eingetroffen – eine kleine Armee von Rassisten, die darauf brannte, ihre Anonymität hinter den glänzend weißen Wänden eines exzentrischen Herrenclubs zu bewahren. Selbst ein Apachendolch würde gegen sie wenig ausrichten.
«Machen Sie sich nicht die Mühe, aufzustehen. Ich finde schon selbst hinaus.» Und der Inspector warf sich mit seinem ganzen Körper durch ein Spiegelglasfenster.

Als Lestrade drei Tage später aus dem Krankenhaus kam, war einiges in Bewegung geraten. McNaghten war über den Krawall im Albino-Club alles andere als erfreut, und eines der Mitglieder hatte eine zufriedenstellende Entschuldigung gefordert. Lestrade wies die Intervention seines Vorgesetzten zurück und beantwortete sie mit dem Befehl, alle Männer festzunehmen, die an jenem Tag anwesend gewesen waren. Alles in allem war die Sache unglücklich verlaufen und hatte Lestrade nicht viel weitergebracht. Er versicherte McNaghten, er habe den Fall im Griff, könne ihm jedoch nicht versprechen, daß es in Kürze eine Verhaftung geben werde.
Im Gesicht des Inspectors waren noch die Stiche zu sehen, als er, um den Rat eines Fachmannes einzuholen, das Studio in St. John's Wood aufsuchte. Schon möglich, daß es ein Studio war, doch Lestrade kam es wie ein Palast vor, riesig und weitläufig, jeder Raum voller Gemälde, wertvoller Gobelins und luxuriöser Möbel. Wie der Zufall es wollte, platzte Lestrade bei seiner Ankunft geradewegs in eine Gartenparty, die in den Parkanlagen stattfand. Ein verschlagen dreinblickender, ziemlich neurotischer Mann mit Wieselaugen und dünner werdendem Haar schlürfte seinen Sherry. Lestrade erkannte in ihm Mr. Burne-Jones, den Präraffaeliten. Er und der Name waren alles, was Lestrade von dem Schnellkurs in moderner Kunst im Gedächtnis behalten hatte, den er vor fünf Jahren im Verlauf des Frederick Leighton-Falles, bei dem es um gefälschte Bilder ging, absolviert hatte. Den Namen des Mannes, den er heute in St. John's Wood aufsuchen wollte, hatte er noch nie gehört, aber ein Diener zeigte ihm den Gesuchten.

«Mr. Adma-Talema?» fragte der Inspector.
Der Gastgeber der Party wandte sich dem Fragesteller zu. Er rückte seinen Kneifer zurecht und erwiderte: «So ähnlich. Nein, sagen Sie nichts. Sie sind ein Reporter vom *Daily Graphic*, ein Kunstkritiker, und Ihr letzter Artikel hat einen Künstler so in Rage versetzt, daß er eine Leinwand auf Ihrem Kopf zertrümmert hat, oder?»
«So ähnlich», erwiderte Lestrade. «Eigentlich komme ich von Scotland Yard.»
«Wirklich?» sagte Alma-Tadema. «Ich bin noch nie einem richtigen Detektiv begegnet. Abgesehen von... doch das zählt nicht.»
«Könnten wir unter vier Augen sprechen, Sir?»
Der Künstler verließ den Kreis seiner Bewunderer, nahm zwei Drinks von einem vorbeigetragenen Tablett und drückte einen davon Lestrade in die Hand. Sie schritten durch einen Schwarm weißer Pfauen über eine geräumige Terrasse und betraten das riesige sonnenhelle Atelier. Eine ausladende Leinwand ruhte in der Mitte des Raumes auf drei Staffeleien. Sie war zum Teil verhüllt und zeigte eine antike Szene in klassisch-erhabenem Stil.
«Gefällt Ihnen das Bild?» fragte der Künstler und grinste.
«O ja», sagte Lestrade und hoffte, er würde nicht in eine Unterhaltung über die Vorteile der Gouache oder über die Tücken des Chiaroscuro verwickelt werden.
«Mir auch.» Alma-Tadema füllte ihre Gläser mit der edelsten Rotweinbowle auf, die Lestrade je gekostet hatte.
«Sagen Sie mal, ich dachte, ihr Polizisten würdet im Dienst nicht trinken?»
«Für die meisten von uns trifft das zu, Sir. Aber, wenn ich so sagen darf, den meisten von uns wird auch nicht so ein Spitzenwein angeboten.»
«Mein lieber... äh... Inspector, richtig? Sie haben nicht nur ein Kennerauge für Kunst, sondern sind auch ein Weinkenner. Wahrlich, ein glücklicher Tag für mich.»
«Ich hoffe, Sir.» Lestrade zog eine Blechbüchse aus der Tasche. «Seien Sie so gut und werfen Sie einen Blick auf den Inhalt.»
Alma-Tadema öffnete sie, schnupperte, äugte eingehend durch seinen Kneifer, steckte einen sorgfältig manikürten Finger hinein und leckte daran. «Lack», sagte er. «Schwarzer Lack. Möglicherweise von Aspinall.»

Pik-Drei _____ 87

«Ist der Gebrauch von Lackfarbe unüblich, Mr. Ala-Tameda?»
«Das kann man wohl sagen. Sie ist nicht leicht zu beschaffen und natürlich für Leinwand völlig ungeeignet. Aber die Franzosen verwenden sie häufig für ihre verdammten Schmierereien.»
«Sie mögen die moderne Kunst nicht, Mr. Mala-Teda?»
«Ach, auf ihre Weise mag sie hingehen, aber Sie können keine Untergrundstation bauen, die aussieht wie ein Pfau. Es ist nicht genug Klassisches in der heutigen Kunst. Nichts von dem, was die Römer hatten», sagte er und deutete auf seine Leinwand. «Bei den Römern wissen Sie, was Sie haben.»
«Sie sagten Lackfarbe von Aspinall?»
«Ja, das ist die Firma, die sie herstellt.» Alma-Tadema verschwand in einem Nebenzimmer. «Sie ist verflixt teuer; selbst ich habe nur...» Er brach ab. Lestrade ging quer durch den Raum zu ihm. «Ist irgend etwas, Sir?»
«Sie sind fort. Sechs Töpfe mit schwarzer Lackfarbe von Aspinall. Verschwunden.»
«Wann haben Sie Ihre Lackfarbe zum letztenmal gesehen?»
Alma-Tadema nagte an seinem Daumen. «Nun, lassen Sie mich nachdenken, es muß am letzten Dienstag... oder Montag gewesen sein.»
«Es könnte von Wichtigkeit sein, Sir.»
«Ja, ja, natürlich, Inspector. Vorletzte Woche Montag. Ich bin sicher, daß es Montag war, weil eines meiner Modelle kurzfristig absagte. Ich war nicht allzu verärgert darüber. Ich hasse Porträtmalerei. Könnte immer Römer malen.»
Es gab eine Pause.
«Inspector, darf ich erfahren, warum Sie mit dieser Farbe zu mir gekommen sind?»
«Mein Chef empfahl Sie, Sir, als einen Fachmann, was die Zusammensetzung von Farben angeht.»
Der Künstler lachte. «Nun, ich fühle mich geschmeichelt. Aber in welchem Zusammenhang steht das alles?»
«Lesen Sie keine Zeitungen, Mr. Alma-Mater?»
«Leider nur Kunstzeitschriften. Schrecklich einseitig, nicht wahr?»
«Hätten Sie während der vergangenen zehn Tage die Schlagzeilen gelesen, wüßten Sie, daß man im Battersea Park drei junge Männer

tot aufgefunden hat. Jeder von ihnen war von Kopf bis Fuß mit schwarzer Farbe angestrichen. Und eben dies hat sie getötet.»
«Guter Gott!» Alma-Tadema setzte sich verblüfft nieder. «Das ist ja unglaublich!»
«Was noch unglaublicher ist, Sir, ist die Tatsache, daß die Farbe aus Ihrem Atelier gekommen zu sein scheint.»
Dem Künstler ging allmählich ein Licht auf.
«Ich verstehe», sagte er, und zum erstenmal an diesem Tage wich das Lächeln aus seinem Gesicht. «Sie kamen also zu mir, um den Rat eines Fachmannes einzuholen, und am Ende stehe ich als Verdächtiger da.»
«Dann also doch kein so glücklicher Tag für Sie, Mr. Alda-Tamer?»
«Wahrhaftig nicht», erwiderte der Maler.
«Wer hat Zutritt zu diesem Atelier?»
«Oh, fast jeder. Nachts ist es natürlich verschlossen, und nur der Butler und ich haben Schlüssel, aber den Tag über ist es immer offen. Es sei denn, ich habe ein Gemälde fertiggestellt. Es wimmelt hier immer von Leuten. Sie sahen es ja selbst. Es ist ein offenes Haus. Meine Gastfreundschaft ist berühmt, wie ich zu meiner Schande gestehen muß.»
Lestrade ging zu den Glastüren. «Ich bin sicher, daß Sie nicht die Absicht haben, die Stadt zu verlassen, Sir, wenn Sie es aber doch tun, verständigen Sie bitte den Yard.»
«Ja, natürlich, Inspector. Ich selbst bin nur allzusehr daran interessiert, daß diese Sache geklärt wird.»
«Darf ich Ihnen raten, bessere Sicherheitsvorkehrungen zu treffen, Sir? Dieses kleine Gemälde hier...» – er deutete auf die Leinwand – «wieviel dürfte es wert sein?»
«Mir sind achttausend dafür geboten worden.»
Jetzt war die Reihe an Lestrade, verblüfft zu sein. Es war mehr Geld, als er in seinem ganzen Leben verdienen würde, wenn alles normal verlief.
«Pfund?»
Alma-Tadema brach in schallendes Gelächter aus. «Seien Sie nicht weltfremd, Inspector... Guineen.»

Die Familie Spender hatte Beziehungen zum Adel, doch sie selbst wohnte in einem geschmacklosen Haus in einer gewöhnlichen Vorstadt in Notting Hill. Sie waren noch mehr auf die Familienehre bedacht als die Coke-Hythes und unendlich weniger höflich. Mit der ihm eigenen Leichtigkeit verstand es Lestrade, sich selbst und den Yard gegen den Aufschrei «Und was unternehmt ihr Burschen?» zu verteidigen, den der Großvater des Hingeschiedenen in seiner Ecke ausstieß. Eine Verbindung von Schmeichelei und Bluff von seiten Lestrades verschaffte ihm alle Informationen, die er über den verstorbenen William Alphonse Spender vermutlich je erhalten würde. Er war vierundzwanzig, ledig, ohne Stellung («Arbeit» war für die Spenders ein viel zu gewöhnliches Wort) und bewegte sich in schlechter Gesellschaft. Niemand in der Familie schien über sein Hinscheiden wirklich bestürzt zu sein. Niemand in der Familie schien überrascht, daß er ein so «unangenehmes» Ende gefunden hatte. Hätten sie ihn doch nur gleich nach Harrow geschickt, dann wäre das nie passiert. Trotzdem war es so vielleicht am besten. Nein, William hatte keine wirkliche Abneigung gegen Schwarze gehabt, er hatte einfach nur Spaß daran, Leute zu quälen. Es lag auf der Hand, daß Coke-Hythe der Anstifter bei dieser jüngsten üblen Affäre gewesen war. Aber es war doch ein unbedeutender Vorfall. Einzig die radikale Presse war so gemein, ihn über die Maßen aufzublähen. Feinde? Nun, selbst die Familie mußte einräumen, daß William ein wenig liebenswerter Geselle gewesen war, doch sie konnte sich niemanden vorstellen, keine bestimmte Person, die so weit gehen würde. Natürlich diesen schrecklichen schwarzen Menschen ausgenommen. Er hatte ein Motiv. Warum war er nicht verhaftet worden?
Arthur Fitz hatte keine direkten Angehörigen. Seine Eltern waren vor ein paar Jahren bei einem Besuch in der Schweiz bei einem Lawinenunglück ums Leben gekommen, und der Junge war von einer entfernten Tante an die nächste weitergereicht worden, die sich am Ende verfluchten, weil sie nicht weit genug entfernt gewesen waren. Eben diese Entfernung war es, die ihnen ein leichtes Schuldgefühl eingab. Sie hatten den Jungen im Stich gelassen. Das mindeste, was sie jetzt tun konnten, war, dafür zu sorgen, daß sein Mörder zur Rechenschaft gezogen wurde. Doch Arthur verbrachte den größten Teil seiner Zeit in Clubs und in übler Gesellschaft, und seine ver-

schiedenen Tanten hatten den Verdacht, daß er schrecklich verschuldet war.

Das Klubviertel erwies sich als frostig und unergiebig. Lestrade besuchte ein paar Clubs – Künste, Heer, Marine, Crockford's. Bandicoot nahm andere in Augenschein – White's, Boodle's, Marine und Militär. Dew hielt sich bereit, einzugreifen. Ihre gemeinsamen Nachforschungen ergaben so gut wie nichts. Abgelaufene Schuhsohlen, eine Menge frostigen Schweigens, eine Menge wütender Briefe über polizeiliche Störungen an McNaghten und den Leiter des Yard. Angesichts eines Sumpfes von Anschuldigungen und Erfolglosigkeit begann Lestrades Ruf zu schwinden. Der Fall wurde langsam, aber sicher zu einem Alptraum.

Lestrade wurde in die kostspielige Zimmerflucht geführt, die der Ex-Sklave Atlanta Washington seit vier Monaten bewohnte. Der Inspector hatte wirklich keine Ahnung gehabt, was ihn erwarten würde. Vor ihm stand ein stattlicher, eleganter Mann, etwa so alt wie Lestrade, tadellos gepflegt und mit einer Rose im Knopfloch. Flankiert wurde er von zwei unglaublich schönen weißen Mädchen, von denen Lestrade eines als eine frühere Kurtisane wiedererkannte, die Lord Panmures Eigentum gewesen war.

«Lassen Sie sich nur Zeit.» Der Schwarze grinste, wobei er eine Reihe perlweißer Zähne entblößte. «Ihr Süßen, geht ein bißchen spielen, Atlanta will mit dem Onkel reden.» Er tänzelte über den Boden, als bewege er sich nach einer imaginären Melodie, und schob die protestierenden Mädchen in einem Wirbel aus Federn und Pelz aus der Tür.

«Also dann, Inspectorchen, was verschafft mir das Vergnügen Ihres Besuches?»

«Ich ermittle in einem Mordfall.»

«Nur zu. Hören Sie, nehmen Sie doch Platz, und ich werde ein bißchen Pfefferminzjulep raufkommen lassen.»

Lestrade setzte sich.

«Ich hoffe, Sie brauchen nicht lange. Ist bald Zeit für meine Maisgrütze, und ich mag's nicht, wenn ich drauf warten muß.»
«Atlanta Washington», Lestrade stand wieder auf, «ich verhafte Sie im Namen des Gesetzes. Sie sind nicht verpflichtet, irgendeine Aussage zu machen, jedoch alles, was Sie sagen, wird zu Protokoll genommen...»
«Is ja genug, Mann», unterbrach ihn der Schwarze. Er sah Lestrade einen Augenblick prüfend an. «Ach, scheiß drauf.» Er zog seine kunstvoll gearbeitete Perücke ab, und unter dem dichten krausen Haar kam eine weit weniger eindrucksvolle Glatze zum Vorschein. Dann hakte er sein makelloses falsches Gebiß los und enthüllte ein paar bräunliche vereinzelte Zähne.
«So, Mr. Lestrade, die Show ist vorbei.» Sogar der kehlige Plantagenakzent war verschwunden. «Was wirft man mir vor?»
Lestrade setzte sich frohlockend. «Überhaupt nichts», sagte er. «Aber irgendwie mußte ich diese Barriere überwinden.»
Washington grinste. «Sie sind gerissen, daran gibt's keinen Zweifel.»
«Warum tun Sie das?» fragte Lestrade.
«Was – das Kauderwelsch? Die Zähne, die Perücke?»
Lestrade nickte.
«Das ist eine lange Geschichte, Inspector.»
«Lassen Sie sich Zeit, Sir.»
«Mein Vater war Booker T. Washington, ein Sklave. Vielleicht haben Sie sein Buch *Der Weg aus der Sklaverei* gelesen?»
Lestrade verneinte.
«Nun, ich wurde als Sklave geboren, genau wie er. Mama wusch den Massas auf der Plantage die Wäsche – in Georgia. Pap war das, was sie in den Staaten einen ‹hochnäsigen Nigger› nennen, aber wie alle Neger wußte er das zu verbergen. So wie ich vorhin gesprochen habe – und Sie nicht hinters Licht führen konnte –, so sprachen wir auf der Plantage. Verstehen Sie, wenn man Ärger vermeiden und am Leben bleiben will, muß man sich dumm stellen, den Bimbo machen. Bißchen rumzappeln, mit den Augen rollen und reden» – und er verfiel wieder in den Jargon – «wie weißer Mann erwartet, daß Bimbos reden. Auf diese Weise» – er sprach wieder normal – «fällt man nicht auf. Als 1865 Lincolns Soldaten kamen, sagte man uns, wir seien alle frei. Ich war glücklich. Ich

ging mit Papa nach Norden und erfuhr, was Freiheit wirklich bedeutete. Ich lernte die Brüder kennen, die wie Schweine in Harlem lebten, während die Weißen die Jobs und milden Gaben kriegten. Wissen Sie, wie viele schwarze Polizisten es in den großen Vereinigten Staaten gibt? Wie viele schwarze Ärzte, Rechtsanwälte, Richter, Lehrer? Keine, Inspector, keine. Sogar die Niggersänger auf der Bühne sind Weiße, die man mit rußigem Kork eingeschwärzt hat. Das ist die Freiheit, die Lincoln uns gab. Und deswegen haben sie ihn umgebracht. Also beschloß ich, zurückzuschlagen. Papa schrieb sein Buch und wurde berühmt – und reich. So wurde ich eine prominente Persönlichkeit – ein gebildeter Nigger. Ob ich beliebt bin? Nein, bin ich nicht. Die Weißen hassen mich, weil ich schwarz bin. Aber sie sind zugleich fasziniert. Sie können sich nicht von mir fernhalten, weil sie mich fürchten. Sie haben Angst, daß eines Tages meine ganze Rasse so schlau und frech sein wird, und darum machen sie sich vor Angst in die Hosen. Darum ist das alles eine einzige Fassade, Inspector. Das Haar, die schneeweißen Zähne, die Sprache – das ist es, was die Leute erwarten. Soll ich sie enttäuschen?» Eine Pause. «Sagen Sie mir, ist mein Geheimnis bei Ihnen gut aufgehoben?»
«Haben Sie diese Männer umgebracht?»
«Verdammt noch mal, nein. Ich bin vielleicht ein schlauer Fuchs, Inspector, oder ein verstockter Bastard. Aber ich habe niemals einen Menschen getötet und könnte jetzt nicht damit anfangen. Ja, vor zwei Wochen habe ich einem Pärchen ein paar mit der Reitpeitsche übergezogen, weil es zu viele Beleidigungen und Spucke hagelte. Aber das war's, was das betrifft.»
«Kennen Sie das Atelier von Lawrence Alma-Tadema?»
Lestrade war selber überrascht, daß er den Namen richtig ausgesprochen hatte.
«Wenn's dieser Fotograf am Piccadilly ist, ja.»
«Was können Sie mir über Aspinalls Lackfarbe sagen?»
Washington sah ihn verständnislos an. «Nichts.»
Lestrade stand auf. Er war von der Aufrichtigkeit des Mannes beeindruckt.
«Mr. Washington, wann gedenken Sie das Land zu verlassen?»
«Nun, in Kürze, denke ich, ganz bestimmt.»
Lestrade nickte beifällig.

«Was ist mit Ihnen los, Mann? Bloß wegen ein paar Massas, die ins Gras gebissen haben?»

«Ich möchte wissen», sagte Lestrade, «wie viele noch dazukommen werden.»

Diesmal ließ der inzwischen unvermeidliche Brief lange auf sich warten. Routinemäßig rekonstruierte Lestrade, so gut er konnte, den letzten Tag im Leben der drei toten Männer. Sie kannten eine Menge Leute, erregten gewöhnlich, wenn auch nicht immer, in der Öffentlichkeit Aufsehen, und ihr Bekanntenkreis war unergiebig. Die Gemeinsamkeiten in ihren Leben, ihre oberflächliche Freundschaft, gegründet auf eine Vorliebe für Rampenlicht und Teufeleien, ergaben keine konkreten Anhaltspunkte. Keine Spuren, nichts Verdächtiges. Dann aber traf der Brief ein.

> Wie er's getan schon oft zuvor,
> Ging der kohlrabenschwarze Mohr
> An einem Sommertag, weil's schön,
> Hinaus, die Läden anzusehn.
> Doch Schreihals Edward kam heran
> Und lachte laut und schwenkt' die Fahn;
> Und William lief und schoß Kobolz
> Mit seinem runden Reif aus Holz;
> Auch Arthur kam herbeigesprungen,
> Gesellt sich zu den bösen Jungen;
> Da schrien die drei und lachten sehr
> Und brüllten immer mehr und mehr,
> Und darauf sangen sie im Chor:
> «Oh, schwarz wie Tinte ist der Mohr.»
> Da packt den Arthur er im Nu,
> Und William und Ned dazu;
> Obwohl ein jeder schrecklich schrie,
> Taucht er doch in die Tinte sie,
> Ins Tintenfaß, eh' sie's gedacht,
> Bis sie so schwarz sind wie die Nacht.
> So macht er sie von Kopf bis Zeh
> Kohlrabenschwarz, o weh, o weh!

Wie sie sich jetzt verändert haben,
Die dummen, kleinen schwarzen Knaben,
Nur weil sie solchen Lärm gemacht
Und den schwarzen Mann verlacht!

Diesmal ist die Reimerei länger als sonst, dachte Lestrade, und ähnelt eher einer Geschichte. Keine neuen Anhaltspunkte, was den Briefkopf, die Papier- oder Schriftart betraf. Doch da war noch etwas – eine Unterschrift.
«Was wissen Sie über Agrippa?» rief er Bandicoot entgegen, der gerade mit einem Armvoll Protokollen eintrat.
«Über welchen?»
«Über alle», antwortete der Inspector, der über die Tatsache verärgert war, daß sein Lieutenant über solche Kenntnisse verfügte.
«Also, da gab es Marcus Vipsanius Agrippa, den römischen Befehlshaber. Wenn meine Kenntnisse des klassischen Altertums mich nicht täuschen, befehligte er Octavians Flotte in der Schlacht bei Aktium, 31 vor Christi Geburt.»
«Mochte er Neger?»
Bandicoot dachte angestrengt nach. «Ich glaube, Sie verwechseln ihn mit Scipio Africanus, Sir. Er war ein Schwarzer.»
«Wer sind die anderen Agrippas?»
«Herodes I und Herodes II – im Neuen Testament. Marionettenkönige von Judäa, die von den Römern eingesetzt worden waren.»
Lestrade rieb sich die Augen und rekelte sich in seinem Sessel. Das brachte ihn überhaupt nicht weiter.
«Warum fragen Sie, Sir?»
Lestrade sah ihn an. Es ist ja nichts dabei, dachte er, wenn ich Bandicoot den Brief zeige. Vielleicht konnte ja seine literarische Bildung, wenn er auch ein naiver und ungeschickter Polizist war, ein wenig Licht auf die Reimerei werfen.
«Ach, *dieser* Agrippa!» gluckste Bandicoot.
Lestrade schoß kerzengerade in die Höhe. «Was meinen Sie mit ‹*dieser* Agrippa›?»
«Na ja, ich habe ja nicht geahnt, daß es ein Scherz war, Inspector.»
«Es ist kein Scherz, Bandicoot, das kann ich Ihnen versichern. Wollen Sie mir erzählen, daß Sie dieses Gedicht kennen?»

«Ja, natürlich. Sie etwa nicht?»
Lestrade sah ihn an wie ein Mann, dessen Gebete erhört worden sind. «Dew!» brüllte er. «Bringen Sie uns eine Kanne Tee. Und Toast. Bandicoot, nehmen Sie sich eine Zigarre. Schließlich haben Sie die verdient. Könnte sein, daß wir noch eine Weile hier sein werden.»

Die Witwe

«Der Text stammt aus einer Folge von... nun, man könnte sie moralische Geschichten für Kinder nennen, Sir. Als ich ein kleiner Junge war, hat mein Kindermädchen sie mir immer vorgelesen. Ich bin mit ihnen groß geworden. Ich dachte, das wäre bei jedermann so.»
«Wir haben nicht alle Ihre Erziehung genossen, Bandicoot.» Lestrade hatte das Gefühl, daß er sich, jedesmal wenn er den Mund aufmachte, anhörte wie Mr. Keir Hardie.
«Das Buch heißt *Struwwelpeter*, und ein Arzt hat es geschrieben, um seine kleinen Patienten zu erheitern, glaube ich.»
«Stru...was?» fragte Lestrade.
«*Struwwelpeter*. Glaube ich jedenfalls... Deutsch war wirklich nicht meine starke Seite, doch ich glaube mich zu erinnern, daß der Name in der englischen Fassung *Strubbelkopf Peter* lautete.»
Lestrades Kinn fiel nach unten. «Der Mann in der Schlucht», murmelte er.
«Sir?»
Lestrade schloß das Geheimfach in seinem Aktenschrank auf. Er warf die Briefe auf den Tisch. «Nach jedem Mord habe ich einen dieser Briefe erhalten. Handeln sie alle vom *Strubbelkopf Peter*?»
Bandicoot überflog sie. Nach einer Weile sagte er: «Ja, es stimmt, *Strubbelkopf Peter*, aber sie kommen mir kürzer vor. Es müssen Stücke weggelassen worden sein.»
«Zum Beispiel?»
«Oh, Inspector, ich habe die Geschichten seit Jahren nicht mehr gelesen, aber hier, sehen Sie, in diesem ersten Text, zum Beispiel, sind die letzten beiden Zeilen weggelassen. Bei Ihnen steht

    Und der Bösewicht, fürwahr,
    Hat noch nie gekämmt sein Haar.

Die Witwe

Im Buch geht es etwa so weiter:

> Pfui, ruft da ein jeder:
> Garstger Struwwelpeter.»

Lestrade mußte an den schrecklichen Anblick des Leichnams in der Schlucht denken und teilte den Abscheu des Verfassers vollkommen. «Sonst noch etwas?»
Bandicoot dachte nach. Er kam jetzt richtig in Fahrt.
«Ja, der zweite Brief bezieht sich auf die ‹Geschichte vom bösen Friederich›. Er peitscht eine gewisse Mary, Schwester, Kindermädchen, was immer sie sein mag, und natürlich stirbt er in der Geschichte nicht wirklich. Ich nehme an, alle diese Briefe beziehen sich auf Morde.»
«Richtig – bis jetzt sind es sechs.»
«Ah, jetzt sehe ich das Bild vor mir – es endet damit, daß der Hund mit umgebundener Serviette am Tisch sitzt und Friedrichs Kuchen und Pudding auffrißt.»
Lestrade wanderte durch das Zimmer und trank in kräftigen Zügen aus seiner uneleganten Tasse.
«Bei der Geschichte von Harriet», fuhr Bandicoot fort, «glaube ich mich zu erinnern, daß es ein großes Theater um die Katzen des Mädchens gab und von ihm außer einem Häufchen Asche nichts übrigblieb als ihre roten Schuhe. Vermutlich konnte der Mörder es nicht so einrichten, daß es haargenau mit den Versen übereinstimmte.»
«Nun, bis jetzt hat er seine Sache nicht schlecht gemacht. In der Familie Wemyss wimmelte es von Katzen.»
«Die letzte Geschichte heißt ‹Die Geschichte von den bösen Buben› – sie quälen einen Schwarzen. Agrippa ist eine Art Zauberer, der für die Sache des Schwarzen eintritt und die Quälgeister in ein riesiges Tintenfaß taucht.»
«Oder in Aspinalls schwarze Lackfarbe», pflichtete Lestrade bei.
«Aus dem Text geht nicht eindeutig hervor, ob sie dabei umkommen oder nicht. Doch das Bild zeigt, glaube ich, daß sie am Leben bleiben.»
Lestrade gab sein Umherwandern auf. Er stellte seine Tasse ab und stützte sich mit den Ellenbogen auf den Tisch neben Bandicoot.
«Wie viele dieser moralischen Erzählungen gibt es?» fragte er.

«Du lieber Gott, ich weiß es nicht, Sir. Ein paar. Ich weiß es nicht.»
Lestrade kam in Bewegung. «In Ordnung, Bandicoot, gehen Sie in eine Buchhandlung, zum Britischen Museum, wohin auch immer, aber besorgen Sie ein Exemplar dieses Buches. Es ist ein perfektes Textbuch zu den bisherigen Morden. Es ist unwahrscheinlich, daß unser Freund jetzt davon abweicht. Darum hat er nach dem ersten Mord die Zeilen über den *Strubbelkopf Peter* weggelassen. Sie hätten mich zu früh auf seine Fährte gebracht. Aller Wahrscheinlichkeit nach glaubt er nicht, daß wir ihm schon auf der Spur sind, aber wir sind's. Ich werde McNaghten unterrichten, das wird vielleicht den Druck von uns allen nehmen... Oh, was ich noch sagen wollte, Bandicoot, bevor Sie gehen.»
«Sir?»
«Gut gemacht. Wir werden noch einen Polizisten aus Ihnen machen.»

Während Lestrade McNaghten über die Fortschritte berichtete, wobei er Bandicoots Anteil nach Möglichkeit zu verkleinern suchte, und während Bandicoot selbst zielstrebig durch die Buchhandlungen Westminsters jagte, lag Albert Mauleverer tot im Brunnen unterhalb Guy's Cliffe. Ein Arbeiter fand den Leichnam zufällig und alarmierte die Polizei von Warwickshire. Die hatte keine Spuren, keine Anhaltspunkte, kein Motiv und keinen Verdächtigen. Und es war purer Zufall, daß Lestrade ein paar Tage später in der *Police Gazette* eine winzige Notiz ins Auge fiel. «Leiche in einem Brunnen gefunden. Schußwunden.» Mittlerweile war das Buch in seinem Besitz: *Struwwelpeter von Dr. Heinrich Hoffmann. Lustige Geschichten und drollige Bilder. 1845.* Auf der Stelle erkannte er die Merkmale der «Geschichte vom wilden Jäger». Er las sie noch einmal, während er mit dem Morgenzug nach Norden fuhr. Im Gedicht trat ein Hase als Täter auf. Nachdem er dem Mann, während dieser schläft, die Brille und das Gewehr gestohlen hat, schießt er auf ihn, als er in einen Brunnen gefallen ist. Wiederum endete das Gedicht nicht mit einem Mord, und es enthielt eine Menge unsinniges Zeug über die Frau des Jägers, die in der Nähe Kaffee trank, und vom Hasenkind, das mit Kaffee bespritzt wurde. Doch Lestrade wußte nur zu gut, daß nichts davon Unsinn war. Irgendein Wahnsinniger setzte diese moralischen Geschichten auf grausame Weise und so akribisch wie möglich in die Wirklichkeit um. Aber wer? Und warum? Er hatte noch immer nicht genug Antworten. Nur zwei Aussagen ließen sich über den Mörder machen: Erstens war er verdammt gerissen, und zweitens war er Lestrade, obgleich dieser das Buch besaß, noch immer einen Schritt voraus.

Als erstes nahm sich Lestrade im *Clarendon Hotel* am oberen Ende des Paradeplatzes ein Zimmer. Vom Bahnhof aus war er zu Fuß dorthin gegangen, doch er meinte seine Zeit nicht verschwendet zu haben, weil er die Gelegenheit gehabt hatte, sich zum erstenmal den Kurort Leamington genauer anzusehen. Starke Ähnlichkeit mit Cheltenham, dachte er, doch wenn man einen Kurort gesehen hatte, kannte man vermutlich auch alle anderen. Die breiten Straßen, die schattigen Alleen, die ausgesuchte Extravaganz der Läden und Kanzleien, all das legte Zeugnis ab vom Wohlstand und der Standfestigkeit der Mittelklasse in der Provinz. Lestrade war froh, seinen Sommeranzug anziehen zu können, und er fand, daß es warm genug für seine Kreissäge aus Cambridge war, wenngleich deren Rand ein wenig beschädigt war. Auf dem Polizeirevier indessen war man wenig hilfsbereit. Ein korpulenter Sergeant beäugte Lestrade von Kopf bis Fuß, ehe er ihm die Benutzung des Polizeiwagens anbot. Lestrade nahm einen Constable mit, und sie fuhren zum Leichenschauhaus. Diese Leiche sah weniger absonderlich aus als die bisherigen, bot aber dennoch einen gräßlichen Anblick. Die rechte Seite des Kopfes war die eines Mannes mittleren Alters mit grauen Haaren und plumpen Zügen. Die linke Seite des Kopfes war überhaupt nicht mehr vorhanden – bloß noch eine Masse dunklen geronnenen Blutes, in der Stückchen weißlichen Knochens zu sehen waren. Lestrade hatte solche Wunden früher schon gesehen, der junge Constable hingegen unglücklicherweise nicht, und er sank zu Boden, als der Gehilfe das Laken wegzog. Lestrade fuhr fort, die Leiche zu betrachten und dem Gehilfen Routinefragen zu stellen, während der Constable, dem man seinen Helm auf die Brust gelegt hatte, hinausgetragen wurde.

«Vor drei Tagen, sagen Sie?»

«Ja, Sir. Sie brachten ihn mausetot hier rein. Ich hab ihn ein bißchen saubergemacht, aber davon abgesehen, ist er nicht angerührt worden. Hier ist seine Brille.»

Er hielt eine zerbrochene Brille in die Höhe. Lestrade betrachtete die grüne Norfolk-Jacke, die zerknüllte, blutbefleckte Jagdmütze, und dann untersuchte er das Gewehr. Eine schöne Waffe, Standardkaliber 12. Ein Lauf war abgefeuert.
«Ist das die Waffe, mit der er getötet wurde?»
«Weiß ich nich.» Der Gehilfe zuckte die Achseln. «Das ist Ihr Job.»
Unempfindlich gegen Lestrades Stirnrunzeln schlurfte er davon, heftig an einer Pfeife saugend und den Kopf in Wolken eines fürchterlichen Tabaks gehüllt. Lestrade untersuchte noch einmal die Wunde. Vermutlich war der Schuß aus kürzester Entfernung abgegeben worden. Er ging hinaus in den Sonnenschein und fand den Constable, der mit blassem Gesicht an der Kutsche lehnte. Als der Inspector näher kam, versuchte er Haltung anzunehmen.
«Schon gut, mein Junge. Zigarre?»
Der Constable lehnte ab, einen mitleiderregend entrückten Ausdruck im Gesicht.
«Wer hat den Leichnam gefunden?»
Der Constable wühlte in der Tasche nach seinem Notizbuch. «Ein halbes Dutzend Eier. Zwei… Oh, Verzeihung, Sir. Die Einkaufsliste meiner Frau.»
Lestrade unterbrach seine Pafferei. «Frau? Wie alt sind Sie, Constable?»
«Im Herbst werde ich zwanzig, Sir.»
Lestrade begann sich seines Alters bewußt zu werden. Natürlich, es war der Anfang vom Ende, wenn Polizisten anfingen, jünger auszusehen als man selbst.
«Joseph Glover, Sir. Ein Arbeiter aus Bubbenhall.»
«Wie bitte?»
«Bubbenhall, Sir. Ist ein Dorf…» Der Constable wühlte abermals und förderte eine Karte zutage, die er umständlich auf dem Hinterteil des Pferdes entfaltete. «… fünf Meilen von hier.»
«In der Nähe von Guy's Cliffe?»
«O nein, Sir.» Die ganze Aufmerksamkeit des Constables war auf seinen Finger gerichtet, der über die Karte fuhr. «Acht Meilen von hier, Sir.»
Lestrade dachte laut. «Was treibt ein Arbeiter acht Meilen von seinem Dorf entfernt? Um welche Tageszeit wurde die Leiche gefunden?»

Der Constable zog sein Notizbuch zu Rate. «Etwa gegen halb sieben abends, Sir. Sonntag, 24. Juli.»
«Dieser Glover – etwas über ihn bekannt? Versuchen Sie's mal ohne das Notizbuch, Constable», setzte er hinzu, als der Kopf des jungen Mannes sich erneut über das Notizbuch beugte.
«Nun, Sir», die geistige Anstrengung machte dem Constable offensichtlich zu schaffen, «drei Jahre hintereinander hat er den Pflügerwettbewerb der Grafschaft gewonnen. Einer der besten Heckengärtner, den ich kenne. Und er scheint eine Menge Fasane zu essen, die anderen Leuten gehören.»
«Gut, Constable. Das hat alles noch nicht ganz die rechte Form, aber machen Sie sich nichts draus. Geben Sie mir die Zügel. Ich komme ganz aus der Übung. Und behalten Sie einen klaren Kopf; ich möchte bis morgen zurück sein.»
Sie fanden Joseph Glover, der an einem pflügenden Gespann festgebunden war, zwei kraftvolle Clydesdales, riesig und lammfromm, die durch die Furchen trotteten. Hinter ihren schwankenden Köpfen und dem aufgewirbelten Staub waren ein Paar Zugstiefel und ein schwirrender Peitschenstiel zu erkennen.
«Hü, Jewel, mach schon, Dinkie.»
Lestrade ging quer über den Acker, und der Constable stolperte hinter ihm her.
«Joseph Glover?»
Der kleine Mann gab ein unterdrücktes Knurren von sich und brachte die Pferde zum Stehen. Er hakte die Zügel von seinem Hals los. «Wer will das wissen?» Der aufsässige kleine Arbeiter reichte Lestrade gerade bis zum Schlipsknoten.
«Inspector Lestrade, Scotland Yard.»
«Schottland? Da sind Sie aber ziemlich weit von zu Hause weg.»
Lestrade beugte sich so weit vor, daß ihre Nasen sich berührten.
«Behinderung der Polizei kann Ihnen fünf Jahre einbringen, Glover. Was würde dann aus Ihren Pferden?»
Glover lehnte sich gegen die riesige glänzende Flanke eines der beiden Pferde.
«Keine Angst, Dinkie, ich werd nich erlauben, daß er dich mitnimmt.»
«Ich komme von Scotland Yard, Glover, nicht von der Abdeckerei.»

Auch diese rhetorische Perle war verschwendet. Nur eines der Pferde schnaubte anerkennend.
Glover koppelte sich wieder an das Gespann und brachte die Pferde mit einem Peitschenknallen in Gang. «Ich muß weitermachen», knurrte er, «Pflügerwettbewerb nächste Woche bei der Abbey.»
Lestrade blickte den Constable auskunftheischend an.
«Es ist fast Herbst, Sir. Im Herbst pflügt man nicht. Man pflügt im Frühjahr.»
«Ist er… ganz… in Ordnung?» Lestrade formte die Worte stumm mit dem Mund und einem seitlichen Nicken zu Glover, der stur nach vorn starrte und mit noch mehr Entschiedenheit und Verdrossenheit an seinem Grashalm kaute.
«O ja, Sir.» Der Constable kicherte. «Jeden Sommer ist eine Landwirtschaftsausstellung bei Stoneleigh Abbey, Lord Leighs Besitzung. Es war sein Land, auf dem man die Leiche fand.»
«Warum waren Sie am letzten Sonntag in Guy's Cliffe?» fragte Lestrade den Pflüger.
«Turteln.»
Lestrade wandte sich an den Constable, um sich das Wort übersetzen zu lassen.
«Auf Liebespfaden, Sir.»
«Wie ist der Name der jungen Dame?»
«Jetzt hören Sie mal zu…» Glover brach ab, als er den Ausdruck in Lestrades Augen sah.
«Wissen Sie, was eine Tretmühle ist, Glover? Wissen Sie, was das heißt, auf diesen Sprossen rumzutrampeln, immer fünfzehn Minuten lang, dann zwei Minuten Pause, sechs Stunden am Tag?»
«Louisa Ellcock. Arbeitet für die Leute in dem großen Haus bei Guy's Cliffe.»
«Die Mauleverers, Sir.»
«Erzählen Sie», sagte Lestrade.
«Ich war unterwegs, um Louisa zu besuchen. Wir sind verlobt. Also, ich marschierte von Old Milverton Church über die Felder, und da war er. Sah zuerst seine Flinte, so'n Schimmern in der Abendsonne.»
«Halten Sie sich nicht mit der Lyrik auf, fahren Sie fort.»
«Ich ging rüber und sah ihn. War in den Brunnen gestopft worden. Tot.»
«Haben Sie Schüsse gehört?»

Die Witwe ──────────────────────────────── 103

«Hin und wieder. Aber ich war fast zehn Meilen gelaufen, und es waren an diesem Wochenende 'ne Menge Jäger unterwegs.»
«Haben Sie jemanden in der Nähe gesehen, der sich verdächtig benommen hat?»
«Das ist 'ne verdammt dämliche Frage…» – er senkte die Stimme – «Entschuldigung. Aber ich war mit den Gedanken woanders. Hoffte, in ein paar Minuten selbst verdächtige Sachen zu machen. Sie verstehen, was ich meine?» Der Rippenstoß und das schiefe Grinsen machten Lestrade ein wenig ärgerlich. Er brauchte Beweise und keine ländlichen Liebesabenteuer.
«Diese Louisa Ellcock, wo kann ich sie finden?»
«Langsam, langsam, ich will nicht, daß sie belästigt wird. Nicht in ihrem Zustand.»
Lestrade blieb stehen und hob mißbilligend eine Augenbraue.
«Es besteht die Aussicht, Glover, daß, wenn Ihre ‹verdächtigen Sachen› und ihr interessanter Zustand etwas produzieren, der kleine Bastard einen ziemlich verkommenen Papa haben wird.» Er boxte Glover mit dem Ellenbogen in die Rippen. «Sie wissen, was ich meine?»

Guy's Cliffe House war groß und wirkte unheilschwanger. Es war ein wenig vom Wasser zurückgesetzt, das wirbelnd und sprühend über das Wehr floß. In der kräftigen Abendsonne überquerten Lestrade und der Constable die wacklige Holzbrücke. Ihre gelegentlichen Ansätze zu einer Unterhaltung wurden vom Geräusch des rauschenden Wassers übertönt und vom widerlichen, abgestandenen Geruch nahe der Mühle erstickt. Der Inspector untersuchte den Brunnen. Wenn es dort Blutspuren gegeben hatte, waren sie vom Regen oder Brunnenwasser längst abgewaschen. Die Umgebung war von zahllosen Fußabdrücken hoffnungslos zertrampelt – Mauleverers, Glovers, Scharen von Polizisten, Reportern und sicherlich auch Touristen. Und irgendwo, dachte Lestrade, irgendwo im Staub von Warwickshire, waren die Fußabdrücke des Mörders. Lestrades Mörder. Lestrades Mann.
Louisa Ellcock konnte ihm nicht helfen. Sie hatte schreckliche Angst, Lestrade würde Mrs. Mauleverer von ihrem «Geheimnis» erzählen. Lestrade sagte ihr, ihr Geheimnis sei bei ihm gut aufgeho-

ben, er wolle einen anderen Fisch fangen. Dankbar führte sie ihn in den Salon. Dort begrüßte Mrs. Mauleverer die Gesetzeshüter.
«Inspector Lestrade, Madame, von Scotland Yard. Dies ist Constable... äh...»
Der Constable befragte sein Notizbuch.
«Prothero, Madame.»
«Von der Warwickshire-Polizei», beendete Lestrade an seiner Stelle den Satz. Mrs. Mauleverer nötigte sie, Platz zu nehmen.
«Eine quälende Zeit, Madame», bemerkte Lestrade.
«Wir können auf die feierlichen Gesten verzichten, Inspector Lestrade. Natürlich bin ich über den plötzlichen und schrecklichen Tod eines Mitmenschen betrübt. Doch die Tatsache, daß dieses menschliche Wesen auch noch mein Ehemann war, ist reiner Zufall. Sherry?»
Lestrade warf Prothero einen Blick zu. «Das brauchen Sie nicht zu Protokoll zu nehmen, Constable. Warten Sie bei den Pferden.» Der Constable verschwand.
«Mrs. Mauleverer.»
«Inspector.» Mrs. Mauleverer erhob sich graziös und goß Lestrade ein Glas Sherry ein. «Sie müssen mich für sehr gefühllos halten.»
«Überhaupt nicht, Madame. Sie haben eine sehr anstrengende Zeit hinter sich. Darf ich Ihnen ein paar Fragen stellen?»
«Ich kann Ihnen nicht mehr sagen, als ich schon der örtlichen Polizei gesagt habe, Inspector.»
«Ich habe die örtliche Polizei noch nicht befragt, Madame. Der junge Constable dient mir nur als ortskundiger Führer.»
«Also kennen Sie Warwickshire nicht, Inspector?»
«Nein, Madame.» Lestrade folgte seiner Gastgeberin mit den Augen. Sie entfernte sich von ihm und schritt durch den Raum. Das Sonnenlicht fiel auf das Dunkelgrün und Gold ihres Samtkleides. Es fing sich auch in ihren glänzenden schwarzen Locken, die über eine Schulter fielen, nein, fluteten war das passende Wort. Mrs. Mauleverer war eine schöne Frau, zartknochig, mit dunklen, glühenden Augen, die in dem bleichen, schwermütigen Gesicht blitzten.
«Mein Gatte und ich waren seit drei Jahren verheiratet, Inspector. Er war zwanzig Jahre älter als ich und hatte den größten Teil seines Lebens in Afrika zugebracht. Er war Ingenieur oder etwas Ähnliches. Ich begegnete ihm zum erstenmal in London vor fünf Jahren.

Die Witwe ———————————————————————— 105

Er war höflich, charmant, weitgereist. Ich war gerade bei Hof eingeführt worden, und Mama war ängstlich darum besorgt, mir die allerbeste Partie zu verschaffen. Ich war eine Närrin, Inspector. Ich hatte nicht den Mut, Einhalt zu gebieten, zu sagen, nein, das ist nicht das, was ich will. Frauen sind noch immer Sklavinnen. Ich hielt es für meine Pflicht und nahm seinen Antrag an. Es war für Mama nicht leicht gewesen. Papa war ein paar Jahre zuvor gestorben, und Albert bot uns zumindest finanzielle Sicherheit. O Gott, das alles hört sich so gewinnsüchtig an.»
«Überhaupt nicht, Madame.»
«Es ging nicht lange gut.» Mrs. Mauleverer begann mit gerungenen Händen auf und ab zu gehen. Ab und zu ruhten ihre dunklen Augen auf Lestrade, dann blickte sie rasch zur Seite. «Vielleicht zwei Monate lang war Albert aufmerksam, und dann begann er, mehr und mehr Zeit woanders zu verbringen. Jagden am Wochenende, Kartenpartien, immer ohne mich. Oh, ich machte mich in der Gegend nützlich. Arme gibt es überall, Inspector. Ich unterstützte wohltätige Einrichtungen und trat Komitees bei. Ich ließ dieses Haus neu tünchen, dieses trostlose Mausoleum, in das er mich gebracht hatte. Es half nicht. Es ersetzte keinen Ehemann.»
Lestrade spürte ihre Traurigkeit in den tiefen Schatten des Raumes.
«Sie waren zweifellos überrascht, Inspector, als ich um meinen Gatten nicht zu weinen schien. Sie sind zweifellos überrascht, daß ich nicht trauere. Aber mein Gatte, sehen Sie, starb vor drei Jahren. Ich erkannte den Mann kaum wieder, den man im Brunnen fand.»
Es herrschte tiefe Stille zwischen ihnen. Lestrade war innerlich aufgewühlt. Er war achtunddreißig Jahre alt, war zwanzig Jahre bei der Polizei, davon fünfzehn beim Yard. Er hatte Dutzende und Aberdutzende, vielleicht Hunderte von Witwen gesehen, doch keine hatte ihn so gerührt wie diese. Diese Frau umgab eine Redlichkeit und Würde, die ihn sonderbar ergriff. In der Stille schlug ihr sein hartgesottenes Herz entgegen.
«Der Tag des Mordes...» Er räusperte sich und sagte bärbeißig, «erzählen Sie mir davon.»
«Es war ein Tag wie jeder andere.» Eine Pause. «Nein, nicht ganz wie jeder andere.» Sie begann von neuem. «Es war der Tag, an dem irgend jemand meinen Mann ermordete. Sagen Sie mir, Inspector,

ist es unrecht von mir, Rache zu verlangen – selbst wenn es Rache für einen Mann ist, den ich nicht liebte?»
«Ich bin weder ein Richter noch ein Gericht, Madame.»
«Aber Sie könnten ein Scharfrichter sein?»
«Wenn ich in der Ausübung meines Amtes einen Mann töten müßte, Madame. Bei bestimmten Gelegenheiten werden wir mit Feuerwaffen ausgerüstet.»
«Ich stand um halb neun auf. Mein Gatte war bereits zu einem Tagesausflug aufgebrochen. Er hatte etwas zu essen in seinem Rucksack und sein Gewehr mit. Offensichtlich hatte er Louisa, meiner Zofe, gesagt, er werde nicht vor Einbruch der Nacht zurück sein. Ich glaube, der Gedanke schoß mir flüchtig durch den Kopf, er könne nach Coventry gegangen sein, um... nun ja, eine andere Frau zu treffen. Am Morgen beschäftigte ich mich mit meiner Korrespondenz. Ich hörte Schüsse in der Ferne; vielleicht war es Alberts Gewehr...» Mrs. Mauleverer schreckte plötzlich auf: «Es könnte der Schuß gewesen sein, der ihn tötete. Guter Gott. Der Brunnen ist bloß ein paar hundert Yards von hier entfernt, Inspector, wenn wir ihn auch vom Hause aus nicht sehen können. Am Nachmittag fuhr ich mit Louisa nach Leamington. Zuerst machte ich in Warwick Station und nahm den Tee mit der Gräfin. Es mag etwa 9 Uhr gewesen sein, als die Polizei mir die Nachricht brachte. Es hätte sich ein Unfall ereignet. Albert war tot.»
«Sie identifizierten die Leiche?»
«Ja, in jener Nacht in Leamington.»
Ihre Blicke trafen sich im Schein der Abendsonne. Der Blick drückte die ganze Leere im Herzen Mrs. Mauleverers aus. Und vielleicht auch die im Herzen des Inspectors Lestrade.
«Mehr kann ich Ihnen nicht sagen», schloß sie. «Mein Gatte war ein harter Mann, verschlossen und wortkarg. Wer, dachte ich, konnte seinen Tod wünschen. Mir ist niemand eingefallen, der genügend Interesse daran hätte haben können, ihn zu erschießen. Ist das nicht ein tragischer Gedanke?»
Lestrade erhob sich und stellte das leere Glas auf den Tisch.
«Ich danke Ihnen, Madame. Es muß für Sie nicht leicht gewesen sein. Ich möchte mich von Ihnen verabschieden.»
«Mein Name ist Constance, Inspector. Es war nicht leicht. Aber Sie waren sehr freundlich.»

Die Witwe

«Falls ich Sie noch einmal brauchen sollte...»
«Ich hatte vor, nach der Beerdigung eine Zeitlang bei meiner Mutter in Camberwell zu bleiben.»
«Dann seien Sie doch so freundlich und teilen Sie Scotland Yard Ihre Londoner Adresse mit.»
«Selbstverständlich.»
«Und Mrs. Mauleverer... Constance... wenn ich Ihnen irgendwann einmal behilflich sein kann...» Lestrade ergriff Mrs. Mauleverers Hand und küßte sie. Sie lächelte.
Als er zur Polizeikutsche ging und Prothero bedeutete, loszufahren, kamen ihm wieder die Zeilen aus dem *Struwwelpeter* in den Sinn:

> Des Jägers Frau am Fenster saß
> Und trank aus ihrer Kaffeetaß.
> Die schoß das Häschen ganz entzwei;
> Da rief die Frau: «O wei! O wei!»

«Passen Sie doch auf, was Sie mit diesen verdammten Nadeln machen!»
Lestrade betrat das Jagdzimmer von Stoneleigh Abbey und erblickte Lord Leigh, dem gerade eine neue Uniform angepaßt wurde. Er stand da, den linken Arm in die Luft gestreckt, während zwei Schneider ihn umschwirrten, die letzte Hand an seine Jacke legten.
«Diese Bärenmütze ist lächerlich!» brüllte er. «Zu schmal und zu hoch. Wenn ich in Galopp falle, purzelt sie runter. Wer, zum Teufel, sind Sie?»
«Inspector Lestrade, Mylord. Scotland Yard.»
«Oh.» Lord Leigh hatte sich rasch in der Gewalt. «Hamburger und Rogers, Uniformschneider. Sie wissen vermutlich, wer ich bin?»
«Kann ich Sie allein sprechen, Sir?»
«Oh, sehr gut. Gentlemen, kommen Sie in einer Woche wieder – und tragen Sie Sorge, daß diese Jacke besser sitzt, wenn ich bitten darf. Ich würde mich bei der Parade ja lächerlich machen.»
Die Schneider befreiten ihn von der kunstvollen silbernen und blauen Uniform, bis Seine Lordschaft in knallroter Hemdhose dastand. Wie unvorteilhaft das bei diesem heißen Wetter sein muß, dachte Lestrade.

«Was gibt es, Lestrade?» Ein Diener erschien von irgendwoher und half Seiner Lordschaft in eine seidene Smokingjacke. «Ich habe viel zu tun.»
«Verstehe, Mylord. Am letzten Samstag wurde auf Ihrem Grund und Boden bei Guy's Cliffe eine Leiche gefunden. Können Sie mir helfen?»
«Nein.»
«Versuchen wir es mal anders. Ich bin auf Kosten des Steuerzahlers den weiten Weg hierhergekommen, um herauszufinden, wer den Mann umgebracht hat. Und vielleicht, um zu verhindern, daß diese Person noch einmal tötet.»
«Hm.» Lord Leigh goß sich einen gewaltigen Cognac ein, ohne Lestrade ein Glas anzubieten.
«Ich kannte Mauleverer natürlich. Hab ihm sogar mal einen Posten in der Miliz angeboten. Konnte natürlich kein Truppenkommando kriegen. War ein Außenseiter, meine ich. Aber immerhin im Leutnantsrang. Wie auch immer.» Leigh schwang sich auf ein Holzgestell, auf dem ein Sattel befestigt war. «Er lehnte ab. Danach hab ich ihn links liegenlassen.»
«Haben Sie ihn umgebracht?»
Leigh saß kerzengerade im Sattel. «Verdammt noch mal, Lestrade. Ich werde mit Ihren Vorgesetzten sprechen. Außerdem hätte ich einen Säbel benutzt, wenn ich's getan hätte.» Leigh vollführte mit dem rechten Arm eine dramatische Gebärde und widmete sich zufrieden wieder seinem Cognac. «Meine Abneigung war nicht groß genug, ihn von meinem Land zu treiben. Um die Wahrheit zu sagen, war er ein verdammt guter Schütze – und ein Sportsmann.» Plötzlich änderte Leigh seinen Kurs. «Trotzdem, was macht ihr Burschen so ein Theater deswegen? Auf dem Grundstück eines Burschen findet ein Mord statt, und ihr habt die Stirn, hier reinzuplatzen und mich anzuklagen. Wenn das das Beste ist, was dem alten Jack Lampe einfällt...»
«Jack Lampe, Mylord?»
«Chief Constable der Grafschaft. Sie nennen ihn ‹Blaue Lampe›.»
«Originell», knurrte Lestrade. «Nein, Mylord, Chief Constable Lampe hat mich nicht gerufen. Ich habe Grund zu glauben, daß der Mord an Albert Mauleverer zu einer Serie gehört. Es geht we-

Die Witwe _____ 109

der um seine Person noch um Ihr Land. Es geht noch nicht einmal um Warwickshire. Es ist bloß, daß der Mord einem Muster entspricht. Das ist alles.»
«Sprecht ihr Burschen vom Yard immer in Rätseln?»
«Vergessen Sie's, Mylord. Sie haben nichts Verdächtiges bemerkt?»
Leigh schüttelte den Kopf.
«Und keiner von Ihren Leuten – Diener oder Pächter – hat Ihnen von etwas Verdächtigem berichtet?»
«Nicht das geringste. Hören Sie, Lestrade, ich möchte nicht gefühllos erscheinen. Darf ich eine Vermutung äußern?»
Lestrade war bereit, nach dem kleinsten Strohhalm zu greifen.
«Mauleverers Frau. Sie kamen nicht miteinander aus, wissen Sie. Das wußte jeder. Ich glaube, sie hat's getan.»
Lestrade spürte, daß er sich verfärbte. Constance Mauleverer war eine ganze schlaflose Nacht lang in seinem Kopf herumgespukt. Er konnte ihr bleiches, gequältes Gesicht nicht vergessen. Einen Augenblick spielte er mit dem Gedanken, Leigh das Glas samt Inhalt in die Kehle zu rammen. Dann vielleicht ein kurzer Salto rückwärts über Gestell und Sattel. Schließlich entschied er sich für eine Äußerung als Polizist.
«Ein Gewehr ist, nach meiner Erfahrung, keine Waffe für eine Frau, Mylord. Gift, ja, Dolch, vielleicht; Taschenpistole, im Notfall. Aber ein Gewehr, niemals. Ich finde schon allein hinaus.»
Auf seinem Weg zur Tür, die auf wundersame Weise von dem verschwundenen Diener geöffnet worden war, blieb Lestrade kurz stehen. Leigh, mit einem blanken Schwert gestikulierend, tänzelte über den Boden.
«Denken Sie an meine Worte, Lestrade: Cherchez la femme.»

Lestrade haßte die vierteljährlichen Versammlungen der Inspectoren im dritten Stockwerk. Zugegeben, die neuen Gebäude hatten einen Glanz und eine Pracht, die Whitehall Place gefehlt hatten, doch es waren immer noch dieselben internen Streitereien, das endlose Gerangel darum, wessen Abteilung die meisten Verhaftungen vorzuweisen hatte, dieselben Ermahnungen seitens McNaghten und des Commissioners zu größerer Sorgfalt, größerer Wachsam-

keit und zu guter, solider Polizeiarbeit – nur am Geld für die Polizei wurde gespart.
Der erste Punkt auf der Tagesordnung an diesem öden, verregneten Augusttag war die Entlohnung der Beamten.
«Ein Streik?» Von der Krawatte aufwärts wurde McNaghten zunehmend puterrot.
«Das sagen sie jedenfalls.» Athelney Jones lehnte sich in seinem ledernen Lehnstuhl zurück. Lestrade blickte zu ihm hinüber. Jones war ein rundlicher Mann mit einem vor Gesundheit strotzenden, schnurrbartgezierten Gesicht, und seine mit schwarzen Tressen besetzte Inspectorenjacke spannte sich über seinem Bauch. Er spielte mit seinen Daumen, überaus zufrieden, daß er das Problem so elegant McNaghten aufgehalst hatte. Doch der Leiter der Obersten Kriminalpolizeibehörde spielte den Ball zurück. «Das ist Ihr Problem, Jones. Zu meiner Zeit als Constable waren wir froh über zwei Guineen in der Woche. Ihre Männer haben Pensionen, bekommen Dienstkleidung gestellt, kriegen Krankengeld und sogar flaschenweise Haaröl. Bestellen Sie ihnen von mir, ich ließe nicht zu, daß die Metropolitan Police zum Gespött würde. Sehen Sie sich das an...»
Er warf ein Exemplar von *Judy* auf den Tisch. Es zeigte einen Polizisten, der verständnislos einen riesigen Fingerabdruck auf einer Mauer anstarrte.
«Auf diese Art öffentlichen Hohns können wir verzichten. Jones, wenn Sie das Wort ‹Streik› noch einmal hören, dürfen Sie denjenigen, der es geäußert hat, mit meiner Erlaubnis durchprügeln.»
Jones knurrte in seinen Bart, McNaghten sei unmenschlich. McNaghten hörte es wohl, zog es jedoch vor, nicht darauf einzugehen.
«Also, Lestrade, nun zu Ihrem Fall.»
Lestrade schob die Papiere auf seinem Schoß hin und her. Er haßte das. Besonders jetzt. Auch die anderen hatten natürlich ungelöste oder unlösbare Fälle. Doch was diesen betraf, hatte er bereits angefangen, ihn persönlich zu nehmen. Er war eine Demütigung seines fachlichen Könnens, vielleicht seiner ganzen Laufbahn.
Ohne Umschweife begann er mit dem wichtigsten Faktum: «Sieben Morde», sagte er.
Die Runde murmelte, wiederholte den Satz mehrfach und hob hörbar die Augenbrauen. McNaghten klopfte verstohlen mit seiner

Die Witwe

Pfeife auf den Tisch, bis die Menge des Tabaks, der in seinen Tee regnete, ihn zwang, aufzuhören. Der Lärm verstummte von selbst, und Lestrade fuhr fort.

«Alle Morde wurden innerhalb der letzten sechs Monate verübt, über beinahe das ganze Land verstreut. Alle wurden von einer unbekannten Person oder von mehreren Personen begangen.»

«Kommen Sie, Lestrade, Sie müssen doch mehr haben als das.» Das war der gerade beförderte Abberline aus seiner Ecke.

Lestrade protestierte.

«Ich meine, dieser Fall sollte als Geheimsache behandelt werden, Sir. Denken Sie an den Ripper-Fall.»

«Ja, ja», blaffte McNaghten und wand sich unangenehm berührt. «Das war eine völlig andere Geschichte. Bitte, kommen Sie mir nicht noch einmal damit.»

«Sie hatten das Wort, Lestrade.» Abberline war hartnäckig. Der Superintendent, im eleganten hellblauen Anzug, roch herausfordernd an seiner Gardenie. Lestrade hätte den Mann und die Blume am liebsten durch einen Blick auf der Stelle verdorren lassen. Er gab sich mit dem Gedanken zufrieden, daß eine Beförderung, die mit einer Versetzung zur Hafenpolizei verbunden war, alles andere als eine Beförderung darstellte. Er mußte seine Zeit damit zubringen, ausländische Matrosen und stinkende Docker die Ratcliffe Highway rauf und runter zu jagen.

«Was ich habe, Gentlemen, ist folgendes.» Er überhörte Gregsons verächtliches Schnauben und fuhr fort: «Die Morde stimmen genau mit den moralischen Geschichten eines Kinderbuches überein, das *Struwwelpeter* heißt. Wenn ich Zeit hätte, könnte ich sie einzeln aufführen.»

«Ersparen Sie uns die Zitate.» Jones hatte wieder zu seiner Blasiertheit zurückgefunden.

«Mord Nummer eins. *Struwwelpeter* oder *Strubbelkopf Peter* selbst. Ein Mann mittleren Alters, eingemauert, möglicherweise bei lebendigem Leibe, gefunden in Shanklin-Chine, Insel Wight. Noch nicht identifiziert. Todesursache – Ersticken. Verdächtige...» Er verstummte.

«Nun?» drängte McNaghten.

«Alfred Lord Tennyson.» Brüllendes Spottgelächter.

«Ich dachte, er sei tot, Lestrade», sagte Abberline.

«Er ist für meine Zwecke gewiß nicht ausreichend beweglich. Jedoch zur Tatzeit hatte er Zugang zur Chine, außerhalb der Saison, wo sie in der Regel garantiert abgesperrt ist. Nachdem ich ihn einmal aufgesucht hatte, konnte ich ihn aus dem Kreis der Verdächtigen ausscheiden. Die folgenden Nachforschungen ergaben nichts. Alles, was ich sagen kann, ist dies: der Mörder kannte sich in Shanklin Chine aus, hatte Zugang zu ihr und war vermutlich ein Fachmann in der Kunst, bei Kerzenlicht zu mauern.»
Wiederum allerlei spöttisches Schnauben.
«Je mehr ich über den Chine-Mord nachdenke, Sir», sagte Lestrade an McNaghten gewendet, «desto mehr gelange ich zu der Überzeugung, daß die Ähnlichkeit mit den *Struwwelpeter*-Geschichten reiner Zufall war. Die Presse hat eingehend über den Fall berichtet. Jedermann konnte sich die Idee zu eigen machen.»
Abberline mischte sich ein. «Dieser... äh... *Struwwelpeter*. Wer ist der Verfasser?»
«Ein deutscher Arzt. Heinrich Hoffmann.»
«Nun, er ist Ihr Mann. Ich habe diesen Krauts nie getraut. Nicht seit Sedan.»
Abberline hatte einen hübschen Bock geschossen.
«Ich habe ihn überprüft, Superintendent. Er ist leider tot – seit siebzehn Jahren.»
Abberline widmete sich plötzlich mit großem Eifer dem Mundstück seiner Pfeife. Gregson kicherte verstohlen.
«Mord Nummer zwei. Opfer – Lord Hurstmonceux.»
«Ich dachte, das sei ein Jagdunfall gewesen», bemerkte Jones.
«Die Presse fügte sich den Wünschen der Aristokratie. Lord Rosebury war Zeuge. Familienskandal und so weiter.»
«Gehört es zu unseren Aufgaben, Morde zu vertuschen?» Es war Jones' Frage, doch der Ausdruck in McNaghtens Gesicht machte ihm und allen anderen klar, daß heute nicht Jones' Tag war. Lestrade dachte an die Ripper-Akte und grinste im stillen.
«Ich kenne die Todesursache und weiß, wie der Mord begangen wurde. Darüber hinaus tappe ich im dunkeln.»
«Wie gewöhnlich», knurrte Jones. McNaghten erteilte ihm einen Verweis.
«Mord Nummer drei», fuhr Lestrade fort und straffte das Kinn. «Ein siebzehnjähriges Mädchen, Harriet Wemyss, verbrannt im

Die Witwe ──────────────────────────────── 113

Haus ihres Vaters in Wildboarclough, Cheshire. Ihre Kleider gerieten durch eine Zigarettenkippe in Brand. Ihr Mörder wußte, daß sie die Angewohnheit hatte, heimlich zu rauchen.»
«Pfui!» unterbrach Gregson. «Die Jugend von heute.»
«Ich glaube, der Mörder unterstützte diese Gewohnheit mehrere Wochen lang, nachdem er den Mord die ganze Zeit geplant hatte. Und zum erstenmal haben wir eine Beschreibung durch einen Augenzeugen. Beschrieben wird ein reisender Händler, der am Tag des Mordes zum Haus kam. Ich habe Grund zu der Annahme, daß es derselbe Mann war, der Harriets Liebhaber war: ein großer Mann mit einem dunklen Hut und einem dicken Schal.»
«Wenig überzeugend», knurrte Abberline.
«Mord Nummer vier. Ich sollte besser sagen, Mord vier, fünf, sechs. Drei Faulenzer aus den besseren Kreisen – Edward Coke-Hythe, William Spender und Arthur Fitz. Ihre Namen mögen Ihnen in der *Gazette* begegnet sein; sie wurden vom Polizeirichter auf Bewährung entlassen, weil sie die bei uns auf Besuch weilende Berühmtheit Atlanta Washington angepöbelt hatten. Ich begegnete ihnen im Battersea Park. Sie waren von Kopf bis Fuß mit schwarzer Lackfarbe angestrichen.»
«Natürlich haben Sie Washington verhört», sagte Abberline.
«Ja, Sir, und ich kam zu dem Schluß, daß er nicht verdächtig sei.»
«Andere Verdächtige?»
Lestrade zögerte. «Ich folgte der Spur der Farbe bis in das Atelier von Mr. Lawrence Alma-Tadema (abermals hatte er sich nicht versprochen), dem Maler.»
«Lawrie?» unterbrach McNaghten. «Das haben Sie mir nicht erzählt.»
«Er ist schwerlich ein Verdächtiger im herkömmlichen Sinne, Sir. Er sagte mir, die Farbe sei ihm gestohlen worden.»
«Versteht sich», pflichtete Jones bei.
«Im Gegenteil», blaffte McNaghten. «Lawrence Alma-Tadema gehört zu meinen engen Freunden. Ja, vor einiger Zeit hat er meine ganze Familie gemalt. Nur meine Bescheidenheit verbietet es mir, die Porträts, die er von mir und meiner Gemahlin gemacht hat, über diesem Kamin aufzuhängen.»
Jones rutschte verlegen auf seinem Stuhl hin und her. Heute war er ganz entschieden nicht in Form.

«In diesem Stadium begriff ich, daß die Briefe mit dem Fall in Verbindung standen. Nach jedem Mord hatte ich einen Brief erhalten, an den Yard adressierte Trauerbriefe ohne Unterschrift in Versform, und jedes Gedicht bezog sich auf den speziellen Mord, der begangen worden war. Alle Gedichte stammten aus dem *Struwwelpeter*.»

Schweigen trat ein. Abberline brach es als erster: «Sie meinen, irgendein Wahnsinniger geht im Land um und sucht sich Opfer, bloß damit die Morde mit diesen Kinderversen übereinstimmen? Phantastisch! Dummes Zeug!»

«Die Tatsachen sprechen für sich selbst», war Lestrades niederschmetternde Antwort. «Der letzte Mord geschah vor drei Wochen. Ein gewisser Albert Mauleverer aus der Grafschaft Warwickshire wurde in einem Brunnen bei Guy's Cliffe gefunden, erschossen mit Kugeln aus einem Gewehr, Kaliber zwölf.»

«Wer begeht die Morde im Buch?» fragte Gregson.

«Nicht alle Geschichten enden mit dem Tod. Allen gemeinsam ist, daß sie erbauliche oder moralische Geschichten sind – die Kinder sollen nicht mit Streichhölzern spielen, sollen keine Schwarzen verhöhnen oder Tiere quälen und so weiter. In den meisten Geschichten kommt der Täter lebend davon. In der Geschichte von den schwarzen Buben werden sie von einem riesigen Zauberer namens Agrippa geschwärzt.»

«Nein, tut mir leid», beharrte Abberline. «Das kann ich einfach nicht akzeptieren.»

«Ignorieren können Sie es ebensowenig», sagte McNaghten. «Tatsache ist jedenfalls, daß die Morde haargenau mit dem Buch übereinstimmen. Es ist unheimlich. Es ist ein komischer Gedanke», sagte er nachdenklich, «daß diese Geschichten, die ich meinen Kindern vorgelesen habe, so wörtlich genommen und auf eine so unheilvolle Weise benutzt werden.»

«Was mir Sorgen bereitet, Sir, ist die Zukunft. Wir alle in diesem Raum befassen uns sowohl mit der Aufdeckung als auch mit der Verhinderung von Verbrechen. Wenn der Mörder sich genau an die Vorlage hält, stehen uns fünf weitere Morde bevor. Wie sollen wir die verhindern?»

McNaghten lehnte sich zurück. «Das ist ganz einfach, Lestrade. Greifen Sie sich einen Mörder.»

Ein Ball mit Gewitter

Der Sommer war beinahe vorüber. Eigentlich hätte Lestrade Ende August in Urlaub gehen sollen, aber er konnte nicht. Er hatte McNaghten um Verstärkung gebeten. Er mußte den Fall unter allen Umständen geheimhalten, bevor die Presse den Zusammenhang witterte, der nun für den Yard allzu offenkundig war. McNaghten konnte ihm zwei Constables und einen jungen, imposanten Detective-Sergeant, John Forbes, zur Verfügung stellen. Lestrade mußte zugeben, daß der Mann schlau, eifrig und findig war – eine Art Bandicoot mit Köpfchen. Aber er brachte es nicht fertig, ihn zu mögen. Er war zu arrogant, zu eigensinnig. Fünf Jahre bei der Kriminalpolizei und eine rasche Karriere unter Gregson hatten sich in einem affektierten Getue niedergeschlagen. Lestrade bevorzugte wohlerprobte Polizeimethoden, Unterlagen in Schuhkartons abgelegt, die schlichte Fröhlichkeit Bandicoots und die lammfromme Treue Dews.

«Ich denke, wir haben es mit Terroristen zu tun, Sir. Mein Wort darauf. Es steckt nichts anderes dahinter als Anarchie.»

«Wie lange sind Sie bei Gregson gewesen?»

«Das ist ein böswilliges Gerücht, ich... Oh, ich verstehe.» Forbes' Gesicht verzog sich zu einem gequälten Grinsen. «Ich habe drei Jahre in der Sonderabteilung Irland gedient.»

«Und sehen Sie unter jedem Bett Terroristen?»

«Das ist nicht fair, Sir. Und wenn Inspector Gregson hier wäre...»

«Würde ich ihn rauswerfen», schloß Lestrade den Satz. «Tobias Gregson ging einem nie derart auf die Nerven, als er bei Abteilung A war. Er leidet inzwischen an Zwangsvorstellungen.»

«Mit Ihrer Erlaubnis, Sir.» Bandicoot hob seinen Lockenkopf von einem Papierberg. «Der Sergeant sollte seine Argumente vortragen dürfen.»

Lestrade starrte seinen neuesten Mitarbeiter mit zusammengeknif-

fenen Augen an. «In Ordnung, Forbes, und machen Sie es überzeugend. Es wird notwendig sein, mich davon zu überzeugen, daß wir nach Iren und russischen Sympathisanten suchen, die gemeinsam unter der Last ihrer Bomben ächzen.»
Er zündete sich gemächlich eine Zigarre an und deutete auf den Teekessel, als Dew, einen weiteren Papierstapel tragend, das Zimmer betrat.
«Motiv – Anarchie», begann Forbes. «Um die britische Polizei in Verlegenheit zu bringen. Um Tumulte bei den friedenstiftenden Streitkräften des Staates auszulösen, damit das Volk sich erhebt und die bestehende Ordnung umstürzt. Während wir hier sprechen, geschieht das in Europa.»
«Wenn ich mich so umschaue», bemerkte Lestrade, genüßlich an seiner Zigarre ziehend, «stelle ich fest, daß ich hier der einzige höhere Beamte bin, der 1887 am Blutigen Sonntag dabei war. Ich habe keine Anarchisten gesehen, Forbes. Ich sah verhungernde Frauen und Kinder, Menschen in Lumpen und Dreck. Hafenarbeiter, die einen Tag im Monat Arbeit hatten. Mädchen, die seit ihrem achten Lebensjahr ihre Körper verkauft hatten. Frauen, die wochenlang kein Bett gesehen hatten. Ich sah auch die Schlagstöcke der Polizei, Forbes, und die Bajonette der Gardegrenadiere. Erzählen Sie mir nichts über Anarchisten.»
«Das ist Abschaum... Sir.»
Lestrade stützte sich auf die Tischplatte und streckte seine Zigarre wie einen Finger nach vorn.
«Ich mag Sie nicht, Forbes. Ich mag keine ehrgeizigen Polizisten, die ihre Ziele erreichen, indem sie über Leichen gehen. Ich habe mir Ihre Theorie angehört, und sie stinkt. Bevor Sie mir nicht genügend Beweise und einen Verdächtigen, gestützt auf die Fakten des Falles, vorlegen können, behalten Sie Ihre Meinung für sich.» Er schnippte seine Asche auf Forbes' Weste. Der jüngere Mann sprang auf die Füße und bürstete sie ab. Er ging zur Tür.
«Und falls Sie vorhaben, Ihr Versetzungsgesuch einzureichen, vergessen Sie nicht, das Formular in dreifacher Ausfertigung vorzulegen.»
Lestrade bemerkte das breite Grinsen auf den Gesichtern von Dew und Bandicoot, als Forbes verschwand.
«Gentlemen, an die Arbeit.»

Ein Ball mit Gewitter

Es war der Abend des Polizeiballes. Eine sternenklare Nacht, gerötet von den Lichtern Londons. Es war Ende September und kühl nach einer Woche Regenwetter. Lestrade hatte sich verspätet. Lestrade mißbilligte Unpünktlichkeit, doch noch mehr mißbilligte er den Polizeiball. Dieses Jahr hatte der Commissioner sich selbst übertroffen. Schauplatz war das hochvornehme *Metropole*, dessen spiegelglatte Glasflächen und Kandelaber schimmerten und dessen vier Ballsäle in der Pracht glitzernder Kronleuchter prangten. Nach Meinung Lestrades hatte der Commissioner sich auch an Dummheit selbst übertroffen, weil er darauf bestanden hatte, einen Maskenball zu veranstalten. Zwar kam sich Lestrade in seinem Harlekinkostüm überaus lächerlich vor, er war aber nichtsdestoweniger pikiert, als er bereits im Foyer auf drei weitere Harlekine stieß. Er hoffte, daß die Verkleidung seine Verlegenheit und nach Möglichkeit auch seine Identität verbergen werde, doch leider irrte er sich, was das letztere anging.

«Guten Abend, Sir.» Es war Bandicoot, rabenschwarz von Kopf bis Fuß und mit einem Schurz aus Gras und einem Wurfspieß ausgerüstet.

«Bißchen geschmacklos nach den schwarzen Buben, meinen Sie nicht?» Lestrade griff sich ein Glas Champagner von einem Tablett.

«Tut mir leid, Sir, daran hatte ich nicht gedacht.»

«Macht nichts, mit Ausnahme von McNaghten werden Sie und ich die einzigen sein, die es bemerken. Wer ist denn alles da?»

«Nun, Sir, gerade habe ich einen alten Schulfreund getroffen, Ferdy Rothschild.»

«Ich habe nicht um eine Auskunft aus dem Adelskalender gebeten», schnarrte Lestrade. Du liebe Güte, dachte er, dieser Abend ging ihm mehr auf die Nerven, als er gedacht hatte. «Von unsren Leuten, Mann.»

«O ja, Inspector Gregson natürlich – da drüben –, ich glaube, man soll ihn für Charles II. halten, aber dafür fehlt ihm wirklich die Ausstrahlung.»

«Wie wahr», murmelte Lestrade, «sieht eher nach Nell Gwynn aus.»

«Doch Inspector Jones als Julius Cäsar gefällt mir. Er ist heute abend schon zweimal über seine Toga gestolpert.»

«Noch ein paar Fehltritte und er wird über seinen Schatten stolpern.»

«Abend, Lestrade. Gütiger Gott, wer ist das?» Superintendent Abberline verschluckte sich am Champagner angesichts des eingeborenen Gentleman.

«Guten Abend. Das ist Constable Bandicoot, mein Assistent.»

«Constable?» Abberline zog Lestrade beiseite. «Hören Sie, alter Freund, man soll den Rang ja nicht allzusehr betonen, aber ein Constable auf dem Ball. Das gehört sich nicht. Lassen Sie ihn bei Ihren Pferden warten.»

«Ich habe keine Pferde», erwiderte Lestrade. «Und immerhin ist er ein alter Etonianer.»

Abberline machte eine Pause. Seine kunstvoll gemalten Clown-Augenbrauen verschwanden unter seinem orangefarbenen Haar.

«Na gut, ich schätze... Nun, sorgen Sie dafür, daß er sich im Hintergrund hält. Wie ich höre, erwarten wir heute abend einen sehr bedeutenden Gast.»

«Mrs. Abberline?» fragte Lestrade schalkhaft und warf einen Blick in Richtung des entzückenden jungen Geschöpfes, das gerade in eine kokette Unterhaltung mit Bandicoot verwickelt war. Abberline bekleckerte sich mit Champagner. «Wo? Oh, ich sehe, äh... Das ist meine... äh... Nichte. Miss Hartlepool.»

«Madame.» Lestrade verbeugte sich steif und sah kaum wie ein Harlekin dabei aus, und Abberline zog schleunigst mit dem Mädchen davon. «Ha, ha, halten Sie die Augen offen, Bandicoot. Es könnte heute abend mehr Spaß geben, als ich dachte.»

Lestrade und Bandicoot begannen sich durch das riesige kalte Büfett zu arbeiten, wobei der Inspector danach strebte, sich der Führung des jungen Mannes anzuvertrauen, in der Hoffnung, Bandicoots gute Kinderstube werde ihn in die Lage versetzen, die rätselhaften französischen Bezeichnungen zu verstehen und die vielfältigen kulinarischen Köstlichkeiten zu identifizieren. Lestrade war mit den gekochten und gebratenen Fleischspeisen vollauf zufrieden und nahm die Escargots nur am Rande wahr, doch es gab dort Dinge in Aspik, die er bislang nur auf Seziertischen zu Gesicht bekommen hatte. Zu seiner Überraschung erwies sich alles als überaus genießbar. Er machte gerade Anstalten, sich außerhalb der Hörweite der Cannon Row- und District-Kapelle zu begeben, als er

Ein Ball mit Gewitter _____ 119

McNaghten mit Gefolge durch die Tür am entfernten Ende den Saal betreten sah. Die respekteinflößende Miss McNaghten, die älteste aus der Sippe seines Chefs, war dabei, und Lestrade verspürte das übliche Verlangen, auf die Terrasse zu flüchten. Aber er war in Bandicoots Gegenwart schon einmal vor ihr geflohen – also hieß es jetzt, mannhaft auszuharren und, zumal gerade ein schräger Posaunenstoß an seinem Ohr vorbeipfiff, die Musik zu ertragen.

«Inspector Lestrade, nicht wahr?»

Lestrade erkannte die vertraute Stimme und die scheinbare Kühle.

«Oh, Miss McNaghten. Ich bin überrascht, daß Sie mich in der Verkleidung erkannt haben.»

Mittlerweile war die Tochter des Leiters der Obersten Kriminalpolizeibehörde dicht an ihn herangetreten.

«Sholto, mein Lieber, ich würde Sie überall erkennen. Oh, mein armer Liebling, was ist mit Ihrem Gesicht passiert?»

«Ach, ich bin in Cambridge durch ein Spiegelglasfenster spaziert.»

«Pfui, pfui. Und was haben Sie dort gemacht? Die Blaustrümpfe gejagt?»

«Sie wissen, daß es in meinem Leben keinen außer Ihnen gibt, Arabella.»

Für einen Augenblick huschte ein Anflug von Traurigkeit über Miss McNaghtens Züge, dann wurde das für die Öffentlichkeit bestimmte Gesicht wieder sichtbar.

«Sie Schuft, Sholto. Ich glaube nicht ein Wort.» Sie schlug ihn unverblümt mit ihrem Fächer. Einem schwächeren Mann hätte sie damit den Kiefer gebrochen. «Wollen wir tanzen? Ich liebe den Galopp.»

«Hat Ihnen niemals jemand gesagt, daß man von Gentlemen erwartet, die Damen zum Tanz aufzufordern?»

«Ich habe den ganzen Abend noch nicht getanzt, Sholto, Liebster. Ich bin fast achtundzwanzig. Mama erzählt allen ihren Freundinnen, ich würde sitzenbleiben. Wird Zeit, daß ich das korrigiere. Wie gefällt Ihnen mein Marie-Antoinette-Kostüm?»

«Wohin soll ich Ihrer Meinung nach gucken?»

«Oh, du häßlicher Mann. Achten Sie auf Ihre Füße. Das erinnert mich daran, daß ich Sie fragen wollte, woran Sie gerade arbeiten.»

«Arabella, Sie wissen, daß ich nicht...» Er wurde von einem bäuri-

schen Mädchen entführt, in dem er vage die jüngste Tochter des alten Inspectors Beck erkannte. Sie hatte beträchtliche Schwierigkeiten, mit ihrem Meerjungfrauenschwanz Galopp zu tanzen und zugleich mit ihren langen falschen Zöpfen die Brüste zu bedecken, die in eine rosafarbene Corsage gehüllt waren, obgleich sie...
«nichts Dienstliches preisgeben kann», rief er, während Arabella in einer glitzernden Wolke aus Ziermünzen und Spitzen an ihm vorüberschwebte. Lestrade mußte einräumen, daß die respekteinflößende Arabella McNaghten in der Tat erstaunlich reizvoll aussah. Vielleicht lag es an der weiß gepuderten Perücke, dem tief ausgeschnittenen Oberteil ihres Kleides, dem strahlend weißen Lichterglanz. Oder es war bloß der Champagner.
«Oh, kommen Sie, Sholto, enttäuschen Sie mich nicht. Sie wissen, daß Papa mir nie etwas erzählt. Ist es ein Mordfall?»
«Arabella, ich bin nicht befugt...»
«Oh, Sholto, das ist es, was ich an Ihnen am meisten liebe, Ihr Pflichtbewußtsein. Ganz zu schweigen von diesem entzückenden kleinen Schnurrbart.»
Die Reihe war an Lestrade, Miss McNaghtens Hand wegzuschieben, bevor neue Partner sie trennten. Schließlich ging der Tanz zu Ende, und Lestrade ergriff die Gelegenheit, Bandicoot die Tochter seines Chefs anzudrehen. Schließlich hatten die beiden sich bereits einmal getroffen, und Bandicoot konnte es durch seine Größe eher mit Arabella aufnehmen. Der Inspector im gerauteten Kostüm befreite sich behende, schlich ziemlich rasch um eine Säule und machte sich aus dem Staub.
«Ich denke immer noch, wir sollten nach internationalen Terroristen Ausschau halten, Sir.» Sergeant Forbes versuchte, im orangefarbenen Fell eines Orang-Utans so lässig wie möglich auszusehen. «Wohlgemerkt, wenn sie es darauf anlegen, die Polizei in Verlegenheit zu bringen, brauchen sie bloß heute abend hier aufzukreuzen und ein paar Fotografien zu machen.»
«Das wird Ihnen die Stelle des Commissioners eintragen», bemerkte Lestrade, «und trotzdem liegen Sie falsch. Ich denke gerade daran, einen neuen Kurs einzuschlagen.»
«Darf ich Näheres erfahren?»
Lestrade vergewisserte sich, daß die Luft rein war, als ob er im Begriff stehe, in ein Haus einzubrechen.

Ein Ball mit Gewitter

«Wenn Sie jemanden ermorden wollten, Forbes, wie würden Sie das anstellen?»
«Nun, ich würde... Ich bin nicht lange bei der Mordkommission gewesen, Sir. Ich müßte mal in Ruhe darüber nachdenken.»
«Kommen Sie schon, Mann, dies ist keine amtliche Prüfung. Suchen Sie sich eine Methode aus.»
«Gift», sagte Forbes.
«Zu leicht zurückzuverfolgen. Wo würden Sie es kaufen? Wieviel? Welche Sorte?»
Forbes sah verwirrt aus.
«Nein, Forbes. Gift ist riskant. Verschafft Ihnen Zeit, das gebe ich zu. Oh, guten Abend, Doktor Cream.» Lestrade winkte mit dem Glas einem befreundeten Mediziner zu, der vorbeitanzte. «Wo hat er die bloß aufgetrieben?» flüsterte er Forbes zu. «Wenn das keine Hyde-Park-Puppe ist, freß ich einen Besen.»
«Abschaum», war Forbes' ständig wiederkehrender Kommentar.
«Es verschafft Ihnen ein Alibi», fuhr Lestrade fort. «Sie verabreichen in Winchester eine Prise Gift und können in Dundee sein, bevor es wirkt. Aber der Unsicherheitsfaktor ist zu groß. Ist bei weitem zu riskant.»
«Dann eine Feuerwaffe. Ein Schuß in den Kopf.»
«Auf kürzeste Entfernung, ja. Ein bißchen weiter weg und Sie könnten danebenschießen. Aber auf kurze Entfernung laufen Sie Gefahr, daß Sie vom Blut des Opfers etwas abbekommen. Und was ist mit dem Lärm? Wenn Sie Ihren Mann in einem Haus töten, gibt es andere Mieter, Nachbarn, Hausierer, wenn Sie Pech haben. Immer vorausgesetzt natürlich, daß Sie eine Feuerwaffe besitzen oder sich eine verschaffen können.»
«Nun, dann weiß ich nicht weiter», sagte Forbes schnippisch. Er hatte das deutliche Gefühl, zum Narren gehalten zu werden.
«Fahren Sie nicht gleich aus Ihrem Fell, Forbes. Es gibt keine sichere Methode, zu morden. Aber es gibt ein Muster. Ein Giftmörder benutzt immer Gift. Gute Nacht, Doktor Cream», rief er. «Nehmen Sie William Palmer, den Giftmörder von Rugeley in den fünfziger Jahren.»
«Ein bißchen vor meiner Zeit», sagte Forbes hochnäsig.
«Vor meiner auch, Forbes.» Lestrade gab sich Mühe, sich verständlich zu machen. «Der *Struwwelpeter*-Mörder jedoch hat mehrere

Male getötet, und mit Ausnahme des Tinten-Buben-Falles, wo ein und dieselbe Methode sozusagen nahelag, haben wir Tod durch Ersticken und Einmauern bei lebendigem Leib; Tod durch Verbrennen; Tod durch Ersticken, doch mit Hilfe der völlig anderen Methode des Anmalens der Körper; Tod durch eine abgerichtete Hundemeute und Tod durch einen Gewehrschuß. Nicht notwendigerweise in dieser Reihenfolge.»

«Ist mir bekannt, Sir. Worauf wollen Sie hinaus?»

«Dieser Bursche ist verdammt schlau, sehr flexibel und... und an diesem Punkt setzt mein Gedankengang an – daß nämlich unser Mann darauf aus ist, *ein* Opfer zu töten. Er will eine ganz bestimmte Person tot sehen, aus dem Weg räumen, aus einem oder mehreren Gründen, die wir nicht kennen. Die anderen sind nur ein Ablenkungsmanöver, bewußt gewählt, um uns auf die falsche Fährte zu locken.»

«Gütiger Gott, Inspector.» Forbes kippte seinen Drink hinunter. «Aber wenn das so ist, wer ist wer?»

«Das», sagte Inspector Lestrade, indem er sein leeres Glas mit einem gefüllten vertauschte, «müssen wir versuchen herauszufinden. Morgen früh werden Sie und ich damit anfangen, die nächsten Angehörigen der Opfer zu befragen. Ich werde mit Mrs. Mauleverer beginnen.»

«Aus einem bestimmten Grund?» fragte Forbes hinterhältig.

Lestrade blickte ihn geringschätzig an. «Sie hat hübschere Beine als Lawrence Alma-Tadema.» Er hatte den Namen schon wieder richtig ausgesprochen. Es mußte am Champagner liegen.

Viel später verschaffte sich Lestrade in einem anderen Winkel des Ballsaales sicheren Halt an einem geeigneten Geländer. Er hatte ein klein wenig zuviel Schaumwein zu sich genommen, und Melville McNaghtens abgedroschene Konversation ermüdete ihn zunehmend. Einzig die goldene Litze an der Schulter des Commissioners blinkte im Kerzenschein vor ihm auf und hielt ihn wach.

«Arabella ist Ihnen gewiß eine vortreffliche Stütze, Lady McNaghten», sagte ein gesichtsloser Kriecher.

«Das ist sie wirklich», prahlte Mama, «aber sie ist auch eine pflichtbewußte Nichte. Dauernd besucht sie ihre Tanten und Onkel. Das

Ein Ball mit Gewitter ────────────────────────── 123

ist eine der Verpflichtungen – und Segnungen – einer großen Familie. Es ist so hübsch, euch zusammen tanzen zu sehen, ihr junges Volk.»
Ein Stupser in Lestrades Schulter machte ihn darauf aufmerksam, daß Lady McNaghten mit ihm sprach.
«Ich bin entzückt, Madame», sagte er, hob sein Glas ein wenig kraftlos, wobei ihm zu seinem Entsetzen bewußt wurde, daß Arabellas Mutter sie zusammen gesehen hatte, vielleicht gar, eine weit schlimmere Vorstellung, ‹schwärmerisch ihre Namen verknüpft› hatte, wie es solche Mütter immer tun. Zum Glück für Lestrade begann die Kapelle plötzlich, die Nationalhymne zu spielen. «Er ist da», hörte man den Commissioner rufen, der seine Gattin einem Lakaien überantwortete und schnurstracks auf die Haupttreppe losmarschierte. Die Gäste, die saßen, erhoben sich, und bald wurde allen, je nach dem Grad ihrer Nüchternheit, bewußt, wer der überraschende Ehrengast war. Genaugenommen waren es ihrer acht, doch die beiden an der Spitze waren die bekanntesten. Der erste war ein kahl werdender, bärtiger Mann mit Glotzaugen, dessen immense Leibesfülle irgendwie in die kunstvoll gearbeitete Galauniform eines Colonels der 10. Husaren gezwängt war. Das war «Bertie», der Prince of Wales. Hinter ihm, jünger, schlanker, mit langem Hals und dünnem Schnurrbart, doch in derselben Uniform und mit denselben Glotzaugen, stand sein Sohn, Prince Albert Victor Christian Edward, der Duke of Clarence.
«Du lieber Gott», zischte Lestrade, «sie haben ihn rausgelassen.»
«Keine Umstände, nur keine Umstände», sagte der Prinz. «Ich bitte um Vergebung, Gentlemen, daß ich unangemeldet komme. Und dazu noch ohne Kostüm. Wieder mal eines dieser garstigen Regimentsessen. Ich konnte in der Offiziersmesse ja nicht als Guy Fawkes erscheinen, nicht wahr?»
Die Versammlung wollte sich angesichts der albernen Bemerkung vor Lachen ausschütten. Lestrade sah McNaghtens Gesicht, das Bände sprach, während er den Duke of Clarence beobachtete. In diesem riesigen Raum, inmitten dieser prächtigen Versammlung, gab es nur zwei Männer, denen die Wahrheit bekannt war. Der Name des Duke of Clarence, Eddy genannt, des mutmaßlichen Thronerben, wurde nicht nur mit Männerbordellen in Cleveland Street in Verbindung gebracht. Sein Name hätte auch in McNagh-

tens Ripper-Akten auftauchen müssen. McNaghten wußte es. Lestrade wußte es. Eddy ließ sich in der Öffentlichkeit kaum blicken, doch hier erschien er inmitten der Spitzen von Scotland Yard. Darin lag eine furchtbare Ironie. Lestrade entspannte sich ein bißchen, als Eddy verschiedene Würdenträger vorgestellt wurden. Er wirkte normal, höflich, charmant, wenn auch ein bißchen einfältig. Lestrade kicherte, als McNaghten Eddy vorgestellt wurde, und er beobachtete, wie der Leiter der Obersten Kriminalpolizeibehörde sich die Krawatte zu richten trachtete, die er auf Grund seines Kostüms, einer Rüstung, gar nicht trug. Seine Panzerhandschuhe klapperten lächerlich gegen sein Visier, und er suchte Zuflucht im Tanz mit der nächstbesten Frau. «Vergiß nicht, Eddy», hörte Lestrade den Prinzen sagen, während er sich, vom Alkohol beschwingt, ins Vergnügen stürzte, «die 10. Husaren tanzen nicht.»
«Ganz recht, Vater.» Eddy verbrachte den Rest des Abends schmollend in einer Ecke.

Der Sturm kam auf, als Lestrade ein paar Minuten auf der Terrasse zugebracht hatte. Die Nachtluft war kühl, und anfangs regnete es nicht. Er paffte dankbar seine Zigarre und rieb seine Nase an der Stelle, wo die Maske gescheuert hatte. Hin und wieder erhellte ein Blitz die Terrasse und das angrenzende Buschwerk. Er erkannte die wandernden Gestalten patrouillierender Constables. Alles war in bester Ordnung, alles war ruhig. Doch er hatte einen Mörder am Hals. Und bis jetzt waren alle Bemühungen, ihn zu erwischen, fehlgeschlagen.
«Oh, hallo, Harlekin.» Lestrade fuhr herum. Ein großer bärtiger Husarenoffizier erschien im grellen Licht eines Blitzes.
«Eure Königliche Hoheit.» Lestrade verbeugte sich.
«Prachtvolle Nacht», sagte der Prinz. «Sollte mich nicht wundern, wenn es bald regnet.»
«Ganz recht, Sir.»
«Wer sind Sie?»
«Inspector Sholto Lestrade, Eure Königliche Hoheit, Scotland Yard.»
«Aha, einer von McNaghtens Detektiven, wie?»
«Ja, Sir.»

«Gut, gut. Haben Sie Feuer?»
«Eines haben Husarenuniformen und Harlekinskostüme gemeinsam, Sir: Sie haben keine Taschen. Ich habe meine Zigarre von einem Untergebenen.»
«Sehr richtig», dröhnte der Prinz. «So bin ich auch zu der meinen gekommen.»
«Wäre es zu vermessen von mir, Sir?» Lestrade hielt ihm seine Zigarre hin.
«Nein. Verdammt nett. Ich schmachte schon ein paar Stunden nach einer Zigarre.» Der Prince of Wales sog kräftig an seiner Zigarre, während er sie an das glühende Ende der Lestradeschen preßte. Mit unnachahmlicher Grazie blies er Ringe in die Luft. «Mama – das ist die Königin, müssen Sie wissen – mag meine Raucherei beim besten Willen nicht gutheißen. Ist das nicht lächerlich, Inspector? Ich bin fünfzig Jahre alt, und es ist mir immer noch nicht gleichgültig, was meine Mutter denkt. Haben Sie eine Mutter?»
«Das passiert uns allen, Sir.»
«Ja, ja, sehr wahr. Nun sagen Sie mal, ich habe eine Schwäche für das Unheimliche. An welchem Fall arbeiten Sie zur Zeit?»
«Es tut mir leid, Sir, ich kann nichts preisgeben, nicht einmal dem Thronerben...»
«Ach, Unsinn, Lestrade. Ich weiß von Freddie Hurstmonceux, und ein kleines Vögelchen hat mir erzählt, es gebe da gewissermaßen ein paar weitere Fälle. Es ist nicht allgemein bekannt, daß ich selbst so eine Art Schnüffler bin. Vielleicht kann ich helfen.»
Lestrade begann, sich unbehaglich zu fühlen. Das Gebüsch zu seinen Füßen wurde von Blitzen erhellt. «Dürfte ich die Quelle Ihrer Informationen erfahren, Sir?»
«Das mit Freddie Hurstmonceux weiß ich von Rosebery. Die Sache hat ihn ganz schön mitgenommen. Er liegt Mama in den Ohren, ihm den Hosenbandorden zu verschaffen, wissen Sie. Er ist im Augenblick sehr gesprächig – bei den richtigen Leuten, Sie verstehen.»
«Und das von den anderen?»
«Gibt es noch andere?»
Lestrade begriff, daß er ertappt war.
«Sehr schlau, Königliche Hoheit.»
Der Prinz kicherte. «Ja, das dachte ich mir. Nein, eigentlich wollte ich Sie nicht... wie sagt man... aushorchen. Sie sagen mir nichts

Neues, sondern bestätigen es bloß. Leider kann ich Ihnen nicht mehr sagen. Das wäre ein Vertrauensbruch.»
«Dann werden Sie verstehen, Sir, daß ich ebenso verschwiegen sein muß.»
«Oh, Sie enttäuschen mich, Inspector. Ein Mann ohne Mutter sollte in seinen Handlungen völlig frei sein.»
Bevor Lestrade antworten konnte, gesellte sich eine Schar von Offizieren des 10. Regiments zu ihnen.
«Ich hoffe nicht, Gentlemen, daß Sie mich überprüfen wollen», knurrte der Prinz. Die Gesellschaft lachte pflichtschuldigst. «Attacke!» Er rief einen jungen Lieutenant zu sich.
«Inspector Lestrade, das ist Henry Onslow, der Adjutant meines Sohnes. Er hat zugelassen, daß mein Sohn ihm entschlüpfte. Das mindeste, was er tun kann, ist, Ihnen einen Drink zu besorgen. Ich habe Sie lange genug aufgehalten.»
Lestrade war dankbar für diesen Zwischenfall und kehrte mit dem Lieutenant in den großen Ballsaal zurück. Es schien dem Prinzen wenig auszumachen, daß Eddy seinem Wachhund das Nachsehen gegeben hatte, doch für Lestrade bedeutete es mehr. Es wurde noch bedeutungsvoller, als er entdeckte, daß sein Mann am entfernten Ende des Saales in eine ernste Unterhaltung mit einer gutgebauten schwarzhaarigen Schönheit vertieft war. Sein Arm war fest gegen eine Säule gestemmt, als wolle er ihr den Fluchtweg in den Saal versperren. Zwei andere Dinge ließen ihn seinen Schritt beschleunigen, als er, unterwegs ein Champagnerglas ergreifend, auf das Paar zuging. Zum einen war es die Tatsache, daß es sich bei der jungen Dame um Constance Mauleverer handelte, zum anderen wußte er, daß McNaghten guten Grund zu der Annahme hatte, daß dieser Mann Jack the Ripper war. Vielleicht war es unvernünftig von Lestrade, sich so und nicht anders zu verhalten, eine Ritterlichkeit an den Tag zu legen, die an Torheit grenzte. Als erstes prallte er mit überflüssiger Wucht gegen die Schulter des Duke of Clarence, und dann goß er ihm mit kaum verhüllter Absicht Champagner über das Jackett.
«Tölpel!» Der Duke war nicht erfreut.
«Bitte tausendmal um Verzeihung, Sir. Ihre Goldlitzen haben mich geblendet.»
«Lügner!» Die Lautstärke war so groß, daß die vornehmen Gäste

aufhörten zu tanzen, um auf die häßliche Szene zu starren, die sich entspann.
«Mrs. Mauleverer, nicht wahr?» Lestrade versuchte, das Thema zu wechseln. Sie lächelte, als der Inspector ihr die Hand küßte. Er wurde von einer kräftigen rechten Hand jäh hochgerissen. Für den Bruchteil einer Sekunde blickte Lestrade auf die behandschuhten Finger auf seinem Ärmel. Wenn McNaghten recht hatte, lag in jeder dieser Hände die Macht, über Leben und Tod zu entscheiden. Die großen Augen traten aus den Höhlen und schossen Blitze. «Sie haben mich beleidigt, Harlekin. Wählen Sie Ihre Waffen.»
«Mein lieber Duke», suchte Mrs. Mauleverer zu vermitteln, «ich bin sicher, daß der Inspector nichts Böses beabsichtigte.»
Clarence zügelte sich ein wenig. «Inspector. Sie sind also ein Polizist.»
«Die meisten Anwesenden sind das, Sir. Dies ist ein Polizeiball.»
«Und mein Vater und ich sind Ehrengäste.»
«Nun, Ihr Vater schon.»
«Hol Sie der Teufel, Lestrade. Sie haben mich schon wieder beleidigt.»
Inzwischen waren drei oder vier Offiziere des 10. Regiments zu ihnen getreten. «Ich verlange Satisfaktion.» Das wurde mit so schriller Stimme hervorgestoßen, daß die Kapelle unsicher zu werden anfing. Als Clarences linke Hand vorschnellte und Lestrade einen Schlag ins Gesicht versetzte, verstummte sie gänzlich. «Mein Sekundant wird Sie aufsuchen.»
Lestrade behielt die Fassung, obgleich Mrs. Mauleverer seinen Arm drückte und ihn stumm um Zurückhaltung anflehte.
«Falls Sie mich zu einem Duell herausfordern, Sir, kommen Sie ein paar Jahrzehnte zu spät. In diesem Lande verstoßen Duelle seit Thornton und Ashford gegen das Gesetz.»
Zwei Rufe unterbrachen gleichzeitig die Stille, beide scharf und kehlig, beide höchst peinlich berührt. Die eine gehörte dem Prince of Wales: «Eddy!» Die andere McNaghten: «Lestrade!» Beide Männer erreichten die Streithähne gleichzeitig.
«Lestrade, Sie werden sich auf der Stelle bei Seiner Hoheit entschuldigen!»
«Das habe ich bereits», erwiderte Lestrade gelassen.
«Eddy, es wird Zeit, zu gehen.» Der Prinz und sein Gefolge schoben

Clarence zur Tür, während Eddy finster blickte und knurrte. Die Kapelle intonierte die Nationalhymne mit einigen Mißtönen. McNaghten winkte Lestrade in ein Nebenzimmer und fuhr fort, ihm eine Vorlesung über die Notwendigkeit der Etikette zu halten, die nicht vorschrieb, Königliche Hoheiten zu ärgern.
Einer der vielen Augenzeugen der Szene, Sergeant Forbes, kicherte hemmungslos in einer Ecke. Bandicoot stand mit unbewegter Miene und nüchtern daneben.
«Kommen Sie, Constable. Ihr Inspector hat sein Fett weg. Er hat sich seine Karriere durch und durch versaut.»
«Ihre grobschlächtige Blasiertheit kümmert mich nicht, Sergeant. Der Inspector hat immer seine Gründe.»
«Du lieber Gott, Bandicoot. Ich hätte nicht gedacht, daß es immer noch kriecherische Polizisten gibt. Wenn Sie einen wirklichen Chef wollen, gehen Sie zu Gregson, lassen Sie sich zur Staatssicherheitspolizei versetzen.»
«Ich bin zufrieden mit Lestrade.»
«Sie werden es nie lernen, nie. Kellner...» Forbes schnippte mit den Fingern und bediente sich. Als das Treiben im Saal sich normalisierte, erspähte Forbes ein neues Ziel für seinen messerscharfen Witz.
«Ist das nicht Sherlock Holmes?»
«Ich glaube, es ist der große Detektiv.»
Forbes richtete den Blick gen Himmel.
«Lieber Gott, Bandicoot. Schon wieder diese Speichelleckerei.»
«Sachte, Sergeant. Das ist ein bißchen schroff.»
«Schauen Sie sich die beiden an. Holmes und Watson, wie eine Doppelnummer aus dem Varieté.»
«Entschuldigen Sie mich, Sergeant Forbes, ich denke, ich ziehe die Konversation der Doppelnummer vor.» Bandicoot ging zu Holmes hinüber, der sich als ägyptischer Pharao herausgeputzt hatte. Watson hatte die Gorillamaske mittlerweile abgelegt, da es sich als zu schwierig erwies, den Champagner durch die Gummilippen zu schlürfen.
«Hallo, Banders, alter Junge. Habe nicht geglaubt, daß du hier sein würdest», sagte Watson. «Holmes, kennen Sie Harry Bandicoot? Alter Etonianer, Freund meines Neffen Edward.»
«Ach ja.» Plötzlich kam Leben in Holmes. «Der Atlanta-Washing-

Ein Ball mit Gewitter

ton-Fall. In dem, was die Leute in Fleet Street lustigerweise Zeitungen nennen, habe ich gelesen, daß Ihr Herr und Meister ihn hat laufenlassen.»
«Ich glaube, das geschah, weil er unschuldig war, Mr. Holmes.»
Holmes schüttelte traurig seine schwarze Perücke. «Es ist ein Jammer. Bei diesen Burschen von Scotland Yard scheint aber auch gar nichts besser zu werden. Aber schließlich», sagte er spitzbübisch zu Watson, «ist er ja ein Freund *Ihrer* Familie.»
«Ich möchte Sie, wenn ich darf, etwas fragen über...»
«Watson wird alle Fragen beantworten. Ich diskutiere meine Fälle nicht in der Öffentlichkeit. Um Himmels willen, Watson, wie konnte ich mich nur von Ihnen überreden lassen, an dieser Farce teilzunehmen. Ich komme mir in diesem Aufzug lächerlich vor.»
«Oh, ich weiß nicht, Holmes. Es dürfte jedem schwerfallen, Sie vom echten Ramses zu unterscheiden.»
Holmes raffte seine fließenden Gewänder und schwebte würdevoll den Nebenräumen zu. «Bringen Sie Ihre Tasche, Watson.»
Die im allgemeinen fröhlich aufgerichteten Schnurrbartspitzen des Doktors erschlafften ein wenig. Er klopfte Bandicoot auf den Arm und folgte dem großen Detektiv. Der Constable erblickte Lestrade, der in entgegengesetzter Richtung den Saal durchquerte. «Sie werden einen Sekundanten brauchen, Inspector», sagte er, ihm den Weg vertretend.
Lestrade blickte ihn durchdringend an. «Sie glauben doch nicht etwa, daß ich mich mit diesem königlichen Hanswurst duellieren werde?»
«Wenn Sie ein Etonianer wären, Sir, bliebe Ihnen keine andere Wahl.»
«Wo ist Mrs. Mauleverer?» fragte Lestrade.
«Ich habe sie nicht gesehen, Sir. Aber Sergeant Forbes scheint sich... äh... an Ihrer Stelle um Miss McNaghten zu kümmern.»
Forbes war der Tochter des Leiters der Obersten Kriminalpolizeibehörde peinlich nahe auf den Leib gerückt. Sie schien darüber nicht unerfreut. «Werden Sie ihn auch anrempeln?»
Lestrade warf Bandicoot einen wütenden Blick zu. Es war nicht sein Abend gewesen. «Miss McNaghten kann selbst auf sich aufpassen.» Und er ging zur Tür. Eine behandschuhte Hand ergriff seinen Arm. «Sholto.» Es war Constance Mauleverer. Lestrade blickte sich

rasch um. Sowohl Forbes wie auch Arabella McNaghten hatten es bemerkt. Bandicoot zog sich taktvoll in den Hintergrund zurück.
«Sholto, was soll werden? Sie können nicht gegen den Thronerben antreten, schon gar nicht meinetwegen. Warum haben Sie ihn beleidigt?»
«Ich kann es Ihnen nicht sagen, Constance.»
«Sie werden das doch wohl nicht zu Ende führen?»
«Natürlich nicht. Constance... ich glaubte nicht, Sie wiederzusehen. Schon gar nicht hier.»
«Ich bin mit meinem Onkel hergekommen, mit John Watson.»
«Watson? Doktor Watson?»
«Ja. Kennen Sie ihn?»
Lestrade lachte. «Und wie! Haben Sie nicht den Unsinn gelesen, den er und Conan Doyle zusammen ausgebrütet haben? Eines Tages werde ich sie beide verklagen.»
«Sie kommen in Onkel Johns Kurzgeschichten vor?»
«In einigen. Teure Dame, ich bin tief verletzt. Nicht, daß meine ‹Auftritte› sehr schmeichelhaft wären. Mr. McNaghten ist alles andere als erfreut, daß Scotland-Yard-Detektive lächerlich gemacht und verspottet wurden.»
«Sholto.» Constance wurde plötzlich ernst. «Ich hasse es, davon anzufangen, aber sind Sie bei der Suche nach dem Mörder meines Gatten ein Stück weitergekommen?»
Lestrade blickte intensiv in die dunklen Augen dieser Frau, die ihn bezaubert hatte. «Ich wußte nicht, daß John Watson Ihr Onkel ist.»
«Ich verstehe nicht.»
«Sie wußten nicht, daß sein Neffe kürzlich ermordet wurde?»
«Edward Coke-Hythe. Natürlich, er war mein Vetter.»
«Warum haben Sie mir das nicht gesagt?»
«Ich hielt es nicht für wichtig... Sie meinen, daß zwischen den beiden Morden ein Zusammenhang besteht?»
«Ich weiß es nicht, Constance. Aber ich weiß, daß die meisten Leute mit Mord überhaupt nichts zu tun haben. *Sie* haben mit zwei Morden zu tun. Es ist gefährlich, Sie zu kennen.»
«Dann stehe ich also unter Anklage?»
«Madame, ich verhafte niemals Damen auf Polizeibällen.» Lestrade küßte ihre Hand. Er geleitete sie inmitten aufbrechender Gäste zur

Treppe des Hotels. Plötzlich stand eine Abordnung von Husaren vor ihnen. Onslow trat vor.

«Inspector Lestrade, ich bin von Seiner Königlichen Hoheit, dem Duke of Clarence, damit beauftragt, Ihnen die Wahl des Zeitpunktes und des Ortes zur Austragung des Ehrenhandels zu überlassen.»

«Ehren... ach ja, natürlich.»

«Sholto.»

«Nein, Constance. Das wird nicht lange dauern. In der Morgendämmerung, Gentlemen. Das bedeutet, daß wir etwa drei Stunden Zeit haben. Zeit genug, um das Headless Chicken in Highgate zu erreichen.»

Onslow salutierte knapp. «Sehr gut, Sir. Seine Hoheit hat sich für Säbel entschieden.»

Lestrade dachte an das Debakel seiner Constablezeit, als er sich durch das Exerzieren mit Entermessern gequält hatte.

«Natürlich», lächelte er.

Onslow und sein Trupp verschwanden.

«Sholto.» Constance ergriff die Hand des Harlekins. «Er wird dich umbringen.»

«Nur über meine Leiche, Constance», lächelte Lestrade.

Duelle

Getreu dem Geist von Melodram und Schauerroman wirbelte ein naßkalter Nebel um die Grabsteine des Friedhofes von Highgate. Zwei Grüppchen kamen in den feuchten grauen Schleiern der Morgendämmerung zum Vorschein, die nebeneinander durch das überhängende Grün von Swain's Lane schritten. Zur Linken ging Seine Königliche Hoheit, der Duke of Clarence, bekleidet mit Feldjacke und Feldmütze der 10. Husaren. Hinter ihm kamen, in Umhänge gehüllt, sporenklirrend und säbelrasselnd, vier seiner Offizierskameraden mit finsteren Mienen und Schnurrbärten. Zur Rechten ging, in seinen Donegal gewickelt, Inspector Lestrade, der wegen der Morgenkühle seinen Arm um Mrs. Mauleverer gelegt hatte, die ein Straßenkleid aus Samt angelegt hatte. Hinter ihnen gingen, im eleganten Cutaway und mit unvorschriftsmäßigem Bowler, Harry Bandicoot und, in seinem einzigen guten Anzug, Walter Dew, beide Constables von Scotland Yard. Es war ein einigermaßen lächerliches und außerordentlich unwahrscheinliches Bild. Es war der Morgen des 16. September 1891. Die Neuzeit war längst angebrochen. Doch ein Mann konnte nicht einfach davonlaufen.

Die Polizeibeamten bezogen ihre Positionen an den Toren der Egyptian Avenue. Die Husaren stampften bis nach oben. Es trat eine verlegene Pause ein, und dann kamen ihnen zwei davon bis zur Mitte entgegen.

«Sholto, hast du Sir Walter Scott gelesen?»

«Leider nein, Constance.»

«Hättest du es getan, wüßtest du, daß die Ritter im Höfischen Zeitalter ein Liebespfand der Damen trugen, wenn sie kämpften. Bitte, trag dies jetzt für mich.» Sie band ihm ihren Seidenschal um den Hals. Er hielt kurz ihre Hand.

«Ich glaube, sie warten auf uns, Sir», sagte Bandicoot.

Lestrade wandte sich an ihn. «Bandicoot. Dew. Keiner von Ihnen dürfte hier sein. Sie sind Polizeibeamte. Sie sollten es beide besser

wissen. Schlimm genug, daß ich in diesen Unsinn verwickelt bin, aber ihr beide…»
«Sie brauchen einen Sekundanten, Sir», unterbrach Bandicoot. «Wer soll Ihren Mantel halten?»
Lestrade gestattete sich ein kurzes Lächeln. «Sehr gut, aber Mrs. Mauleverer sollte nicht hier sein. Dew, begleiten Sie die Dame zum Headless Chicken. Setzen Sie sie in die Kutsche, wenn ich bitten darf.»
«Ich bin bis hierher mitgekommen, Sholto. Ich werde noch ein bißchen länger bei dir bleiben. Und außerdem –» mit festerer Stimme – «würdest du Constable Dew zu einer solchen Zeit nie fortschicken.»
«Sei's drum.» Lestrade grinste. Er warf Bandicoot seinen Donegal zu und legte Jacke und Weste ab. Die zwei Männer gingen den Hügel hinauf, wo Clarence und Onslow warteten. Zu ihrer Überraschung war es Onslow, der Umhang und Jackett ablegte und sich die Hemdsärmel aufkrempelte.
«Die Etikette verlangt es, daß ich nicht gegen Sie kämpfen darf, Lestrade», ließ sich Clarence hochmütig vernehmen. «Immerhin bin ich der Thronerbe. Außerdem –» er zog ein Taschentuch hervor – «spüre ich das Nahen einer Erkältung. Ich denke, Sie akzeptieren Lieutenant Onslow als meinen Vertreter?»
Lestrade verbeugte sich.
«Sie haben sich da einen ziemlich gotteslästerlichen Ort ausgesucht, muß ich sagen», bemerkte der Duke.
«Er erspart die Begräbniskosten», spöttelte Lestrade, «für einen von uns.»
Clarence zog einen Umhang von zwei Kavalleriesäbeln, die über seinem Arm lagen. Bandicoot, der sich als Etonianer auch auf diesem Gebiet auskannte, inspizierte sie sorgfältig und nickte. Lestrade nahm sich einen Säbel und trat zurück, um seine Position einzunehmen. Der Säbel war einen guten Fuß länger als das Entermesser, das er kannte, und er hatte vergessen, wie verflixt schwer das Ding war. Er orientierte sich an Onslow, der seine Knie beugte und die *en garde*-Position einnahm, nachdem er Lestrade mit dem Säbel salutiert hatte. Auf der einen Seite zog Clarence seine Waffe und auf der anderen hielt Bandicoot die Spitzen aller drei Klingen zusammen.
«Was nun?» brach Lestrade das Schweigen, unfähig, die langatmige

Zeremonie ernst zu nehmen. «Drehen wir alle eine Pirouette nach rechts?»
Clarence ließ seine Klinge hochschnellen, und Bandicoot sprang zurück. Für eine Sekunde, die Constance wie eine Ewigkeit vorkam, bewegte sich niemand, dann sprang Onslow vor, und seine Klinge sauste über Lestrades Deckung hinweg und traf dessen Arm. Der weiße Ärmel färbte sich dunkelrot, und Constance stürzte vor, hatte sich jedoch wieder in der Gewalt, bevor Dew eine Chance hatte, sie zurückzuhalten. Onslow richtete sich auf und salutierte.
«Sir», sagte er zu Clarence. Lestrade war benommen, doch er fühlte sich kein bißchen angeschlagen. Sein linker Ellenbogen war taub.
«Noch einmal», schnarrte Clarence.
Bandicoot mischte sich ein. «Nach allen Regeln des Zweikampfes, Sir, sogar bei den weniger bekömmlichen Schlägereien an deutschen Universitäten, ist beim ersten Blut die Satisfaktion gegeben.»
«Ich werde entscheiden, wann das der Fall ist. Noch einmal, Onslow.»
Onslow salutierte abermals und ging in die Auslage. Ein paar Yards entfernt griff Dew nach Constances Arm. Im stillen schlug ihr Herz Lestrade entgegen, dessen linker Arm unbrauchbar herabhing und der sich ein weiteres Mal einem ausgebildeten Fechter gegenübersah. Diesmal erfolgte Onslows Angriff bedächtiger, und Lestrade schlug seine Waffe beiseite.
«Sie geben sich keine Mühe, Onslow. Ich will, daß er eine Lektion bekommt.»
Onslow beschleunigte das Tempo. Seine Füße glitten vorwärts, schneller und schneller, seine Waffe umkreiste Lestrades Säbel, nur ein paar Zoll vom Körper des Inspectors entfernt. Lestrade wich zurück und versuchte, so gut es ging, mit ihm Schritt zu halten. Von rechts hörte er die anfeuernden Worte Bandicoots. Weiter entfernt die Rufe der Husaren und die wütenden Schreie Clarences. In granitenem Schweigen glitten die Familiengrüfte an ihm vorbei, doch alles, was er erkennen konnte, war diese blitzende, auf ihn eindringende Klinge und dahinter Onslows schwitzendes Gesicht. Verzweifelt parierte er und schlug zurück, einmal, als er im Rücken eine ägyptische Säule spürte, mit beiden Händen. Onslows Säbel fuhr knirschend knapp an Lestrades Gesicht vorbei. Er duckte sich unter seinem Arm und traf ihn oberhalb der Rippen, so daß das weiße

Hemd sich purpurn färbte. Nach Atem ringend, fiel er auf seine Knie. Onslow stolperte rücklings gegen ein Grabgewölbe.
«Das war's», krächzte Lestrade, an Clarence gewandt, «nichts mehr. Nichts mehr.»
«Hol Sie der Teufel, Lestrade. Sie werden keinen meiner Offiziere zerhauen und ungeschoren davonkommen. Onslow, können Sie weitermachen?»
Der Lieutenant kam irgendwie wieder zu sich.
«Dann machen Sie weiter.»
Lestrade zuckte zusammen, als der Säbel an seinem Gesicht vorbeizischte und ihm ein kleines Stück seiner Nasenspitze abschnitt. Er machte vom Boden einen Satz nach vorn und streifte Onslow an der Hüfte.
«Schluß damit, Jungens!» Alle Augen richteten sich auf die ferne Stimme. Am oberen Ende des Abhangs stand wie ein Schattenriß vor dem Morgenhimmel eine einsame Gestalt. Der Umriß stellte ein unmittelbares Problem dar. Zwar wirkte er im großen und ganzen militärisch, und die Gestalt trug auch eine Bärenmütze der Husaren, doch offenbar auch einen Rock und stützte sich dazu noch auf ein Fahrrad.
«Bei Gott, der Colonel», flüsterte einer der Offiziere.
Für eine flüchtige Sekunde spielte Clarence mit dem Gedanken, es könne sich um seine furchterregende Großmutter handeln, die eine ihrer unbenutzten Uniformen eines Regimentschefs trug. Doch die Absurdität dieser Vorstellung verbannte sie aus seinem Kopf. Mit erstaunlicher Geistesgegenwart warf Bandicoot Lestrades Donegal über die beiden Säbel und die blutenden und schwitzenden Kämpfer und versuchte, so unbekümmert dreinzuschauen, als sei es die natürlichste Sache der Welt, daß sich zwei Männer so früh am Morgen auf dem Friedhof von Highgate befanden, noch dazu aus Säbelwunden blutend.
Der Eindringling sprang in den Sattel des Fahrrades, scheuchte die Husarenoffiziere beiseite, die erstaunt Platz machten. Die Gestalt kam quietschend in der Mitte des Kampfplatzes zum Stehen. Alle Anwesenden starrten sie verblüfft an. Vor ihnen stand eine ältere Dame, herausgeputzt wie eine groteske Bühnenfigur, in dem reich verzierten, pelzbesetzten Mantel und der hohen Bärenfellmütze des Husaren-Leibregiments Nr. 11 des Prinzen Albert.

«Aha, dich kenne ich, mein Junge.» Sie deutete mit gebieterischem Finger auf Clarence. «Du bist Eddy, nicht wahr? Oh, ich bin seit Jahren nicht mehr bei Hof zugelassen. Deine Großmutter hat James nie verziehen, daß er mich geheiratet hat. Aber über euren Hofklatsch halte ich mich auf dem laufenden, weißt du. Im übrigen hast du die Glotzaugen deines Vaters.»
«Madame, ich weiß nicht, aus welcher Irrenanstalt Sie entsprungen sind, aber ich möchte doch ernsthaft vorschlagen...»
«Kommen Sie, Sir», mischte sich einer der Husaren ein, «sollten wir nicht lieber das Feld räumen?»
Widerstrebend ließ sich Clarence zu den Haupttoren den Hügel hinaufführen, wo die Kutschen warteten. Bevor er ging, schüttelte Onslow Lestrade die Hand. «Sollten Sie der Polizeiarbeit je überdrüssig werden, Sir, wären wir stolz, Sie bei den 10. Husaren begrüßen zu dürfen.»
Constance wickelte den Donegal um Lestrades Schultern und tupfte ihm das Blut von Mund und Kinn. Ihre Augen waren feucht und heiß. «Ihr Liebespfand, Mylady.» Lestrade rang sich eine für ihn ungewöhnlich extravagante Floskel ab und entledigte sich des Schals.
«Kommen Sie, Sie brauchen Hilfe», verkündete die alte Husarin. «Sie, junger Mann –» sie meinte Bandicoot – «nehmen mein Fahrrad und machen sich auf den Weg. Ich verfüge in der Nähe oben auf dem Hügel über einen verschwiegenen Schlupfwinkel. Das Haus heißt Quorn. Richten Sie aus, man solle dort ein Zimmer –» mit einem Blick auf Constance – «für zwei Personen herrichten.»
  In der Runde erhob sich stummer Protest, doch die beiden Damen nahmen Lestrade, der durch den Blutverlust geschwächt war, in die Mitte und geleiteten ihn zum Tor.
Dew ging ein paar Schritte hinter ihnen und spähte ängstlich durch die Morgendämmerung, ob sich irgendwo Streifenpolizisten blicken ließen. Jetzt einem pflichteifrigen Constable zu begegnen, wäre ausgemachtes Pech gewesen.

Lestrade fiel in einen unruhigen Schlaf. Sein Kopf hämmerte, sein Arm schmerzte, und seine Nase war gefühllos. Aber er hatte ein Duell überstanden und schlief ein, die Hand jener Frau haltend, die

Duelle ———————————————————————————— 137

für ihn zweifellos sehr wichtig geworden war. Als er schließlich erwachte, begann er sich über die Situation klarzuwerden. Das Zimmer, in dem er lag, war recht hübsch, typisch obere Mittelklasse, vollgestopft mit Erinnerungsstücken an ein früheres Zeitalter. Von irgendwo hörte er eine Uhr schlagen – viermal. Die Rolläden waren heruntergelassen, doch draußen war es Tag. Mein Gott, vier Uhr nachmittags. Er mußte zum Dienst. Es wurde Zeit, daß er sich aufrappelte.
«Sholto.» Constance glitt geräuschlos ins Zimmer. «Du solltest noch nicht aufstehen, Liebster.» Lestrade erkannte die Klugheit ihrer Bemerkung, als er aufrecht saß. Sein linker Arm war fast steif, und seine Nase schien bis zur gegenüberliegenden Wand zu reichen.
«Wie spät ist es?» fragte er.
«Kurz nach vier. Soll ich Tee bringen lassen? Lady Cardigans Dienerschaft ist höchst zuvorkommend.»
«Cardigan? Oh, ich verstehe. Das erklärt die Uniform.»
«Ja, mein Lieber. Während der letzten beiden Tage habe ich mich viel mit ihr unterhalten. Seit ihr Gatte, der VII. Earl, gestorben ist, hat sie seine Uniform immer getragen, wenn sie sich öffentlich zeigte. Das erleichtert ihr ein wenig den Schmerz über seinen Tod. Oh, er hatte sein Leben genossen, und sie wußte nur zu gut, daß er ihr nicht immer treu war, doch auf ihre Weise mochten sie sich. Vor ein paar Jahren hat sie mit dem Radfahren angefangen. Sie fährt überallhin.» Constance kicherte. «Sogar durch die Kolonnaden am Highgate Friedhof, wie es scheint.»
«Zwei Tage?» Lestrade stand mit einem Ruck auf und wünschte sogleich, er hätte es nicht getan. «Gütiger Gott, Weib, bin ich schon zwei Tage hier?»
«Beruhige dich, Sholto. Ich bin es nicht gewohnt, als Weib tituliert zu werden, schon gar nicht von einem Mann, den ich kaum kenne.» Sie lächelte ihn spöttisch an.
«Tut mir leid, Constance. Lieber Gott, Frau, hier bin ich, mit einer Hemdhose bekleidet um vier Uhr nachmittags, und da bist du, eine vor kurzem verwitwete Lady, im Haus einer verrückten Exzentrikerin, die...»
«Das ist nicht sehr freundlich, Sholto. Lady Cardigan ist gewiß exzentrisch, aber sie hat uns ihr Londoner Haus und ihre Dienerschaft

vollständig zur Verfügung gestellt. Sie ist nach Deene, in ihr Landhaus, zurückgekehrt. Sie findet, daß London jetzt, nachdem die Saison zu Ende ist, schrecklich langweilig ist. Im übrigen wußte ich nicht, daß du so prüde bist. Wir schreiben das Jahr 1891, weißt du. Ich habe gehört, das kommende Jahrzehnt werde als die ‹ungezogenen Neunziger› in die Annalen eingehen. Möchtest du mit mir zusammen nicht auch ein kleines bißchen ungezogen sein?»
«Madame, Sie haben mich nicht verstanden. Am Samstag morgen, dem Sechzehnten, hatte ich das Duell. Welcher Tag ist heute?»
«Dienstag der Neunzehnte.»
«Genau. Ich habe einen Arbeitstag versäumt und bin kurz davor, einen weiteren zu versäumen.»
«Bandicoot hat dich mit Grippe krank gemeldet, Liebster. Sie grassiert gerade. Niemand wird wegen deiner Abwesenheit Fragen stellen. Dürft ihr denn bei der Metropolitan Police nicht mal krank werden?»
«Nicht in Abteilung H.» Lestrade ließ sich schwer auf das Bett zurücksinken. Ihm war klar, daß er erschöpft war. Der Gedanke, mit Kutsche oder Zug in seine Wohnung und von dort zum Yard zu fahren, wo ihn ein Berg von Schreibtischarbeit erwartete, behagte ihm nicht. Ganz zu schweigen vom *Struwwelpeter*-Fall. Und vor ihm im Halbdunkel saß die schönste Frau, die er je gesehen hatte. Er blickte auf ihr lächelndes, warmes, sanftes Gesicht. Er streckte seinen unversehrten Arm aus und fuhr mit den Fingern um die glatte Wölbung ihrer Wange. Sie drückte ihren Kopf in seine hohle Hand und küßte seine Finger. Lestrade nahm mit beiden Händen ihren Kopf und küßte sie leicht auf die Stirn.
«Ich werde nicht zerbrechen, Sholto», sagte sie, und ihre Lippen fanden sich in der Dämmerung. Es war nicht die romantischste Liebesnacht aller Zeiten. Lestrade war nie ein Frauenheld gewesen. Natürlich war er kein Anfänger, doch gewiß ein wenig eingerostet, und die meisten seiner Muskeln waren erst vor allzu kurzer Zeit auf die Probe gestellt worden und jetzt kaum locker genug. Constance war natürlich keine Jungfrau mehr, doch trotz ihrer äußerlichen Dreistigkeit war sie gleichwohl eine Frau ihrer Zeit, und das neue Jahrzehnt war noch nicht kräftig genug, um die ehrwürdigen Traditionen eines Lebens beiseite zu fegen.
Beim zweitenmal war es schon besser; beide waren sie gelöster. Es

war beinahe Mitternacht, bevor Constance zusammengerollt in Lestrades Armen lag, ihr schwarzes Haar gegen seine Brust geschmiegt.
«Erzähl mir von *Strubbelkopf-Peter*», flüsterte sie. Lestrade rutschte unbehaglich hin und her. «In einem solchen Augenblick?» fragte er.
«Sholto, vor zwei Tagen hätte man dich töten können. Mein Gatte und mein Vetter sind bereits tot. Vielleicht ist jetzt nicht der rechte Zeitpunkt. Aber es ist vielleicht der einzige. Morgen oder übermorgen wirst du zu deinem geliebten Yard zurückkehren. Ich muß zurück nach Warwickshire.»
Er drehte ihren Kopf zu sich. «Was ist, wenn ich möchte, daß du bleibst?» fragte er.
Sie nahm seine Hand und preßte sie heftig. «Du bist ein Polizist, ein Detectiv-Inspector. Ich bin eine verwitwete Lady mit bescheidenem Vermögen und ohne Zukunft. Wir passen nicht zueinander, Sholto. Wir würden nicht miteinander auskommen.»
«Du hast mir einmal gesagt, die Konvention wäre dir völlig gleichgültig», erinnerte er sie.
«Das dachte ich einmal», erwiderte sie. «Vielleicht bei einem anderen Mann, zu einer anderen Zeit. Aber sage mir, was geschehen würde, wenn deine Vorgesetzten entdeckten, daß du hier warst, dazu noch mit mir zusammen?»
Lestrade gluckste. «Ich würde ein weiteres Mal von Sir Melville Prügel beziehen, dann folgte eine kurze Untersuchung, und sie würden mich rausschmeißen. Dein Name würde vermutlich durch den Schmutz gezogen, wenn sie ihn auch von mir nicht erfahren würden; wahrscheinlich würden sie dieses Haus als Bordell mit Brettern vernageln und Lady Cardigan als Puffmutter verhaften lassen. Der Commissioner ist ein Pedant, wenn es um die Moral seiner Männer geht.»
«Genau. Das bedeutet für keinen von uns eine strahlende Zukunft, oder?»
Er wollte etwas erwidern, doch sie brachte ihn mit einem Kuß zum Schweigen.
«Wieso weißt du etwas von *Strubbelkopf-Peter*?» fragte er.
«Ich weiß nur das wenige, was ich auf dem Ball zufällig mit anhörte. Ein Orang-Utan sprach sehr vertraulich mit Marie Antoinette, glaube ich.»

«Du lieber Gott, Arabella McNaghten hat's Forbes abgeschmeichelt. Ich werde ihn umbringen.»
«Oh, Sholto, ist das das Geheimnis? Ist sie nicht die Tochter des Leiters eures... wie nennt ihr das... S. I. D.?»
«C. I. D. Das spielt keine Rolle. Die Vorschriften sind völlig eindeutig. Alle Fälle sind Verschlußsachen. Einzelheiten dürfen an Privatpersonen nicht weitergegeben werden. Forbes wußte das. Ich werde diesen Bastard... Verzeihung, meine Liebe... ich werde diesen Bastard wieder zum Streifenpolizisten machen.»
«Sholto.» Sie drehte sich im Bett herum und preßte ihre nackte Hüfte gegen ihn. «Soll das heißen, daß du mir nichts über diesen Fall erzählen wirst?»
Sie streichelte Lestrade zwischen den Beinen. Ihre Finger liebkosten ihn erst leicht, dann kräftiger, als er sich der Lage gewachsen zeigte.
«Hör damit auf, Constance», rief er kichernd, «ich bin so schrecklich kitzlig.»

Während er zum Yard zurückfuhr, dachte Lestrade noch einmal über ihren Abschied nach. Sie ginge fort, hatte sie gesagt. Zurück nach Warwickshire. Um das Haus zu verkaufen. Um wegzuziehen. Um neu anzufangen, ohne Erinnerungen, ohne Kummer. Wollte vielleicht ihren Namen ändern. Irgendwohin gehen, wo niemand etwas von Albert Mauleverer wußte, wo *Struwwelpeter* mit seinen miserablen Frechheiten nichts als ein Märchen für Kinder und keine düstere, unheimliche Wirklichkeit war. Lestrade hatte den Kopf geschüttelt, als er ihre Hände hielt. Er spürte einen eisernen Klumpen in der Kehle. Er war kein Mann vieler Worte. Er war kein Troubadour aus einem Roman von Sir Walter Scott. Er war nicht so beredt, wie er es um Constances willen gern gewesen wäre. «Ich werde dich finden», war alles, was er sagte. «Wenn dieser Fall vorüber ist, werde ich dich finden.» Da war sie an der Reihe, den Kopf zu schütteln. Sie weinte nicht. Ihre Stimme brach nicht, ihr Lächeln war so geheimnisvoll und unergründlich wie immer. Tief in seinem Inneren hatte Lestrade geschluchzt, doch er war ein hartgesottener Polizist, und nichts verriet seine Gefühle. Zumindest hoffte er das.
Trotz des Durcheinanders in seinem Kopf spürte er, daß die Atmosphäre im Yard etwas Bedrückendes hatte. Er bemerkte, daß wäh-

rend seiner kurzen Abwesenheit das Baugerüst entfernt worden war und die neuen Räumlichkeiten in der Nachmittagssonne schimmerten, die über dem Fluß leuchtete. Doch das Haus glich einer Leichenhalle. Ein grimmiger, stummer Wachhabender salutierte ihm. Er betrat den Lift mit zwei Detektiven aus Gregsons Abteilung, deren Gesichter aschfahl waren.
«Sir Melville wünscht Sie zu sehen, Sir», sagte Constable Dew, als Lestrade sein Büro betrat. Es gab keine fröhliche Begrüßung, keine Tasse Tee, keine Nachfrage nach dem Wohlergehen des Inspectors. Lestrade klopfte an die furnierte Tür. Ein Knurren bedeutete ihm, einzutreten.
McNaghten wirkte zehn Jahre älter. Plötzlich sah Lestrade seine ganze Karriere platzen. Jemand, Lady Cardigan vielleicht, die ihre Freundlichkeit bereute, oder Clarence, der verärgert war, hatte ihn verpfiffen. Er war fast versucht, in seine Tasche zu fassen und McNaghten seine Handschellen und seine Trillerpfeife auszuhändigen.
«Forbes ist tot», sagte McNaghten.
«Forbes?» wiederholte Lestrade.
«Tot. Mord im Verbrecherviertel. Seine Leiche wurde heute morgen in einer Gasse unweit The Minories gefunden. Ich habe Constables hingeschickt. Wo, zum Teufel, waren Sie?»
«Äh... mit Grippe im Bett.» Es bestand kein Grund, jetzt alles aufzudecken. Dadurch wurde nichts gewonnen.
«Es gefällt mir nicht, Lestrade», McNaghten strich wiederholt seinen Schnurrbart und glättete bei jedem dritten oder vierten Strich seine Krawatte, «wenn ein Polizist in Ausübung seiner Pflicht umgebracht wird. Ich mag das überhaupt nicht.»
«Aber was hatte er in The Minories zu suchen, Sir? Er sollte am *Struwwelpeter*-Fall arbeiten. Alle meine Männer sind damit beschäftigt.»
«Laut Bandicoot hatte er einen Tip bekommen. Ich vermute, ein Spitzel sagte ihm, er solle um Mitternacht zu The Minories kommen.»
«Und er ging allein hin?»
«Lieber Himmel, Lestrade, Sie und ich haben das dutzendmal getan.»
Lestrade lachte innerlich. Auf ihn selbst traf das zu, doch was seinen

ziemlich bequemen Vorgesetzten anging, hatte er Zweifel. Er wußte, daß McNaghten sein Leben lang nicht ein einziges Mal Streife gegangen war.

«Aus lauter Sorge, Ihren Informanten zu verschrecken, nehmen Sie doch nicht den halben Yard mit, oder? Kommen Sie allein, sagt der Mann, und wenn Sie haben wollen, was er anzubieten hat, gehen Sie allein.» Das hörte sich immerhin vernünftig an.

«Er muß ausgeraubt worden sein. Seine Uhr ist weg. Wir wissen nicht, ob er Geld bei sich hatte. Es ist anzunehmen, denn er wollte ja einen Spitzel treffen. Ich will den Mann, der das getan hat, Lestrade. Sie werden den *Struwwelpeter*-Fall liegenlassen und alle Ihre verfügbaren Männer darauf ansetzen. Sie können Hunde haben, Verstärkung aus Jones' Abteilung, alles, was Sie wollen. Aber zeigen Sie's diesem Abschaum.» Um seine Worte zu unterstreichen, schlug er auf den Tisch. «So wahr ich hier sitze, niemand bringt einen Polizisten um und kommt ungeschoren davon!»

Lestrade polterte über den Korridor zum Leichenschauhaus. McNaghten mußte außer sich gewesen sein, denn er hatte ihn nicht nach einer Erklärung für seine verbundene Nase gefragt. Er hatte sich kunstvolle Erklärungen für diesen Fall zurechtgelegt, die auf einen unglücklichen Zusammenprall mit einer Kutschentür hinausliefen. Offiziell hatte er sich auch den Arm verstaucht, falls jemand fragen sollte, warum dieser schlaff herunterhing. So wie die Dinge jetzt lagen, hätte er sich diese Mühe sparen können. McNaghten war mit seinen Gedanken ganz woanders. Tatsächlich beschäftigten sie sich überwiegend mit der Leiche des Mannes, die jetzt im glänzenden, kürzlich mit neuen weißen Kacheln ausgestalteten Leichenschauhaus in Cannon Row vor Lestrade lag. Forbes lag zusammengekrümmt da, ein wenig auf eine Seite gedreht, sein Körper noch in der Totenstarre, während sein Gesicht noch immer einen schwachen Ausdruck von Überraschung zeigte. «Stich durch das Herz», sagte der Leichenbestatter fröhlich. «Waffe mit dünner Klinge. Könnte eine Hutnadel gewesen sein.»

«Eine Hutnadel?» fragte Lestrade ungläubig. «Sie züchten jetzt einen neuen Typ von East-End-Rabauken, meinen Sie?»

«Dachte ich. Stellen Sie sich vor, ich hatte neulich eine andere Leiche. Wo war das gleich? Ja, jetzt weiß ich's, sie wurde splitterfasernackt nahe Shadwell Stair angespült. Genau dieselben Stichwunden, aber im Rücken.»
«Ich hätte gedacht, ein gewöhnliches Taschenmesser oder ein Schälmesser würde zu einem Seemann oder einer Dirne passen.»
«Sie werden mir verzeihen, wenn ich das sage, Sir, ich meine, eigentlich ist es nicht mein Fach, ich weiß, aber ich bin so etwas wie ein Beobachter der Verbrecherklasse. Ich habe festgestellt, daß Morde in Wellen verlaufen. Ein bestimmter Typ von Waffe schlägt ein und, hastdunichtgesehen, fliegen sie alle drauf.»
Lestrade blickte in die ausgezehrten Züge des Leichenbestatters und auf das in der Mitte geteilte glatte Haar. Alles in allem sah er weitaus schlechter aus als Forbes. Als dem Mann dämmerte, daß seine Amateurschnüffeleien den Inspector nicht sonderlich interessierten, schwenkte er um.
«Es könnte natürlich die Hutnadel einer Dame sein.»
Wenn Lestrade etwas noch weniger paßte, war es das. «Erstechen ist nichts für Frauen», sagte er. «Zu direkt, zu unappetitlich. Seit zwölf Jahren untersuche ich Mordfälle und bin noch nie einer Messerstecherin begegnet.» Doch ganz im geheimen und nicht ganz zu seinem Vergnügen standen ihm mit einemmal das Gesicht und die Gestalt Constance Mauleverers vor Augen. Er unterdrückte den Gedanken auf der Stelle. Zu der Zeit, als Forbes getötet wurde, war sie mit ihm zusammen gewesen. Trotzdem hatte er ein leicht unbehagliches Gefühl. Mit Forbes' Tod stimmte irgend etwas nicht.
«Das hier ist natürlich auch sehr merkwürdig», sagte der Leichenbestatter, zog das grüne Laken zurück und entblößte den bleichen Leichnam. Lestrade prallte sichtbar zurück. Forbes' Hände lagen über seinen Geschlechtsteilen. Vor ein paar Minuten, als die Totenstarre nachzulassen begann, hatte der Leichenbestatter sie in diese groteske Stellung gebracht. Lestrade konnte es nicht glauben. Beide Daumen waren verschwunden.
«Mit einer Schere abgeschnitten, wenn mich nicht alles täuscht. Hartes Stück Arbeit, wenn Sie mich fragen. Der Knochen ist sauber durchtrennt.»

Aber Lestrade war verschwunden. Er streichelte seinen Arm, als er die drei Treppen zu seinem Büro hinaufsprang.
«Können nichts vertragen, diese hohen Tiere», murmelte der Leichenbestatter.

In fieberhafter Eile schlug Lestrade das Buch auf. Da war es:

> «Bauz! da geht die Türe auf,
> und herein in schnellem Lauf
> springt der Schneider in die Stub
> zu dem Daumenlutscher-Bub.
> Weh! jetzt geht es klipp und klapp
> mit der Scher' die Daumen ab...»

«Dew, wo ist Bandicoot?»
«The Minories, Sir. Er sagte, er müsse der Spur folgen, solange sie noch heiß sei.»
«Sie wollen sagen, daß er allein ist?»
«Ja.»
«Herr im Himmel, Mann, Sie hätten mitgehen müssen. Was hat ein alter Etonianer im East End zu suchen? Sie werden ihn zum Frühstück verspeisen. Besorgen Sie eine Droschke, und beeilen Sie sich.»

Es war fast dunkel, bevor Lestrade und Dew ihren Mann aufstöberten. Bandicoot saß in einer Ecke der schwach erleuchteten Kellerbar *White Elephant* in Portsoken Street.
«Ich habe schon ganz Aldgate und Houndsditch durchgekämmt, Sir. Nichts.»
Lestrade deutete auf Bandicoots Bier. «Ich hoffe, das geht nicht auf Spesen. Dew, Sie sind dran mit einer Runde.»
Dew verschwand in Qualm und Gedränge.
«Mit wem haben Sie hier gesprochen?»
«Mit niemandem, Sir... bis jetzt. Aber man sagte mir, jeden Abend gegen acht käme hier ein Augenzeuge herein.»
«Wer?»

Bandicoot griff nach seinem Notizblock. «Ein Mann namens ‹Skinner›, Sir.»
«Skinner?» Lestrade lehnte sich in seinen Stuhl zurück und kicherte still vor sich hin.
«Sir? Kennen Sie diesen Mann?»
«Der einzige, den ich unter dem Namen Skinner kenne, ist ein gewisser Albert Evans, ein menschliches Wrack. Versprechen Sie ihm ein Bier, und er wird Ihnen erzählen, er habe die Kronjuwelen gestohlen. Oh, danke, Constable.» Dew erschien mit den Getränken.
«Wenn er aber etwas gesehen hat, was dann?»
«In Ordnung, ich warte gern. Was haben Sie noch?»
«Nicht viel, fürchte ich. Gestern kurz vor Dienstschluß erhielt Sergeant Forbes eine Nachricht von einem Gassenjungen.»
«Haben Sie den Jungen gesehen?»
«Nein. Der Wachhabende sah ihn. Aber dort habe ich zuerst gefragt. Sie hatten den Jungen noch nie gesehen und würden ihn wahrscheinlich nicht wiedererkennen, wenn sie ihn noch mal sähen.»
«So etwas habe ich gern», knurrte Lestrade. «Gründliche, aufmerksame Polizeiarbeit. Was noch?»
«Dann dachte ich daran, die Nachricht zu untersuchen – die Handschrift und so etwas.»
«Sie machen sich, Banders. Und?»
«Pech, Sir. Sergeant Forbes mußte sie mitgenommen haben, aber er trug sie nicht bei sich, als man ihn fand.»
«Sind Sie am Tatort gewesen?»
«Ja, Sir. Zweihundert Yards von hier in Gravel Lane. Der Constable, der ihn fand, war auf seinem üblichen Streifengang. Er hörte nichts, obwohl er ein paar Minuten zuvor am Tatort vorbeigekommen war. Sergeant Forbes sollte seinen Informanten um Mitternacht treffen. Seine Leiche wurde gegen halb drei gefunden – die Uhr des Constables ging nicht genau.»
«Dieser Constable, hat er Spuren gefunden?»
«Nichts, Sir. Das ist sonderbar. Sergeant Forbes war ein erfahrener Polizist und ein kräftiger Mann. Ich hätte erwartet, daß er sich gegen die Bande zur Wehr setzt.»
«Bande?»
«Die Männer, die ihn umbrachten, Sir.»

Lestrade beugte sich vor. «Hat einer von euch Gentlemen die Leiche gesehen?»

«Nein, Sir», sagten die Constables wie aus einem Munde.

«Seine Daumen fehlen. Hier haben wir es nicht mit einer Schlägerei zu tun, die zu weit ging. Wir suchen nach Agrippa.»

Dew und Bandicoot waren verblüfft.

«Also darum hat Forbes sich nicht gewehrt!»

«Wer immer der Mörder ist, er hat Forbes total überrascht.»

Bandicoot dachte nach. Lestrade sah es an seinem Gesichtsausdruck.

«Wenn ich mich recht erinnere, Sir, hätte das nächste Opfer ein kleiner Daumenlutscher namens Konrad sein müssen. Hatte Sergeant Forbes diese Angewohnheit?»

«Wir brauchen das nicht zu wörtlich zu nehmen, Bandicoot. Aber Sie liegen richtig. Forbes war hinter etwas her. Der Mörder wußte das und mußte ihn aus dem Weg räumen. Es ist das erste Mal, daß wir ihn nervös gemacht haben. Er ist von seinem Muster abgewichen. Oh, die Methode ist korrekt – die Daumen mit einer Schere abgeschnitten, aber bisher hat er sich immer so eng an den Text gehalten, daß ich nicht glauben kann, daß er sich nicht einen Konrad ausgesucht hätte, wäre ihm mehr Zeit geblieben.»

«Wäre es nicht sehr schwer für ihn gewesen, einen Konrad zu finden, Sir?» fragte Dew. «Es kann davon nicht viele geben.»

«Das gebe ich zu», erwiderte Lestrade.

«Warum sollte er sich nicht dennoch an den Text halten?» fragte Bandicoot. «Und Sergeant Forbes trotzdem aus dem Weg schaffen. So daß es aussieht wie ein Mord in der Unterwelt, wofür wir das Ganze ja auch hielten.»

«Ich begreife Agrippas Motive nicht, Bandicoot. Wenn ich's täte, hätten wir ihn in Gewahrsam, oder nicht?»

«Verzeihen Sie, Sir, ist das nicht der Skinner?»

Dew deutete auf die Tür, durch die das Wrack eines älteren, zahnlosen und grauhaarigen Mannes geschwankt war.

«Bandicoot, Ihre Runde. Drei Bier und zwei Gin. Dew, bringen Sie ihn her.»

Die Constables führten ihre Aufträge aus. Zum erstenmal nahm Lestrade seine Umgebung wahr. Der Keller war mit Menschen vollgestopft, die Luft geschwängert von Bierdunst und Rauch. In einer entfernten Ecke sang eine angetrunkene Hure. Drei Männer hatten die Hände unter ihren Rock geschoben, doch sie schien es nicht bemerkt zu haben. Nach der kürzlichen Rückkehr der Hopfenpflücker von den Feldern in Kent hatte das East End sich wieder bevölkert. Das ganze menschliche Leben lag vor Lestrade, als er zusah, wie Dew den sich wehrenden Skinner über den mit Sägemehl bestreuten Boden schleifte. Prostituierte, Diebe, Mörder, sogar der merkwürdige Hilfspfarrer mit Seidenzylinder glitt flüchtig durch sein Blickfeld.

«He, was soll das?» Skinner ächzte immer noch unter dem Griff von Dews Hand, die ihn an seinem nicht übermäßig sauberen Kragen gepackt hatte. «Oh, Sie sind's, Mr. Lestrade, Sir.» Skinner schien im schummrigen Licht noch bleicher geworden zu sein, als er Lestrade erblickte.

«Hallo, Skinner, was macht die Leichenfledderei? Stell die Gläser hin, Bandicoot. Der Gin ist für Mr. Evans.» Dieser griff nach dem Glas, doch Lestrade legte seine Hand über die Öffnung. Er schob seine verbundene Nase bis auf einen Zoll an Skinners bärtiges Gesicht heran. «Wenn er uns erzählt hat, was wir wissen wollen.»

«Hören Sie, Chef, Sie kennen mich. Mein Leben lang hab ich mich in Bridewell rumgedrückt, aber jetzt gibt's in der Gegend ein paar harte Jungens. Ehrlich, wenn einer von denen Wind davon kriegt, daß ich mit einem von Ihrer Sorte spreche, werden Sie mich aus der Themse fischen, und das ist die reine Wahrheit.»

«‹Mit einem von meiner Sorte›, Albert. Das ist nicht sehr schmeichelhaft.»

«Haben Sie ein Herz, Chef.» Skinners Augen huschten durch den Raum. Der Mann war unverkennbar verängstigt.

«Letzte Nacht. Mitternacht. Gravel Lane. Was hast du gesehen?»

«Nichts, Chef.»

Lestrade richtete sich auf und starrte den Mann lange und eindringlich an. «Albert Evans, Leichenfledderer, gemeiner Dieb, Hoteldieb, Ladendieb, Skinner…»

«O nein, Sir!» Evans war beleidigt. «Wissen Sie denn nicht, warum man mich so nennt? Weil ich's nicht tun würde. Es ist unnatürlich.»

«Du hast mich nicht verstanden, Albert. Weißt du, daß in den Gefängnissen dieses Landes 20 883 Männer und Frauen einsitzen? Wie

würde es dir schmecken, wenn du diese Zahl um einen vermehren würdest? Und ich rede nicht von Diebstahl, Evans. Wenn man einen Mord nicht meldet, bedeutet das die Tretmühle.»
Skinner sank in seinen Stuhl zurück. Er wurde auf der einen Seite von Dew und auf der anderen von Bandicoot gestützt. «Überlege genau, Skinner. Sechs Stunden am Tag, fünfzehn Minuten rauf, fünfzehn Minuten runter. Du wirst am Tag 8640 Fuß klettern. Und in deinem Fall würden wir natürlich noch den Hemmschuh ansetzen, um es noch schwieriger zu machen.»
«O nein, Sir. Nicht, solange ich lebe. Ich könnte es nicht aushalten, nicht noch einmal.»
«Noch einmal, Mord bringt dich an den Galgen.» Lestrade schlürfte ungerührt sein Bier. «Neulich unterhielt ich mich mit James Berry...»
«Mit dem Henker?» Skinner war totenblaß.
«Das ist er. Er erzählte mir, wie er letzte Woche bei der Hinrichtung in Preston den Galgen falsch berechnete. Zog die Klappe weg und runter ging's mit dem Schurken. Wamm!» Lestrade ließ seine kräftige Faust auf den Tisch heruntersausen. «Unglücklicherweise war das Seil zu kurz, und sein Kopf riß ab. Alles voller Blut...»
«In Ordnung, Chef», jammerte Skinner. «Ich hab verstanden. Ich werd's Ihnen erzählen. Aber ich brauch polizeilichen Schutz.»
«Wir werden dich zur Tür begleiten», sagte Lestrade.
«Also, ich war in Geschäften unterwegs...»
«Leichen fleddern.»
«Ruhe, Dew», sagte Lestrade.
«Da seh ich doch in Gravel Lane zwei Männer sich unterhalten. War 'ne dunkle Nacht, konnte sie also nich deutlich erkennen, aber sie waren beide feine Pinkel. Einer hatte 'nen Zylinder auf und einen Umhang an. Dachte schon, der verdammte Ripper wär zurückgekommen, dacht ich.»
«Und?» Lestrade wollte sich nicht bei Kleinigkeiten aufhalten.
«Konnte nicht hören, was sie sagten. Die beiden flüsterten nämlich. Ja und dann, als ich gerade nach Gaydon Square einbiegen will, holt der Bursche mit dem Zylinder aus und sticht auf den anderen ein, sticht ihn einfach in die Brust.»
«Hast du das Messer gesehen?»
«Nein, Chef. Ich rannte. Das letzte, was ich sah, war, daß der Bur-

sche neben dem anderen kniete. Und da sagte ich mir, das war's, er hat's ihm besorgt.»

«Warum hast du den Vorfall nicht gemeldet?» fragte Bandicoot. Die anderen drei Männer am Tisch blickten ihn spöttisch an.

«Der Mörder», sagte Lestrade, «kannst du dich daran erinnern, wie er aussah?»

«Wie ich schon sagte, Chef, es war stockdunkel. War ein großer Bursche. Bißchen größer als Sie.»

«So groß wie Bandicoot?» Der Constable stand gehorsam auf.

«Nein, würd ich nich sagen. Er ging so komisch.»

«Ging komisch? Was meinst du damit, Mann? Heraus damit.»

«Nun, irgendwie... ich weiß nich, Sir, als ob ihm die Füße weh tun würden. Kann ich jetzt was zu trinken haben, Chef?»

Lestrade deutete auf die Gläser. Skinner schüttete ein Glas Gin und dann das zweite hinunter, als wären sie Lebensretter.

«Hallo, Skinner.» Eine fremde Stimme ließ sie alle aufblicken. Vier großgewachsene Männer füllten den Raum vor dem erhöhten Tisch. Ihr Sprecher war nach seiner Kleidung und Tätowierung ein Matrose. Bandicoot erkannte ihn sogleich am Geruch. «Schnackst du wieder mit Bullen?»

Wie auf ein Zeichen verstummte die Musik und der Lärm der Betrunkenen. Lestrade sah, daß sich hinter den vier Männern alle Blicke auf sie richteten.

«Wir sind nicht auf Ärger aus», sagte Lestrade zu dem Matrosen.

«Tscha, ihr habt ihn aber trotzdem.»

Bandicoot stand auf, wuchtig und in tadelloser Haltung. «Ich möchte Sie warnen. Wir sind Beamte von Scotland Yard», sagte er.

Einer der Männer hinter dem Matrosen spuckte auf den Boden.

«Haben Sie das Schild nicht gelesen?» fragte Lestrade auf die entfernte Wand zeigend. «Hausieren verboten. Nicht auf den Boden spucken.»

«Ist ein kräftiges Kerlchen, nich wahr?» sagte ein anderer Mann zu seinem Kumpan und fixierte Bandicoot.

Lestrade wandte sich an den Constable. «Warum erzählen Sie ihnen nicht, daß Sie in Eton einen Preis im Boxen gewonnen haben? Das würde sie zu Tode erschrecken.»

«Finden Sie nicht, daß das ein bißchen arrogant wäre, Sir?»

«Skinner, du bist ein toter Mann», fauchte der Matrose und feuerte eine kräftige Rechte gegen ihn ab. Bandicoot fing den Schlag in der Luft ab, wirbelte den Mann herum und beförderte ihn mit einem Tritt in die Menge. Ein Gebrüll setzte ein, als der Kampf begann, und Tische und Stühle wurden durcheinandergeworfen, als die Menge sich die besten Aussichtspunkte suchte. Der Matrose rappelte sich auf, dessen Stolz mehr verletzt war als alles andere. Skinner war im Qualm verschwunden. Zwei andere Schläger mit Mützen und Affenjäckchen machten sich an den erhöht stehenden Tisch heran. Lestrade und Dew waren längst aufgestanden, und der Inspector begann ruhig, auf die Mitte des Raumes zuzugehen. Hundert Meilen von ihm entfernt, so schien es ihm, lag die Treppe, in ein geisterhaftes grünes Licht getaucht. Er sah den Schlag von links kommen, doch sein linker Arm war zu steif und wund, um ihn abzublocken. Er wirbelte herum, und sein Schlagring krachte direkt mit der ungestüm geschwungenen Faust zusammen. Der Schläger fiel mit gebrochener Hand zu Boden. Auch Lestrade wankte und seine Faust schmerzte. Nur sein Werkzeug hatte ihn vor dem Schicksal seines Gegners bewahrt. Zwei andere Männer drangen auf Dew ein, und Lestrade sah den tapferen Polizisten zum letztenmal, als Dew in einem Gewirr von Armen und Beinen verschwand. Bandicoot fing die Schläge mit seinen Schultern ab, und Lestrade sah, wie er einen der kleineren Schläger hochwuchtete und ihn der Länge nach auf die Theke warf. Immer mehr Zuschauer wurden nach und nach in das Handgemenge verwickelt.

Als der Menge klar wurde, daß die drei Polizisten immer noch recht ordentlich auf den Beinen waren und drei Schläger bewußtlos auf dem Boden lagen, machte sich eine bösartige Stimmung breit. Es trat eine unheimliche Pause ein, das Geschrei verstummte, und dann kamen fast gleichzeitig vier Messer zum Vorschein, die im schwefelgelben Licht blinkten. Jeder der drei Polizisten bereitete sich auf seine Weise auf den Angriff vor. Lestrade zog sein Schnappmesser, was Bandicoot und Dew gewiß verblüffte, wenn nicht gar die Gäste des *White Elephant*. Bandicoot griff sich einen Stuhl und sah aus wie ein wenig überzeugender Löwenbändiger. Dew packte die ersten besten Zinnkrüge, nahm zwei in jede Hand und wartete.

«Bereitet euch auf den Herrn vor!» bellte eine rauhe Stimme und zerriß die Stille.

Alle Augen richteten sich unverzüglich auf die Treppe. Auf halber Höhe, ein Schattenriß vor dem Licht der Gaslaternen auf dem Green, stand ein weißhaariger, zottelbärtiger Mann in einem halbmilitärischen Gehrock. Das Licht schien sein Haupt zu umspielen, als trage er einen Heiligenschein. Um ihn versammelte sich eine Schar kräftiger uniformierter junger Männer. Er stieg die Stufen hinab. Seine Fußtritte waren das einzige Geräusch im ganzen Keller.
«Bereue, Sünder!» fauchte er den Rabauken an, der ihm am nächsten war, und ließ seine schwere Bibel auf den Kopf des Mannes krachen. Der Schläger brach inmitten umgestürzter Stühle zusammen.
«Du ebenfalls, Bruder!» Und er schmetterte einem zweiten Mann die Messingschließen der Bibel in die Zähne. Bevor er den dritten erreichte, waren alle zurückgewichen, und ein paar der Radaubrüder waren heimlich zur Treppe geschlichen.
«Keiner verläßt den Saal!» Der furchteinflößende alte Mann machte ein Zeichen zur Treppe, und seine Gehilfen formierten sich zu einer massiven blauen Mauer.
«Es ist Zeit für eine Gebetsversammlung.»
Zur Verblüffung der Constables beugte die Versammlung – Hure, Taschendieb und Trunkenbold gleichermaßen – die Häupter, als wären sie in einer Kirche. Lestrade durchquerte verstohlen den Raum. «Etwas für Ihre Kollekte, General?» Er zog einen Sovereign aus seiner Manteltasche.
«Und etwas für Sie, Inspector.» Der alte Mann zog ein Buch aus der Rocktasche und drückte es Lestrade in die Hand.
«Nehmen Sie den Hut ab, Dew», knurrte Lestrade, «Sie stehen einem großen Mann gegenüber.»
Die Versammlung am oberen Ende bildete eine Gasse, um die Polizisten durchzulassen.
Oben in der Gasse angekommen, war es Dew, der als erster das Schweigen brach. «War das etwa...?»
«General William Booth von der Heilsarmee, Söhnchen. Und danken Sie seinem Gott, daß er rechtzeitig auftauchte.»
Aus dem Schankraum des *White Elephant* waren die Klänge von «Stehet fest zu Mir» zu hören, untermalt vom nachhinkenden Klappern eines Tamburins. Bandicoot lugte über Lestrades Schulter, um einen Blick auf das Buch zu werfen. *Im dunkelsten England.*

«Und gibt es eine ‹Rettung›, Inspector?»
«Da fragen Sie mich zuviel, Bandicoot. Gehen wir.»
«Da ist noch etwas, Sir. Was meinte Skinner, als er sagte, skinnen sei unnatürlich? Was tut ein Skinner eigentlich, Sir? Ich fürchte, von der ganzen Unterhaltung habe ich nichts verstanden.»
«Jeder frischgebackene Bobby kann Ihnen das sagen, Bandicoot. Ein Skinner lockt Kinder in dunkle Gäßchen und stiehlt ihnen die Kleider.»
«Kein Wunder, daß er dieses Verbrechen für unnatürlich hielt», sagte Bandicoot angewidert. «Offenbar hat er doch einen Hauch von Moral.»
Lestrade kicherte. «Nein, nein, Bandicoot. Skinner hält diese Tätigkeit für unnatürlich, weil es eine Arbeit für Frauen ist. Sie würde seine Männlichkeit verletzen. Dew, rufen Sie mir eine Kutsche zu The Minories. Wir müssen ein paar Schrammen versorgen lassen.»
Und Dews Stimme widerhallte, als er in der Dunkelheit verschwand: «Eine Kutsche zu The Minories!»

Seancé
an einem kalten Donnerstagabend

Diesmal warteten zwei Trauerbriefe auf Lestrade. Beide kamen zwei Tage nach dem Mord an Forbes. McNaghten hatte die Suche nach «Agrippa» verstärkt, nach Agrippa, dem Phantom. Sechsundzwanzig Constables und drei Sergeanten waren aufgeboten worden, doch das Klopfen an ungezählte Haustüren hatte nichts ergeben.
Der erste Brief, den Lestrade erwartet hatte, lautete:

> Die Tür flog auf, und wer kam dann?
> Der große rote Scheren-Mann.
> Der Schneider kommt und packt fürwahr
> Den Daumenlutscher bei dem Haar.
> Die Schere macht klipp-klapp, klipp-klapp
> Und schneidet beide Daumen ab.

Aus «Agrippa» war ein großer roter Scheren-Mann geworden. Es handelte sich um denselben Mann, das war klar. Also hatte Forbes etwas entdeckt, aber was? Er war irgend jemandem auf der Spur, aber wem? Es war der zweite Brief, der Lestrade verblüffte. Der Scheren-Mann hatte abermals zugeschlagen, obgleich es weder eine Leiche gab, noch das Verbrechen gemeldet worden wäre. Irgendwo lag ein toter Augustus –

> Augustus hatte dicke Backen
> Und einen feisten, roten Nacken;
> Und jedermann war ganz entzückt,
> Wenn er das Pausbäckchen erblickt…

Jenseits des dämmrigen Flusses standen die Oktoberbäume dunkel und kahl. Auf dem Heideland schrie ein Brachvogel. Eine Gruppe von Männern setzte sich in Bewegung, nachdem das Boot vertäut war. Ihre Laternen schwankten beim Gehen und warfen Lichtbündel auf die Mauern der Mühle. Inspector Hovey von der Grafschaftspolizei Kent warf einen Blick auf das riesige, schwarze Gebäude, das vor ihm lag. Auf der einen Seite rauschte und sprudelte der Mühlbach, das oberschlächtige Mühlrad ächzte in der grünlichen Dunkelheit. Ein einsames Licht flackerte in einem der oberen Zimmer, hoch zu ihrer Rechten.

«Es ist jemand da», murmelte ein Constable.

«Bitte, Inspector.» Hovey streckte an der Vordertür mit einer einladenden Geste seinen Arm aus. Lestrade zog am Klingelstrang. Weit entfernt, in irgendeiner Halle, hörte man ein schwaches, widerhallendes Läuten.

«Der alte Prendergast ist zu knauserig, Diener zu bezahlen. Und weil er überdies taub ist, werden wir eine Ewigkeit warten müssen», bemerkte Hovey.

«Hier haben Sie das Sagen, Hovey. Verschaffen Sie sich Einlaß.»

«Vowles. Sie sind hier der starke Mann. Öffnen Sie die Tür.»

Constable Vowles gab seine Laterne an einen Kollegen weiter und versuchte sich an der Tür. Sie ließ sich leicht öffnen. «Ein Kinderspiel, Sir», strahlte er. Hovey und Lestrade überhörten die leichtfertige Bemerkung und prallten am Eingang vor lauter gegenseitiger Höflichkeit zusammen.

Es war Lestrade, der schließlich als erster in das dunkle Haus trat und voranging. Es gab kein Gaslicht, noch nicht einmal eine Petroleumlampe, um sich zurechtzufinden. Die Laternen warfen lange Schatten auf die verblaßten Tapeten, die sich im Korridor ablösten. Überall waren Staub und Spinnweben, dick und weiß im Lichtschein.

«O Jesus!» schrie Vowles auf. Die anderen drehten sich um, und die Constables griffen nach ihren Schlagstöcken. «Mäuse», sagte Vowles ein wenig schüchtern.

«Um Himmels willen, Mann, kommen Sie von dem Stuhl runter. Sie sind Polizist.»

Die Männer setzten ihren Weg fort, durchsuchten ein Zimmer nach dem anderen. Leer, stumm, dunkel.

«Das Licht war ganz oben im Haus. Am weitesten vom Mühlrad entfernt», sagte Lestrade.

«Dann müssen wir hier durch.» Nun übernahm Hovey die Führung, schob mit den Ellenbogen Spinnweben beiseite und erreichte den ersten Treppenabsatz. «Gott, es ist kalt.»

Die Tür am Ende des Korridors war fest verschlossen. Vowles und die beiden anderen Constables brauchten mehrere Anläufe, um sie gewaltsam zu öffnen. Der Gestank in der völligen Finsternis trieb sie zurück.

«Jesus, was ist das?» fragte ein Constable.

«Das ist der Geruch des Todes», sagte Lestrade zu ihm.

«Ich bin sicher, dies war der Raum mit der Kerze», sagte Hovey.

Lestrade nahm eine Laterne. «Beim Öffnen der Tür ist sie wahrscheinlich ausgeblasen worden», sagte er. Seine Füße knirschten auf zerbrochenem Glas. Er blickte sich um. Ein Bett, ein Stuhl, eine Anrichte am Fenster. Seine Füße stießen gegen etwas anderes. Es rasselte und klapperte. Es war eine schwere lange Kette. Er hob die kalten Glieder hoch und zog sie straff. Am Ende war etwas befestigt. Als er die Laterne hochhielt, sah er, was es war. Ein alter Mann, gräulich-grün, in einem zerfetzten Nachthemd lag mit dem Gesicht nach unten auf dem Boden. Dicht an seinem Körper teilte sich die Kette, ein Strang führte zu einer Spange am Handgelenk, der andere war mit dem Fußknöchel verbunden. Lestrade sah, daß die Haut rund um die Spangen zerschnitten und durchgescheuert war. Der Mann war bis aufs Skelett abgemagert, seine eingefallenen Augen starrten blicklos zur Decke empor. Lestrade blickte hinauf. Deutlich gegen den dunkelblauen Nachthimmel abgehoben, erkannte er eine Schale mit Obst. Im Schein der Laterne konnte er sehen, daß die Früchte schimmelig und verschrumpelt waren. Schlagartig war ihm alles klar.

«Augustus», sagte er.

«Nein, Isaac Prendergast», verbesserte ihn Hovey, über seine Schulter spähend. «Gott, dieser Gestank.»

Alle Kleider des toten Mannes und der Boden ringsum waren mit Ausfluß bedeckt. Es war jetzt totenstill, lediglich Vowles erbrach sich verstohlen auf dem Treppenabsatz.

«Lassen Sie Ihre Constables die Vordertür bewachen, Inspector», sagte Lestrade. «Vor Tagesanbruch können wir nichts ausrichten.»

Der Tag brach mit einem unfreundlichen Nieselregen aus dem Westen an. Lestrade hatte eine fröstelige Nacht verbracht, kerzengerade auf der Sitzbank in einem Nebenzimmer des Wirtshauses *Folded Arms* sitzend. Er wurde von einem jungen Ding geweckt, das sich mit einem Schürhaken am Kamin zu schaffen machte und sich tausendmal entschuldigte, den «Gentlemann von Lundonn» gestört zu haben. Das Frühstück bestand aus einer Tasse sehr mittelmäßigen Tees, und die Fahrt zurück zur alten Mühle – mit Einspänner und Ruderboot – war ebenso feucht und unangenehm. Vowles stand an den Türrahmen geschmiegt, vor Nässe tropfend, und war fast ebenso blau wie sein Helm. Lestrade warf seinen Donegal ab und hängte das triefende Kleidungsstück einem zweiten Constable über, der in der Halle stand. Isaac Prendergast wirkte jetzt womöglich noch leichenhafter als in der Dunkelheit. Das Zimmer war schmutzig, der Fußboden und das Bett waren mit Kot bedeckt. Der alte Mann mußte mit aller Kraft an den Ketten gezerrt haben, als ob er mit seinem letzten Atem versucht hätte, ans Fenster zu gelangen.

«Das ist unglaublich», murmelte Hovey. «Sieht so aus, als hätte irgendein Bastard ihn so angekettet, daß er das Obst nicht erreichen konnte, weil es ein Stückchen zu weit entfernt war. Etwas Ähnliches habe ich noch nie gesehen, und ich bin zwanzig Jahre bei der Polizei.»

«So etwas werden Sie auch nicht noch einmal sehen, Inspector. Sind Ihre Männer zuverlässig?»

«Sie sind vielleicht nicht so gut wie der Yard, Inspector, aber sie sind Männer aus Kent. Sie wissen, was sie tun.»

«Gut. Dann lassen Sie sie das Haus peinlich genau durchsuchen, in erster Linie dieses Zimmer.»

Hovey setzte eine bedenkliche Miene auf. «Sie verlangen eine Menge...»

«Hören Sie, Hovey...» Lestrades Geduldsfaden war nach einer solchen Nacht ein bißchen dünn. «Warum, glauben Sie, bin ich hier, Mann?»

«Das habe ich mich auch schon gefragt.»

«Nennen Sie es den sechsten Sinn, wenn Sie wollen. Sagen wir, der Mord paßte in ein bestimmtes Muster. Isaac Prendergast ist kein Einzelfall. Er ist das neunte Opfer eines Mannes, hinter dem ich her

bin. Und ich hänge meine Handschellen an den Nagel, wenn er noch einen weiteren begeht. Sollten also Sie oder einer Ihrer Bauerntölpel mir komisch kommen, werde ich, so wahr mir Gott helfe, dafür sorgen, daß man euch rausschmeißt.»
Die stumme Antwort bewies ihm, daß er den rechten Ton getroffen hatte. Hovey machte auf dem Absatz kehrt und brüllte seinen Männern Befehle zu. Lestrade ging hinaus, um ein wenig frische Luft zu schöpfen. Er sah zu, wie die Regentropfen auf dem Fluß kleine Wellen aufwarfen und die gespiegelten Linien der Mühle sich brachen.
«Er war ein Spiritist, wissen Sie.» Hovey hatte sich zu ihm gesellt. «Ich möchte wissen, ob er zurückkommt.»
Lestrade wandte sich ihm zu und hatte plötzlich das Gefühl, daß es voranging – zum erstenmal, seit dieser Fall ihn beschäftigte.
«Vielleicht wird er wiederkommen», sagte er, «wenn wir ihn rufen.»

McNaghtens Telegramm war ermutigender als Lestrade erwartet hatte. *Machen Sie weiter,* las er. *Habe großes Zutrauen zum Spiritismus. Mehr Dinge zwischen Himmel und Erde usw. Wir brauchen Ergebnisse. McNaghten.* Lestrade fragte sich, wie er dieses Stückchen fraglos sonderbarer Polizeiarbeit rechtfertigen sollte, wenn ihm dadurch die Lösung in den Schoß fiel.
Er wurde von einer Abordnung düster blickender Damen und Herren vom Dymchurcher Spiritisten-Zirkel aufgesucht. Es sei einige Zeit her, sagten sie, seit Isaac Prendergast zu ihnen gehört hätte, doch jedes Mitglied des Zirkels hätte einst gelobt, alle Anstrengungen zu unternehmen, mit einem anderen in Kontakt zu treten, wenn dieses auf der Anderen Seite angelangt sei. Durch einen glücklichen Zufall hatte die große Madame Slopesski den Wunsch zum Ausdruck gebracht, als Teil ihrer Tournee durch Europa und Amerika an einer Séance teilzunehmen, die eben diesem Zweck gewidmet war. Sie sollte am Donnerstagabend um sieben Uhr stattfinden. Der Ort war Carlton Hall, das alte Herrenhaus hinter Dymchurch Level. Der Zirkel hatte durch Inspector Hovey von Lestrades Interesse an dem Fall gehört (Lestrade hoffte, daß sein Kollege nicht zuviel preisgegeben hatte) und beide Inspectoren zu der Versammlung eingeladen.

Als sich Hovey wegen einer anderen Verabredung kurzfristig entschuldigte, ging Lestrade allein. Er überquerte Dymchurch Level kurz vor sieben. In der Ferne hörte er geisterhaft und verloren das Rauschen des Meeres. Es war ein sternenklarer kalter Abend. Die Grasnarbe unter seinen Füßen federte. Er wußte eigentlich nicht, was ihn erwartete. Als Junge hatte er Tischklopfen gespielt, zu einer Zeit, als solche Sachen mehr in Mode waren als heutzutage. Doch an einer Séance hatte er noch nie teilgenommen. Zu den Sitzungen mit Mr. Lees, dem Medium, das im Ripper-Fall zu Rate gezogen wurde, hatte nur eine kleine ausgesuchte Gesellschaft, an der Spitze McNaghten und Abberline, Zutritt gehabt. Lestrade war nicht dabeigewesen. Seine Anweisungen für den heutigen Abend waren unmißverständlich, und um Viertel nach sieben knirschte der Kies des Fahrweges unter seinen Füßen, der zu Carlton Hall führte, einem imposanten mittelalterlichen Haus mit Türmchen und Brustwehren. Wie aus einem Schauerroman, dachte Lestrade. Als Junge hatte er am liebsten *Varney, der Vampir* gelesen. Er konnte beinahe hören, wie die ledrigen Flügel durch die Krypta flatterten. Ein großgewachsener eleganter Laskar nahm ihm in der Vorhalle Hut und Donegal ab. Er wurde in den Salon geführt, der reich mit Samtvorhängen, durchbrochenen Wandschirmen und pfeilergeschmückten Türöffnungen ausstaffiert war. Im Kamin brauste und krachte ein gewaltiges Feuer.

«Keine Nacht zum Schmuggeln, nicht wahr?» Eine fröhliche Stimme hieß Lestrade aus einem Nebenzimmer willkommen.

«Wenn Sie es sagen», antwortete er.

«Nein, zu kalt. Zu klar. Hasdrubal Carlton. Willkommen in meinem Haus.» Der Squire streckte eine Hand aus.

«Sholto Lestrade. Danke für die Einladung.»

«Ach ja, und dazu noch von Scotland Yard! Kaum wahrscheinlich, daß Sie ein Schmuggler sind, oder?» Carlton lachte.

«Als Vogelscheuche verkleidet mache ich keine gute Figur.»

«Sie kennen also die hiesige Sage – Dr. Syn, der schreckliche Vikar von Dymchurch?»

«Ich gewann den Eindruck, daß vor dem Tod von Isaac Prendergast die Leute in diesem Teil der Welt von wenig anderem sprachen.»

«Da können Sie recht haben, Mr. Lestrade, doch wenn ich mir die Bemerkung gestatten darf, verwenden wir, die vom Spiritismus

Séance an einem kalten Donnerstagabend

überzeugt sind, nicht das Wort ‹Tod›, den wir in dieser Form nicht anerkennen. Wir ziehen den Ausdruck ‹hinübergehen› vor. Cognac?»
Lestrade nahm dankbar ein Glas entgegen und stellte sich mit dem Rücken vor das wohltuende Feuer. So wie es aussah, würde es einen Winter wie den vorigen geben, der im Oktober begann und im Mai endete. Carlton wurde durch die Ankunft weiterer Gäste in Anspruch genommen. Einen oder zwei davon kannte Lestrade, denn sie hatten der Abordnung angehört, die ihn im *Folded Arms* aufgesucht hatte. Nachdem man einander vorgestellt war, wurde die Gesellschaft in das Nebengemach geführt, aus dem Carlton zu Lestrades Begrüßung gekommen war. Der ganze Raum war mit schwarzem Samt ausgekleidet. In der Mitte stand ein großer ovaler Tisch, über dem eine Petroleumlampe hing und um den neun Stühle gruppiert waren. Feierlich nahmen die Gäste ihre, wie es schien, angestammten Plätze ein. Der Laskar geleitete Lestrade zu einem Stuhl zwischen zwei ältlichen Damen aus dem Kirchspiel, entzündete eine Anzahl von Räucherstäbchen und zog sich zurück, die Schiebetür hinter sich schließend.
«Wir haben heute abend zwei Überraschungen, Ladies und Gentlemen», sagte Carlton in weichem Flüsterton. «Das heißt, abgesehen von der willkommenen Anwesenheit Inspector Lestrades.»
Kopfnicken und freundliches Lächeln in Richtung des Inspectors.
«Eine besteht darin, daß Madame Slopesski nun doch unter uns sein kann.» Gedämpfter Beifall. «Wie einige von Ihnen wissen, dachten wir gestern, es würde ihr wegen ihrer Tourneeverpflichtungen nicht möglich sein, zu uns zu kommen. Ich bin entzückt, mitteilen zu können, daß ich erst vor einer Stunde ein Telegramm erhielt, sie werde in Kürze eintreffen. Die zweite Überraschung ist die Anwesenheit eines weiteren Gastes, der von Ihnen allen geschätzt wird und, wie ich glaube, dem einen oder anderen von Ihnen persönlich bekannt ist. Ich meine das Gründungsmitglied der Gesellschaft für Parapsychologische Forschung, Mr. Frank Podmore.»
Stürmischer Beifall, der von den gedämpften Tönen, die vorher und nachher zu hören waren, ein wenig abstach, begrüßte das Eintreffen des Neulings. Auch Lestrade hatte von Podmore gehört, freilich in einem anderen Zusammenhang. Gregson hatte ihn erwähnt, weil

dieser Mann ein Fabier war, und für Gregson, der natürlich mit den Feinheiten der Politik nicht sonderlich vertraut war, roch das nach Anarchie. Auch Athelney Jones war hinter ihm her, weil er den starken Verdacht hegte, Mr. Podmore sei ein verkappter Schwuler, der mit den Zeitungsjungen und Telegrafenjüngelchen, die er am Gängelband führte, andere Pläne habe, als lediglich deren angebliche übersinnliche Erfahrungen aufzuzeichnen.

Podmore war groß, distinguiert, mit ergrauendem Haar und Koteletten, etwa vierzig Jahre alt. Seine Augen waren ruhig und freundlich, und er zeigte ungemeines Gespür für die Würde des Ereignisses, als er gemessen seinen Platz einnahm. Er machte deutlich, daß nicht er im Mittelpunkt der abendlichen «Veranstaltung», falls diese Bezeichnung angemessen war, stand, sondern Madame Slopesski. Das war ein paar Minuten, bevor die berühmte Lady eintraf. Carlton floß vor Höflichkeit und Besorgtheit über, als er die lebende Legende zu ihrem Platz geleitete. Lestrade erfaßte ihre Erscheinung mit einem Blick. Das Licht der Petroleumlampe fiel erbarmungslos auf ihr glanzloses graues Haar, das nach englischen Begriffen wild und ungebärdig aussah. Sie war eine Frau um die Sechzig, schätzte er, groß, matronenhaft mit chronisch krummem Rücken, und zog, unübersehbar, ein Bein nach. Sie hatte eine flüchtige Ähnlichkeit mit der Königin, die sich natürlich ebenfalls mit solchen Dingen beschäftigte, wenn auch kaum, um ihren Lebensunterhalt damit zu verdienen. Ihre Hände waren sonderbar jung mit langen, spitz zulaufenden Fingern, und wenn sie sprach, war es ein tiefes, volltönendes mitteleuropäisches Dröhnen. Gregson hätte sie zweifellos für eine Anarchistin gehalten, wäre er hier gewesen, dachte Lestrade.

Etwa eine Stunde lang saßen das Medium und ihr Zirkel schweigend da. Aus einem Phonographen irgendwo hinter Lestrades Kopf ertönte schnarrend eine undefinierbare Musik. Madame Slopesski verharrte den größten Teil dieser Zeit mit geschlossenen Augen und atmete nach jedem sechsten oder siebten Atemzug tief aus. Die anderen hatten die Häupter gesenkt, Lestrade ausgenommen, der alle im Auge behielt.

Dann streckte die berühmte Lady ihre Arme aus. Es war das Zeichen, anzufangen. Mit geräuschloser Übung sprang Carlton auf und stellte den Phonographen ab. Als er zurückkehrte, drehte er den Docht der Lampe herunter, bis das Licht erlosch. Im flackernden

Schein des Feuers spürte Lestrade, wie sich seine Nackenhaare verschämt ein wenig sträubten. Er hoffte, daß er nicht wirklich hochgesprungen war, als die beiden Ladies links und rechts seine Hände ergriffen. Ihre knochigen Finger glitten in die richtige Stellung, bis die Fingerspitzen sich berührten.

«Ist jemand da?» intonierte Madame Slopesski.

Nichts.

Im flackernden Licht beobachtete Lestrade jedes Antlitz. Alle hatten die Augen geschlossen, bis auf ihn selbst und Podmore, der das Medium aufmerksam betrachtete.

«Aaaaaa!» Madame Slopesski stieß einen rauhen, kehligen Schrei aus. Lestrade spürte Finger, die sich über den seinen versteiften. Madame Slopesski erlangte ihre Fassung wieder.

«Bist du's, Isaac? Bist du unter uns?»

Nichts.

Es folgte ein langes Schweigen. Keiner bewegte sich. Zuweilen murmelte Madame Slopesski, seufzte, beugte ihren Nacken. Podmore verriet keine Regung. Lestrade beobachtete die anderen. War es einer von ihnen? War es Isaac Prendergast, der das wirkliche Ziel war? Und waren alle die anderen bloß Strohmänner gewesen? Das war die Theorie, die er Forbes auf dem Polizeiball vorgetragen hatte. Es war das letzte Mal, daß er Forbes lebend sah. Hatten Forbes' Nachforschungen ihn in diese Richtung geführt? Hatte er mehr Erfolg gehabt als Lestrade? Und war es dieser Erfolg, der ihn das Leben gekostet hatte?

«Isaac.»

Ein Pochen. Dann ein zweites. Der Tisch zitterte und klapperte. Die Anwesenden außer Podmore und dem Medium keuchten.

«Klopfe einmal für ‹Ja›, Isaac.» Madame Slopesski wiegte sich langsam hin und her. «Zweimal für ‹Nein›. Bist du in der Nähe?»

Ein einzelnes Klopfen. Lestrade strengte die Ohren an, um die Richtung des Klopfens herauszubekommen. Als Detektiv hatte er gelernt, solche Dinge mit Argwohn zu betrachten. Natürlich war es ein Trick, aber wie wurde er durchgeführt? Er konnte seine Hände nicht befreien oder den Kreis durchbrechen, und hinter den Köpfen und Schultern, die sich über den Tisch beugten, konnte er nichts erkennen.

«Bist du glücklich?»

Ein doppeltes Klopfen und dann zahlreiche andere, erregte, feindselige. Der Kronleuchter klirrte und hallte und sandte Funken reflektierten Lichts aus, die über Decke und Wände schossen.
«Hast du eine Botschaft?»
Ja, sagte das Klopfen.
«Sprich durch mich», wimmerte Madame Slopesski, sich heftiger wiegend.
Erneutes langes Schweigen.
«Heuchler!» Es waren Madame Slopesskis Lippen, die sich bewegten, doch es war nicht ihre Stimme. «Isaac», flüsterte die alte Lady an Lestrades linker Seite, «das ist Isaacs Stimme.»
«Alle, die ihr da seid, Heuchler. Ihr habt mich verlassen. Ihr habt mich im Stich gelassen. Wo ward ihr, als ich euch brauchte?»
«Oh, Isaac», schluchzte eine andere Lady, «wir wollten dich nicht stören. Wir wußten, wie sehr du Besuche haßtest.»
«Still, Esmeralda», schnappte Carlton, «sonst reißt die Verbindung ab.»
Neuerliches Schweigen.
«Mr. Podmore.» Carlton wandte sich ratsuchend an die «Graue Eminenz». Madame Slopesski verharrte bewegungslos und starr in ihrem Stuhl. Podmore beugte sich vor, ohne den Kreis zu sprengen.
«Isaac», flüsterte er. «Ist es warm, wo du bist?»
Nichts.
«Ist es trocken?»
Nichts.
«Ist dir kalt?»
Ein Pochen.
«Wir haben ihn verloren», zischelte Carlton.
«Noch nicht», erwiderte Podmore. «Isaac.»
Erneutes Schweigen.
«Ist dein Mörder hier unter uns?»
Ein einzelnes Pochen, gefolgt von einer heftigen Erschütterung des Tisches. Das Feuer fauchte und knackte.
«Wer ist es?» Es war Lestrades Stimme, zu seiner eigenen Überraschung und der aller anderen.
Ein tiefes, kehliges Dröhnen kam aus dem Inneren von Madame Slopesski. Sie stand auf, die Hände ausgebreitet.

«Hüte dich», grollte sie mit Isaacs Stimme und deutete auf Lestrade, «hüte dich, du wirst uns bald Gesellschaft leisten, hüte dich.» Sie sackte auf ihren Stuhl zurück. Lestrades Augen flogen von einer Seite zur anderen. Alle blickten ihn an. Nur Podmore lächelte vor sich hin und blickte Madame Slopesski an.

Hasdrubal Carlton zündete die Petroleumlampe wieder an, und der Kreis löste sich auf.

«Ich glaube, das ist alles, was wir heute abend erreichen werden», sagte er.

Podmore ergriff das schlaffe Handgelenk des Mediums und maß den Puls. «Ich denke, es wäre unklug, Madame Slopesski weitere Fragen zu stellen», lautete sein Urteil.

Der Zirkel stimmte darin überein, daß das Erscheinen der Stimme für einen Abend genug sei. Madame Slopesskis Spezialität war das Ektoplasma, doch außer Lestrade wußten alle Anwesenden, daß eine solche Leistung selten war und die Bedingungen optimal sein mußten. Die Damen des Zirkels umschwirrten Madame Slopesski, die allmählich wieder zu sich kam. Einige andere machten Anstalten, sich zu verabschieden. Lestrade schaltete sich ein.

«Darf ich Sie daran erinnern, Ladies und Gentlemen, daß Madame Slopesski – oder war es Isaac Prendergast? – uns erzählte, ein Mörder sei unter uns. Ich muß Sie leider bitten, ein wenig zu bleiben.»

«Aber Sie werden doch nicht glauben, daß einer von uns...» begann Carlton.

«Es spielt keine Rolle, was ich glaube», unterbrach ihn Lestrade. «Es ist nicht meine Glaubwürdigkeit, die hier auf dem Spiel steht, sondern die Ihre. Falls Madame Slopesski sich irrt, dann ist entweder sie eine Schwindlerin – oder Ihr ganzer Spiritistenzirkel ist ein Schwindel.»

Bei diesen Worten gab es empörtes Geschrei, aber Lestrades Verdächtige saßen jetzt in der Falle.

«Mr. Carlton, darf ich Ihren Salon für meine Befragung in Anspruch nehmen?»

Grollend gab der Herr Gastgeber seine Zustimmung. Mit Carlton machte Lestrade den Anfang, um Madame Slopesski Gelegenheit zu geben, sich zu erholen. Ihm war bewußt, daß es gefährlich war, die anderen Mitglieder des Zirkels zusammen im angrenzenden Zimmer allein zu lassen, denn das gab ihnen ausreichend Gelegenheit,

sich eine geeignete Geschichte auszudenken und untereinander abzusprechen. Doch ohne Constables und Telefon blieb ihm leider keine andere Wahl.
«Wie lange haben Sie den Toten gekannt?»
«Wir Spiritisten...»
«...verwenden das Wort ‹Tod› nicht. Ja, ich weiß», fiel Lestrade ihm ins Wort. «Wie auch immer, Mr. Carlton, ich führe eine Untersuchung in einem Mordfall durch und wäre Ihnen für eine Antwort sehr dankbar.»
«Etwa fünf Jahre. Ich stamme nicht aus Kent, Inspector. Ich stand bis vor kurzem im Dienst Ihrer Majestät in Indien.»
«Daher der Diener – der Laskar?»
«Ein Jat, genaugenommen. Jemadar Karim Khan. Der letzte aus der Leibwache des Vizekönigs. Ein prachtvoller Bursche, Lestrade.»
«Diese Burschen haben ein paar interessante Methoden, ihre Opfer ins Jenseits zu befördern, sagte man mir.»
Carlton lachte. «Ich verstehe, worauf Sie hinauswollen, Inspector. Sie nehmen an, ich hätte Karim Khan losgeschickt, diese böse Tat zu begehen, und verschaffte mir dadurch ein treffliches Alibi.»
«Der Gedanke ging mir durch den Kopf.»
«Darf ich Sie daran erinnern, Sir, daß Sie Gast in meinem Haus sind? Es ist verwegen, so etwas von mir zu denken!»
«Mord ist ein verwegenes Unternehmen, Mr. Carlton. Obgleich das auf diesen speziellen Mord nicht zutrifft. Es kann nicht schwer gewesen sein, einen schwachen alten Mann zu überwältigen.»
«Schwach? Inspector, ich weiß nicht, mit wem Sie gesprochen haben, aber Prendergast war alles andere als das. Ich gebe zu, er war um die siebzig, aber er muß über zwanzig Stone gewogen haben.»
Lestrade hatte echte Mühe, seine Überraschung zu verbergen. Er hatte angenommen, daß der ausgemergelte Leichnam, über den er in der Mühle gestolpert war, nicht nennenswert leichter als der einst lebendige Körper gewesen war. Da kam ihm auf unheilvolle Weise der *Struwwelpeter* wieder in den Sinn –

> Augustus hatte dicke Backen
> Und einen feisten roten Nacken;
> Und jedermann war ganz entzückt,
> wenn er das Pausbäckchen erblickt...

Séance an einem kalten Donnerstagabend

«Ja, Inspector, Ihr Verblichener war korpulent – und entsprechend kräftig. Er dürfte Widerstand geleistet haben.»
«Mochten Sie ihn?»
«Um Gottes willen, nein. Ich glaube, man kann sagen, daß der gesamte Zirkel ihn haßte. Er war fast ein totaler Einsiedler, besonders in der letzten Zeit. Er wagte sich nur mal hinaus, um an unseren Versammlungen teilzunehmen, und dann widerwillig.»
«Warum kam er denn dann?» forschte der Inspector.
«Er glaubte, Inspector.» Für Carlton war das Grund genug.
«Wann haben Sie ihn zuletzt gesehen?»
«Das muß vor drei, nein, vier Monaten gewesen sein.»
«Und dann kam er nicht mehr?»
Carlton nickte.
«Warum haben nicht Sie – oder jemand aus dem Zirkel – nach ihm gesehen? Schließlich war er siebzig.»
«Ich bin selbst dreiundsechzig, Inspector. Jedenfalls belästigt man einen so reizbaren alten Gentleman wie Isaac Prendergast nicht. Er haßte Besucher. Ich habe gehört, daß er dem Vikar einmal mit Schrot die Hosen durchlöchert hat. Der Vikar hat's natürlich nie zugegeben, doch jeden Sonntag steigt er schrecklich mühsam auf die Kanzel.»
«Sie gehn zur Kirche, Mr. Carlton?»
«Aber gewiß, Inspector. Und ich tue es nicht, weil ich – wie Sie vielleicht denken –, wie sagt man noch, ‹auf Nummer Sicher gehen› möchte. Ich bin einfach ein christlicher Spiritist. Darin liegt kein Widerspruch.»
Lestrade hielt es für besser, das Thema zu wechseln, bevor das Gespräch ihm über den Kopf wuchs.
«Als Madame Slopesski – Isaac – wer immer es nun war», sagte er, «uns erzählte, der Mörder sei anwesend, an wen dachten Sie in diesem Augenblick.»
«Inspector, ich kenne alle diese guten Leutchen seit fünf Jahren. Ich würde mein Leben dafür verwetten, daß nicht einer davon zu einer solchen Tat fähig ist. Wenn Sie die Schatten der Nacht mit einem Menschenbruder teilen, bekommen Sie einen Blick für so was.»

Lestrade befragte sie alle, und er mußte einräumen, daß Hasdrubal Carlton wahrscheinlich recht hatte. Er sprach mit sechs ängstlichen Menschen, die bei allem, was sie taten, von tiefer Überzeugung geleitet wurden. Er sah Einfältigkeit, Lauterkeit, Hoffnung, doch er sah keinen Mörder. Doch zwei hatte er noch vor sich – nach seiner Meinung die wichtigsten von allen: Podmore und das Medium. Inzwischen war Mitternacht vorbei. Auf die Frage des freundlichen Gastgebers, ob die bereits Befragten heimkehren dürften, erwiderte Lestrade, er sehe keinen Grund, sie länger festzuhalten. Er bat den dunklen, schweigsamen Karim Khan, der Englisch verstand, jedoch nicht sprach, Madame Slopesski in das Nebenzimmer zu führen. Doch es war schließlich Podmore, der erschien, und als er Lestrades Ärger wegen der Nichtbefolgung seiner Anordnungen sah, sagte er:
«Ich fürchte, sie ist fort, Inspector.»
«Fort?» Lestrade war wütend.
«Ja, ich kann mir denken, daß Sie darüber nicht erfreut sind, bitte Sie aber dennoch, mit dem armen Carlton nicht zu hart ins Gericht zu gehen. Auf unserem Gebiet ist sie eine sehr bedeutende Lady. Wenn sie ihm nun gesagt hat, sie sei auf Grund der Anstrengungen des heutigen Abends und ihrer Tournee erschöpft, was blieb ihm anderes übrig, als sie gehenzulassen?»
«Wohin genau?»
«In ihr Hotel. Ich glaube, sie sagte mir, es sei das *Postgate Hotel*, hier in Dymchurch.»
Lestrades Augen verengten sich. «Ich bin seit vier Tagen in dieser Stadt.» Die Uhr schlug eins. «Ich verbessere – seit fünf Tagen. Und ich habe hier kein Hotel gesehen, das sich *Postgate* nennt. Tatsächlich habe ich überhaupt kein Hotel gesehen. Darum wohne ich ja auch im Wirtshaus. Hat jemand aus dem Zirkel diese Unterhaltung mit angehört?»
Podmore ließ sich vor dem verlöschenden Feuer auf dem Sofa nieder und lächelte. «Nein, Inspector. Niemand. Und im Nu ist alles wieder beim alten.»
«Was?» Lestrade spürte, daß Podmore ihn an der Nase herumführte. Das behagte ihm nicht.
«Haben Sie schon einmal an einer Séance teilgenommen, Inspector?»
«Nein.»

«Passen Sie auf.»
Podmore setzte sich kerzengerade hin. «Legen Sie Ihre Hände auf den Tisch zwischen uns», sagte er. Lestrade gehorchte. Podmore löschte die Petroleumlampe und nahm wieder Lestrade gegenüber Platz. «Ich werde jetzt meine Fingerspitzen gegen die Ihren schieben. Können Sie sie spüren?»
«Ja.»
«Gut. Jetzt seien Sie still. Absolut still.»
Schweigen.
Podmore sprach als erster. «Ist jemand da?»
Schweigen.
Er wiederholte die Frage.
Dann ein Pochen, gedämpft, weit entfernt.
«Isaac, bist du's?»
Ein lauteres Pochen.
Lestrades Herz klopfte wild.
«Ist dein Mörder hier?»
Eine Reihe von Stößen, die den Tisch erschütterten.
«Sie machen das mit dem Knie», rief Lestrade.
«Ja, war nicht sehr gut, nicht wahr? Madame Slopesski war besser.»
«Sie war eine Schwindlerin?»
«Bitte, zünden Sie die Lampe wieder an, Inspector. Ich bin mit meiner Enthüllung noch nicht fertig.» Lestrade gehorchte und nahm seinen Platz wieder ein. «Haben Sie bemerkt, daß das Pochen einmal leise, dann laut war?»
Lestrade nickte. «Das leise Pochen macht man so.» Podmore machte es noch einmal. «Ich brauche bloß meine Zehen gegen die Sohlen meiner Schuhe zu pressen. Die stärkeren Geräusche werden, wie Sie vermuteten, mit dem Knie gemacht. Natürlich ist es einfacher, wenn man Röcke trägt –» Lestrade fragte sich beiläufig, ob Podmore je welche angehabt hatte – «und mit Hilfe der Atmosphäre, die mit großer Sorgfalt in dem anderen Raum erzeugt wurde.»
«Carlton war also mit von der Partie?»
Podmore lächelte. «Auf welche wundersam drollige Weise ihr Polizisten die Dinge betrachtet, Inspector. Nein, ich glaube das nicht. Wie alle anderen Mitglieder des Zirkels ist er ein echter Anhänger

des Spiritismus. Genau wie viele hundert andere, denen ich überall im Lande begegnet bin. Es ist einfach Bestandteil des Rituals, auf dem das Medium besteht: der verdunkelte Raum, die leise Musik. O ja, und das zischende Feuer.» Podmore warf eine Handvoll von irgendeiner Substanz in die verlöschenden Flammen. Sie flammten krachend auf. «Salz», sagte er auf Lestrades verblüfften Blick. «Gewöhnliches Speisesalz. Fast jedes Medium trägt es in einem kleinen Beutel bei sich, am Handgelenk befestigt.»

«Aber der Kreis der Finger war nicht unterbrochen», sagte Lestrade.

«Auf diese Weise geht das», lächelte Podmore, «wie Sie sehen.»
Lestrade konnte es nicht glauben. Podmore schien drei Hände zu haben.

«Diese eine ist aus Wachs», sagte der Geisterjäger. «Die meisten Medien sind in der Hauptsache Zauberkünstler. Sie täuschen die Leute genauso wie Ihre – wie sagt man – Hochstapler. Die meisten von ihnen sind tatsächlich nichts anderes als Schwindler, die wegen des lieben Geldes oder Bühnenruhms arglose Leute hereinlegen. Ich bin auf der Suche nach dem, der kein Betrüger ist. Nach dem, der echt ist.»

Lestrade untersuchte die Wachshand.

«In den Unterkleidern einer Frau ist genug Platz, eine solche Hand zu verstecken. Ich habe immer eine als Reserve bei mir. Es ist manchmal sehr lustig, ein Medium zu verwirren, indem man ihm eine untermogelt. Henry Sidgwick und ich haben das mal zu zweit gemacht, und das Medium wurde mit fünf Händen entlarvt – mit ihren beiden eigenen und dreien aus Wachs.» Podmore lachte angesichts der Erinnerung. «In der Dunkelheit kann ein geschicktes Medium gewöhnlich seine eigenen Finger durch eine Wachshand ersetzen. In der aufgeladenen Atmosphäre einer Séance wird es niemand bemerken, wenn das Licht ausgedreht ist.»

«Warum haben Sie nicht Licht gemacht?» fragte Lestrade. «Ich dachte, ihr Geisterjäger lebt davon, daß ihr Schwindler entlarvt.»

«Ich weiß nicht, wovon Sie sprechen, Inspector. Eine merkwürdige Wortwahl. Aber normalerweise hätte ich das getan.»

«Und heute abend verlief die Séance nicht normal?»

«Nein. Um mit dem Medium zu beginnen: Wer immer diese Person war, sie war nicht Madame Slopesski.»

Séance an einem kalten Donnerstagabend

Lestrade stellte fest, daß sein Kinn genau die Bewegung ausführte, die ihm in den dubiosen Schmierereien von Doktor Watson und Conan Doyle häufig zugeschrieben wurde, wenn Holmes auf elegante Weise einen Schurken entlarvte. «Nicht?» wiederholte er benommen.

«Sie war es nicht.»

«Woher wissen Sie das?»

«Mein lieber Inspector. Ich kenne Madame Slopesski. Oh, nicht sehr gut, wie ich zugeben muß. Doch bei drei oder vier Gelegenheiten bin ich mit ihr zusammengetroffen. Unsere Schwindlerin muß das gewußt haben. Sie war sichtbar verwirrt, als wir uns auf dem Vorplatz begegneten, und gab der frostigen Nachtluft die Schuld an ihrer Verblüffung. Zugegeben, die Verkleidung war gut, sehr gut. Der krumme Rücken, die Toilette, das Haar, alles ganz ausgezeichnet. Durch drei Dinge indes hat sie sich verraten.»

«So?» Lestrade fing an, sich zu fragen, warum Podmore nicht die Polizeilaufbahn eingeschlagen hatte.

«Erstens: Die Tricks gelangen ihr nicht so glatt. Madame Slopesski – ich spreche von der richtigen – ist eine echte Meisterin, und obgleich sie für die Galerie spielt, macht sie es besser als unser Gast am heutigen Abend. Sie müssen natürlich berücksichtigen, daß sie nicht darauf gefaßt war, mich hier vorzufinden.»

«Zweitens?»

«Zweitens: ihre Augen. Die Augen von Madame Slopesski sind blaßgrau. Unsere Schwindlerin hatte hellblaue.»

«Sie haben genau beobachtet.» Lestrades Stimme verriet einen Anflug von Gereiztheit.

«Ihr Polizisten habt die Beobachtungsgabe nicht gepachtet, Inspector.»

«Drittens?»

«Die Stimme. Sie war einen Hauch zu tief. Vielleicht ein wenig zu tief, so daß man glauben könnte, daß…»

«Ja?»

«Inspector, ich kann das nicht erklären, aber ich glaube, unsere Madame Slopesski war ein Mann.»

In tiefem Schweigen blickten die beiden Männer sich an. Lestrade fiel in seinen Stuhl zurück.

«Könnte ich recht haben?» fragte Podmore. «Es ist so ein Gefühl, das ich habe – und darum habe ich sie... ihn auch gehenlassen. Es handelte sich nicht um einen gewöhnlichen Schwindler. Erscheint Ihnen das plausibel?»

«O ja, Mr. Podmore», sagte Lestrade. «Der Mörder war tatsächlich im Zimmer. Er war Agrippa, der lange, rotbeinige Scheren-Mann. Er war Madame Slopesski... und er ist mir abermals entwischt.»

Wahnsinnige und Schwule

Es gab nichts, das Lestrade sich nicht selbst tausendmal vorgeworfen hätte, als er mit dem Zug nach London zurückkehrte. Doch bei McNaghten traf es ihn noch schlimmer.
«Es ist nicht meine Entscheidung», sagte der Leiter der Kriminalpolizei, zupfte seine Krawatte zurecht und schnippte die Spitzen seines sorgsam gewachsten Schnurrbartes nach oben. «Der Commissioner hat verlangt, daß man Sie eine Woche in Urlaub schickt, Lestrade. Nehmen Sie ihn, und finden Sie sich damit ab.»
Lestrade blickte ihn verdrossen an. McNaghten fühlte sich um vieles unbehaglicher als gewöhnlich.
«Hören Sie, Sholto –» die Anrede war vertraulicher, der Ton schmeichlerischer – «ich weiß, daß Sie in diesem Fall einen Haufen Pech gehabt haben. Aber, bei Gott, Mann, Sie sind keinen Schritt vorangekommen.»
«Und wer wird es besser machen?» fragte Lestrade. «Wer kriegt meinen Fall, nachdem man ihn mir weggenommen hat? Abberline? Gregson? Doch wohl nicht Jones, bei Gott, nur das nicht!»
«Niemand kriegt ihn, Lestrade.» McNaghten durchmaß sein Büro. «Ich nehme Ihnen diesen Fall nicht weg, Mann. Ich sage bloß, ruhen Sie sich aus und kommen Sie nach ein paar Tagen erholt zurück.»
«Bis dahin sind vielleicht schon drei weitere Männer tot. Denken Sie an das Buch – Philipp, Johnny und Robert stehen noch aus. Und ich weiß nicht, wann und wo Agrippa beim nächstenmal zuschlagen wird.»
«Das genau will ich sagen», lamentierte McNaghten. «Wenn Sie zur Ruhe gekommen sind, werden Sie die Dinge klarer sehen – Zusammenhänge, Hinweise. Dieser Agrippa – er ist kein Übermensch. Er hat Fehler gemacht. Sehen Sie, Sholto –» wiederum der gönnerhafte Ton – «Sie sind müde, ausgebrannt. Was treiben Sie in Ihrer Freizeit? Angeln?»
Lestrade zog eine Grimasse.

«Nun, was immer Sie tun –» McNaghten errötete, verärgert darüber, daß er preisgegeben hatte, wie wenig er über das Privatleben seiner Untergebenen wußte – «während der nächsten sieben Tage werden Sie es tun. Das ist ein Befehl.»

Zurück in seinem Büro, verstaute Lestrade ein paar Dinge in seiner Reisetasche. Er sah wenig Sinn darin, einen Blick auf den Trauerbrief zu werfen, der auf dem Tisch lag, jedoch Bandicoot und Dew lungerten herum und warteten darauf, zu sehen, was er tun und wie er ihn aufnehmen würde. Mit der Schreibmaschine geschrieben, Londoner Poststempel, die Schlußstrophe –

> Am vierten Tage endlich gar
> Er dünner als ein Fädchen war;
> Er wog vielleicht ein halbes Lot –
> Und war am fünften Tage tot.

«Gentlemen, ich habe Befehl, eine Woche Urlaub zu nehmen. Während meiner Abwesenheit werden Sie nichts unternehmen, mit niemandem sprechen. Und falls ein ranghöherer Beamter Sie etwas fragt, wissen Sie nichts. Kapiert?»
Sie verstanden. Lestrade hatte alles in wenigen Worten zusammengefaßt. Sie wußten nichts.
«Was werden Sie machen, Sir?» fragte Bandicoot fröhlich. «Angeln gehen?»
Lestrade blickte ihn an. Einen Augenblick witterte er eine Verschwörung, doch er ließ den Gedanken fallen. In dieser Rolle wirkte Bandicoot nicht überzeugend.
«Ich werde Freunde besuchen, Bandicoot. Ich denke, ein Abstecher ans Meer wird mir guttun.»

Es tat Lestrade mitnichten gut. Im Gegenteil, er stampfte gegen die Böen und stürmischen Winde an, die Gischt über die Promenade von Southsea schleuderten. Irgendwo hinter den Nebelschwaden und der endlosen Gräue, zu denen der Solent und der Himmel zusammengeronnen waren, lag die Insel Wight, wo alles vor einer

Ewigkeit seinen Anfang genommen hatte. Er schlug den Kragen seines Donegal hoch und versenkte seine Hände dankbar in den Taschen. Straßenjungen rannten im wilden Toben der Elemente schreiend und kreischend vorbei. Es war ein nasser, trostloser Sonntag. Hinter den ansehnlichen weißen Häusern hörte er eine Kirchenglocke. Er konnte einfach nicht länger bleiben. Er wartete bereits mehr als eine halbe Stunde. Eine Kutsche kam von irgendwo herangesaust, fuhr spritzend durch die Pfützen und besprühte Lestrade vom Land her. Jetzt war er zumindest überall naß. Darin lag eine Art resignierten Trostes. Dann war er da. Würdig, adrett, korrekt. Schmucker Bowler, hochgeschlagener Kragen. Er führte einen mannhaften Kampf mit seinem Schirm. Agrippa? Der langbeinige Scheren-Mann? Oder ein Arzt-Schriftsteller, der am Sonntagmorgen in die Kirche ging? Lestrade folgte ihm mit der mühelosen Lässigkeit fünfzehnjähriger Erfahrung in der Beschattung. In der Kirche saß er vier Reihen hinter ihm. Sein Opfer schien beliebt zu sein. Die Leute grüßten ihn, lachten, machten Scherze. Er bewegte sich auf vertrautem Gelände, sorglos, vielleicht unvorsichtig. Doch es war nicht die Zeit und nicht der Ort. Lestrade hatte ihn zwei Tage lang beobachtet. Es wurde Zeit, sich an ihn heranzumachen.
Der Nachmittag brachte die Gelegenheit. Lestrade war seinem Opfer in die *Sally Lunn Tea Rooms* gefolgt. Merkwürdig genug, daß sie an einem Sonntag, außerhalb der Saison, geöffnet waren. Aber Lestrade war mehr als dankbar für das prasselnde Feuer und die Kanne Tee, die seine Lebensgeister weckte. Von der Kellnerin abgesehen, einer vergrämten Jungfer mit stacheldrahtfarbener Frisur, waren sie allein.
«Lister», sagte Lestrade, streckte seine Hand aus und trat zu dem anderen Mann.
«Wie bitte?»
«Mein Name ist Lister. Äh… darf ich mich zu Ihnen setzen? Es ist abscheulich, den Tee allein zu nehmen.» Lestrade war nicht sicher, ob er seine Plumpheit aufrechterhalten konnte. Gleichwohl, es gab genügend Schwindler und Snobs auf der Welt; ein Ausrutscher würde zwar seinen Hintergrund enthüllen, nicht aber seinen Beruf.
«Ja, bitte. Conan Doyle.»
Lestrade schüttelte die dargebotene Hand. «Doch wohl nicht der Schriftsteller?»

«Doch, doch», strahlte der Doktor und sonnte sich in der Genugtuung, erkannt worden zu sein. «Haben Sie meine Bücher gelesen?»
«Mein lieber Freund, ich gehöre zu Ihren glühendsten Bewunderern. Ich lasse mir keine Nummer des *Strand* entgehen, wenn ich in der Stadt bin.»
Conan Doyles Miene verdüsterte sich ein wenig. «Oh, ich dachte, Sie meinten vielleicht *Micah Clarke* oder *Die Weiße Gesellschaft*?»
Lestrade wirkte verwirrt. «…hm… oh, ja, ja natürlich, sehr gut. Sehr gut. Aber noch lieber als… äh… *Weiße Micah*… gefallen mir Ihre Detektivgeschichten – wie hieß dieser Bursche noch gleich… Burdock Holmes.»
«Sherlock», sagte Conan Doyle ein wenig irritiert. «Sherlock Holmes. Wenn Sie in London wohnen, müssen Sie von dem Mann gehört haben.»
«O ja, ich bin tatsächlich hier nur Besucher, doch ich nehme an, daß Ihre bewunderungswürdigen Werke nicht auf Tatsachen beruhen.»
Conan Doyle lachte. «Gewiß nicht. Mr. Holmes ist ein gefeierter Amateurdetektiv, doch ich fürchte, gegen meinen Helden fällt er ziemlich ab. Mein Holmes ist schließlich ein Übermensch.»
«Ich habe mich oft gefragt, Mr. Conan Doyle, ob es diesen Dr. Watson, Holmes' Freund und Vertrauten, wohl in Wirklichkeit gibt.»
«O ja. Er und ich waren zusammen auf der Universität. Um genau zu sein, er nahm an einem Auffrischungskurs in Vergleichender Anatomie teil, während ich Student war. Auf seinen Vorschlag hin machte ich die Bekanntschaft von Mr. Holmes.» Conan Doyle grub seine Zähne in ein Korinthenbrötchen. «Es war Watsons Idee, eine Biographie von Holmes zu schreiben, für ihn dasselbe zu tun wie Boswell für Johnson.» Lestrade hatte keine Ahnung, worum es sich handelte, doch er zweifelte, ob es rechtmäßig sei. «Der Haken bestand bloß darin, daß der arme, alte Watson nicht gerade der beste Schreiber ist. Also kamen wir überein, daß ich die Sache übernehmen solle – ich habe nun mal eine Ader dafür, Sie verstehen –, und er sollte mir die Fakten liefern. Nun, im Laufe der Arbeit sprengte die seriöse Biographie ihren Rahmen und die Fiktion begann. Unter uns gesagt, Mr. Lister, das Werk ist vortrefflich

geraten: Es schmeichelt Mr. Holmes' ungeheurer Eitelkeit, befriedigt Doktor Watsons Hang, den Mann zu vergöttern – und sorgt dafür, daß ich meine Rechnungen bezahlen kann, nun, da ich die Medizin, zumindest im Hauptberuf, aufgegeben habe. Ich bin ebenfalls als Besucher hier, um ein bißchen Abwechslung vom Stadtleben zu haben.»
«Ich hatte immer das Gefühl», sagte Lestrade, seinen Tee mit einer gewissen Eleganz schlürfend, «daß Sie und Watson ein wenig hart mit unserer Polizei ins Gericht gehen.»
Conan Doyle lächelte. «Ach, Mr. Lister, sie tun, was sie können, aber Sie müssen berücksichtigen, daß sie durch die Bürokratie gehemmt werden.»
Dies hatte Lestrade viele, viele Male selbst erfahren.
«Und dann finden sich dort natürlich auch nicht gerade die hellsten Köpfe. Nehmen Sie Inspector Lestrade, zum Beispiel.» Der Inspector tauchte seinen sich leicht sträubenden Schnurrbart in die Teetasse. «Nach Dr. Watson ist der Mann ein Hanswurst.»
Lestrade hustete und besprühte den Tisch mit seinem Tee.
«Mein lieber Freund», tröstete Conan Doyle, «seien Sie vorsichtig.»
Lestrade floß vor Entschuldigungen über.
«Noch eine Tasse?» fragte der Doktor.
Sie sprachen flüchtig über dies und das. Über die Chancen von Mr. Gladstones Wiederwahl, jetzt, wo Home Rule die brennende Frage war. Über das Wetter, das zu einer Wiederholung des letzten Winters auszuarten drohte, von der Wiederkehr der Eiszeit. Und als die Dämmerung einen langen dunklen Schatten auf das silberne Teegeschirr warf, lenkte Lestrade das Gespräch behutsam auf den Spiritismus. «Irgendwo habe ich gelesen», sagte er, «daß Sie von der Existenz einer anderen Welt überzeugt sind, die ein wenig oberhalb der unseren schwebt.»
«Eine sonderliche Auffassung von der Sache, Mr. Lister. Aber es stimmt. Ja, ich bin ein Spiritist.»
«Ich habe kürzlich an einer Séance teilgenommen.» Lestrade beobachtete jede Regung des guten Doktors. «Das Medium war Madame Slopesski.»
«Guter Gott!» Conan Doyle setzte abrupt die Teetasse ab. Schuldig, dachte Lestrade. Er war sichtlich aus der Fassung und aufgeregt.

«Wie wunderbar! Ich habe bloß ihr Buch *Mistress of Two Worlds* gelesen – großartig. Kennen Sie es, Lister?»
Lestrade kannte es nicht. «Ich hätte gedacht, ein so begeisterter Spiritist hätte sein Idol zumindest gesehen.»
«Nein. Doch so groß die Slopesski auch ist, ‹mein Idol›, wie Sie zu sagen belieben, ist Daniel Dunglas Home – der Levitationist.»
«Ich dachte, er sei tot.»
«Bitte, Mr. Lister, wir überzeugten Spiritisten benutzen solch einen Ausdruck nicht.» Das hatte Lestrade bereits einmal gehört. «Kennen Sie Albert Mauleverer?» fragte er.
«Mauleverer. Mauleverer. Nein, ich glaube nicht. Ist er ein Spiritist? Ich erinnere mich nicht, seinen Namen in den Listen der Gesellschaft für Parapsychologie gesehen zu haben.»
«Nein, er ist kein Spiritist. Wie steht es mit Edward Coke-Hythe? Harriet Wemyss? Isaac Prendergast?»
Bei allen diesen Namen schüttelte Conan Doyle nur den Kopf. Lestrade warf zwar seine Netze aus, jedoch in sehr flachem Wasser. Entweder war Dr. Conan Doyle so unwissend wie ein Kind oder er war ein vollendeter Lügner. Aber war nicht Agrippa in jeder Hinsicht vollendet? Der rote, langbeinige Scheren-Mann war ein Meister in der altmodischen Kunst des Mordens. Und dem Mord wandte sich Lestrade jetzt zu, und um ihn ins Spiel zu bringen, benutzte er den Detektivroman.
«Wie würden Sie einen Mann töten, Mr. Conan Doyle?»
Angesichts dieser Frage war der Doktor ein wenig verblüfft, doch immerhin antwortete er. «Durch Ersticken», sagte er nach einiger Überlegung.
«Warum?»
«Oh, ich weiß nicht. Geht geräuschlos vor sich, besonders wenn das Opfer schläft. Ich möchte Ihnen ein kleines Geheimnis anvertrauen, Mr. Lister. Ich mag kein Blut. Ein erbärmliches Eingeständnis für einen Arzt, wie? Aber es ist eine Tatsache. Nein, ich könnte niemanden töten, wenn viel Blut dabei fließen würde.»
«Also keine Schrotflinte», soufflierte Lestrade, der an Mauleverers zerschmetterten Kopf denken mußte.
Conan Doyle schauderte.
«Keine Hutnadel oder abgeschnittene Daumen?»
Conan Doyle zog eine Grimasse.

«Und keine Hundemeute, um den Leichnam in Stücke zu reißen?»
Conan Doyle erbleichte.

Lestrade hatte so lange warten wollen, bis der gute alte Doktor sich erholt hatte, um seine Entschuldigungen anzubringen, daß er ihn verletzt hatte. Es mußte die Unterhaltung nach dem Genuß der ziemlich schäbigen Pasteten gewesen sein. Aber irgendwie brachte er es nicht fertig. Conan Doyle hätte wissen wollen, warum er ihm solch bizarre Fragen gestellt hatte. Und insgeheim hatte Lestrade den Wunsch, seine Anonymität zu wahren, zumindest für den Augenblick. Er hatte Conan Doyle nicht zu Boden gezwungen, und dennoch war dessen Reaktion, wenn er denn nicht schuldig war, gewiß eine merkwürdige. Ein überempfindlicher Arzt? Wer schrieb Mordgeschichten, um davon zu leben? Das war ziemlich unglaubwürdig. Und die Mord-Methode, die er sich ausgesucht hatte, als Lestrade ihn bedrängte – Ersticken. Der Mann in Shanklin-Chine, die Tintenbuben – vier der Opfer Agrippas waren den Erstickungstod gestorben.
Lestrade gab der Kellnerin des *Sally Lunn* ein paar Anweisungen, dann holte er sein Gepäck und nahm den letzten und einzigen Abendzug zurück in die Stadt.

«Teuflische Zeiten für einen Besuch», knurrte Watson, der, mit Hemd und Nachtmütze bekleidet, einen lächerlichen Anblick bot. «Ich habe keine Zeit für Spitzfindigkeiten, Doktor», gab Lestrade ihm zur Antwort. Er war übermüdet, durchnäßt, niedergeschlagen. Während der Zug die prächtige Kurve unterhalb Arundel Castle entlangratterte, hatte er das Gesicht Constance Mauleverers im Widerschein der Wagenbeleuchtung gesehen. Entrückt. Lächelnd. Dann war es verschwunden, und er sah nur sein eigenes Gesicht, umdüstert von der Dunkelheit des Mordes. In diesem Wagen hatte er dem Tod selbst ins Gesicht gesehen. Während er durch sein eigenes, von Spiegelglas und Säbel verunstaltetes Gesicht hindurchstarrte, meinte er, Agrippa sitze gegenüber. Ein großer Mann, für einen Augenblick mit einem breitrandigen Hut und Schal bekleidet,

so wie er vor Monaten in Macclesfield heimlich Harriet Wemyss getroffen hatte. Im nächsten Augenblick war er bucklig, uralt, griesgrämig – Madame Slopesski mit ihren hellblauen Augen –, der falschen Farbe und dem Fluch in der Kehle und dem ausgestreckten Finger. Die Erscheinung wurde zu einer Folge alptraumartiger Szenen aus dem *Struwwelpeter* – der riesige Agrippa, der lange Scheren-Mann, der Hase mit der Flinte und über allem tanzte das Gesicht mit den traurigen Wangen – ‹Pfui, ruft da ein jeder, garstger Struwwelpeter›. Nein, Lestrade hatte keine Zeit für Spitzfindigkeiten. Er hatte den schlafenden Kutscher an der Waterloo-Station wachgerüttelt, und das Gefährt war quietschend und klappernd durch die dunkle Sonntagnacht, durch die glänzendfeuchten Straßen gefahren. Im Haus Baker Street 221 B hatte kein Licht gebrannt, wenngleich auf den Treppenstufen ein zerlumpter Straßenjunge döste. Watson warf einen Blick auf ihn und stieß ihn mit dem Fuß an. «Geh heim, Junge. Heute nacht gibt's nichts für dich.» Er führte Lestrade ins Haus.
«Einer unserer Zuträger», sagte er und deutete in die Richtung des Jungen. «Sie sind alle so treu, wissen Sie.»
Lestrade folgte der flackernden Petroleumlampe nach oben ins Wohnzimmer. «Mrs. Hudson hat einen so gesunden Schlaf. Den Schlaf der Gerechten, schätze ich.»
«Wo ist Mr. Holmes?»
Watson starrte ihn an. «Sie sind doch wohl nicht deshalb gekommen?»
«Verzeihung, ich verstehe nicht.»
Watson richtete sich auf. «Sherlock Holmes ist tot.»
Lestrade fühlte, wie sein Kinn herunterklappte. Er fand seine Fassung wieder. «Kokain?»
Watson warf ihm einen kurzen zornigen Blick zu. «Nein, bei Gott, Professor Moriarty.»
«Wer?»
«Der Napoleon des Verbrechens, so pflegte Holmes ihn zu nennen.»
«Vielleicht komme ich besser noch einmal wieder, Watson. Ich weiß nicht, wovon Sie reden.»
«Setzen Sie sich, Mann. Trinken Sie einen Schluck. Ich kann, bei Gott, einen brauchen.»
Watson goß jedem einen mehrstöckigen Cognac ein und setzte sich

vor das heruntergebrannte Kaminfeuer. «Holmes war seit geraumer Zeit über Moriartys Aktivitäten unterrichtet. Der Mann ist einer von drei entsetzlichen Brüdern, er ist ein Ungeheuer – ein Verbrecher von internationalem Ruf. Ich wundere mich, daß Sie nichts von ihm gehört haben, Lestrade.»
«Das ist Gregsons Gebiet – Spezialabteilung.»
«Jedenfalls war Holmes entschlossen, den Mann zu stellen. Er verfolgte seine Spur bis in die Schweiz. Zwar war Moriarty ein Meister der Verkleidung, doch mit Holmes auf den Fersen wagte er es nicht, sein Gesicht in England zu zeigen.» Watson sprach seinem Cognac herzhaft zu. «Ich erhielt von Holmes diesen Brief und zwei Telegramme. Sie waren alle optimistisch. Er sollte Moriarty an den Reichenbachfällen treffen – einer beliebten Touristenattraktion in der Nähe von Interlaken.»
«Und?»
Watson zog ein riesiges Taschentuch heraus und schneuzte heftig und lautstark hinein.
«Erst heute morgen erhielt ich durch Spezialboten einen weiteren Brief. Offenbar traf Holmes mit Moriarty zusammen. Sie kämpften. Moriarty hatte eine Pistole. Holmes kämpfte mit ihm und... sie stürzten alle beide ab.»
Ein frösteliges Schweigen senkte sich herab. Watson senkte das Haupt und schluchzte unüberhörbar. Lestrade fühlte sich unbehaglich. Er hatte Holmes nie gemocht, doch der Mann war tapfer gestorben. Auf eine Weise, die ihm selbst gefallen würde. Er goß sich und Watson einen zweiten Drink ein. Er tippte Watson mit dem Glas an die Schulter und brummte ihm zu.
«Man fand ihre Leichen. Aneinandergeklammert auf einem Felsgesims, hundertfünfzig Fuß tiefer. Sie hatten sich das Genick gebrochen.» Watson leerte sein Glas.
Lestrade setzte sich schwerfällig. Er stand umgehend wieder auf und zog mit einer Grimasse einen Geigenbogen unter seinem Gesäß hervor.
«Oh, tut mir leid, Lestrade», murmelte Watson. «Sein letzter Bogen.»
«Schon gut.» Lestrade ließ eine angemessene Zeit verstreichen.
«Gibt es sonst nichts, was Sie mir erzählen wollen, Doktor Watson?»

Watson blickte zu Lestrades Rattengesicht empor. Eigentlich waren diese Züge gar nicht rattenähnlich. Das war nicht nett. Und der Mann war auch kein Hanswurst. Er mußte darüber an Conan Doyle schreiben. Aber hatte das eigentlich jetzt noch Sinn? Der große Detektiv war tot. Es würde keine Sherlock-Holmes-Geschichten mehr geben.
«Wie sind Sie drauf gekommen?» fragte er.
Lestrade stand auf. Er dachte, sein Herz habe zu schlagen aufgehört. «Nicht gleich zu Anfang.» Er fragte sich, wer von beiden, Watson oder Conan Doyle, Madame Slopesski so überzeugend gespielt hatte, und ihm dämmerte gerade, daß keiner von beiden blaue Augen hatte, als Watson ihm einen Brief reichte.
«Sie sollten besser diesen Brief lesen», sagte er. «Er stammt vom Gesandten in Genf. Kam heute morgen mit einem Spezialboten.»
Lestrade las schweigend: «Sir, ich bedaure, Sie davon in Kenntnis setzen zu müssen, daß Mr. Sherlock Holmes, letzte Adresse 221B Baker Street, gestern verstorben ist. Wie Sie wissen, hatte sich Mr. Holmes während der letzten drei Wochen im Hotel *Traveller's Rest* eingemietet. Im Laufe dieser Zeit begann er sich in zunehmendem Maße unpäßlich zu fühlen und machte es sich zur Gewohnheit, in der Stadt und in den Bergen umherzuwandern. Er wurde vor den gefährlichen Abhängen und Schluchten gewarnt, doch er beharrte auf seinen Wanderungen. Am Vierzehnten dieses Monats, etwa gegen zehn Uhr vormittags, wurde Mr. Holmes in der Nähe der Reichenbachfälle gesehen, als er, wie Augenzeugen bestätigen, in einen außerordentlichen Erregungszustand geriet. Er begann laut zu schreien: «Verdammt, Watson, kannst du mich denn nie allein lassen!» und sprang auf einen Gentleman los, der zufällig in der Nähe stand – ein Professor Moriarty von der Universität Heidelberg, der sich mit Freunden auf einer Ferienreise befand, um die Gesteinsformationen in diesem Teil der Schweiz zu studieren. Der Professor und Mr. Holmes verschwanden, wie Zeugen berichten, über dem Uferrand, und ihre Leichen wurden später einhundertfünfzig Fuß tiefer auf einer Felsleiste gefunden. Beide hatten sich das Genick gebrochen. Es bekümmert mich, Sir, derjenige zu sein, der Ihnen das mitteilen muß. Die Hoteldirektion hat sich die Freiheit genommen, die Papiere von Mr. Holmes durchzusehen, wodurch Ihr Name ans Licht kam. Mangels anderer Informationen

Wahnsinnige und Schwule ─────────────────────────────── 181

bitte ich Sie, die nächsten Verwandten zu verständigen und alles für die Bestattung Erforderliche zu veranlassen. Ihr...»
Lestrade ließ den Brief sinken.
«Woher wußten Sie von dem Kokain, meine ich?» Watsons Stimme war kaum hörbar. «Wußten Sie, daß er immer vorhatte, mich zu töten?»
«Ich hab's geahnt», log Lestrade. Er wollte in der Offensive bleiben. Watson war jetzt verwundbar, und vielleicht bekam er ein Geständnis.
«Schauen Sie.» Watson schleppte sich müde zur Wand hinüber. «Hätten Sie Holmes nach diesen Einschußlöchern gefragt, hätte er Ihnen gesagt, er habe sich im Schießen üben müssen – und alle Schüsse genau ins Monogramm der Königin, wie? Er hätte Ihnen nicht gesagt, daß jeder dieser Schüsse abgefeuert wurde, als ich nur ein paar Zoll entfernt stand. Ja, ich weiß, es klingt unglaublich. Aber elfmal gab Holmes vor, die Waffe sei ‹versehentlich› losgegangen. Verstehen Sie, er hatte nie den Nerv, mich zu töten. Bis... vor fünf Wochen hatten wir eine Auseinandersetzung. Eine wütende. Er beschuldigte mich der Heimtücke, der Täuschung, ich würde sein Kokain verstecken und Leim über seine Geige gießen. Mrs. Hudson verließ den Raum in reiner Panik. Nie zuvor habe ich ihn so in Rage gesehen, obgleich ich ahnte, daß es irgendwann einmal so kommen mußte. Er packte seine Tasche und ging. Er weigerte sich zu sagen, wohin.»
«Die Briefe, Telegramme?»
«Ich habe sie erfunden. Der einzige Brief, den ich erhielt, ist der in Ihrer Hand. Darin wurde mir sein Tod mitgeteilt. Was mich am meisten kränkt, ist, daß er in seinem verwirrten Gemütszustand diesen armen, alten Geologen für mich gehalten hat. Ich vermute, daß zwischen uns eine flüchtige Ähnlichkeit bestand.»
«Und der Napoleon des Verbrechens?»
«Ihn habe ich auch erfunden.»
Ein weiteres langes, fröstliges Schweigen.
«Warum sind Sie gekommen, Lestrade? Mitten in der Nacht? Wenn Sie das mit Holmes nicht wußten...»
«Das kann warten», lächelte Lestrade. Er wurde weich. Oder alt. Oder beides. Als er zur Tür ging, redete er sich ein, es liege daran, daß Watson Constances Onkel war.

«Lestrade.» Watsons Stimme war jetzt kräftiger. Er blickte den Inspector quer durch den halbdunklen Raum an. «Ich werde nicht zulassen, daß Holmes umsonst stirbt. Ich werde heute an Conan Doyle schreiben. Holmes wird wieder leben. Er soll nicht bei den Reichenbachfällen sterben – und ein Geologieprofessor von der Universität Heidelberg unsterblichen Ruhm einheimsen.» Watson lächelte. «Und Sie werden ihn nie fangen, Lestrade; das kann nur Holmes.»
Als Lestrade die Treppe erreichte, hörte er das Kratzen eines Bogens auf einer Geige. Kolophonium auf Katzendarm. Er kehrte nicht um.

Am Tage, als die Zeitungen berichteten, Sherlock Holmes' Leichnam sei zur Bestattung in London eingetroffen, wurde im weiß gekachelten Laboratorium in Scotland Yard die Leiche von Philip Faye untersucht. Neben dem Leichnam Melville McNaghten mit Schnurrbart und Krawatte, der Pathologe Dr. Forecastle, der in den Dienst zurückgekehrte Inspector Lestrade und Constable Bandicoot, der an seiner ersten Obduktion teilnahm.
«Ich will ja nicht herumnörgeln, Lestrade», flüsterte McNaghten, «aber wenn Sie mit Ihrer Vermutung recht behalten, daß der Name paßt, dann ist dieser Mann das neunte Opfer in Ihrem Fall.»
«Das zehnte», verbesserte ihn Lestrade ungerührt.
«So kann's nicht weitergehen, Lestrade. Man macht uns zu Narren. Uns alle. Haben Sie die Morgenzeitungen gelesen?»
«Über die Beerdigung von Sherlock Holmes?» fragte Lestrade.
«Zum Teufel mit Ihnen, Lestrade. Über unsere eigene Beerdigung, wenn dieser Mann nicht gefaßt wird. Es ist jetzt nicht nur Ihre Karriere, die auf dem Spiel steht. Der Commissioner ist höchst beunruhigt. Die Öffentlichkeit hält nicht ewig still, wissen Sie.»
«Todesursache?» Lestrade überging McNaghtens Gepolter, indem er sich an Dr. Forecastle wandte.
«Ersticken.» Lestrade fegte ohne weitere Umstände aus dem Raum. Er war auf dem Weg zur Waterloo-Station, um den Zug nach Southsea zu nehmen. Bandicoot stand unschlüssig in der Mitte des Ganges. McNaghten hielt ihn auf.
«Lestrade!»
«Es ist Conan Doyle», antwortete der Inspector. «Zuerst war ich

Wahnsinnige und Schwule

nicht sicher. Ich dachte, sie hätten es zu zweit gemacht – er und John Watson aus Baker Street.» Lestrade warf ein paar Utensilien in eine Reisetasche. Für den Fall plötzlicher Abreisen wie der jetzigen, hielt er im Yard immer ein frisches Hemd und Kragen bereit.
«Conan Doyle?» echote McNaghten. «Wie, um alles auf der Welt, kommen Sie darauf, ihn zu verdächtigen?»
Lestrade hielt inne und suchte nach einer Antwort, die in der Mitte lag. «Nennen Sie es Intuition», war alles, was er sich abringen konnte. Dann war er mit wehendem Donegal in der fahlen Morgensonne verschwunden.
Bandicoot blickte McNaghten an. «Soll ich ihn begleiten, Sir?»
«Nicht nötig, Constable», war die Antwort. «Hätte sich der Inspector die Mühe gemacht, einen Augenblick zu warten, hätte er erfahren, daß ich in einer Stunde mit Dr. Conan Doyle zum Lunch verabredet bin. Er ist wegen der Beerdigung von Sherlock Holmes in London. Ich wundere mich, daß Lestrade nicht selber dort ist.»
McNaghten wandte sich zum Gehen. «Wenn ich mir's recht überlege, Bandicoot, sollten Sie ihm doch besser nachgehen. Lestrade würde mir nie verzeihen, wenn ich ihn völlig umsonst die Reise zum Wohnort Conan Doyles machen ließe. Außerdem würde er die Kosten dem Yard anlasten, und das würde niemals genehmigt werden.»
Und so war es denn fast zwei Uhr, bevor Lestrade und Bandicoot über die Uferstraße schritten. Scharlachrote und gelbe Blätter kreiselten zu ihren Füßen und wirbelten hin und wieder über ihre Gesichter. Lestrade war stumm und im Augenblick ein wenig ratlos.
«Wäre es hilfreich, darüber zu reden, Sir?» Bandicoot brach als erster das Schweigen. «Ich meine, ich hoffe eines Tages ein ranghöherer Beamter zu sein und würde gern etwas über die Denkprozesse erfahren, die damit verbunden sind.»
Denkprozesse? fragte sich Lestrade insgeheim. Was sollte das nun wieder heißen?
«Es ist sonderbar, Bandicoot.» Lestrade erreichte eine Bank und ließ sich darauf nieder, die Melone ins Genick geschoben. «Heute morgen war ich mir so sicher, aber jetzt... Hören Sie mal zu: John Watson ist mit zwei von Agrippas Opfern verwandt – mit Ihrem Schulkameraden Edward Coke-Hythe und Constance... der Gattin von Albert Mauleverer. Was ist, wenn Agrippa, aus Gründen, die

wir nicht kennen, vorhatte, beabsichtigte, ein bestimmtes Opfer zu töten – oder gar zwei bestimmte Opfer? Was ist, wenn diese Opfer Coke-Hythe und Mauleverer sind?»
«Warum dann aber weitermachen?» fragte Bandicoot. «Warum liegt dann Philip Faye im Leichenhaus des Yard?»
«Weil Agrippa ein methodischer Mörder ist. Weil er die *Struwwelpeter*-Geschichten benutzt hat und die Absicht hat, ihnen haargenau zu folgen. Wer kann erklären, was in einem Kopf wie dem seinen vorgeht?»
«Und Dr. Watson ist der gemeinsame Faktor?»
«Zuerst verdächtigte ich Mrs. Mauleverer. Aus zweierlei Gründen lag ich damit falsch. Erstens: diese Morde sind nicht das Werk einer Frau. Sie sind zu brutal, zu gewalttätig. Zweitens: sie hat ein perfektes Alibi für die Zeit des Mordes an Forbes.»
«Perfekt?»
Lestrade wand sich ein wenig unbehaglich und murmelte: «Sie war mit mir zusammen.»
«Ach so.» Bandicoot gab sich Mühe, sein Grinsen zu verbergen. Lestrade versuchte zu verbergen, daß er es gesehen hatte.
«Der einzige andere gemeinsame Faktor ist Watson.»
«Aber kann Mrs. Mauleverer nicht ihren Mann und Edward Coke getötet haben?» beharrte Bandicoot.
«Ja, das könnte sie, doch das würde bedeuten, daß der Mord an Forbes zumindest das Werk eines Nachahmungstäters ist, irgend jemand, der das *Struwwelpeter*-Muster ebenfalls kennt. Vergessen Sie nicht, die Presse hat diese Verbindung bis jetzt noch nicht hergestellt. Wir sind immer noch die einzigen, die darüber Bescheid wissen. Nein, das ist unglaubwürdig.»
«Und Conan Doyle?»
«Ist mit Watson zusammen der Verfasser von *Die Abenteuer des Sherlock Holmes* – Sie wissen, im *Strand Magazine*.»
«Tut mir leid, Sir, kenne ich nicht.»
«Sie versäumen nichts», bemerkte Lestrade. «In Kent bin ich Agrippa begegnet. Oh, ich weiß, es steht nicht in meinem Bericht. Ich habe es weder McNaghten, Ihnen, noch sonst jemandem erzählt. Aber es war Agrippa, ganz sicher; verkleidet, ja, geschickt, sehr geschickt. Aber trotzdem Agrippa; ich bin ganz sicher. Von Watson wußte ich, daß Conan Doyle ein glühender Spiritist war –

und wer könnte ein Medium besser spielen als ein glühender Spiritist?»
«Also waren es Watson und Conan Doyle?»
«Zwei Mörder wären praktisch.» Abermals dachte Lestrade laut. «Die Morde sind leichter auszuführen, die Alibis leichter zu besorgen, es ist einfacher, falsche Spuren zu legen, aber...»
«Aber?»
«Aber es vergrößert das Risiko enorm, Bandicoot. Kann einer dem anderen trauen – *wirklich* trauen? Schließlich hängt sein Leben davon ab. Ein Versehen, ein falsches Wort – und der Galgen wartet. Nein, das ist unglaubwürdig. Oh, ich habe heute morgen übertrieben reagiert. Conan Doyle hatte sich die Erstickungsmethode ausgesucht, als ich ihn fragte, wie er einen Menschen töten würde. Ersticken, Bandicoot. Die Methode, die angewandt wurde, einen gewissen Philip Faye aus dem Weg zu schaffen.»
«Warum nehmen Sie Conan Doyle dann nicht fest oder unterwerfen ihn wenigstens einer inquisitorischen Befragung?»
Inquisitorische Befragung? dachte Lestrade. Wo nahm Bandicoot bloß diese Ausdrücke her? Hatte er vielleicht ein Wörterbuch verschluckt? Oder war seine Mutter vielleicht durch ein Wörterbuch erschreckt worden, als sie schwanger war?
«Nein, er ist nicht unser Mann. Er ist vier Tage lang in London gewesen. Und unser verehrter Chef speist mit ihm, während wir uns unterhalten. Ich frage mich, ob wir zwischen unserer letzten Leiche und dem guten Doktor eine Verbindung herstellen könnten. Ich bezweifle es.»
Bandicoot sah verwirrt aus.
«Wenn Sie so lange im Geschäft wären wie ich...» Lestrade gab sich einen Ruck; er hatte immer geschworen, so etwas nie zu sagen, doch jetzt war es zu spät... «lernen Sie, mit Intuition zu arbeiten – einem Gefühl zu folgen, das zwar undeutlich und unsicher, aber gegenwärtig ist. Irgendwo zwischen Uhr und Uhrtasche. Das sagt mir, daß Conan Doyle nicht unser Mann ist. Lassen wir ihn und Watson weiter ihre albernen Detektivgeschichten schreiben. Wir können sie deswegen nicht aufhängen.»
Lestrade stand auf. «Kommen Sie, ich kaufe Ihnen ein Stück Zervelatwurst im *Coal Hole*.»

‹Unappetitlich› war das Wort, das Bandicoot letztlich einfiel. Das beste Wort, das er weit und breit, wie ihm schien, finden konnte, um die Tätigkeit des unbeweint verblichenen Philip Faye zu kennzeichnen. Lestrade blieb bei der ganzen Sache kühl und distanziert; ihm war das alles längst bekannt, doch für Bandicoot tat sich eine neue Welt auf. Die radikale Presse und die Prediger des Evangeliums nannten das Geschäft Weiße Sklaverei. Lestrade zuckte die Achseln und sagte, so sei das Leben.

«Kleine Mädchen», hatte Sergeant Dixon wiederholt. «O ja, großer Markt. Entjungfern heißt das Spielchen, Bandicoot. Ist natürlich heute nicht mehr so verbreitet wie früher. Wenn Sie so lange im Geschäft wären wie ich...»

«Philip Faye hat also junge Mädchen vermittelt?»

«So steht's in den Akten. Das war natürlich vor Mr. Labutchers Gesetz nicht ungesetzlich.»

«Ich glaube, er heißt Labouchere», verbesserte Bandicoot.

«Richtig. Na ja, wie auch immer. Damit ist immer noch Geld zu verdienen. Es gibt 'ne Menge Gentlemen, die für 'ne Jungfrau viel Geld hinblättern.
Es ist nicht ungewöhnlich in London, daß Zwölfjährige verhökert werden, damit die Gentlemen eine kriegen, die...»

«Eine Virgo intacta ist?» fragte Bandicoot.

«Ich glaube nicht, daß ihre Herkunft damit zu tun hat», bemerkte Dixon sachverständig. «Man sagt, sie seien alle gleich, wenn sie mal flach liegen. Wissen Sie, ich bin Familienvater. Wenn irgendein Zuhälter meine Mädchen anrührt, breche ich ihm den Hals.»

«Oder erdrosseln Sie ihn vielleicht?» Bandicoot war stolz auf diese Bemerkung. Sie hätte von Lestrade sein können.

«Ich glaube nicht, daß Mr. Faye's einziges Verbrechen darin bestand, Einkünfte aus unmoralischen Geschäften zu beziehen», sagte Lestrade auf dem Weg zum Lift. «Kommen Sie, Bandicoot, wir haben zu tun.»

Faye hatte 1886 eine viermonatige Strafe wegen Zuhälterei abgesessen. Seitdem schien er sauber gewesen zu sein – oder er hatte Glück gehabt. Doch durch seine üblichen Zuträger hatte Lestrade erfahren, daß sich der Verstorbene seit kurzem in gänzlich anderen Kreisen bewegte. Er hatte, wenn der Ausdruck gestattet ist, sein Schwergewicht von kleinen Mädchen auf kleine Jungen verlagert.

«Ich habe immer gedacht, er hätte 87 bei der Cleveland-Affäre die Finger im Spiel gehabt», grunzte Jones und fuhrwerkte mit einem goldenen Zahnstocher in seinen Zähnen herum. «Indessen, es waren zu viele große Namen in die Sache verwickelt. Zu allererst die Königliche Gardekavallerie.»
Lestrade wandte sich an Bandicoot. «Damit Sie Bescheid wissen: ein Männerbordell in der Cleveland Street wurde ausgehoben. Es kam heraus, daß einige sehr prominente Leute, Parlamentsmitglieder, Armeeoffiziere und so fort, diesen Ort regelmäßig aufsuchten, um mit Laufburschen zusammenzutreffen.»
«Unglücklicherweise kamen die meisten davon», nuschelte Jones.
«Aber wenn Sie erst mal so lange im Dienst sind wie ich, Constable, werden Sie die Erfahrung machen, daß die großen Fische in der Regel durch das Netz schlüpfen.»
«Und Philip Faye war ein großer Fisch?» fragte Bandicoot.
«Nein», sagte Lestrade ruhig. «Und wenn Sie erst so lange im Dienst sind wie Inspector Jones, werden Sie merken, daß die kleinen Fische in der Regel ebenfalls durch das Netz schlüpfen.»

Das *Cadogan Hotel* war eines der imposantesten in London. Wie das *Metropol* war es einer der beliebtesten Treffpunkte der eleganten Welt, innerhalb oder außerhalb der Saison. Es war Vormittag, als Lestrade und Bandicoot ankamen. Sie bestellten Kaffee und Cognac (Bandicoot bezahlte) und warteten. Ihre Opfer ließen nicht lange auf sich warten. Das erste war ein großgewachsener, wohlparfumierter Mann im Pelzmantel, mit dicken, sinnlichen Lippen und einer ziemlich lächerlichen Nerofrisur. In seinem Kielwasser folgte ein schlanker, blonder, junger Mann mit klassischen Zügen.
«Mr. Oscar Wilde?»
«Er steht vor Ihnen.»
«Inspector Lestrade, Scotland Yard. Das ist Constable Bandicoot.»
«Ach, wie delikat. Ein Teil des langen Arms des Gesetzes. Sie wissen, wer ich bin. Darf ich Lord Alfred Douglas vorstellen?»
Der schlanke junge Mann verbeugte sich. «Sei ein Engel, Bosie, und

besorge uns allen etwas zu trinken, ja? Es sei denn, Sie, Gentlemen, sind im Dienst und lehnen ab.»

«Wir sind im Dienst und wir lehnen nicht ab», antwortete Lestrade.

«Nun, Gentlemen, nehmen Sie doch bitte Platz. Welchem Anlaß verdanke ich das Vergnügen?»

«Vergnügen, Mr. Wilde?»

«Oh, Inspector.» Wilde tippte an Lestrades Knie. «Sie sind ein Schlingel.»

«Philip Faye», sagte Lestrade.

«Oh, du liebe Zeit, ja. Armer Philip.» Wildes Miene verdüsterte sich und er barg mit einer übertriebenen Geste den Kopf in seiner Hand. «Eine Tragödie. Eine absolute Tragödie.»

«Wann haben Sie ihn zuletzt gesehen?» Ein Kellner brachte Lord Alfred Douglas ein Tablett mit Cognacgläsern.

«Nein, nein», sagte er. «Setzen Sie sie auf Mr. Wildes Rechnung.»

«Hm, überlegen wir mal, Bosie, war es nicht Montag, daß wir den armen Philip zum letztenmal sahen. Im Albemarle?»

«Schon möglich, Oscar. Du weißt, daß ich ihn immer irritierend fand.»

«Irritierend, Mylord?» fragte Lestrade.

«Er litt am Veitstanz, Inspector.»

«Ach, nun komm, Bosie. Er war vielleicht Nervenstörungen unterworfen. Er erinnerte mich immer an eine Figur in meinem *Gespenst von Canterville*. Haben Sie's gelesen, Inspector.»

«Ich lese nur die *Police Gazette*, Mr. Wilde. Ist das Werkchen dort erschienen?»

«Oh, Inspector, ich sehe, ich muß achtgeben. Sie sind drauf und dran, meinen Ruf zu ruinieren.»

«Ihr Ruf ist bei mir sicher aufgehoben, Mr. Wilde.» Lestrade sagte es mit Nachdruck. «Haben Sie einen Grund, Mr. Faye tot zu sehen?»

«Gütiger Himmel, Inspector. Philip war einer meiner liebsten Freunde.»

«Wußten Sie, daß er vorbestraft ist?»

«Sie meinen diese Sache mit den Fotografien, die der alte Tennyson machte? Ja, das war ziemlich häßlich, nicht wahr?»

Lestrade fegte diesen Abwiegelungsversuch beiseite.

Wahnsinnige und Schwule ──────────────────── 189

«Nein, ich meine, daß er kleine Mädchen und Jungen verkuppelte.»
Wilde fuhr mit der Zunge über die Lippen. «Man hat ihn einfach mißverstanden.»
«Nun ist er tot», fuhr Lestrade fort. «Sagen Sie mir, Mr. Wilde, haben Sie ihn umgebracht?»
«Inspector, ich habe Geduld mit Ihnen gehabt.» Wildes albernes Grinsen war verschwunden. «Aber wenn Sie mich des Mordes an einem sehr lieben Freund beschuldigen...»
«Ich habe Sie nicht beschuldigt, Mr. Wilde.»
«Ich muß Sie bitten, sich in der Lautstärke ein wenig zu mäßigen, Gentlemen», sagte Douglas pikiert. «Mr. Wilde und ich gehören zu den ständigen Gästen des Hauses.»
Lestrades Aufmerksamkeit richtete sich nunmehr auf den jungen Mann. «Sie fühlten sich also durch Fayes Zuckungen belästigt?»
«Wie meinen?»
«Sie sagten, er litt am Veitstanz. Sie sagten, Sie fanden ihn irritierend.»
«Und das ist nicht alles, was ich bei ihm fand, wie, Oscar?» Douglas grinste.
«Du garstiger Bube», knurrte Wilde. «Bosie, du kannst manchmal so vulgär sein.»
«Eine kleine Meinungsverschiedenheit unter Liebenden?» Lestrade sagte es provozierend.
Wilde und Douglas sprangen protestierend auf. Bandicoot hielt es für besser, ebenfalls aufzustehen. Die Art, wie Douglas ihn angeschaut hatte, stimmte ihn nicht fröhlich. Lestrade blieb sitzen.
«Er war ein Schwuler, Mylord – ein Homosexueller im Sinne des Gesetzes.»
«Gesetz?» Douglas war wütend.
«Sage nichts, Bosie. Denke an deinen Vater.»
«Wissen Sie, wer er ist?» fragte Lestrade.
Douglas holte zu einem Schlag aus, den Bandicoot parierte und mühelos in der Luft auffing. Douglas starrte in finsterer Verachtung auf Bandicoots Kragenknopf, der in seiner Augenhöhe war.
«Spricht nicht gerade für die Queensberry-Regeln», konnte sich Bandicoot nicht verkneifen zu Lestrade zu sagen.
«Ihr abscheulichen Bastarde!» schrie Douglas die Polizisten an.

«Bitte, Mylord», erwiderte Lestrade, «und das im *Cadogan Hotel*.»

Wildes Wut erstarb auf der Stelle. «Welch ein superber Ausspruch, Inspector. Ich wünschte, ich hätte das gesagt.»

Und die Gäste des *Cadogan* drehten sich allesamt um und flöteten mit einer Stimme: «Das wirst du, Oscar, das wirst du.»

Die Weiße Lady

McNaghten war am Ende seiner Geduld. Die ganze Woche über war er mit Beschwerden der Familie Queensberry überflutet worden. Beschwert hatte sich auch ein Geschichtenschreiber namens Wilde. Den letzteren konnte McNaghten ignorieren – er hatte von dem Mann nie gehört. Der Marquess von Queensberry dagegen, wenn auch ein wenig anrüchig, war ein bekannter Sportsmann und gehörte zur Clique des Prince of Wales. Und das ließ sich nicht ignorieren. Noch eine weitere Anzüglichkeit ohne Grundlage, eine Drohung ohne Beweis – und Inspector Lestrade würde Constable Lestrade werden und den Verkehr am Piccadilly regeln.
Währenddessen war der unvermeidliche Trauerbrief eingetroffen –

> Nun ist Philipp ganz versteckt,
> und der Tisch ist abgedeckt.
> Was der Vater essen wollt,
> unten auf der Erde rollt.
> Suppe, Brot und alle Bissen,
> Alles ist herabgerissen.

Lestrade sah in seinem Exemplar des *Struwwelpeter* nach. Bandicoot hatte diese Geschichte nicht mehr im Kopf gehabt. Sie war zu trivial und albern. Und es schien, daß selbst Agrippa es schwierig fand, einen schwulen Zuhälter mit dem harmlosen Buben in Beziehung zu bringen, der am Eßtisch seines Vaters herumzappelte. Lestrade fragte sich gerade, wer wohl Hans-Guck-in-die-Luft sein und was ihm zustoßen würde, als Arabella McNaghten in sein Büro fegte.
«Sholto, Sie müssen Weihnachten zu uns kommen, Papa geht mit uns allen nach Lynton. Und ich weiß, daß Sie drei Tage Urlaub haben. Keine Widerworte. Wir erwarten Sie am dreiundzwanzigsten.»

Und sie entschwebte.

Bandicoot vertiefte sich in ein paar Papiere, die plötzlich ungemein interessant zu sein schienen. Ein paar Meilen entfernt fror Dew geduldig auf der Straße, wo er das Haus von Dr. Conan Doyle beobachtete, der noch nicht vor dem Winter in den Süden geflohen war.

«Lynton», wiederholte Lestrade mechanisch.

«Das ist ein ziemlich malerisches Dorf, Sir, oberhalb der Lyn-Mündung gelegen, nahe Barnstaple.»

«Danke, Bandicoot. Wir kommen ohne Reiseführer aus. Ist das Weib verrückt?»

Indem er dieser rhetorischen Frage mit seinen beschränkten Möglichkeiten weiter nachhing, fragte er sich, ob es sich dabei um eine neue verrückte Anwandlung von Arabella handelte. Oder war es ein plumper Versuch von McNaghten Senior, den Schaden zu übertünchen, den in der letzten Zeit eine ganze Reihe stürmischer Wortwechsel in seinem Büro angerichtet hatten? Lestrade war noch nie zuvor eingeladen worden, obgleich es Beispiele gegeben hatte, daß McNaghten seine Mitarbeiter, einzeln oder paarweise, in sein Landhaus im Westen eingeladen hatte. Aber im Augenblick blieb ihm keine Zeit mehr, darüber nachzusinnen. Ein großgewachsener junger Mann mit gefettetem Schnurrbart und Mittelscheitel erschien in der Tür.

«Mr. McGillicuddy, Sir», meldete ein Constable.

«Oswald McGillicuddy», sagte der junge Mann mit ausgestreckter Hand.

«Ich schätze, mein Vater ist Ihnen ein Begriff, der Ballonfahrer?»

«Nein», sagte Lestrade. Um diese Tageszeit war er noch nicht in Form, besonders weil es Sonnabend war, und die unerschütterliche Miss McNaghten hatte ihn gerade durcheinandergeschüttelt.

«Ich bin gekommen, um etwas zu melden, das nach meiner Ansicht Mord sein könnte.»

Lestrade fühlte sich noch schlechter.

«Bandicoot, Tee für Mr.... äh...?»

«McGillicuddy. Oswald.»

«Tee für Mr. Gillicuddy.»

Bandicoot ging ab.

«Ich habe es gestern in Bow Street gemeldet», fuhr der junge Mann fort. «Sie haben alles zu Protokoll genommen, und dann sagten sie

mir, ich solle mich an Sie wenden. Hm... Sie sind doch Inspector Lestrade, oder?»
«Noch. Was haben Sie mir zu sagen?»
«Nun, vielleicht sollte ich vorausschicken, da es Ihnen nicht bekannt ist» – er sah etwas gekränkt aus – «daß ich aus einer Familie von Luftschiffern stamme.»
Lestrade versuchte wissend auszusehen. «Sie wollen sagen, daß Sie ein Trapezkünstler sind?»
«Nein, nein, Inspector. Wir sind Ballonfahrer. Es ist eine wenig bekannte Tatsache, daß es mein Urgroßvater war, der Etienne Montgolfier die erste Unterrichtsstunde erteilte. Das nur nebenbei. In der letzten Zeit sind andere Arten des Fliegens für uns interessant geworden. Mein Vetter Albert sprang, wie Sie sich erinnern» – Lestrade erinnerte sich nicht – «vorletztes Jahr vom Eiffelturm, um zu versuchen, da Vincis Theorie zu beweisen.»
«Und diese Theorie war?»
«Falsch.»
«Aha.»
«Ja, wir sind eine Familie, die an plötzliche Todesfälle gewöhnt ist, Inspector. Und im Dienst der aeronautischen Wissenschaft Verletzungen zu erleiden. Sie würden nie darauf kommen, daß dieser Arm nicht mein eigener ist, oder?»
«Gütiger Gott», staunte Lestrade, «wessen Arm ist es?»
McGillycuddy schwenkte ein wunderbar gearbeitetes künstliches Glied.
«Es ist aus bemalter Guttapercha angefertigt, wissen Sie. Ich kann fast alles damit machen, aber ich muß aufpassen, wenn ich Sauerteigfladen in den Ofen schiebe.»
«Eine kluge Vorsichtsmaßnahme.»
«Der Arm könnte schmelzen, verstehen Sie?»
Lestrade gelangte immer mehr zu der Überzeugung, einen Verrückten vor sich zu haben, als Bandicoot mit dem Tee kam. McGillycuddy benutzte bedächtig seine linke Hand, deren Finger sich mittels eines Schalters krümmen ließen, der, mit einem Draht versehen, unter einem Revers versteckt war.
«Ein weiteres Steckenpferd meiner Familie», strahlte er.
Lestrade hütete sich, näher darauf einzugehen. «Ihr Mord?» fragte er.

«Ach ja. Mein Vetter John Torquil. Er starb, als sein dampfgetriebener Maxim Bisley mit einer Geschwindigkeit von achtunddreißig Meilen in der Stunde gegen einen Baum prallte.»
«Sie wollen sagen, daß er in einem Automobil fuhr?»
«Nein, nein, Inspector. Der Maxim Bisley ist ein Aeroplan. Ein Vogel ohne Federn. Tragisch, daß Hiram Maxim zu dieser Zeit anwesend war. Ich hoffe bloß, daß ihn das nicht mutlos gemacht hat. Es lag nicht an seiner Maschine, wissen Sie.»
«Soll ich daraus schließen», beharrte Lestrade, «daß Ihr Vetter, der Verstorbene, wirklich flog?»
«Nun, da liegt der Hase im Pfeffer, Inspector. Damit man einen Flug einen Flug nennen kann, muß der Flieger sein Gefährt eine beträchtliche Zeit in der Luft halten. Es darf, anders gesagt, kein Glück im Spiel sein – etwa ein Hüpfer oder ein unberechenbarer Windstoß. Nach meiner Meinung war John, wobei ich zugegebenermaßen als ein parteilicher Beobachter gelten muß, im Begriff, einen Dauerflug zustande zu bringen, als die Maschine an Höhe verlor und ihre Verkleidung sich löste. Er bohrte sich, ohne Flügel, versteht sich, durch eine Hecke, prallte gegen eine Eiche und endete in einem See. Es krachte fürchterlich. Wir ramnten alle zu ihm, doch es war zu spät. Der arme Bursche hatte sich das Genick gebrochen.»
«Verzeihen Sie, Mr. McGillycuddy, aber ist nicht das, was Sie beschreiben, bloß ein bedauerlicher Unfall?»
«Aber nein, Inspector. Ich dachte mir, daß Sie das sagen würden, und habe mir deshalb erlaubt, das Beweisstück mitzubringen.»
McGillycuddy ging auf den Korridor, setzte seinen künstlichen Arm in Tätigkeit und hob ein Stück Stahl in die Höhe, etwa vier Fuß lang, von dem mit Leinwand überzogene Drähte und Holzstreben herunterhingen.
«Sehen Sie sich das Ende an», sagte er. «Durchgesägt, Gentlemen. Durchgesägt. Als wissenschaftlich geschulter Flieger kennt man sich mit Spannungen in Metallen aus. Wenn Stahl reißt, sieht das ganz anders aus. An dieser Maschine wurde herumgepfuscht, bevor John Torquil damit aufstieg – wenn man es so nennen will.»
«Und wer hatte Zugang zur Maschine vor dem... äh... Flug?»
«Die Mechaniker, die sie bauten. Hiram Maxim, der sie konstruierte. Ich selbst und John Torquil. Oh, möglicherweise auch Armytage Monk.»

Sekundenlang spielte Lestrade mit dem Gedanken, es könne sich um eine katholisch-inspirierte Verschwörung handeln, dann ließ er ihn fallen.

«Ich bin lange genug bei der Polizei, um zu wissen, daß ich Sie nicht ausschließen kann, Sir. Oh, nehmen Sie das bitte nicht persönlich. Ich vermute, daß Bandicoot der Meinung ist, kein Mörder, der bei Trost ist, würde freiwillig bei zwei Polizeirevieren vorsprechen und zuvorkommend mit dem Finger, wenn auch mit einem falschen, auf sich selbst zeigen.»

Bandicoot nickte. Lestrade kam sich ein bißchen wichtigtuerisch vor, ein wenig dem bedauernswerten toten Sherlock Holmes ähnlich, doch er war jetzt in Schwung und hatte keine Lust, um es mit einer gewagten Metapher zu sagen, das Tempo zu drosseln.

«Ich habe jedenfalls schuldige Kunden gehabt, die genau das taten, und zwar in dem irrigen Glauben, dadurch den Verdacht von sich abzulenken. Sagen Sie, hat der Tote ein Testament hinterlassen?»

«Ich glaube nicht. Beide Elternteile leben noch, und er war unverheiratet. Vermutlich werden seine irdischen Güter an seinen Vater und an seine Mutter zurückfallen.»

Lestrade wandte das Gesicht dem Fenster zu. «Wo hat dieser Unfall stattgefunden?»

«In Bisley, auf dem Schießplatz. Daher auch der Name der Maschine. Zum Abheben braucht man einen ebenen Untergrund, verstehen Sie?»

«Bandicoot, sagen Sie dem Wachhabenden Bescheid. Wir fahren nach Bisley.»

Es war früher Nachmittag, als die drei ankamen, und naßkaltes Wetter. Der Himmel deutete auf Schnee, eine Wiederholung des unfreundlichen Wetters im vergangenen Winter. Lestrade untersuchte das zerstückelte Wrack des Bisley, das in einem behelfsmäßigen Schuppen untergebracht war, den McGillycuddy als Hangar bezeichnete. Hiram Maxim, der Erfinder des berühmten Maschinengewehrs, dessen Lafette einst Lestrades Füße zerquetscht hatte, war ein großer zungenfertiger Amerikaner, wenngleich sein Akzent, das nicht enden wollende Kauderwelsch des Wissenschaftsfanatikers, nur gelegentlich durchbrach.

«Die Flügelspannweite des Bisley beträgt einhundert Fuß. Der Rumpf hat eine Länge von siebenundsechzig Fuß. Der Propeller wird von einer Dampfmaschine mit fünfzig Pferdestärken angetrieben, die dreieinhalb Tonnen wiegt. Ich denke, bei meinem nächsten Versuch werde ich Schienen verwenden, um das Ding zu stabilisieren.»
«Soll das heißen, daß Sie es wieder versuchen werden?» fragte Lestrade.
«Natürlich», riefen Maxim und McGillycuddy wie aus einem Mund.
«Vormarsch der Wissenschaft», fügte Maxim allein hinzu.
«Wie ich Ihnen schon sagte, Inspector», fuhr McGillycuddy fort, «wurde der Propeller des Bisley durchgesägt. Dies war kein Unfall.»
Es gab nur zwei Mechaniker, die an den Tagen vor der Tragödie an dem Bisley gearbeitet hatten. Lestrade und Bandicoot befragten sie gemeinsam, und Lestrade gelangte zu der festen Überzeugung, daß sie unbedingt ehrlich waren. Bandicoot war nicht so sicher; einer der beiden war, wie sich im Laufe der Unterhaltung ergab, ein Sozialist.
Beim Cognac im Hause des Kommandanten, wo der amerikanische Erfinder zu Gast war, überzeugte an diesem Abend auch Hiram Maxim den Inspector von seiner Unschuld. Er mochte vielleicht ein Langweiler sein, doch ein Mörder war er nicht. Und als das Schneetreiben über den verlassenen Schießplätzen von Bisley dichter wurde, war Lestrade mehr denn je überzeugt, daß er sein elftes Opfer hatte. Agrippa hatte erneut zugeschlagen. John Torquil war Hans Guck-in-die-Luft.
«Erzählen Sie mir etwas über Armytage Monk», sagte Lestrade, den Cognacschwenker zwischen den Händen wärmend.
«Da gibt es nicht viel zu erzählen», erwiderte McGillycuddy. «Vor etwa vierzehn Tagen brachte ihn John mit nach Bisley. Ich war dem Mann zuvor nicht begegnet, und ich hatte den Eindruck, daß John ihn nicht gut kannte. Indessen schien es so, als sei er ein begeisterter Flieger und sehr scharf darauf, John den Bisley fliegen zu sehen.»
«Wenn er ein so begeisterter Flieger war, warum flog er nicht selber?»

«Oh, er konnte nicht. Er hatte im vorigen Jahr einen Unfall, wobei er sich einen bleibenden Schaden am Hals zugezogen hatte.»
«Am Hals?»
«Ja, er konnte nicht richtig sprechen, der arme Bursche. Hatte eine gutturale, irgendwie rasselnde Stimme – und er hatte immer einen Schal um den Hals gewickelt, sogar wenn er im Haus war. Da war aber noch eine merkwürdige Sache.»
«Ja?»
«Nun, es mag Ihnen lächerlich vorkommen, aber John und Armytage schienen häufig... nun, zu kichern, ist wohl das richtige Wort. Sie tauschten verstohlene Blicke, als ob sie einen Privatspaß miteinander hätten. Vermutlich auf unsere Kosten.»
«Ist Monk ein großer Mann?»
«Ja, würde ich sagen. Etwa sechs Fuß und breitschultrig.»
Lestrade beugte sich vor und sah ihn mit durchdringendem Blick an.
«Welche Farbe hatten seine Augen?»
«Du lieber Gott, Inspector, ich habe nicht die leiseste Ahnung.»
«Sie waren blau, Inspector», sagte Maxim aus der Ecke. «Eisblau.»
«Wie kommt es, daß Sie sich daran erinnern?» fragte Lestrade.
«Wie kommt es, daß Sie danach fragen?» konterte Maxim.
«Ich habe meine Gründe, Sir.»
«Ich bin Wissenschaftler, Inspector – ein geübter Beobachter. Ich achte auf alle Arten von Dingen – und Menschen.»
«Und was schien Ihnen bei Armytage Monk sonst noch der Beachtung wert?»
«Ich mochte ihn nicht, das steht fest. Irgend etwas Falsches war an ihm. Und er wußte nicht viel über Fliegerei, wo er doch so scharf darauf war, wie McGillycuddy sagt, Torquil den Bisley fliegen zu sehen.»

Lestrade versuchte zu vergessen, zumindest für eine Weile. Es war Weihnachten oder, besser gesagt, kurz davor. Er bestieg den Zug nach Westen in Richtung Swindon und verfluchte Mr. Brunel aufs neue wegen seiner breiten Spurweite. Eines Tages würde man die verdammten Gleise ändern und es würde nicht mehr nötig sein, sich in Swindon herumzudrücken. Gegen Mittag war er in Minehead und legte den Rest des Weges mit der Kutsche zurück. Das war ein Fehler und er bereute seinen flüchtigen dummen Einfall, denn der altmodische Porlock Hill war dort, wo die Sonne die dichten Baumkronen nicht hatte durchdringen können, noch schlüpfrig vom Morgenfrost. Nach ein paar entsetzlichen Rutschpartien und unter Schreckensgewieher der Pferde gab der Kutscher auf und verlangte von den Fahrgästen, auszusteigen und mitsamt ihrem Gepäck hügelauf zu Fuß zu laufen. Nach etwa einer Stunde voller Peitschenknallen und Geschrei kam die Kutsche oben an. Lestrade saß vor Kälte erstarrt auf seinem Gladstone. Es überraschte ihn nicht, daß die Weihnachtsstimmung ihn verlassen hatte.

Kein Wunder, daß er The Tors erst bei Einbruch der Dunkelheit erreichte. Es war ein riesiges Haus, eher schon ein Hotel, auf der felsigen Spitze unterhalb Countisbury Foreland liegend und kühn aus einem dichten Pelz von Immergrün hervorlugend. Lestrade blickte auf das winterliche Meer hinaus, das sich im Licht des von einem Hof umgebenen Mondes kräuselte. Was sollte er hier? Er blickte auf das prächtige Haus, im Herzen den geheimen Argwohn gegenüber einem Polizisten mit Privatvermögen. Solche Dinge dürfte es nicht geben. Dann wurde das Haus lebendig, man hörte Rufen, Hundegebell, und auf dem Fahrweg huschten Lichter hin und her.

«Sholto!» Es war Arabella, die groß und tröstlich aus dem Dunkel vor ihm aufragte. Sie gab Lestrade einen flüchtigen Kuß auf die froststarre Wange. «Sie goldiger Mann, Sie sind ja ganz erfroren. Kommen Sie herein. Papa erwartet Sie.»

Nach Stunden in der zugigen Kutsche und auf der Straße, in Gesellschaft stummer oder griesgrämiger Mitreisender, hatte Lestrade beinahe das Sprechen verlernt, doch ein Cognac und ein prasselndes Kaminfeuer brachten ihn rasch wieder ins Lot.

«Ich weiß, es ist Weihnachten, Lestrade», sagte McNaghten, ihre Gläser aufs neue füllend, «aber ich habe Sie absichtlich herkommen lassen. Morgen werden meine anderen Gäste eintreffen. Dann wird keine Zeit mehr sein, mit Ihnen zu sprechen. Ich möchte, daß Sie heute abend einmal vergessen, daß ich Ihr Vorgesetzter bin. Ich möchte von Mann zu Mann mit Ihnen sprechen. Der *Struwwelpeter*-Fall. Haben Sie einen Verdächtigen?»

«Mehrere», sagte Lestrade.

«Dann schießen Sie los, Mann. Lassen Sie hören.» Sogar in Morgenrock und Hauskäppchen zupfte McNaghten seine immer gegenwärtige Krawatte zurecht.

«Wie Sie wissen, Sir…» fing Lestrade an.

«Aber nein, Sholto. Denken Sie daran: von Mann zu Mann. Sir *Melville*…»

Angesichts der zügellosen Großzügigkeit dieser Offerte zwirbelte Lestrade seinen Schnurrbart.

«Zuerst verdächtigte ich Lawrence Alma-Tadema» – wieder richtig! – «den Künstler.»

«Quatsch… Sholto.»

«Wie Sie andeuteten… Sir *Melville*. Sie haben natürlich ganz recht. Ich setzte ein paar Männer auf ihn an.»

«Also wirklich, Lestrade, Lawrence ist ein Freund der Familie.»

«Trotzdem, Sir, ich durfte keine Möglichkeit außer acht lassen.»

«Sehr gut.»

«Er hatte für die nächsten zwei Verbrechen ein perfektes Alibi. Er ist nicht Agrippa.»

«Ganz recht.»

«Aber es gibt eine Verbindung. Die schwarze Lackfarbe, mit welcher die Tinten-Buben umgebracht wurden, stammte aus seinem Atelier, ich bin mir dessen sicher.»

«Bringt uns das weiter?»

«Ich weiß es nicht… noch nicht.»

«Fahren Sie fort.»

«Dann kam mir der Gedanke, daß Agrippa vielleicht eine falsche Spur legte. Mehrere Morde, um sein wirkliches Ziel zu verschleiern.»

«Riskant», sinnierte McNaghten, aber auch Lestrade wußten, daß im Ripper-Fall diese Vermutung eine große Rolle gespielt hatte.

«Aber eine Überlegung wert. Die Frage ist: welches ist das wirkliche Verbrechen? Meine Männer und ich haben Aussagen von fast zweihundert Personen zu Protokoll genommen. Vielleicht verbirgt sich unter diesen zweihundert Personen der Mann, den wir suchen.»

«Oder vielleicht nicht.»

«Dann kam ich zu der Folgerung, Mrs. Mauleverer sei die Mörderin. Sie stand sowohl mit Albert Mauleverer wie mit einem der Tinten-Buben in Beziehung, aber ich ließ den Gedanken fallen.»

«Warum?»

«Es ist kein Verbrechen für eine Frau, Sir Melville. Bei fast allen

dieser Morde war einige Körperkraft erforderlich. Constance Mauleverer ist eine zierliche Frau. Ihre Kräfte hätten nicht ausgereicht.»
«Was ist mit Conan Doyle?»
«Ach ja. Ich verdächtigte ihn und Doktor John Watson der gemeinsamen Täterschaft. Ihre Motive blieben mir dunkel, aber die Annahme, es gäbe zwei Täter, erklärte Agrippas rasches und müheloses Verschwinden. Der eine tötete, während der andere Schmiere stand und Spuren verwischte.»
Ohne daß der eine es vom anderen wußte, dachten beide Männer abermals an den Ripper-Fall.
«Weiter. Ich ließ sie beide überwachen. Ihre Alibis waren wasserdicht. Und ich kenne John Watson. Er ist eventuell ein schlechter Schriftsteller, ein mittelmäßiger Arzt, aber er ist kein Mörder.»
«Wo stehen wir also nach alldem?»
«The Tors, Sir Melville, Weihnachten 1891.»
«Wie? Ach ja, verstehe. Keine weiteren Verdächtigen?»
«Agrippa ist schwer faßbar, aber er ist kein Übermensch. Wir wissen einiges über ihn. Er ist ein großgewachsener Mann, etwa sechs Fuß groß, schwer und kräftig. Er ist ein Meister der Verkleidung, fähig, einen leidenschaftlichen Liebhaber zu spielen wie im Fall von Harriet Wemyss oder einen aeronautischen Schwärmer im Fall von John Torquil.» Und Madame Slopesski im Fall von Isaac Prendergast, fügte Lestrade insgeheim hinzu. Er konnte es einfach nicht über sich bringen, seinem Vorgesetzten, der nun mit einemmal ihm gleichgestellt war, einzugestehen, daß er einmal im selben Zimmer mit Agrippa gewesen war. «Wir wissen, daß er einen verschrobenen Sinn für Humor hat, indem er die Kinderverse vom *Strubbelkopf-Peter* als Muster für seine Verbrechen benutzt. Und wir wissen noch etwas – Agrippa ist ein Snob.»
«Ein Snob, Sholto?»
«Schauen Sie sich seine Opfer an. Wo ist der Gemüsehändler, das Fischweib, der Schuhmacher, das Blumenmädchen? Jedes seiner Opfer stammte aus besseren Kreisen und war nicht arm.»
«Wie steht es mit Peter selbst?»
«Ach ja. Ich bin zu dem Schluß gekommen, daß Peter, wer immer er war, keins von Agrippas Opfern war.»
«Nein?»

«Nein. Die Geschichte vom Fund der Leiche in Shanklin Chine wurde von den meisten Blättern weidlich breitgetreten. Jedermann konnte sie lesen, sich unwiderstehlich an den *Struwwelpeter* erinnert fühlen und mit seinem grausigen Werk beginnen.»
McNaghten ließ sich vor dem Feuer nieder. «Was geschieht», fragte er Lestrade, «wenn die Morde aufhören? Ist nicht noch einer übrig?»
Lestrade nickte. «Der Fliegende Robert», sagte er.
«Wird dann alles ein Ende haben, Lestrade? Wird es damit zu Ende sein?»

Das Tal der Felsen liegt am Rand des Exmoor. Blackmore's Exmoor, das Exmoor der wilden Doones aus Badgeworthy, welche das Moor im siebzehnten Jahrhundert in Furcht und Schrecken versetzten, es war auch das Exmoor von The Chaines, nahe Brendon Two Gates, wo ein Mann leicht im umkrallenden, saugenden Schlamm versinken kann, tut er nur einen falschen Schritt. Das Tal war kaum die rechte Gegend für einen Winterspaziergang, doch Lestrade hatte zugestimmt, Arabella zu begleiten: er fühlte sich ein wenig deplaziert, als die umfangreiche McNaghten-Sippe am folgenden Morgen einzutreffen begann, und Arabella hatte gedroht, ihm im Fall einer Weigerung den Arm zu brechen.
Sogar Lestrade spürte die besondere Atmosphäre. Unter ihm war das Meer zu stahlfarbenen Furchen gehämmert, und es machte ihn nervös, daß er von diesen schmalen Felsleisten auf die fliegenden Möwen hinunterblicken konnte. Hier und da drückten sich Schafe und Ziegen schutzsuchend eng an den Fels. Lestrade hielt sich, soweit es ihm möglich war, im Windschatten von Miss McNaghten.
«Bleiben Sie hier stehen, Sholto», überschrie sie den Wind.
Lestrade stand ihr in einer Felskluft gegenüber, durch die der Wind pfiff.
«Sehen Sie sich um», sagte sie. «Wir stehen in der Weißen Lady.»
«Wirklich?»
«Wenn Sie sich diese Felsen von der Talstraße aus anschauen, hat die Kluft die Gestalt einer Frau, deren Umrisse sich gegen den Himmel abzeichnen. Der Sage nach wird ein Mädchen, das mit seinem Liebhaber an dieser Stelle steht, für immer mit ihm vereinigt sein.»

Sie streckte ihre Hände nach den seinen aus. Doch er ließ sie fest in den Taschen. Das stumme Flehen auf ihrem Gesicht wurde zum Lächeln, als sie sich aus dem Wind drehte.
«Sholto, du hast mich enttäuscht. Wieder einmal.»
«Arabella, es muß Dutzende junger Männer geben, die bei Ihnen Schlange stehen. Warum ich? Ich kann Ihnen das alles nicht bieten – ein Haus auf dem Land, Diener.»
«All das will ich nicht, Sholto.» Sie nahm seinen Arm und schmiegte sich in seinen Donegal. «Lassen Sie uns heimgehen. Papa wird sich Sorgen machen.»
«Traut er mir etwa nicht, wenn ich mit seiner Lieblingstochter zusammen bin?»
«Oh, doch, Sholto. Aber er traut mir nicht, wenn ich mit seinem Lieblingsdetektiv zusammen bin.»

Irgendwie lavierte sich Lestrade durch den Abend. Wenige Leute unterhielten sich mit ihm. Doch in gewisser Weise war er froh darüber. Er zog sich früh zurück, ging zu Bett und war lange vor Mitternacht eingeschlafen. Es mußte drei oder vier Uhr am unfreundlichen, kalten Morgen gewesen sein, als er spürte, wie ein Leib, ein lebendiger, in sein Bett schlüpfte. Er war an Himmelbetten nicht gewöhnt und unterschätzte die Entfernung zwischen Bett und Fußboden so gründlich, daß er einen schweren Fall tat und sich die Schulter prellte.
«Sholto, sei nicht albern. Du wirst das ganze Haus aufwecken.»
«Arabella», zischte Lestrade, «was, zum Teufel, tun Sie hier?»
«Steig zurück ins Bett und ich zeig's dir», versprach die Stimme in der Dunkelheit.
«Gütiger Gott, Weib, hast du denn überhaupt keinen Anstand? Und dann noch im Haus deiner Mutter.»
«Ja, und mit der rechten Hand meines Vaters, Mann.» Sie beugte sich vor und zerrte an seinem Nachthemd.
«Es ist nett von dir, mir diesen Ehrentitel zukommen zu lassen, aber ich glaube, du übertreibst. Auf jeden Fall mißverstehst du meine Absichten.»
«Oh, ich hoffe nicht.» Und sie hob ihn ins Bett. Dieses eine Mal in seinem Leben legte Sholto Lestrade seine Skrupel beiseite. Auf eine

merkwürdige Weise war Arabella McNaghten recht attraktiv. Und es war dunkel. Und es war Weihnachten. Er verbannte alle Gedanken an McNaghten Senior und Constance Mauleverer aus seinem Hirn und rollte ein wenig schüchtern in Arabellas Arme.

«Fröhliche Weihnachten!» Der Lärm dröhnte durch das Haus. Man hörte Gerassel und Fußgetrappel. Lestrade fuhr kerzengerade hoch, als ein rot und weiß gekleideter Sir Melville in sein Schlafzimmer eindrang. In blinder Panik drehte sich Lestrade von der rechten auf die linke Seite, um nach Arabella Ausschau zu halten. In Sekundenbruchteilen schossen ihm die dümmsten Ausreden durch den Kopf – sie hätte sich im Zimmer geirrt; das Bett sei so groß, daß er ihre Anwesenheit nicht bemerkt habe; sie sei ohnmächtig geworden und er habe sie... Oh, nein, das hörte sich entsetzlich an, doch am Ende ging ihm auf, daß sie nicht da war.
«Fröhliche Weihnachten, Sholto.» Vater McNaghten schob eine riesige Havanna in Lestrades offenstehenden Mund. «Ja, ich weiß, es ist ein Schock. Und ich hätte es nicht gern, wenn Sie es im Yard erzählten, aber es ist so etwas wie eine Familientradition hier in The Tors.» Und er schlurfte hinaus, um seine guten Gaben an die anderen Gäste auszuteilen.
Mit einem Purzelbaum verließ Lestrade das Bett, landete natürlich auf derselben Schulter und lugte unter das Bett. Ein eleganter Nachttopf, doch keine Arabella. Hinter den Vorhängen? Nein. Im Schrank? Nur sein bester Anzug.
Ein Klopfen an der Tür unterbrach seine Suchaktion. Es war das Zimmermädchen, das heißes Wasser und das Rasierzeug brachte. Im Korridor schwirrte Arabella in einem Wirbel aus Seide vorbei.
«Guten Morgen, Inspector. Fröhliche Weihnachten.»
Es war lange her, seit Lestrade an einer Weihnacht im Familienkreis teilgenommen hatte. Der glitzernde Baum, die in buntes Papier verpackten Geschenke, das Schwatzen und Kreischen der Kinder. Das Essen war vorzüglich – Gans, Hähnchen, Fasan, Klöße, ein leichter Wein und Ströme von Rotwein. Nach dem Essen, in dessen Verlauf Lestrade von Arabellas tauber Großmutter zu Tode gelangweilt wurde, die ihm unaufhörlich mit Urlaubshistörchen aus Hastings in den Ohren lag, waren Scharaden an der Tagesordnung. Lestrade

ließ, ohne eine Miene zu verziehen, die lahmen Darbietungen über sich ergehen, doch im geheimen mußte er zugeben, daß er sich recht gut amüsierte. Arabella war den größten Teil des Tages mit den Kindern beschäftigt, und in dieser Nacht schloß Lestrade seine Zimmertür ab und schlief erholsamer.

Das Fest von St. Stephan wurde mit einer Treibjagd gefeiert. McNaghten hatte Treiber aus der Umgebung engagiert, und Lestrade bekam eine Flinte, Kaliber 12, in die Hand gedrückt. Er mußte an Albert Mauleverer denken. Und er dachte noch immer an ihn, als die Explosion seinen Kragen und seine Mütze zerriß. Er spürte den Stich in Wange und Ohr, der ihn herumschleuderte. Er lag unbeholfen strampelnd in einem Graben. Zuerst dachte er, er sei tot, doch der gefrorene Farnwedel, der in sein Ohr stach, überzeugte ihn vom Gegenteil. Als nächstes dachte er, seine eigene Flinte sei losgegangen und wie töricht er sich bei dem Versuch vorkommen werde, das zu erklären. Bevor er etwas anderes erkennen konnte, wurde er von blauen, ängstlichen Gesichtern angestarrt, die von Nebeln gefrorenen Atems umwölkt wurden. Er hörte Schreie, Hundegebell und ihm schwanden die Sinne.

Er erwachte beim Schlagen der Standuhr im Erdgeschoß. Er hörte acht Schläge, doch er vermutete, daß es später war. Er bewegte seinen rechten Arm. Er war noch da und unversehrt. Und er fühlte um seine Kehle den kratzigen, sauberen Verband. Er richtete sich mühsam auf. Das Zimmer. The Tors. Er lebte.

«Mein lieber Junge...» McNaghten stürmte ins Zimmer, aus dem er Frau und Tochter verscheuchte. «Wie fühlen Sie sich?»

«Entspräche es zu sehr dem Klischee, wenn ich fragte, Sir, was passiert ist?»

«Dreimal verflucht», stammelte McNaghten nervös. «Mein Gewehr ging los. Ich hatte das Ding gerade geladen und wollte anlegen, als ich über ein Grasbüschel stolperte und der Schuß sich löste. Ich hätte Sie umbringen können, Sholto.»

Lestrade murmelte, alles sei halb so schlimm. Käme auf der Jagd mal vor usw. usw.

«Der Arzt sagt, Sie hätten eine saubere Wunde. Ihr Hut und Mantel haben das meiste aufgefangen, und den Blutverlust werden Sie in kurzer Zeit wettgemacht haben. Fühlen Sie sich in der Lage, ein bißchen Brühe zu schlürfen, alter Junge?»

Lestrade war mehr nach ein bißchen Brühe zumute als nach der «Alter-Junge-Kumpanei». Noch peinlicher berührte ihn in dieser Situation, daß er an das Bett gefesselt war. Er ertrug den Wirbel, den die McNaghtens seinetwegen entfachten, mannhaft noch einen weiteren Tag, und dann quälte er sich, aller Proteste zum Trotz, in seinen blutigen Donegal und ließ sich mit einer Kutsche zum Bahnhof fahren.

> Wenn der Hans zur Schule ging,
> stets sein Blick am Himmel hing.
> Nach den Dächern, Wolken, Schwalben,
> schaut er aufwärts allenthalben.
> Vor die eignen Füße dicht,
> ja, da sah der Bursche nicht,
> also daß ein jeder ruft:
> ‹Seht den Hans Guck-in-die-Luft!›

Lestrade las ihn – den Trauerbrief. Am Weihnachtsabend zur Post gegeben. Londoner Poststempel.
«Im Buch», sinnierte Bandicoot altklug (Lestrade vermutete, daß Santa Claus ihm ein Gehirn zu Weihnachten beschert hatte), «ertrinkt Johnny natürlich um ein Haar. Er fällt in einen Fluß, mit einer Schulmappe in der Hand. Agrippa hat einen Schnitzer gemacht.»
«Agrippa hat seine Sache bis jetzt recht gut gemacht», antwortete Lestrade, der versuchte, ohne den Kopf zu bewegen, sich in seinem Sessel so bequem wie möglich niederzulassen. «Er hat das Recht, sich hin und wieder einen kleinen Ausrutscher zu leisten.»
«Darf ich Ihnen mitteilen, was mir aufgefallen ist, Sir?»
Lestrade nickte.
«Mir scheint, Sie haben eine ziemliche Schwäche für Agrippa. Oh, mehr oder weniger wider Willen, aber es ist eine Schwäche.»
«Ich bewundere seine Planung, zugegeben. Aber es würde mir große Befriedigung verschaffen, seinen Hals in der Schlinge zu sehen.»
«Sagen Sie mir, Sir, was passiert, wenn der Fliegende Robert tot ist? Wird das das Ende Agrippas sein?»
Lestrade sah ihn ruhig an.
«Sie haben mein Wort darauf», sagte er, «daß der Fliegende Robert nicht sterben wird, es sei denn, Agrippa leistet ihm Gesellschaft.»

Bandicoot kicherte verlegen. «Verzeihung, Sir, aber wie wollen Sie alle Roberts in Britannien schützen?»
«Das brauche ich gar nicht, Bandicoot. Ich muß nur einen einzigen schützen.»

Es war der erste Tag des neuen Jahres, 1892. Die alte Königin trat in das sechsundfünfzigste Jahr ihrer Regierung ein. Der Constable trat durch die Vordertür in den Yard ein, wo er heftig mit einem schmutzgesichtigen Straßenbengel zusammenstieß.
«Langsam, langsam», knurrte Dew und blickte gewaltig auf den Burschen herunter, «du hast es ziemlich eilig, Jüngelchen.»
«Hab keine Lust, hier gesehen zu wern, verstehste?» protestierte der Junge und versuchte, sich freizustrampeln. «Das würd ich nich überleben.»
«Warum bist du dann hier?» fragte Dew.
«Halten Sie ihn fest, Constable.» Sergeant Dixon, schwitzend und mit puterrotem Gesicht, kam den Korridor entlanggestolpert.
«Dieser kleine Gauner lungerte im Vorzimmer herum. Ich habe ihn durch das ganze Gebäude gejagt.»
«War gar nich nötig, Mister. Hab nur 'ne Nachricht abgeliefert.»
«Nachricht?» fragte Dew.
«Is auf'm Tisch. Habse da hingelegt, als der da aufkreuzte.»
Der Bengel wies mit abgespreiztem Daumen in Dixons Richtung.
«Bringen Sie ihn mit, Constable.» Der Sergeant fand die Nachricht tatsächlich auf dem Tisch, wie der Junge gesagt hatte, und überflog den Inhalt. Seine Augen weiteten sich beim Lesen.
«Inspektor Lestrade im Haus?» flüsterte er Dew zu.
«Weiß ich nicht, Sergeant. Komme gerade zum Dienst.»
«Nehmen Sie ihn mit!» Die Polizisten und ihr sich sträubender Gefangener gingen zum Lift.
Lestrade saß in seinen Sessel zurückgelehnt, die Füße über Kreuz auf dem Tisch. Seine Finger spielten mit seiner Nase, der seit dem Duell im letzten Jahr die Spitze fehlte. Er überraschte sich plötzlich bei dem Gedanken, was dieser Gassenjunge sich wohl bei seinem Anblick denken mochte. Sein Gesicht war mit Myriaden alter Schnitte übersät – das Spiegelglas des Albino-Clubs in Cambridge; das purpurrote Handgelenk stammte von Bandicoots sorgloser Teezuberei-

Die Weiße Lady ─────────────────────────── 207

tung bei seinem Dienstantritt; und sein Hals war noch immer verbunden. Er las die Nachricht noch einmal –

Kommen Sie am 1. Januar 1892 in Henglers Circus. Agrippa.

Die Nachricht war mit der Schreibmaschine geschrieben, das Papier und der Umschlag trugen einen Trauerrand. Keine Briefmarke, kein Poststempel.
«Wer hat dir das gegeben?»
«Ein Knacker.»
«Ein Knacker?» fragte Bandicoot.
«Ja – ein Knacker. Is wohl 'nen Fatzke, wie?» stellte der Junge fest. Dixon versetzte ihm eine Ohrfeige.
«Wie sah dieser Knacker aus?» fragte Lestrade.
«Weiß nich.»
«Denk nach!» Lestrade hämmerte mit der Faust auf den Tisch. Der Junge machte einen Satz. «Er war groß, hatte 'nen Schal um und 'nen platten Deckel auf.»
Bandicoot blickte verständnislos. «Ich werde es Ihnen später erklären», sagte Lestrade. «Was sagte er?»
«Nichts. Nur, gib das bei den Peelers ab.»
«Auf welchem Revier?» fragte Dixon.
«Hier natürlich.»
«Woher weißt du das?» fragte Lestrade.
«Is doch klar, oder? Wir standen drüben auf der Straße und er hat's mir gezeigt.»
Bandicoot und Dew stürzten ans Fenster, doch von Agrippa war nichts zu sehen.
«Hörn Sie, Chef», fuhr der Junge fort. «Hab nur meinen Job gemacht, hatte nichts Böses vor.»
«Wieviel hat der Knacker dir gegeben?» fragte Lestrade.
«'nen Sechser.»
Er suchte in seinen Taschen. «Dew» – der Constable fischte ein paar Münzen aus seiner Tasche und gab sie Lestrade – «Hier hast du einen ganzen. Und jetzt raus mit dir.» Lestrade schnippte ihm die Münze zu. «Und, Jüngelchen» – der Junge blieb stehen – «erzähl deinen Enkelkindern, daß du mal mit dem langbeinigen Scheren-Mann gesprochen hast.»

Der Junge sah ihn verdutzt an, biß in sein Schillingstück und verschwand.

«Ich geb's Ihnen zurück, Constable.» Lestrade besänftigte die Besorgnis, die auf Dews Stirn zu lesen war.

«Sie werden doch wohl nicht hingehen, Sir?» fragte Bandicoot.

Lestrade sah ihn an. «Bei Ihrer Erziehung, Bandicoot, sind Sie wohl nicht sehr vertraut mit dem Jargon der arbeitenden Klasse, wie? Keinen Schimmer von Cockney?»

«Nein, Sir.»

«Wie werden dort die Polizisten genannt, Bandicoot?»

«Sir?»

«In der breiten Öffentlichkeit – wie nennt man uns?»

«Hm... Peelers, Sir.»

«Gelegentlich...» Lestrade wartete auf mehr.

«Äh... Bobbies?»

«Schon besser. Warum, Bandicoot?»

«Nun, weil die Metropolitan Police von Sir Robert Peel gegründet wurde, Sir, damals Innenminister.»

«Ganz recht», nickte Lestrade. «Sie fragten mich vor zwei Tagen, wie ich denn alle Roberts in Britannien schützen wolle. Es gibt nur einen Robert, der in Gefahr ist, Bandicoot – nur einen Bobby – und der bin ich.»

Finale

Melville McNaghten glaubte seinen Augen nicht zu trauen. Dort stand es, auf der Titelseite des *Evening Standard*, den er auf dem Weg zum Yard gekauft hatte. «Grauenhafte Mordserie», hieß es da. «Elf Tote – Kinderverse als Grundlage – Scotland Yard seit Monaten informiert.» Der Leitartikel zog über die Unfähigkeit von Scotland Yard her, und Sir Melvilles Name leuchtete ihm riesengroß in fetten schwarzen Buchstaben entgegen. Lestrades ebenso. Während McNaghten noch das Kleingedruckte las und seinen Posten mit jeder Sekunde wackliger werden fühlte, hörte er in der Straßenbahn zufällig die Unterhaltung zweier Frauen mit an. Normalerweise benutzte er keine öffentlichen Verkehrsmittel, doch er war früher als geplant aus den Weihnachtsferien zurückgekehrt und hatte seinen Wagen in The Tors zurückgelassen, damit seine Familie und ihre Gäste es bequemer hatten. Eine Frau sagte zu der anderen: «Wirklich, meine Liebe, diese Polizisten! Ich weiß wirklich nicht, was aus der Welt noch werden soll! Und Scotland Yard, schreibt die Zeitung, hat alles seit Monaten gewußt. Ist das nicht kriminell?»
«In der Tat, Madame», mischte McNaghten sich ein. «Kriminell ist das richtige Wort.»
Die Damen drängten sich eng aneinander, die eine drückte ihr Kind an ihren Busen.
«Ich glaube nicht, daß wir mit Ihnen gesprochen haben, Sir.» Die andere Frau war spitzbübisch.
«Verzeihung, Madame, ich bin in der Regel nicht so unhöflich, aber, sehen Sie, ich bin Polizist. Sir Melville McNaghten, Leiter der Obersten Kriminalpolizeibehörde.» Er legte mit ungewöhnlicher Feindseligkeit den Finger an seinen Hut. «Und wer sind Sie?»
Die Damen zögerten. «Ich bin Miss August und das ist Mrs. Miller», kam die frostige Antwort. «Sagen Sie nur nicht, daß Sie uns festnehmen wollen.»
«Nein, Madame. Ich meine bloß, daß man wissen sollte, mit wem

man spricht. Zu Ihrer Information: eines dieser Opfer war ein Polizist. Und ich habe die besten Köpfe zu meiner Verfügung, die rund um die Uhr unermüdlich im Einsatz sind, diesen Mörder zu fassen.»
Die Damen brannten vor Eifer. «Huch!» Jetzt war Mrs. Miller mit der Spöttelei an der Reihe. «Mögen Sie soviel Erfolg haben, wie Sie wollen, aber meine kleine Agatha könnte Verbrechen schneller aufklären als Sie.»
McNaghten faltete energisch seine Zeitung zusammen und stand auf. Die Damen atmeten schwer. Mrs. Miller verbarg das Gesicht der kleinen Agatha in ihrem Schal, doch sie wurden weniger Zeuge einer Niederlage als eines taktischen Rückzuges. McNaghten mußte ohnehin aussteigen.
In seinem Büro angekommen, zwirbelte der Leiter der Obersten Kriminalpolizeibehörde seinen Schnurrbart und strich seine Krawatte glatt.
«Tee», schnauzte er Dew an, «und Lestrade. Nicht notwendigerweise in dieser Reihenfolge.»
«Der Inspector ist leider nicht im Hause, Sir.»
«Nicht da?» McNaghten durchmaß das Zimmer. «Sein Dienst endet aber erst in...» – er warf einen Blick auf seine Taschenuhr –«...in zwei Stunden. Wohin ist er gegangen?»
«Ich weiß es nicht, Sir.» Hinter seinem Rücken drückte Dew dem Inspector die Daumen.
McNaghten schäumte vor Wut. Dann rief er in der Redaktion des *Evening Standard* an. Die Verbindung war grauenhaft, immer wieder durch Knacken und Rauschen unterbrochen, untermalt vom unaufhörlichen Klappern der Druckpressen, und das heftige Umrühren in seiner Teetasse machte sie auch nicht besser. Vom Chefredakteur brachte er in Erfahrung, daß der Reporter, der den Artikel geschrieben hatte, ein gewisser T. A. «Knüller» Liesinsdad sei.
«Ausländer, wie?» knurrte McNaghten.
«Waliser», lautete die Antwort.
«Hab ich mir gedacht», fügte McNaghten hinzu.
Liesinsdad, zumindest seine Stimme, ließ sich am anderen Ende hören. Ja, die Geschichte war ihm persönlich telefonisch übermittelt worden, von einem Mann. Ja. Ja. Mit einer verschleierten Stimme. Könnte aber auch an der Verbindung gelegen haben. Ist ziemlich

Finale ── 211

laut hier, verstehen Sie. McNaghten gab ihm recht. Ja, es war wahr. Liesinsdad hatte keinen Grund, an der Geschichte zu zweifeln. Ob McNaghten einen Kommentar abgeben wolle? Nein. Wie habe ein Mann Scotland Yard so lange an der Nase herumführen können. War es möglich, daß es sich um Jack the Ripper handelte? McNaghten hatte die Nase voll. «Bleiben Sie, wo Sie sind», bellte er. «Ich schicke Constables vorbei. Falls Sie Agrippas Stimme gehört haben, möchte ich persönlich mit Ihnen sprechen.»
Als er den Hörer einhängte, kam ihm eine Idee. Warum ging er nicht selbst? Es konnte nur noch Minuten dauern, bis jemand dem Commissioner erzählte, daß die Presse die ganze Geschichte kannte. Morgen würde sie in der *Times* stehen und der Innenminister würde sie lesen. Dann der Premierminister, dann die Königin. Köpfe würden rollen, und der seine würde als erster im Rinnstein landen. Wenn er aber schnell genug handelte und dem Reporter eine winzige, aber entscheidende Spur entlocken konnte? Wenn er diese Spur verfolgte. Heute noch... dann konnte er sich vielleicht noch retten. Zum Teufel mit den Constables. Er würde selber hingehen.

Ungeachtet dessen, was er Bandicoot gesagt hatte, ging Lestrade nicht allein. In der Tasche seines Donegal trug er das Apachenmesser mit Schlagring, das er immer, wenn Gefahr drohte, bei sich hatte. Im übrigen drängten sich Hunderte von Menschen an diesem frostkalten Januarabend durch Argyle Street. Die Sterne blickten herab auf Geplapper und Gelächter, die fröhlichen, erwartungsvollen Gesichter der Kinder und den Geruch gerösteter Kastanien.
«Wieviel?» fragte Lestrade den Kartenverkäufer.
«Bezahlen Sie, Chef, und setzen Sie sich, wohin Sie wollen. Und jetzt gehen Sie weiter, es wollen noch viele rein.»
Lestrade bezahlte und suchte sich einen Platz. Die Manege war von Schwefel und Elektrizität erhellt. Über allem lag der Geruch von Schminke und Elefanten in der Luft. In der Mitte war ein künstlicher See mit einem echten Baum und künstlichem Gebüsch ringsum am Ufer. Keine Geringere als die Kapelle der Gardegrenadiere war angeheuert worden, und sie gab alle Schlager der Saison zum besten. Die glitzernde Pracht und das blendende Licht ließen ihn vorübergehend vergessen, warum er hier war. Die Clowns

schlugen Purzelbäume, bespritzten sich gegenseitig mit Wasser und warfen eimerweise Konfetti in die Menge. Elefanten tanzten und vollführten Pirouetten. Junge Männer und Frauen in flitterbesetzten Kostümen schwangen sich mit ihren Trapezen durch die Luft. Alles wurde vom Beifall und den Schreckensrufen der Menge übertönt – wenn der Fuß auf dem Hochseil sekundenlang ausglitt, wenn der Löwe fauchte und nicht zurückweichen wollte, wenn die Zwerge und Riesen, die armlosen Männer und schweinsgesichtigen Frauen sich zu grotesken Pyramiden gruppierten. Das Ganze hatte sogar einen Anflug von Music Hall, wenn das Publikum den Text eines populären Liedes aus vollen Hälsen mitgrölte, doch es war eine plötzliche Erinnerung, die Musik vielleicht, die Lestrade wieder zum *Struwwelpeter* zurückführte. Inzwischen kannte er das ganze Buch auswendig, das ganze gemeine Machwerk. Und die letzte Strophe, die noch ausgeführt werden mußte, dessen war er sicher, war auf ihn gemünzt –

> Seht! den Schirm erfaßt der Wind,
> und der Robert fliegt geschwind
> durch die Luft so hoch, so weit.
> Niemand hört ihn, wenn er schreit.
> An die Wolken stößt er schon,
> und der Hut fliegt auch davon.

«Sir.»
Lestrade drehte sich abrupt nach links, wobei er sich den Hals weh tat. Es war Bandicoot, der sich über ihn beugte.
«Hinsetzen», schrie ein Mann hinter ihm. Eine Dame schlug mit einem Schirm nach Bandicoot. Er kauerte verlegen neben Lestrades Knie.
«Was, zum Teufel, tun Sie hier?» zischte er ihn an. «Ich dachte, ich hätte mich deutlich genug ausgedrückt.»
«Verzeihen Sie, Sir, ich konnte nicht fernbleiben. Wenn es eine Chance gibt, Agrippa zu schnappen, wollte ich dabeisein.»
«Das ist mein Bier, Bandicoot.» Lestrade wollte den jungen Mann nicht hier haben. Zwar wagte er nicht, es sich einzugestehen, aber er hatte das sonderbare Gefühl, diesen Abend nicht zu überleben. Der Brief in seiner Tasche fiel ihm ein. Der Brief, der soviel war wie ein

Finale ─── 213

Testament. Er hatte vorgehabt, ihn am Eingang einzuwerfen, aber er hatte es vergessen.
«Wenn Sie schon mal da sind, können Sie das an sich nehmen.»
«Was ist das, Sir?»
«Sogar in Eton, Bandicoot, muß man Ihnen beigebracht haben, wie ein Brief aussieht.»
«Ja, Sir, gewiß. Aber er ist an den Commissioner adressiert.»
«Sehr gut, Bandicoot. Sie werden von Tag zu Tag besser.»
«Wünschen Sie, daß ich ihn persönlich aushändige, Sir?»
«Ja, aber nur im Fall meines Todes.»
«Damit ist alles klar!» Bandicoot stopfte den Umschlag in seine Tasche und ließ sich häuslich auf dem Boden nieder. «Ich bleibe.»
«Bandicoot», Lestrades Stimme hatte sich verändert, «glauben Sie, ich erlaube, daß ein Außenseiter der Gesellschaft wie Sie sich heute abend einmischt? Ich habe zehn Monate damit zugebracht, Agrippa zu jagen, und jetzt bin ich kurz vor dem Ziel, ihn zu schnappen. Das letzte, das ich mir dabei wünsche, sind Ihre großen Füße, die mir in die Quere kommen. Jetzt gehen Sie heim. Das ist ein Befehl. Wenn Sie ihn mißachten, werde ich Sie schneller aus dem Dienst feuern als sie ‹Dry Bobs› sagen können.»
Obwohl er verwundert war, daß Lestrade sich im Eton-Jargon auskannte, hatte Bandicoot die Zurückweisung seines Vorgesetzten ehrlich getroffen. Er war, wie Lestrade wußte, im Grunde seines Herzens ein durch und durch empfindsamer Mensch.
«Sehr wohl, Sir, aber nehmen Sie wenigstens das hier. Er gehörte meinem Vater.»
«Der *Evening Standard*?»
«Nein, Sir, was darin eingewickelt ist. Ich bin kein sonderlich gottesfürchtiger Mann, doch ich hoffe, Er wird heute abend bei Ihnen sein.»
«Bei Ihnen und bei mir, Söhnchen. Fort mit Ihnen.»
«Hinsetzen», schrie wieder der Mann in der Reihe hinter ihnen, doch Bandicoot war in den Schatten verschwunden, bevor derselbe Schirm niedersausen konnte.
Lestrade warf einen Blick auf das Präsent. In der Zeitung schimmerte ein Revolver. Eine wunderbar ziselierte Smith and Wesson mit Perlmuttgriff, Kaliber 44. Im Yard hatte er Abbildungen solcher Waffen gesehen, doch nie einen dieser Revolver in der Hand gehal-

ten. Im Halbdunkel las er auf dem Lauf die eingravierte Widmung: *Für H. B. Mögest du immer den letzten Schuß haben.* Diese Worte machten Lestrade am heutigen Abend ein wenig sentimental. Dann entdeckte Lestrade zum erstenmal die Schlagzeilen. Wie Melville McNaghten konnte er es nicht glauben. Er eilte zur Tür und überflog mit Hilfe der hellen Lichter im Foyer die Geschichte. «Hast du gute Laune, Süßer?» Eine alternde Dirne mit Rouge und üblem Atem tätschelte seinen Arm.

«Nicht jetzt, im Gegenteil», murmelte Lestrade, halb zu sich selbst.

«Vielleicht kann ich dich für was Knackiges interessieren, Süßer. Meine Nichte, gerade frisch vom Land gekommen. Dreizehn isse.»

Lestrade kam zur Besinnung. «Wirklich, Madame?» fuhr er sie an. «Dann schicken Sie sie besser aufs Land zurück oder ich fange an, Mr. Laboucheres Gesetz zu zitieren, betreffend den Mißbrauch jungfräulicher Mädchen für verbotene Zwecke.»

Die Hure gab auf, wedelte mit ihrer Federboa und verschwand gesäßwackelnd in der Nacht. «Mach's dir selber, Süßer, sie ist sowieso keine Jungfrau mehr.»

In Lestrades Kopf drehte es sich. Was er monatelang gefürchtet hatte, war eingetreten. Nun würde es jeder wissen. Panik würde es geben, Hysterie und Hexenjagden. Es würde wieder sein wie beim Ripper-Fall. Er konnte es sich lebhaft vorstellen. Jeder, der die *Struwwelpeter*-Geschichte kannte, würde in Verdacht geraten. Jeder großgewachsene Schneider mit einer Schere in der Hand, jeder Maler mit einem Topf schwarzer Farbe, jeder Raucher mit einer Schachtel Streichhölzer. Er und McNaghten würden natürlich ihre Ämter quittieren müssen. Aber das würde nach der heutigen Nacht wohl keine Rolle mehr spielen, dachte er.

Er hörte, daß das Finale begann. Als Polizisten verkleidete, übermäßig fette Clowns mit knallroten Gesichtern jagten Seelöwen rund um den Teich. Wie unvermeidlich glitt, perfekt abgestimmt, einer nach dem anderen aus und fiel ins Wasser, und die Seelöwen und die Menge applaudierten, wenn sie herauskletterten, nur um wieder zurückzurutschen. Die Kapelle spielte einen Tusch, und aus der Mitte

des Sees stieg eine Plattform empor, auf der Meerjungfrauen und Sirenen in glitzernden Gewändern standen, gekrönt von Britannia, die in Helm und Schild prangte. Raketen schossen durch eine Öffnung in der Kuppel gen Himmel. Das Publikum brach in Begeisterungsstürme aus. Dann verstummte die Musik. Nur ein Trommelwirbel dauerte an. Die Menge verstummte. Auf der einen Seite der Manege kletterte ein Mann im glitzernden Trikot in ein riesiges Kanonenrohr. Es war eine neue sensationelle Darbietung für den Zirkus Hengler, die erstmals in London gezeigt wurde. Auf allen Flugblättern hatten die Worte «Menschliche Kanonenkugel» gestanden, und sobald Lestrade sie sah, war ihm alles klar – «Fliegender Robert». Wo immer Agrippa war, er plante, Lestrade in jenes Kanonenrohr zu praktizieren, womit die letzte Geschichte des *Struwwelpeter* in die Wirklichkeit umgesetzt wäre. Der Trommelwirbel verstärkte sich. Die Zündschnur wurde angezündet. Der Zirkusdirektor zählte laut «Eins – Zwei – Drei – Feuer!» und im selben Augenblick zerriß eine Explosion die Stille des Zirkus'. Der große junge Mann, zu einer Kugel zusammengekrümmt, wirbelte heraus und klatschte nur ein paar Zoll von den gefährlich schwankenden Seelöwen entfernt ins Wasser. Es war Totenstille. Sogar die Tiere spürten die Spannung des Augenblicks, und dann lief ein überraschtes Raunen der Erleichterung und Freude durch die Reihen, als der junge Mann sich aus dem Wasser aufrichtete und seinen Platz neben Britannia einnahm. Wie jedem der Zuschauer schlug auch Lestrade das Herz bis zum Hals, doch das seine aus anderen Gründen.
Inmitten von stürmischem Applaus begann die Parade der Tiere, und die Menge drängelte sich müde und fröhlich zu den Ausgängen. Lestrade saß unbeweglich da, die Hände auf den Knien, die verheerende Zeitung im Schoß. Sogar die Manegenarbeiter, die den Tierdung wegfegten und frisches Sägemehl streuten, übersahen ihn. Dann hörte er, wie die Haupttüren sich mit einem Klicken schlossen, und er war in dem verdunkelten Zirkus allein. Der Mond und die Sterne erhellten den Schauplatz, und was zuvor Farbe, Lärm und Leben gewesen war, war jetzt silbrig-schwarz, stumm und tot. Lestrade stand auf. Er verließ seinen Platz am Ende der Reihe und schritt zur verlassenen Manege hinunter. Seine Schritte widerhallten in der ungeheuren Leere des Kuppelbaus. Er

dachte daran, den Revolver zu entsichern, doch möglicherweise hätte er sich in den Fuß geschossen.

Am meisten beunruhigte ihn, daß sein Hals wegen der Schußverletzung so steif war. Er konnte keine schnellen Bewegungen machen und das benachteiligte ihn.

Dann hört er sie, diese leise, flüsternde, kehlige Stimme.

«Hier unten, Inspector, am See.» Das war die Stimme, die Harriet Wemyss eingelullt hatte, die Stimme, die den alten Isaac Prendergast, zumindest vorübergehend, in seiner Abgeschiedenheit umschmeichelt hatte.

«Agrippa?» Lestrade zögerte auf der letzten Stufe. Er konnte nichts sehen. «Ich vermute, die Kanone ist für mich vorgesehen?»

Ein kaltes, hohles Lachen. «Fliegender Robert», sagte die Stimme.

Lestrade hatte die Stimme geortet. Ihre Richtung. Ja, dort in den Schatten. Er war seiner sicher. Ein Strahl Mondlicht fiel auf die Knöpfe eines Clowns-Polizisten, grotesk in Bauchgurt und Riemen gezwängt. Lestrade stand mit gespreizten Beinen da, darauf vorbereitet, zur einen oder anderen Seite wegzutauchen. Er richtete den Revolver auf die Gestalt und spannte den Hahn. Einmal… zweimal. Er sah, wie die Hand sich hob, um den Schnurrbart zu zwirbeln und die nicht vorhandene Krawatte zu richten.

«Kommen Sie heraus, Sir Melville, das Spiel ist aus.»

«Woher wußten Sie, daß ich es war?»

«Ich wußte es nicht. Erst in The Tors. An jenem Morgen, als Sie als Weihnachtsmann ins Zimmer kamen. Sie trugen Schuhe mit erhöhten Absätzen, nicht wahr?»

«Gut beobachtet, Inspector.»

«Alle Zeugen, die Agrippa sahen, erwähnten die Größe des Mannes. Sie sind zu klein. Aber diese Verkleidung gab mir Gewißheit, daß Sie vielleicht zu überzeugenderen Masken in der Lage wären.»

«Und die Stimme?»

Keiner von beiden hatte sich bis jetzt bewegt.

«Kommen Sie ans Licht.» Lestrade bekam schwitzige Hände.

«Und die Stimme? Was ist mit der Stimme?»

«Vortrefflich. Madame Slopesski, der reisende Händler, alles sehr gekonnt.»

Finale

«Aber wußten Sie, daß ich meine Stimme aus jeder beliebigen Richtung kommen lassen kann?»
«Was?»
«Wie Sie sehen, bin ich in Wirklichkeit überhaupt nicht hier.»
Die Gestalt in den Schatten hob etwas hoch. Es sah aus wie ein Stab und sie schleuderte ihn auf Lestrade. Instinktiv wich der Inspector aus, riß seinen Kopf beiseite und feuerte gleichzeitig. Er hörte das Krachen von splitterndem Glas, und ein schwerer Gegenstand traf Lestrade am Ohr. Er lag betäubt in den Sägespänen und bevor seine Aufmerksamkeit sich wieder auf den Revolver richten konnte, der ein paar Fuß entfernt lag, hatte jemand anderer ihn aufgehoben.
«Dann sind da natürlich noch meine Augen.» Der Clowns-Polizist beugte sich über ihn. «Hat keiner Ihrer Zeugen sie erwähnt? Sie sind eine meiner Schwächen, Sholto. Sie vertragen es nicht, wenn ich sie bedecke oder mit Tropfen behandle. Ich sehe nicht sonderlich gut. Hast du wirklich diese drei Jahre lang mit einem Mann zusammengearbeitet und weißt nicht, daß seine Augen grau sind? Die meinen hingegen, Sholto, sind blau.»
Die Stimme hatte sich verändert. Sie war weicher, wärmer. Der Clowns-Polizist nahm seinen Helm ab und ließ die Flut langer schwarzer Haare bis auf die Schultern fallen. Lestrade blinzelte ungläubig zu ihr auf.
«Arabella?»
Sie richtete sich auf und entfernte sich von dem am Boden liegenden Inspector.
«Wie ich es vorausgesehen habe, Sholto, bist du, ein schreckliches Kind der Arbeiterklasse, nie dahintergekommen, daß der ursprüngliche Agrippa ein deutscher Magier war, der im sechzehnten Jahrhundert lebte. Ich bilde mir ein, in diesen vier Jahren mehr Zauberkunststücke vollbracht zu haben, als er es je konnte.»
«Warum?» Lestrade hatte mühsam eine kniende Haltung eingenommen.
«Hübscher kleiner Trick, nicht wahr?» Sie deutete auf das zersplitterte Glas. «Es wird alles durch Spiegel bewirkt, weißt du. Indem ich hinter dir stand und meine Stimme scheinbar von vorn kam – ich meine, Papas Stimme –, konnte ich dir ein Schnippchen schlagen, war's nicht so?»
Lestrade versuchte aufzustehen.

«Bleib, wo du bist!» Arabellas Stimme war schroff, ihre Entschlossenheit unmißverständlich. «Bei allen meinen Morden, Sholto, habe ich meinen Opfern nie eine faire Chance gewährt. Ebenso wie Königin Elizabeth habe ich schließlich nur den Körper einer schwachen und empfindlichen Frau.»
Möglicherweise hätte Lestrade diese Bemerkung nicht ganz unwitzig gefunden, hätte er nicht in die Mündung von Bandicoots 44er geblickt.
«Hübsche kleine Waffe», sagte sie nachdenklich, als sie seinem Blick folgte, «du trugst sie nicht mit Vaters Erlaubnis, darauf möchte ich wetten.»
Es war Lestrades einzige Hoffnung, sie am Reden zu halten, um Zeit zu gewinnen. «Du weißt so gut wie ich, daß er keine Ahnung hat, daß ich hier bin. Der Revolver gehört Constable Bandicoot.»
«Ach ja, süßer Junge.» Arabella lächelte. «Ich spielte mit dem Gedanken, ihn zu einem meiner Opfer zu machen, um euch allen zu beweisen, wie gefährdet ihr wart, wie leicht es war, einen Schlag in der Zentrale des Yard zu landen, aber Bandicoot war zu liebenswert. In meiner Planung nahm Forbes seinen Platz ein.»
«Erzähle mir etwas über deine Planung», sagte Lestrade. Er hatte gehofft, jemand habe den Schuß und das Splittern des Glases gehört. Doch es war, als könne Arabella seine Gedanken lesen.
«Du spielst auf Zeit, Sholto, du gerissener alter Gauner. Nun gut, warum nicht? Du willst einen ermüdenden Streifzug durch alle *Struwwelpeter*-Morde machen?»
«Es wäre interessant.» Hinter seinem Rücken kratzte Lestrade so unauffällig wie möglich eine Handvoll Sägespäne zusammen.
«Sehr gut, aber ich denke, zuerst werden wir deine Hände fesseln.»
Lestrade erkannte seine Chance, schleuderte Arabella die Sägespäne ins Gesicht und tauchte unter dem Revolver weg. Er wußte allerdings nicht, daß sie die Eisenstange, die sie vor ein paar Minuten gegen ihn geschleudert hatte, wieder in der anderen Hand hielt. Diese ließ sie krachend auf Lestrades verbundenen Hals niedersausen. Er sackte wie von einer Axt getroffen zusammen und ihm wurde bloß verschwommen bewußt, daß sie ihm die Handgelenke fest auf dem Rücken zusammenband. Sie hievte ihn mit wenig

Finale ─── 219

Mühe in eine sitzende Stellung, seinen Rücken an die Kanone gelehnt.

«Fangen wir an...» Arabella in ihren voluminösen Hosen saß ihm mit gekreuzten Beinen gegenüber. Von irgendwoher brachte sie eine Zigarre zum Vorschein, zündete sie an und ließ Lestrade ein letztes Mal daran ziehen. Sie blies Ringe in die Luft.

«Der Mann in der Schlucht hatte damit nichts zu tun. Hätte in der Lokalzeitung nicht die Beschreibung gestanden, hätte mich der Mord nicht sogleich an den *Struwwelpeter* erinnert. Ich weiß nicht, wer deinen Arbeiter oder Fischer oder was er sonst war, umgebracht hat, aber die ganze bizarre Sache war ein Volltreffer: das lange Haar schien mir das genaue Ebenbild von *Strubbelkopf-Peter* zu sein. Und der Name, der in den Kittel gestickt war – kaum zu fassen.»

«Und die Litze des 13. Husarenregiments?»

Arabella lachte. «Weiß Gott, aber es war die erste von vielen köstlichen falschen Fährten. Papa hielt mich natürlich auf dem laufenden.»

«Gewiß. Darum verfiel ich ja auf den Gedanken, er sei unser Mann.»

«Schäme dich, Sholto Lestrade. Solche Sachen von deinem Vorgesetzten zu denken.» Arabella schnalzte mit der Zunge.

«Erzähl mir etwas über Freddie Hurstmonceux. Wie hast du das angefangen?»

«O ja, das war schwierig. Es ist nützlich, so viele Menschen in so vielen gesellschaftlichen Stellungen zu kennen. Papa hat viele Bekannte. Einer davon ist... nun, sein Name tut nichts zur Sache; immerhin hat er sich der Beihilfe schuldig gemacht. Er ist Master der Pytchley-Jagd und weiß mehr über Hunde als du über Peelers. Nun, um die Sache kurz zu machen, ich wettete mit ihm um hundert Pfund, er könne einen Hund nicht so dressieren, daß er beim Aussprechen eines einzigen Wortes toll würde.»

Bei dem Gedanken, wie zutreffend seine Schlußfolgerungen gewesen waren, mußte Lestrade lächeln. «Das Wort war Egge?»

«Richtig. Die alte Schule des Masters der Pytchley. Wir lachten beide darüber, doch ich hatte bereits mein Opfer – Lord Freddie, ein durch und durch verabscheuungswürdiger schweinischer Mann – und meine Waffe. In der Zwischenzeit suchte ich Freddie auf und wandte alle Kniffe an, um ihn zum Kauf einer neuen Meute zu be-

wegen – jener mit dem Leithund Tray, der darauf dressiert war, zu töten, wenn man ein bestimmtes Wort aussprach. Die übrigen Hunde würden ihm folgen. Die schwierigste Aufgabe war, die Egge in die richtige Position zu bringen. Das Ganze war natürlich sehr dem Zufall unterworfen: drei Jagden hatten schon den falschen Weg genommen. Selbst ich kann Füchse nicht kontrollieren, Sholto.»
«Du erstaunst mich», sagte Lestrade. «Was war mit Harriet?»
«Ja, das habe ich nicht so gern gemacht. Sie war ein sehr einfältiges Mädchen, jedoch hegte ich eine gewisse Sympathie für Harriet. Es war auch gefährlicher als der Mord an Hurstmonceux. Ich mußte als Mann in der Öffentlichkeit erscheinen. Zum Glück wußte die arme Harriet nicht, was bei einem Mann hinten und vorn war. Ich machte sie mit geheimen Stelldicheins, Blumen usw. weich und brachte ihr natürlich das Rauchen bei.» Arabella blies weitere Ringe himmelwärts.
«Natürlich», sagte Lestrade.
«Es war einfach, ins Haus zu gelangen und Petroleum ins Klosettbecken zu gießen. Oh, tut mir leid, Sholto, ins ‹Örtchen› – ich hatte nicht die Absicht, dein Zartgefühl zu verletzen.»
Lestrade mußte lächeln.
«Es fing an, unangenehm zu werden. Die alberne, kleine Trine sprach von Heirat. Es war alles ziemlich scheußlich. Immerhin hat Ihre Majestät gesagt, daß solche widernatürlichen Handlungen zwischen Frauen nicht stattfinden.»
«Was war mit den Tinten-Buben?» fragte Lestrade.
«Nun ja, der Besuch von Atlanta Washington war seit Monaten angekündigt. Das paßte gut, aber die eigentliche Methode des Mordes war raffiniert. Ich war nicht sicher, ob es klappen würde. Ich brütete stundenlang über Papas Chemiebüchern und in der Bibliothek des Yard. Schließlich sah ich eine Möglichkeit. Ich wählte mein Rassistentrio aus und lud es zu einem intimen Rendezvous in den oberen Räumen in James Street ein. Ich betäubte und fesselte sie, bemalte sie mit schwarzer Farbe…»
«Die du aus Lawrence Alma-Tademas Atelier stahlst?»
«Ja. Ich dachte, an diesem Punkt würde Papa alles verraten, als er dir erzählte, er kenne den Künstler. Ich war die Person, die ihre Verabredung mit dem Maler kurzfristig absagte, damit ich Gelegenheit

hatte, nach St. John's Wood zu gehen und die Farbe zu stehlen. Aber du bist nicht dahintergekommen, lieber Sholto, oder?»
«Wie hast du die Leichen in den Park geschafft?»
«Auf dieselbe Weise, wie ich dich gerade überwältigt habe, Sholto. Eine Verbindung aus List und brutaler Gewalt. Es war riskant, gewiß – aber es gibt eine Menge Kutscher und Fuhrunternehmer, die in den frühen Morgenstunden Bündel transportieren. Niemand stellte Fragen. Einen Wagen zu bekommen, war die einfachste Sache von der Welt.»
«Und der Große Agrippa tauchte zum erstenmal in einem Trauerbrief auf. Sage mir, hast du sie auf Papas Schreibmaschine geschrieben?»
«Im Yard, in der Tat. Die meisten Briefe schrieb ich nur ein paar Yard von deinem Büro entfernt, Sholto.»
«Albert Mauleverer?»
«Das war ein Reinfall. Bei den Morden in der Provinz, besonders in Macclesfield und Warwick, war es das Schwierigste, sich für längere Zeit von der Familie loszueisen. Zum Glück verfügen wir über Dutzende entfernter Tanten, die kaum Kontakt zu uns haben. Angeblich besuchte ich sie. In Hotels bediente ich mich ausnahmslos einer männlichen Verkleidung, damit man mir keine peinlichen Fragen stellte, wie man es bei einer alleinreisenden Dame getan hätte. Selbstverständlich rechnete ich nicht damit, daß du dich in Mrs. Mauleverer verlieben würdest.»
«Habe ich das?»
Arabellas Ton veränderte sich. «Oh, Sholto. Ich liebte dich. Hättest du nur das geringste Interesse gezeigt... nun, keiner dieser Morde wäre passiert.»
«Warum Forbes?»
Arabella hatte ihre Zigarre beinahe zu Ende geraucht, und Lestrade war ängstlich darauf bedacht, in ihrem Redefluß keine Unterbrechung eintreten zu lassen.
«In den *Struwwelpeter*-Versen lautet der Name Konrad. Ich konnte keinen Konrad ausfindig machen. Wie auch immer, Forbes war mir aufs tiefste zuwider. Seine Arroganz war seiner Stellung nicht angemessen. Ich brachte ihn auf dem Polizeiball dazu, sagen wir, sich für mich zu interessieren. Darauf schickte ich ihm diese lächerliche Nachricht, wie ich es auch mit dir machte; das klappt immer.»

«War es eine Hutnadel?»
«Ja. Ihm die Daumen abzusäbeln, war schwieriger, als du dir vorstellen kannst. Habe mir meine Schneiderschere dabei verdorben.»
«Und Augustus?»
«Ach ja, der alte Prendergast. Ich hielt mich bei einer weiteren Tante – die es nicht gab – in Kent auf. Wie bei Konrad erwies es sich auch hier als unmöglich, einen Augustus aufzutreiben, so daß ich auf diesen tyrannischen alten Kauz verfiel. War es nicht verwerflich, ihn so anzuketten, daß er die Nahrung nicht erreichen konnte? Sogar ich hatte Skrupel. Aber schließlich mußte ich die Leiche nicht finden.»
«Warum bist du das Risiko mit Madame Slopesski eingegangen?»
«Ich weiß es nicht. Eitelkeit, schätze ich. Ich überredete Papa, die Idee mit der Séance zu unterstützen. Ich wollte dir gegenübertreten, dir so nah sein, wie wir es jetzt sind, und deine Reaktion beobachten. Ich muß zugeben, daß mich beinahe der Mut verließ, als ich feststellte, daß Frank Podmore anwesend war und ich annehmen mußte, daß er die wirkliche Slopesski kennen würde. Ich glaube, das war wahrscheinlich der unangenehmste Augenblick meines Lebens.»
«Was war mit Zappelphilipp?»
«Ach ja, der unappetitliche Mr. Faye. Ich mochte ihn überhaupt nicht. Ich hatte ihn durch die Queensberrys kennengelernt. Er war körperlich sehr schwach. Ich gab vor, ich sei in diesen Esel verliebt, dann drückte ich ihn mit meinem Walkürenbusen nieder und erstickte ihn mit einem Laken. Bei John Torquil mußte ich mir schon erheblich mehr einfallen lassen, aber du weißt, Sholto, wie sehr ich mit den Herausforderungen wachse. Ich machte ihm auf riskante, aber spaßige Weise schöne Augen, doch als er erklärte, ein weiblicher Flieger sei ein Unding, griff ich wieder zur männlichen Verkleidung. Ich schloß mich den Aeronautikern an und wartete auf meine Chance. Er wollte sich vor Lachen schier ausschütten über die List. Wirklich schade, ich glaube, Maxims Maschine wäre wirklich geflogen, hätte ich nicht daran herumgebastelt.»
«Warum hat dein Vater mich nach The Tors eingeladen?»
«Meine Idee.» Arabella warf den Rest der Zigarre in die Sägespäne.

«Eine Frau ist nur eine Frau, Sholto, aber eine gute Zigarre ist ein Schmauch. Komm.» Sie zog ihn hoch. «Ich war entschlossen, dich zu verführen, bevor... nun, vor heute nacht.»
«Was hatte es mit dem Gewehrschuß auf sich? Ich war der Ansicht, Sir Melville habe ihn mit dem Vorsatz abgefeuert, mich zu töten.»
Arabella kicherte. «Nichts als ein kleiner Unfall, Sholto. Wäre es nicht Ironie des Schicksals gewesen, Sholto, wenn Papa mir meinen ‹Fliegenden Robert› geraubt hätte? Ich bin sicher, du kannst die Stufen mit gefesselten Händen hinaufsteigen.»
«Ich werde da nicht reinklettern, Arabella.»
Sie hob den Revolver und entsicherte ihn. «Sholto, ich habe genügend Sprengstoff hineingepackt, um die Kanone und dich in Stücke zu zerblasen. Dann wärest du wenigstens auf der Stelle tot. Jedoch im Revolver sind noch fünf Kugeln. Bei dieser Methode kann das Sterben sehr lange dauern.»
Lestrade erkannte sofort, daß ihm in dieser Lage kein Ausweg blieb, und kletterte zögernd in die Mündung des Kanonenrohrs. Im Inneren glitt er hinunter, bis seine Knie gegen die Ringwand stießen. Alles, was er über sich sehen konnte, waren die Sterne, die kalt durch das Glasdach blinkten. Die letzte Strophe des Struwwelpeter raste durch sein Hirn –

> Schirm und Robert fliegen dort
> durch die Wolken immerfort.
> Und der Hut fliegt weit voran,
> stößt zuletzt am Himmel an.
> Wo der Wind sie hingetragen,
> ja, das weiß kein Mensch zu sagen.

«Wie kommt es, daß du den Zirkus benutzen darfst?» Lestrades Stimme hallte in seiner Todeskammer. Arabella war mit der Zündschnur beschäftigt.
«Charlie Hengler ist eine gesetzestreue Seele», erwiderte sie. «Und er kennt Papa nicht. Gestern suchte ich ihn auf und erklärte, daß ich, Melville McNaghten, eine geheime Aktion von allergrößter Wichtigkeit durchzuführen hätte. Es gehe um nichts Geringeres als um internationale Spionage. Ich müsse als Clown verkleidet an der Vorstellung teilnehmen und nach deren Ende das Theater für meine

Zwecke zur Verfügung haben. Oh, mach dir keine Sorgen, Sholto, wir werden nicht gestört werden.»

«Eine letzte Frage noch.» Lestrade, der ewige Optimist, hoffte immer noch.

«Welche?» Arabella strich ein Streichholz an.

«Warum? Warum?»

«Hast du von Sigmund Freud gehört, Sholto?»

«Ist das ein Groschenroman?»

«Nein, mein Lieber.» Sie lächelte bissig und blickte zu den sauber gestrichenen Flanken der Kanone hinauf. «Mr. Freud ist Psychologe. Seine Frau Martha und ich waren zusammen auf der Schule. Wir stehen noch heute in Verbindung. Seine Theorie besagt, daß alle kleinen Mädchen an einem bestimmten Punkt gern kleine Jungen wären. Penisneid nennt er das – Oh, da habe ich dich ja schon wieder schockiert.» Sie schnalzte spöttisch mit der Zunge. «Neid auf den kleinen Willi, klingt das besser? Nun, ich schätze, ich bin der klassische Fall. Solange ich denken kann, wollte ich ein Polizist sein, der Polizei angehören, das sein, was Papa ist. Ich konnte es nicht, Sholto. Die Gesellschaft wollte es nicht. Was ich aber tun konnte, war, euch alle mit euren eigenen Waffen zu schlagen. Euch Männer allesamt. Mit euren Zigarren, eurem Hochmut und eurer Scheinheiligkeit. Ich habe zehn Menschen getötet, Sholto, nach der heutigen Nacht werden es elf sein. Und du hattest keine Spur. Ich habe, weiß Gott, viele hinterlassen und du bist nicht weiter gekommen als bis zu meinem Vater. Und du bist ungefähr der Beste von ihnen, Sholto. Oh, da fällt mir ein –» sie legte ihr ruhig brennendes Streichholz an die Zündschnur. Diese blitzte auf und knisterte. Sie trat zurück. – «Die Ripper-Akte, die ich vor einer Ewigkeit für dich stahl...»

«Was ist damit?»

Lestrade konnte das Knistern der Zündschnur deutlich hören. Sein Herz hämmerte.

«Auf der letzten Seite fehlte ein Name, Sholto. Der Name von Arabella McNaghten.»

«Du... du bist Jack the Ripper?»

«Ein früher, eher laienhafter Versuch, mein lieber Junge. War es nicht ein wenig komisch, daß sie Papa am Ende den Fall übertrugen? Egal, von morgen an wird Papas Posten zum Höchstgebot zum Kauf stehen. Deiner desgleichen, aber du wirst es nicht mehr erle-

ben.» Sie zögerte ein paar Sekunden. «Lebe wohl, Sholto. Ich habe dich einmal geliebt.»
Lestrade murmelte noch immer in der hallenden Kammer. Aber Arabella schritt die Treppe zum Ausgang hinauf.
«Miss McNaghten.» Eine Stimme ließ sie herumfahren. In der nächsten Reihe zu ihrer Linken stand eine hochgewachsene, breitschultrige Gestalt. Arabella zog den Revolver und zielte, als ein Schuß krachte. Arabella McNaghten wurde zurückgerissen, in ihre Augen trat ein ungläubiger Ausdruck, ein tiefroter Blutfleck breitete sich auf ihrer Polizeijacke aus. Sie stürzte schwerfällig die Treppe hinunter. Die große Gestalt tauchte aus dem Pulverqualm auf und plagte sich wie rasend mit der Zündschnur ab. Es waren nur ein Zoll oder weniger übrig, als Bandicoot sie herauszog.
«Bandicoot?» Lestrades Stimme klang beinahe wie die eines Wahnsinnigen.
«Sir?»
«Bandicoot, Bandicoot, für wen soll ich dich halten, Bandicoot?»
«Sind Sie in Ordnung, Sir?» Der blonde Lockenkopf tauchte mit ängstlicher Miene in der Mündung des Rohrs auf.
«Ja, Bandicoot. Das liegt bloß daran, daß ich ein schreckliches Kind der Arbeiterklasse bin. Helfen Sie mir hier raus.»
Der Constable gehorchte und band ihm die Hände los.
«Arabella?» fragte Lestrade.
«Ich mußte Miss McNaghten leider töten, Sir.» Bandicoot sah entschieden mitgenommen aus. «Ich sagte Ihnen nicht, daß mein Vater zwei von diesen Dingern hatte.» Er schwang den zweiten goldenziselierten Revolver. Er nahm Haltung an. «Bitte um Verzeihung, Sir, daß ich Ihren Befehl nicht ausgeführt habe, Sir... und zurückgekommen bin.»
Lestrade blickte ihn an. «Heute nacht, Bandicoot, hab ich dem Tod ins Gesicht geschaut. Dank Ihrer Hilfe werde ich das nun noch einmal tun müssen.»
Sie gingen zum Leichnam hinüber, der mit dem Gesicht nach unten in den Sägespänen lag. Lestrade kniete nieder und drehte ihn um. Er blickte in das bleiche Gesicht, das noch immer mit Schminke überzogen war, und betrachtete das Blut an seinen Fingern.
«Sie haben sich geirrt, Bandicoot.» Er schloß der Toten die Augen. «Sie haben sie nicht getötet. Agrippa hat's getan.»

«Sir?»
«Helfen Sie mir.»
Gemeinsam trugen sie Arabella zur Kanone und schoben sie in das Rohr. «Jetzt zurücktreten.» Bandicoot zog sich eilig bis zu den Sitzreihen zurück, während Lestrade die Lunte erneut in Brand setzte. Er hatte gerade noch Zeit, den Rand der Manege zu erreichen, als die Kanone explodierte, das Spiegelglas des Kuppeldaches zerschmetterte, Trümmer nach allen Seiten schleuderte und den Baum umsäbelte.
Lestrade und Bandicoot waren längst fort und wieder in der Nachtluft, als die prasselnden Flammen hinter ihnen Leute herbeilockten, die nach Löschwasser riefen.
«Ich verstehe nicht, Sir», sagte Bandicoot.
Lestrade blieb stehen und sah ihm ins Gesicht. «Das brauchen Sie nicht, Bandicoot. Die Welt und Sir Melville müssen wissen, daß Arabella das letzte Opfer Agrippas war, des langen, rotbeinigen Scherenmannes. Wir haben ihn nie erwischt, Bandicoot. Er lebt weiter, läuft noch immer durch die Straßen von London. Oh, die Leute werden gewisse Zeit in Panik geraten. Man wird verlangen, daß Köpfe rollen.» Sie gingen weiter. «Aber Sie sind sicher und ich vielleicht auch. Mit der Zeit werden die Leute vergessen. Wir werden den nötigen Wirbel machen und unsere Untersuchungen fortsetzen, aber Sie und ich werden wissen, daß alles vorbei ist.»
«Warum, Sir? Warum haben Sie sie in dieses Ding gesteckt?»
«Weil... weil ich zuviel Achtung vor einem Mann habe, ihm zu sagen, daß seine Tochter ein Ungeheuer war. Daß seine Lieblingstochter ein bösartiger Satan ohne Mitleid oder Reue war. Ihr Tod wird ihm ohnehin den Rest geben, Mann. Das wenigste, das wir beide tun können, ist, ihm seine Erinnerungen zu erhalten.»

Lestrade behielt recht. Die Geschichte, die Arabella am Vortag dem *Evening Standard* zugespielt hatte, erschien am nächsten Morgen in der *Times* und in allen anderen Tageszeitungen. Eine Zeitlang waren die Leute außer sich. Sie schrien nach Köpfen, und Sir Melville McNaghten, seit der Nachricht vom Tod seiner Lieblingstochter ein gebrochener Mann, bot den seinen an. Im Sommer zog er sich in sein Landhaus The Tors zurück, wo er noch einige Jahre mit seinen

Finale

anderen Kindern und seinen Erinnerungen lebte. Walter Dew wurde endlich Inspector und erlangte unsterblichen Ruhm als der Mann, der Dr. Crippen festnahm – mit der Hilfe der drahtlosen Telegrafie. Harry Bandicoot verließ die Metropolitan Police, heiratete eine reiche Witwe und sie führten eine glückliche Ehe. Constance Mauleverer verschwand. Niemand sah sie je wieder.
Und Sholto Lestrade? Nun, das ist eine andere Geschichte.

Anmerkungen

Seite 9
«Melville McNaghten» – Ein ehemaliger Kolonialoffizier (1853–1921) mit dem Beinamen «Good old Mac», der die Leitung von Scotland Yard 1889 nach den «Ripper»-Morden übernahm. Er setzte sich für die Einführung der Daktyloskopie ein (siehe Anmerkung zu Seite 33).

«dieser Schwachkopf Charles Warren» – Der hatte sich als General der Kolonialarmee in Südafrika durch besondere Brutalität ausgezeichnet. Er war auch verantwortlich für den sogenannten «Blutsonntag» vom 13.November 1887 (siehe Anmerkung zu Seite 116). Warren stand seit 1886 als Chief Commissioner an der Spitze von Scotland Yard. Im Zusammenhang mit den «Ripper»-Morden mußte er 1888 seinen Abschied nehmen.

«die Vigilanten» – Angehörige einer freiwilligen Bürgerwehr.

Seite 10
«Die Ripper-Akte» – «Jack the Ripper» wurde der geheimnisvolle, nie entdeckte Mörder genannt, der im Spätsommer 1888 in Whitechapel im Londoner East End sechs Frauen ermordete (Martha Turner, Annie Chapman, Mary Kelly, Elizabeth Stride, Catherine Eddows, Mary Anne Nicholls). Einige der Opfer waren viehisch verstümmelt. Die Theorien über den Ripper sind Legion. Auch der Duke of Clarence, der älteste Sohn des Prince of Wales, wurde verdächtigt. Möglicherweise bringt das Jahr 1992 Aufklärung. Dann werden die Akten von Scotland Yard nach hundertjährigem Verschluß geöffnet.

«in den Taschen seines voluminösen Donegals» – Ein weiter Mantel, geschnidert aus Tweed der irischen Grafschaft Donegal.

Seite 12
«ich bin nach wie vor hinter den Huren her...» – Am 28.9.1888 ging bei Scotland Yard dieser Brief ein, der angeblich von Jack the Ripper stammen sollte und der am nächsten Tag in Londoner Zeitungen veröffentlicht wurde. Später stellte sich heraus, daß ein Journalist den Brief geschrieben hatte.

Seite 11
«Die Weiße Gesellschaft», *«Die Flüchtlinge»* – The White Company (1891) und The Refugees (1893) sind historische Romane des Sherlock-Holmes-Erfinders Sir Arthur Conan Doyle (1859–1930).

«Das Zeichen der Vier» – In dem zweiten Sherlock-Holmes-Roman Das Zei-

Anmerkungen 229

chen der Vier (*The Sign of the Four*, 1890) sind Sherlock Holmes und Dr. John H. Watson bereits an der Arbeit. Ihre Zusammenarbeit begann in dem Roman *Eine Studie in Scharlachrot*, 1887. Holmes ist «Beratender Detektiv» und unterstützt bisweilen die Arbeit von Scotland Yard auf privater Basis. Auch die Yard-Detektive Gregson und Lestrade treten auf. Im vorzüglichen und umfassenden *Sherlock Holmes Handbuch* (Zürich: Haffmans Verlag 1988) heißt es über Lestrade: «Ein schneller und zugriffiger Arbeiter, trotz seinem Hang zu konventionellen Methoden unter Ausschluß der Inspiration. Nach Ansicht von Holmes hatte er beim Yard, abgesehen von Gregson, nicht seinesgleichen.»

Seite 15
«Über den sogar das ... *Strand Magazine* die Nase rümpfen würde» – Im Januar 1891 war die erste Nummer des *Strand Magazine* erschienen. Bis auf die beiden ersten Sherlock-Holmes-Romane *Eine Studie in Scharlachrot* und *Das Zeichen der Vier* sind alle weiteren Holmes-Erzählungen und -Romane sowie zahlreiche andere Arbeiten von Doyle im *Strand Magazine* erschienen. Die Verbindung begann – anders als in diesem Roman – bereits im März 1891 und währte bis zum Tode Doyles 1930.

Seite 16
«das gesamte Gebiet um die Schlucht» – engl. Chine. Gemeint ist «Shanklin Chine». Der Badeort Shanklin, an der südöstlichen Küste der Insel Wight gelegen, breitet sich entlang einer fast 50 Meter hoch ansteigenden Steilküste aus. Am Rande des Ortes beginnt eine waldige Schlucht, «The Chine» genannt, die sich etwa 200 Meter tief in das Kalkgestein hineingefressen hat.
Die Strohdachhäuser von Shanklin, mit den geschnitzten Giebelrändern, zogen bereits im frühen 19. Jahrhundert zahlreiche Gäste an, etwa den englischen Dichter John Keats und den amerikanischen Autor Henry W. Longfellow.

«Sie ist über Ostern in Osborne» – Osborne House, zwischen Cowes und Ryde an der nördlichen Küste der Insel Wight, war der Lieblingswohnsitz von Königin Viktoria und Prinzgemahl Albert. Gemeinsam mit einem Londoner Architekten hatte Albert die Pläne für den Umbau von Osborne House entworfen: der Blick auf den Solent erinnerte ihn an die Bucht von Neapel, und so wurde das Haus in einem wilden Durcheinander der Stile nach dem Vorbild einer italienischen Villa erweitert. Hier starb am 22.1.1901 Königin Viktoria, auf der «Idylle des Königs», wie Alfred Lord Tennyson die Insel genannt hat (siehe Anmerkung zu Seite 22).

Seite 18
«schickten sie den Coroner rüber» – (von lat. corona, Krone), ein ursprünglich den König vertretender Beamter, der bei Todesfällen mit nicht eindeutig geklärter Ursache Ermittlungen anstellt. Dazu gehört eine Leichenschau.

Seite 19
«Ein bißchen Shepherd's Pie» – Fleischpastete mit Kartoffelteigschale.

Seite 22
«Spilsbury» – Bernard Spilsbury (1877–1947), später bedeutendster britischer Pathologe.

«Für einen Reim würde Tennyson alles tun» – Alfred Lord Tennyson (1809–1892) gilt als *der* Dichter der viktorianischen Ära. 1850 wurde er zum «Poet Laureate» ernannt, 1883 in der erblichen Adelsstand erhoben. In Farringford, seinem georgianischen Haus hoch über der Bucht von Freshwater im Westen der Insel, lebte er seit 1853. Hier empfing «König Alfred» seine zahlreichen Besucher, darunter Prinzgemahl Albert, Edward Lear, Swinburne, Charles Dodgson (Lewis Carroll) und Garibaldi. Doch zugleich wuchs die Zahl der Autogramm- und Souvenirjäger, vor denen Tennyson 1867 die Insel floh. 1868 baute er sein Haus Aldworth in Surrey; seitdem verbrachte er nur noch die Winter in Farringford.

Seite 26
«dieser charakterlose Wahnsinnige Gladstone» – William Ewart Gladstone (1809–1898). War von 1868–1874, 1880–1885, 1886 und 1892–1894 Premier. In der Innenpolitik versuchte er, die irische Frage zu lösen. Doch sein Plan, Irland die Selbstregierung («Home Rule») zu gewähren, scheiterte 1886 und 1893 am Widerstand der Konservativen.

«Arbeitete er nicht... den Feniern in die Hände» – Die «Fenier» waren ein 1858 gegründeter irischer Geheimbund, der die englische Herrschaft in Irland stürzen wollte.

«Und Salisbury konnte sich nicht lange halten» – Der Marquess von Salisbury (1830–1903) bildete 1886 nach einer Wahlniederlage Gladstones eine neue Regierung. Nach den Wahlen von 1892 wurde Salisbury durch ein Mißtrauensvotum gestürzt und Gladstone bildete seine vierte Regierung.

Seite 31
«Captain Baden-Powell» – Der britische General (1857–1941) gründete 1907 die Bewegung der Pfadfinder (Boy Scouts).

Seite 33
«Fingerabdrücke» – Zwar führte Scotland Yard 1895 die Bertillonage (Identifizierung von Personen durch das Messen körperlicher Merkmale) ein, aber erst 1901 das Fingerabdruckverfahren (Daktyloskopie). Zu den Mitgliedern der Kommission, die das Verfahren in den neunziger Jahren prüfte, gehörte auch Melville McNaghten.

Seite 34
«Nach dem Schütteln und Rattern der pferdelosen Daimler Wagonette» – Ein dampfgetriebenes Gefährt, eine Art Zwitter zwischen Kutsche und Automobil.

Seite 35
«Das war auf den Unteren Wiesen» – engl. Lower Meadow, Flurname.

Anmerkungen   231

Seite 36
«Ich bin vom C. I. D.» – Abkürzung für «Criminal Investigation Department» (Kriminaluntersuchungsabteilung). 1878 im Zuge der Neuorganisierung der Metropolitan Police gegründet. Man bezeichnet die Metropolitan Police als «Scotland Yard», obwohl es sich dabei lediglich um die frühere Adresse der Metropolitan Police handelt, die in der gleichnamigen Seitenstraße der Whitehall residierte.

Die C. I. D. umfaßte bald 800 Mitarbeiter. Im Yard selbst waren 3 Chefinspectoren, 20 Inspectoren, 29 Sergeanten «first class», 150 Sergeanten «second class» und zahlreiche Detektivanwärter tätig. 1891 zog der Yard von Whitehall Place No. 4 ans Themseufer um.

Seite 39
«Und dann die G. G.'s» – Grenadier Guards, ein Garderegiment.

«durch einen Mann wie Rosebery» – Archibald Philip Primrose Earl von Rosebery (1847–1929). Von März 1894 bis Juni 1895 wurde er Premierminister.

«Peer of the Realm» – Mitglied des Oberhauses.

Seite 40
«die Mrs. Beeton in Schwärmerei versetzt hätte» – Isabella Beeton (1836–1865), die Verfasserin des überaus erfolgreichen und populären Werkes *Household-Management* (1861), das alles enthält über Speisen, was man in welcher Jahreszeit ißt, wie man kocht, wie man sich bei Tisch zu benehmen hat, wie man die Dienstboten kontrolliert, kurz alles, um ein großes Haus zu führen.

Seite 51
«in die Penninen» – Pennine, Bergkette in Derbyshire.

Seite 52
«Swallow» – schlucken, herunterschlucken.

Seite 58
«Watts-Dunton» – Der Rechtsanwalt und später Literaturkritiker Theodore Watts-Dunton (1832–1914) nahm 1879 den alkoholkranken Swinburne in sein Haus auf, wo dieser bis zu seinem Tode lebte.

«Algernon Charles Swinburne, der Poet?» – Swinburne (1837–1909) versetzte die literarische Welt mit seinen kühnen *Poems and Ballads* (1866) in Erstaunen und schockierte seine Zeitgenossen durch gewagte Themen.

«Sie sind möglicherweise von Browning.» – Robert Browning (1812–1889). Seine Gedichte wurden von den Zeitgenossen als eher schwierig empfunden, da sie häufig psychologische Grenzbereiche darstellten.

Seite 59
«Poet's Corner» – «Dichterwinkel» in der Westminster Abbey mit den Gräbern

und Erinnerungstafeln von bzw. an Chaucer, Spenser, Dickens, Tennyson, Hardy, Kipling u. a.

Seite 70
«Hot Toddy» – Vorzügliches Grog-Getränk, in der kalten Jahreszeit zu genießen. Beliebt sind etwa die Mischungen aus heißem Wasser, Arrak, Zucker und geriebener Muskatnuß oder aus heißem Wasser, Myer's Rum, Zucker und einer Prise Zimt.

Seite 71
«Bandicoot?» – Eine Art Beuteldachs, zwischen 30 und 80 cm groß, dessen 22 Arten in Australien, auf Tasmanien, Neu Guinea und einigen benachbarten Inseln lebten. Vermutlich ausgerottet, zuletzt wurden diese Tiere in den zwanziger Jahren beobachtet.

Inspector Lestrade,
1891 gezeichnet
von George Hutchinson,
der Dr. Watsons Beschreibung
wörtlich genommen hat

Anmerkungen ──────────────────────────────── 233

Seite 72
«*beau sabreur*» – franz. schneidiger Kavallerieoffizier.

Seite 73
«Er war zum Ehrenmitglied von White's und Crockford's ernannt worden» – Zwei berühmte Klubs, im Klubviertel zwischen Piccadilly Circus und Trafalgar Square gelegen.

Seite 74
«Mannschaftsführer beim Fives» – Eine Art Wandballspiel.

Seite 77
«wer von mir als ‹Trottel› oder ‹Rattengesicht› spricht» – Im ersten Sherlock-Holmes-Roman *Eine Studie in Scharlachrot* (1887) taucht auch Inspector Lestrade zum erstenmal auf. Dr. Watson beschreibt ihn so: «Es gab da einen kleinen blassen Burschen mit Rattengesicht und dunklen Augen, der mir als Mr. Lestrade vorgestellt wurde.»

Seite 78
«Queen's English» – Q. E. oder King's English ist der vorbildliche Sprachgebrauch, früher orientiert an der Aussprache des Königshauses, heute an der des gebildeten Londoners.

Seite 82
«Fellow von Peterhouse» – Eines der ältesten Colleges in Cambridge, aus dem späten 13. Jahrhundert.

Seite 85
«Mr. Burne-Jones» – Sir Edward Burne-Jones (1833–1898), Maler und Graphiker, der als Hauptmeister der Präraffaeliten gilt.

Seite 91
«Mein Vater war Booker T. Washington, ein Sklave.» – Booker T. Washington (1850–1915), einer der Führer der Schwarzen. Gründete 1881 das wichtige «Negerbildungsinstitut» in Tuskegee/Alabama.

Seite 96
«anhörte wie Mr. Keir Hardie» – James Keir Hardie (1856–1915) war ein schottischer Arbeiterführer, der 1892 ins Parlament gewählt wurde.

Seite 97
«Agrippa ist eine Art Zauberer» – Im deutschen *Struwwelpeter* ist es der große Nikolaus, der die Buben in sein großes Tintenfaß taucht.

Seite 110
«Athelney Jones» – Eine Erfindung von Conan Doyle. Dr. Watson beschreibt Jones in dem Roman *Das Zeichen der Vier* (1890) so: «Er war bullig, hatte ein rotes Gesicht, das auf hohen Blutdruck hindeutete, und hinter seinen wulstigen, aufgedunsenen Tränensäcken blinzelten mit wachem Blick zwei kleine, funkelnde Äuglein hervor.»

Seite 111
«Er überhörte Gregsons verächtliches Schnauben» – Tobias Gregson ist nach Holmes' Ansicht der intelligenteste Mann von Scotland Yard. In *Eine Studie in Scharlachrot* (1887) charakterisiert ihn Sherlock Holmes so: «Er und Lestrade sind die Einäugigen unter den Blinden.» Nach der Beschreibung von Dr. Watson war Gregson «Ein großer, weißgesichtiger, flachshaariger Mann mit einem Notizbuch in der Hand.»

Seite 116
«der am Blutigen Sonntag dabei war» – Am 13. November 1887 zogen große Arbeiterdemonstrationen zum Trafalgar Square. Zweitausend Polizisten von Scotland Yard und die königliche berittene Leibgarde griffen die Demonstranten an. Es gab 65 Schwerverletzte und einen Toten.

Seite 117
«sieht eher nach Nell Gwynn aus» – Eigentlich Eleanor Gwynn (1650–1687), Schauspielerin. Sie war die Geliebte von König Charles II.

Seite 123
«Das war ‹Bertie›, der Prince of Wales.» – Albert Edward Prince of Wales (1841–1910). Kam 1901 als König Edward VII. auf den Thron. Als Prinz war er in mancherlei Affären und Skandale verwickelt.

«Hinter ihm... stand sein Sohn, Prince Albert Viktor» – Albert Viktor Duke of Clarence (1864–1892). Aktenkundig sind die Befürchtungen der Staatsanwaltschaft, der Herzog könnte in Mitleidenschaft gezogen werden durch den Prozeß gegen den Besitzer und die Kunden eines Männerbordells in der Cleveland Street No. 19 in London, einem beliebten Treffpunkt von Adligen und Offizieren. Doch der Name des Herzogs gelangte nie in die Öffentlichkeit.
Auch mit den Ripper-Morden wurde er in Verbindung gebracht. 1970 behauptete der Arzt Thomas Stowell, Albert Viktor als den Ripper identifiziert zu haben. Der Prinz, der sich als Schürzenjäger mit Syphilis infiziert hatte, starb geistig umnachtet im Irrenhaus.

«Ich konnte in der Offiziersmesse ja nicht als Guy Fawkes erscheinen» – Unter Führung von Guy Fawkes (1570–1606) zettelte eine Gruppe von Katholiken am 5. November 1605 den sogenannten «Gunpowder Plot» an, um das Parlamentsgebäude und König James I. in die Luft zu sprengen. Fawkes wurde verraten und hingerichtet. Noch heute wird am 5. November der Guy-Fawkes-Tag in England mit Feuerwerk und Freudenfeuern begangen.

Anmerkungen

Der Ort des Geschehens:
Hotel Metropole, Northumberland Avenue

Seite 137
«Lady Cardigan» – Ihr Gatte war James Thomas, VII. Earl of Cardigan (1797–1868), berühmt geworden durch die ‹Attacke der Leichten Brigade› am 25. Oktober 1854 bei Balaklava auf der Krim, die Tennyson zu einem in England sehr populären Gedicht anregte. (Mit der Schilderung dieser Schlacht beginnt der zweite Lestrade-Roman *Lestrade und der Tasmanische Wolf*.)
Cardigan, ein duellfreudiger Mensch und Kommandant der 11. Husaren, stattete seine Truppe mit Mitteln aus seinem Privatvermögen aus und machte sie zur elegantesten der Armee; er führte ein, was später Cardigan-Jacke genannt werden sollte.

Seite 138
«Nicht in Abteilung H.» – Der Londoner Polizeidistrikt bestand aus 23 Divisionen. Eine davon, die Abteilung H, war für das East End zuständig, eine der am dichtesten bevölkertsten Gegenden mit hoher Kriminalitätsrate.

Seite 141
«Seine Leiche wurde heute morgen in einer Gasse unweit The Minories gefunden.» – The Minories, Hauptstraße, die vom Tower Hill zum Aldgate führt, auf der Grenze zwischen der City of London und dem East End.

Seite 151
«General William Booth» – William Booth (1829–1912) war zuerst Methodistenprediger. 1861 gründete er in den östlichen Stadtteilen von London die «Christliche Mission», aus der 1878 die «Heilsarmee» hervorging.

Seite 158
«Ein großgewachsener eleganter Laskar» – Malaiischer Seemann in europäischen Diensten.

«Der Squire streckte eine Hand aus.» – Ein Angehöriger des niederen Adels, hier ein Gutsbesitzer.

Seite 160
«weil dieser Mann ein Fabier war» – Die Fabian Society wurde 1884 gegründet, u. a. von Sidney (1859–1947) und Beatrice (1858–1943) Webb, den Mitbegründern der London School of Economics; sowie von Herbert George Wells (1866–1946) und George Bernard Shaw (1856–1950).
Benannt wurde die Fabian Society nach dem römischen Konsul Quintus Fabius Maximus (um 280–203 v. Chr.), dessen erfolgreiche Taktik des Abwartens als Vorbild für ihre Ziele – etwa die Vergesellschaftung der Wirtschaft – diente. Ihr Ziel war die Veränderung des Manchester-Kapitalismus durch Evolution, nicht durch revolutionäre Aktion. Zu den Mitgliedern der Fabian Society zählten zahlreiche Autoren, Künstler, Politiker und Intellektuelle; sie war maßgeblich an der Gründung der Labour Party 1906 beteiligt.

Seite 163
«Madame Slopesskis Sezialität war das Ektoplasma» – Die Substanz, die aus dem Körper des Mediums austritt und die «Materialisation» bewirken soll.

Seite 164
«Ein Jat» – Volk, bzw. Stamm des Punjab.

«er muß über zwanzig Stone gewogen haben» – 1 Stone (= 14 lb) sind 6,35 kg. Demnach muß der siebzigjährige Isaac Prendergast mehr als 125 kg gewogen haben.

Seite 174
«Sie meinten vielleicht *Micah Clarke* oder *White Company*?» – Historische Romane von Conan Doyle, erschienen in den Jahren 1889 und 1890.

Anmerkungen 237

«ob es diesen Dr. Watson... wohl in Wirklichkeit gibt» – Conan Doyle entleiht sich den Nachnamen von seinem Freund Dr. James Watson aus Southsea. Das Vorbild für die Figur des Dr. John H. Watson bildet ein anderer Gefährte aus Southsea, ein Major Alfred Herbert Wood. Er wird später für viele Jahre Conan Doyles Sekretär und «Watson».

John H. Watson, M.D. wurde um 1855 im Süden Englands geboren, wie Michael und Mollie Hardwick im exquisiten *Sherlock Holmes Handbuch* (Zürich: Haffmans Verlag 1988) berichten. Nach einer Studien- und Bildungsreise durch «drei Kontinente» und der Erlangung des Doktortitels wird er Armeearzt, nimmt am Zweiten Afghanistan-Krieg (1878–1881) teil, wo er bei der Schlacht von Maiwand schwer verwundet wird, und kehrt nach England zurück. Hier lernt er 1881 Sherlock Holmes kennen, beide teilen hinfort «ein paar hübsche Zimmer» in Baker Street 221 B, London West One.

Watson wird zweimal heiraten und die gemeinsame Wohnung verlassen. Den letzten bekannt gewordenen Fall bestehen die beiden Gentlemen 1914. Oder, wie Michael und Mollie Hardwick meinen: «Da sie unsterblich sind, besteht eigentlich keine Notwendigkeit, allzu hartnäckig nach ihren Grabinschriften zu suchen.»

«für ihn dasselbe zu tun wie Boswell für Johnson» – 1791 erschien die berühmt gewordene Biographie *The Life of Samuel Johnson* des schottischen Journalisten und Rechtsanwaltes James Boswell (1740–1795). Samuel Johnson (1709–1784) war die führende geistige Persönlichkeit seiner Zeit im Vereinigten Königreich; mit dem *Dictionary of the English Language* (1755) schuf er das bisher umfassendste Wörterbuch der englischen Sprache.

Seite 176
«der Levitationist» – Medium, das frei im Raum schweben kann.

Seite 178
«Sherlock Holmes ist tot» – Sherlock Holmes stirbt am Nachmittag des 4. Mai 1891 im Kampf mit dem Verbrecher Professor Moriarty an den Reichenbachfällen in der Schweiz. Das glaubt zumindest Dr. Watson, und so berichtet er es in der Erzählung *Das letzte Problem* (in dem Band *Die Memoiren des Sherlock Holmes*, 1894). Doch Sherlock Holmes überlebt, und in der Erzählung *Das leere Haus* (in *Die Rückkehr des Sherlock Holmes*, 1905) taucht er wieder auf.

Bleibt noch die Frage, wie Sherlock Holmes gemeinsam mit Dr. Watson den Polizeiball im Metropol (siehe Seite 128) besuchen kann – am 15. September 1891!

In diesem Fall scheint sich Meirion J. Trow an einen Rat von Conan Doyle gehalten zu haben, den dieser in seiner Autobiographie *Memories and Adventures* von 1924 gegeben hat. Conan Doyle wehrt sich dort gegen Vorwürfe, eine seiner Sherlock-Holmes-Geschichten ohne exakte Detailkenntnisse geschrieben zu haben: «Aber was Details betrifft, bin ich nie ängstlich, und manchmal muß man einfach gebieterisch sein.»

Seite 179
«Sein letzter Bogen» – engl. *His Last Bow* ist zugleich der Titel des letzten gemeinsamen Abenteuers von Sherlock Holmes und John Watson (unter dem Titel *Seine Abschiedsvorstellung* in dem gleichnamigen Band, 1917).

Seite 186
«Ich glaube, er heißt Labouchere» – Henry DuPre Labouchere (1831–1912), englischer Politiker.

Seite 187
«bei der Cleveland-Affäre» – siehe die zweite Anmerkung zu S. 123.

«Darf ich Lord Alfred Douglas vorstellen?» – Lord Alfred Douglas (1870–1945), Sohn des VIII. Marquess of Queensberry. Er lernt Oscar Wilde (1854–1900) im Januar 1891 kennen. 1895 verklagt Wilde den Marquess, weil der ihn als «Sodomiten» bezeichnet hat. Der Marquess wird freigesprochen, und in einem zweiten Prozeß werden Wilde und Douglas wegen ihrer homosexuellen Beziehung zu einer zweijährigen Zuchthausstrafe mit schwerer Arbeit verurteilt.

Seite 188
«Im Albemarle» – Ein gemischter Club, dem Wilde und seine Frau angehörten.

Oscar Wilde und Lord Alfred Douglas, gezeichnet von Max Beerbohm.

Anmerkungen — 239

Seite 189
«Spricht nicht gerade für die Queensberry-Regeln» – Diese Regeln für einen fairen Boxkampf wurden 1867 auf Veranlassung von John Sholto Douglas, VIII. Marquess of Queensberry und Vater von Alfred Douglas, festgelegt.

Seite 194
«Hiram Maxim» – Hiram Stevens Maxim (1840–1916). Amerikanischer Ingenieur, der 1883 das erste einsatzfähige Maschinengewehr erfand.

Seite 208
«Peelers... Bobbies» – Auf Initiative des Innenministers Robert Peel (1788–1850) wurde 1829 vom Parlament das Gesetz zur Gründung der «Metropolitan Police of London» beschlossen.

Seite 210
«meine kleine Agatha» – In späteren Jahren wird die geborene Agatha Miller (1890–1947) das unter dem Namen Agatha Christie tun.

Seite 213
«als sie ‹Dry Bobs› sagen können» – Eton-Ausdruck für jemanden, der in den «trockenen» Sportarten wie Fechten oder Boxen exzelliert.

Seite 217
«daß der ursprüngliche Agrippa ein deutscher Magier war» – Agrippa von Nettesheim (1486–1553), Arzt und mystischer Denker (siehe auch Anmerkung zu S. 97).

Seite 219
«Die alte Schule des Masters der Pytchley» – Das englische Wort für Egge – «Harrow» – ist zugleich Name einer bekannten Public School, wie in England die Privatschulen heißen.

Seite 222
«einen Augustus aufzutreiben» – In der deutschen Ausgabe ist es der Suppen-Kaspar.

Seite 223
«Eine Frau ist nur eine Frau... aber eine gute Zigarre ist ein Schmauch» – engl. «A woman is only a woman, but a good cigar is a smoke». Eine Zeile aus dem Gedicht *Die Verlobten* von Rudyard Kipling (1865–1936). Erstveröffentlichung in der Zeitung *Pioneer*, Allahabad, 21.11.1888. Wer sich nun fragt, ob Arabella McNaghten die Verse kennen konnte – das Gedicht ist in der 4. Auflage der *Departmental Ditties* von 1890 enthalten, die zugleich die erste englische Buchausgabe von Kipling war.
(Das ganze Gedicht ist enthalten in *Ausgewählte Gedichte*, zweisprachig, übersetzt von Gisbert Haefs, Zürich: Haffmans Verlag 1990.)

Der *Struwwelpeter* von M. J. Trow

Dr. Doyle, M. J. Trow und der *Struwwelpeter*

Nachwort von Thomas Schreiber

März 1886. Bush Villa in der Elm Grove liegt im Zentrum des Badeortes Southsea, unweit des englischen Marinehafens Portsmouth. Seit vier Jahren wohnt hier ein junger Arzt. Die Einrichtung wird nicht mehr so spärlich sein wie zu Beginn, als lediglich das Behandlungszimmer möbliert war und zwei große Messingtafeln am Eingang auf die Praxis hinwiesen.

Die ersten Jahre teilt der Arzt das Haus mit seinem jüngeren Bruder, der die gemeinsamen Spaziergänge an der See, den bohemienhaften Lebensstil, den Tisch im 1. Stock mit den Chemikalien für die medizinischen und fotografischen Arbeiten wahrscheinlich anregend findet.

Mittlerweile sind wohl die acht Räume des Hauses eingerichtet, denn der junge Arzt hat vor wenigen Monaten geheiratet, die Schwester eines Patienten. Eines der wenigen Patienten, denn sonderlich erfolgreich ist die Praxis nicht. Neben der Routine, den Patientenbesuchen, den Untersuchungen des Coroners und der ehrenamtlichen Arbeit in einem Augen- und Ohren-Hospital bleibt viel Zeit für Besuche in Klubs, etwa der Portsmouth Literary and Scientific Society, und für das Schreiben.

Geschrieben hat er für Fachzeitschriften, so für das *British Journal of Photography* über das Fotografieren von Kormoranen oder für das *British Medical Journal* über die Wirkung, welche die Droge Gelseminum auf ihn hatte. Trotz eines ungedruckten Romans und einiger Kurzgeschichten, die teilweise in renommierten Magazinen erschienen sind, versteht der Sechsundzwanzigjährige sich wohl noch nicht als Schriftsteller. Geschrieben wird in den leeren Stunden des Tages, wenn er auf Patienten wartet, geschrieben wird, um ein bißchen Geld zu verdienen. Der Schreibtisch steht im Sprechzimmer; so kann er im Satz aufhören, wenn ein Patient kommt, und nach der Behandlung weiterschreiben.

Im März 1886 beginnt der Arzt Arthur Conan Doyle einen neuen Roman, denn ein Buch, so hat der Kurzgeschichten-Autor erkannt, würde ihm bei den Magazin-Redakteuren einen besseren Stand verschaffen. Ende April ist das Manuskript fertig, der ursprüngliche Titel *A Tangled Skein* wird verworfen, das Buch heißt jetzt *A Study in Scarlet*.

Es erzählt eine kleine Detektivgeschichte. Conan Doyle hatte einige solcher Erzählungen gelesen und war erschrocken über die Art, wie dort Lösungen gefunden wurden. Angeregt wurde er auch durch die Auguste-Dupin-Geschichten Edgar Allan Poes, dessen Werk nach seiner eigenen Einschätzung – neben den *Essays* von Thomas Macaulay – den größten Einfluß in seiner Jugend auf ihn hatte. «Es war Poe, der als erster die Möglichkeit zeigte, aus einer Detektivgeschichte ein Werk der Literatur zu machen», sagt Doyle später.*

Am 7. Mai wird *A Study in Scarlet* zum ersten Mal abgelehnt, erst der vierte Verlag bietet dem Autor ein Honorar von £ 25,- für alle Rechte. Der hatte mehr erwartet, akzeptiert aber die Summe. Ward, Lock & Co. veröffentlicht den Roman, gemeinsam mit zwei kleinen Schauspielen anderer Autoren, 12 Monate später in *Beetons's Christmas Annual*. Conan Doyle wird zeit seines Lebens für seinen ersten Sherlock-Holmes-Roman keinen Pfennig mehr erhalten.

Das *Annual* wird freundlich besprochen und ist nach 14 Tagen ausverkauft. Im Juli 1888 erscheint der Roman als separate Publikation, geschmückt mit den recht naiven Illustrationen von Doyles Vater.

Die Lokalzeitung *The Portsmouth Crescent* stellt am 28. September 1888 fest, daß der Roman Conan Doyle «weltweites Ansehen» eingebracht habe, und Andrew Lang preist das Buch im Januar 1891 in *Longman's Magazine* als «besonders gut erzählt und reich an Überraschungen».

1889 erscheint *Micah Clarke*, ein historischer Roman. Gelesen wird das Buch von Oscar Wilde, dem es gefallen hat. Das habe Wilde ihm bei ihrem einzigen Zusammentreffen gesagt, berichtet Conan Doyle später. Dieses Zusammentreffen findet vermutlich am 30. August

---

* «Conan Doyle as he appears here», New York Times, 3. Oktober 1894

1889 im Langham Hotel in London statt. Zu dem Dinner eingeladen hat Joseph M. Stoddart, der Herausgeber der angesehenen Zeitschrift *Lippincott's Magazine*. Das Dinner verläuft angenehm, und mit den beiden eingeladenen, jüngeren Autoren werden Verträge geschlossen – Oscar Wilde schreibt *The Picture of Dorian Gray* und Arthur Conan Doyle, seinen zweiten Sherlock-Holmes-Roman *The Sign of the Four*.

Einen Monat später ist das Manuskript fertig, im folgenden Jahr erscheint der Roman erst in *Lippincott's Magazine* und dann als Buch.

Noch ist Conan Doyle Arzt und Schriftsteller, und die beruflichen Erfolge als Mediziner sind unbefriedigend. Er reist nach Berlin, um Robert Kochs Tuberkulosebehandlung zu studieren, und er fährt nach Wien, um neue Techniken der Augenchirurgie kennenzulernen. Im Laufe des Jahres 1891 siedelt er nach London über, wo er sich im noblen Ärzteviertel als Augenspezialist niederläßt. Doch auch in London gibt es lange Wartezeiten, bis ein Patient kommt.

Conan Doyle schreibt, und zwar für eine neue Zeitschrift, das *Strand Magazine*, dessen erste Nummer im Januar 1891 erschienen war.

Zum Helden seiner Erzählungen macht er einen Charakter, den er bereits in zwei Romanen eingeführt hat – Sherlock Holmes*. Von Juli 1891 bis Dezember 1893 erscheinen 24 Geschichten mit den Abenteuern des großen Detektivs, aufgezeichnet von seinem treuen Freund Dr. John H. Watson. Der Name des Autors wird berühmt, seine Honorare verdoppeln sich in kurzer Zeit und das *Strand Magazine* ist überaus erfolgreich.

*

Frühsommer 1982. Auf der Isle of Wight, im Pfarrhaus des Dorfes Havenstreet, sitzt ein junger Mann. Von hier sind es sechs Kilometer

---

* Über die Vorbilder für Sherlock Holmes und Dr. Watson, und wie die beiden zu ihrem Namen gekommen sind, berichtet sehr ausführlich Richard Lancelyn Green in der Einleitung zu seiner Sammlung *Sir Arthur Conan Doyle – The Uncollected Sherlock Holmes*. Harmondsworth: Penguin Books 1983.

über den Solent nach Southsea, dem Ort, wo Conan Doyle seine Figur Sherlock Holmes erfunden hat.
Der junge Mann arbeitet als Lehrer auf der Insel. Er möchte seiner Frau ein Buch schreiben, das sie amüsiert und unterhält. Denn seine Frau verschlingt Bücher, und immer ist die Frage «Was soll ich jetzt lesen?»
«Was schreiben?» – das mag der Autor überlegen. Er hat Geschichte studiert, seine Lieblingszeit ist das frühe 19. Jahrhundert. Im englischen Fernsehen werden sehr oft Holmes-Verfilmungen gezeigt, besonders die mit Basil Rathbone in der Hauptrolle.
Dies wird zur Anregung, nur sucht Meirion James Trow sich einen anderen Helden. «Sherlock Holmes ist ein so unangenehmer Charakter, er tut niemals das Falsche, er ist heiliger als ein Eid, so eine Art Übermensch, und das ärgerte mich. So habe ich den Spieß umgekehrt und Holmes zum Amateurdetektiv gemacht, der zwar sein Bestes tut, aber das ist nicht genug»[*]. Conan Doyle sah seinen Helden anders, «Sherlock ist unmenschlich, ohne Herz, aber mit wunderbarem logischem Intellekt»[**].
Trow setzt dem Inspector Lestrade von Scotland Yard entgegen: ein mitunter ungeschickter Held, der schon mal über eine Katze stolpert; nicht ganz ohne Herz; er ist, wie Arabella McNaghten feststellt, «ein schreckliches Kind der Arbeiterklasse».
Von allen Scotland-Yard-Inspectoren taucht Sholto Lestrade am häufigsten in den Holmes-Fällen auf – dreizehnmal kreuzt er den Weg von Sherlock Holmes und Dr. Watson. In den Erzählungen Conan Doyles beschreibt der berühmte Detektiv Inspector Lestrade als «schnell und energisch, aber konventionell – entsetzlich konventionell»[***]. Und wenn es auch nichts Ungewöhnliches war, daß Mr. Lestrade von Scotland Yard auf einen Abend in der Baker Street vorbeikam[****], so zeichnen die Beschreibungen

---

[*]   Aus einem Gespräch mit M. J. Trow am 5. August 1989, Havenstreet, Isle of Wight
[**] Raymond Blathwayt: «A Talk with Dr. Conan Doyle», Bookman, Mai 1892
[***] *Eine Studie in Scharlachrot*, 1887
[****] *Die sechs Napoleons*, 1904

Watsons doch das Bild einer unangenehmen Erscheinung: «ein hagerer, frettchenartiger Mann, der verstohlen und argwöhnisch dreinblickte»*.
Das ist ein Eindruck, den die Leser Trows unmöglich teilen können. Nachdem Trow seinen Helden gefunden hat, studiert er die Zeit der Handlung. Er liest Biographien, etwa über Tennyson und Edward Prince of Wales. Als besonders hilfreich zeigen sich dabei die entsprechenden Jahrgänge des *Punch*, die viele Informationen über Mode und Sozialgeschichte liefern, nach denen man in historischen Werken vergebens sucht.
Und da heute noch Briefe bei der Londoner Post eingehen, die an «Sherlock Holmes, 221 B Baker Street» adressiert sind, beschließt der Autor, historische Figuren ebenso wie Gestalten der Phantasie als immerfort mitlebend zu betrachten.
Geschrieben wird das Buch in der freien Zeit. Das fertige Manuskript wandert durch einige Verlage. Das renommierte Londoner Haus Macmillan druckt es 1985 unter dem Titel *The Adventures of Inspector Lestrade*. Fünf weitere Romane sind seitdem erschienen, einige davon auch in den USA und in Japan.
«Pastiches» über Holmes nennt der Autor seine Romane. Kriminalschriftsteller («crime-writer») ist Trow nicht ausschließlich – er hat die Geschichte des Craig/Bentley-Falles von 1952 geschrieben, eines berühmten Falles der britischen Kriminalgeschichte und Justizmord, und er hat die Biographie eines britischen Offiziers im Krimkrieg verfaßt – eine Figur, die zu Beginn des zweiten Lestrade-Romans auftaucht, in *Lestrade und der Tasmanische Wolf*.

*

Im Dezember 1845 erschien die erste Auflage der «Lustigen Geschichten und drolligen Bilder» vom *Struwwelpeter*. Sein Verfasser ist ein Frankfurter Arzt, der zu den Parlamentariern der Paulskirche gehört und den man auch als Reformer der Psychiatrie erinnern wird: Dr. Heinrich Hoffmann (1809–1894).
Die Kleidung des *Struwwelpeter* hat zu manchen Interpretationen

---

* *Das Rätsel von Boscombe Valley*, 1891

Anlaß gegeben – der rote gegürtete Kittel mit Kragen könnte der biedermeierlichen Kindermode entlehnt, Vorbild mag aber auch die altdeutsche Tracht der Burschenschafter gewesen sein. Die enganliegenden Steghosen findet man auf den Darstellungen des Burschenschafters Karl Ludwig Sand bei der Ermordung Kotzebues 1819.

Das Buch soll zur Erziehung der Kinder dienen; ob Hoffmann bewußt mit der Kleidung des *Struwwelpeter* politische Zeichen verbindet, ist nicht nachgewiesen. Doch gewiß hat Hoffmann die erste Parodie* des *Struwwelpeter* geschrieben, 1848, drei Jahre nach der Erstveröffentlichung. «Peter Struwwel, genannt Struwwelpeter, Professor der Wühlerei und Demagog» wird die Figur genannt, die die Linken der gescheiterten 48er Revolution lächerlich machen soll.

Im gleichen Jahr 1848 erscheint die erste englische Übersetzung, es folgen schnell weitere. Und England ist das Land, in dem es die meisten Parodien gibt.

Zwei der erfolgreichsten zeichnet F. Carruthers Gould, einer der bekanntesten englischen Karikaturisten. Der *Political Struwwelpeter* (1899) ist eine Satire auf die politische Situation Großbritanniens um die Jahrhundertwende. Die Figur des *Struwwelpeter* wird durch einen vernachlässigten Löwen ersetzt, dessen Mähne wild und dessen Krallen unbeschnitten sind, d. h. niemand stutzt dem imperialistischen Löwen die Krallen. Die Parodie ist so erfolgreich, daß im darauffolgenden Jahr eine zweite folgte: *The Struwwelpeter Alphabet*. Auf dem Titelblatt der ungezogene Enkel von Königin Viktoria, Kaiser Wilhelm II., mit einem Zinnkrug voller Bier in der Hand, auf der Pickelhaube einen übergroßen Reichsadler.

An einer englischen Privatschule wird das Kinderbuch zu einer Schuletikette umgeschrieben. Der Schüler A. de C. Williams zeigt in seinem *Marlborough Struwwelpeter* 1908, welche Folgen es hat, sich nicht korrekt zu kleiden und zu benehmen.

---

* Mehr über Parodien und Bearbeitungen in den beiden Ausstellungskatalogen *Von Peter Struwwel bis Kriegsstruwwelpeter. Struwwelpeter-Parodien von 1848 bis zum Ersten Weltkrieg* und *Von Struwwelhitler bis Punkerpeter. Struwwelpeter-Parodien vom Ersten Weltkrieg bis heute*, Frankfurt/Main: Heinrich-Hoffmann-Museum 1985 und 1989

Wilhelm II. und Hitler werden während der Kriege in anderen Parodien dargestellt, besonders der *Struwwelhitler* findet Verbreitung. Die Geschichten von *Shockheaded Peter* sind in England fast so bekannt wie im Ursprungsland. In keiner Sprache gibt es soviel Übertragungen – mindestens 16. Wenn Inspector Lestrade die Reime in den anonymen Briefen nicht erkennt, dann nur, weil ihm als «schrecklichem Kind der Arbeiterklasse» wohl niemand dieses Kinderbuch vorgelesen oder geschenkt hat.

Obwohl Meirion Trow nie am Daumen gelutscht hat, fürchtet er sich in seiner Kindheit vor dem Schneider. «Die Vorstellung, da kommt einer und schneidet den Daumen ab, war so bedrohlich – für mich gab's beim *Struwwelpeter* immer das Gefühl der Faszination und zugleich die Furcht vor den Figuren, ohne daß ich mich von ihnen lösen konnte.»

Lestrade und der
Tasmanische Wolf

Zu diesem Buch

Der 25. Oktober 1854 ist ein wahrhaftig denkwürdiger Tag. Er wird in die Geschichte eingehen, denn die Männer der Elften Husaren unter Oberbefehlshaber Lord Cardigan schlagen sich tapfer gegen die Russen in der Schlacht von Balaclava. Am gleichen Tag macht ein kleiner, kräftiger Junge im zarten Alter von neun Monaten seine ersten Gehversuche – es ist Sholto Lestrade.

Jahrzehnte später, präzise im Jahr 1893, bekommt Inspector Lestrade von Scotland Yard den Auftrag, nach Cornwall zu reisen, um das wilde Treiben einer geheimnisvollen Bestie aufzuklären. Etliche Schafe wurden von einem wolfsähnlichen Tier zerfetzt. Lestrade ist aufs äußerste verstimmt, denn jeder Dorfpolizist könnte diesen Fall klären. Aber sein neuer Vorgesetzter im Yark, Nimrod Frost, will ihn offensichtlich ein wenig traktieren. Doch kaum hat Lestrade die Ermittlungen aufgenommen, wird ein Schäfer übel entstellt und natürlich mausetot aufgefunden. Dieser tragische Unfall bedarf der Aufklärung, und die Bestie muß ihr wohlverdientes Ende finden. Daß dieser Routinefall der Anfang einer umfangreichen Mordserie werden könnte, wird dem Inspector erst im Laufe der Ermittlungen klar. Wie schicksalhaft seine ersten Gehversuche mit der Schlacht von Balaclava verbunden waren, kann Sholto Lestrade ermessen, als er seine Mission als erster Under-Cover-Agent der Kriminalgeschichte erfolgreich beendet hat.

Dem englischen Schriftsteller M. J. Trow lag die Rehabilitierung von Inspector Lestrade am Herzen, dem ewigen Zweiten im Vergleich zu Sherlock Holmes.

In dieser Kriminalgeschichte

aus dem Jahre 1893 treten auf: Inspector Lestrade – ein Detektiv von Scotland Yard; Nimrod Frost – schwergewichtiger Chef von Scotland Yard; Dr. Watson – Gefährte von Sherlock Holmes und mitunter oberflächlicher Arzt; Percival Ashburton – der zwei ungewöhnliche Lebewesen von Australien nach Cornwall bringt; Benjamin Beeson – Ex-Sergeant mit «Nase»; Edward Prince of Wales – Thronfolger; Lady Warwick – begehrenswert und unabhängig; der deutsche Kaiser; der junge Winston Churchill; der Chef der Sûreté im Bordell; große Komponisten; berühmte Politiker; gefaßte Witwen; die Überlebenden der Schlacht von Balaclava als Mordopfer und eine geheimnisvolle Organisation.

Inhalt

Ein denkwürdiger Tag 9
Der neue Besen 20
Beastie 42
Zum Leuchtturm 57
Hexenspeise 77
Daisy, Daisy 98
Soldatenlos 121
Bei Fatima 144
Am Ende der Welt 165
Irrenhäuser 189
Wiedersehen mit Balaclava 208
Endspiel 232

Anmerkungen 240
Nachwort 261
Meirion James Trow
Eine Skizze von Thomas Schreiber

Sie, die gekämpft in jener Stund',
Entronnen des Todes Klauen,
Kehrten zurück aus dem Höllenschlund,
Alle, die übrig noch waren
Von sechshundert Mann.

Alfred Lord Tennyson

Ein denkwürdiger Tag

Alex Dunn nahm Edwin Cookes hartgekochtes Ei und pellte es sorgsam. Er sah zu, wie die Stückchen der Schale über seinen Steigbügelriemen zu Boden fielen und kaute das Ei dankbar. Er hatte nicht gefrühstückt und auch gestern nicht zu Abend gegessen. Sein Magen erinnerte ihn lautstark daran, daß seine Kehle wie zugeschnürt gewesen war. Da kam plötzlich rechts vor ihm etwas in Bewegung, und er wünschte, er hätte nicht an zugeschnürte Kehlen gedacht. Ein Stabsoffizier – war es nicht Lewis Nolan? – galoppierte an den wartenden Reihen vorbei auf die Stelle zu, wo Lucan auf seinem Pferd saß. Er war heute morgen der vierte Melder, doch wenn Lewis Nolan auftauchte, hieß das in der Regel, daß es losging. Dunne stopfte den letzten Bissen in den Mund und drehte sich im Sattel um. Zu seiner Linken kritzelte Roger Palmer eine Notiz mit der glatten Oberfläche seiner Säbeltasche als Unterlage.
Lieber Vater, Palmers Bleistift war ein Stummel, und seine Hände waren kalt, *nur ein paar Zeilen in Eile* ... Sein Bleistift brach ab. Er steckte den Zettel in seine Säbeltasche und folgte Dunns Blick die Reihe entlang. Harrington Trevelyan wickelte sich seine Säbelquaste um die Hand. Palmer konnte Travelyans Feldmütze nicht billigen. Sie entsprach nicht der Vorschrift, und Palmer hielt sich immer an Vorschriften.
Henry Wilkin war entzückt. Er war eigentlich nie dahintergekommen, warum er Chirurg geworden war. Den ganzen Tag bis zu den Achselhöhlen in den Eingeweiden anderer Leute – was war das für ein Leben? Aber jetzt war er Truppenoffizier, das war etwas anderes. Und man muß bedenken, daß er heute morgen gar nicht hier wäre, hätte Yates sich nicht krank gemeldet. Wenn Nolans Meldung bedeutete, daß es losging, würde er sich auf seinen Säbel verlassen müssen, denn seine Patronentasche war mit Laudanum gefüllt – Vermächtnis eines Mediziners. Er mußte den Arztberuf wirklich aufgeben. Als wolle er sogleich den ersten Schritt in diese Richtung

unternehmen, trieb er sein Pferd in die vordere Reihe der F-Schwadron. Cook starrte ihn an, knurrte etwas von verdammten Quacksalbern, und Wilkin wich ein wenig zurück. George Loy Smith war ein zu alter Haudegen, um sich über einen Pferdehintern vor seinem Gesicht aufzuregen. Er zog seinen Steigbügelriemen zurecht, als Wilkin sein Rückzugsmanöver versuchte. Er richtete sich auf, bugsierte seine Bärenmütze wieder in die richtige Stellung, befestigte das Kinnband unter seinem mächtigen kastanienbraunen Bart und herrschte Bill Bentley an, seinen Priem auszuspucken. Kein Soldat seiner Schwadron ging mit einem schwarzen Spritzer am Kinn ins Gefecht. Bentley bemerkte ihn erst, als er die Hand des Hauptfeldwebels spürte, die ihm einen kräftigen Schlag auf die Schulter versetzte. Er hatte mit offenen Augen geträumt. Heute feierte seine Emma Geburtstag. Sie wurde elf. Und Bentley hatte sich an ihre Taufe in Kilmainham erinnert. Damals war er ein einfacher Soldat gewesen, doch stolz hatte er in der Uniform seines Regimentes das Baby zum Taufbecken getragen. Emma, in den Mantel ihres Vaters gekuschelt, war das wundervollste Baby der Welt gewesen.
Seth Bond stand mit seinem Pferd auf dem Flügel der C-Schwadron. Die Cholera ließ ihn zittern, und er konnte sein Pferd nicht ruhig halten. Er versuchte sich abzulenken, indem er die Auseinandersetzung vor der Front beobachtete. Der Stabsoffizier, puterrot im Gesicht, gestikulierte heftig. Lord Look-On schien verwirrt, verständnislos. Der Stabsoffizier schwenkte herum, um sich auf der linken Seite bei den Siebzehnern einzureihen.
Es war das erste Mal, daß Bond die Generäle miteinander reden sah – Look-On und der adlige Yachtbesitzer. Wegen der Pferde, die auf ihren Gebissen kauten, und dem Gemurmel der Männer hinter ihm konnte er die gedämpfte Unterhaltung nur teilweise verstehen.
John Kilvert zu Bonds Rechten fragte sich, warum er sich überhaupt hatte anwerben lassen. Auch er hatte den größten Teil der Nacht damit zugebracht, sich über seinen Stiefeln zu erbrechen, und war froh, daß ihm niemand etwas zum Frühstück angeboten hatte. Er wünschte sich nach Nottingham zurück, in sein Wein- und Schnapsgeschäft. Jetzt würde er wohl kaum noch Bürgermeister werden, und seine Chancen schwanden in dem Augenblick, da er sah, wie Cardigan seinen Kastanienbraunen in die Mitte der Brigade trieb.
Es war nicht Cardigans Erscheinen, das William Perkins Sorgen

machte, es sei denn, Seine Lordschaft hätte eines seiner vorquellenden blauen Augen am heutigen Morgen auf Perkins' Trompete gerichtet. Er hatte ein paar seiner französischen Fotografien bei Bentley gegen Tabak eingetauscht, doch er war entsetzt, als er feststellte, daß Bentley die Fotos dazu benutzt hatte, einen Riß in seinem Zelt zu flicken. Sein Entsetzen wuchs bei der Entdeckung, daß jemand – er dachte sofort an Jim Hodges – ihm einen Pflock in das Mundstück getrieben hatte. Aber schließlich war Joseph Keates Stabstrompeter der Elften. Er würde darauf hoffen müssen, daß Keates, sollte ein Signal befohlen werden, für ihn mitblies. Im Lärm eines Angriffs würde das niemand bemerken.

Für William Pennington war dies alles neu. Während er in der B-Schwadron auf seinem Pferd saß, dachte er darüber nach, ob die Handelsmarine wirklich so schrecklich gewesen war, daß er geglaubt hatte, sie verlassen zu müssen. Vielleicht war es das Porter an jenem Januartag in Dublin gewesen, vielleicht die glitzernde Uniform des Werbeoffiziers, die neun Pfund Handgeld, vielleicht ..., Doch jetzt war es zu spät für Selbstzweifel. John Parkinson versetzte ihm einen Stoß mit dem Ellenbogen und deutete nach vorn. Cardigan nickte steif zu John Douglas hinüber, der groß und stumm in der Mitte der Elften saß. Sie setzten sich in Bewegung. Alex Dunn zückte seinen Säbel, so daß er in der Sonne blitzte, die trübe über der ramponierten Brigade aufging. Loy Smith fluchte, als er sah, daß der Idiot Hope an seinen Platz zu seiner Rechten galoppierte. Der Krüppel ritt ein Kavalleriepferd der Grauen. Wo, zum Teufel, hatte er gesteckt? Hatte wohl irgendwo einen Anfall bekommen. Nun, er würde es ihm zeigen, wenn alles vorüber war.

Pennington kamen die Stille und das jähe Schweigen unwirklich vor. Doch er saß gleichwohl mittendrin. Vor ihm erstreckte sich ein langgestrecktes Tal, pergamentfarbener Sand und Schotter. Auf den Hügeln zur Rechten eine Reihe von Kanonen. Russische Kanonen. Zur Linken eine noch größere Zahl von Kanonen. Was lag vor ihnen? Er konnte es nicht erkennen, aber er spürte, wie Panik sein Herz erfaßte. Loy Smith drehte sich im Sattel um.

«Alles bereit, Mr. Pennington?» Und er schenkte Edwin Hughes, der erst sechzehn war und nicht einmal die vorschriftsmäßige Größe hatte, einen väterlichen Blick. Er wird uns alle überleben, dachte der Hauptfeldwebel.

«Die Brigade rückt vor», kam Cardigans rauhes, arrogantes Bellen, «die erste Schwadron der Siebzehnten Leichten Kavallerie zuerst.»
Und die schrillen Töne der Trompete übertönten seine Worte. Für einige Sekunden saßen die Husaren vom Elften Leibregiment Prinz Alberts bewegungslos da, jeder Mann ein Gefangener seiner eigenen Gedanken und Ängste. Dann brachen sie nach vorn, und wie auf dem Exerzierplatz von Maidstone fiel die Elfte auf Befehl Lucans zurück, um die Siebzehnte an die Spitze zu lassen. Die leichte Kavallerie in ihren dunklen Jacken ritt in vorderster Front, die Fähnchen an den Lanzen knatterten im Wind, der durch das Tal pfiff. Es war der Lärm, der Pennington am deutlichsten im Gedächtnis blieb, das Schnauben der Pferde und das Klirren der Gebißstangen und über dem unaufhörlichen Hufgetrappel von Zeit zu Zeit das Gebrüll von Loy Smith.
«Säbel heraus.» Es war Colonel Douglas, der seine Waffe zückte, während Cardigan das Tempo beschleunigte. Er konnte die Führer sehen – Mayow und FitzMaxse – vor der Linie der Siebzehner. Die Säbel der Elften flogen heraus.
«Gegen den Hang», ermahnte Loy Smith seine Schwadron. Bentley preßte die Klinge gegen seine Schulter und verkürzte die Zügel. Sie waren jetzt in Trab gefallen. Noch ragten die Lanzen senkrecht empor. Noch immer war Cardigan an der Spitze. Wie ein Kirchturm, dachte Palmer. Er wich weder nach links noch nach rechts aus, die Sonne glänzte auf der Goldlitze seines Umhangs. Er spürte, wie die Linien schneller wurden, um dem letzten der Brudenells zu folgen.
Loy Smith sah es als erster, denn seinen erfahrenen, alten Augen entging keine ungewöhnliche Bewegung in der Formation. Der Stabsoffizier, der den letzten Befehl überbracht hatte, schoß vom linken Flügel der Siebzehner nach vorn, quer nach rechts hinüber und jagte hinter Cardigan her. Er fuchtelte mit der Schwerthand und schrie etwas, doch Loy Smith konnte kein Wort verstehen. Die Siebzehner begannen zu schwanken. Sie drehten ab. Douglas zügelte sein Pferd, auf der Rechten wurde Dunn ebenfalls langsamer. Zog sich die Brigade zurück? Man hörte kein Trompetensignal. Warum gab es kein Signal?
Ein heulendes Pfeifen, hoch über dem Wind. Lauter und lauter. Ein

Krachen und ein Ausbruch von Flammen und Rauch. Der Stabsoffizier krümmte sich, krallte sich wie ein Krebs am Sattel fest, doch sein rechter Arm war noch immer emporgereckt. Das entsetzte Pferd brach aus, raste mit hängenden Zügeln im Kreis herum und bahnte sich seinen Weg zurück durch die Reihen. Die Siebzehner ließen es passieren und formierten sich erneut. Einer nach dem anderen sahen die Unteroffiziere, die Feldwebel und die Männer im Zentrum Pferd und Reiter und hörten den unmenschlichen Schrei. Was von Lewis Nolan übriggeblieben war, galoppierte an ihnen vorüber. Sein Gesicht war kreidebleich, seine Augen blicklos, und wo früher seine goldbetreßte Jacke gewesen war, sah man jetzt seine Lunge und seine Rippen. «Die Reihen schließen», ermahnte Loy Smith seine Schwadron, denn er wußte, welche verheerende Wirkung dieser Anblick auf seine unerfahrene Schwadron ausüben konnte. Es war vorüber. Nolan war verschwunden, und die Dreizehner sahen ihn unter ihren Hufen sterben. Das Trompetensignal rief zum Galopp. Oben am Hang tauchten Säbel auf, kampfbereit in Männerfäusten hochgereckt. Das Krachen des Artilleriefeuers nahm zu und strich an den Reihen der Reiter entlang. Und diese Reihen waren jetzt weniger standhaft. Dunne streckte seinen Schwertarm seitlich aus, um die Geschwindigkeit der Reiter hinter ihm zu korrigieren. Er ertappte sich bei der Frage, ob Cardigan verrückt sei. Der Feind war nun sichtbar, trotz des Rauchs: eine Reihe, vielleicht eine Doppelreihe rauchender Geschütze voraus, weitere auf den Hügeln zu beiden Seiten. Es war eine Falle. Ein Tal ohne Fluchtmöglichkeit. Die Siebzehnte Leichte Kavallerie kam gleichmäßig und zielstrebig herunter. Der Wind prallte auf die Reiter, und jeder Mann bereitete sich jetzt auf den Zusammenstoß vor. Das Dröhnen der galoppierenden Pferde ertränkte den Lärm der Geschütze. Doch in der Mitte, wo Pennington und Parkinson Knie an Knie ritten, gab es Verluste. Zur Rechten Parkinsons ging Charles Allured zu Boden, dessen Pferd bockte und wieherte. Auf Loy Smith' Flanke sackte Joseph Bruton über dem Hals seines Pferdes zusammen. Isaac Middleton konnte ihn für einen Augenblick festhalten, doch er mußte ihn wieder loslassen, und der Soldat fiel zu Boden. «Schneller. Reihen geschlossen.» Loy Smith' beruhigende Worte übertönten das Getümmel. An Bonds Ellenbogen traf ein Schuß den Kopf eines Pferdes, und das Blut spritzte über sein Ge-

sicht und seine Jacke. Zu seiner Linken konnte er Robert Bubb schreien hören, als dessen Pferd zu Boden ging.
Wie lange, dachte Douglas, wie lange können wir das durchhalten? Vor ihm schlossen die Siebzehner die Reihen, als die mörderischen Kugeln sie zerrissen.
«Zusammenbleiben, Elfte!» schrie er, doch er wußte wie immer schon, daß es seine Feldwebel waren, welche die Truppe zusammenhielten und das Rückgrat bildeten. Das Getöse der Hufe und der Kanonendonner waren unerträglich. Mit den reiterlosen Tieren wetteifernd, rasten die Pferde nun vorwärts, um zu den russischen Kanonen zu gelangen und sie zum Schweigen zu bringen. Cardigan war im Qualm verschwunden, die Lanzen der Siebzehner stachen in die Schwärze. Hinter Bentley strauchelte Penningtons Pferd und taumelte nach links. Pennington bemühte sich, es auf den Beinen zu halten, doch er konnte nicht sehen, wohin er getragen wurde. Männer standen mit ausgestreckten Schwertarmen in den Steigbügeln und versuchten, sich in der Verwirrung und dem Lärm schreiend zu verständigen. Loy Smith war sicher, daß er Hope, den verrückten walisischen Bastard, «Men of Harlech» singen hörte, aber es konnten auch Keates' Trompetentöne sein, die sich im Lärm verloren. Zu seiner Rechten wurde David Purcell aus dem Sattel gefegt, und er sah, wie Tom Roberts zurückfiel und sein Bein umklammerte.
Dann löste sich, zumindest für Douglas, der Qualm auf. Er hatte die Geschütze erreicht. Graujackige Russen spritzten nach allen Seiten auseinander. Pferde und Männer drängten sich um die vom Schnellfeuer heiße und geschwärzte Kanone. Die übriggebliebenen Siebzehner gingen auf die Russen los und Douglas mit ihnen. Eine Gruppe der Elften, geführt von Loy Smith, war hinter ihnen. Jegliche äußere Ordnung war dahin, die Linien, deren Exaktheit man in Maidstone so liebte, hatten sich im wütenden Ansturm auf die Kanonen aufgelöst. Dunn mähte ringsum alles nieder und hieb auf die Kanoniere ein. Palmer und Trevelyan rammten ihren Pferden die Sporen in die gesprenkelten Weichen und preschten in den Geschützqualm. Überall waren Flammen und Schreie. Will Spring verspürte einen brennenden Schmerz in seiner Schulter, und sein Pferd schleifte ihn ein paar Yards mit, bevor er den Fuß aus dem Steigbügel befreien konnte. Gregory Jowett versuchte ihm zur Hilfe zu kommen, doch er mußte der Übermacht der Gegner weichen.

Im Handgemenge hinter den Geschützen trafen sich Bond und Bentley wieder. Keiner der beiden Männer mochte seinen Augen trauen. Kavallerie. Russische Kavallerie. Ihre eigenen Leute gingen vielleicht dreimal oder viermal über den Sand auf sie los. Die Reste der Siebzehner und Elfer kämpften in winzigen Gruppen, Stahl blitzte und klirrte in der Sonne. Bevor Zeit für ein Wort oder einen Blick war, mußten sich die beiden Feldwebel ihrer Haut wehren. Bond trieb sein Pferd im Kreis herum und teilte die nach der Felddienstordnung von 1796 schwierigsten Hiebe nach hinten aus. Bentley machte es ähnlich, doch seine Gegner waren Lanzenreiter. Er spürte, wie eine Lanzenspitze durch seine Bärenfellmütze drang und sein Haar zum zweitenmal am heutigen Morgen teilte. Eine zweite blieb, nur einen Zoll von seiner Leiste entfernt, im Sattel stecken. Er fuhrwerkte wie ein Besessener in der Luft herum und zerbrach einen Lanzenschaft und einen zweiten. Während er um sich schlug, betete er. Doch es war nicht Gott der Allmächtige, der ihm zu Hilfe kam, sondern Lieutenant Alexander Dunn, der einen und dann einen zweiten Russen niedersäbelte. Er ritt an Bentleys Seite.

«Rückendeckung war noch nie was für schwache Nerven.» Er grinste, schlug einen weiteren Lanzenhieb mit dem linken Arm beiseite und trieb dem Angreifer die Klinge zwischen die Zähne. Penningtons Stute war gefallen und hatte ihren Reiter unter den Rädern des Geschützes zu Boden gestreckt. Als er sich wieder aufgerappelt hatte, rauschte die erste Linie der Achten Husaren an ihm vorbei. Pennington erblickte «Old Woman», der seine Männer heranführte, die mit einem dumpfen Schlag und in einer Staubwolke über die Kanonen hinwegsetzten.

«Greif nach den Zügeln, Mann», das Gebell eines Hauptfeldwebels riß ihn in die Wirklichkeit zurück. Er bekam die Lederriemen zu fassen, gelangte irgendwie in den Sattel und hatte sich im Nu dem Angriff der Achten angeschlossen.

Die Schlacht löste sich in eine Vielzahl von einzelnen Zweikämpfen auf. Gregory Jowett schlug um sich, Seite an Seite mit Roger Palmer. Er war zornig, daß die russischen Grünröcke seine Schläge abwehrten, und er verfluchte die Waffenschmiede von Birmingham, die derart nutzlose Waffen gemacht hatte. Schließlich setzte er den Griff wie einen Schlagring ein und zielte auf die Schnurrbartgesichter unter den Pelzmützen. Lieutenant Palmer, der an seiner Seite focht

und die Hiebe nicht mehr vorschriftsmäßig nach der Felddienstordnung ausführte, übersah den russischen Karabiner, der auf seinen Kopf zielte. Jowett sah ihn und mußte für Sekundenbruchteile daran denken, daß ihn Palmer vor ein paar Tagen wegen Schlafens auf Wache zusammengestaucht hatte. Unmittelbar darauf durchhieb Jowetts Säbel Hals und Schlüsselbein des Russen, und der Schuß verfehlte weit sein Ziel. Schließlich hatte Palmer ihn nicht auspeitschen lassen, gestand er sich ein. Wenigstens das war er ihm schuldig. An der Spitze der D-Schwadron hatte Douglas die Geschütze links umgangen. Seine Einheit war die einzige, die einigermaßen vollzählig war, und er deutete mit dem Säbel auf die russischen Schwadronen, die zum Angriff auf ihn vorrückten.
«Frontalangriff!» Verstreute blutende Männer der Siebzehnten, deren Lanzen die Spitzen eingebüßt hatten, sammelten sich hinter ihm.
«Sammeln, Männer!» rief Douglas. «Männer von der Siebzehnten, sammeln!» Doch die Mehrheit der Lanzenreiter in Staub und Qualm gehörten nicht zu den Siebzehnern. Palmer erkannte es als erster.
«Das ist der Feind!» sagte er und machte sich zum erneuten Angriff bereit. In seiner Nähe explodierte ein Gewehr und streckte einen Mann von der Vierten Leichten Kavallerie zu Boden. Für einen Augenblick bekam er Lord George Paget zu Gesicht, eine zerknautschte Zigarre im Mund, dann drehte er sich um, um nach seinem eigenen Regiment Ausschau zu halten.
Alex Dunn wurde ein bemerkenswerter Anblick zuteil, den er für den Rest seiner Tage nicht vergessen würde. Durch den erstickenden Rauch sah er Cardigan, unverletzt, aufrecht, der einer Gruppe russischer Lanzenreiter gegenüberstand. Der Offizier in ihrer Mitte schien Cardigan zu erkennen, und die beiden Männer salutierten voreinander mit den Säbeln. Der Husarengeneral trabte einem anderen Teil des Schlachtfeldes zu.
Paget hatte seine eigenen Vierer verloren und war damit beschäftigt, einen ziellos umherirrenden Rest der Elften um sich zu scharen. Dasselbe machte Loy Smith im Rücken der hintersten Geschütze. Unwillkürlich zogen sich Gruppen von Überlebenden zurück und warfen den zögernden Russen müde Schmährufe zu. Ohne Zusammenhalt und wirkliche Führung verharrte der Feind unentschlossen am Ende des Tales und erlaubte der britischen Kavallerie, sich zu-

Ein denkwürdiger Tag

rückzuziehen. Doch sie lag weiterhin unter Beschuß: Loy Smith' Pferd schwang jetzt ein gebrochenes Bein. Der Hauptfeldwebel stieß die Steigbügel weg und rannte los, sobald er Boden unter den Füßen spürte. Hinter ihm wirbelten Kugeln Staub auf, als er ein reiterloses Pferd einfing, sich darauf festklammerte und durch das Tal zurückritt. Er sah, daß Pennington ebenfalls lief, doch nicht genug Zeit hatte, ihn zu erreichen, bevor er mit blutendem Bein zu Boden fiel. Unverzagt richtete der Soldat sich wieder auf, warf seine Ausrüstung fort, um schneller zu sein, und humpelte weiter, während russische Kämpfer auf ihn eindrangen. Ein Soldat der Achten ließ ihn unbeholfen hinter sich aufsitzen, und sie galoppierten in Deckung.

Zu seiner Rechten sah Trevelyan die blitzenden Säbel der Chasseurs D'Afrique, welche die Kanonen auf den Höhen mutig zum Schweigen brachten. Im nächsten Augenblick verspürte er einen lähmenden Schmerz, als reiterlose Pferde, verschreckt durch den Lärm und das Fehlen des gewohnten Gewichtes, gegen seine Beine anstürmten. Die starrenden Augen und die schaumbedeckten Nüstern bereiteten ihm ebensolchen Schmerz wie seine Beine, doch dann benutzte er seinen Säbel, um sie zu vertreiben.

Langsam humpelten die Überlebenden von Cardigans Brigade, allein oder zu zweit, durch das Tal zurück. Sie ritten oder stolperten über die Trümmer der Schlacht – Pferde, deren Eingeweide dampfend auf der Erde lagen – Männer mit zerschmetterten Gliedmaßen und entstellten Gesichtern. Hier und da wurde ein Soldat von zwei Kameraden weggeschleift. Und als die Zahl der Kugeln geringer wurde und die Schüsse verstummten, senkte sich eine unheimliche Stille über das Schlachtfeld.

Alex Dunn steckte seinen Säbel, der vom Blut der Russen dunkelbraun war, in die Scheide. Er nahm an der Spitze der D-Schwadron Aufstellung und wartete in der betäubenden Stille, während die Verstreuten durch den Qualm zurückkehrten. Überall waren Sanitäter, und während sie inmitten von Schreien nach Bahren ihrem schrecklichen Geschäft nachgingen, fand der feierliche Anwesenheitsappell statt. Die Lücken in seinem eigenen Regiment waren grausam – Lieutenant Cook und Houghton waren unfähig zu antworten, Sergeant Jones und Jordan und die Korporale France und Williams tot. Und als die Liste der Toten länger wurde, spürte Dunn, daß ihm die Tränen über die Wangen liefen.

Sergeant Bentley sah Dunn, der die Hände vors Gesicht geschlagen hatte, und kam zu der Ansicht, dies sei nicht der rechte Augenblick, ihm dafür zu danken, daß er ihm das Leben gerettet hatte. ‹Jim der Bär› trabte auf seinem ausgepumpten Kastanienbraunen die Linie entlang, noch immer aufrecht wie ein Kirchturm. Bentley bekam es nur am Rande mit ...
«Es war ein hundsföttischer Trick, Männer, doch es war kein Fehler meinerseits.»
Hinter seinem Rücken hörte der Sergeant eine Stimme. «Macht nichts, Mylord, wenn's nach uns geht, kann's noch mal losgehen.»
Bentley betete, Cardigan möge das überhört haben.
«Nein, nein, ihr habt genug geleistet.» Und er ritt fort und ließ sein altes Regiment zurück.

In jener Nacht schrieb John Douglas in der Stille seines Zeltes an seine Frau. *Meine liebste Rosa* ... Aber er fand die Worte nicht. Von den heute morgen zum Appell angetretenen 142 Offizieren und Männern der Elften Husaren waren 25 tot, 31 verwundet, 8 wurden vermißt, und über die Hälfte der Regimentspferde verweste draußen im Tal im beißenden Wind. Alex Dunn durchschritt die Reihen der Pferde und bettete seinen Kopf für einen Augenblick an den seines Pferdes. Er tätschelte ihm den Hals, zog seinen Umhang zusammen und ging zu seinem Zelt. Wie befohlen, hatte ihm sein Bursche das Schreibzeug bereitgestellt. Mühsam umfaßte er mit tauben Fingern die Feder, und er begann zu schreiben. *Rosa, Liebling* ... Und der Lampenschein flackerte auf den Zeltwänden ... Man schrieb den 25. Oktober 1854. Ein denkwürdiger Tag.

Das Feuer knisterte, als die Scheite zusammenfielen. Joseph Lestrade richtete sich auf und sah sich um.
«Zeit, daß der Junge ins Bett kommt, Martha.»
«Wir wollen es ihn noch einmal versuchen lassen, Joe, ein letztes Mal.»
Lestrade blickte auf die Frau, die auf dem Kaminvorleger kniete, den kräftigen, lockenköpfigen Jungen im Schoß.

Ein denkwürdiger Tag

«In Ordnung, Sholto. Komm her, komm. Komm zu deinem Papa.»
Der kleine Junge gluckste, und seine Augen leuchteten auf, doch er rührte sich nicht. Joseph Lestrade kniete nieder und streckte die Arme quer über den Vorleger aus.
«Komm her, Bürschchen. Du kannst es.» Die Augen des Jungen entdeckten im Feuerschein etwas Blitzendes. Auch sein Vater bemerkte es.
«Was ist das, Sholto? Meine Jacke? Die Zahlen, nicht wahr? Die Zahlen auf meinem Kragen.» Und der stolze Vater buchstabierte sie. «PC eins-sechs-fünf», flüsterte er.
Mit einem unverständlichen Gebrabbel kam der kleine Lestrade mühsam auf die Füße. Für einen Moment schwankte er gegen die schutzbietenden Brüste der Mutter zurück. Sie hielt ihn fest, und dann machte er sich frei und torkelte jetzt von rechts nach links. Seine Augen blitzten im Feuerschein, als er sich auf seinen Vater und dessen Jacke zubewegte.
«So ist's recht. Sehr gut. Guter Junge. Komm und hol's dir. Komm.» Und der kleine Lestrade fiel in die Arme des Vaters, und seine Finger griffen nach den Knöpfen. «Er hat's geschafft, Martha. Wie ist das bloß möglich? Neun Monate alt und seine ersten Schritte. Wie ist das bloß möglich?»
Doch Marthas Augen waren tränennaß. Sie lief davon, um ihr Haushaltsbuch zu holen, griff nach der Feder und schrieb: *Heute, am 25. Oktober 1854, hat der kleine Sholto seinen ersten Schritt getan. Ein denkwürdiger Tag.*

Der neue Besen

Seit seinem ersten Gehversuch hatte Sholto Lestrade bewunderungswürdige Fortschritte gemacht. Doch mittlerweile war er fast vierzig. Er stellte fest, daß er an diesem Morgen seine Füße mit besonderer Aufmerksamkeit betrachtete. Der alberne *Punch* hatte wieder einmal die Metropolitan Police Ihrer Majestät lächerlich gemacht, und der größte Teil des Witzes war natürlich nicht über das Gossen-Niveau hinausgelangt – an den Haaren herbeigezogene Scherze über die großen Plattfüße der Polizisten. Ich finde nicht, daß meine Füße zu groß sind, dachte Lestrade.
«Morgen, Sir.» Dixons herzliche Begrüßung ließ Lestrade aufblicken.
«Sergeant», erwiderte Lestrade seinen Gruß. «Gibt's heute irgendwas für mich?»
«Seine 'zellenz», sagte Dixon mit einer Kopfbewegung nach oben, «möchte Sie sprechen, falls Sie einen Augenblick Zeit haben.»
«Zellenz?» fragte Lestrade.
«Der Assistant Commissioner persönlich, Sir. Mächtig feiner Herr.»
Lestrade marschierte zur Treppe, dann dachte er daran, das könne möglicherweise schlecht für seine Füße sein, und nahm statt dessen den Lift. Dieser neumodische Apparat, weniger als drei Jahre alt, trug ihn ehrwürdig surrend und klappernd in die zweite Etage, wo Lestrades palastgleiches Büro lag, eingeklemmt zwischen einem Besenschrank und einer Latrine. Constable Dew erwartete ihn mit einem Becher Tee in der Hand.
«Heute morgen nicht, Dew, mir ist der Appetit vergangen.»
«Woran könnte es liegen, Sir? An Mrs. Manchesters Cremetörtchen?»
Doch Lestrade war gegangen, und Walter Dew sah sich einmal mehr jenem unvermeidlichen Schweigen gegenüber, in das sich der Inspector, je nach Laune, gewöhnlich zu hüllen berechtigt glaubte. Die

Tür, die für Lestrade immer noch die von McNaghten war, stand rechteckig und massiv vor ihm.

«Herein.»

McNaghten war nicht mehr da. Er hatte vor einem Monat sein Amt aufgegeben, ein Mann, den der Tod seiner Tochter vernichtet hatte. An seinem Platz stand der größte Mann, den Lestrade je gesehen hatte. Nach Lestrades Schätzung wog er nahezu neunzehn Stones, und der größte Teil davon befand sich irgendwo zwischen seiner Brust und seinen Knien. Er hatte den Gesichtsausdruck einer läufigen Bulldogge, rotunterlaufene Augen und weiche, zitternde Lippen.

«Inspector Lestrade, Sir. Sie wollten mich sprechen?»

«Ja.» Die Bulldogge kam knurrend hinter ihrem Schreibtisch hervor.

«Mein Name ist Frost. Nimrod Frost.» Die Bulldogge umkreiste Lestrade, und ihre Masse schwankte vor ihm wie ein Gemüsekarren in Covent Garden. «Assistant Commissioner. Der neue Leiter des Criminal Investigation Department.» Jedes Wort wurde mit Präzision und Behagen ausgesprochen. Lestrade versuchte aus der Redeweise auf die Person zu schließen. Dixon lag falsch: Woher immer dieser Bullenbeißer stammte, er war kein feiner Herr. Die Stimme war trainiert, von einem Mann geformt worden, der gewartet und gelauert hatte, bis er von unten hochgekommen war. Es gab keinen härteren Polizisten. «Sie werden in der kommenden Zeit eine Menge von mir hören.» Der Bullenbeißer beschloß seinen Rundgang und nahm seinen Platz wieder ein.

«Sholto Joseph Lestrade.» Frosts Augen verengten sich über dem Stummel, der seine Nase war. «Bachelor.» Er sprach das Wort wie eine Anklage aus. Frost schien auf ein Zeichen der Zustimmung zu warten. «Geboren in Pimlico. Januar 1854. Vater: Police Constable Joseph Lestrade, Metropolitan Police. Mutter: Martha Jane Appleyard, Wäscherin.» Der Bullenbeißer wartete abermals auf ein erklärendes Wort. Vergebens. «Ältestes von drei Kindern, die anderen starben im Säuglingsalter. Schulbildung ...» Frost hielt inne. «Hm. Schule in Blackheath. In Ordnung, das reicht erst mal.»

Der Bullenbeißer tappte wieder durch das Zimmer. Hin und wieder ließ er seine Blicke zum Fenster und über die sonnenvergoldeten Skulpturen des Parlamentsgebäudes wandern.

«Lestrade», sagte er unvermittelt, «das ist ein ausländischer Name, nicht wahr?»
«Ein hugenottischer Name, Sir, soweit ich weiß.»
«Ein Franzmann, wie?»
«Schon lange her, Sir. Während meiner Schulzeit bei Mr. Coulson in Blackheath habe ich aufgeschnappt, daß am Ende des siebzehnten Jahrhunderts eine große Zahl hugenottischer Weber in dieses Land kam. Mein Großvater sagte immer, die Lestrades seien aus La Rochelle gekommen und hätten sich in Spitalfields niedergelassen ...»
«Vielen Dank für die Geschichtsstunde, Lestrade.» Der Bullenbeißer hatte anscheinend mehr zu schlucken bekommen, als er verdauen konnte. «Warum sind Sie Polizist geworden?» Er wandte sich wieder Lestrades Personalakte zu.
«Damals hielt ich es für eine gute Idee.»
«Recht so. Klagen?»
«Über den Yard? Nein, Sir. Das hängt immer von einem selbst ab.»
«Recht so. McNaghten hielt viel von Ihnen. Sie haben einen ganz ordentlichen Schnitt.»
Lestrade war im ersten Augenblick über dieses Kompliment überrascht. «Ich denke, Eleganz und Tüchtigkeit lassen sich unter einen Hut bringen, Sir», sagte er, doch dann ging ihm auf, daß Frost die Zahl seiner Verhaftungen, nicht die Eleganz seines Anzuges gemeint hatte.
«Was ich an Detective Inspector nicht mag», knurrte der Bullenbeißer, «ist Sinn für Humor. Er paßt nicht zu ihnen.» Eine gewichtige Pause, dann ein neuer Anlauf. «Ist Ihnen das letzte Papier des Innenministeriums, die Metropolitan Police betreffend, bekannt, Inspector?»
Fehlanzeige.
«Das dachte ich. Junge Polizisten, ob gut, schlecht oder gleichgültig, pflegen solche Dinge nicht zu lesen. Ein Jammer. Es ist keine schlechte Sache, die Ansichten jener Männer zu kennen, die uns Lohn und Brot geben.» Lestrade hatte einen anzüglichen Vergleich auf den Lippen, behielt ihn jedoch für sich.
Frost beförderte einen Stapel amtlich aussehender Dokumente zutage, räusperte sich und las laut vor: «‹Allen denjenigen, die sich

durch unerfreuliche Ereignisse gezwungen sehen, polizeiliche Hilfe zu suchen, erscheint ein Inspector wie ein Wächter, Beschützer und Schiedsrichter. Anders als in der Vergangenheit muß ein Inspector ein Mann von Bildung –» der Bullenbeißer machte eine bedeutungsvolle Pause – «und Urteilsvermögen sein; die Öffentlichkeit muß ihm gegenüber Vertrauen empfinden.› Nun, Lestrade, sind *Sie* dieser Mann?»

Ein Finger stach dramatisch in die Luft, nur ein paar Zoll von Lestrades Gesicht entfernt. «Guter Gott, Mann.» Frost war plötzlich verblüfft. «Sie haben ja keine Nasenspitze!»

«Ein Stück davon liegt vermutlich noch immer auf einem Bürgersteig in Cambridge. Es passierte im Dienst. Ein größeres Stück ist auf dem Friedhof von Highgate beerdigt. Das war eine Privatsache.»

«Sehr rätselhaft», knurrte die Bulldogge, aber Lestrade wußte, daß sie das nicht lustig fand. «Dem Department», fuhr Frost fort, «stehen personelle Veränderungen bevor. Die Leute haben ‹Jack the Ripper› nicht vergessen.» Das galt auch für Lestrade. «Oder die *Struwwelpeter*-Morde.» Auch Lestrade hatte sie nicht vergessen. «Der *Punch* –» es war, als habe Frost die Gedanken gelesen, die Lestrade heute auf dem Weg zum Yard gehabt hatte – «fährt fort, uns ‹Defekt-› statt Detective-Abteilung zu nennen. Das ist nicht komisch, Lestrade, überhaupt nicht komisch.» Seine Stimme verlor an Lautstärke, der er sich bislang befleißigt hatte.

«Sir Melville McNaghten sprach von Ihnen als seinem besten Mann.»

«Das ist sehr schmeichelhaft, Sir.»

«Ja, ist es das? Aber ich will wissen, ob es stimmt. Ich will keine Primadonnen in meiner Abteilung, Lestrade. Ich will ein Team von einsatzfreudigen, zuverlässigen Beamten.» Er fing wieder an herumzuwandern. «Ich hätte da eine kleine Aufgabe für Sie …»

«Oberjäger»: So nannte Sergeant Dixon bald den neuen Chef des Criminal Investigation Department wegen seines Vornamens, doch nur hinter dessen Rücken und mit gesenkter Stimme. Der neue Besen fegte durch die staubigen Korridore von New Scotland Yard, kehrte die Scharen von Sergeants vor die Tür, die nahezu drei Jahre

lang im Kellergeschoß gelauert hatten, bestand darauf, daß Inspector Athelney Jones die schlechtsitzende Uniformjacke, die er und seine Männer sechzehn Jahre lang getragen hatten, durch eine andere ersetzte, und war immer und überall präsent. Jedenfalls verlangsamte sich die Nachrichtenübermittlung in dem weitläufigen Gebäude, da die Aufzüge, die ursprünglich acht Personen trugen, jetzt fünf Personen und Assistant Commissioner Frost beförderten. Es tat den anderen drei gut, die Treppen hinauf- und hinunterzurennen. Jedenfalls tat man gut daran, in Form zu bleiben.
Doch Inspector Lestrade bekam wenig davon mit. Am Tag nach seiner ersten Unterredung mit Nimrod Frost war er unterwegs nach Swindon. Als er das letzte Mal diese Strecke befuhr, hatte er wegen der verdammten breiten Brunel'schen Spur umsteigen müssen. Inzwischen hatte die Eisenbahngesellschaft Vernunft bewiesen und diese Gleise abgebaut. Trotzdem mußte er wegen Gleisarbeiten in Swindon umsteigen, und der Tee und die Sandwiches am Great-Western-Buffet waren genau so ekelerregend, wie er sie in Erinnerung hatte. Mrs. Manchester hatte ihn gebeten, ein paar von ihren Pasteten mitzunehmen, doch da er nach Cornwall unterwegs war, hätte ihn das ein wenig an Kohle und Newcastle erinnert. Er blätterte die Zeitschriften in der Auslage von W. H. Smith durch und schauderte, als seine Finger ein Exemplar des *Strand Magazine* zu fassen bekamen. Für einen Augenblick fragte er sich, ob Watson, dieser Idiot, Conan Doyle immer noch mit diesen lächerlichen Geschichten über Sherlock Holmes fütterte, obgleich der Mann inzwischen schon anderthalb Jahre tot war.
Er hatte keine Zeit, weiter darüber nachzusinnen, weil die Lokomotive pfiff. Er flitzte durch den Dampf, um den Zug zu erwischen, der zwanzig nach zwei nach Exeter abfuhr.
In der Nacht, warm für April, leistete ihm das Glockengeläute der Kathedrale Gesellschaft. Lestrade war nicht das, was man gemeinhin einen Romantiker nennt, doch die gewaltigen grauen Steine und der feierliche Glockenklang sorgten ganz von selbst für eine betörende Stimmung. Nach dem Abendessen, das, angesichts der kärglichen Spesen, die Frost ihm zugestanden hatte, bescheiden genug ausfiel, schlief er friedlich.
Am folgenden Nachmittag überschaute Inspector Lestrade, begleitet von einem Sergeanten und zwei Constables der Cornwall Con-

stabulary, den Helford-Fluß. Hinter ihnen war der riesige, stumme Erdwall, der die kleine Kirche von Mawnan umgab. Durch die teilweise sonderbar verkrüppelten Bäume konnten die Polizisten das Meer sehen, dessen graue Fläche sich hob und senkte, unablässig auf der Suche nach dem Ufer. Es herrschte eine Stille, die Lestrade bemerkenswert vorkam. Im lärmenden Getriebe der Stadt war er immer noch am glücklichsten, wenn er auch bei seiner Geburt die Glocken von Mary le Bow nicht hatte hören können.

«Sie sagten, dort wäre es gesehen worden?»

Der Sergeant nickte, und indem er versuchte, Lestrade zuliebe sein breites Cornwall-Idiom ein wenig zu mäßigen, sagte er: «Dreimal, Sir. Einmal dort im Wald. Einmal am Ufer hinter uns, und der Pfarrer hat's in der Krypta gesehen.»

«In der Krypta?» fragte Lestrade ungläubig.

«Da ist er übrigens.» Der Sergeant deutete auf einen älteren Herrn, der mit Hilfe eines Stockes beherzt über den Erdwall schritt.

«Neolithikum», rief der Vikar.

«Lestrade», erwiderte der Inspector.

«Ach ja. Mein Name ist Ashburton.» Lestrade mußte wohl eben etwas falsch verstanden haben. «Ja, dieser Erdwall», fuhr der Vikar fort. «Jungsteinzeit, wissen Sie. Wo jetzt die Kirche steht, befand sich vermutlich einmal eine keltische Befestigung von beträchtlicher Größe, meinen Sie nicht?»

Lestrade stimmte ihm zu.

«Wenn Sie mit den Constables fertig sind, Inspector, kann ich Ihnen alles zeigen. Und anschließend sind Sie herzlich eingeladen, uns beim Abendessen Gesellschaft zu leisten. Meine Teure macht eine wundervolle Pastete.»

Diese war zwar wundervoll, doch der Brandy des Vikars war besser. Im heimeligen Studierzimmer des Pfarrhauses fühlte sich Lestrade an diesem Abend mit jeder Minute heimeliger. Aber er hatte einen Auftrag durchzuführen.

«Können wir alles noch einmal durchgehen, Sir?»

«Gewiß, Inspector, aber sagen Sie mir, ob Ihnen Gilbert White aus Selborne ein Begriff ist?»

«Gilbert White, der Fälscher?»

Der Vikar lächelte. «Nun, das ist er vielleicht gewesen, aber als Naturforscher ist er besser bekannt. Lange Zeit vor all dem Blödsinn,

den die Darwins und Huxleys verzapfen, sammelte der Reverend White Exemplare aller Arten und fertigte von der Flora und Fauna seines Geburtsortes Selborne Zeichnungen an. Mit weit weniger Kunstfertigkeit habe ich hier in Mawnan versucht, etwas Ähnliches zu machen. Ringsum sehen Sie die Früchte meiner Bemühungen.»
Lestrade war die Unmenge von Vogeleiern, ausgestopften Wassermolchen und aufgespießten Schmetterlingen im Besitz eines anglikanischen Geistlichen ein wenig zu zoologisch vorgekommen, aber es mußte auch solche Leute geben.
«Ich kenne mich mit allen Lebewesen aus, Inspector, die es in Cornwall und Devon gibt, aber so etwas wie die Kreatur, die ich letzte Woche auf meinem Kirchhof sah, habe ich noch nie zu Gesicht bekommen.»
«Was für ein Tier war das?»
«Ich sagte bereits, daß es dämmrig war. Ich hatte gerade die Glocken geläutet. Sind Sie Campanologe?»
«Politik ist beim Yard nicht gefragt, Sir.»
Ashburton warf Lestrade einen befremdeten Blick zu. «Jedenfalls durchquerte ich das Südtor – ich meine, den Eingang zum Alten Fort –, als ich diesen ... ja, unirdischen Schrei hörte. Durch die Tatsache ermutigt, daß der Herr mit mir war, ging ich der Sache nach. Damals hatte ich einen kräftigen Knotenstock bei mir. Ich hörte Geräusche im Gebüsch und sah eine Gestalt – riesengroß.» Der Vikar schwenkte seinen Brandy. «Es war ein Löwe, Lestrade.»
«War ein Wanderzirkus bei Ihnen vorbeigekommen?»
«Äh ... Ich weiß nicht. Ich kümmere mich nicht um solche Dinge. Falls ein Zirkus da war, dürfte er sein Zelt eher in Exeter aufgeschlagen haben. Sie glauben, das Untier sei aus einem Zirkus entkommen?»
«Es sei denn, Sie oder Gilbert White wissen von Löwen in Mawnan oder Selborne, Sir. Ich muß einfach zu diesem Schluß kommen. Was ich nicht verstehen kann, ist, warum ich hierhergeschickt wurde.»
«Inspector», sagte Reverend Ashburton, das Glas des Inspectors aufs neue füllend, «obgleich ich es vor einer lebenden Seele nicht wiederholen möchte, so habe ich nicht gerade die beste Meinung von der County Constabulary. Ich war es, der sich mit Scotland Yard in Verbindung setzte, wenngleich ich einräumen muß, daß ich

Der neue Besen _____ 27

nicht glaubte, daß jemand kommen würde. Über dreißig Schafe sind abgeschlachtet worden, Inspector. Die meisten meiner Pfarrkinder sind Bauern. Was dort im Hochmoor vergossen wird, ist ihr Lebensblut.»
Eine Bewegung in der Halle brachte beide Männer auf die Beine. Sergeant Winch von der Cornwall Constabulary fiel sozusagen mit der Tür ins Haus.
«Tut mir leid, Sir, Mr. Ashburton, Sie stören zu müssen. Inspector, Sie sollten besser mitkommen. Das Biest hat wieder zugeschlagen, drüben in Constantine.»
Lestrade blickte den Vikar fragend an. «Ein Dorf, vier Meilen von hier. Wir können meinen Einspänner nehmen.»
«Nicht nötig, Sir. Ich habe die Revierdroschke mit», lud sie der Sergeant ein.
In dieser Nacht war es kälter. Schließlich war es April. Winch, Lestrade und der Vikar wurden im trostlosen Inneren des Gefährtes gegeneinandergeschleudert. Zu mitternächtlicher Stunde rumpelten sie durch das schlafende ländliche Cornwall, durch die ausgestorbene Hauptstraße des Dorfes mit dem komischen Namen Constantine zum Schauplatz des Gemetzels.
«Ich hoffe, Sie haben einen kräftigen Magen, Inspector», war die letzte boshafte Bemerkung Winchs, als er aus der Droschke sprang. Im Licht von Blendlaternen stolperte die kleine Gesellschaft fluchend dahin – sich andauernd beim Vikar entschuldigend.

«Hier rüber!» rief eine Stimme in der Dunkelheit.
Lestrade und sein Gefolge quälten sich durch das Heidekraut auf eine zusammengekrümmte Gestalt zu.
«Gütiger Gott!» Der Vikar bekreuzigte sich. Eine ziemlich katholische Geste, dachte Lestrade.
Auf der Böschung ausgestreckt lag der Körper eines Mannes. Im flackernden Licht der Blendlaternen war deutlich zu sehen, daß seine Kehle herausgerissen war. Überall war Blut, vom Kinn bis zur Hüfte.
«Sie sagten mir, ein Lamm sei getötet worden.» Der Sergeant ging um die zusammengekrümmte Gestalt herum. «Sie haben nichts von einem Menschen gesagt.»

«Nein, nein, Sie Vollidiot», fauchte der andere zurück. «Ich sagte Ihnen, Lamb sei getötet worden. William Lamb, mein Schäfer.»
«Wer sind Sie?» fragte Lestrade, froh, die Untersuchung der Leiche verschieben zu können. William Lamb würde nirgendwo mehr hingehen.
«Wer sind *Sie*?» Der andere Mann war ebenso direkt.
«Inspector Lestrade, Scotland Yard.»
«Oh», lenkte er ein. «Ich bin John Pemberton. Mir gehört dieser Bauernhof. William Lamb, er arbeitet ... hat für mich gearbeitet.»
«Was ist passiert?»
«Ich war auf meinem Rundgang. Wenn die Schafe lammen, ist immer viel zu tun. Die meisten haben schon geworfen, aber es zahlt sich aus, wenn man aufpaßt bei all den Krähen und Füchsen. Nun, ich wollte gerade nach Hause gehen, als ich dieses Fauchen und Schnappen hörte, dann einen Schrei. Mein Pony scheute, und als ich schließlich hier ankam, lag William schon so da wie jetzt.»
«Tot?»
«Nein. Aber er lag im Sterben.»
«Hat er etwas gesagt?»
«Nun, es war schwer zu verstehen ... aber ...»
«Aber? Kommen Sie, Mann. Raus damit.»
«Er sagte ein Wort, Inspector: Tiger.»
Lestrade blickte einem nach dem anderen in der Runde an, als suche er eine Bestätigung dessen, was er gerade gehört hatte. «*Tiger, Tiger, grelle Pracht*», sagte der Reverend Ashburton zu sich selbst.

> «*In den Dickichten der Nacht,*
> *Wes unsterblich Aug' und Hand*
> *Wohl dein furchtbar Gleichmaß band?*»

«Ein Tiger?» wiederholte Lestrade.
«Es könnte einer gewesen sein», antwortete der Vikar.
Instinktiv drängten sich die Männer an der Böschung dichter zusammen. Die Blendlaternen warfen Lichtsäulen auf die Heide und die Grasbüschel.
«Was immer es war, es ist längst verschwunden», sagte Pemberton mit einer Bewegung zu den geisterhaft grauen Figuren der Schafe, die in der Entfernung ruhig und selbstvergessen wiederkäuten.

«Trotzdem sollten wir es besser nicht riskieren, eine Nacht im Freien zuzubringen.» Lestrade hatte Heimweh nach der Enge der Stadt. «Sergeant, holen Sie die Decke aus der Droschke. Wir werden die Leiche zum Revier bringen. Mr. Pemberton, wir brauchen ein Protokoll Ihrer Aussage. Und, Sergeant ...»
«Sir?»
«Morgen früh werden Sie Ihrem Chief Constable eine Nachricht überbringen. Wir werden Gewehre an Ihre Leute ausgeben müssen.»
Sie legten William Lambs Leichnam, nicht gerade unpassend, auf den Arbeitstisch in der Dorfschlachterei. Der Fleischbeschauer ließ sich ohnehin selten genug blicken, und außerdem war Sonntag, ein Tag, an dem niemand Fleisch kaufte. Als die Glocke der Kirche von Mawnan die Gläubigen unter der feierlichen Schirmherrschaft des Reverend Ashburton zur Andacht rief, stand Lestrade neben dem Verblichenen.
Er war an solche Anblicke gewöhnt. Als hartgesottener Polizist hatte er schon alles gesehen. Vergiß, daß es ein Mensch ist, sagte er sich zum wiederholten Male. Es ist ein Job. Das ist alles. Bring's hinter dich. Er legte seinen Bowler über die Halswunde. Er paßte genau. Da mußten ziemlich kräftige Pranken am Werk gewesen sein. Tiger? Vielleicht. Löwe? Vielleicht. Über Brust und Gesicht zogen sich parallellaufende Kratzspuren. Da war noch etwas. Haare. Nicht von Lamb. Zu groß, zu hell. Eher braun. Er hielt sie ins Licht. Hellbraun mit einer Spur von Dunkelbraun an einem Ende. Er näherte sich dem Leichnam mit seiner Nase. Ein Geruch von feuchtem Gras und von Schaf (der Geruch, der Lestrade seit seiner Ankunft verfolgte) und noch etwas anderes. Schnüffelte er etwa Tigerduft? Oder war es Löwe? Immer wieder der gleiche Teufelskreis. Die schlichte Wahrheit war, daß die Männer vom Yard nicht sonderlich gut ausgerüstet waren, um die Spuren von Großkatzen zu verfolgen. Ihre Ausbildung vermittelte ihnen nicht den Spürsinn, dem Ruf der Wildnis zu folgen. Leichenfledderer in Seven Dials. Trickdiebe in Whitehall. All das war tägliche Routine, aber Tiger in Cornwall? Nein, das ging über sein Vorstellungsvermögen. Es paßte einfach hinten und vorn nicht.

Er legte Lambs Arme, aus denen die Leichenstarre gewichen war, über dem zusammen, was von der Brust übriggeblieben war. Er blickte kurz in das Gesicht des Toten. Er war ein alter Mann. Klein, schwächlich. Eine sonderbare Narbe lief über seine Stirn und durchquerte das linke Auge. Das war nicht die Spur des Tieres. Die Narbe war alt. Jahre alt.

Auf dem Polizeirevier von Mawnan gab es keinen Fotoapparat. Er zweifelte, ob Platz genug war, ein Stativ aufzustellen. Wegen des Apparates hatte er sich mit Falmouth in Verbindung gesetzt. Ein Fotograf würde kommen und die Verletzungen aufnehmen.

Lestrade trank mit Sergeant Winch einen Becher Tee, bevor er zum Pfarrhaus zurückkehrte. Er hinterließ auf dem Revier die Anordnung, eine Meldung an den Yard zu schicken und Frost von der Entwicklung zu informieren. Seine Rückkehr würde sich verzögern. Auf dem Weg begegnete der Inspector den Gläubigen, die fassungslos und schnatternd von der Kirche zurückkehrten.

«Inspector», begrüßte ihn Ashburton. «Sind Sie seit gestern vorangekommen?»

«Ein bißchen, Sir.»

«Darf ich Ihnen meinen Bruder Percival vorstellen?»

Lestrade blinzelte ungläubig. Die beiden Männer vor ihm waren nahezu identisch. Percival war ein bißchen größer, magerer und sonnengebräunter.

«Sir.» Lestrade nahm sich zusammen.

«Ja, so wirken wir auf die meisten Leute. Percival ist gerade aus Australien zurückgekommen. Schafzüchter.»

Lestrade hatte wirklich keine Zeit für Höflichkeiten.

«Habe ich in Ihrem Arbeitszimmer nicht ein Mikroskop gesehen, Mr. Ashburton?»

«Ja, stimmt, Inspector. Möchten Sie's benutzen? Haben Sie eine Spur?»

«Wir haben beim Yard solche Dinger, Sir. Unglücklicherweise habe ich keine Ahnung, wie man damit umgeht.»

«Das ist kein Problem, Inspector. Seien Sie mein Gast. Aber sagen Sie doch: Was haben Sie gefunden?»

Lestrade zog das Haarbüschel aus dem Papierbeutel in seiner Tasche.

«Das hier.»

Die Brüder Ashburton beäugten das Fundstück eingehend. Percival empfahl sich, ein wenig überstürzt für Lestrades Geschmack. «Muß gehen, Thomas, Inspector», und er tippte an seinen Hut.
«Ach, wirklich? Vergiß nicht, heute abend zu kommen. Dinner nach der Abendandacht. Der Inspector wird ebenfalls dasein, nicht wahr, Inspector?»
«Das ist sehr freundlich von Ihnen, Sir, aber ich möchte mich nicht aufdrängen ...»
«Unsinn, Inspector. Kommen Sie. Die moderne Wissenschaft erwartet uns», sagte der Vikar, nahm Lestrade beim Arm und schritt am neolithischen Erdwall entlang auf das Pfarrhaus zu.

An diesem Abend war Percival Ashburton beim Brandy des Vikars ausgesprochen wortkarg. Das war offensichtlich, mochten auch ein paar harte Jahre der Dürre und endlose Überfälle von Dingos nicht spurlos an ihm vorübergegangen sein. Lestrade brauchte eine Weile, um zu begreifen, daß die Alice Springs, die Ashburton zurückgelassen hatte, keine alte Liebe war. Doch der Abend verstrich, und die Unterhaltung drehte sich um die Kirche, man sprach über die Bedeutung des Efeus in Holman Hunts *Das Licht der Welt* und diskutierte, warum Kardinal Manning so weit gegangen war, was dem Inspector entschieden zu viel wurde. Er empfahl sich und beschloß, zu Fuß zu dem Gasthof zu gehen, in dem er untergekommen war. Es war eine kühle Nacht nach einem warmen Tag, und der volle Mond warf seinen Silberschein über das Band der Straße, das sich vor ihm hinzog. Hunde bellten in der Nähe, auf die wie im Traum der ferne Ruf der Brachvögel und das Säuseln des Meeres antworteten. Aus allen Geräuschen hörte Lestrade nur Gebell heraus, und er mochte keine Hunde. Das Mikroskop des Reverend Ashburton war nicht sehr hilfreich gewesen. Es hatte das gezeigt, was Lestrade erwartet hatte – ein sehr großes Büschel Haare. Aber der Antwort auf die Frage, von welchem Tier es stammte, war er kein Stück näher gekommen, geschweige denn hatte er es gefangen. Und welcher Teufel hatte Nimrod Frost geritten, ihn auf diesen aussichtslosen Fall zu hetzen? Oder etwa nicht? Gedankenverloren, wie er war, dauerte es ein wenig, ehe Lestrade ihn bemerkte. Es war einzig der Mond, der ihm seine Anwesenheit verriet, denn er machte kein Geräusch: Eine verhutzelte kleine Gestalt, nicht größer als ein Affe, kam auf der Straße auf ihn zugezockelt. Als sie näher kam, sah Lestrade, daß sie keine Schuhe trug. Er sah auch, daß sie wirres, struppiges Haar hatte und einen Knochen durch die Nase trug. Schwerlich ein Eingeborener Cornwalls, dachte Lestrade und begrüßte das Männchen. Dies blieb stehen und richtete sich auf, wobei seine Nase gerade bis zur Höhe von Lestrades Schlipsknoten reichte. Es grinste breit, wobei eine Reihe gelber Zähne in seinem erdbraungebrannten Gesicht zum Vorschein kam.

«'allo, Boss.»

Einen Akzent wie diesen hatte Lestrade nie zuvor gehört.

«Wer sind Sie?» fragte er.

«Uku, Boss. Mister Ashburtons Abo.»

«Abo?» Lestrade war perplex.

«Sein Diener, Boss. Sein Sklave.»

«Sklave?»

«Ja. Boss. Ich arbeiten für ihn.»

Lestrade begann ein Licht aufzugehen.

«Sie sind ein Aborigi ... ein Ureinwohner Australiens?»

«Australien. Ja, Boss. Ich bin mit Mr. Ashburton hergekommen. War Jäger im Busch.»

«Tatsächlich?» Lestrades Aufmerksamkeit war geweckt. «Können Sie eine Spur für mich verfolgen?»

«Spur? Was für Spur, Boss?»

«Weiß ich nicht», räumte Lestrade ein.

«Sie verrückt, Boss.»

«Vermutlich. Wohin gehen Sie jetzt?»

«Nachricht für Mister Ashburton, Boss. Bringen zu Haus von seinem Bruder.»

«In Ordnung ... äh ... Uku, richtig? Wenn du morgen früh hierherkommst – wenn es dämmert, möchte ich, daß du für mich eine Spur verfolgst ... Ich gebe dir dafür –» er fummelte in seiner Hosentasche – «einen Schilling.»

Der Abo schnappte sich die Münze, biß hinein und ließ sie in seiner Tasche verschwinden.

«In Ordnung, Boss. Sonnenaufgang. Hier. Aber du verrückt, Boss. Kein Dingo hier.» Und er tappte so geräuschlos, wie er gekommen war, wieder in die Nacht.

Der neue Besen

Wirklich kein Dingo? Nach der Unterhaltung, die er im Pfarrhaus geführt hatte, schien es, als könnten die australischen wilden Hunde ein Schaf mit Leichtigkeit zur Strecke bringen. Und einen Menschen? Besonders wenn es ein alter Mann war, nicht mehr schnell auf den Beinen, schwach und möglicherweise ein bißchen taub? Ja, das war denkbar. Doch zuerst mußte er ins Pfarrhaus zurück. In die Bibliothek des Vikars. Er mußte dort etwas nachprüfen. Der Vikar hatte mit Sicherheit ein Buch darüber.

«Mein lieber Inspector, die Nächstenliebe beginnt zwar an der eigenen Schwelle, aber es ist jetzt fast –» der Reverend warf einen Blick auf seine Taschenuhr – «halb drei. Entgegen der landläufigen Meinung arbeite ich auch an anderen Tagen, nicht nur am Sabbat, müssen Sie wissen.»
«Verzeihen Sie mir, Sir. Ich habe Ihre Gastfreundschaft allzu lange in Anspruch genommen, doch ich denke, ich habe gefunden, was ich suchte.» Und mit diesen Worten ließ er den letzten einer ganzen Reihe von dicken Bänden zuknallen.
«Eine Erklärung für Lambs Tod?»
«Vielleicht.» Mit einer feierlichen Handbewegung beschwichtigte Lestrade den aufgeregten Ashburton. «Wie Sie sagten, Sir, es ist spät. Und was ich im Augenblick habe, ist nichts als eine weit hergeholte Spekulation. Und es ist schon eine nicht unbeträchtliche Leistung, das um halb drei in der Frühe sagen zu können.»

Es war lange her, seit Lestrade einen Sonnenaufgang auf dem Land erlebt hatte. Er war müde und fröstelig, und das Bett im Gasthaus was alles andere als bequem gewesen. Als er um die Ecke kam, wartete der Abo auf ihn, zusammengekrümmt und den Wind schnüffelnd.
«'allo, Boss.» Das gleiche irrsinnige Grinsen.
Lestrade starrte auf den Knochen, der zwischen den Nasenlöchern durch den langen fleischigen Teil der Nase hindurchgetrieben war.
«Was wir jagen?»
«Was?» Lestrade riß sich zusammen. «Ach ja. Kannst du einen Dingo für mich aufspüren?»

Der Abo lachte. Es war ein kurzes, scharfes Gackern, das eher von einem Rieseneisvogel stammen konnte, über den Lestrade gestern nacht in der Bibliothek des Vikars etwas gelesen hatte.
«Dingo, Boss? Hier? Sie wirklich verrückt.»
«Sieh dir das an.» Lestrade zeigte ihm das Haarbüschel. «Dingo, Uku?»
Der Abo besah das Haar, befühlte es und schnupperte an den Fasern. Er machte einen verblüfften Eindruck. «Nein, Boss, nicht Dingo.» Dann verzog sich sein Gesicht zu einem breiten Grinsen. «Kein Dingo, Boss. Tammannwoll.»
«Tammannwoll?» Lestrade war wieder bei seiner üblichen Wiederholung.
«Haben Glück, Boss. Ich bin Tammann. Jetzt keine Abos mehr dort. Habe Tammannwoll gesehen.»
«Kannst du ihn für mich finden?»
«Sicher, Boss. Gehen wir gleich.» Und er nahm die Beine in die Hand, entfernte sich mit mäßiger Geschwindigkeit, und Lestrade folgte stolpernd in seinem Kielwasser. Er folgte vermutlich, dachte Lestrade, der langen weißen Wolke. Oder war es etwas anderes? Die Sonne begann höher zu steigen, als der Abo ins Hochmoor vordrang, stumm durch die gelben Senffelder rund um das Dorf und zu den grauen Hügeln hinauftappte, die hier und da vom Weiß der Heide und dem Gelb und Grün des Stechginsters gefleckt waren. Lestrade brüstete sich damit, ein durchtrainierter Mann zu sein, doch er hatte das Gefühl, seine Schläfen und Lungen würden zerplatzen. Doch die kleiner werdende Gestalt des Abos vor ihm war wie eine Nadel in seinem Fleisch, die ihn weitertrieb. Gütiger Gott, dachte Lestrade, der schwarze Bastard geht tatsächlich bis nach Constantine. Vier Meilen. Er wird doch wohl nicht geradewegs nach Australien laufen? An der Hüfte hing ihm in lächerlicher Weise ein Hemdzipfel aus der Hose. Längst hatte er seinen Bowler verloren, und sein Kragen stand schräg vom Hals ab. Er flehte zu Gott, daß er niemandem begegnete, der wußte, daß er ein Detective Inspector vom Yard war, denn diesen Eindruck würde er nie mehr korrigieren können.
Da bemerkte er, daß der Abo stehengeblieben war. Er kauerte wie eine gespannte Feder zwischen den kurzen, krummen Stämmen unterhalb von Mawnan Church, wo der Vikar vor Wochen sei-

nen Löwen gesehen hatte. Der Bastard war noch nicht einmal außer Atem, und Lestrade befand sich auf allen vieren und kämpfte darum, der Schmerzen in seinen gemarterten Lungen Herr zu werden.
«Da, Boss, Tammannwolls Loch.» Der Abo deutete nach vorn auf einen überwachsenen Ausbiß des neolithischen Erdwalls. Lestrade sah nichts außer einem Stückchen neolithischen Erdwalls, doch der Abo war unerbittlich, und Lestrade folgte ihm durch das Unterholz zu der verborgenen Öffnung. Selbst die Nase eines Stadtpolizisten, an Landgerüche nicht gewöhnt und nun aufgrund der Anstrengung des Laufs geweitet, konnte nicht umhin, den Gestank zu bemerken. Lestrade, der beinahe würgte, wich zurück. Der Abo grinste und schien seinen Spaß daran zu haben.
«Tammannwoll», sagte er triumphierend.
«Gut, wo ist er?»
«Jetzt nicht hier, Boss. Weggegangen. Wir finden ihn.» Und er sprang auf die Füße. Lestrade ergriff den dunklen, sehnigen Arm.
«Wird er zurückkommen, der Tammannwoll?»
«O ja, Boss. Spät abends. Er kommt hierher zurück.»
«Dann werden wir warten», sagte Lestrade energisch. «Du wirst jetzt nach Hause gehen, Uku. Erzähle niemandem etwas von unserer Jagd heute morgen. Verstehst du? Keinem Menschen.» Es konnte nicht sehr gebieterisch geklungen haben, obgleich Lestrade seine Fassung wiedererlangt hatte. Das Wrack eines Mannes, der der Länge nach im Unterholz lag, flößte wenig Vertrauen ein.
Aber der Abo war verschwunden.

Lestrade war allein hingegangen. Normalerweise hätte er Constables mitgenommen. Sergeant Winch wäre an seiner Seite gewesen. Aber die ganze Sache war zu absonderlich. Zu spekulativ. Er hatte immer Nimrod Frosts Worte im Hinterkopf: «Die Leute haben den Ripper und die *Struwwelpeter*-Morde nicht vergessen.» Lestrade war McNaghtens bester Mann, und irgendwie stand bei dieser Jagd auf Dingos in der Wildnis von Cornwall seine ganze Karriere auf dem Spiel.
Also war er allein. Der Mond war nicht herausgekommen, um ihm heute nacht zur Seite zu stehen. Zumindest verbargen ihn die Wol-

ken, die verschwörerhaft über den Himmel huschten. Lestrade mochte keine Hunde, ganz gleich, ob sie groß oder klein waren. Und jetzt kauerte er im Dickicht unterhalb von Mawnan Church, um einen zu fangen. Entsprechend der Gemächlichkeit, mit der es bei der Cornwall Constabulary zuging, hatte der Chief Constable bis jetzt noch nicht auf Lestrades dringendes Gesuch geantwortet, Feuerwaffen zu bewilligen. Zum Glück hatte sich Lestrade von Farmer Pemberton ein Gewehr, Kaliber 12, leihen können, das nun in seiner Armbeuge lag. Lestrade fühlte sich mit einem Gewehr dieses Kalibers von jeher unwohl. Oft genug hatte er selbst gesehen, was bei sorglosem Laden herauskam, und schließlich trug er selbst die Narben von einem verunglückten Schuß an der Schulter. Er hantierte mit den Patronen. Eine. Zwei. Das Schloß rastete ein. Jetzt hieß es warten.

Hinter ihm ragte die Schwärze des Erdwalls von Mawnan auf, stumm wie die Gräber, die dahinter lagen. Morgen würde man William Lamb begraben. Wenn Lestrade heute nacht Glück hatte, würde man den Mörder vielleicht noch vorher begraben. Die Eulen flatterten umher und pfiffen, wenn sie über Feld und Wald herabstießen. In der Dämmerung hatte Lestrade eine gesehen, ein unheimlich weißes Geschöpf, das in geisterhafter Stille auf der Suche nach Beute über die Heide strich.

Polizisten – jedenfalls solche, die Detective werden – haben einen sechsten Sinn. Nicht daß Lestrade ein naturverbundener Mensch gewesen wäre. Doch da war etwas, das ihn mit angelegter Flinte herumfahren ließ. Weder ein Geräusch noch sonst etwas hatte ihn gewarnt. Über ihm auf dem Erdwall befand sich ein Tier, das er noch nie gesehen hatte und nie wieder sehen würde. In den Sekundenbruchteilen, bevor er feuerte, sah er seine schimmernden Zähne, die heraushängende Zunge und seine kleinen Schweinsäuglein im fuchsähnlichen Kopf. Seine Finger drückten beide Abzüge, und das krachende Mündungsfeuer erhellte die Büsche. Er fiel zurück, da er nicht auf den Rückstoß vorbereitet war, und rollte zwischen Bäumen hindurch, ehe er sich hochrappelte. Hatte er das Vieh getroffen? Fiel es ihn an? War er schneller auf den Beinen? Nach heute morgen bestimmt nicht. Konnte es auf Bäume klettern? Konnte er's? Doch die Panik in seinem Inneren ließ nach. Nichts bewegte sich, nichts war zu hören. Er fischte das Gewehr aus den Blättern und lud

nach. Er mußte es getötet haben. Beide Läufe aus kürzester Entfernung abgefeuert. Er mußte es getötet haben.
Er irrte.
Auf dem Kamm des Erdwalls war nichts außer Blätter und Gras. Verdammt. Lestrade wirbelte herum, einmal nach links, dann nach rechts. Nichts. Lange Zeit hörte er nichts. Dann ein Knacken. Ein Zweig? Drüben, unten zwischen den Bäumen. Der Inspector kroch vorwärts, seine Finger schwitzten am Abzug. Hoffentlich schieße ich mir nicht selbst den Fuß ab, dachte er. Der schreckliche Gestank war wieder da und zum erstenmal ein schnüffelndes Winseln, dann ein Fauchen. Etwas pfiff über seinen Kopf, einmal, zweimal. Eng an die Erde gepreßt, kroch er vorwärts und versuchte angestrengt, etwas vor sich zu erkennen. Aber es war zu dunkel. Er konnte nichts sehen.
«Tammannwoll, Boss», hörte er eine Stimme hinter sich. Es war der Abo, wie immer grinsend. Selbst Lestrades Gewehrläufe, die auf ihn gerichtet waren, schienen ihn nicht zu beeindrucken.
Lestrade sackte blitzartig zusammen, sein Herzschlag setzte wieder ein. Um ein Haar hätte er den Mann erschossen.
«Hier, Boss», rief der Abo von der anderen Seite des Erdwalls. Am entferntesten Ende des Walls lag der Körper eines Tieres. Es war etwa fünf Fuß lang, hatte den Kopf eines Wolfes und ein heimtückisches, grausames Maul. Sein Fell war gelbbraun und wies auf dem Rücken breite dunkle Streifen auf, die am Schwanz weniger deutlich waren. In seinen Flanken staken zwei gefiederte Pfeile.
Der Abo zog die Pfeile heraus und warf sich das Tier auf die Schultern.
«Wir werden zurück *gehen*», sagte der Inspector mit Nachdruck.

Percival Ashburton war nicht erfreut, als er zu dieser Stunde aus dem Bett geholt wurde. Eigentlich war er drauf und dran, sich Feder und Papier bringen zu lassen, um einen wütenden Brief an Lestrades Vorgesetzte vom Stapel zu lassen, als der Abo ihm das Tier vor die Füße warf.
«Gehört das Ihnen?» fragte Lestrade.
«Was, zum Teufel, soll das heißen?»

«Ihr Abo nennt das Tier Tammannwoll? Wie nennen Sie's?»
«Soll das ein Witz sein, Schnüffler?»
Dieser Umgangston einem Beamten von Lestrades Rang gegenüber erschien ein wenig sonderbar, doch vielleicht war dieser Ausdruck, dachte Lestrade, in Australien allgemein gebräuchlich.
«Ich werde Ihnen sagen, wie ich es nenne, Mr. Ashburton. Ich nenne es Mord.»
«Mord?» Ashburton befreite seine Pantoffeln von dem Tierkörper und ging, um sich einen Brandy einzuschenken. «Sie werden verstehen, daß ich Ihnen unter diesen Umständen keinen anbiete.»
«Sie haben dieses ... dieses Vieh ... mitgebracht, nicht wahr? Ein Andenken aus der anderen Welt. Aber es riß aus, oder? Ich verstehe bloß nicht, warum Ihr Abo nichts davon wußte.»
«Er wird sich morgen nach einer neuen Arbeit umsehen müssen», fauchte Ashburton und brüllte dem kleinen braunen Mann etwas zu, der daraufhin aus dem Zimmer huschte.
«Was haben Sie zu ihm gesagt?» fragte Lestrade.
Ashburton stieß den Stöpsel in die Karaffe. «Wenn Sie es wissen wollen: Ich habe ihm angedroht, einen Knochen auf ihn zu richten.»
Lestrade sah ihn verblüfft an.
«Die Abos sind abergläubische Leute, Lestrade. Zurückgeblieben. Sie glauben, daß Knochen töten können.»
«Und ich glaube, daß diese es auch können», sagte Lestrade und bückte sich, um im Maul des Tieres eine Reihe rasiermesserscharfer Zähne zu entblößen. «Es mag ja nicht so tragisch sein, wenn es sich um ein paar Schafe handelt, nicht wahr? Um einen streunenden Köter, das spielt alles keine Rolle. Aber ein Mensch? Als der Schäfer Lamb starb, war das etwas anderes. Darum waren Sie so wenig gesprächig, als wir uns begegneten. Es war nicht bloß Ihre hinterwäldlerische Wortkargheit. Sie hatten Angst.»
«Ich bin mit Abos fertig geworden, mit Dürren, Dingos, Überschwemmungen und mit Seuchen aller Art. Es gibt nichts, wovor ich mich fürchte.»
«Außer vor lebenslänglicher Haft.»
«Was?» Ashburtons Finger umklammerten das Glas, bis sie weiß wurden.
«Es sei denn, Sie haben das Vieh dressiert, Lamb umzubringen ...»

Der neue Besen 39

«Das ist nicht möglich.» Diese Behauptung kam überstürzt.
«... In diesem Fall erwartet Sie der Strick. So wie die Dinge liegen, sind Sie mitschuldig an einem Mord.» Lestrade kreiste sein Opfer ein, beobachtete es sorgfältig, ohne einen Augenblick den verkrümmten übelriechenden Kadaver zu vergessen. «Nehmen wir Pentonville», fuhr er fort. «Fünfhundertundzwanzig Zellen, jede davon sieben Quadratfuß groß. Sie werden eine braune Stoffmaske tragen. Niemand wird Sie erkennen. Einmal am Tag werden Sie mit hundert oder mehr von Ihrer Sorte im Kreis herumlaufen, mit dem Abschaum der Gesellschaft.» Lestrade geriet ins Schwärmen. «Zum Frühstück werden Sie zehn Unzen Brot und dreiviertel Pint Kakao essen. Mittags werden Sie einen halben Pint Suppe, fünf Unzen Brot und ein Pfund Kartoffeln verzehren...»
«Um Gottes willen», unterbrach ihn Ashburton.
«Sie werden eine Nummer sein, die den ganzen Tag in der Tretmühle arbeitet, jeden Tag werden Sie 8640 Fuß ins Nichts hinaufklettern. Und wissen Sie, was das Schlimmste ist», er näherte sich dicht seinem Ohr, «Mr. Ashburton, alter Kumpel, Sie werden nie mehr das Tageslicht sehen.»
Lestrade ging zur Tür. «Nun wollen wir mal sehen, ob Ihr Bruder das Vieh identifizieren kann», sagte er und deutete auf den Kadaver.
«In Ordnung.» Ashburton fiel auf den nächstbesten Stuhl. «Schon gut, Lestrade.» Einen Augenblick saß er da, den Kopf in die Hand gestützt, dann warf er einen Blick auf das Tier. «Es ist ein Thylacinus, besser bekannt als Tasmanischer Wolf oder Tasmanischer Tiger. Wie mein Bruder Ihnen bestätigen kann, eigentlich keines von beiden. Es ist eine Art Beuteltier. Wissen Sie, was das ist?»
Lestrade wußte es nicht.
«Ein Tier mit einem Beutel wie ein Känguruh. Es trägt seine Jungen in einem Beutel am Bauch. Dies ist ein weibliches Tier, das, wie ich Ihnen versichern kann, weitaus gefährlicher ist als das männliche. Der Tasmanische Wolf ist sehr selten, Lestrade. Es gibt vielleicht noch eine Handvoll in freier Wildbahn. Niemand weiß das. Vor kurzem ging ich drüben auf die Jagd und fing ihn. Ein Wunder. Ein verdammtes Wunder.»
Ashburton durchmaß sein Arbeitszimmer, eine merkwürdige Ge-

stalt, sein Gesicht gebräunt und zerfurcht unter der lächerlichen Nachtmütze. «Es sollte ein Geschenk für Thomas sein. Ich dachte, es würde ihm gefallen. Aber bevor ich es ihm sagen konnte, riß das verfluchte Biest aus. Sie sind unberechenbar, Inspector. Es war daran gewöhnt zu töten, um zu leben. Schafe verschwanden. Eines hier, zwei dort. Dann bekamen es ein paar Leute zu Gesicht. Auch Thomas sah das Tier. Er hielt es für einen Löwen.»
«Warum haben Sie ihm nicht alles erzählt?»
«Oh, ich wollte. Gelegentlich machte ich den Versuch. Ich weiß nicht, warum ich schwieg. Viele Male machte ich mich selbst mit einem Gewehr auf die Jagd. Ich hatte kein Glück.»
«Ich setzte Ihren Abo ein, um die Spur zu verfolgen. Warum taten Sie das nicht ebenfalls?»
«Aus demselben Grund, aus dem ich ihm verschwieg, daß ich das Tier mitgebracht hatte. Wie ich schon sagte, Inspector, sind Abos abergläubische Leute. Ich dachte, er werde Amok laufen, wenn er erführe, daß ich den Tasmanischen Wolf mitgebracht hatte. Das liegt in ihrer Natur, wissen Sie. Wenn es um Tiere geht, entwickeln sie einen sechsten Sinn. Sie sind beinahe ein Teil der Tierwelt. Als Lamb getötet wurde, ahnte ich, was passiert war. Vermutlich hatte er ein Mutterschaf gepflegt, das gerade geworfen hatte. Ein neugeborenes Lamm und seine Mutter sind eine leichte Beute. Lamb muß dem Wolf irgendwie in die Quere gekommen sein. Ich hätte nie gedacht, daß dieses Vieh einen Menschen töten würde, bei Gott.» Er vergrub das Gesicht in den Händen. «Vielleicht hatte es Tollwut.»
«Was?»
Ashburton ging wieder auf und ab. «Ich weiß nicht, ob das möglich ist. Hunde kriegen sie. Und andere Tiere auch.»
«Ich weiß, was das ist, Sir. Eines Tages werden sie allen Hunden Maulkörbe anlegen. Ganz zu schweigen von Tasmanischen Wölfen.»
«Was passiert jetzt?»
Lestrade blickte Ashburton in die Augen. «Jetzt gehe ich zu Bett.»
«Was ist mit ... Pentonville?»
Lestrade gestattete sich ein Lächeln. «Machen Sie sich keine Sorgen, Mr. Ashburton, wir werden Ihnen Ihren Himmel nicht rauben. Die unermeßlichen Räume sind wichtig für Sie, nicht wahr?»
Ashburton nickte.

Der neue Besen ────────────────────────────────────── 41

«Daß Sie so lange in der Wildnis waren, Sir, hat Ihren Sinn für das britische Gesetz ein wenig getrübt. Natürlich werde ich meinen Vorgesetzten über meine Nachforschungen Bericht erstatten, und die Cornwall Constabulary wird eine Aussage von Ihnen verlangen. Ich vermute, Sie kommen mit einer Geldstrafe davon, weil Sie einen Tasmanischen Wolf nicht verzollt haben.»
«Aber der tote Mann», sagte Ashburton.
«So ist das Leben», erwiderte Lestrade und wünschte fast, er hätte es nicht gesagt.

Noch einmal erstieg Inspector Lestrade den Erdwall an der Stelle, wo der Abo den Tasmanischen Wolf erlegt hatte. Es regnete, als der kleine Trauerzug sich unter ihm durch die Bäume schlängelte. Er nahm seinen Hut ab und nickte John Pemberton zu. Ihm fiel auf, daß der Sarg aus bestem Eichenholz und dank der Großzügigkeit von Mr. Percival Ashburton mit schimmernden Messingbeschlägen versehen war. Der Vikar blieb einen Augenblick stehen, während der Zug sich weiterbewegte.
«Er ist ein guter Mensch, Lestrade», bemerkte er mit einer Bewegung zu seinem Bruder, «aber die Wildnis hat ihn verroht. Wir alle haben unsere Lektion gelernt.»
«Amen», sagte Lestrade und ging fort. Als er den Friedhof durchquerte, hörte er die Stimme des Vikars.
«William Lamb, dahingegangen ...» Und der Wind in den Bäumen verwehte das übrige. Als er die Straße und die wartende Droschke erreichte, erblickte er auf dem Damm eine einsame Gestalt. Ein kleiner brauner Mann stand beinahe wie ein Schattenriß vor dem Horizont. Er winkte Lestrade mit Pfeil und Bogen zu.
«Mach's gut», hörte Lestrade sich leise sagen. «Gute Jagd», er räusperte sich und nahm Haltung an, als er bemerkte, daß der Kutscher ihn sonderbar musterte. Darum war es natürlich auch allein die Schuld des Kutschers, daß sich Lestrade beim Einsteigen die Hand in der Kutschentür klemmte und seinen kleinen Finger brach. Von der Heimfahrt blieb ihm nicht viel im Gedächtnis. Außer vielleicht, daß seine Hand ungefähr ein Fuß breit und jedes Bild, das ihm in den Kopf kam, wie ein Finger geformt war und schmerzhaft pochte.

Beastie

Benjamin Beeson, Exsergeant der Metropolitan Police, saß in Lestrades Büro, mit seiner Faust den unvermeidlichen Becher Tee umklammernd. Walter Dew, Constable der Metropolitan Police, lümmelte vor ihm auf Lestrades Tisch herum, bis der Inspector ins Zimmer glitt, woraufhin besagter Dew sich aus dem Staub machte, um sich emsig mit einer Akte zu beschäftigen. Beeson nahm Haltung an, als sein alter Chef hereinkam.

«Hallo, Beastie», grinste Lestrade, «ich würde Ihnen ja die Hand geben, wenn ich nicht ...» Und er hielt seinen verbundenen Finger in die Höhe.

«Ach du liebe Güte», knurrte Beeson auf seine altvertraute Weise. «Nichts Gewöhnliches, hoffe ich, Sir.»

Einen Augenblick lang hatte Lestrade Beesons besondere Art von Humor vergessen. Er gab Dew einen Wink, ihm Tee einzugießen, und bot Beeson eine Zigarre an.

«Nein, danke, Sir. Ich rauche nicht mehr ...»

Lestrade spürte, daß den Mann etwas bedrückte, und er bemerkte die zerfransten Manschetten und abgetragenen Schuhe. Die Pension wird ihm nicht reichen, dachte er und stopfte Beeson zwei Zigarren in die Brusttasche.

«Nun», sagte er und drang durch seinen wuchernden Schnurrbart zum dampfenden Becher vor. Seit er sich den Finger gebrochen hatte, konnte er den Bart nicht mehr richtig stutzen. Trotzdem, dachte er, war es besser gewesen, Mr. Manchesters Angebot abzulehnen, ihm mit dem Rasiermesser zu Hilfe zu kommen. «Nun, wie steht's, Ben?»

«Nicht gut, Sir.»

Lestrades Grinsen verschwand. «Die Pension?»

«Wahrhaftig, nein, Sir. Ich kann davon leben. Nein, es ist mein alter Kumpel, Joe Towers. Er ist tot.»

«Tut mir leid, das zu hören, Ben. Wie ist es passiert? Ein Unfall?»

«Nein, Sir. Ich denke, es war Mord.»
Lestrade beugte sich in seinem Sessel vor. «Also ist dies eigentlich kein freundschaftlicher Besuch?»
«Stimmt, Sir. Ich bin nicht gern zu Ihnen gekommen, Sir, aber ich dachte, 26 Jahre bei der Polizei zählen vielleicht ein wenig.»
Lestrade nickte. Beeson war vor ihm beim Yard gewesen.
«Dew, schenken Sie dem Sergeant noch etwas Tee ein. Dann erzählen Sie mal, Beastie.»

Wäre Beastie Beeson ein gewöhnliches Mitglied der menschlichen Gesellschaft gewesen, hätte die Sache sich vielleicht anders dargestellt. Wäre seine Beschreibung der Leiche und der Todesart ungewöhnlicher und wäre John Towers nicht 62 Jahre alt gewesen – wenn das alles so oder anders gewesen wäre, hätte Lestrade eine routinemäßige Exhumierung der Leiche angeordnet. In dreifacher Ausfertigung das Formular ausgefüllt. Stundenlanges Klappern auf der braven Remington im ersten Stock.
Indessen vertraute Lestrade auf Beasties sechsten Sinn. Auf die «Nase», die sein alter Sergeant besaß. Außerdem hatte der Mann recht – 26 Jahre beim Yard mußten schließlich für etwas gut sein. Und er setzte seine Karriere aufs Spiel.
Kensal Green hatte nie zu den Lieblingsorten Lestrades in London gehört. Bei Nacht schon gar nicht. Es ist schon erstaunlich, dachte er, wie ein Geräusch die Nacht durchdringt, als die schmiedeeisernen Tore unter den schweren Beißzangen, die er ansetzte, klirrten und zitterten. Es war nicht schwierig. Er stieß das Tor auf. Selbst ein wohlmeinender Richter würde ihm dafür zehn Jahre verpassen, um zu demonstrieren, daß das Gesetz korrupte Polizisten härter bestrafte als korrupte Bürger.
Hier entlang, Sir.» Beeson stapfte mit dem ganzen Gewicht seiner 26 Dienstjahre über den Kies. Ohne Lampen war es schwierig, sich zurechtzufinden. Die zwei Männer stolperten durch das Unterholz und ein Gewirr von Rhododendronbüschen auf das gesuchte Grab zu. Ringsum wurden die sauberen und wohlgestutzten Reihen der Grabmäler verblichener Londoner stumme Zeugen ihres Eindringens. Schneider aus Pimlico rieben ihre staubigen Steine an Ladengehilfen aus Norwood und dem wunderlichen pensionierten Admi-

ral, der sinnigerweise aus Gravesend stammte. Beeson stieß mit einem weinenden Engel zusammen, doch lediglich seine Hutkrempe trug eine Delle davon. Im huschenden Mondlicht warfen das glatte Weiß der verzierten Urnen und die geriffelten Säulen Schatten auf das Gras, das vom Morgenfrost bereift war.
«Hier.» Neben dem frischen Grab, auf das Beeson deutete, ließ Lestrade sich auf die Knie nieder. Ein einfacher Hügel auf der braunen, feuchten Erde. Lestrade sah auf die Uhr. Im Mondlicht konnte er verschwommen die Zeiger erkennen. Beinahe Viertel vor zwei. Sie machten sich an die Arbeit und begannen mit ihren Spaten die Erde aufzugraben. Beeson hatte trotz seiner Körperkräfte seine beste Zeit hinter sich. Ein Mann, der sich seit drei Jahren im Ruhestand befindet, kann nicht in bester Verfassung sein. Auch Lestrades Beitrag hielt sich in Grenzen, da er gewissermaßen mit Hand und Ellenbogen grub, um die Schmerzen in seinem Finger so gering wie möglich zu halten. Beeson war besorgt und benahm sich wie eine Glucke, denn bei jedem neuen Spatenstich entschuldigte er sich bei Lestrade, daß er ihn in diese Sache hineingezogen habe. Lestrade hatte allen Grund, einen Seufzer der Erleichterung auszustoßen, als sein Spaten auf Holz stieß. Selbst mit den Tauen, die Beeson mitgebracht hatte, war es keine geringe Plackerei, den Sarg hochzuziehen, und beide Männer fluchten und keuchten, als Joe Towers schlaff in das bereitgelegte Segeltuch plumpste und Beeson ihn darin einschnürte.
«Tut mir leid, Joe», murmelte er, «aber es geschieht in bester Absicht. Wissen Sie, Inspector, ich komme mir vor wie der alte Ben Crouch, der Leichenräuber.»
«War vor meiner Zeit», zischte Lestrade und ließ den Sarg so gut er konnte wieder hinunter.
Ein flüchtiger Beobachter zu nächtlicher Stunde hätte jetzt, da der Kranz und die Grabnummer wieder an ihrem Platz waren, im Äußeren des Grabes kaum einen Unterschied bemerkt. Lestrade fragte sich, ob man bei einem erfahrenen Totengräber, der das Grab bei hellem Tageslicht in Augenschein nahm, wohl denselben Mangel an kritischer Beobachtungsgabe voraussetzen konnte.
Doch jetzt war es zu spät, sich darüber den Kopf zu zerbrechen. Die ersten Anzeichen des Morgens zeigten sich im Osten, und er hüllte den Rauhreif auf Grabsteinen und Grüften in ein unheimliches Licht. Zwischen sich schleppten sie ihr trauriges Bündel den Hügel

hinab und beschleunigten ihre Schritte, als sie sich dem Tor näherten. Sie lehnten Towers gegen eine Säule, wo er seinen leinwandumhüllten Kopf auf Beesons Schulter ruhen ließ, während Lestrade hastig die durchtrennte Kette durch eine andere ersetzte, die er bei sich trug. Er ließ das Vorhängeschloß einrasten und bildete sich nicht wenig auf die Tricks ein, die er von Dutzenden von Schränkern gelernt hatte, die nun zweifellos ebenso vermoderten wie Joe Towers, freilich lebendig begraben in Pentonville oder den Scrubs.

«Denken Sie dran, Dew», rief Lestrade der vermummten Gestalt zu, die auf dem Bock der Droschke saß, «Sie haben nichts gesehen und nichts gehört.»

«Ich werde stumm sein wie ein Grab, Sir.» Lestrade und Beeson warfen dem Constable einen Blick zu, der sich plötzlich auf seinem Sitz ziemlich albern und unbedeutend vorkam. Auf ein Zeichen Lestrades ließ er die Zügel knallen, und das Gefährt rumpelte in Richtung Croydon davon.

Es war fast Morgen, als Joe Towers auf dem Küchentisch in 20 Sanderstead Road lag. Das Gaslicht flackerte grün auf den Wänden.

«Ich bin nie dahintergekommen, was bei einer Obduktion eigentlich passiert», sagte Beeson, «aber mit dem alten Joe ist irgendwas nicht in Ordnung.»

«Erzählen Sie's noch mal», sagte Lestrade und schlug das Laken zurück. «Von Anfang an.»

Beeson machte es sich auf seinem Stuhl bequem und zündete seine Pfeife an.

«Wie ich schon sagte, Sir. Ich und Joe waren Kumpels, seit Urzeiten. Waren zusammen in der Armee. Indien. Dann wurde ich zu den Zwölften Lanzenreitern versetzt, und er blieb beim alten Haufen. Wir verloren uns für 'ne Weile aus den Augen, und ich ging zur Polizei. Das muß ungefähr –» er hielt inne und zählte an den Fingern – «Anfang '67 gewesen sein. Na ja, ich war schon seit Jahren Streifenpolizist, und eines Tages – ich sag Ihnen, wann das war, es war der Tag im Jahr '81, als der alte Dizzy starb – eines Tages marschierte ich über den Ratcliffe Highway.»

(Lestrade war dankbar, daß der Sergeant nicht den abgedroschenen Ausdruck «Ich bewegte mich in Ausübung meiner Pflicht in östlicher Richtung» benutzt hatte.) «Und ich sah Joe Towers, meinen

alten Kumpel. Nun, wir haben uns kräftig einen auf die Lampe gegossen an diesem Abend – nach Dienstschluß natürlich, Sir.»
Lestrade lächelte mechanisch, lockerte Joe Towers' Beerdigungsschlips und öffnete den Kragenknopf. Ein leichter Fäulnisgeruch machte sich breit. Nicht sehr stark. Lestrade hatte Schlimmeres gerochen, doch er mußte daran denken, Beeson zu sagen, er solle das Fenster öffnen, wenn alles vorüber war.
«Joe arbeitete im Royal Albert. Schauermann war er. Ja, danach sahen wir uns häufig. Seine Alte war 'ne gute Seele und machte uns oft genug Frühstück, wenn wir mal wieder getagt hatten. Er hob gern einen, der alte Joe.»
«Lebt seine Frau noch?» fragte Lestrade und untersuchte die geschwärzten starren Finger auf Spuren eines Kampfes.
«Nein, Chef. Starb vor vier Jahren an Diphtherie. Sie war ein Goldstück.»
Beeson fing an, seine bescheidene Küche der Länge nach zu durchmessen, hin und wieder einen betrübten Blick auf das schwarz-gelbe Gesicht seines alten Kumpels werfend, der ausdruckslos vom Küchentisch zur Kugel das Gaslichtes hinaufstarrte.
«Er war der kräftigste Mann seines Alters, den ich kannte. Hat jede Stunde, zu der Gott und Ben Tillet ihn riefen, geschuftet. Nie einen Tag gefehlt.»
«Ben Tillet?» Als er das gestreifte Hemd öffnete, zitterten Lestrades Nasenflügel. Er roch noch etwas anderes.
«Joe war seine rechte Hand im Dockerstreik. ‹Klopper› Towers nannten sie ihn immer. Das war natürlich ein bißchen übertrieben. Sie wissen ja, wie das damals war, Schlagstöcke und Entermesser und all das.» Lestrade wußte es.
«Ich fand ihn in seinem Wohnzimmer. Saß in seinem Lehnstuhl. Wissen Sie, zuerst dachte ich, er wolle mich zum Narren halten. Dann begriff ich, daß er tot war.»
«Wie lange war er wohl schon tot, Ben?»
«Nun ja, er war steif wie'n Brett», erwiderte der Sergeant.
«Rigor mortis», murmelte Lestrade, der sich im stillen in der Rolle eines Coroners gefiel, während er die Lider des Toten hochzog.
«Also etwa zwölf Stunden.»
«Wenn Sie es sagen, Sir. Was diesen wissenschaftlichen Kram angeht, war ich nie sehr gut – das überließ ich den Oberschnüfflern.

Oh, bitte um Verzeihung, Sir – den Detectives.» Unter gefurchten Augenbrauen warf Lestrade Beeson einen Blick zu. «Kommen Sie mal her, Ben.» Der Sergeant gehorchte wortlos. «Was riechen Sie?»
«Tod, Sir», kam die Antwort.
«Ja, den habe auch ich zuerst gerochen. Aber atmen Sie mal tiefer ein. Hier, besonders unterm Hemd. Da ist was anderes.»
Beeson preßte seine Nase auf die Brust seines alten Kumpels.
«Nein, Sir. Nichts.»
«Bittere Mandeln, Beastie. Können Sie nichts riechen?»
Beeson schüttelte den Kopf.
«Und ich wette fünf zu eins, daß der Coroner es auch nicht könnte. Und ebensowenig der Arzt, der den Totenschein ausgestellt hat.»
Lestrade hielt inne. «Gab's einen?»
«O ja, Sir. Ein schäbiger Armenarzt namens ... Ich kann mich nicht erinnern.»
«Macht nichts.» Lestrade tauchte seine Hände in die Wasserschüssel auf dem Abtropfbrett. Das Wasser war eiskalt. «Sie hatten recht, Beastie. Sie wußten nicht, warum, nicht wahr? Wie sagten Sie noch? ‹Irgendwas ist nicht in Ordnung.› Nun, es hat sich ausgezahlt. Joe Towers wurde ermordet, Ben. Blausäure.»
«Ist das wirklich wahr?» rief Ben.
«Ich weiß nicht, wie sie verabreicht wurde», erwiderte Lestrade. «Haben Sie, als Sie ihn fanden, irgendwelchen Schaum oder Speichel an seinem Mund bemerkt?»
Beeson war nichts aufgefallen.
«Zeichen eines Kampfes? Zuckungen?»
Nein.
Nach der ersten Welle des Triumphes bemerkte Lestrade, daß der Verband an seinem Finger von Wasser durchtränkt war. Es würde Stunden dauern, bis er wieder trocken war.
«Was geschieht jetzt, Sir?»
«Na, jetzt bringen wir ihn zurück, Beastie. Es muß heute nacht geschehen. Und, Beastie ...»
«Sir?»
«Wir kriegen ihn. Darüber gibt's gar keinen Zweifel. Was freilich die etwas ... hm ... unorthodoxe Art und Weise betrifft, wie wir den alten Joe da rausgeholt haben, könnte man uns einen Haufen Fra-

gen stellen. Ich habe jetzt einen neuen Chef, einen gewissen Nimrod Frost. Er ist einer von der Sorte, der es peinlich genau nimmt. Wir müssen vorsichtig vorgehen, sehr vorsichtig.»

In dieser Nacht beerdigten Beeson und Lestrade ‹Klopper› Towers mit derselben Leichtigkeit wie zuvor. Es ging alles so glatt und problemlos, daß Lestrade sich ein wenig unbehaglich fühlte. Vielleicht hatte er die Sache doch falsch angefangen.

Also ging Lestrade vorsichtig zu Werke. Und bevor er überhaupt damit anfangen konnte, erhielt er Besuch von John Watson, MD, aus Baker Street.
«Aber hier steht es schwarz auf weiß, Lestrade. Im *London Charivari* vom 8. April – ‹Die Abenteuer von Picklock Holes›. Und sie haben die Stirn, ihren Scherz mit Conan Doyles Namen zu treiben – Cunnin Toil! Erbärmlich!»
«Was hat Sie denn so geärgert, Doktor? Die Tatsache, daß man Sie nicht erwähnt hat?»
«Unsinn! Außerdem haben sie's getan.» Watson richtete sich zu seiner vollen Größe auf. «Ich werde als ‹Potson› bezeichnet. Kindischer Blödsinn!»
«Ihre Sherlock-Holmes Geschichten?»
«Nein. Der geistige Diebstahl des *Charivari*. Verdammt noch mal, Lestrade, Sie treiben mich absichtlich auf die Palme.»
Der Inspector grinste. «Nein, nein, lieber Watson. Dew, Tee», rief er durch den Flur und wedelte mit seiner verbundenen Hand, um zu erklären, warum er selbst untätig blieb.
«Sagen Sie mir, tauche ich in diesem Plagiat auch auf?»
«Nein», schnaubte Watson und ließ sich in Lestrades zweitem Sessel nieder.
«Nun, das erleichtert die Sache», sagte Lestrade. «Ich brauche wenigstens die Redakteure des *Punch* nicht wegen Beleidigung zu verklagen.»
«Was soll das heißen?»
«Während der letzten zwei Jahre haben Sie und Dr. Conan Doyle meinen Namen mißbraucht. Sie haben ihr Bestes getan, das Ver-

trauen der Leute in Scotland Yard zu untergraben, insbesondere das Vertrauen, das ich genieße.»
Watson errötete und schwenkte vor Verlegenheit seine grauen Schnurrbartenden von einer Seite zur anderen. «Aber das alles geschieht mit größtmöglicher Delikatesse, Lestrade. Holmes und ich ...»
«Sherlock Holmes ist tot, Dr. Watson. Wenn ich mich recht erinnere, stürzte er vor achtzehn Monaten in die Reichenbachfälle, als er mit einem unbeteiligten Zuschauer kämpfte, den er fälschlicherweise für Sie hielt.»
«Sch!» Aus Furcht, sie könnten belauscht werden, drehte sich Watson in alle Richtungen.
«Ist schon in Ordnung. Dew ist taubstumm. Ist's nicht so, Constable?»
Dew stellte den Tee auf Lestrades Tisch und wandte sich wieder seiner Arbeit zu, als habe er nichts gehört. «Verstehen Sie, was ich meine?»
«Gütiger Gott, Lestrade. Es ist furchtbar, daß man einen Mann, dessen natürliche Fähigkeiten derart dezimiert sind, in der Metropolitan Police duldet!»
Lestrades resignierter Blick hätte einen helleren Kopf vernichtet.
«Lestrade. Sholto. Sie haben versprochen ...»
«Jetzt mal im Ernst, Dr. Watson. Ich kann gegen den *Punch* nicht das geringste unternehmen. Auch diese Leute haben ihre Beziehungen im Yard, wissen Sie. Außerdem gibt es wichtigere Dinge.»
«Wirklich?» Watson prüfte seinen Tee sorgfältig, bevor er den ersten Schluck nahm.
«Wohnen Sie jetzt in Baker Street?»
«Ja», sagte Watson. «221 B. Ich habe versucht, ein bißchen von Holmes' Geist am Leben zu erhalten. Leider war Mycroft keine Hilfe.»
«Mycroft?»
«Der Bruder des großen Detektivs. Ist beim Außenministerium.»
Als er hörte, welcher Beiname dem toten Süchtigen verliehen wurde, zuckte Lestrade zusammen.
«Und Mrs. Hudson?»
«Es sind alles Lügen, sage ich Ihnen.» Watson erkannte, daß er ein wenig zu heftig geworden war. Er prüfte umgehend seinen Puls. Le-

strade spürte, daß er einen empfindlichen Nerv getroffen hatte, und versuchte es anders.
«Sie haben eine Praxis in Butcher Row, nahe Ratcliffe Highway?»
«Ja.» Watson begann, sich unbehaglich zu fühlen.
«Sie sind das, was man gemeinhin einen Armenarzt nennt?»
«Ich denke, daß es meine Christenpflicht ist...»
«Schon gut. Und haben Sie am 17. März im Haus Havering Court einen Totenschein ausgestellt?»
«Am 18. März? Hm...»
«Ein Hafenarbeiter namens Joseph Towers.»
«O ja, ich erinnere mich. Natürlicher Tod.»
«Blausäurevergiftung.»
«Was?» Watson sprang auf die Füße.
«Können Sie Mandeln riechen, Doktor?»
Watson blickte sich um und schnupperte wie ein Verrückter.
«Nicht jetzt», sagte Lestrade, «im alltäglichen Leben.»
«Mandeln? Natürlich.»
«Aber bei der Untersuchung einer Leiche können Sie sie offenbar nicht riechen. Was war mit den Pupillen?»
«Wessen Pupillen?»
«Mit denen des Toten?»
«Äh ... Gott, Lestrade. Sie sprechen von einer Sache, die drei Wochen zurückliegt.»
«Ich spreche von Mord, Doktor. Waren die Pupillen erweitert?»
«Nein», sagte Watson so bestimmt er konnte, und dabei war ihm klar, daß er sich nicht im geringsten erinnern konnte. «Aber woher wissen Sie, daß es Mord war?»
Da Lestrade nicht die Absicht hatte, vor dem guten Doktor seine Karriere aufs Spiel zu setzen, zog er sich auf die gerissenste Art aus der Affäre. «Wir stellen hier die Fragen, Sir.» Lestrade begann an den Wänden seines Zimmers entlangzuwandern. Er hatte wieder einmal Zeit, die Pracht der Architektur von Norman Shaw eines Blickes zu würdigen, als sein Blick aus dem Fenster auf die Brandmauer fiel. Wenn er den Hals ein bißchen verdrehte und auf Dews Schultern stand, konnte er, wenn er sich bückte, ein Stückchen Wasser in der Morgensonne sehen. Doch da der Fluß ihm nicht unbekannt war, konnte er sich die Verrenkungen wirklich sparen.

Beastie ——————————————————————————— 51

«Es ist Ihnen also an dem Toten nichts aufgefallen, das den Verdacht nahelegte, es könne sich um ein Verbrechen handeln?»
«Leider nicht.» Watson zweifelte nicht nur an seinen vielen Jahren als praktischer Arzt, sondern auch an den vielen Jahren, die er mit dem großen Detektiv zusammengearbeitet hatte.
Lestrade beschloß, es dabei bewenden zu lassen. Watson spürte das und wechselte das Thema.
«Ich habe von Ihrem Abenteuer im Westen gelesen, Inspector. Wie haben Sie den ... äh ... gefunden?»
«Den Tasmanischen Wolf.»
«Ja.» Watson schlug sich aufs Knie und strebte der Tür zu. «Hm, ich weiß nicht, ob ich's sagen soll, Lestrade. Besonders im Hinblick auf den *Charivari*, aber ... Nun, ich habe –» ein erneuter Blick, um sich zu überzeugen, daß Dew noch immer taub war – «darüber nachgedacht, Sherlock Holmes vielleicht wieder zum Leben zu erwecken, ihm einen neuen Fall zu übertragen. Wie wär's mit *Der Wolf der Ashburtons*?»
«Sie wollen Holmes *meinen* Fall geben?» fauchte Lestrade, und selbst sein verbundener Knöchel wurde weiß.
«Nein, nein, nicht speziell. Aber ...» Watson schob sich durch die Tür, «vielleicht könnte man die Geschichte *Das Untier der Ureinwohner* nennen, oder?» Und der Doktor schlüpfte durch die Tür, als Lestrade seinen Bowler nach ihm warf. Während der Doktor fluchtartig das Gebäude verließ, rief Lestrade ihm nach: «Warum nennen Sie sie nicht *Der Hund der Baskervilles*?»

Ben Tillet saß da, als warte er auf einen Fotografen, mit einer Weste bekleidet, die Ärmel aufgerollt, flankiert von zwei Schwergewichten aus dem Hafen, Wharf, Riverside und General Workers' Union, die Lestrade aus ungezählten Ausgaben der *Police Gazette* wiederzuerkennen glaubte. Jeder der beiden, dachte er, hätte mit seinen Ellenbogen Walnüsse knacken können.
«Ich habe ihn aus den Augen verloren, Mr. Lestrade», sagte Tillet, ein Mann, der niemals jemanden mit seinem Titel anredete. «Das letzte Mal habe ich Joe Towers gesehen vor ... ja ... vor drei Jahren.»
«Sie sind inzwischen aufgestiegen?» sagte Lestrade vorsichtig.

«Ich mache mir nichts draus, daß ich ein Ratsherr der City of London bin, ein Mitglied des Parlamentarischen Komitees des Gewerkschaftskongresses und voraussichtlich ins Parlament kommen werde. ‹Aufgestiegen›? Nein, ich bin immer noch ein Mann des Volkes, wie ich es '89 war. Stimmt's, Jungs?»

«Ja, Mr. Tillet», sagten die Schwergewichte unisono, als habe Tillet zwei Automaten in Gang gesetzt.

«Und wie steht's mit Ihrer Arbeit bei der unabhängigen Labour Party?» Lestrade dachte, er könne ihn vielleicht, da er nun schon mal da sei, ein wenig aushorchen.

«Verzeihung, Mr. Lestrade. Ich dachte, Sie untersuchten den Tod von Joe Towers, nicht meine politischen Neigungen. Falls ich mich irre, muß ich natürlich darauf bestehen, daß mein Anwalt anwesend ist.»

«Also, Towers.» Lestrade kam wieder zum Thema. «Der Mann hat eng mit Ihnen zusammengearbeitet. Wie gut kannten Sie ihn? Hatte er Feinde?»

«Damals, '89, hatten wir alle Feinde, Mr. Lestrade – die Säulen der Gesellschaft, die Reichen, die Bourgeoisie in ihren hübschen Mittelklassehäusern – ganz zu schweigen natürlich von den Burschen in Blau.» Lestrade überhörte den Seitenhieb.

«Aber wir hatten auch Freunde – Tausende von Dockern im Hafen von London, Ingenieure wie Tommy Mann und John Burns. Wir bekamen für unseren Kampf sogar 30 000 Pfund von unseren Brüdern in Australien. Nun, das ist die Solidarität der Arbeiterklasse, Mr. Lestrade. Etwas, worauf ich stolz bin. Joe Towers war ein Teil dieses Ganzen. Ich erinnere mich, als ich ihn zum erstenmal sah, am Haupttor der West India Docks. Er war ein Gelegenheitsarbeiter, Mr. Lestrade, einer jener ungezählten Männer, die es vor '89 jeden Morgen zum Hafen trieb, in der Hoffnung, ein Schiff zum Entladen zu kriegen. Er erzählte mir, er hätte seit vier Tagen keine Arbeit und seit drei Tagen nichts mehr gegessen. Es ist komisch, aber wegen Joe Towers, der so übel dran war wie jeder andere, habe ich zum Dockerstreik aufgerufen. Für Männer, wie er einer war, haben wir um den ‹Sixpence› gekämpft. Ich sehe ihn noch vor mir, wie er im Versammlungszimmer neben Kardinal Manning stand und wie sich das Entzücken auf seinem Gesicht ausbreitete, daß der große Mann zu unseren Gunsten sprach.»

«Aber wirkliche Feinde hatte er nicht?»
«Nein, er war ein gutmütiger Mann. Jeder mochte Joe.»
Lestrade merkte, daß Tillet ihm nicht mehr sagen konnte, und stand auf, um zu gehen.
«Natürlich sind wir alle», fuhr der Ratsherr fort, «gutmütige Männer, und unsere Zahl geht in die Tausende. Es gibt eine Gewerkschaft der Verkäufer, der Lehrer, der Handelsgehilfen, einen Zusammenschluß der Grubenarbeiter, der in diesem Jahr 200 000 Mitglieder zählt. Alle zusammen sind wir über anderthalb Millionen. Wie viele Leute gibt es bei der Metropolitan Police, Inspector?»
«Genug, Mr. Tillet.»
«Ist doch klar», fing der Ratsherr wieder an, «wenn ihr uns nicht schlagen könnt, warum schließt ihr euch uns nicht an? Stellen Sie sich mal vor, ein Polizistenverband. Volle Pensionsansprüche, Krankengeld, Beerdigungszuschuß, Streikgeld. Das wird kommen.»
Doch Lestrade war bereits auf der Treppe, über die er gekommen war, draußen im warmen Sonnenlicht, wo die Luft frisch war.

Walter Dew war ein Polizist mit durchschnittlichen Fähigkeiten. In dieser Feststellung lag nichts Verächtliches. War es nicht eine Tatsache, daß der *Charivari* regelmäßig verkündete, daß die große Masse der Metropolitan Police nur über durchschnittliche Fähigkeiten verfügte? Nimrod Frost, der Leiter der Obersten Kriminalpolizeibehörde, war darauf bedacht, die Schwachstellen in seiner Abteilung auszumerzen. So kam es, daß Constable Dew, das Haar perfekt geölt und den Schnurrbart ebenso perfekt gekämmt, an diesem Tag gegen Ende April vor Frosts Büro stand, und zwar, ungewöhnlich für einen einfachen Bobby, in voller Uniform, den schimmernden Helm in der Armbeuge. Lestrade hatte ihm eingeschärft, klug zu taktieren, auf der Hut zu sein (Eigenschaften, die Dew eigentlich bei Geschäftemachern vermutete), weil die Beweise, die im Zusammenhang mit Joe Towers' Tod auf Mord deuteten, *ohne* Lestrades inoffizielle Untersuchungsergebnisse mehr als dürftig waren.
Immerhin war Frost von Beesons Verdacht, der sich auf eine so lange Erfahrung im Dienste der Polizei gründete, ebenso beeindruckt, wie Lestrade es gewesen war, und duldete es, daß Dew alle

und jeden befragte, die Joe Towers gekannt hatten, einschließlich jener, die ihn zuletzt lebend gesehen hatten. «Also, Dew, nehmen wir uns die letzten vor.» Frost legte seine Wurstfinger auf die riesige Samtfläche seiner Weste.
Dew schlug seinen Notizblock auf und fing an. «Am vierundzwanzigsten dieses Monats ergab sich die Notwendigkeit für mich, ein öffentliches Lokal aufzusuchen –»
«Ein öffentliches Lokal, Dew?» unterbrach ihn Frost.
«Rein dienstlich», beeilte sich Dew zu versichern.
«Ein öffentliches Lokal, das *Pig and Helmet* hieß oder so ähnlich –»
«Oder so ähnlich, Dew?»
Dew räusperte sich, um seine Unterlassungssünde vergessen zu machen, und fuhr fort: «... wo ich eine halbe Stunde nach Mitternacht mit einem gewissen Abel Seaman zusammentraf.»
«Abel Seaman? Machen Sie einen Witz?»
Dew merkte, daß Frosts Gesichtsfarbe sich allmählich dem Purpurrot seiner Weste näherte.
«Tut mir leid, Sir, so war der Name des Mannes – zumindest behauptete er es.» Frosts Augenbrauen verschwanden unter dem, was von seinem Haaransatz noch übrig war, doch er sagte nichts.
«Dieser Mann erzählte mir, er habe den Verstorbenen an dessen Todestag gegen halb vier getroffen und ihn ein Stück heimwärts begleitet, dahingegen ...»
«Dahingegen, Dew?» wiederholte Frost und wurde einer Schleiereule zusehends ähnlicher.
«Äh ... Mr. Lestrade riet mir, das hinzuzufügen, Sir.»
«Weiter.»
«Dahingegen ist dieser Abel Seaman uns bekannt, Sir. Er war zeitweilig Abkassierer, war als Leichenklemmer und Taschendieb bekannt, der ...»
«Dew!» Frost erhob sich mit aller Geschwindigkeit und Würde, die seine Körperfülle ihm gestatteten. «Könnten Sie das in Englisch ausdrücken, bitte? Immerhin ist es die Sprache der Königin.»
Dew sah ein wenig beschämt aus. «Natürlich, Sir. Er war zeitweilig Zuhälter, hat sich ein wenig als Leichenfledderer betätigt und Betrunkenen in die Tasche gegriffen.»

«Kein Mann, auf dessen Aussage man sich verlassen kann?» Frost nahm eine Prise Schnupftabak aus der kunstvoll gearbeiteten Dose auf seinem Tisch. Dew konnte die auf dem Kopf stehende Inschrift lesen (tatsächlich fiel es ihm so leichter), «Von den dankbaren Bürgern Granthams», bevor Frost den Deckel zuklappte und daranging, gierig das orangefarbene Pulver von seinem Handrücken aufzusaugen.
«Ich denke, in diesem Fall können wir ihm glauben, Sir.» Frost wartete, bis er fortfuhr.
«Seaman sprach mit Towers über dieses und jenes, und Towers sagte ihm, daß er am Nachmittag jemanden erwarte, und lehnte sein Angebot ab, mit ihm einen heben ... ein Bier trinken zu gehen. Seaman war auf dem Weg zur Tanzkaschemme ... ich meine, in ein Varieté, und verbrachte vielleicht fünf Minuten in Towers' Begleitung.»
«Wie kann ein erwachsener Mann bloß ein Varieté besuchen, Dew?» Frost wollte es nicht glauben.
«Nun, wenn Sie mich fragen, Sir, ging es wahrscheinlich um eine Partie Kümmelblättchen», und als Frost mit der Geschwindigkeit eines kummervollen Faultiers herumfuhr, verbesserte er sich, «um Falschspiel, Sir.»
«Hat Seaman mehr über Towers' Besucher erfahren?»
«Nein, Sir, außer daß er Trasseno war.»
«Ein Italiener?» Frost hatte das Gefühl, daß er in der Beherrschung des Jargons Fortschritte machte.
«Nein, Sir, ein übler Bursche.»
Frost räusperte sich, um die Verärgerung zu verbergen, daß er sich geirrt hatte, und fuhr fort, sein Büro zu durchmessen. «Es ist also anzunehmen, daß Seaman – wenn wir seiner Aussage überhaupt Glauben schenken wollen – die letzte Person war, die Towers lebend gesehen hat, und daß dieser ... äh ... Trasseno sein Mörder war – falls er wirklich ermordet wurde, und dabei stützen wir uns natürlich bloß auf Exsergeant Beesons sechsten Sinn.»
Dew fühlte, wie der Boden unter ihm wankte. Seien Sie auf der Hut, hatte Lestrade gesagt, seien Sie auf der Hut.
«Ja, Sir.» Das war alles, was Dew an Geistesgegenwart und Schlagfertigkeit zusammenbrachte.
Frost nahm Dews Notizblock und blätterte ihn durch. Der Mann

kann ja kaum schreiben, dachte er. Die Zeilen hätten ebensogut von einem geistesgestörten Schimpansen stammen können.

«Sagen Sie mal, Dew, was wollen Sie eigentlich werden, wenn Sie mal erwachsen sind?»

«Sir?» Angesichts der ungewöhnlichen Leutseligkeit des Leiters des C.I.D. runzelte Dew die Stirn.

«Was ist Ihr berufliches Ziel, Dew?» sagte Frost, als müsse er einem Schwachsinnigen etwas klarmachen.

«Nun, Sir», bei der Aussicht mußte Dew grinsen, «eines Tages wäre ich gern Chiefinspector, Sir ... und ...»

Frost begriff, daß da noch ein «und» war. Als ob die erste Hoffnung nicht schon aussichtslos genug sei.

«Und?» Er beugte sich zu Dews rechtem Ohr hinunter.

«Und ich möchte ein Buch schreiben, Sir, eine biographische Beschreibung meines größten Falles. Es soll heißen *Ich fing* ... und dann der Name des Erzschurken.»

Frost saß stumm im Polster seines ledernen Armsessels, aus dem er sich nur mit Mühe erhob.

«Das ist alles, Dew», sagte er, und sein ehrgeiziger junger Constable wandte sich zum Gehen. Dann sagte er mit aller Sympathie und Ermutigung, die er aufbringen konnte: «Ich glaube, Sie würden Schwierigkeiten haben, sich eine Erkältung einzufangen.»

Zum Leuchtturm

Joseph Towers war seit genau einem Monat tot. Er hatte drei Wochen lang unter der Erde gelegen und war vor etwa zwei Wochen erneut begraben worden. Wie so oft in den vergangenen Tagen dachte Lestrade wiederholt darüber nach, wie schwierig es doch war, die letzten Stunden im Leben eines Mannes zu rekonstruieren. Besonders wenn es sich um einen alten Mann handelte, um einen Mann mit wenigen wirklichen Freunden. Und auf gewisse Weise war Joe Towers ein Glückspilz gewesen. Er hatte in Ben Beeson einen guten Freund, dessen Nase eine Ratte gerochen hatte, wenn schon keine bitteren Mandeln. Wie viele andere alte und junge Männer und auch Frauen, in Armengräbern bestattet oder im eleganten Abney Park, galten wohl als natürlich Verstorbene, nur weil sie nicht einen Ben Beeson zum Freund gehabt hatten?
Und wäre dann ein solcher Fall auf Lestrades Schreibtisch gelandet, wie er ihm jetzt in Form eines Gesuchs um Amtshilfe von der Norfolk Constabulary vorlag? Es war Sergeant Edgar Bradstreet, der Lestrade neugierig machte. Gregsons blauäugiger Gehilfe.
«Der Inspector glaubt, daß es sich um Anarchisten handelt, Sir», sagte Bradstreet. «Er hat die Russen in Verdacht, die sich vielleicht irischer *Agents provocateurs* bedient haben.»
«Inspector Gregson verdächtigt immer die Russen, Sergeant, und gewöhnlich legt er noch einen oder zwei Iren obendrauf. Immerhin tut er das Seine, um die Irische Abteilung am Florieren zu halten. Was würden wir bloß machen, wenn wir keine Iren hätten, he?»
«Höre ich da nicht einen spöttischen Unterton, Sir?»
Oho, dachte Lestrade. Dieses Mal hatte sich Gregson ein helles Köpfchen ausgesucht.
«Realismus ist, glaube ich, ein besseres Wort dafür, Bradstreet. Habe ich Sie recht verstanden, daß ich bei diesem kleinen Besuch das Vergnügen Ihrer Begleitung haben werde?»
«Ich bin Ihrer Abteilung zugeteilt worden, Sir.»

«Es gibt wohl im Augenblick in London nicht genug Anarchisten, wie? Nun, es macht nichts. Wenn Sie recht haben, werden wir in den Fleischtöpfen und Opiumhöhlen von Cromer ein paar aufstöbern, nicht wahr?»

Lestrade hatte unter einem Überfluß an Sergeants zu leiden. Außer Bradstreet wurde ihm noch ein weiterer neuer Bursche zugeteilt – ein gewisser Hector Charlo, auf besondere Empfehlung des Oberjägers. «Er hat einflußreiche Freunde», hatte Frost gesagt. «Scheint ein guter Junge zu sein, Lestrade. Ich denke, Sie können sich in schwierigen Situationen auf ihn verlassen.»
In diesem Fall konnte Lestrade nicht auf ihn bauen. Sergeant Charlo stand unter einem Knie der Rohrleitung des Yard, die an Lestrades Büro vorbeiführte, bis zur Spitze der kirschroten Nase in einen Schal gehüllt, mit schwimmenden Augen und allen Anzeichen einer Lungenentzündung im Endstadium.
«Tut mir schrecklich leid, Sir», schniefte er. «Kein gutes Omen, ich weiß, und das bei der ersten Zusammenarbeit mit Ihnen, aber ich fürchte, ich ... ich ...» und sein ganzer Körper wurde von einem heftigen Anfall geschüttelt.
«Dann haben Sie also keine Lust auf die Luft von Norfolk, Charlo?» sagte Lestrade entgegenkommend.
«Bei allem Respekt, Inspector, der einzige Ort, auf den ich im Augenblick Lust verspüre, ist mein Bett.»
«In Ordnung», seufzte Lestrade, der sich niemals durch ein körperliches Unwohlsein beeindrucken ließ. «Stecken Sie Ihren Kopf unter ein Handtuch, und kurieren Sie sich aus. Eine gewöhnliche Erkältung läßt sich doch heutzutage heilen.»
«An meiner Erkältung ist nichts gewöhnlich», sagte Charlo, tapfer um ein wenig Würde bemüht. «Sie wird sich vermutlich, wie man sagt, in eine Bronchitis verwandeln.»
«Wir werden in ein oder zwei Tagen zurück sein», fuhr Lestrade fort. «Melden Sie sich am Montag morgen wieder gesund.»

Bradstreet hoffte, Lestrade habe in bezug auf die Fleischtöpfe und Opiumhöhlen einen Scherz gemacht, doch er war noch nie in Norfolk gewesen und hatte keinen Schimmer, welch ein Nest Cromer war. Die beiden Vertreter Ihrer Majestät Kriminalpolizei erwischten den Zug von Liverpool Street, nachdem Lestrade ein paar spöttische Bemerkungen über Bradstreets Kursbuch, die auf gewohnt taube Ohren stießen, gemacht hatte, und reisten ohne Zwischenfälle nach Norwich. Von dort mit einem zweiten Zug nach Cromer, wo sie, immerhin zwei Männer, die darin ausgebildet waren, sich zurechtzufinden, überraschend viele Schwierigkeiten hatten, das Polizeirevier zu finden.

Kein Geringerer als der Chief Constable teilte ihnen mit, der Leichnam sei nicht *in situ*. Lestrade gestattete sich die wunderliche Vorstellung, daß Dew, wäre er bei ihnen gewesen, im Ortsverzeichnis von Norfolk nachgeschaut hätte, wo das Dorf Situ zu finden sei. Er war dankbar, daß Bradstreet über eine oberflächliche Kenntnis des Lateinischen zu verfügen schien oder vielleicht lediglich seine Unkenntnis besser verbergen zu können schien als Dew. Der Tote war ein gewisser William Bentley, Leuchtturmwärter, und er war eines natürlichen Todes gestorben. Der einzige Grund, daß der Yard hinzugezogen worden war, war lediglich ein formeller, weil ein Leuchtturm Ihrer Majestät ein Gebiet von strategischer Bedeutung darstellte. Für den Fall, daß eine französische oder gar eine deutsche Flotte in den seichten Gewässern auftauchte, konnte der Leuchtturm von Cromer ihr bei der Landung nützlich sein. Infolge dessen verlangte es die Vorschrift, daß ein Beamter vom Rang eines Inspectors (oder darüber) die formelle Untersuchung durchführte. Im Hinblick auf die Gefahr möglicher Spionage und daß eine heimtückische fremde Macht vielleicht einen Leuchtturmwärter nach dem anderen aus dem Wege räumte, bevor sie nach aller Voraussicht über die Garnisonen von Martello Towers und Palmerstone Follies an der Südküste herfiel, war es natürlich, daß die Spezialeinheit für Irland und ihr berüchtigster Bluthund ins Spiel kamen. Gregson hingegen hatte andere Sorgen. Es kursierten Gerüchte, daß William F. Cody am Ende seiner Tournee durch den Kontinent noch einmal ein Gastspiel geben wolle; und wenn es eine Nation gab, der Gregson noch weniger traute als der russischen, so war das die amerikanische. Bradstreet war so an seiner Stelle mitgekommen. Lestrade fragte sich, warum man ihn selbst auch noch losgeschickt hatte. Der Grund, der ihm am meisten einleuchtete, war, daß er hoffte, daß

Frost der Spezialabteilung ebenso mißtraute und es nicht wagte, Bradstreet allein losziehen zu lassen.

An diesem Abend suchte sich die kleine Gruppe von Polizisten ihren Weg durch die Klippen. Die untergehende Sonne verlieh den sich zusammendrängenden Häusern der kleinen Stadt unter ihnen einen zauberhaften Glanz und schimmerte auf dem großen grauen Turm von St. Peter und Paul. Unter ihnen zogen sich zur Rechten die Kiesstrände von Foulness entlang, die jetzt zur Ebbezeit fast trocken waren. Das Licht blitzte mit unaufhörlicher Regelmäßigkeit über dem weißgetünchten Gebäude. Niemand sprach. An der Tür empfing sie der Oberwärter, Nathaniel Blogg, dessen Familie, wie man dem Yard gesagt hatte, seit Jahren Seeleute und Fischer aus den Klauen der See gerettet hatte. Die Haut seines gegerbten Gesichtes hatte dieselbe Farbe wie die Panzer der Krabben, welche die Felsen bedeckten. Kein Zug darin verriet Humor oder Wärme. Es war das Gesicht eines Mannes, dachte Lestrade, der dem Tod zu oft ins Gesicht geblickt hatte. Es war, als blicke man in einen Spiegel. Andererseits war es gerade ein Spiegel, der Tausende von Schiffen gerettet hatte. Blogg führte sie in einen der oberen Räume, wobei er unflätig vor sich hin knurrte und murrte. Auf einem Notbett lag William Bentley, seit vier Tagen tot. Die Meeresluft, die durch das Fenster strich, hatte den Geruch des Todes vertrieben. Lestrade blickte auf die Leiche und untersuchte die Augen, nachdem er zuerst Bloggs Pennies entfernt hatte. Das war etwas. Was?

«Bradstreet», sagte er zum Sergeant. «Ihre Ansicht?» Der Sergeant betrachtete die Leiche aufmerksam. Er war an vollständig erhaltene Tote nicht gewöhnt. Die meisten Leichen, die er im Zuge seiner gegenwärtigen Tätigkeit zu Gesicht bekam, waren durch Explosionen in Stücke gerissen worden. In diesen Fällen nach der Todesursache zu fragen, schien ein wenig akademisch.

«Alter etwa siebzig, Sir. Größe ungefähr fünf Fuß, acht Zoll. Augenfarbe haselnußbraun. Nicht viel Haar. Um besondere Merkmale zu entdecken, Sir, müßte ich ihn entkleiden. Der Tod ist vor etwa vier Tagen eingetreten.»

«Hm.» Lestrade forderte den Chief Constable durch einen Blick zur Bestätigung auf. Dieser nickte. «Todesursache?»

«Natürlicher Tod, Sir. Altersschwäche?»
«Mr. Blogg, Sie fanden den Toten?»
«Jau.»
«Wie bitte?»
«Jau», sagte Blogg lauter, im Glauben, dieser schnurrbärtige Londoner in der typischen Landratten-Öljacke sei taub.
«Wer ist sonst noch in diesem Raum gewesen?»
«Äh – nur ich, die junge Emma und ihr Macker und Jem.»
«Wer sind diese Leute?»
«Jeremiah Rook ist der Ortspolizist, den Mr. Blogg vernünftigerweise verständigte», mischte sich der Chief Constable ein. «Emma Hopkins, *nee*, Bentley ist die Tochter des Verstorbenen. Sie traf mit ihrem Ehemann gestern aus York ein. Ist das von Bedeutung, Sir?»
«Ja, Sir, das ist es. Sehen Sie, die Beschreibung, die mein Sergeant von der Leiche gegeben hat, ist bewunderungswürdig, doch eine Tatsache ist ihm entgangen.»
«Oh?» Bradstreet hielt es für das beste, sich zu seiner vollen Größe aufzurichten, denn dann war er einen guten Zoll größer als Lestrade.
«Ihr Leuchtturmwärter wurde ermordet.»
«Ermordet?» Das Wort wurde von den Wänden des achteckigen Raumes zurückgeworfen, denn alle bis auf Lestrade und den Leichnam wiederholten es im Chor.
«Wer hat die Leiche untersucht?»
«Äh ... nur ich und Jem», erwiderte Bloog, der sich als einziger angesprochen fühlte.
«Kein Arzt? Kein Totenschein?»
Der Chief Constable brauste auf. «Eine Sicherheitsmaßnahme, Lestrade. Sie wissen ebensogut wie ich, daß Leuchttürme von strategischer Bedeutung sind.»
Ja, das war Lestrade bekannt.
«Sehen Sie mal.» Lestrade hob Bentleys Augenbrauen an, erst die linke, dann die rechte. «Sehen Sie diese winzigen Blutsprenkel? Mr. Bentley wurde erdrosselt. Oh, fachmännisch natürlich. Eine der saubersten Arbeiten, die ich gesehen habe. Normalerweise wäre Blut an den Lippen und Nase und eine stärkere Entfärbung des Gesichts zu erwarten.»

Routinemäßig schnüffelte Lestrade an den verschiedenen Tassen und Gläsern, die sich im Raum befanden. «Er wurde vermutlich vorher betäubt. Eigentlich eine ganz schmerzlose Art, sich zu verabschieden; wenn man denn schon gehen muß, dann so.»
«Ich möchte auf See sterben», teilte Blogg den anderen mit, «vor 'nem steifen Nordwest.»
Der Chief Constable blickte ihn streng an. «Nun, jeder nach seinem Geschmack, möchte ich meinen.»
«Sie und Bentley wechseln sich hier im Dienst ab?» Lestrade richtete seine Frage an Blogg, der noch immer gänzlich in seiner Vision von einem Wikingertod befangen war.
«Jau.» Er kehrte auf die Erde zurück.
«Also können Sie auch nicht wissen, ob er im Laufe, sagen wir, der letzten fünf Tage Besuch hatte?»
«Nein, ich ... obwohl ...»
«Ja?» Alle im Raum versammelten Polizisten sagten es im Chor. Alle blickten einander ein wenig einfältig an.
«Nun, es ist vermutlich nichts Wichtiges.»
«Das werden wir entscheiden, Mr. Blogg», sagte Lestrade.
«Nun, ich sah hier ein Schiff vor Anker liegen. Muß am letzten Sonntag gewesen sein.»
«Am Tag, bevor Bentley starb», sagte Bradstreet laut.
Lestrade achtete nicht auf ihn. «War das normal, Mr. Bloog?»
«Nein, eigentlich nicht. Oh, hin und wieder kommen Boote hierher. Meistens neugierige Knilche aus Lundunn.» Er sah die Anwesenden kritisch an.
«War es ein Versorgungsboot?» Bradstreet übertraf sich selbst.
«Natürlich nicht», sagte Blogg kategorisch. «Was sollen wir mit einem Versorgungsboot, wenn man den verdammten Leuchtturm zu Fuß erreichen kann?»
Der Chief Constable und Lestrade warfen Bradstreet einen Blick zu, der sagte: Haben wir's nicht gleich gesagt. Der Sergeant verspürte die Neigung, die Sache weiterzuverfolgen und Blogg zu fragen, ob es sich bei dem Schiff um ein Unterseeboot gehandelt habe, denn vor ein paar Monaten waren im Yard Gerüchte aufgekommen, eine solche infernalische Maschine sei für die bevorstehende Invasion gebaut worden. Im Hinblick auf den Gesichtsausdruck seiner Vorgesetzten unterließ er die Frage.

«Haben Sie in dem Boot jemanden gesehen?» fragte der Chief Constable, der verzweifelt zu beweisen suchte, daß das Gewicht der silbernen Litzen die Schärfe seiner Untersuchungsführung nicht beeinträchtigt hatte.
«Nein», antwortete Blogg.
«Was für ein Schiff war es?» fragte Lestrade.
«Eine Ketsch.»
«Haben Sie den Namen gesehen?»
«Jau.»
Die Gruppe wartete.
«Nun, raus damit, Mann. Wie lautete er?» Lestrades Geduld war bald am Ende.
«Auswärtig.»
«Auswärtig?» wiederholte der Inspector.
«Jau. Werden ihn in keinem englischen Schiffsregister finden, wett ich.»
«Aha», sinnierte Bradstreet. «Gregson und ich hatten also recht. Es gibt tatsächlich eine fremde Macht, die darauf aus ist, die englische Kriegsstärke hier und da zu untergraben, indem sie die wachsamen Augen an den Küsten auslöscht, damit sie, wenn keine Wächter mehr übrig sind, zum großen Schlag ausholen kann.»
«Bradstreet.» Lestrades scharfe Stimme riß den Sergeanten zurück in die Wirklichkeit. «Mr. Blogg ist dabei, uns den Namen des Bootes zu sagen, nicht wahr, Mr. Blogg?»
«Nein», sagte Blogg so verbockt wie möglich, «aber ich werde Ihnen den Namen des Schiffes sagen. Zumindest so gut ich kann. Er war so ähnlich, wie ... wie ... *Ora Rosa*.»
«Spanisch», sagte Lestrade.
«Italienisch», sagte Bradstreet.
Sie hatten gleichzeitig gesprochen.
«Bradstreet», sagte Lestrade. «Stellen Sie Nachforschungen entlang der Küste an. Überprüfen Sie alle Boote», er warf einen Blick auf Blogg, «– und Schiffe – in den Häfen.»
«Sie werden es hier nicht finden. Ich hab's in dieser Gegend vorher nicht gesehen und seitdem auch nicht.»
«Mit Ihnen bin ich noch nicht fertig», sagte Lestrade.

Und da aus Nathaniel Blogg nun mal nicht mehr herauszubekommen war, begannen Lestrade und Bradstreet mit ihren Nachforschungen. Zum Unglück für sie beide war Blogg nur halbtags Leuchtturmwärter. Für den Rest der Zeit war er Fischer, wenn er nicht gerade die Besatzung des Lebensrettungsbootes bildete, das Seelen aus der Tiefe des Meeres rettete. Und Bradstreet, insbesondere in Bowler und Donegal, von Kopf bis Fuß ein City-Stutzer, hörte das Wort «Tiefe» jedesmal, wenn das Boot in die graue Nordsee tauchte. Der Blick zurück zum Land war schlimmer. Die Linie der Klippen bei Cromer hob und senkte sich wie eine verrückte Schaukel, und die Spitze des Kirchturms lag verwegen schief. Es dauerte nicht lange, und Bradstreet hatte die Farbe des Segels angenommen, das sich ächzend über ihm spannte – die Farbe alten Pergaments.
Gewiß, Lestrade war passender angezogen. Wann immer ihn die Pflicht in maritime Bezirke führte, versuchte er, sich entsprechend zu kleiden, doch der flotte schwarze Südwester und die dazu passende Öljacke konnten nicht die Unfähigkeit der Landratte verbergen, die Schlingerbewegungen des Schiffes mitzumachen. Entweder stemmte er sich ihnen entgegen oder knallte mit den Schienbeinen gegen Hummerkörbe und beschmierte seine Ärmel mit Teer und übelriechenden Köderfischen. Das Fischerboot ritt und tanzte auf der tosenden Brandung und machte die Befragung eines schwierigen Zeugen nahezu unmöglich. Bradstreets Aufgabe bestand darin, die wichtige Aussage von Mr. Blogg, dem Fischer, in seinem Notizbuch festzuhalten, doch als er seine Aufzeichnungen betrachtete, wurde ihm klar, daß sie Mr. Isaac Pitman gerecht werden würden, außer es handelte sich nicht um Kurzschrift.
Als Lestrade die Notizen später in der relativ ruhigen Umgebung von *Fisherman's Arms* durchsah, erklärt er sie für unleserlich. Da war es gut, daß Lestrades Gedächtnis dazu dienen konnte, die Unterhaltung zu rekonstruieren. William Bentley, so ergab sich, war aus Yorkshire, hatte einige Zeit in der Armee gedient und war acht Jahre lang Leuchtturmwärter gewesen. Im Grunde war er über das Pensionsalter längst hinaus, doch niemand hatte den Posten gewollt. Er war schlecht bezahlt, und die meisten der jüngeren Männer waren Fischer oder betätigten sich in der neuen gewinnträchtigen Tourismusbranche, die entlang der Küste in Mode kam. Meistens

Zum Leuchtturm ———————————————————————— 65

waren es Leute aus Lundunn, welche die Eisenbahn herbrachte. Blogg spie verächtlich und zungenfertig in die wirbelnde See, voller Zorn auf beide Institutionen. Diese Handlung genügte, um Bradstreet an den Rand zu bringen, nicht buchstäblich, sondern metaphorisch, und er erbrach sich ausgiebig über der Reling. Freunde? Nur einen: – ein königlicher Kutscher aus Sandringham (einem Besitz des Prince of Wales), der einmal im Monat herüberkam, um mit Bentley Schach zu spielen. Feinde? Nun gut, da gab es die Tuddenhams. Eine ziemlich rauhe Sippe, wie es schien. Schon gleich nach seiner Ankunft waren Bentley und sie sich in die Haare geraten. Blogg wußte nicht genau, warum. Die Tuddenhams, so ergab sich, waren eine Familie von Fischern aus dem nahegelegenen Mundsley, die bei der örtlichen Polizei als Unruhestifter, Trunkenbolde und Schläger einschlägig bekannt waren. Einer von ihnen hatte erst letztes Jahr Jem Rook das Nasenbein gebrochen, bloß weil der Constable ihn eines Morgens komisch angelächelt hatte. Ja, die Tuddenhams waren üble Burschen. Wenn überhaupt jemand in der Gegend mörderische Neigungen hatte und Groll gegen Bentley hegte, waren es die Tuddenhams.
Die Unterhaltung endete, als die Netze eingeholt wurden. Die Männer flitzten an Deck hin und her, warfen mit Tauen um sich und hievten Lasten. Bradstreet wünschte im stillen, er sei tot. Sogar Lestrade wurde ein wenig grün im Gesicht, und er kam sich vor wie die nasse, zuckende Makrele, die auf das schlüpfrige Deck klatschte. Es gab Rufe und Gelächter, und erst am späten Nachmittag wurden Bradstreets Gebete erhört, und Blogg drehte den Bug seines Bootes heimwärts.

Es war ein weiterer magischer Abend, und die Sonne warf lange Schatten über den Kiesstrand. Lestrades Beine fühlten sich wieder seinem Körper zugehörig, und nachdem er Bradstreet platt auf dem Rücken liegend im Zimmer des *Fisherman* zurückgelassen hatte, spazierte er mit Bill Bentleys Tochter am Strand entlang. Emma Hopkins, wie sie jetzt hieß, war eine Frau mittleren Alters, deren Gesicht noch immer anzusehen war, welch eine Schönheit sie in ihrer Jugend gewesen sein mußte. Sie sprach liebevoll von ihrem Vater, doch es überraschte sie nicht, daß er Feinde hatte.

«Immer in Schwierigkeiten, das war Papa», sagte sie mit ihrem weichen Yorkshire-Akzent. «Wenn es eine Familie gab wie diese hier, die ihn nicht mochte, können Sie wetten – nebenbei, er war kein Spielertyp –, aber Sie können wetten, daß er den Kampf suchte.»
«Hatte 'ne kleine Schwäche für 'ne Prügelei, Ihr Vater, nicht wahr?» fragte Lestrade.
«Ja, das kann man wohl sagen», lächelte Emma Hopkins. «Es hat Zeiten gegeben, da wußte Mama nicht, was sie mit ihm anfangen sollte, aber das Herz hatte er auf dem richtigen Fleck. Ich hab gesehen, wissen Sie, wie dieser Mann es mit dem Boxchampion von Bradford aufnahm, bloß um mir eine Puppe kaufen zu können, die ich in Mr. Althorpes Spielzeugladen gesehen hatte. Er hatte den Kampf knapp gewonnen. Ich seh ihn jetzt noch vor mir, Mr. Lestrade, wie er lächelte, als er mir die Puppe gab, seine Knöchel waren überall rot und aufgeschlagen und sein Gesicht voller Beulen. Ich hab ihn lieb gehabt, Inspector. Er war ein goldiger alter Mann.» Und sie wischte eine einzelne Träne von ihrer Wange. «Nein», sagte sie, tief die Seeluft einatmend, um ihre Beherrschung wiederzugewinnen, «ich bin nicht überrascht, daß er auf diese Weise gestorben ist, obgleich ich wetten möchte – nicht daß ich wetten möchte, verstehen Sie mich recht –, daß sie ihm nicht die Chance zum Kämpfen gegeben haben.»
Lestrade überging die Tatsache, daß Mrs. Hopkins sich selbst widersprach. Darin drückte sich der Schmerz auf eine beherrschte Weise aus. Das hatte er bereits ungezählte Male erlebt. Warum mußten sie eigentlich, dachte er, unmittelbar bevor die Saison begann, auf diesen Stränden mit Eseln herumspazieren? Und er schüttelte sein Hosenbein mit der Resignation eines Mannes, der nicht immer aufpaßte, wohin er trat.
«Hab ihn seit vier oder fünf Jahren nicht mehr gesehen», fuhr Mrs. Hopkins fort. «Na, Sie wissen ja, wie das ist, wenn man eine Familie hat. Meine Kinder sind mittlerweile fast erwachsen, und da ist John, mein Mann. Haben Sie Familie, Inspector?» Der Inspector verneinte.
Das Paar schlug den Weg zu dem billigen Hotel im schäbigen Teil der Stadt ein, in dem das Ehepaar Hopkins abgestiegen war. Lestrade sah zu, wie die Dunkelheit sich über das Meer senkte, bevor er den Rückweg antrat.
«Können wir ihn bald mit nach Hause nehmen, Inspector? Nach

York. Der Alte hätte das gewollt. Wir werden ihn in seiner Heimaterde bestatten. Das hätte ihm gefallen.» In Gedanken hörte Lestrade noch einmal, wie Emma Hopkins das sagte.
«Ja, Sie können ihn mitnehmen», hörte Lestrade sich laut sagen und hoffte zugleich, niemand sei in der Nähe. Er erhob sich aus dem Sand des Klippenweges und stieg zur Stadt hinunter, deren großer Kirchturm jetzt schwarz und stumm in der sich verdichtenden Dämmerung stand. Dahinter lag die murmelnde See, ein malvenfarbig-graues Band unter einem purpurroten Himmel. Lestrade jedoch hatte, wie immer, andere Dinge im Kopf. Blogg hatte ihm erzählt, daß die Tuddenham-Sippe freitags gewöhnlich in Cromer im Schankraum des *Cuttlefish* zu finden sei, einem weit weniger bekömmlichen Etablissement als das, in dem Bradstreet noch immer lag und ohne Zweifel versuchte, sein Bett am Schlingern zu hindern. Es war einer der letzten Winkel des alten ursprünglichen Cromer, das ein Fischerdorf gewesen war, bevor die Reichen anfingen, ihre Ferien hier zu verbringen. Das Lokal war mit muskulösen gutmütigen Fischern und Arbeitern gefüllt, der Geruch von Salz und Brackwasser verlor sich in der alles verzehrenden Wolke von Norfolkbier – von dem Lestrade einen Pint bestellte und mit seiner Krabbenmahlzeit einen der stilleren Winkel aufsuchte.
Die Kellnerin, die ihn bediente, schien nicht sehr darauf erpicht, ihm bei der Suche nach den Tuddenhams behilflich zu sein, doch nach ein paar Minuten wurde offensichtlich, daß Lestrade die Gesuchten gefunden hatte. Er bemerkte die Zeichen, die schnellen Blicke in seine Richtung, die stummen Bewegungen der Lippen hinter vorgehaltenen Händen, die Räumung der Theke und der angrenzenden Tische. Und als letztes Signal verstummte jäh die Fidelmusik in der Ecke. Lestrade schätzte noch einmal seine Chancen ab. In seinem Rücken war eine Wand, ein krachendes Scheitfeuer zu seiner Rechten. Auf eine Hand konnte er sich verlassen, doch die andere würde ihm bei einem Kampf nicht viel nutzen.
Er schob den Zinnkrug in die Reichweite seiner Linken und fuhr mit der Rechten geräuschlos in die Tasche seines Donegals, den er über die Rückenlehne geworfen hatte. Er spürte warmes Metall und wartete. Vier Männer, grobe Seemannsgestalten, standen vor ihm, die sich beinahe glichen wie ein Ei dem anderen und ihn stumm beäugten.

«Mr. Tuddenham?» sagte Lestrade aufs Geratewohl.
«Ja», antworteten die vier im Chor.
«Wer will das wissen?» Der älteste der vier schob sich nach vorn, die übrigen mit den Ellenbogen beiseite schiebend.
«Inspector Lestrade, Scotland Yard.»
«Von wo?»
Ein Gebrumm und ein leises Lachen. Der Fiedler zog seinen Bogen plötzlich über sein Instrument, als wolle er den Scherz unterstreichen.
«Ich möchte Ihnen ein paar Fragen stellen», fuhr Lestrade fort, nachdem die Heiterkeit sich gelegt hatte.
«Tatsächlich? Worüber?» Der ältere Mann wirbelte seinen Priem durch den Mund und spie ihn mit unfehlbarer Genauigkeit in einen Spucknapf, der ein paar Yards entfernt stand.
«Über den Tod von William Bentley.»
Diesmal Gemurmel. Hätte Lestrade unter Eid beschwören müssen, was gesagt wurde, wäre ihm nichts anderes übrig geblieben, als zu sagen, es habe sich angehört wie «Rharbarber».
«Was hat das mit uns zu tun?» fragte einer der jüngeren Tuddenhams.
«Mr. Bentley wurde ermordet.»
Noch einmal ein undefinierbares Gemurmel.
«Jau, ham wir gehört. Und?»
«Also, wie haben Sie ihn umgebracht?» Bei Angehörigen der unteren Klassen versuchte Lestrade immer den direkten Weg. Man verschwendete weniger Zeit, und die Gefahr war geringer, jemanden zu Unrecht einzusperren.
Das Gemurmel schwoll zu einem unüberhörbaren «Rharbarber» an.
«Weswegen wollen Sie uns denn anklagen?» fragte ein jüngerer Tuddenham.
«Wegen Mordes», sagte Lestrade.
«Und wie solln wir die Sache gedreht haben?» fragte der älteste Tuddenham.
«Sagen Sie's mir», sagte Lestrade herausfordernd.
«Vielleicht besser», fauchte der größte Tuddenham, «wenn ich's Ihnen zeige.» Und er sprang auf Lestrade los, seine beiden kräftigen Hände ausgestreckt.

Es war eines jener Stücke reiner Poesie, zu der Inspectors von Scotland Yard in Augenblicken der Spannung gelegentlich fähig sind und über das man in Cromer noch Jahre später sprach. Lestrade zog beide Unterarme gleichzeitig hoch und riß die Arme seines Gegners auseinander, so daß Tuddenhams Kinn auf den Tisch krachte, wobei es den Krabbenteller nur knapp verfehlte. Als er aufschlug, versetzte ihm Lestrade mit beiden Fäusten einen Schlag gegen die beiden Schläfen, die schmerzhaft genug gewesen wären, hätte es sich lediglich um Fäuste gehandelt, aber in seiner Linken hielt Lestrade noch immer den Zinnkrug und in seiner Rechten den Schlagring aus Messing, ohne den er sich nie ins Freie wagte. Der außer Gefecht gesetzte Tuddenham kniete auf den Steinplatten, den zerzausten Kopf in Lestrades Abendessen, und stöhnte. Davon abgesehen war es still im Schankraum, und Lestrade hatte seinen Sitzplatz nicht verlassen.
Nach Sekunden, die allen wie eine Ewigkeit vorkamen, stürzten die zwei anderen Tuddenham-Kinder vor, doch ihr Papa hielt sie zurück und drängte sie mit seinen narbigen stämmigen Armen nach hinten.
Die Spannung war gebrochen.
«Das ist Matthew», sagte der Alte und deutete auf den niedergestreckten Tuddenham, «das is Luke, und das is Mark. Ich bin John.»
«Hab ich mir gleich gedacht», sagte Lestrade. «Wirt!» Eine Gestalt, die in etwa dieser Bezeichnung entsprach, tauchte hinter der Theke auf. «Ein Pint Ihres besten Biers für die Herren Tuddenham und ein bißchen Butter für den Kopf dieses Herrn.»
Lestrade schob John Tuddenham einen Stuhl hin, und als er langsam und unsicher darauf Platz nahm, erwachte der ganze Schankraum aus seiner Erstarrung und kehrte ins Leben zurück. Die Fiedel ertönte, und sogar das Feuer flammte wieder auf. Die Tuddenham-Jungens hoben ihren besiegten Bruder auf wie einen tragischen Helden in einem Theaterstück.
«Geschieht ihm ganz recht», brummelte Tuddenham Senior über seinem Bier. «Ich hoffe, er hat Ihr Abendessen nicht versaut, Sir.»
Lestrade schüttelte den Kopf. Er konnte auch ohne die plötzliche Unterwürfigkeit auskommen. «Nun», sagte er, «zu Bill Bentley.»
«Bin nicht traurig, daß er weg is. Kann ich nich sagen. Ich mag ja alles mögliche sein, aber 'n Heuchler bin ich nich.»

«Ich habe von Ihrem Streit gehört. Deshalb habe ich euch gesucht. Was war der Grund dafür?»

«Das is kein Geheimnis.» Tuddenham äugte auffällig in seinen gähnend leeren Humpen und fuhr erst fort, nachdem Lestrade dem Herrn Wirt ein Zeichen gegeben hatte, ihn wieder zu füllen.

«Als er hier ankam, tat er so, als wär er was Bessres. Aus Yorkshire. Und was wußte er über die See? Landratte, die er war. Hier freunden wir uns mit Fremden nicht an. Sie sind natürlich 'ne Ausnahme, Sir. Wir wollen nichts mit den Lundunners zu tun haben, mit ihrem Getue und Gehabe.»

«Der Streit», erinnerte ihn Lestrade.

«Ach ja. Tschä, er beschuldigte uns, die Tuddenhams, wir würden Strandraub betreiben. Ich bin ein Fischer, Inspector. Mein Leben lang gewesen. Von Kindesbeinen an. Und mein Vater vor mir. Außerdem hat's an dieser Küste seit Jahren keine Wracks mehr gegeben. Nicht seit ich... Seit Jahren nicht.»

«Also haßten Sie sich?»

«Taten wir.» Tuddenham Senior goß den zweiten Pint hinunter. Lestrade bestellte einen dritten. Er nahm sich fest vor, das solle der letzte sein. Er wußte noch nicht, wie Nimrod Frost auf «Spesen» reagierte.

«Sie können sich drauf verlassen, daß wir ihn nicht umgebracht haben. Matthew hier is immer 'n bißchen übereilt, aber auf seine Art hat er recht. Wenn wir den alten Bill Bentley hätten um die Ecke bringen wollen, wär ich geradewegs hingegangen und hätt ihm wie einem Hühnchen den Hals umgedreht.»

Ein Blick auf Tuddenhams Hände, die den Krug umspannten, nahm Lestrade jeden Zweifel, das dies so war, doch so rasch wollte er den alten Fischer nicht von der Angel lassen.

«Also haben Sie ihm den Hals gebrochen?»

«War ich nich.» Tuddenham war eisern. «Also ist er so umgekommen?»

Lestrade trank sein Bier aus.

«Nein, Mr. Tuddenham, so war's nicht. Können Sie Rechenschaft darüber ablegen, was Sie am 20. dieses Monats im einzelnen gemacht haben?» Und er hatte es kaum gesagt, als er die Nutzlosigkeit seines Satzes erkannte und es anders versuchte. «Wo waren Sie letzten Montag?»

«Auf See, mit meiner ganzen Familie, und das is die reine Wahrheit.»
Und aus dem Mund eines Mannes, der John hieß, mit Söhnen, die sich Matthew, Mark und Luke nannten, hörte sich das ziemlich glaubhaft an.

Lestrade verzehrte ein herzhaftes Frühstück – Krabben –, während Bradstreet seinen Blick abwandte und an seinem Wasser nippte. Wie Blogg vermutet hatte, war es Bradstreet nicht gelungen, etwas über das Schiff mit dem ausländisch klingenden Namen, das in der Nähe des Leuchtturms gelandet war, in Erfahrung zu bringen. Natürlich hatte er vieles andere herausbekommen, doch das hatte mit dem Fall nichts zu tun.
Dann hinaus in den kalten grauen Morgen des 1. Mai 1893. Die Polizisten stapften über das Kopfsteinpflaster und hüllten sich fest in ihre Donegals. Constable Rook schleppte ihre Reisetaschen und lud sie in die Revierdroschke. Sehr zum Mißfallen von Bradstreets Magen ruckelte sie nach einem Peitschenknallen des Kutschers vorwärts, verließ ratternd das Städtchen Cromer und bewegte sich durch die Wiesenlandschaft von Norfolk. «Gott, ist das flach», war der einzige wirkliche Kommentar, den Bradstreet sich abringen konnte.
«Ich rieche was», sagte Lestrade, der unter seinem nach vorn gekippten Bowler zu dösen versuchte.
«Tut mir leid, Sir. Ich dachte, ich hätte meine Weste gereinigt.»
«Ich meine nicht Sie, Bradstreet. Ich hab's im metaphorischen Sinn gemeint.» Er hoffte, das sei das richtige Wort. «Ich wittere Verschwörung.»
«Anarchisten?» Bradstreet war aufgewacht.
Lestrade öffnete unter der Hutkrempe ein müdes Auge. Die Frage war keiner Antwort wert, aber Bradstreet ließ nicht locker. «Das ist also der Grund, warum wir nach Sandringham fahren. Ich wußte, es war nicht nur der alte Kutscher, hinter dem sie her waren. Es geht um die königliche Familie, oder? Sie ist in Gefahr.»
«Nach allem, was ich weiß, Bradstreet, hat ein Verrückter sie mit einem Maxim getötet, und alle liegen sozusagen auf dem Rasen von Sandringham niedergestreckt, aber das ist nicht mein Fall. Ich bin

mit Bill Bentley befaßt, Leuchtturmwärter von Cromer. Ihre Meinung?»
«Ein alter Mann.» Bradstreet besann sich auf seine detektivischen Fähigkeiten. «Erdrosselt. So weit, so gut. Er starb – Augenblick – wahrscheinlich spätestens am Montag nachmittag. Vielleicht machte er gerade ein Nickerchen.»
«Motiv?»
«Kein Raubmord. Nichts wurde mitgenommen – hat Blogg uns erzählt. Hat er das? Ich habe mich eigentlich nur auf sein Boot konzentriert.»
«Kein Raubmord», stimmte Lestrade zu. «Anarchisten?»
Bradstreet verstand Lestrades Ansicht. Der Schatten von Inspector Gregsons Manie verdunkelte weniger stark die Revierdroschke, die durch die Morgendämmerung des verschlafenen Norfolk rumpelte.
Trotzdem durfte man das geheimnisvolle Schiff nicht vergessen.
«Das geheimnisvolle Schiff dürfen wir nicht ignorieren, Sir.»
«Nein, das können wir nicht», sagte Lestrade. «Aber ihr von der Spezialabteilung seht überall *Agents provocateurs*. Ein Schiff mit einem ausländisch klingenden Namen, an das sich nur ein einziger Zeuge erinnert und dazu noch undeutlich. Ich glaube nicht, daß Anarchisten am Werk waren, Bradstreet.»
«Keine Anarchisten», echote Bradstreet.
«Nun gut. Wer dann? Alte Rechnungen?» schlug Lestrade vor. «Rache. Die Tuddenhams. Aber die haben ein Alibi. Sie waren auf See.»
«Das Alibi ist, wenn Sie mir das Wortspiel gestatten, nicht wasserdicht, aber mein Verstand sagt mir, daß sie sauber sind. Oh, sie stecken bis zu den Ruderdollen in der Schmuggelei und sogar ein wenig im Strandraub, wenn sich Gelegenheit ergibt, aber diese Truppe von Ureinwohnern hat Bill Bentley nicht umgebracht.»
«Die Familie? Seine Tochter? Sein Schwiegersohn? Was besaß er?»
«Ich mag die Abwegigkeit ihres Denkens, Bradstreet, aber für das wenige, was er besaß, stand er seinen Mann. Kein gehortetes Bargeld, keine Rente, kein Privatvermögen.»
«An welchem Punkt also befinden wir uns, Sir?»
Lestrade warf einen Blick aus dem Fenster.

«In Fakenham», sagte er.
Kein Grund, ausfallend zu werden, dachte Bradstreet, doch er wagte nicht, es dem kleinen rattengesichtigen Mann neben sich zu sagen. Schließlich hatte er gesehen, was für ein Riese Matthew Tuddenham gewesen war, der vermutlich immer noch auf einem Tisch im Hinterzimmer des *Cuttlefish* lag, und empfand inzwischen sogar ein wenig Ehrfurcht vor seinem Chef.
Es war Lestrade, der dem Constable befahl, die Straße zu verlassen und mit der Droschke im Schutz der Bäume zu warten. Er und Bradstreet gingen zum Haupttor, einem riesigen, kunstvoll geschmiedeten Meisterstück königlicher Heraldik. Ein Diener in Livree öffnete ihnen, nachdem sie sich ausgewiesen hatten. Während die Detectives unter Ulmen und Zedern dem sich verbreiternden Fahrweg folgten, stimmten sie ihre Taktik ab. Zum Hauptgebäude wollten sie nicht gehen. Protokoll und so weiter. Falls der Kutscher, der mit Bentley Schach gespielt hatte, ihr Mann war, würde sein königlicher Herr und Meister früh genug davon erfahren. Bradstreet begab sich direkt zu den Stallungen, Lestrade auf einigen Umwegen zur Tischlerei, wo der Kutscher außerdem arbeitete.
Bevor der Inspector jedoch dorthin gelangte, bog er nach der falschen Seite ab und gelangte in den Bereich eines mit Liguster umfriedeten geschützten Gartens. In der Mitte plätscherte ein Springbrunnen, und obgleich es alles andere als warm war, saß eine einsame Gestalt auf dem makellosen Rasen und trank Tee. Die Gestalt drehte Lestrade den Rücken zu und trug eine ausländisch aussehende himmelblaue, goldbetreßte Uniformjacke. Lestrade wandte sich zum Gehen, doch ein barscher Befehl ließ ihn stehenbleiben.
«Halt!» Die Gestalt erhob sich von ihrem Sitz, noch immer die zarte Porzellantasse und die Untertasse in der Hand haltend, und näherte sich ihm.
«Wer sönd Sie?» Der Akzent war abgehackt, ausländisch. Kraut, vermutete Lestrade.
«Inspector Lestrade, Sir. Scotland Yard.»
«Schottland ... ach so.» Die Gestalt beförderte Tasse und Untertasse ziemlich ungeschickt in ihre linke Hand und salutierte steif, wobei sie die Hacken zusammenknallen ließ, worin Lestrade eine preußische Sitte erkannte.

Plötzlich fiel es ihm wie Schuppen von den Augen. Die Persönlichkeit vor ihm mit den grausamen, grauen Augen, dem jovialen Gehabe und den lächerlich nach oben gezwirbelten Schnurrbartspitzen war der Deutsche Kaiser. Lestrade erwiderte die Verbeugung.
«Ich bin ömmer wieder beeindrockt», sagte der Kaiser, Lestrade zu seinem Tisch geleitend, «von der Effizienz der Brötischen Polizei. Wenn öch auch incognito röise, seid ör Borschen doch nie sehr wöit weg, he?»
«Ich bearbeite hier einen Fall, Sir», erklärte Lestrade. Der Kaiser betrachtete Lestrades Haltung, als er den angebotenen Stuhl annahm, und fragte sich, ob es vielleicht Brauch bei der englischen Polizei sei, auf Handkoffern zu sitzen. Jedoch hatte er kein Handgepäck bemerkt. Auch schien ihm Lestrade nicht unbequem zu sitzen. Er beschloß, der Sache nicht nachzugehen. «Sie sönd vom dem ... wie hat Bertie ihn noch glöich genannt? ... dem speziellen irischen Ast, nicht wahr?»
«Spezieller irischer Zweig? Nein, Sir, ich gehöre zur Abteilung ‹H›. Wir befassen uns mit Mord.»
«Mord?» Der Kaiser goß Lestrade eine Tasse Tee ein. «Sagen Sie, haben Sie das *Handbuch för Ontersochungsröchter* gelesen? Wir Deutsche sind, versteht söch, der Wölt voraus, was die forensische Wössenschaft angeht.»
Nein, Lestrade hatte es nicht gelesen.
«Woran könnten Sö, zom Beispöl, erkönnen, ob jemand erwörgt worden öst?»
«Entfärbung der Haut, hervortretende Augen, angeschwollene Zunge, vielleicht Bruch des Halswirbels, Würgemale an der Kehle ...»
«Ja, ja», sagte der Kaiser ziemlich herablassend, «aber bötte detaillierter.»
Lestrade sah sich außerstande zu erkennen, um wieviel detaillierter er hätte sein können, doch bevor er Zeit zu einem neuen Anlauf hatte, ergriff der Kaiser seine Hand und legte sie um den kaiserlichen Hals. «Nun», sagte er, «die Finger haben diese Position. Wölche Sporen wörde das hönterlassen?»
Des Kaisers Kehle und Leben in seinen Händen, fühlte sich Lestrade entschieden unbehaglich, indes bevor er sich rühren oder antworten

konnte, wuchsen aus den Hecken uniformierte Männer hervor, die über ihn herfielen. Der Kaiser sprang zurück, während der Tisch, der Tee, die Stühle und der Inspector zu Boden gingen.
«Keine Sorge, Sir, wir haben ihn», hörte Lestrade einen stämmigen Sergeant sagen, als er die Handschellen um seine Gelenke klicken hörte und seine Arme schmerzhaft hinter seinen Rücken gezerrt wurden.
«Verdammte Anarchisten!» Eine dröhnende Stimme hinter den streitenden Gestalten ließ alle herumfahren.
«Lestrade!»
«Gregson.» Lestrade spähte von seiner knienden Haltung, in welche ein halbes Dutzend Constables ihn gezwungen hatte, in die Runde. «Hätten Sie vielleicht die Güte, Ihre Kettenhunde zurückzupfeifen, bevor einer von ihnen sich weh tut?»
«Aha, öch verstehe», dröhnte der Kaiser, «das ist ein Test, wie? Um Ihre Löite auf Trab zu halten. Ja, sehr gut, jawohl.»
Doch Lestrade dachte im Augenblick weniger an Trab. Zumindest war er ihm weniger wichtig als sein Hals und seine Handgelenke, in denen sich ein dumpfer Schmerz ausbreitete.
«Was, zur Hölle, tun Sie hier, Lestrade? Wollten Sie sich auf meinem Terrain mausig machen?»
«Gregson, ich würde mich noch nicht einmal auf Ihr Terrain begeben, wenn Sie mir Geld dafür gäben. Und jetzt lassen Sie mir diese verdammten Handschellen abnehmen.»
Ein Constable leistete seinem Wunsch Folge, und das Blut begann wieder in Lestrades Finger zurückzufließen.
«Ich führe mit Ihrem Sergeant Bradstreet eine Ermittlung durch.»
«Eine Ermittlung?» Tobias Gregson war argwöhnisch. «Sie sind hinter irgendwas her, Lestrade? Verzeihung, Kaiserliche Hoheit», und er verbeugte sich fast bis zur Erde vor dem Kaiser, den die ganze Sache offensichtlich amüsierte, um Lestrade dann ins Gebüsch zu winken. «Hören Sie, Lestrade. Diese verdammten Ausländer kommen beim geringsten Anlaß hier rüber. Ich wurde gestern informiert – durch ein Telegramm, das besagte, er werde sich als Gast seiner Königlichen Hoheit in Sandringham aufhalten. Ich denke, Seine Königliche Hoheit hat von Willi genauso die Nase voll wie ich. Aber ich mußte hiersein. Frost jagte mich mit dem ersten Zug hierher.

Und als ob alles nicht schon schwierig genug wäre – er geht, wohin er will, wann er will, lehnt eine Leibwache ab –, müssen Sie hier auch noch auftauchen und versuchen, ihn zu erwürgen.»
«Ich führe eine Morduntersuchung durch, Gregson», fauchte Lestrade zurück (all das vollzog sich in einem bösartigen Geflüster, wobei Gregson dem Kaiser von Zeit zu Zeit zulächelte und zuwinkte, während die Constables seinen Tisch richteten und seine Korinthenbrötchen retteten). «Sie können meinetwegen hier das Kindermädchen spielen» (er deutete verächtlich hinüber), «macht, was ihr wollt. Aber wenn Sie mir noch mal in die Quere kommen, sorge ich dafür, daß Sie wieder Streife gehen.»
«Wieso ist er in den Mord verwickelt?» wollte Gregson wissen.
«Er nicht, jemand anderer.»
«Wer?»
«Das geht nur mich was an.»
«Wenn Sie das Staatsoberhaupt einer europäischen Großmacht einem Verhör unterziehen, geht es mich sehr wohl etwas an.»
«Ich werde *ihn* nicht verhören. Wie oft soll ich's noch sagen?»
«Lestrade, Sie weichen meinen Fragen aus. Wenn ich es nicht besser wüßte, würde ich sagen ... Gütiger Gott, Sie sind doch kein Kommunist, oder?»
«Wäre ich einer, Gregson, dann wären Sie gewiß einer der ersten, die es erführen.»
«Nun, bei einigen von McNaghtens Ernennungen war ich mir nie sehr sicher. Warten Sie mal, Sie waren doch am blutigen Sonntag dabei, stimmt's?»
«Das ist sechs Jahre her, Gregson, Schnee von gestern.»
«Wir haben unsere Gewohnheiten.»
«Gregson, Sie können unter jedes Bett in Sandringham gucken und nach Kommunisten, Anarchisten oder Einkaufslisten suchen, soviel Sie wollen. Alles, was Sie fangen werden, ist Ihren eigenen Schwanz. Was mich angeht, ich habe einen Mörder zu fangen.» Und Lestrade brach diese unangenehme Unterhaltung unter dem Liguster ab und, den Kaiser kaum beachtend, der jetzt emsig damit beschäftigt war, die Constables im Umgang mit Schlagstöcken zu unterweisen, begab er sich zu Bradstreet.
«Ich warne Sie, Lestrade», rief Gregson ihm nach, «das wird Folgen haben.»

Hexenspeise

Jacob saß in der Dachstube, fröstelnd und allein. Die Sonne schien die spinnwebverhangenen Fenster nicht durchdringen zu können, doch der Wind zauste die gelben Netze und rüttelte hinter ihm an der Tür. Er griff aufs neue zur Feder und schrieb.
Sir, ich muß Sie davor warnen, daß ... Und abermals ließ ihn die Muse im Stich. Er warf den zerknüllten Bogen zu den anderen, die den Boden übersäten. Er mußte schon eine oder vielleicht zwei Stunden hiersein und war mit seinem Brief über die erste Zeile nicht hinausgelangt. Zumindest hatte er den Umschlag adressiert *An alle, die es angeht, New Scotland Yard, London.*
Die ganze Sache war zu absurd, zu ungeheuerlich – wer würde ihm glauben? Er mußte persönlich hingehen. Doch zu wem? Bei jedem Rucken des Riegels fuhr er herum, augenblicklich vor Furcht erstarrt. Über der Wüste der Dachfirste hört er eine Kirchturmuhr schlagen. Sechs. Er konnte nicht länger bleiben. Er würde später an den Yard schreiben. Jetzt mußte er in den Norden gehen.

Sie standen vor Nimrod Frost in dessen Büro. Tobias Gregson, feist, vierschrötig, wutschnaubend. Sholto Lestrade, größer, schlanker, ruhiger. Das Verhalten, auf das Frost vorbereitet war und das Gregson so wütend machte.
«Also das war's, oder?» Frost blickte Lestrade düster an, sprach indes mit Gregson.
«Ich würde das nicht verharmlosen, Sir. Wenn nötig, kann ich bis zum Innenminister persönlich gehen.»
Frosts Gesicht nahm eine sonderbare weiße Farbe an. «Drohen Sie mir nicht mit dem Innenminister, Freundchen. Ich bin mir keinesfalls sicher, ob die Polizei Sie braucht, Gregson. Eines steht fest: wenn dieser Home-Rule-Unsinn mal vorbei ist, werde ich die Spezialabteilung endgültig ausrangieren.»

Gregson war sprachlos. Mit offenem Mund stand er da.
«Sie brauchen nicht zu grinsen, Lestrade. Sie haben in Norfolk mit ihren großen Füßen genug Porzellan zerschlagen. Eine europäische Hoheit zu belästigen! Für wen, zum Teufel, halten Sie sich?»
Lestrade öffnete seinen Mund, doch auch er kam nicht weiter als Gregson. Frost stand schwerfällig auf. «Betrachten Sie sich als suspendiert, Lestrade. Halbe Bezüge. Gehen Sie nach Hause. Kommen Sie zur Ruhe.»
Nun war Lestrade an der Reihe, sprachlos zu sein. Gregson grinste triumphierend, während Frost sich in einer Tirade über Inspectors erging, die nicht effektiv arbeiten konnten, wie weit es mit dem Yard kommen würde und so weiter.
«Nun, raus mit Ihnen, beide.»
Gregson wandte sich zur Tür, durch Frosts Angriff empfindlich getroffen, aber ebenso erfreut und befriedigt.
«Lestrade, auf ein Wort, bevor Sie gehen.»
Frost plumpste in seinen Sessel und fixierte den Inspector mit seinen scharfen, kleinen Augen.
«Ich weiß, was Sie denken, Lestrade. Zwanzig Jahre bei der Polizei. Für nichts und wieder nichts. Was werden Sie machen?»
Lestrade zuckte die Achseln. «Geranien züchten wie andere pensionierte Polizisten.»
«Tun Sie das, wenn's Ihnen Spaß macht, aber vorher habe ich einen kleinen Auftrag für Sie.»
Lestrade blickte seinen Chef an. War das nicht ein Lächeln, das Frosts wulstige Lippen umspielte? Nein, eine optische Täuschung.
«Ich dachte, ich sei suspendiert – auf unbestimmte Zeit», sagte er.
«Sind Sie auch.» Frost stand auf. «Zeigen Sie mir Ihre Hände.»
Lestrade hielt sie ihm hin. «Sie müssen diesen Verband abnehmen. Und sie aufrauhen. Besorgen Sie sich ein paar alte Kleider. Von heute an nicht rasieren. Essen Sie so wenig wie möglich.»
«Sir?» Lestrade kannte Frost bereits zu gut, um zu wissen, daß der Mann nicht übergeschnappt war, doch er wußte beim besten Willen nicht, worauf er hinauswollte.
«Können Sie sich einen Lancashire-Dialekt zulegen?»
«Nein.»

«Dann polieren Sie Ihren eigenen ein bißchen auf. Ist doch Bow Bells, oder?»
«Wenn ich muß.»
«Sie müssen. Wie wird Mrs. Manchester es aufnehmen?»
«Sir?»
«Tun Sie nicht so. Sie haben eine Haushälterin namens Manchester, nicht wahr? Sarah Manchester. 61 Jahre alt. Stimmt's?»
Lestrade lächelte. «Ist das ein Verbrechen?»
«Im Gegenteil. Ich bin froh darüber, daß meine Inspectors ihren sozialen Staus verbessern. Das gibt ihnen den Hauch von Würde, den sie besitzen sollten. Aber Sie werden ihr sagen müssen, daß Sie für eine Zeitlang fort sein werden – einen Monat, zwei, wer weiß.»
«Ich habe das Gefühl, daß Sie's wissen, Sir.»
Frost lächelte freudlos. «Ganz recht, ich weiß es. Sie sprachen von Verschwörung, Lestrade. Nun, Gregson, wird das vielleicht nicht akzeptieren, aber ich glaube, daß Sie möglicherweise auf der richtigen Fährte sind. Drei alte Männer in ebenso vielen Monaten – vergiftet oder erdrosselt. Alles so arrangiert, als wär's der Zahn der Zeit. Darin liegt etwas Übereinstimmendes, Lestrade.»
Lestrade meinte seine eigenen Worte zu hören.
«Nun, ich glaube, ich habe einen vierten Mann für Sie.»
Lestrade war im Nu hellwach und, da ihm die Nasenspitze fehlte, ganz Ohr.
«Ein Insasse des Armenhauses in Manchester. Wieder ein alter Mann. Nichts Ungewöhnliches, könnten Sie denken. In Armenhäusern sterben täglich alte Männer. Nur daß dieser vergiftet wurde, wie die anderen. Doch dieses Mal handelt es sich offensichtlich um Strychnin. Sehr unappetitlich.»
«Steckt ein und derselbe Mörder dahinter?» dachte Lestrade laut.
«Das sollen Sie herausfinden», antwortete Frost. «Lassen Sie sich eine Woche Zeit, bis Sie genügend heruntergekommen sind. Dann gehen Sie nach Manchester und lassen sich einweisen.»
«Sir?»
«Auf spezielles Ersuchen von Superintendent Olds. Jack und ich waren zusammen auf der Schule, im Jahr ... damals in den alten

Zeiten. Seine Männer sind hinreichend bekannt für ihre verdeckten Ermittlungen. Aber Ihre Arbeit ist von anderem Kaliber, Lestrade. Wir müssen für Sie einen neuen Namen und eine neue Identität finden. Gehen Sie in dieses Arbeitshaus, und kriegen Sie raus, wie der alte Mann starb.»
«Warum geheim, Sir? Warum stellen wir nicht Ermittlungen auf dem üblichen Weg an?»
«Wie ich schon sagte, Lestrade. Verschwörung. Wissen Sie, was bei Verschwörungen das schlimmste ist? Sie wissen nie, wer darin verwickelt ist. Es könnte Jack Olds sein. Die ganze Behörde für die Armenpflege in Manchester. Ich selbst könnte es sein...» Eine Pause. «Nach allem, was ich weiß, Lestrade, könnten sogar Sie es sein. Aber wir müssen es darauf ankommen lassen, nicht wahr?»
«Und die Suspendierung?»
«Soweit es den übrigen Yard betrifft, Lestrade, sind Sie draußen, zumindest für eine Weile. Nur Sie und ich werden es besser wissen. Sie können Charlo als Verbindungsmann einsetzen. Kommen Sie nicht selbst zum Yard. Übrigens, wie macht er sich?»
«Ich wünschte, ich wüßte es, Sir. Alles, was ich von ihm gesehen habe, ist eine rote Nase, und zwischen seinen Niesanfällen sagte er nicht viel. Er dürfte jetzt in meinem Büro sein.»
Frost streckte eine dickliche, kräftige Hand aus, und als Lestrade sie ergriff, sagte er: «Behalten Sie einen klaren Kopf, mein Lieber. Nördlich von Hampstead ist 'n rauhes Pflaster. Betrachten Sie's als eine Herausforderung.»
Lestrade lächelte.
«Und noch etwas, Inspector... Belästigen Sie keine gekrönten Häupter mehr, die zu Besuch bei uns weilen. Oder ich mache Ernst mit der Suspendierung.»
Sergeant Hector Charlo war nicht in Lestrades Büro. Er habe, so hieß es in einer Nachricht, die statt seiner da war, versucht, sich von seinem Schmerzenslager zu erheben, doch sein Arzt habe ihm geraten zu bleiben, wo er sei. Wie er befürchtet hatte, handelte es sich bei seiner Erkältung um eine Bronchitis, und der Arzt habe ihn gewarnt, daß sie leicht zu einer Lungenentzündung werden könne, falls er seine Gemächer verlasse. Es fand sich sogar eine Notiz des Arztes, die an Charlos krakeliges Handschreiben geheftet war. Dem Inspector wurde zu dessen Beruhigung versichert, der Sergeant werde wieder

zum Dienst erscheinen, sobald die Schwellungen zurückgegangen seien ... Außerdem stehe es mit seinem Rücken nicht zum besten ...

Manchester. Die Stadt. Nicht die Haushälterin. Es gab eine Torte und eine Schule, die nach ihr benannt waren. Lestrade war noch nie in Manchester gewesen, doch bevor er die Hauptstadt verließ, hatte Frost ihm gesagt, daß es regnen werde. Es regnete. Grauer Regen trieb durch eine graue Stadt. Ihre Gebäude waren langweilig, und als Lestrade durch ihre Straßen ging, kam er den Arbeitern ins Gehege, die letzte Hand an den Ship Canal legten, der Cottonopolis mit der Mersey verbinden sollte. Er brachte den Tag damit zu, durchnäßt bis auf die Haut, sich mit der Stadt vertraut zu machen. Er mochte sie nicht. Nach all dem würde ihm das Arbeitshaus wie eine Befreiung vorkommen.
Es war Nacht, bevor er es fand – ein langes, niedriges Gebäude in Form eines Kreuzes, ohne Zweifel der Stolz und die Freude einiger bürgerlicher Wohltäter im Schatten des großen Chadwick.
Er wurde von einem Aufseher durch eine Nebentür eingelassen, einem Mann mit trockenem Husten, dem er seine Einweisung gab. Der Aufseher überflog sie im spärlichen Licht einer einzelnen Kerze: *James Lister, Arbeiter.* Es war ein Deckname, den Lestrade früher schon benutzt hatte. Der Aufseher beäugte ihn durch einen schmierigen Kneifer. Er erblickte den gewöhnlichen Vagabunden, der die Armenhäuser abklapperte, ungepflegt, ungekämmt, vielleicht nicht ganz so krummrückig oder weltverdrossen, wie zu erwarten, doch ein Monat oder zwei an diesem Ort würden das ändern, das wußte er.
«Letzte bekannte Adresse?» Zu dieser nächtlichen Stunde war der Aufseher gezwungen, den Schreibkram selbst zu erledigen. Er thronte hinter einem Stehpult, an dem vielleicht Mr. Dickens schon geschrieben hatte. Oder wenn nicht er, dann gewiß Mr. Disraeli.
«Letzte bekannte Adresse?» wiederholte er mit gezückter Feder.
«Ratcliffe Highway», log Lestrade.
«Wo?»
«London.» Hatte der Mann davon gehört, fragte sich Lestrade. Er kritzelte irgend etwas Unleserliches in sein Hauptbuch.

«In Ordnung, leer die Taschen aus.»
Lestrade gehorchte. Ein Taschenmesser mit zerbrochenem Griff, ein Stück Schnur, ein Apfel. «Gestohlen?» fragte der Aufseher. Keine Antwort. Lestrade wollte vor den Respektspersonen den Blöden spielen. Ein aufgeweckter Arbeitshäusler war ebenso unbeliebt wie ein kecker Gefangener. Und wenn er sich so umblickte, unterschied sich dieses Etablissement kaum vom Kittchen. «Zwei'nhalb.» Der Aufseher schob das Wechselgeld in seine Tasche und sagte, wie um Lestrades Protest vorwegzunehmen: «Den Rest bewahren wir auf.»
Der Aufseher spie reichlich in eine Ecke und ließ das Hauptbuch zuknallen. Er drängte Lestrade zu einer Tür in einer grauen Mauer, an die er klopfte. Ein Gitterfenster wurde geöffnet, und ein Gesicht erschien.
«Männlich, Alter unbekannt, früher Arbeiter. Bad, Bett und Werg zupfen.»
Lestrade schlurfte durch endlose, dunkle und feuchte Gänge. Über seinem Kopf erkannte er im flackernden Schein der Laterne die kunstvollen vergoldeten Scheinheiligkeiten der Armenkommission «Gott ist Liebe», «Gott ist Glaube», «Gott ist Vertrauen», «Gott ist Güte» und gelangte zu dem Schluß, daß Gott vermutlich woanders sei. Unter den Augen der begleitenden Aufseher watschelte er nun überzeugender, obgleich sie kaum von ihm Notiz nahmen. Er ließ die Schultern hängen und warf den Kopf auf eine Seite. Vielleicht versuchte er es mal mit Schwerhörigkeit. Trotzdem, er war in bester körperlicher Verfassung, um zu arbeiten. Seine Vorstellung in diesem Haus der Betriebskamkeit mußte glaubwürdig sein und bleiben.
«Ausziehen.»
Er gehorchte, stand nackt in der Dunkelheit eines runden Raumes, in dessen Mitte, wie er im Laternenschein ausmachen konnte, sich ein Bad befand. Hatten sie etwa hier im hohen Norden vom Poplarismus gehört? Und seine Frage wurde dadurch beantwortet, daß sie ihn roh in das eisige Wasser stießen.
«Ein heißes Bad», sagte der Wärter, und ihm wurde zum Abtrocknen ein schmuddeliges Handtuch zugeworfen. Seine Lumpen wurden gebündelt und mit einem Strick zusammengeschnürt. «Bis zu deinem Abgang», sagte ihm der Wärter, und man händigte ihm eine

Jacke und eine Hose aus dickem beigem Baumwollstoff aus. Dieser Ort bringt es fertig, dachte er, daß einem eine Badeanstalt wie das römische Bad am *Strand* vorkommt.

Er wurde in den Ostflügel bugsiert, für erwachsene Männer zwischen sechzehn und sechzig. Sein Bett war ein Trog: rohes, zersplittertes Holz, von ungezählten menschlichen Wracks glattgerieben, die hineingeplumpst waren. Die Matratze war dünn, mit Stroh gefüllt, und das Laken bestand aus einem einzigen Baumwolltuch. Da der erste Mai vorüber war, hatte man die Decken einkassiert.

«Kein Bier. Kein Schnaps. Kein Tabak. Und spritz deinen Saft nicht auf den Fußboden.» Dann gingen die Wärter. Lestrade stellte seine Augen auf die Dunkelheit ein. Ein langer, feuchter Raum mit Steinfußboden und hohen vergitterten Fenstern an der Längsseite. Das Geräusch setzte sich aus Schnarchen, Husten und gelegentlichem Furzen zusammen – es erinnerte ihn an den Mannschaftsraum im Yard. Der Geruch jedoch war anders. Es war der Geruch von Armut, Verzweiflung und Tod.

Er tat kein Auge zu, doch die Morgenglocke erklang so pünktlich wie immer. Fünf Uhr. Kaltes Wasser, etwas, das wohl für Frühstück galt, bestehend aus Brot und einer schwarzen Pampe, die er noch nie gesehen hatte und wahrlich nie mehr zu sehen wünschte, und dann ging's hinaus in die Arbeitshöfe, um Werg zu zupfen. Er studierte die Gesichter ringsum: grau, leblos, austauschbar. Es war nicht einfach, hier drin das Alter eines Mannes zu schätzen, geschweige denn seinen früheren Beruf zu erraten. Ein Haufen von übelriechendem Hanf wurde vor ihm hingeworfen. Wie die anderen auch lehnte er sich mit dem Rücken an die Wand, kreuzte die Beine und begann es ihnen nachzumachen. Er hämmerte mit einem lädierten Holzschlegel auf den Strang ein und zupfte die schmierigen, scharfen Fäden heraus, bis seine Hände eine blutige Masse waren. Am Ende des ersten Tages hatte er mit niemandem gesprochen, und niemand hatte ihn angesprochen. Er hatte sein Quantum von dreieinhalb Pfund Hanf nicht geschafft. Man gab ihm noch einen Tag Zeit, es besser zu machen, sonst entzog man ihm Vergünstigungen, das hieß, er bekam zwei Tage nichts zu essen.

Er ertrug eine weitere Nacht mit trockenem Husten, tuberkulöse Stunden, fragte sich, warum ausgerechnet ihn Nimrod Frost für diese Aufgabe bestimmt hatte, und die Morgenglocke rief den Unglückseligen aufs neue zur Arbeit. Am fünften Tag, nach der Hexenspeise, mit hautlosen, roten Händen, aber bewältigtem Quantum, kam Lestrade zum erstenmal ins Gespräch – mit einer Gruppe von Männern verschiedenen Alters, deren Gesichter die Farbe der Mauern des Arbeitshauses angenommen hatten. Ja, sie hatten Richard Brown gekannt. Wie alt er gewesen sei? Mein Gott, wer wollte das wissen. Hier drin sähen doch alle gleich aus. Sie wußten bloß, daß er auf der Kanalseite gearbeitet hatte und, wenn sein Rheumatismus ihn zu heftig plagte, hierher gekommen war. Netter Kerl, ja. Ehrlich. Und fröhlich war er gestorben.

«Oh?» Lestrade war ganz Ohr.

«Woher kennste ihn, sagste?»

«Von den Docks», log Lestrade.

«Liverpool?»

«Ja. Was meint ihr damit, daß er fröhlich starb?»

«Weil», mischte sich ein weiterer Insasse ein, «am Morgen war er noch ganz in Ordnung, und am Abend war er hopps.»

«Und dann sein Gesicht», flüsterte ein anderer.

«Was war damit?» fragte Lestrade.

«Grinsen tat er, wie der Leibhaftige.»

Lestrade spürte, wie seine Nackenhaare, wo der kurze Schnitt, den ihm der Wärter vor drei Tagen verpaßt hatte, und von den Schürfungen des Rasiermessers noch immer brannte, sich sträubten.

«Hab viele tote Männer gesehen. Sterben hier drin ja jeden Tag – und Frauen und Kinder –, aber so was wie bei ihm hab ich noch nie gesehen. Er war mit strahlenden Augen am Grinsen, und die Zähne hat er gebleckt. War wie'n toller Hund.»

«Ich habe ihn sterben sehn. Ich war bei ihm.» Alle Augen richteten sich auf *Little Fly* in der Ecke.

«Hassu nie gesagt», schalt ihn ein anderer. «Dachte, er wär allein im Bett gewesen.»

«Nein, ich ging rüber, um ihn nach'm bißchen Knaster zu fragen, da wurde er steif. Er schrie – müßt ihr alle gehört haben.» Keiner hatte etwas gehört. «Er hat 'n paarmal den Rücken gekrümmt, als hätt er 'nen Anfall oder so, und er starb. War alles ganz schnell vorbei.»

Soweit die Unterhaltung. Tief im Inneren des Arbeitshauses läutete ein Wächter die Glocke, und die Insassen flatterten wie die Zombies

in einem Schauerroman auseinander – die lebendig Toten, die ihren Geschäften nachgingen. Bis auf das Husten herrschte Schweigen.
Der Verdacht war bestätigt worden. Lestrades lädierte Finger krümmten sich wieder qualvoll um den Schlegel. Die klassischen Symptome einer Strychninvergiftung. Doch dieses Mal mußte Lestrade weitergehen. Er mußte den Arzt sprechen, der Richard Brown für tot erklärt hatte – und es gab nur eine Möglichkeit, das zu schaffen. Er wartete auf den richtigen Augenblick mit vor Anspannung klopfendem Herzen und Schweißausbrüchen auf seiner Stirn, bevor er seinen Daumen mit dem Schlegel zertrümmerte. Er rollte auf die Seite, dann schrie er vor Qual auf. Ein Wächter war an seiner Seite und stieß ihn mit seinem Schlagstock an.
«Du da, Lister, was'n los mir dir?»
Lestrade hielt den sich schwarz färbenden Finger in die Höhe.
«Elender Bastard», war der einzige Kommentar des Wärters, und er ging fort. Lestrade kniete am Boden, voll Schmerz und Verblüffung, ehe er ohnmächtig wurde. Der Rest war einfach.

Als er erwachte, war er in einem anderen Raum. Es war nicht der Schlafsaal des Ostflügels, sondern ein Krankenzimmer.
«Oh, bist du also doch aufgewacht?» Eine bullige Frau mit einer gestärkten, gleichwohl schmuddeligen Schürze stand vor ihm, die Ärmel aufgekrempelt, so daß Muskeln sichtbar wurden, die dem starken Mann in einem Zirkus Ehre gemacht hätten, das Haar mit einer Silberspange zu einem Knoten zurückgebunden.
«Elender Bastard», knurrte sie, versetzte Lestrade im Bett einen noch gröberen Puff und stakste fort, anderen unglücklichen Insassen Befehle zubölkend, deren terminale Tuberkulose oder tertiäre Syphilis sie für ihre letzten Tage in dieses Krankenrevier des Arbeitshauses Manchester, Distrikt Openshaw, gebracht hatten.
Es waren die besten Stunden des Tages, bevor sein Opfer erschien, ein blaßgesichtiger Mann in den Vierzigern mit schäbigem Gehrock und verschossener silberner Weste. Sein Umgang mit Lestrades Daumen war alles andere als schonend, doch er wurde aufgeschreckt, als ihn der Inspector auf das Kissen herunterzog.
«Ich bin Inspector Lestrade von Scotland Yard. Ich muß Sie in einer dringenden Angelegenheit von höchster Bedeutung sprechen.»

Der Arzt fuhr zitternd zurück. Er fand seine Fassung wieder. «Sieh dir den da drüben an.» Er deutete auf einen alten Mann, der an die Decke starrte und dessen Finger unablässig mit dem Laken spielten. «Er glaubt, daß er Nero ist. Und ich bin selbstverständlich Florence Nightingale. Dieser Mensch hier kann recht gut mit seiner rechten Hand Holz hacken. Ihr fehlt offenkundig nichts. Bloß sein Kopf und sein Daumen verdienen Aufmerksamkeit. Morgen Holzhacken!» bellte er einem begleitenden Wärter zu. «Heute nacht könnt ihr ihn hier schlafen lassen», und er eilte davon. Lestrades stumme Proteste, die er, sich aus dem Bett hochwindend, versuchte, wurden mit einem raschen Schlag der stämmigen Frau beantwortet, die auf wundersame Weise wieder an seiner Bettkante erschienen war. «Keine Suppe für dich heute abend, Bürschchen. Den Doktor so anzufallen, also wirklich! Wer, glaubst du, bist du?»
«Napoleon Bonaparte», sagte Lestrade und sank trostlos und verzweifelt auf sein Bett zurück.
Den größeren Teil der Nacht verbrachte er damit, die Anträge eines alten Schwulen abzuwehren, der ein «Nein» als Antwort nicht akzeptieren mochte. Schließlich trieb Lestrade sein Knie ziemlich heftig in die Leiste des alten Mannes, was dessen Glut besser kühlte als alles andere – und ihn veranlaßte, in ziemlich hoher Tonlage zu singen. Währenddessen komponierte Nero Oden voll unbeschreiblichen Blödsinns, und die Nacht hätte ganz vergnüglich werden können, wäre sie nicht so unsäglich traurig gewesen. Ein Inspector von Scotland Yard hat das alles schon gesehen, sagte sich Lestrade immer wieder. Denk daran, bleib du selbst, und dieses Irrenhaus wird dich nicht verrückt machen. Ein Inspector von Scotland Yard. Nicht vergessen ... Oder war er Napoleon Bonaparte?
Die Morgendämmerung sah Lestrade mit den anderen, die sich zum Schutz gegen den treibenden Regen zusammendrängten. Gott, hörte es denn in Manchester nie auf zu regnen? Außerhalb der Stadtgrenzen, dachte Lestrade, im windigen Oberland von Failsworth und Stalybridge (er hatte die ganze Gegend auf der Karte studiert) war prachtvoller Sonnenschein, der Qualm von Cottonopolis und der Schimmer des Messings aus den Baumwollspinnereien taten sich jedoch zusammen, um ihn zurückzuwerfen und aus der Innenstadt von Manchester fernzuhalten. Oder vielleicht nur von den Höfen des Arbeitshauses? Es war möglich, daß

Hexenspeise

sich selbst hinter diesen hohen grauen Mauern die Erde noch immer drehte.

Ein Pfeifen zeigte eine Arbeitsunterbrechung an. Die Holzhacker hielten inne. Doch das war keine Ruhepause. Selbst ohne seine Taschenuhr behielt Lestrade sein Zeitgefühl. Die Glocken irrten sich nie. Bis zur Ruhepause war es noch eine Stunde oder mehr. Die Tore des Hofes öffneten sich, um Besucher einzulassen, ein hochgestelltes Paar. Eine gutaussehende Lady, vielleicht um die Dreißig, schwebte, umweht von Samt und Seide, herein. Die Süße ihres Parfums durchflutete die Luft aus Schweiß und Sägemehl. Von irgendwo her hüpften die verlassenen Kinder des Arbeitshauses, Jungen und Mädchen, auf sie zu. Sie beugte sich zu ihnen nieder, küßte sie und verteilte Bonbons und Lakritze.

«Das ist Mrs. Lawrenson», kam die geflüsterte Antwort auf Lestrades Frage. «Sie kommt zweimal im Jahr, gibt uns Tabak und den Kindern Süßigkeiten. Für die Frauensleute bringt sie Nadeln und Kämme.»

«Das ist gütig von ihr», bemerkte Lestrade.

«Das findste nich oft. Ich war im Arbeitshaus von Kensington, vor ein oder zwei Jahren.» Lestrade glaubte die schleppende Sprechweise eines Südlondoners wiederzuerkennen. «Die verdammte Miss Louisa Twining hat uns das Porter gestrichen. Das war vielleicht 'ne Wohltäterin. Die hier is aber ganz in Ordnung. Die weiß, wie man 'nen Mann richtig behandelt, alle Achtung.»

«Ja», flüsterte ein anderer. «Hätte nichts dagegen, mit diesem Dandy Jack zu tauschen, den sie bei sich hat. Ich wette, die is ganz schön scharf im Bett.»

«Wißt ihr noch?» Der Londoner begann zu deklamieren:

> *Die armen Hunde sind ganz bescheiden*
> *Und sagen: ‹Vergelt es Gott, Madame.›*
> *Woher es kommt, was den Wanst uns füllt,*
> *Was liegt uns schon daran?*

«Ist das Mr. Lawrenson?» fragte Lestrade, der den Gentleman, der die Dame begleitete, nicht deutlich erkennen konnte.

«Weiß nich», sagte der Londoner. «Hat sich ja mächtig rausgeputzt, meinste nich?»

«Is nich ihr Mann», sagte der Mann aus Manchester und spie einen

Schleimklumpen in die Sägespäne. «Hab ihn letzte Weihnachten gesehen. Da hat man uns gesagt, wer er is. Er is ihr Zukünftiger. Heißt Bandicoot.»
Lestarde ließ seine Axt fallen, die auf dem Kopfsteinpflaster des Hofes laut schepperte.
«Paß doch auf, du ungeschickter Ba ...» Der Mann aus Manchester brach ab, als Mrs. Lawrenson sich der Gruppe von Holzhackern näherte.
«Guten Morgen, Gentlemen», strahlte sie. «Kein besonders schöner, fürchte ich.»
«Ihr Glanz ist Sonne genug für uns», erwiderte der poetische Londoner.
Mrs. Lawrenson knickste graziös und begann großzügige Gaben in Form von Tabak zu verteilen. «Harry, hilf mir dabei.»
«Natürlich, Liebste.» Und der großgewachsene, gutaussehende Verlobte legte mit Hand an. Als er zu Lestrade kam, starrte er ihn verblüfft und mit offenem Mund an. «Gütiger Himmel», war alles, was er sagen konnte. Alle Augen richteten sich auf Lestrade.
«Was ist, mein Herz?» fragte Mrs. Lawrenson.
Lestrade durchbohrte Bandicoot mit einem grimmigen Blick. Er konnte erkennen, daß der Trick nicht funktionierte.
«James Lister, Sir, Ratcliffe Highway, Arbeiter.»
«Ist es soweit gekommen?» beharrte Bandicoot. Welch ein Idiot, schäumte Lestrade innerlich. Noch immer derselbe Polizist mit dem beschränkten Verstand, der er vor zwei Jahren gewesen war. Zugegeben, er verdankte dem Mann sein Leben, doch das war kein Grund, ihn jetzt so zu behandeln und seine dienstliche Tarnung aufzudecken.
«Kennst du diesen Mann?» fragte Mrs. Lawrenson.
«Nein, Madame», unterbrach Lestrade. «'tschuldigung, Sir.» Und dann mit Nachdruck: «Müssen mich mit 'nem andren verwechseln.» Er hatte das Gefühl, sein angelerntes Cockney werde niemanden täuschen, doch Mrs. Lawrenson glaubte ihm seine Behauptung unbesehen und zog den verständnislosen Bandicoot sanft weiter.
Die anderen blickten Lestrade immer noch ein wenig befremdet an, ganz zu schweigen von den Wächtern, deren Schlagstöcke heute morgen unsichtbar blieben. Mrs. Lawrenson entschwebte, sanfte tröstende Worte auf den Lippen, umgeben von den Kindern, die

dankbar an ihren Süßigkeiten lutschten und sabberten. Als das Pfeifen die Männer wieder an die Arbeit rief, gingen zwei Wärter an Lestrades Gruppe vorbei. «Sie ist ziemlich häufig hier in der letzten Zeit. War sie nich erst vor zwei Wochen da? Oder vor drei?»
«Nein, nich vor so kurzer Zeit», antwortete sein Kumpan.
«Und es is doch so. Erinnerst du dich nich? Sie hat Brown besucht, am Tag, als er starb. Kein Wunder, daß der alte Bastard mit'm Grinsen auf den Lippen abkratzte.»
Lestarde spitzte die Ohren. War es das? War das der Weg, auf dem das Strychnin in dieses Höllenloch gelangt war? Durch die unverdächtige Hand einer sozial engagierten Dame? Einer barmherzigen Schwester? Natürlich. Es mußte so sein. Warum sonst hatte Mrs. Lawrenson Richard Brown besucht? Hatte sie andere Insassen besucht? Hatten diese anderen Besuche lediglich dazu gedient, ihre wahre Absicht zu verschleiern? Hatte sie Richard Brown etwas verabreicht? Vielleicht etwas Kautabak? Mit Strychnin versetzt? Ja, es war nur allzu offensichtlich. Aber sie war Bandicoots Auserwählte. Seine Zukünftige. Hatte der verwirrte Exconstable, einer, der wußte, was er wollte, alter Etonianer und Freund von Königen, sich mit einer Giftschlange eingelassen? Und während die Insassen in unmittelbarer Nähe des Tores noch Mrs. Lawrensons Busen bewunderten, heckte Lestrade einen Plan aus.

Er mußte mehr als einen Monat warten, ehe er an die Ausführung gehen konnte. Dann machte er sich, ausgestattet mit einem von einem Armenfürsorger unterzeichneten Erlaubnisschein, auf den Weg und schleppte sich aus dem Openshaw-Arbeitshaus, um Arbeit zu suchen. Drei andere, die bei ihm waren, begaben sich unverzüglich in die nächste Kneipe, um das Geld für einen Pint zu schnorren oder zu stehlen. Einer, vielleicht entschlossener als die anderen, machte sich zu den Erdarbeiten am Kanal auf den Weg. Doch für ihn war das leichter, denn er war Abstinenzler. Lestrade war bei seiner Suche nach Arbeit wählerischer. Er strich durch die Reihen öder, schäbiger Straßen, die schwarz vor dem finsteren Himmel Manchesters standen. Warum, fragte er sich, hießen wohl so viele Straßen Coronation Street? Er kam an den kahlen monolithischen Baumwollspinnereien vorbei, eine endlose Reihe von Fenstern, sorgsam repariert und gesichert, um das Entweichen des kostbaren Dampfes zu verhindern. Er passierte die Schlangen der Frauen, die mit der Ergebenheit der Armen an den Wassertürmen warteten. Schildern mit der Aufschrift «Baumwollarbeiter gesucht» wich er ebenso aus wie den Paaren uniformierter Polizisten der Manchester Constabulary. Er hatte nur einen einzigen Ort im Auge, wo er eine Anstellung suchte – das Haus von Mrs. Lawrenson.

Er mußte viele Meilen in seinen grobgenagelten Arbeitshausschuhen zurücklegen, ehe er es fand – ein großes Stadthaus, umgeben von Akazien und Platanen. Als er näher kam, bellten Hunde, und die Tür wurde von einem hochmütigen Butler alter Schule – schottisch, rotblond – geöffnet.

«Wer ist es, Dudson?» rief eine Stimme aus der Halle.

«Ein Vagabund, Madame. Ein unwichtiger Mensch. Soll ich ihm einen Shilling geben, Madame? Und darf ich das Kleingeld behalten?» murmelte er halblaut.

Mrs. Lawrenson erschien, hinreißend in einem Wirbel scharlachroten Satins – der Nachmittagsgarderobe der Reichen. «Nein, armer Bursche, kommen Sie herein, kommen Sie herein.» Und sie streckte eine Hand aus und half Lestrade über die Schwelle. Dudson, obgleich hundertmal Zeuge solcher Vorgänge, offenbarte mit jeder Regung seines Körpers, daß er sie nie billigen konnte. Was hatte, so fragte er sich zum soundsovielten Male, ein guter Lowland-Liberaler wie er im Dienst einer Sozialistin zu suchen? Und er achtete sorgsam darauf, nicht in Lestrades Dunstkreis zu geraten.

«Tee, Dudson. In den Salon.»

Der Butler schickte sich gebeugt in das Unvermeidliche und verschwand, wobei er in die Hände klatschte, um unsichtbare Dienstmädchen aufmerksam zu machen.

«Bitte nehmen Sie Platz.» Mrs. Lawrenson deutete mit der Hand auf das Sofa.

«Ich bin schmutzig, Madame.» Für den Augenblick spielte Lestrade weiterhin den Cockney-Blödian.

«Nichts, was sich nicht reinigen ließe. Schmutz ist, ebenso wie die Armut, bloß etwas Äußerliches. Sind Sie auf der Suche nach Arbeit?»

Lestrade beschloß, die Maske fallen zu lassen und den tödlichen Schlag zu führen.

«Wenn ich diesen Fall nicht abschließe, vielleicht.»
Mrs. Lawrenson wurde durch die unerwartete Antwort und das Fehlen des Akzentes ein wenig in Verwirrung gestürzt. Zum erstenmal faßte sie den Schmutz, die geschwärzten Hände und den blau geschorenen Schädel genauer ins Auge und gewahrte das Blitzen der Augen, zielbewußt, ja sogar furchteinflößend. «Wer sind Sie?» hörte sie sich selbst fragen.
«Inspector Sholto Lestrade, Madame, Scotland Yard.» Er stand auf und verbeugte sich steif, beobachtete indes jede Reaktion. Sie brach in ein fröhliches, melodisches Lachen aus. «Lestrade. Ach ja, Harry hat so oft von Ihnen gesprochen. Doch warum ...?» Dann begriff sie. «Warten Sie, Sie waren letzten Monat im Arbeitshaus von Openshaw. *Darum* hat Harry sich so sonderbar benommen. Er erkannte Sie wieder.»
«Das hat er in der Tat. Ich tat alles, um ihn zum Schweigen zu veranlassen.»
«Ach, er ist ein verrückter Junge, nicht wahr? Benutzt den Verstand nicht, mit dem er geboren wurde.» Plötzlich wurde sie ernst. «Sie arbeiten also inkognito an einem Fall?»
Lestrade war kurz davor, zu sagen: «Nein, ich arbeite im Arbeitshaus», als Dudson zur rechten Zeit mit dem Tee eintrat und ihn unbeabsichtigt davor bewahrte, in Verlegenheit zu geraten.
«Ich habe es für besser gehalten, den Tee selbst zu bringen, Madame», erklärte er in untadeliger Lowland-Vortragsweise, «in Anbetracht der augenblicklichen Gesellschaft.» Lestrade war sicher, daß, wäre eine Wäscheklammer zur Hand gewesen, der Butler sie sich auf die Nase gesteckt hätte.
«Hat sich was mit Vagabund!» rief Harry Bandicoot, der Sekunden nach dem Butler ins Zimmer stürzte. «Das ist Inspector Lestrade von Scotland Yard. Hüten Sie Ihre Zunge, Dudson, sonst geht er Ihnen an den Kragen.»
Die bloße Vorstellung, Lestrades schmutzige Hand könne sich seinem Kragen auch nur nähern, ließ ihn erblassen. Er hatte zwar gelesen, daß die Polizisten schlecht bezahlt wurden, aber so wenig konnte es doch wohl nicht sein!
«Wie soll ich Sie anreden?» Bandicoot streckte seine Hand aus. «Früher war es immer ‹Sir›, aber jetzt ...»
«Das wenigste, das ich für einen Mann tun kann, der mir das Leben

gerettet hat, ist, ihm zu erlauben, mich Sholto zu nennen, Harry», und die beiden Männer schüttelten sich herzlich die Hände.

«Sie haben sich mit Letitia bereits bekannt gemacht?» sagte Bandicoot, auf Mrs. Lawrenson deutend.

«Herzlichen Glückwunsch», sagte Lestrade. «Oh, ich verstehe. Ja, in der Tat.»

«Nehmen Sie Platz, Sir ... äh ... Sholto. Bitte. Erzählen Sie uns, wie Sie zu dieser Verkleidung kommen.»

«Verdeckte Ermittlung», sagte Lestrade und warf dem Butler einen blitzenden Blick zu, der an der Tür mit großen Augen lauschte.

«Das wäre alles, Dudson.» Bandicoot schnippte ihn weg wie eine Fliege im Sommer.

Letitia schenkte Tee ein und reichte den Madeirakuchen herum.

«Es ist ein bißchen schwierig», begann Lestrade. «Sie sind inzwischen ein Mann der feinen Gesellschaft, Harry. Und ich bin es eigentlich, der Sie ‹Sir› nennen sollte.»

«Wir haben zwar nur bei einem Fall zusammengearbeitet, Sholto, aber ich hoffe doch, daß wir Freunde sein können. Ich werde die Nacht in Henglers Circus nie vergessen.»

«Auch ich nicht. Fast wäre es meine letzte geworden.»

«Na also.» Bandicoots Stimmung hob sich. «Sie sind mit einer bestimmten Absicht hergekommen. Sie sind nicht der Mann, der Höflichkeitsbesuche macht. Ich weiß das nur zu gut.»

«Kann ich mit Ihnen allein sprechen?»

«Sholto», fing Bandicoot an, eine Spur unbeherrscht.

«Nein, nein, liebstes Herz, der Inspector hat seine Gründe. Außerdem habe ich Briefe zu schreiben. Mr. Morris wird nächsten Monat in Manchester erwartet, und ich habe die Details noch nicht mit ihm geklärt. Ich bin im Arbeitszimmer ... falls ich gebraucht werde.» Und sie warf Lestrade einen bedeutungsvollen Blick zu. Die beiden Männer erhoben sich, als sie das Zimmer verließ.

«Sehen Sie, Sholto ...» Harry Bandicoots frisch erworbene Unabhängigkeit hatte sein Selbstbewußtsein gestärkt. «... früher mögen Sie ja mein Vorgesetzter gewesen sein, doch das gibt Ihnen nicht das Recht, jetzt auf Ihren Rang zu pochen. Letitia und ich werden in vier Monaten heiraten.» Er stand auf und ging hin und her. «Sie hat Ihnen sogar erst letzte Woche eine Einladung geschickt. Sie liegt wahrscheinlich auf Ihrem Schreibtisch im Yard.»

Lestrade ging zum Fenster, dann wandte er sich wieder dem Ex-constable zu.
«Was wissen Sie von Letitia?» fühlte er sich verpflichtet zu fragen.
«Wissen? Daß ich sie liebe, natürlich. Und daß sie mich liebt. Und das ist alles, was ich zu wissen brauche.» Allmählich wich seine Verärgerung, und er begann zu begreifen. «Warum stellen Sie alle diese Fragen?»
«Ich habe nur eine einzige gestellt.»
«Schon gut.» Bandicoot wurde vernünftiger und erinnerte sich seiner Polizeiausbildung. «Dann werde ich Ihnen eine stellen. Was hat Letitia mit dem Fall zu tun, den Sie gerade bearbeiten?»
Lestrade antwortete mit einer Gegenfrage. «Wer ist Mr. Morris?»
«William Morris von der Kelmscott Press.»
«Der Sozialist?» Er kam sich vor wie Gregson.
«Ja, er ist Sozialist. Außerdem ist er ein Künstler, ein Schriftsteller, ein Denker und ein großer Mann.»
«So wie Sherlock Holmes ein großer Detektiv war?»
«Nein, nicht wie Sherlock Holmes!» donnerte Bandicoot in einer Weise, die Lestrade ganz neu war. Dann setzte er ruhiger hinzu: «Sholto, als Vagabund waren Sie hier willkommen. Als Polizist – da bin ich nicht so sicher. Falls Sie mir nicht sagen, was das alles zu bedeuten hat, muß ich Sie bitten, zu gehen.»
Lestrade blickte Bandicoot an. Er war einen halben Kopf größer, beträchtlich breiter und elf Jahre jünger. Des weiteren hatte er sich während der vergangenen fünf Wochen nicht von Hexenspeise und Fleischbrühe ernährt und, im Gegensatz zu Lestrade, fiel ihm nicht das Haar aus. Gleichwohl war Harry Bandicoot, ließ man die körperlichen Vorzüge beiseite, der kraushaarige, gutmütige junge Constable, der Mann, der die raffinierteste Mörderin des Jahrhunderts erschossen hatte, um Lestrades Leben zu retten. Er konnte nicht zulassen, daß es zu einer Auseinandersetzung kam. Außerdem hatte er seinen Schlagring nicht bei sich.
«In Ordnung, aber Sie müssen versprechen, zuerst ein paar Fragen zu beantworten – um der alten Zeiten willen.» Er mochte nicht auf gut schottisch ‹Auld lang syne› sagen, denn es war ja möglich, daß Dudson an der Tür lauschte. Bandicoot setzte sich, jetzt wieder vernünftig und einsichtig.
«Wie oft besucht Letitia das Arbeitshaus von Openshaw?»

«Ein paarmal im Jahr, glaube ich. Zu Weihnachten und im Frühjahr auf jeden Fall. Und zu anderen Zeiten, wenn sie Gelegenheit dazu hat.»
«Warum?»
«Warum?» Bandicoot wirkte ernstlich verblüfft. «Sie glaubt an ihren Mitmenschen, Sholto. Sie und ich mögen den Abschaum der Menschheit gesehen haben, an den jede Regung der Sympathie verschwendet wäre. Aber Letitia glaubt daran, daß der Mensch seine ureigene Natur ändern kann.»
«Wie steht es mit Richard Browns ureigener Natur?»
«Wer?»
«Der Name sagt Ihnen nichts?»
«Nein.»
«Wie steht's mit Bill Bentley?»
Nichts.
«Joe Towers?»
Immer noch nichts. Bandicoot war so verständnislos wie immer.
«Richard Brown wurde von Ihrer Heißgeliebten vor etwa sieben Wochen besucht», versuchte Lestrade zu erklären. «Hat sie die Gewohnheit, einzelne Insassen des Arbeitshauses zu besuchen?»
«In der Regel nicht, nein, aber das war allenthalben bekannt. Sholto, welchen Verbrechens beschuldigen Sie Letitia?»
Lestrade gab einen langen Seufzer von sich. «Möglicherweise gar keines Verbrechens», sagte er, «möglicherweise des Mordes. Würden Sie sie zu uns bitten?»
Lestrade wußte, daß er entgegen allen festgeschriebenen Regeln handelte, indem er zuließ, daß Bandicoot eine Verdächtige persönlich holte, wo er doch gefühlsmäßig so sehr an sie gebunden war. Doch Lestrade hatte insgeheim mit sich selber gewettet, daß Bandicoot immer noch zu sehr Polizist war, um etwas Unerlaubtes zuzulassen. Einen Riegel für die Hintertür? Eine rasche Flucht zum Stall? Allerwenigstens eine in aller Eile ausgeheckte Lüge? Aber nein, ein paar Sekunden später stand Letitia Lawrenson vor ihm, ihren zukünftigen Bräutigam an ihrer Seite.
«Kennen Sie Richard Brown?» Lestrade stand ihr gegenüber, und seine Augen und seine Stimme waren so kalt wie ein heißes Bad im Arbeitshaus.
Mrs. Lawrenson sackte in sich zusammen. «Sie wissen es also?»

Hexenspeise ─────────────────────────────────── 95

Sie schob Bandicoots ausgestreckten Arm beiseite. «Nein, Harry, es ist Zeit, daß ich ... wie nennt ihr Polizisten das? – auspacke.»
«Letitia, nicht ...»
«Letitia Lawrenson, Sie sind nicht verpflichtet, etwas zu sagen, doch ich muß Sie warnen ...»
«Nein, Inspector», schnitt sie ihm das Wort ab, «nicht Ihnen gegenüber lege ich ein Geständnis ab, sondern ich mache Harry ein Geständnis.»
Und alle drei ließen sich nieder, um es zu hören.
«George, mein Ehemann, starb vor sechs Jahren; er kam bei einer Bergtour ums Leben – am Matterhorn. Als er starb, war ich zweiundzwanzig, kaum eine erwachsene Frau. Manche Frauen wären vielleicht zusammengebrochen, hätten sich für immer in Trauerkleidung gehüllt, wie die Königin es tat, wie ich gelesen habe. Ich fand eine Aufgabe, Sir. Die Leute. Gute, ehrliche Leute, wie unsere Freunde in Openshaw. Die Liebe zu meinem Gatten übertrug ich auf sie.» Bandicoot hielt ihre Hand in seiner großen Faust auf sehr zärtliche Art.
«Aber meine Liebste, das alles weiß ich», sagte er.
«Was du nicht weißt», sagte sie, befreite sich von ihm und trat ans Fenster, «ist, daß ich einen Verehrer hatte. Ich habe dir nie von ihm erzählt, weil ... weil ... nun, es ist mittlerweile fast ein Jahr her.»
«Nun ja, dann ...», sagte Bandicoot begütigend, doch Letitia drehte sich herum. «Er war dreiundsechzig Jahre alt, Harry. Alt genug, mein Vater zu sein.»
Der Polizist im Dienst und der Expolizist sahen einander an.
«Richard Brown?» fragte Lestrade.
Letitia riß ihren Blick mit Mühe von Bandicoot los. «Nein, Inspector. Richard Brown kannte diesen Mann von der Armee her. Er arbeitete eine Zeitlang auf seinem Besitz, doch nach einigen Jahren verschwand er. Ich lernte ihn kennen, bevor er den Besitz verließ. Sein Rheumatismus war zusehends schlimmer geworden. Als ich ihn zum erstenmal in Openshaw sah, konnte ich kaum glauben, daß er derselbe Mann sei. Ich besuchte ihn, wann immer ich konnte. Später erfuhr ich, daß er am Tag meines letzten Besuches gestorben war.»
Nun werden wir endlich auf den Kern der Sache kommen, hoffte Lestrade.

«Haben Sie ihm etwas gegeben?» fragte Lestrade.
«Ein bißchen Tabak. Und ein paar tröstende Worte.»
«Tabak», wiederholte Lestrade, der jetzt fast hoffte, falschzuliegen.
«Ja, so wie ich Ihnen und den anderen bei meinem letzten Besuch auch welchen gegeben habe. Um genau zu sein, hatte ich an dem Tag, da ich den alten Richard besuchte, vergessen, Tabak mitzubringen. Der Arzt half mir aus.»
«Der Arzt?» wiederholte Lestrade. «Wissen Sie, wie Richard Brown starb?» fragte er.
«Ein Krampf, erzählte mir der Arzt», erwiderte Letitia. «Mehr wollte er nicht sagen.»
«Der Arzt?» Lestrade begann sich anzuhören wie eine Grammophonplatte.
«Ja, Dr. Foster.»
Doch wohl nicht der aus Gloucester? dachte Lestrade. Doch dies war kaum der Augenblick, schnoddrig zu sein. «Dieser Foster. War er der Mann, der Ihnen den Tabak gab?»
«Nein. Dr. Foster kam, glaube ich, einen oder zwei Tage nach Richard Browns Tod ins Krankenrevier.»
«Wer also gab Ihnen den Tabak, Mrs. Lawrenson?» bohrte Lestrade weiter.
«Nun, wahrscheinlich Fosters Vorgänger. Ich hatte mit den Ärzten nicht viel zu tun. Ich glaube, sein Name war Corfield.»
«Corfield. Corfield.» Lestrade hatte den Namen irgendwo gehört, konnte sich jedoch nicht erinnern, wo.
«Und Sie haben Richard Brown nicht vergiftet?» Lestrade war ganz sachlich.
Bandicoot und Letitia blickten ihn sprachlos an. Sie war es, die zuerst wieder zur Sprache fand.
«Inspector, ich sagte Ihnen, mein Geständnis sei für Harry bestimmt. Ich stand einem Mann ... nahe ... der fast 40 Jahre älter war als ich, und das alles geschah im Laufe des letzten Jahres. Ich konnte ... und kann nicht glauben, daß Harry mich noch würde lieben können, wenn er einmal davon erführe. Aber, gütiger Gott, kann denn einer von euch daran glauben, ich hätte mich des Mordes an diesem treuen, reizenden alten Mannes schuldig gemacht?»
Lestrade ordnete seine Lumpengewänder. «Nein, Mrs. Lawrenson.

Das können wir nicht. Es tut mir sehr leid, Sie belästigt zu haben. Ich werde mich verabschieden. Doch erst muß ich den Namen dieses Mannes erfahren, auf dessen Besitz Richard Brown arbeitete.»
«Inspector, ich kann Ihnen das nicht sagen.»
«Eine alte Geschichte», sagte Bandicoot, «an die man besser nicht rührt.» Und er nahm Letitias Hand fest in die seine.
«Ich hoffe, Sie beide werden sehr glücklich», sagte Lestrade und ging zur Tür. Als er sich umdrehte, lagen sie sich in den Armen, ohne seinen Abgang zu beachten.
In der Halle näherte sich ihm der hochmütige Mr. Dudson. «Ähemm ... Inspector ... Ich bin wider Willen Zeuge Ihrer Unterhaltung geworden. Der Mann, den Sie suchen, ist Major-General Edward Harnett. Ich ... äh ... hoffe ... ich ... konnte Ihnen helfen.» Der Schotte rieb sich bereits vor lauter Vorfreude die Hände. «Gibt es eine Belohnung?»
«O ja», lächelte Lestrade. «Es gibt immer eine Belohnung für Leute, die an Schlüssellöchern horchen.» Und er stieß zwei schmutzige Finger in die Augen des Butlers. Vor Schmerz aufbrüllend, taumelte Dudson zurück, und Lestrade war auf der Treppe, als Bandicoot ihn einholte.
«Sholto, gehen Sie nicht. Sehen Sie, ich weiß, daß Letitia nicht ihr Verdächtiger war. Bitte bleiben Sie zum Dinner. Ein Bad? Ein weiches Bett? Letitia besteht darauf.»
«In der Tat verlockend, Harry. Aber besser nicht. Wie soll ich morgen der Hexenbrühe in die Fettaugen sehen, wenn ich heute abend prächtig gespeist habe? Außerdem», und er fing an, sich zu kratzen, «sind wir zu viele.»
«Werden wir Sie auf unserer Hochzeit sehen?»
«Möglich, Banders, alter Knabe, möglich. Ach, was ich noch sagen wollte», er deutete auf die gekrümmte, schluchzende Gestalt Dudsons, «ich empfehle Ihnen, sich einen neuen Butler zu suchen.» Und er trat in den Regen hinaus.

Daisy, Daisy

Es war spürbar leichter, hineinzukommen als heraus; Lestrades voreiliger Griff nach den Aufschlägen des Arbeitshausarztes hatte ihm einige Reputation verschafft. Gott weiß, wie vielen Leuten der Doktor Lestrades bizarre Behauptung weitererzählt hatte, er sei ein Inspector von Scotland Yard. Vielleicht aus diesem, vielleicht aus einem anderen Grund hatte man ihn jetzt, wie Lestrade fand, schärfer im Auge als zuvor. An jenem Abend war er nach Openshaw zurückgekehrt, ohne Arbeit gefunden zu haben – im Manchester der 90er nicht ungewöhnlich. Die Zeiten waren schwer, und ungeachtet der Schilder «Arbeiter gesucht» waren Leute aus dem Arbeitshaus nicht gefragt. Zumindest hatte Lestrade jetzt Mrs. Lawrenson aus dem Kreis der Verdächtigen ausgeschlossen, doch bevor er Dudsons Hinweis folgen konnte, mußte er sich den guten Doktor noch einmal vornehmen.

Die Tage vergingen langsamer, als Lestrade dachte. Und in ihrem Verlauf wurde er auf einen Schatten aufmerksam; ein schlanker, junger Bursche, der ihn intensiver beobachtete als die Wärter. In einer Ruhepause am späten Mittwoch verwickelte er Lestrade in ein Gespräch, obgleich der Inspector mit seinen Gedanken ganz woanders war. Er war das, was Madge von der *Truth* einen verachtungswürdigen Köter nannte. In Charterhouse erzogen, hatte er schlimme Zeiten durchmachen müssen, und seine Familie, aus Altringham stammende Neureiche, hatte ihn verstoßen. Ein paar heimliche Kartenpartien, eine stürmische Affäre mit der Tochter eines Bankiers aus Stalybridge, und er fand sich hier wieder, Läuse in der Jacke und die einst makellosen Hände vom Wergzupfen zerschunden. Er konnte morgen wieder draußen sein. Sie alle konnten das. Wirklich? Lestrade blickte ihn an. Er war noch nicht mal sicher, daß er, Lestrade, es konnte.

«Prolet. So hat mein Vater mich genannt», sagte der junge Mann, von seinen Knien aufblickend, die er dicht unter sein Kinn gezogen

hatte. «Kurz bevor er mich mit der Reitpeitsche schlug. Willst du es sehen?»
Lestrade lehnte das Angebot ab. Er war zu dem Schluß gekommen, daß der «Prolet» absolut harmlos war. Er war keine Bedrohung, kein Spitzel der Verwaltung. Die Unwahrscheinlichkeit seiner Geschichte schloß das aus. Er war bloß einsam und bemitleidete sich selbst. Lestrade nickte, schüttelte den Kopf, sagte ein paarmal «ja» und «nein» und, wie er hoffte, ungefähr an den richtigen Stellen. Er wartete auf die Nacht, auf das dichte Sperrfeuer aus Spucken und Husten. Um zehn gingen wie immer die Lichter aus. Ihm blieb nicht viel Zeit. Die Zeit war von entscheidender Bedeutung. Geräuschlos schlüpfte er aus seinem Trog und zwischen den Reihen schnarchender Männer hindurch. Ein trübes Licht kam von der Blendlaterne, die im Hof im Wind schwankte. Unter dem Werg verborgen, lag der Eisenkeil, den Lestrade aus dem verwitterten Holz seines Bettes gezogen und immer, wenn er sich unbeobachtet wähnte, zurechtgehämmert hatte. Er hatte eine Woche dafür gebraucht, doch jetzt war er fertig. Er schob ihn zwischen Tür und Einfassung. Verdammt. Zu knapp. Abermals preßte er den Keil gegen die Tür, und er drang ein. Das allseits geräuschvolle Husten schloß aus, daß man ihn hörte. Er drückte die Tür auf und wollte sie gerade wieder schließen, als er spürte, wie Finger nach seinem Arm griffen. Er drehte sich herum, entschlossen, die Tür jedem, wer es auch sei, vor der Nase zuzuknallen, als er im trüben Licht den Proleten erkannte.
«Nimm mich mit», krächzte er.
«Was meinst du damit?»
«Du gehst doch über die Mauer.»
Es gab wirklich nichts anderes, über das Lestrade hätte gehen können. Die Latrine war am entfernten Ende des Raumes. Mitternächtliche Raubzüge in die Küche gehörten in die Charterhouse-Zeit, und falls es sich um Schlafwandeln handelte, war Lestrade ein Beispiel dafür, das große Zielsicherheit verriet.
«Und du kannst morgen durch die Tür gehen. Geh zurück ins Bett, Mann.»
«Ich halte es keine Nacht länger aus ... da drin.» Der Prolet zitterte.
«Am Morgen werden sie hinter dir her sein.»

«Weswegen – weil ich die Tür aufgebrochen und den Abgang gemacht habe?»
Lestrade nahm die Sache nicht so leicht.
«In Ordnung, aber sei leise und tu alles, was ich dir sage.»
Sie rannten quer über den Hof, der Inspector und sein Schatten, und nach beiden Seiten flitzten Ratten davon. Lestrade preßte sich eng an die Mauer und stieß den Proleten in eine Ecke. Ein pfeifender Wärter schlenderte über die Treppe auf dem Weg zum Außentor. Er blieb stehen, blickte sich kurz um, und dann nestelte er an seinen Hosenknöpfen. Der Prolet hob seine Nase, in hilfloser Erwartung eines Niesens, und Lestrade legte ihm seine breite Hand auf das Gesicht. Der Niesreiz ging vorbei, als der Wärter seine Hose zuknöpfte und brummte: «Ist da jemand?»
Lestrade drückte seine passenderweise abgeflachte Nase weiterhin an die Steine.
«Ach, Sie sind's, Doktor. Auf dem Weg nach Hause?»
«Ja, ich habe meine Schlüssel. Sie brauchen sich nicht zu bemühen», sagte der Doktor und kam dem Wärter zuvor, der in der Dunkelheit versuchte, den richtigen Schlüssel zu finden.
«Dann gute Nacht, Sir», sagte der Wärter und setzte seinen Weg fort.
Es könnte nicht besser sein, dachte Lestrade und rollte sich unter des Doktors Füße, um ihn knirschend hinunter ins Stroh zu reißen. Bevor er schreien konnte, saß Lestrade rittlings auf ihm, eine Hand über seinem Mund und einen Unterarm über seiner Kehle. «Ein Laut, und Sie sind ein toter Mann», zischte er ihm ins Ohr.
Der Prolet sah staunend in den Schatten.
Ein Glitzern in Lestrades Augen sagte dem Doktor, daß Lestrade es ernst meinte. Und etwas in den Augen des Doktors sagte Lestrade, daß er seinen Griff lockern konnte. Er hievte den Mann in eine aufrechte Position.
«Um unsere Unterhaltung wiederaufzunehmen, die wir vor vierzehn Tagen geführt haben, möchte ich Ihnen mitteilen, daß ich Inspector Lestrade von Scotland Yard bin. Wenn ich nicht in den eleganten Klamotten des Openshaw Distrikt-Arbeitshauses stecken würde, könnte ich es beweisen. So, wie die Dinge stehen, müssen Sie es mir glauben, Doktor Foster, und ich bin kein geduldiger Mann.»

Daisy, Daisy

Falls dieser Mann verrückt ist, dachte Foster, ist er überaus aufrichtig. Aber war nicht gerade das ein Symptom einer Art klinischer Geistesgestörtheit? Er wünschte, er hätte diese Vorlesung damals nicht geschwänzt.

«Sie haben den Totenschein von Richard Brown unterschrieben?»
«Ja.» Der Irre war ja gut informiert.
«Todesursache?»
Schweigen.
«Doktor, Sie sind mit allen Todesarten vertraut, die in Einrichtungen wie dieser an der Tagesordnung sind. Was war in diesem Fall die Ursache?»
Foster zuckte die Achseln. «Eigentlich habe ich mit Einrichtungen wie dieser weniger Erfahrung, als Sie annehmen. Meine Praxis war nicht ... nun, sagen wir einfach, sie rentierte sich nicht. Ich wurde Armenarzt. Openshaw ist mein erstes Arbeitshaus.»
«Wie lange sind Sie hier?» Der feuchte, von Rattenkot bedeckte Boden eines Arbeitshofes war nicht der ideale Ort für ein ausführliches Verhör. Lestrade versuchte, die Dinge zu beschleunigen.
«Ein paar Wochen. Hören Sie», der Ton des Doktors veränderte sich, «sind Sie der, für den Sie sich ausgeben?»
«Auf mein Wort als englischer Gentleman», war die am wenigsten törichte Bemerkung, die Lestrade sich vorstellen konnte.
«In Ordnung. Ich vertraue Ihnen. Ich war es, der Kontakt mit der Polizei von Manchester aufnahm. Es gelang mir, Zutritt zu Chief Superintendent Olds zu erlangen. Die Unterredung hat mich nicht gerade befriedigt. Wie dem auch sei, ich kam nicht dahinter – und weiß es immer noch nicht –, ob die Behörden in den Fall verwickelt sind.»
«Behörden?»
«Richard Brown starb an einer Strychninvergiftung, Inspector. Risus sardonicus. Davon gehört?»
«Strychnin? Ja.» Lestrade ließ sich auf den Fersen nieder.
«Was ist das andere, ein Affe?»
«Das Lächeln im Tode, Inspector. Das Gift verursacht ein Zusammenziehen der Gesichtsmuskeln, und die Zähne werden zu einem wahnsinnigen Lächeln gebleckt. Ich werde den Anblick nicht vergessen. Nie.»
«Wie denken Sie über die Behörden?» beharrte Lestrade.

«Sie sind selber da drin gewesen, Lestrade. Wie viele Insassen kennen Sie, die Zugang zu Strychnin haben?»

«Es war nicht Mrs. Lawrenson, die ihn am Tag seines Todes besuchte. Obgleich sie ihm unwissentlich den vergifteten Tabak gegeben haben könnte.»

«Tabak», rief Foster, ehe ihn Lestrades Hand zum Verstummen brachte. «Natürlich», fuhr er flüsternd fort, «das ist es.»

«Nein, ist es nicht. Wir brauchen den Mann, der ihn der Lady gab.»

«Also ist unser Mörder ein Tabakhändler?»

«Nicht notwendigerweise, Doktor.»

«Haben Sie sie gefragt?»

«Natürlich. Sie erhielt den Tabak von Ihrem Vorgänger.»

«Prior?»

«Wieso ein Abt?»

«Nein, nein. Dr. Prior. Das ist der Name meines Vorgängers.» Lestrade begriff nicht ganz. «Nicht Corfield?» sagte er.

«Corfield? Nein. Augenblick. Ich glaube, der Name taucht im Journal auf.»

«Was ist das?»

«Als Chirurg und praktischer Arzt muß ich mich täglich in das Journal eintragen, als Beweis, daß ich meiner Anwesenheitspflicht genügt habe; sonst bezahlen sie mich nicht.»

«Und Sie sagen, Corfields Name steht im Journal?»

«Ja. Er war vermutlich Priors *locum tenens*.»

«Ein was?» Dieser Mann sprach eine andere Sprache.

«Das heißt, dieser Mann sprang für Dr. Prior ein, wenn dieser krank oder sonst nicht in der Lage war, im Krankenrevier zu erscheinen.»

«Können Sie sich daran erinnern, wann Corfields Name zum letztenmal auftauchte? Denken Sie nach, Mann. Es könnte von entscheidender Bedeutung sein.»

«Hm ...» Fosters Gesicht verzerrte sich vor Anstrengung. «Ich glaube, es war der 10. Mai. Gütiger Gott!»

«Was ist?»

«Das war der Tag, an dem Richard Brown starb.»

«Diesen Corfield», fuhr Lestrade fort, «haben Sie den je zu Gesicht bekommen?»

«Nie. Aber eines verstehe ich nicht: Warum hat mir niemand gesagt, daß Sie inkognito hier sind?»
Lestrade wußte, welche Bedeutung diese Frage inzwischen hatte. Er wollte nicht abermals begriffsstutzig erscheinen. «Sie wären nicht der erste Mörder gewesen, der seine Mutmaßungen über das Verbrechen der Polizei berichtet.»
«Sie meinen ... ich war ein Verdächtiger?» Foster war entrüstet.
Lestrade straffte sich. «Wann genau haben Sie Ihre jetzige Stellung angetreten?»
«Am 17. Mai. Auf den Tag eine Woche nachdem Brown starb.»
Lestrade wandte sich an den Proleten. «Freundchen, du hast heute nacht ein paar Dinge gehört, die du besser vergißt.»
«Inspektor ...» und er machte Anstalten, etwas zu sagen, dann fiel er in die Schatten zurück. «Von welchen Dingen sprechen Sie?» Er lächelte unbehaglich.
Lestrade tätschelte ihm gönnerhaft die Wange. Foster schloß das Außentor auf, und die drei Männer traten in die Nacht.
«Eine letzte Frage», flüsterte Lestrade. «Kommen Sie tatsächlich aus Gloucester?»
«Nein, eigentlich ...» Und das Gesicht des Doktors wurde verstockt, als er Lestrades Grinsen bemerkte.
Zusammen mit einem gewissen Proleten befand sich Lestrade bald darauf in Freiheit.

In bezug auf die äußerliche Beschreibung des Doktor Corfield war Letitia Lawrenson ein wenig nützlicher als Foster gewesen. Sie hatte ihn grauhaarig und als ziemlich vornehme Erscheinung in Erinnerung. Doch mehr konnte sie nicht beisteuern. Und in Bandicoots Abwesenheit bat sie Lestrade, ihr zu glauben, daß sie ältere Männer nicht habituell attraktiver fände. Das war ein Grund, warum sie Corfield keine besondere Aufmerksamkeit geschenkt hatte ... Es war auch ein Grund, wenn auch nicht der ausschlaggebende, warum sie Harry heiratete ...

Sie saßen unter den ausladenden Ästen einer libanesischen Zeder. Der Prinz und seine Lady. Unter ihnen, im welligen Wiesenland, das von dem großen Haus abfiel, erstreckte sich Derwentwater in Der-

went Dale und weiter fort zu ihrer Linken die Hügel von Stanage Edge und High Neb. Der unglaubliche Sommer des Jahres 1893 fing damals wirklich an, in der flirrenden Hitze Ende Juli, und für sie begann er in Ladybower, während sie den Derwent betrachten.
Hinein in diese idyllische Szenerie, während die Sonne des *Fin de siècle* lange, schwarze Schatten über die Wiesen warf, schritt ein Mann in einem schäbigen Staubmantel von der Art, wie man ihn bei den *noveaux* und *anciens riches* trug, wenn man sein Automobil steuerte. Sein Haar war nach Arbeiterweise kurz geschoren, und er schien sich geraume Zeit nicht richtig satt gegessen zu haben. Seine Haut hatte die gelbsüchtige Farbe von altem Pergament, und er schien an die frische Luft nicht gewöhnt zu sein. Doch sein Schritt war flott, und er warf die Gladstone-Tasche zu Boden, als die Revierkutsche rumpelnd neben ihm zum Stehen kam.
«Es war ja eine Mordsarbeit, Sie zu finden, Inspector.» Das asthmatische Krächzen hinter dem Schal kam Lestrade entfernt bekannt vor.
«Charlo?» Der Inspector spähte in das Halbdunkel des Gefährts.
«Eben dieser, Inspector. Wie Sie sehen, gut erholt», und er verfiel in einen krampfhaften Husten.
«Wie haben Sie mich gefunden?»
«Es war nicht einfach, Sir. Aber die Pflicht verlangte es. Darf ich fragen, Sir, woran wir arbeiten?»
Ist «wir» nicht ein wenig vermessen, dachte Lestrade, doch der Mann hatte offenbar einiges durchgemacht.
«Befreien Sie uns von dieser Droschke, und gehen Sie mit mir zu Fuß», sagte er. «Ich werd es Ihnen im Gehen erklären.»
Der Constable knallte mit der Peitsche und ratterte über den Fahrweg davon. Im Staub und in den Mücken des Sommerabends schlenderten die beiden Polizisten über den Weg.
«Wie halten Sie bei diesem Wetter den Schal aus?» sagte Lestrade, mit der Hand durch die heiße Luft fächelnd.
«Oh, ich muß vorsichtig sein, Sir. Ich bin nie kräftig gewesen, wissen Sie, sogar als Kind ...»
«Ja, damit wollen wir lieber nicht anfangen, nicht wahr, Charlo? Ich werde Sie als eine Art Steinmauer benutzen, um ein paar Vermu-

tungen davon abprallen zu lassen. Sind Sie bereit?» Und er erzählte Charlo alles, was er wußte.

«Woraus sich für mich», sagte Lestrade, während sie die Brücke, erbaut im Stil Palladios, überquerten, «zwei diffizile Fragen ergeben. Kann ich sie beantworten, habe ich meinen Mann im Visier.»

«Sir?»

«Wie steht's mit Ihren Sprachkenntnissen? Was fangen Sie mit Bloggs *Ora Rosa* an?»

«Das könnte ...»

«Kommen Sie, Charlo, konzentrieren Sie sich. Das ist der Name, den nach Bloggs Erinnerung das Boot – äh, Schiff – trug, das beim Leuchtturm von Cromer anlegte.»

«Das ist alles ein bißchen vage, nicht wahr?» Charlo rückte seinen Augenschirm zurecht, um den Glanz der sinkenden Sonne zu vermeiden. «Ich bin nicht sicher, ob Blogg etwas weiß.»

«Ich hätte gedacht, eine aufstrebende künftige Stütze des Yard wie Sie würde Sprachen beherrschen, Charlo», beharrte Lestrade. «Ich hielt es für Spanisch, Bradstreet für Italienisch. Und was fangen Sie damit an?»

«Vielleicht ist es keines von beiden, Sir? Kann nicht Bloggs *Rosa* der Name einer wirklichen Person sein? Wie weit war er entfernt, als er den Schriftzug sah?»

Das hatte Lestrade nicht geprüft.

«Es ist wahr, ich verfüge über ein gewisses linguistisches Naturtalent.» Offensichtlich hatte Lestrade die Eitelkeit seines Sergeants geweckt. «Wenn ich mich nicht irre, bedeutet es *Duft von Rosen*. Aber das ergibt keinen Sinn, oder?»

«Wie so vieles in diesem Fall im Augenblick. Was ist mit dem Namen Corfield? Der *locum tenant* – Doktor in Openshaw? Kommt Ihnen der Name bekannt vor?»

Charlo kramte in seinem Gedächtnis. Er hatte in seinem Leben eine Vielzahl von Ärzten kennengelernt, doch was diesen einen anging, konnte er seinem Chef nicht weiterhelfen.

«Verzeihung», rief Lestrade einem Pärchen zu, das unter dem Baum saß. «Es ist ein verzwickter Weg vom Tor zum Haus. Bin ich hier richtig?»

«Über die Anhöhe», rief der Prinz zurück. «Sie können es nicht

verfehlen. Zweiunddreißig Schlafzimmer. Im Stil von Palladio, kupfernes Kuppeldach. Das Übliche.»
«Sind Sie Gäste des Hauses?» fragte die Lady, über den Rasen auf sie zuschwebend.
Mittlerweile war dem staubigen Reisenden ein Licht aufgegangen. «Eigentlich nicht, Madame. Königliche Hoheit.» Und er vollführte eine linkische Verbeugung.
«Guter Gott», lachte der Prinz und watschelte hinter der Lady zum Weg. «Sie haben wohl bei meinem Neffen Unterricht gehabt. Das erinnert mich daran, Daisy, der verdammte Peitschenknaller bringt die *Meteor* dieses Jahr nach Cowes. Er muß den Cup gewinnen, zum Teufel mit ...»
«Sch, Bertie.» Daisy trat auf den Reisenden zu. «Ich bin nicht sicher, ob diese Gentlemen Edwards Gäste sind ...»
«Erlauben Sie, daß ich mich vorstelle, Sir. Inspector Sholto Lestrade, Scotland Yard. Dies ist Sergeant Charlo.»
«Guter Gott», sagte der Prinz abermals. «Ihre Gattin?» Er wandte sich zu Daisy und stieß sie mit einem wohlgepolsterten Ellenbogen an.
«Bertie!» Sie schlug ihm mit ihrem Fächer gegen die Brust.
«Warten Sie mal ... Der Name kommt mir bekannt vor», sagte der Prinz. «Sind wir uns schon begegnet?»
«Ich fühle mich geschmeichelt, daß Königliche Hoheit sich meiner erinnern. Es war auf dem Ball des Commissioners, 1891. Sie und der verstorbene Duke waren Ehrengäste.»
«Ja!» röhrte der Prinz erneut. «Harlekin.»
«Richtig, Sir.»
«Du wirst es nicht glauben, Daisy, aber dieser Mann war als Harlekin verkleidet. Einer von McNaghtens besten Männern.» Dann ein wenig vertraulicher. «Ich glaube mich zu erinnern, daß Sie meinen Sohn zum Narren hielten.»
«Ich bitte um Entschuldigung, Sir.»
«Wollen wohl nichts Schlechtes über einen Toten sagen, wie? Nein, Lestrade, machen Sie sich deshalb keine Vorwürfe. Eddie schlug über die Stränge. Keiner von uns ist Herr über sein Schicksal, wie? Wie auch immer, wenn ich mich recht erinnere, hat er sich wie gewöhnlich mal wieder ungehobelt aufgeführt und eine Lady belästigt; fabelhaftes Geschöpf, dunkle Augen, dunkle Haare ...»

Und er räusperte sich kräftig, nachdem Daisys Blick den seinen getroffen hatte. Er wechselte das Thema. «Äh ... Wie macht sich denn dieser neue Knabe ... äh ... Orion Snow?»
«Nimrod Frost, Sir.»
«Ja natürlich. Trennt die Böcke von den Schafen, oder? Nun, das haben neue Schäfer so an sich. Und Ihr Fall, Lestrade? Was führt Sie nach Ladybower?»
«Wie immer, Sir, kann ich leider nicht ...»
«O ja, ganz recht. Aber kommen Sie, Lestrade, lassen Sie mir wenigstens Ihren professionellen Rat zukommen. Ich habe gehört, irgendein Bursche hat irgendwelchen Blödsinn zusammengeschmiert, wie man Einbrecher aufgrund des Musters auf ihren Fingerspitzen verfolgen kann. Das kann doch nicht wahr sein, oder?»
«Es gibt welche, die sagen, daß es möglich ist, Sir.»
«Und wie steht's mit Ihnen, Mann? Legen Sie sich fest!»
Auf ein Arbeitshaus, dachte Lestrade? Nein, nie wieder. «Ich möchte es so ausdrücken, Sir: Ich werde die Entwicklung aufmerksam verfolgen.»
Der Prinz lachte dröhnend. «Nun, dann wollen wir mal sehen, was der alte Harnett so treibt, der faule Hund. Ich nehme an, Sie sind gekommen, um den Herrn des Hauses zu sprechen?»
«Ja, in der Tat, Sir.»
«In Ordnung, wir können zusammen gehen. Ach, Lestrade, kürzlich hat Mr. Gladstone Mama – das heißt die Königin, von der ich, glaube ich, bei unserem letzten Zusammentreffen bereits sprach – endlich dazu überredet, mich Kabinettspapiere einsehen zu lassen, und darum bin ich ein ziemlich beschäftigter Bursche. Wegen dringender Staatsgeschäfte muß ich vor dem Dinner wieder fort. Ich nehme an, daß ich gehen kann. Ich will sagen, ich bin nicht Teil Ihrer Ermittlungen, wie?»
«Nein, Sir.»
«Gut, dann müssen Sie heute abend Lady Warwick den Hof machen.»
Lestrade war ein wenig verdutzt. «Eure Hoheit, ich ...»
Daisy Warwick nahm den Arm des Detective. «Sie werden sich doch einem königlichen Befehl nicht widersetzen?» neckte sie ihn mit großen Augen.

«Madame, ich bin kaum gekleidet, um ...»
«Oh, Eddie Harnett wird für Sie und Ihren Begleiter schon etwas auftreiben. Um die Wahrheit zu sagen, Lestrade, ich traue den alten Wüstlingen hier nicht übers Wochenende. Ich weiß Daisy sicher in den Armen des Gesetzes. Das meine ich natürlich im übertragenen Sinne.»
Und so gingen sie, Lady Warwick beim Prinzen und bei Lestrade eingehängt, auf das Haus zu. Charlo zockelte hinterher.

Generalmajor Edward Harnett, Herr auf Ladybower, saß auf dem Rand eines Ledersofas, den Arm ausgestreckt. Er trug seine scharlachrote Uniform mit goldenen Paspeln und einen Dreispitz mit Feder. Das einzige, was nicht ins Bild paßte, war, abgesehen davon, daß Harnetts Pferd mit Roßhaar gefüllt war, das Cognacglas in seiner Zügelhand. Ihm gegenüber krümmte sich, bei jedem Strich und Schnörkel ächzend, ein Maler vom Typ Bohemien, sehr passend mit Kittel und Barett bekleidet.
«Ich glaube, ich kann Ihnen nicht helfen, Lestrade», sagte der General. «Es tut mir leid, daß der alte Brown das Zeitliche gesegnet hat, aber ich verstehe nicht, warum das eine Angelegenheit für die Polizei ist – und dann noch von Scotland Yard. Oh, beeilen Sie sich, Mr. Sickert, mein Arm bringt mich um. Dieser verdammte Mameluck ist schwer», und er drehte müde das Schwert.
«Richard Brown wurde ermordet, Sir.»
Sickerts Pinsel glitt unkontrolliert über die Leinwand und zog eine rote Spur über den Schnurrbart des Generals.
«Irgendwas nicht in Ordnung, Mr. Sickert?»
«Äh ... nein, nein.» Der Künstler hantierte mit seinem Terpentinersatz herum. «Morde. Gewalt. Solche Dinge erregen mir Übelkeit.» Er erblaßte sichtbar.
«Sie wissen ja, wo die Toilette ist, Mann», sagte der General ungerührt, und der Künstler schoß zur Tür. «Sickert heißt er, und kränklich ist er von Natur.» Er gähnte. «Trotzdem, es gibt mir Gelegenheit, ‹abzusitzen›, was? Ein Drink? Lestrade? Charlo?»
«Nicht, wenn wir im Dienst sind, Sir – aber das ist erst in einer Stunde oder zwei. Brandy, bitte.»
«Ein Glas Wasser, bitte», sagte Charlo. Und, als wolle er die ver-

wunderten Blicke vermeiden, fügte er hinzu: «Es ist wegen meines Magens, müssen Sie wissen.»
«Brown wurde ermordet?» Harnett nahm das Gewicht von seinen Stiefeln. «Wie?»
«Strychnin.»
«Vergiftet. Guter Gott», und Harnett schwenkte sein Glas. «Warum?»
«Ich hoffte, das könnten Sie mir sagen, Sir. Wann haben Sie ihn zuletzt gesehen?»
«Mein Gott, wann? Er verließ uns ... oh ... inzwischen ist es fast drei Jahre her. Ich habe nie wirklich erfahren, warum. Er schien hier ziemlich zufrieden. Vielleicht der Ruf der Stadt. Manchester reizte ihn.»
«Hatte er hier Feinde?»
«Nein, das glaube ich nicht. Im Grunde war er sehr beliebt. Von peinlicher Ehrlichkeit. Das war er immer, damals schon auf der Krim.»
«Auf der Krim?»
«Ja, er war einige Zeit meine Ordonnanz. Doch dann diente er auch Lord Cardigan als Ordonnanz – und Colonel Douglas. Ein sehr ordentlicher Mann, könnte man sagen.»
«Sein damaliges Regiment, Sir?» fuhr Lestrade fort.
«Die Elften Husaren, Prince Alberts Leibregiment.» Und Harnett hob sein Glas zu einem Toast. «Sei Gott mit ihnen. Sagen Sie mir, Lestrade, warum der Tod, obschon Mord, eines einsamen alten Arbeiters die Aufmerksamkeit von Scotland Yard erweckt. Ich dachte eher, ihr Burschen bewacht die Kronjuwelen oder etwas in dieser Art.»
«Das ist eine lange Geschichte, Sir. Und leider bin ich nicht berechtigt, sie Ihnen zu erzählen.»
«Schon gut, schon gut. Ist sowieso Zeit zum Dinner, und ich muß Seine Königliche Hoheit zum Bahnhof bringen. Mein Diener Burroughs wird Sie beide ausstaffieren. Ich bestehe darauf, daß Sie auch zum Frühstück bleiben; Mrs. Carpenters Kedgeree ist legendär.»
Was konnte man dagegen sagen?
Das Dinner war vorzüglich. Nach Wochen von Hexenspeise und nur einem Tag Londoner Kost vor seinem neuerlichen Aufbruch mit dem Zug nach Norden war Lestrade nicht sicher, daß er ihm ge-

wachsen sein würde – zwölf Gänge, die Augen geblendet vom Familiensilber, das Hirn vom Champagner umnebelt. Charlo dankte meistens höflich und verschlang statt dessen große Mengen von Carters Leberpillen. Die halbe Grafschaft schien anwesend zu sein; Ladies mit Perlen und Diamanten, Gentlemen vom Jagdclub in elegantem Schwarz und Weiß. Doch Sholto Lestrade ertappte sich dabei, daß er immer häufiger auf seine schöne Begleiterin blickte, auf Daisy, Countess of Warwick. Ein feindseliger Beobachter hätte vielleicht ihren Mund zu hart und die Augenbrauen zu dunkel gefunden, doch Lestrade, durch den Wein und die geistreiche Konversation milde gestimmt, war alles andere als feindlich gesinnt. Im Verlauf der Zeit vergaß er, daß der Frack, den ihm der General überlassen hatte, viel zu groß war, daß sein Hals wie der von Gladstone im Kragen versank, eine alte Schildkröte, die nach einem Salatblatt gierte, und daß die Schultern des Jacketts seine eigenen unvorteilhaft betonten. Es war lange her, daß er sich in einer solchen Gesellschaft befunden hatte.

Er nahm den Ausschluß der Damen nach dem Kaffee mit deutlichem Widerstreben hin, doch Daisy Warwicks Hand verweilte länger in der seinen, als strenggenommen notwendig war. Sie warf ihm eine Kußhand zu.

Er zündete sich seine Zigarre an einem Leuchter an und beteiligte sich so gut er konnte an der Konversation. Harnett zog in einer Ecke, umgeben von rotgesichtigen Kumpanen der alten Schule, noch einmal in den Ashanti-Krieg. In einer anderen Ecke wurde die alte Kamelle «Home Rule» noch einmal breitgetreten, falls das überhaupt noch möglich war. Charlo kreiste in entgegengesetzter Richtung als Lestrade durch den Raum, wich dem Rauch aus und sperrte dem Wunsch seines Chefs gemäß die Ohren auf. In anderen Ecken drehte es sich um Pferde. Diese Hanswürste im Quorn. Auf wen tippte man dieses Jahr in Epsom? Und Goodwood? Und da der Prinz abwesend war, geriet Persimmon zu einem Shetlandpony, das nur noch für den Abdecker taugte. Oder vielleicht als Polizeigaul. Lestrade, wieder inkognito, weigerte sich, daran Anstoß zu nehmen.

«Da Bertie fort ist, könnten wir Bakkarat spielen», schlug ein Gast vor.

«Verdammt schlechte Manieren», knurrte ein anderer und ließ sich in den Champagnermief seiner Ecke zurücksinken.

«Werfen wir einen Blick in den Garten», flüsterte eine sanfte Stimme in Lestrades Ohr, und Daisy, von ihrer weiblichen Gesellschaft im Nebenzimmer ebenso gelangweilt wie er von der männlichen, entführte ihn auf den Balkon.

Es war ein prachtvoller Abend, dieser Spätjuliabend in Ladybower am Derwent. Und sie gingen Hand in Hand über die sonnenvergoldeten Rasenflächen, der Detective und die Lady.

«Schockiere ich Sie, Sholto?»

«Madame?»

«Ach, kommen Sie.» Sie schwenkte scherzend seine Hand. «Sie können mich Daisy nennen.»

«Wenn ich so sagen darf, Madame, gehören wir verschiedenen Welten an, Sie und ich.»

«Bow Street und Clerkenwell?» spöttelte sie.

Lestrades Lächeln gefror.

«Oh, ich hab's gesehen, Sholto. Das hat Ihnen damals schwer zu schaffen gemacht. Im Ernst, Inspector Lestrade von Scotland Yard, Sie werden sich nicht kompromittieren – oder Ihre Pflicht vernachlässigen –, wenn Sie mich Daisy nennen. Nur dies eine Mal.»

Sie drehte sich um, nahm seine beiden Hände und blickte ihm in die Augen. Was sich wohl dahinter verbarg, fragte sie sich. Was war das für ein Mann? Welche Art von Mann wurde Inspector bei Scotland Yard? Was hatten diese Augen schon alles gesehen?

«Nun gut. Dieses eine Mal», sagte er, «Daisy.»

Sie lachte, ein heller, perlender Klang, der durch die Rosenbüsche über den Rasen tanzte. «Sie wissen, daß Bertie große Stücke auf Sie hält. Er mag Sie.» Und dann plötzlich ernst: «Ist es nicht schön, gemocht zu werden, Sholto?»

Er nickte, seiner selbst nicht sicher, und vermißte die Vertrautheit der Gefahr, die Langeweile der Alltagsarbeit. Walter Dew mit dem albernen Grinsen, die Teetasse bereithaltend. Sergeant Dixon mit seinem «Seien Sie vorsichtig». Nimrod Frost mit Frettchenaugen und Wabbelbauch. Das alles schien eine Ewigkeit her. Und nun war er hier, ein suspendierter Polizist, starrte in die dunklen, hypnotisierenden Augen einer Countess of the Realm, 1893, auf dem Rasen von Ladybower.

«Sie kannten Eddie?» fuhr sie fort.

«Sagen wir einfach, wir sind uns begegnet.» Er blieb verschlossen.

«Sagen Sie mir, diese Dame, die Eddie auf dem Ball des Commissioners belästigte. Wie hat Bertie sie beschrieben? Dunkles Haar? Dunkle Augen? Mrs. Lestrade?»
«Nein.» Lestrade straffte sich. «Nein, es gibt keine Mrs. Lestrade.»
Daisy schmunzelte in der Dämmerung vor sich hin.
«Wer war sie, Sholto?»
«Irgend jemand», sagte er, die Erinnerung niederkämpfend.
«Irgend jemand?» Ihre Stimme war ein Flüstern, ihr Mund näherte sich seiner Brust.
«Ihr Name war Constance. Constance Mauleverer.»
Daisy trat zurück. «Und Sie liebten sie?»
Lestrade nickte.
«Sie lieben sie immer noch?»
Dieses Mal nickte er nicht, sondern ging weiter. «Kürzlich traf ich einen alten Freund wieder, Daisy – einen jungen Constable, den ich kannte, als ich mit Constance zusammen war. Er sagte etwas, das ich nicht vergessen werde. Er sagte: ‹Alte Geschichten. Man läßt sie besser ruhen.›»
«Ich frage mich, ob Constance auch so denkt.»
Etwas in der Art, wie Daisy das sagte, ließ Lestrade den Atem anhalten. Er blieb stehen und blickte sie an.
«Ja, Sholto. Ich kenne Constance Mauleverer. Haben Sie vergessen, daß mein jetziger Mann der Earl of Warwick ist? Die Mauleverers lebten auf Guy's Cliffe, nicht wahr? Ich kann mich erinnern, wie Albert Mauleverer getötet wurde. Haben Sie den Fall bearbeitet?»
Langsam begriff er.
Lestrade nickte. «Eine Zeitlang dachte ich daran, nach Guy's Cliffe zurückzukehren», sagte er. «Sie wiederzufinden. Als wir uns trennten, war es, als verlöre ich einen Teil meiner selbst.»
Daisy saß im kühlen Gras unter der libanesischen Zeder und breitete ihr Gewand aus.
«Sie ist fort, Sholto. Fort für immer.»
«Wissen Sie, wo sie ist?» Lestrade setzte sich neben sie. Sie blickte ihn eindringlich an. «Ja», sagte sie langsam und legte ihre Finger auf seine Lippen, um seine nächste Frage zu ersticken. «Und ich werde es Ihnen nicht sagen. Ihr Freund hatte recht, Sholto. Man soll alte Geschichten ruhen lassen.»

Und sie legte ihre Hand um seinen Nacken und zog ihn zu sich. Ihre Lippen trafen sich unter den Zweigen der Zeder. Von irgendwo in den Wäldern rief ein Pfau, sein Ruf hallte über den Wiesen wider. Daisy Warwick war eine Expertin, was Verführungen dieser Art betraf. Ihr Mund war warm und hingebungsvoll, ihre Finger liefen aufreizend durch den struppigen Haarschopf.
«Eine Nacht lang, Sholto», flüsterte sie und blickte ihm in die Augen, «vergiß Constance.»
«So wie du Bertie vergißt?» fragte er.
Sie lächelte. «Ich bin immer der Meinung gewesen», sagte sie, «daß es verschiedene Arten von Liebe gibt. Mein Gatte und ich sind ... kommen gut miteinander aus», und sie küßte ihn wieder. «Wir halten uns an die Konventionen. Bertie ist wie ... ein reicher alter Onkel. Wir haben nichts ... Nun, denk dir deinen Teil. Er ist ein Schatz, er ist wie ein alter Handschuh, der wärmt und sich deiner Hand anpaßt.» Sie vertiefte sich in einen Zungenkuß, an den Lestrade nicht gewöhnt war. «Und dann kommt noch die Sommernacht ins Spiel, Sholto, wenn ein Mann und eine Frau, die der Zufall zusammengeführt hat, den Augenblick genießen sollten, einander genießen sollten. Kein Bedauern, keine Hintergedanken, nur der Augenblick ...» Und sie streckte sich unter ihm im Gras aus, toll vom kühlen Geruch des Klees und des Geißblattes, und öffnete ihr Mieder seinen suchenden Fingern.

Mrs. Carpenters Kedgeree war genauso großartig, wie Harnett vorausgesagt hatte. Lestrade hieb nach Kräften ein, und die Dienstmädchen trugen die klirrenden Terrinen hin und her. Hätte eines von ihnen in der vergangenen Nacht die verschlungenen Gestalten unter den Zedern bemerkt, hätte es sich nichts anmerken lassen. Diese Dienerschaft war an solche Anblicke gewöhnt. Harnett nahm nur jemand in Dienst, der verschwiegen war. Charlo nagte an einem Keks.
«Was haben Sie letzte Nacht erfahren?» fragte Lestrade.
«Ein bißchen weniger als Sie, könnte ich mir vorstellen.»
Zwei Herren gesellten sich zu ihnen, die ihnen beim Dinner nicht aufgefallen waren. Beide waren mittleren Alters und schwergewichtig, einer mit einem Mittelscheitel und einem Walroßbart, der

Lestrades in den Schatten stellte. Sie knurrten den Polizisten einen Morgengruß zu, stopften sich gleichzeitig Servietten hinter ihre Krawatten und warteten stumm, während der Kaffee serviert wurde.

«Was ist denn das?» knurrte der eine den anderen an, sein Frühstück befingernd.

«Das ist ein Croissant, du Bauer. Das runde Ding, auf dem es liegt, nennt man einen Teller.»

«Schnorrer!» Und die beiden Männer blickten in die Runde, für den Fall, daß jemand Anstoß an ihrer Konversation nehmen könnte.

«Croissant? Das ist was Französisches, nicht? Was zum Teufel hat es auf dem Tisch eines Engländers zu suchen?»

«Das Wort ‹Chauvinist› ist ebenfalls französisch, Sullivan, aber es trifft haargenau auf dich zu. Wie kannst du ein solcher Banause sein?»

Lestrade hörte mit halbem Ohr zu, doch in Gedanken war er noch immer bei den verwirrenden Ereignissen der letzten Nacht, und sein Rücken schmerzte. Sullivan blickte abermals in die Runde, und dann ließ er seinen Löffel heftig auf den Handrücken seines Gefährten niedersausen. Lestrade blickte auf, als der Gefährte vor Schmerz zusammenknickte und mit dem Kopf heftig auf den Tisch schlug.

«Oh, wie unvorsichtig, William, wie unvorsichtig. Du wirst dir weh tun, lieber Freund.»

William starrte seinen Gefährten wie von Sinnen an, dann bemerkte er, daß Lestrade ihn verwirrt anblickte, und versuchte zu grinsen.

«Ja, wie dumm von mir. Ich ... War mein Fehler. Gestatten Sie, daß ich mich vorstelle – William Gilbert.»

«Der Stückeschreiber?» fragte Lestrade.

Gilbert verbeugte sich.

«William *Schwenck*», gluckste sein Gefährte und brach in ein krampfhaftes Hohngelächter aus.

«Und Sie, Sir?» fragte Lestrade.

«*Sir* Arthur Sullivan, zu Ihren Diensten.»

«Du elender Speichellecker», zischte Gilbert. «Warum Seine Königliche Hoheit dir die Ehre erwiesen hat ...»

«Ich fühlte mich geehrt.» Lestrade trank seinen Kaffee aus.
«Und mit wem habe ich das Vergnügen?» fragte Sullivan.
«Sholto Lestrade von Scotland Yard.» Er sah keinen Grund, diese Tatsache zu verleugnen. «Dies ist Sergeant Charlo.»
Der Stückeschreiber und der Komponist kamen, mit noch immer baumelnden Servietten, herüber und nahmen Platz.
«*Der* Scotland Yard?» fragte Gilbert.
«Nun», erwiderte Lestrade, unsicher, ob ihr Interesse kriminologischer oder architektonischer Art war. «*New* Scotland Yard.»
«Haben Sie, lieber Lestrade, unsere *Piraten von Penzance* gesehen?» fragte ihn Sullivan.
«Wolltest du nicht sagen, meine *Piraten*?» verbesserte ihn Gilbert.
«Hund», zischelte Sullivan.
«Ich glaube, ja», erwiderte Lestrade, der sich in der Gesellschaft dieser zwei Wahnsinnigen zunehmend unwohler fühlte.
«Gut», sagte Gilbert. «Nun also. Die Schilderung der Polizisten. War sie fair? Ist das Los eines Polizisten nicht ein glückliches? He, Charlo? Wie?»
«Tarantara», rief Sullivan dazwischen und fing an, eine Strophe zu singen, zu der er mit den Fingern dramatisch den Takt auf das Tischtuch klopfte. Gilbert blickte ihn kalt an.
«Ich glaube, der Untertitel des Stücks lautete ‹Der Sklave der Pflicht›», sagte Charlo.
«Aha, ein Verehrer», strahlte Gilbert, gemessen applaudierend.
«Das steht einem Polizisten wohl an», sagte Lestrade.
«Haben Sie meine *Haddon Hall* gehört?» fragte Sullivan.
«Niemand hat sie gehört», fauchte Gilbert. «Finden wir uns damit ab, lieber Arthur, ohne mich bist du ein Versager.»
Sullivan sprang auf. «Ich soll ein Versager sein? Du selbstgefälliger Trottel. Du hast genausoviel Talent wie dieses Rührei!»
«Kedgeree», sagte Lestrade und verfluchte sich insgeheim, als ihm aufging, daß er in den Streit zweier Kollegen hineingeschlittert war. Hier hatte er nichts zu suchen, und er war gerade im Begriff, sich zu erheben und zu empfehlen, als Edward Harnett mit blassem, ernstem Gesicht das Zimmer betrat. Das Gezänk verstummte, als Gilbert und Sullivan die eisige Miene ihres Gastgebers bemerkten.

«Lestrade», sagte Harnett. «Ich möchte Sie bitten, mit mir zu kommen.»

Der Inspector löste die Serviette von seinem Kragen, und er und Charlo folgten dem General durch die Marmorhalle. Lady Warwick erreichte gerade den Fuß der Treppe, als sie vorbeigingen. Sie nahm Lestrades Arm.

«Nicht jetzt, Daisy», knurrte Harnett. «Ein Mann ist tot.» Und ihre Hand sank herab, während der Inspector ins Sonnenlicht trat. Er lag auf einem Handkarren mit herabhängendem Kopf, das graue Haar den Boden streifend. Er trug die Ledergamaschen eines Arbeiters, eine abgeschabte Weste und ein Hemd mit aufgekrempelten Ärmeln.

«Die anderen haben ihn heute morgen gefunden.» Harnett machte eine Bewegung zu ein paar Arbeitern, die mit finsteren Gesichtern in der Nähe standen.

«Wo?» fragte Lestrade.

«Draußen bei den Unteren Wiesen, Sir», antwortete einer von ihnen. «Wir waren beim Heckenputzen.»

«Gibt es einen Ort, wo ich die Leiche untersuchen kann?» fragte Lestrade Harnett.

«Ja, natürlich. Männer, bringt den alten Jim ins Nebengebäude.» Charlo schlug sich den Schal vor das Gesicht, vermutlich um sich gegen die strenge Kälte des Julimorgens zu schützen, und folgte der Totenbahre und den Sargträgern.

«Lestrade.» Harnett nahm den Inspector beiseite. «Es ist gewiß sein Herz. Nichts Verdächtiges an seinem Tod, oder?»

«Warum haben Sie mich dann gerufen?»

«In Ordnung, ich muß zugeben, daß es verdammt merkwürdig ist. Hätten Sie mich gestern abend gebeten, Ihnen den gesündesten Mann auf meinem Besitz zu bezeichnen, hätte ich ohne Zweifel Jim Hodges genannt ... Es ist verdammt merkwürdig.»

«Wie alt war er?»

«Ich weiß nicht. Etwa sechzig. War der beste Mann für die Hecken, den ich hatte. Die Männer pflegten ihn damit aufzuziehen – den Heckenhocker nannten sie ihn. Wo kriege ich jetzt einen anständigen Heckenputzer her?»

«Ich werde Ihre Hilfe brauchen, General.»

«Natürlich, mein Guter. Was Sie wollen.»

Daisy, Daisy ── 117

«Ich werde mit Ihren Gästen und mit Ihrem Personal sprechen müssen. Können Sie das veranlassen?»
«Hm ... Ich denke schon. Aber bedenken Sie, daß Sie meine Gäste nicht zu lange aufhalten können. Die meisten werden morgen abreisen. Einige sind bereits fort.»
«Würden Sie sie bitten, sich im Salon zu versammeln? Und informieren Sie die örtliche Polizei. Ich brauche Constables.»
Abgesehen vom Umfang der Untersuchungen bestand Lestrades Schwierigkeit darin, daß er, strenggenommen, suspendiert war und nur Frost den wahren Sachverhalt kannte. Als Suspendierter hatte er keine rechtmäßige Befugnis, überhaupt Ermittlungen anzustellen. Falls es sich hier um einen alltäglichen plötzlichen Tod handelte, so beschloß er, würde er die ganze Angelegenheit einem hiesigen Sergeant übergeben und sich diskret verabschieden. Auch Charlo riskierte seine Achselstreifen, wenn er einem suspendierten Mann assistierte. Es war höchste Zeit, daß Nimrod Frost sich darüber klar wurde. Doch Lestrade fürchtete, daß dieser Tod alles andere als eine Routinesache war. Er paßte nur allzugut in das vertraute Muster jener Fälle, mit denen er sich während der vergangenen Wochen befaßt hatte.
Er verschloß die Tür des Nebengebäudes und untersuchte die Leiche. Wenn er dazu gezwungen war, verließ sich Lestrade bei seiner Arbeit auf die Urteile der Coroners, doch diese traten in vielen Fällen viel zu spät in Aktion, wenn wertvolle Spuren verschwunden waren. Außerdem wußten sie nicht sehr viel mehr als er selbst. Einige von ihnen einen ganzen Haufen weniger. Seine Aufmerksamkeit richtete sich zuerst auf die Schnitte an Hodges linkem Unterarm, über einer viel älteren Narbe. Dort war eine kleine Menge frisches Blut ausgetreten, das zum Handgelenk hinunterrann. Einer plötzlichen Regung folgend und nachdem er sich vergewissert hatte, daß niemand in der Nähe war, beschnüffelte er zuerst den Arm und leckte dann die Kratzer ab. Angeekelt spie er aus, denn der Geschmack war bitter und säuerlich. Kein Tropfen seines eigenen Blutes hatte je so geschmeckt, dachte er argwöhnisch, und auch nicht das eines anderen. Er mußte es so rasch wie möglich von einem Chemiker untersuchen lassen. Es handelte sich um Gift, dessen war er sicher. Jedoch um welches?
Die Gegenprobe machte er auf eine einfache, aber raffinierte

Weise. Lestrade ging mit den Arbeitern zu der Stelle, wo sie den Körper gefunden hatten. Der Inspector untersuchte die Hecke – Brombeeren mit dicken, rötlichen Stengeln. Er ließ seine Finger über die Dornen gleiten und schnüffelte und leckte, während die Arbeiter verwundert dabeistanden. Wieder spie er aus – derselbe bittere Geschmack. Er fragte die Arbeiter nach den Bestandteilen der Hecke aus. Sie bestätigten das Urteil eines Stadtmenschen – Brombeeren, mit ein wenig Weißdorn versetzt. Er ließ sie ein paar Stücke abhacken, um sie später untersuchen zu lassen, obgleich er wußte, daß er sie nicht zum Yard mitnehmen konnte. Er würde in Manchester einen sachkundigen Chemiker finden müssen.

Lestrade hatte während der ganzen Zeit nicht mit Charlo gesprochen. Ihm war aufgefallen, daß er ein wenig schwankte, als er zusah, wie der Chef die Leiche untersuchte. Jetzt, zurück im Sonnenlicht, während die Arbeiter schwatzend wieder an die Arbeit gingen, nahm er ihn beim Arm.

«Sind Sie in Ordnung, Charlo?»

«Ich bin nicht ganz bei mir, Sir. Für diese Leichenschauen war ich eigentlich nie der richtige Mann. Es ist das Blut, wissen Sie. Ich bekomme Ausschlag davon.»

«Ja, schon gut.» Lestrade fragte sich, welche Vorstellungen Frost wohl von einem ‹guten Jungen› hatte. Aber immerhin hatte er den Inspector in diesem gottverlassenen Winkel aufgespürt; er mußte über einige Fähigkeiten verfügen. «Ich werde bei der Befragung Hilfe brauchen. Wäre das was für Sie?»

«O ja, Sir. Ja», und er sog in vollen Zügen die Landluft ein. «Jetzt, wo ich weg bin von dem ... Verblichenen ... fühle ich mich viel kräftiger.»

Lestarde und Charlo blieben vier Tage in Ladybower. Am ersten Tag befragten sie und zwei hiesige Sergeants die dreizehn zurückgebliebenen Gäste. Gilbert und Sullivan fielen genauso gehässig übereinander her wie zuvor, denn jeder von beiden war sicher, daß der andere Lestrades Mann sei. Das galt besonders für Gilbert, der sagte, er sei sicher, die Todesursache sei darin zu suchen, daß der Mann Sullivans Musik gehört habe. Lestrade schied die beiden als ernsthaft Verdächtige aus. Angesichts der Tatsache, daß die Gäste nunmehr Gefangene in Ladybower waren, hielten sie sich bei der Befragung bemerkenswert wacker.

Daisy, Daisy

Daisy Warwick hatte sich Lestrade bewußt bis zum Schluß aufgespart.
«Ich habe Sie warten lassen, Lady Warwick. Ich bitte um Vergebung.»
Daisy bemerkte seinen frostigen Ton, doch sie beschloß, ihn zu überhören.
«Das ist schon in Ordnung, Sholto. Wenn ich Ihnen bei dieser furchtbaren Sache helfen kann ... Der arme Mann ...»
«Hegen Sie freundliche Gefühle für die armen Arbeiter, Madame?»
«Das tue ich tatsächlich.» Daisy war ebenso durchtrieben wie der Inspector.
«Haben Sie den Toten gekannt?»
«Nein, ich kannte ihn nicht.»
«Sind Sie mit Giften und ihrer Verabreichung vertraut?»
«Du lieber Gott, nein.»
«Der Prince of Wales ist gestern abend ziemlich hastig abgereist, nicht wahr?»
«Sholto, du kannst doch unmöglich glauben, daß Bertie oder ich irgend etwas mit dem Tod dieses armen Mannes zu tun hatten!»
Lestrade gab nach. «Nein», sagte er, «aber Sie müssen einsehen, daß ich jeden verdächtigen muß, bis hinauf zum Thronerben. Was vorige Nacht angeht ...»
Daisy stand auf und führte die Finger an ihre Lippen. «Alte Geschichten ...» sagte sie und schwebte so wundervoll wie immer aus dem Zimmer.
In den folgenden Tagen waren Lestrade und Charlo verbissen damit beschäftigt, jeden Pächter auf Harnetts Gut zu befragen. Jim Hodges war beliebt gewesen und ein ausgesprochener Spaßmacher, ja; doch niemand hegte Groll gegen ihn. Seine Späße waren bieder und gutmütig – so wie damals, als er das Jagdhorn des Generals mit Tabak stopfte oder die Schnürbänder des zu Besuch weilenden Bischofs Durham, der nach dem Tee döste, zusammenband. Ja schön, der alte Junge hatte drei Zähne eingebüßt, als er aufstand, aber da es nicht anging, daß Lestrade Seiner Gnaden rachsüchtige und mörderische Neigungen unterstellte, schwieg man am besten darüber. Lestrade beschloß, das zu tun. Hodges hatte beinahe dreißig Jahre auf dem Gut gearbeitet. Seine Frau war vor einigen Jahren gestorben.

Die Heirat bot keine Anhaltspunkte. Charlo zog hustend durch Dutzende von Hütten, lehnte Tee und Limonade ab und hielt sich nach Möglichkeit im Schatten auf. Das Ergebnis dieser akribischen und quälenden Untersuchungen? Nichts. Doch von größtem Interesse war für Lestrade, daß sich eine Verbindung zwischen mindestens zweien der Opfer herstellen ließ. Er kam dahinter, als er die persönliche Habe des alten Mannes durchsuchte. In einem Winkel eines Schrankes fand er, in rotes Tuch eingewickelt, eine Medaille. Sie war mit einem verblaßten blauen und gelben Band reich verziert und mit einer einfachen Spange versehen wie das Etikett einer Sherryflasche; und sie trug die Aufschrift «Balaclava».

Die alten Sünden waren auf den Urheber zurückgefallen.

Soldatenlos

Es war lange her, seit Nimrod Frost einen Omnibus benutzt hatte. Er betrachtete die Treppe zum Oberdeck als Herausforderung, und in der schimmernden Sonne des letzten Julitages plumpste er schwer auf seinen Sitz. Sommer in der Stadt war für einen Mann von seiner Leibesfülle kein Vergnügen. Seine Kleider klebten an seinem Körper, als sei er durch einen Sumpf am Amazonas gewatet. Die Gebäude schwankten im Hitzeschleier, als die Pferde, schweißschäumend und nervös, die Alte Lady von Threadneedle Street links liegen ließen und den großen freien Platz von Cornhill ansteuerten. Der schmuddelige Mann im federleichten Staubmantel saß hinter ihm, schob den Bowler ins Genick und zündete sich eine Zigarre an.
«An Geld fehlt's also nicht, Lestrade», murmelte Frost aus dem Mundwinkel. Die Männer saßen Rücken an Rücken wie Buchstützen von Jack Spratt und seiner Frau.
«An die Suspendierung bei halbem Gehalt könnte ich mich gewöhnen, Sir», erwiderte der Inspector.
«Ich war drauf und dran, die Sache mit Gregson zu regeln und Sie wiedereinzusetzen», sagte Frost.
«Ich fühle mich natürlich geschmeichelt, Sir, aber in diesem speziellen Fall kann ich, offen gesagt, vermutlich als freier Agent mehr ausrichten.»
«Weniger Wirbel als im Yard, wie?»
«Ja, Sir, Verhaltensregeln in dreifacher Ausfertigung haben ihre Nachteile.»
«Richtig. Charlo hat mich informiert. Er ist kein guter Mann, wissen Sie. Ich hatte die Absicht, ihm andere Aufgaben zu übertragen, einen Schreibtischposten. Aber er wollte nichts davon hören. Das ist Treue, Lestrade. Ich mag solche Männer.»
Und ungeachtet der Tatsache, daß Lestrade nur ein paar Tage in Charlos Gesellschaft verbracht hatte, tat er das ebenfalls. Jetzt zün-

dete Frost sich eine Zigarre an. «Verdammt heiß, nicht wahr?» Eine Zeitlang dachte Lestrade, Frost spreche von der Zigarre, und fand die Bemerkung ziemlich merkwürdig, doch dann machte die Hitze über der Stadt auch ihm zu schaffen, und er begriff.

Die beiden Männer unterhielten sich in abgerissenen kurzen Worten, und sobald sich ein Mitfahrer näherte, bliesen sie Rauchkringel in die Luft. Die Buchstützen verrieten nichts. Bei Knightsbridge umschloß Lestrade hastig die Rolle Banknoten mit der Hand, die Frost ihm herüberschob, und verließ den Omnibus. Das riesige Plakat mit der Aufschrift «Nestlé» schwankte fort, überragt von kummervollen Zügen des Leiters der Kriminalpolizeibehörde.

Einmal mehr blieb Lestrade nur Zeit, seinen Chef zu treffen, ein oder zwei Kleidungsstücke zum Wechseln einzupacken (sein Gehalt ließ nicht mehr zu) und Mrs. Manchester eine erlogene Nachricht zu hinterlassen, bevor er abermals einen Zug bestieg. Woran lag es nur, sinnierte er, als er nach Norden fuhr, daß Landluft mich immer zum Niesen bringt? Trotz aller Hitze liebte er die Festigkeit des Straßenpflasters, die scharfen Schatten des Tower, den Gestank von Billingsgate, die endlosen Vorstädte von Norwood und Camberwell. Es war wirklich rücksichtslos von dem Mörder, in der Provinz zu töten. Wie sollte es mit den Kriminellen bloß enden?

Er passierte die hohen, wilden Hecken von Deene und die kleine Kirche, versteckt in einem Dickicht von Wolfsmilch und scharfem Hahnenfuß. Nicht daß Lestrade diese botanischen Namen gekannt hätte. Für ihn war ein Grashalm ein Grashalm. Also, Jim Hodges war an einer Aconit-Vergiftung gestorben. Er grübelte noch einmal über die Information, die er besaß, drehte und wendete sie so lange, bis sie einen Sinn ergab. Das Aconit, das man aus der Pflanze Eisenhut gewann, mußte auf jenen Teil der Hecke geschmiert worden sein, an dem Hodges arbeitete. Wer aber wußte, wo er arbeitete? Jeder seiner Arbeitskollegen, mehr als ein Dutzend Männer. Aber Lestrade hatte sie befragt. Und er brüstete sich damit, einen unehrlichen Mann auf den ersten Blick zu erkennen. Keiner dieser armen Hunde war ein Mörder. Wie viele Arbeiter konnten sich Eisenhut besorgen? Und wie viele verfügten über die Kenntnis, das Gift daraus zu gewinnen? Andererseits gab es wieder seltsame Dinge, von

denen der Volksmund zu berichten wußte. Sie waren seltsamer, als er sich ausmalen konnte. Er sehnte sich wieder nach dem Straßenpflaster und nieste heftig.
Aconitum. Aconitum. Eisenhut. Die Worte wirbelten in seinem Kopf herum. Hatte der Chemiker in Manchester recht, von dem er seine Kenntnisse hatte? Es sei ein seltenes Gift, hatte er gesagt. Es konnte durch die Haut aufgenommen werden. Der Tod konnte in weniger als acht Minuten eintreten. Doch an diesen Brombeerranken hätte sich jeder verletzen können. Es war eine riskante Methode – heikel, unsicher. Und an jenem Morgen war der Chemiker mehr an den Druckfehlern im *Guardian* als an Lestrades verdorrten Brombeerranken interessiert. Trotzdem, man schrieb das Jahr 1893. Die Errungenschaften der Wissenschaft in ihrer ganzen Großartigkeit standen Lestrade zur Verfügung. Der Einspänner hielt plötzlich, und das schweißbedeckte Pferd ließ einen Wind gehen und setzte seine Fracht mit symbolischer Grandezza vor der Eingangstür ab.
Deene Park war ein prachtvolles Gebäude aus der Zeit von Jacob I., ein sanftes Grau in der Hitze des 1. August. Ihre Ladyschaft, so wurde Lestrade mitgeteilt, nehme gerade den Tee auf der Terrasse. Ob es dem Gentleman etwas ausmache, sie dort aufzusuchen? Lestrade war Adeline Brudenell bereits einmal begegnet – vor zwei Jahren unter ein wenig seltsameren Umständen. Und darum war er auf den Anblick vorbereitet, der ihm bevorstand. Eine Frau reiferen Alters, noch immer schlank und lebhaft, mit zuviel Make-up, angetan mit einer scharlachroten, goldbesetzten Weste. Auf ihrem Haupt thronte, liederlich schief sitzend, eine Feldmütze in Knallrot. Die Lady bot Lestrade Tee an.
«Junger Mann, wir sind uns schon begegnet», fing sie an, nachdem der Diener eilfertig davongehuscht war. «Ich vergesse nie ein Gesicht. Und ich glaube, ich war anwesend, als Sie Ihre Nasenspitze einbüßten.»
«So ist es in der Tat, Madame.» Lestrade nahm Platz.
«Prachtvolles Wetter, nicht wahr? Wie Sie wissen, habe ich im letzten Jahr mein Haus in Highgate verkauft, und ich finde Portman Square so deprimierend.»
«Sind Sie zur Saison nicht in der Stadt, Madame?»
«Ts, ts, Sie häßlicher Junge. Ich bin natürlich tief betrübt, versteht

sich, daß Sie sich nicht daran erinnern, aber ich bin verstimmt, daß mein schlechter Ruf sich nicht bis zu Scotland Yard herumgesprochen zu haben scheint. Wer bin ich?»
«Sie sind Lady Cardigan», erwiderte Lestrade. «Eine huldvolle Lady, darf ich sagen.»
«Twaddle!» Adeline läutete das Glöckchen. «Ja, ja, ich weiß, das Überbleibsel des Siebten Earl, des Helden von Balaclava, und ich halte die Erinnerung an ihn lebendig, indem ich seine alten Uniformen trage. Freilich auf meine Weise. Ach, Inspector, ich erinnere mich, als Cardigan Adeline Horsey de Horsey in die Stadt brachte, wußte es jeder. Gott, wie sie die Hälse verrenkten.» Sie zündete sich eine Havanna an, was Lestrade ein wenig beunruhigte, und sog kräftig daran. «Ich erinnere mich an die Kutschen, das Geglitzer, die Ausritte in Rotten Row und Steyne.» Dann lachte sie. «Die Königin, Gott strafe sie, konnte mich nicht leiden. Eigentlich war es Albert, der scheinheilige alte Preuße. Ich wurde – und werde – für nicht gesellschaftsfähig gehalten, Inspector. Altehrwürdige Phrasen wie ‹Man konnte nicht mehr erwarten› und so weiter und so fort. Wissen Sie, daß er tatsächlich lieber den Oberstenrang im Regiment meines Gatten niederlegte, als mit mir zu verkehren? Und Ihre Majestät, sie, mit ihren Glubschaugen und ihrem Elefantenwanst, ließ sich auf einem Porträt von James, das Seiner Königlichen Hoheit Balaclava nahebrachte, übermalen. Kein Wunder, daß ich keine Einladung zur Hochzeit bekam.»
«Hochzeit, Madame?»
«Kommen Sie, Inspector. Waren Sie auf dem Mond?»
«In Manchester, Madame.»
«Aha, ich verstehe, das erklärt alles. George und Mary – ein bezauberndes Paar. Um Clarence hat es mir nicht leid getan. Ich habe ihn nie gemocht. Man stelle sich vor: seine eigenen Duelle nicht auszufechten! Das werde ich ihm nie verzeihen. Trotzdem, George wird nie König werden. Victoria wird uns alle überleben. Ich zweifle, ob Bertie eine Chance kriegen wird.» Sie seufzte. «Diese Langlebigkeit ist eine schreckliche Sache.» Ein Diener erschien, der ein Fahrrad schob.
«Wir haben einen Gast, Meldrum», machte sie ihn aufmerksam, und der Mann eilte davon, um ein zweites Vehikel aufzustöbern.
«Sie fahren doch Rad?» erkundigte sie sich.

«Sagen wir, ich fühle mich im Sattel eines solchen Rosses sicherer als in dem eines Pferdes, Madame.»
«Gut. Trotzdem ein Jammer, daß man auf einem Waverley nicht hinter Hunden jagen kann. Die Fünfstangengatter sind das Problem, wissen Sie. Ich versäume nie meine Morgentour, also werden Sie mit mir kommen müssen.»
Meldrum brachte ein stabiles, schwarz lackiertes Raleigh, und Lestrade, nachdem er auf Drängen der Lady das Jackett abgelegt hatte, bestieg es unverzagt, und sie radelten los. Er hatte nicht erwartet, daß Adeline die Terrassenstufen hinunterfahren würde, doch sie bewältigte sie mit Feuereifer. Es ist indessen eine physikalische Tatsache, die Lady Cardigan möglicherweise vergessen hatte, daß das Befahren einer Treppe von einem Gentleman sehr viel mehr Mut und Behendigkeit verlangt, als Lestrade angesichts seiner kurzen Praxis aufzubringen vermochte. Es waren zwölf Stufen. Insgeheim zählte Lestrade mit und nahm sie mit Gefühl. Hätte sich Adeline die Mühe gemacht, einen Blick nach hinten zu werfen, hätte sie einen älteren und bleicheren Mann erblickt.
Sie strampelte ungestüm über die Wiese, Staub wirbelte hinter ihr hoch, Röcke bauschten sich im Wind, und die Sonne blitzte auf den Tressen ihrer Feldmütze. Als sie in die Felder in der Umgebung Deenes einbogen, schossen aus den Hecken hier und da Arbeiter in die Höhe und salutierten zackig beim Klang der Klingel der Lady. War es die Landluft? fragte sich Lestrade. Seine unbequeme Fahrt im Einspänner? Seine halbe Entmannung auf den Stufen? Auf jeden Fall fiel es ihm sehr schwer, mit Adeline Schritt zu halten, und sie schien ihr Tempo die ganze Zeit zu verschärfen.
Es erfüllte ihn mit echter Erleichterung, daß Adeline, nachdem sie den See (zu seiner Freude nicht auf dem Teppich von Wasserlilien, sondern über die Brücke) überquert hatte, ihr schlecht geöltes Zweirad quietschend am Sommerhaus zum Stehen brachte. Sie wartete, bis Lestrade sie eingeholt hatte.
«Hierher pflegte er seine Kammermädchen zu bringen», sagte sie. «Er machte immer einen Verdauungsspaziergang auf der Terrasse und wanderte dann in diese Richtung. Minuten später sah man eine Frau in Weiß, seine erwählte Gespielin für den Abend, über den Rasen huschen.» Sie wirkte abwesend, mit einem Lächeln auf den welken, tiefrot geschminkten Lippen. «Aber», sagte sie, in die Ge-

genwart zurückkehrend, «Sie sind nicht hergekommen, um in Erinnerungen zu schwelgen.»
«So ist es in der Tat, Lady Cardigan.»
Und der Inspector und die Matrone saßen im schattigen Boudoir des Sommerhauses, während Lestrade sich mühte, alte Erinnerungen wieder lebendig werden zu lassen.
«Ich habe erfahren, daß einer der Burschen Ihres verstorbenen Gatten auf der Krim ein gewisser James Hodges von den Elften Husaren war. Hat Ihr Gatte je von ihm gesprochen?»
«Mein Gatte sprach von vielen Leuten, Inspector. Meistens in bösartigem und geringschätzigem Ton. Doch ich fürchte, ein solcher Typ von Mann war er nun mal – oh, tapfer wie ein Löwe und eitel, aber nicht gutmütig. Er konnte Narren nicht ausstehen. Hodges. Hodges. Ja, natürlich. Jetzt entsinne ich mich. Hodges war sein Lieblingsbursche. Soweit ich mitbekommen habe, ein echter Spaßvogel. Aber James hatte ihn seit der Krim nicht mehr gesehen. Das muß 1854 gewesen sein, kurz nach Balaclava. Seine Lordschaft hatte eine Bronchitis, wissen Sie. Er mußte nach Hause zurückkehren. Doch wozu diese Fragen, Inspector? Ich könnte mir vorstellen, daß Hodges inzwischen verstorben ist.»
«Das ist er in der Tat, Madame. Und zwar durch die Hand eines anderen.»
«Mord?» fragte Lady Cardigan ungläubig.
Lestrade nickte.
«Inspector. Mein Gatte ist seit 25 Jahren tot. Sie nehmen doch wohl nicht an, er sei aus seinem Grab herausgestiegen, um diesen Hodges umzubringen?»
«Keines von beiden, Madame. Aber wir vom Yard gehen der winzigsten Spur nach.»
Lady Cardigan war mit ihren Gedanken bereits woanders. «Wenn meine Erinnerung mich nicht trügt, war Hodges auch einige Zeit der Bursche von John Douglas. Er war zur Zeit der Schlacht von Balaclava Colonel der Elften.»
«Wissen Sie, wo ich ihn vielleicht finden könnte?»
«Aldershot», erwiderte Lady Cardigan, und abermals war ihr schnell arbeitender Geist auf und davon. Sie nahm Lestrades Hand in die ihre und blickte in seine nüchternen Augen.

«Meine Familie hat Angst, daß ich wieder heirate», sagte sie. «Das würde einen Strich durch ihre Pläne in bezug auf die Erbschaft machen. Eine Heirat würde auch meine gegenwärtige Zahlungsunfähigkeit beseitigen. Diese alten Häuser zu unterhalten, kostet ein Vermögen, Inspector.»
«Ist das ein Heiratsantrag, Madame?» fragte Lestrade.
«Warum nicht? Es ist vielleicht kein Schaltjahr, aber ich bin nun mal die berüchtigte Adeline Cardigan. Die Leute erwarten so was von mir.»
Lestrade tätschelte sanft ihre Hand und erhob sich.
«Ich kann Sie nicht ernähren, Madame», lächelte er und wandte sich dem Raleigh zu. Der Anblick des Sattels entmutigte ihn, er küßte die Hand der Lady, sagte ihr Lebewohl und ging, ein wenig schwankend, zum wartenden Einspänner.
Lady Cardigan hatte Lestrade nicht die ganze Wahrheit gesagt. John Douglas, Colonel der Elften Husaren, war im riesigen Kasernenkomplex von Aldershot zu finden, doch er befand sich, da er 1871 verblichen war, in einer steinernen Gruft. Diese Spur hatte ihn im wahrsten Sinne des Wortes in eine Sackgasse geführt, dachte Lestrade. Gleichwohl würde er für seinen Bericht im übertragenen Sinne noch ein wenig tiefer graben, um zu sehen, was ihm die Leute in Aldershot über John Douglas oder seinen Burschen, Jim Hodges, würden sagen können.
«Sie sprechen von einer Zeit, die fast 40 Jahre zurückliegt», scholl es ihm während des Tages ungezählte Male wie aus einem Phonographen entgegen. Am Abend war er im Begriff, sich in den zellenartigen Besucherraum in den Mannschaftsquartieren zurückzuziehen (der Generalquartiermeister war offenbar nicht der Ansicht, daß ein Polizeiinspector der zuträglicheren Räumlichkeiten in den Offiziersblocks würdig war), als er beinahe mit einem älteren Kauz zusammenstieß, der behutsam an der Bordsteinkante entlangschlingerte, verzweifelt bemüht, in einer geraden Linie zu gehen, wobei er durch den Pferdekot im Rinnstein schlurfte.
«Oh, danke dir, lieber Junge.» Der ältliche Offizier tippte an seine Mütze und gelangte auf das Pflaster zurück. «Vielleicht ... k... könns du ja ... so ... so nett sein ...» Und er deutete unsicher mit seinem Offiziersstöckchen auf die Tür in der nahen Mauer. Er strauchelte heftig, und nur Lestrades Geistesgegenwart bewahrte ihn da-

vor, mit seinem Kopf gegen den Türrahmen zu krachen. Er vollführte eine Drehung auf einem Bein, während das andere herumwirbelte wie bei einem Rollschuhläufer, der eine Pirouette dreht, wobei er anklagend auf den Erdboden schielte. Als er auf das Gras deutete, überschlug er sich beinahe und taumelte eine Weile bedrohlich hin und her.

«S ... S ... Seit ... fast fümzich Jahrn geh ich über d ... diese Schw ... Schwelle», murmelte er. «Is ... mir ... noch ... nie ... aufgefalln.» Er richtete sich plötzlich auf und bemerkte, daß Lestrade neben ihm war. «Ah, lieber Junge. Bissa ... wieder da. Bisso nett gewesen. Möchtest du mit mir eine Erf ... Erfrisch ... einen nehmen?»

«Sagen Sie mir, Sir», sagte Lestrade, «kennen Sie Colonel Douglas, ehemals bei den Elften Husaren?»

Der alte Mann riß ein Bein extrem in die Höhe, um auf die knallroten Hosen der Elften hinzuweisen, die er trug, bevor er endgültig das Gleichgewicht verlor und erleichtert in das Gebüsch zurückfiel. Lestrade half ihm auf und beförderte ihn in sein Quartier. Er suchte ein Streichholz und zündete eine Lampe an. Der Raum war ein wenig schmucklos, doch hier und da lagen ein paar Papiere herum.

«Im Schirmschtänder», rief der Gentleman, nachdem er dankbar auf sein Bett geplumpst war. Lestrade fand die Flasche Dewar's und goß jedem ein Glas ein.

«Auf Ihr Schpezielles», nuschelte der alte Mann, noch immer der Länge nach hingestreckt, doch seine Hand hielt das Glas fest umklammert und sein Arm war unbeweglich ausgestreckt.

«Mr. ... äh ... Mr.?»

«Lestrade, Sholto Lestrade.»

«Sholto?» fragte der alte Mann.

«Sholto», wiederholte Lestrade und schob einen Berg zerknüllter Papiere beiseite, um einen Sitzplatz zu finden. «Und Sie sind?»

«Sternhagelvoll», erwiderte der Bursche, und mit einem Kraftakt von erstaunlicher Beweglichkeit schüttete er sich den Inhalt des Glases in den Mund. Er setzte sich auf.

«Geschtatten Sie, daß ich mich vorschtelle. Reverend Wilberforce Battye, ehemals Militärgeistlicher der Elften, Prinz Alberts Leibregiment. S ... So ... schteht's wenigstens –» er erhob sich unsicher auf die Füße – «auf dieser Einladung zum Dinner», und er

schwenkte sein Glas unsicher in Richtung auf eine Karte, die an der Wand befestigt war. «Oder nich?»
«Also kennen Sie Colonel Douglas?» fragte Lestrade.
«Wen? O ja. Kenne John. Issa komisch», er goß sich einen weiteren Scotch ein, «er hatte denselben Namen wie Sie, wissen Sie. Sholto. Nicht verwandt, wie?»
«Ich glaube nicht», antwortete Lestrade.
«Schteht aber fest», er spähte unter den Rand von Lestrades Bowler, «daß S ... Sie ... ihm nich unä ... und ähnlich sind, wissen Sie. Er war größer, würde ich sagen. Und er ha ... er hatte 'türlich 'ne 'ase.»
«Ase?»
«Jawoll», und der Geistliche stieß mit seinem betrunkenen Finger irgendwo zwischen seine Augen.
«Kannten Sie auch Jim Hodges, seinen Burschen?»
«Nie von ihm gehört.»
Lestrade trank einen zweiten Scotch, um seinen Kummer zu ertränken. Es war natürlich ein Schuß ins Blaue gewesen. Die Aussichten, daß dieses Häufchen Elend irgend etwas für den Fall Wichtiges wußte, waren ziemlich mies. Der alte Mann sank wieder auf sein Bett zurück. Lestrade nahm ihm die eingebeulte Feldmütze ab, faltete ihm die Arme über der Brust und schlich zur Tür.
«Wissen Sie eintlich», der Geistliche erwachte plötzlich zum Leben, «daß ich ihn immer auf dem Kie ... hi ... ker hatte, er hätt Alex Dunn umgebracht, he?» Seine Arme sanken wieder herunter, und er begann laut und unregelmäßig zu schnarchen. Lestrade schloß die Tür und begann stumm mit seinem Kopf gegen die Wand zu pochen. Wer war Alex Dunn? John Douglas ein Mörder? Warum sollte der Geistliche von einem Mord erzählen? Lestrade hatte ihm nicht gesagt, daß er von der Polizei war. Er durchsuchte den Raum, um Tee, Kaffee oder irgend etwas zu finden, um den alten Narren nüchtern zu machen. Er stieß auf eine Flasche Abendmahlswein, und eine Stimme hinter ihm sagte:
«Der tut's auch.» Und Battye, die Augen noch immer geschlossen, streckte sein Glas hin. Er trank, dann setzte er sich auf und verlangte ein zweites Glas. Es folgte dem ersten.
«Is komisch», sagte er. «Das einzige, das mich wie ... hi ... der auf die Beine bringt, is Ammahlswein. Die W... Wege des Herrn sinn

unerforschlich. Prost. Zum Segen.» Und er stürzte ein drittes Glas hinunter, schüttelte den Kopf und blinzelte, um klarer sehen zu können. «Hm, was wollten Sie wissen?»
«Sie sagten etwas über John Douglas. Er hätte Alex Dunn umgebracht.»
«Wirklich?» Der Geistliche machte angestrengte Versuche, sich zu erinnern. Der Kommunionswein hatte ihn offensichtlich klarer gemacht als alles andere, denn er sagte plötzlich: «Und warum interessiert Sie das?»
«Weil ich von Schkot ... Scotland Yard bin», sagte Lestrade, «und weil ich mich mit Mord befasse.»
«Ach so», sagte Battye und räusperte sich, «das is 'ne l ... lange Geschichte.»
«Ich habe die ganze Nacht Zeit», sagte Lestrade und machte es sich bequem.
«Alex Dunn war der brillanteste Offizier in der Elften, damals.» Er stürzte ein viertes Glas hinunter, was seine Aussprache auf der Stelle von Zischlauten befreite. «Groß, stattlich, charmant. Ich bin nur ein paar Monate beim Regiment gewesen. Mein erstes Amt. Dunn nahm mich unter seine Fittiche, wie er's mit allen neuen Jungens machte. Ich seh ihn jetzt vor mir, lachend an der Spitze seiner Abteilung, sechs Fuß zwei hoch. Schultern wie 'n Chorpult. Ein höll ... Verzeihung ... verdammt guter Fechter. Zum Reiter geboren, natürlich, warn sie alle damals. Nicht solche Peitschenknaller wie heute, diese Jünglinge von der Public School. Meisten von ihnen nicht trocken hinter den Ohren. Wissen nicht, wo bei 'nem Pferd hinten und vorne is.»
«Dunn?» ermahnte ihn Lestrade.
«Nun ja, 'n paar vielleicht. Aber die Elfte ritt zum größten Teil Kastanienbraune. Egal, zurück zu Alex Dunn. Ich bin kein Mann für Klatsch, verstehen Sie, aber das war's, warum Douglas ihn nicht mochte. Hielt sich immer wie für so was wie 'n *Beau sabreur*, aber er hatte nicht Dunn's Klasse. Und dann, als er die Sache mit Rosa anfing ...»
«Rosa?» wiederholte Lestrade. Das war der Name des Schiffes, das am Leuchtturm von Cromer angelegt hatte, als Bentley ermordet wurde.
Der Geistliche griff zur Flasche, um sich das fünfte Glas Wein ein-

zuschenken, doch Lestrade legte rasch seine Hand über die Öffnung des Glases. Battye goß immer weiter über seine Finger und war überrascht, daß nichts durch seine Kehle lief, als er das Glas zurückstellte.

«Douglas' Frau, Sir. Sie verliebte sich rettungslos in Alex Dunn. War *das* Gesprächsthema im Regiment. Schließlich verließ sie Douglas und ging mit Dunn nach Kanada.»

«Und wann und wie starb Dunn?»

«1868 war's, glaub ich.» Das gleiche Jahr, in dem Cardigan starb, dachte Lestrade, falls Lady Cardigan sich richtig erinnert hatte. Zufall? Möglicherweise. «Offenbar ein Jagdunfall. Schrotflinte. Sehr unangenehm. Natürlich war er inzwischen bei den Dreiunddreißigern. Gott weiß, wo sie heute stehen.»

«Die Dreiunddreißiger?» fragte Lestrade.

«Oh, wie lautet noch dieser neumodische Name dafür? Regiment des Duke of Wellington, oder? Ich weiß es nicht.»

«Und Sie glauben, Douglas hat abgedrückt?»

«Damals kursierte so 'n Gerücht. Aber ich bin ein nachsichtiger Mann, Sholto. Ich ziehe es vor, an einen Unfall zu glauben. Rosa könnte es Ihnen erzählen.»

«Rosa Douglas lebt noch?»

«Ja, ich denke schon. Zuletzt hörte ich, sie lebe irgendwo in Warwickshire. In einem Dorf namens Tysoe. Aber sagen Sie mir, Sholto, was schnüffelt ihr Burschen jetzt in all diesen Sachen herum? Es ist Jahre her.»

«Die Mühlen der Justiz mahlen langsam», sagte Lestrade, stolz auf diesen philosophischen Brosamen. «Und Sie sind sicher, daß Sie den Namen James Hodges nicht kennen?»

«Sholto.» Battye kam mühsam auf die Beine. «Es gibt Zeiten, wo ich noch nicht einmal meiner selber sicher bin.» Und er fiel auf das Bett zurück und schnarchte gewaltig.

Es war ein Lärm, wie Lestrade ihn zuvor nicht oft gehört hatte. Und niemals um fünf Uhr früh. Ein massiges nacktes Weib, dessen Brüste sich verlangend hoben, kniete am Fußende seines Bettes, die Beine öffnend, während er es anstarrte. Dann brachte sie plötzlich aus einem unerfindlichen Grund zu beiden Seiten seines Kopfes zwei

Messingbecken zum Erklingen. Als er gänzlich wach war, stellte er fest, daß er aufrecht im Bett stand, sein Kopf mit der Zimmerdecke kollidiert und seine Erektion an der Wand zerschellt war. Becken und Sirene waren verschwunden, und an ihre Stelle trat die Einsicht, daß es ein Horn war, das er hörte.
Er riß den Vorhang beiseite und sah einen Soldaten, in ein gräßliches Rot gekleidet, der nach Leibeskräften die Reveille über die Weiten von Laffan's Plain blies.
Warum, dachte Lestrade, als er sich in seinem Nachthemd wieder ins Bett sinken ließ, warum um fünf Uhr? Und warum ausgerechnet vor *seinem* Fenster?
Das Frühstück bestand aus Toast und schwarzem Kaffee, da der Milchwagen, für den es wohl viel zu früh war, nicht eingetroffen war. Lestrade bemühte sich, wach zu bleiben. War er nicht der Mann, der den Tammanwolf gejagt hatte? Der im *Struwwelpeter*-Fall mit einer mörderischen Meute ausgeritten war? Der in der Adair-Affäre beinahe ohne fremde Hilfe bei der Jagd nach dem Täter mit einem Ballon über die Penninen geflogen war? Nein, wahrscheinlich nicht, dachte er, während er sich die Krawatte mit Kaffee bekleckerte.
An diesem Morgen wollte er wieder nach Warwickshire fahren und vielleicht bei dieser Gelegenheit Lady Cardigan noch einmal besuchen. Wie die Romanschreiber sagten, begann sich die Handlung zu verdichten, denn dieses Klischee benutzen sie immer. Was würde John Watson aus dem Fall machen? Und Conan Doyle? Vermutlich mehr Geld als er, bei seinem Versuch, ihn zu lösen.
Zuerst mußte er seinen müden Körper zum Bahnhof schleppen.
Die Fahrt nach Tysoe erwies sich als ein logistisches Problem. Er begann sogar mit dem Gedanken zu spielen, ein Fahrrad zu mieten, aber das war zu gesund. Besser, man verließ sich auf die Sicherheit von Eisenbahn und Einspänner.
«Inspector Lestrade.» Eine Stimme hinter ihm ließ ihn herumfahren.
«Ja.» Er war dankbar, daß er seine Gladstone-Reisetasche abstellen konnte, denn er glaubte diese Last keinem leidgeprüften Rekruten aufbürden zu dürfen. Er sah einen schlanken, etwa zwanzig Jahre alten jungen Mann in der Uniform eines Offiziersanwärters der nahen Militärschule Sandhurst vor sich stehen. Der junge Mann

knallte die Hacken zusammen und salutierte knapp. «Mein Name ist Churchill, Sir. Winston Churchill. Kann ich Sie vielleicht mitnehmen?»

Ein Hafen im Sturm, dachte Lestrade, wobei er Metaphern und Militär ein wenig vermengte. Doch wie er argwöhnte, hatte die Sache einen Haken. Als sie über Laffan's Plaine hinwegrumpelten, stellte es sich heraus.

«Eigentlich ist unser Zusammentreffen kein bloßer Zufall.»

Da haben wir's, dachte Lestrade.

«Sehen Sie, ich werde demnächst zwanzig und habe bis jetzt in meinem Leben nichts geleistet. Um die Wahrheit zu sagen, kann ich mich nicht entscheiden, ob ich Generalfeldmarschall oder Innenminister werden soll. Wie auch immer, ich muß ziemlich bald eine Medaille kriegen, oder das Ganze hat keinen Sinn. Ein paar von den Burschen hier sagen, daß Sie an Colonel Douglas von den Elften Husaren interessiert sind.»

«Stimmt», sagte Lestrade.

«Nun, sehen Sie, wenn ich Innenminister werden sollte, werde ich Leuten wie Ihnen doch Befehle erteilen, oder?»

«Theoretisch», pflichtete Lestrade bei.

«Also hab ich mir gedacht, ich häng mich ein bißchen an Sie dran und kriege raus, wie ihr Burschen euer Geld verdient. In Ordnung?»

«Nein, Mr. Churchill, das ist es leider nicht», und Lestrade brachte das Pferd zum Stehen. «Verstehen Sie, ich bin mit einer Morduntersuchung beschäftigt. Und solche Dinge sind immer vertraulich.»

«Dann möchte ich Sie wenigstens zu einem Drink einladen. Meine Stammkneipe liegt nur ein paar Meilen die Straße rauf. Es wird nicht lange dauern.»

«Ich sollte wirklich ...»

«Unsinn.» Und der Offiziersanwärter knallte mit der Peitsche und ließ das Pferd auf der Straße nach Sandhurst dahingaloppieren. Kurz vor elf stiegen sie vor dem *White Swan* aus, und Churchill ging voran ins Gastzimmer. Nach der gnadenlosen Hitze über Laffan's Plain war allein schon die Kühle in dem abgelegenen Gasthaus eine Erholung. Bis auf das Ticken der Standuhr war es still, und Lestrade benutzte Churchills kurzzeitige Abwesenheit, seine Beine vor der gähnenden Schwärze des leeren Kamins auszustrecken. Die Fahr-

künste des jungen Churchill waren nicht so makellos, wie sie hätten sein sollen, und verschiedene Körperteile Lestrades waren eindeutig taub. Der Kadett kehrte mit einem rotgesichtigen Mann in weißer Schürze zurück, der ein Tablett mit drei Zinnkrügen trug, die bis zum Rand mit hiesigem Bier gefüllt waren.
«Macht acht und 'nen halben, bitte.» Der Wirt hielt Lestrade die Hand hin.
«Tut mir leid, Inspector», sagte Churchill. «Mein monatliches Geld ist bis jetzt noch nicht eingetroffen. Vater ist im Augenblick ein bißchen klamm.»
Widerstrebend wühlte Lestrade in seiner Hosentasche nach dem Geld. Er fand neun Pennies und sagte großmütig: «Behalten Sie den Rest.»
Das Gesicht des Wirtes offenbarte seine ewige Dankbarkeit, doch zu Lestrades leichtem Erstaunen ließ er sich nieder und machte dadurch deutlich, für wen der dritte Krug bestimmt war.
«Mr. David Grantham, Inspector Lestrade von Scotland Yard.» Der Herr Wirt brummelte etwas in sein Bier.
«Zeigen Sie ihm Ihr Bein, Grantham», sagte Churchill.
Lestrade stellte sich die Frage, welche Art von jungen Männern man heutzutage in Sandhurst aufnahm. Der Gastronom rollte sein Hosenbein hoch und entblößte eine bläulich verfärbte Narbe, die quer über Schienbein und Fußgelenk lief. Lestrade glaubte bereits bei seinem Eintreten ein Hinken bemerkt zu haben.
«Jetzt das Handgelenk.» Eine ähnliche Narbe wurde sichtbar.
«Sehr hübsch», sagte Lestrade, auf den diese offensichtlich uralten Verwundungen keinen Eindruck machten.
«Was verursachte diese Verwundungen, Grantham?» fragte Churchill, als prüfe er, als Kabinettstückchen für vernarrte Großeltern, ein frühreifes Kind auf Herz und Nieren.
«Ein Säbel, Sir.»
«Und wo haben Sie diese Verwundungen erhalten, Grantham?»
«Bei Balaclava, Sir, im Dienst Ihrer Majestät der Königin.»
«Und bei welchem Regiment standen Sie, Grantham?» Churchill bemerkte triumphierend Lestrades wachsendes Interesse.
«Bei den Elften Husaren, Prinz Alberts Leibregiment.»
Chruchill lehnte sich in seinen Sessel zurück. Sein Sieg war vollkommen. Lestrade warf ihm einen schnellen Blick zu. «Erinnern Sie

mich daran, ein Wort mit der Königin über Ihre Beförderung zum Innenminister zu reden», sagte er. «Nun, Mr. Grantham, trinken wir noch ein Bier?»
Die Geschichte offenbarte sich stockend zwischen Bieren, während das «Mädchen», wie es der alte Grantham fortwährend nannte, im anderen Schankraum energisch den steten Strom ausgedienter Soldaten abfertigte. Churchill hatte an der Tür ein handgeschriebenes Schild mit der Aufschrift «Geschlossen» befestigt, was, wie Lestrade bald begriff, der übliche Kunstgriff war.
David Grantham war 1850 bei den Elften Husaren eingetreten. Die ersten drei Jahre hatte er in der F-Brigade gedient, war geschliffen worden und hatte in Hounslow und Brighton mehr als einmal wegen schlampigen Aufzuges die Peitsche zu spüren bekommen. Ein besonders schlimmer Bastard, an den er sich erinnerte, war Sergeant-Major Loy Smith, ein harter Mann, der sich ihn ohne jeden Grund vorknöpfte. Niemand war dankbarer als Grantham, als er zur C-Brigade versetzt wurde und Loy Smith' Klauen entkam. Darauf hörte er, der verfluchte Sergeant-Major habe begonnen, einen Waliser namens Hope als Prügelknaben zu benutzen. Grantham war in bezug auf Dunn zurückhaltend. Auch er hatte ihn als einen stattlichen Mann in Erinnerung, der lässig und sogar leichtsinnig war, jedoch als Offizier in Ordnung. Von Colonel Douglas wußte er wenig zu erzählen – gerecht, höflich, nach den Begriffen der Zeit kein harter Mann. Es ging das Gerücht, sie kämen nicht miteinander aus. Doch das war für den einfachen Soldaten kaum von Interesse. Und es war vierzig Jahre her.
Das «Mädchen», ein hübsches Ding, das dem jungen Churchill schöne Augen machte, brachte das soundsovielte Bier, als Grantham im Zuge seiner Erinnerungen auf die Ärzte zu sprechen kam, die beim Regiment waren.
«Sie waren 'ne ziemliche Bande. Wilkins, Crosse und die anderen. Haben sich bei meinem Bein nicht mit Ruhm bekleckert. Darum humpel ich auch heute noch. Säbelwunden sollten eigentlich besser ausheilen. Ärzte! Sind alle gleich.»
Lestrade konnte nicht mehr erfahren. Ja, Grantham hatte Jim Hodges gekannt, doch nicht sehr gut. Er hatte den Ruf, ein Spaßmacher zu sein, und der ehemalige Gemeine Grantham hatte nicht den geringsten Sinn für Humor. Er war nicht sicher, ob er seinen gegen-

wärtigen Job noch lange machen würde. Seine Gäste, sagte er, fänden ihn mürrisch, ja sogar verschlossen. Er werde seine Tage vermutlich im Arbeitshaus beschließen.
«Es tut mir wirklich leid für Sie», sagte Lestrade mitfühlend.
Es war auf seinem Weg zur Tür, als sich einer jener grotesken Unfälle ereignete, die einzig und allein Sholto Lestrade zuzustoßen schienen. Als er die Tür des *White Swan* erreichte, ließ ein vorübergehender Sergeant sein Offiziersstöckchen fallen. Es rollte Lestrade unter die Füße, und einen Augenblick balancierte der Inspector darauf herum wie ein Akrobat im Zirkus. Dann stürzte er nach hinten, wobei er sich den Rücken stauchte und den Inhalt eines Spucknapfes über sein Jackett kippte. Churchill, der mit Mühe ein Gekicher unterdrückte, half ihm auf.
«Sind Sie in Ordnung, Inspector?»
«Danke, Mr. Churchill. Übrigens, wenn Sie einmal im biblischen Alter von Ihrem Posten als Innenminister, General oder was immer Sie werden mögen, zurücktreten, Ihre Erinnerungen schreiben und nur ein einziges Wort darüber verlieren, daß ich ‹mit dem Kopf zuerst im Spucknapf› landete, werde ich bei Gott aus meinem Grab aufstehen und Sie heimsuchen.»

Der junge Churchill begleitete Lestrade bis Oxford, wo er zwischen den träumenden Kirchtürmen ausstieg, um seinen Heimweg nach Blenheim fortzusetzen. Ihre Unterhaltung hatte viele Themen umfaßt. Ob vielleicht Lord Randolphs zehrende Krankheit auf Gift zurückzuführen sei. Und ob es wohl möglich sei, zu beweisen, daß die Mörder – oder die künftigen Mörder – Mitglieder einer Verschwörung waren, die aus Ihrer Majestät, Mr. Gladstone und Lord Salisbury bestand. Andererseits konnte es auch Churchills alte Kinderfrau, Mrs. Everest, sein. Die Möglichkeiten waren unbegrenzt. Lestrade blieb unbewegt. Eingedenk der Geschichten, die er über Lord Randolphs Schwäche für Damen gehört hatte, stand für ihn fest, daß die zehrende Krankheit des edlen Lords nur eine einzige Ursache hatte – Amors Bandwurm nagte an ihm. Aber er wollte den jungen Mann nicht zu tief enttäuschen.
Was war mit Lizzie Borden? Auch das hatte Churchill wissen wollen. Der Fall in Amerika, der kürzlich durch die Presse gegangen

war. Ob Lestrade gewußt habe, daß seine Mutter Amerikanerin sei? Welche Meinung hatte Lestrade als Kriminalist? Hatte sie Vater und Mutter zerstückelt? Lestrade gab eine nichtssagende Antwort. Schließlich war Lizzie Borden noch nicht einmal in Haft.

Es war Abend, bevor Lestrade im Wohnzimmer eines sauberen kleinen Hauses im Dorf Tysoe saß. Mit frischem und geschnittenem Schilf gedeckt, kuschelte sich das Haus an den Berghang, während die Schatten länger wurden. Zum zweitenmal an diesem Tag war Lestrade mit einer Standuhr allein, einem kleineren Modell aus Coventry. Er nahm den Raum in sich auf – kleine Fenster, die wenig Licht hereinließen, zwei ruhig brennende Petroleumlampen. Ein Tisch, mit einem Tuch aus purpurrotem Samt bedeckt, und auf der Anrichte eine Anzahl vergilbter Fotografien. Zwei davon stachen Lestrade besonders in die Augen. Zwei einander ziemlich ähnliche Männer, der eine mit einem riesigen Kaiserbart, wie er in den fünfziger Jahren populär war, in der Paradeuniform der Elften Husaren; der andere größer, jünger, adretter, ein hübscheres Gesicht, in der Uniform eines Infanterieregiments. Die zwei Seiten des Dreiecks, dachte Lestrade. Und die dritte Seite, möglicherweise der einzige Schlüssel zu den lang zurückliegenden Todesfällen, schwebte geräuschlos herein.

«Es passiert nicht gerade oft, daß ich von einem Beamten von Scotland Yard Besuch erhalte, Inspector. Möchten Sie sich nicht setzen?»

Lestrade machte es sich in einem stoffbezogenen Sessel bequem, da er aufgrund des heutigen Sturzes im Rücken noch immer eine gewisse Steifheit verspürte. Er wagte es nicht, einen einzigen Muskel zu bewegen – er wußte aus der Erfahrung vieler solcher Unfälle, welchen Schmerz das verursachen würde. In Zeiten wie diesen pflegten die Kinder auf der Straße zu ihren Eltern zu sagen: «Mama, da ist ein Mann, der hat den Kleiderbügel noch im Mantel.» Vorsichtig lehnte sich der imaginäre Haken gegen den Sesselschoner.

«Ich möchte gleich zum Zweck meines Besuches kommen, Madame», begann Lestrade, während sie mit einem winzigen Silberglöckchen nach dem Tee läutete. «Es geht um den Tod Ihres Gatten.»

Die Witwe zeigte keine Regung unter ihrem Schleier. Kühl und re-

serviert saß sie da, in ihrem schwarzen Kleid aus Bombasin, eine aparte Frau unbestimmten Alters. Sie mußte früher sehr schön gewesen sein, wie sich sogar hinter dem Schleier und in der zunehmenden Dämmerung deutlich erkennen ließ.
«Das ist 22 Jahre her, Inspector. Welches Interesse könnte Scotland Yard daran haben?»
«Madame, ich verstehe, daß das, selbst nach so langer Zeit, schmerzlich für Sie sein muß, doch ich muß leider darauf bestehen. Was können Sie mir über Colonel Douglas sagen?»
«Und wagst du dich in des Löwen Höhle, dem Douglas zu trotzen in seiner Hall?»
«Madame?»
«Sir Walter Scott, Inspector. Sein Gedicht *Marmion*. Mein Gatte stammte von jenen Douglas ab, die vor vielen Jahrhunderten in den *Marches* Krieg führten. Sie waren immer eine kampflustige Familie. Sie haben vom ‹Schwarzen Douglas› gehört?»
«Gehörte er vielleicht zum afrikanischen Zweig der Familie, Madame?»
«Oh, Inspector», lächelte Mrs. Douglas, «Sie ziehen mich auf!»
Lestrade wollte gerade protestieren und das Gegenteil beteuern, als ein Mädchen Tee brachte, knickste und verschwand.
«John Douglas war ein prächtiger Mann, Inspector. Ein angenehmer Mann. Wo soll ich anfangen, wenn ich von ihm erzähle? Bei seiner Karriere in der Armee? Nun, das können Sie in Harts Handbuch nachlesen.»
«Ich habe kein Exemplar bei mir, Madame.»
«Nein, natürlich nicht. Zucker?»
Lestrade nickte, doch beim Madeirakuchen dankte er.
«Er trat 1829 als Fähnrich in das Einundsechzigste Regiment zu Fuß ein – ach, das ist eine Ewigkeit her, nicht wahr? Dann, lassen Sie mich nachdenken, kam er zu den Neunundsiebziger Highlanders. Ich habe eigentlich nie verstanden, warum er zur Kavallerie überwechselte. Schließlich waren die Highlanders Mitglieder seines Clans. Es muß an seinen schrecklichen Beinen gelegen haben. Verzeihen Sie, Inspector, aber in meinem Alter ist es mir erlaubt, mich über die Etikette hinwegzusetzen. Heute sagt man ‹untere Gliedmaßen›. Ich nenne sie Beine.»
«Ganz recht, Madame.»

«Ja, im Kilt sah er ziemlich schrecklich aus. Als er die ersten deutlichen Annäherungsversuche machte, war er Captain bei den Elften Leichten Dragonern. Wir heirateten nach einer stürmischen Romanze – nun ja, drei Jahre waren damals eine Romanze. Er war groß, stattlich, elegant, freundlich, aufmerksam, er verkörperte alles, was ein Mädchen sich nur wünschen kann. Im Juni 1854 war er Lieutenant-Colonel und Regimentskommandeur. Nur eine einzige Wolke verdunkelte den Horizont.»
Lestrade wappnete sich gegen das Kommende.
«Lord Cardigan, Colonel des Regiments. Seit dieser böse alte Mann in den Dreißigern Lieutenant-Colonel der Elften geworden war, hatte er dieses Regiment als sein Lieblingskind betrachtet. Jährlich gab er zehntausend Pfund aus seiner eigenen Tasche aus, um seine Männer auszustatten», lächelte sie. «Ich erinnere mich an ein Liedchen, das damals die Runde machte – der *Londoner Charivari* hat es kreiert. Es ging, warten Sie, es ging etwa so:

> *Oh, diese strammen Hosen,*
> *Knallig rot wie Rosen.*
> *So eng, daß wer drin kämpfen muß,*
> *Nichts andres hat als viel Verdruß.*»

Lestrade kicherte ebenfalls.
«Natürlich hatte nichts davon auch nur im entferntesten mit soldatischen Dingen zu tun. Gott, wie John diesen Mann haßte. Seinen Offizieren gegenüber war Cardigan einfach ein Schwein, Inspector. Rügte sie in der Öffentlichkeit, beschuldigte sie, Porter an seiner Tafel zu trinken. Kein Wunder, daß es heutzutage Sozialisten auf der Welt gibt, wenn Männer mit dem Hochmut eines Cardigan darin herumstolzieren. Die letzten Jahre waren ruhiger. John wurde im Jahr 1857 Colonel und danach Stellvertretender Generaladjutant. Er kommandierte die Kavalleriebrigade in Aldershot, als er starb. Zweifellos haben Sie dort in der Garnisonskirche seine Gedenktafel gesehen, oder?»
«Wie starb Ihr Gatte, Mrs. Douglas?»
«In seinem Bett, Inspector.»
«Bei allem Respekt, Madame, ich fragte wie, nicht wo er starb.»
«Woran sterben alte Männer, Inspector? Mein Mann war fünfzehn Jahre älter als ich.»

«Darum Lieutenant Dunn?» Lestrade erhob sich mühsam und nahm die Fotografie des Offiziers in Infanterieuniform in die Hand. Mrs. Douglas geriet einen Augenblick aus der Fassung, fing sich wieder und schenkte frischen Tee ein.
«Alex Dunn», sagte sie mit einem Seufzer, blickte auf das bräunliche Foto und zurück in die Jugend. «Möchten Sie, daß ich Ihnen auch von ihm erzähle?»
Lestrade nickte.
«Alex war jünger als ich, Inspector. Schockiert Sie das? Damals immerhin schockierte es recht viele. Er war Kanadier von Geburt. Vielleicht war das ursprünglich der Grund, warum John ihn nicht ausstehen konnte. Inspector, ich fürchte, das Porträt, das ich von meinem Gatten entwerfe, ist nicht gerade ein schmeichelhaftes. Er wird Ihnen verdrießlich und ungesellig vorkommen. Im Grunde war er's nicht. Nicht wirklich. Immerhin war Alex in Harrow. John und ich waren zehn Jahre verheiratet, als Alex zum Elften Regiment kam. Er war ein junger Kornett, ein Lebemann, breitschultrig, gutaussehend. Ich war die Frau des Colonels. Ich erinnere mich an die Nacht, als er zum erstenmal mit mir tanzte. Verzeihen Sie meine Erinnerungen, Inspector. Für Sie sind sie nicht von Interesse.»
«Im Gegenteil, Madame. Fahren Sie fort.»
«Er hatte mich für einen Walzer aufgefordert. Und es endete damit, daß er den ganzen Abend mit mir tanzte. Jeder Kopf im Saal wandte sich uns zu. Stellen Sie sich die Frauen des Regiments vor, wie sie mit ihren Fächern wedelten und klatschten. Oh, wie mir das gefiel. John war wütend.»
«Und Sie wurden ... Freunde?»
«Zu unserer Zeit verwendeten wir dafür den Ausdruck ‹Liebespaar›, Inspector. Ist er inzwischen aus der Mode?»
«Nein, Madame», lächelte Lestrade.
«Zwei Jahre lang trafen wir uns heimlich. Gott, ich haßte die Lügen, die Betrügerei. Aber ich war die Frau des Colonels, Inspector. Und es hätte John das Herz gebrochen. Ich habe noch alle Briefe, die Alex mir schrieb. Ich bewahre sie in derselben Hutschachtel auf, in der ich sie damals versteckte. Dann kam der Krimkrieg. Alex wurde wegen seiner Tapferkeit mit dem Victoria-Kreuz ausgezeichnet. Bei Balaclava rettete er zweien seiner Männer das Le-

ben. Der eine war Sergeant Bentley, glaube ich; den Namen des anderen habe ich vergessen.»
Bill Bentley, dachte Lestrade. Jemand rettet ihn vor den russischen Lanzen, damit ihm ein anderer ein Kissen aufs Gesicht drücken kann. Aber hier ergab sich endlich ein klarer Zusammenhang.
«1855 kam Alex nach Hause», fuhr Mrs. Douglas fort. «Ich weiß nicht, warum, vielleicht weil er dem Tod so nahe gewesen war, fern der Heimat. Sein Verhalten hatte sich verändert. Er war nun nicht mehr bereit, auf den verschwiegenen Augenblick zu warten, über meine Hand zu streichen, als sei es Zufall. Er machte reinen Tisch mit John. Sie hatten einen entsetzlichen Streit. Ich dachte, sie würden sich prügeln. Als das vorüber war, konnte ich nicht mehr bei John bleiben. Als Alex sich auf seinen Besitz in Toronto begab, ging ich mit ihm.»
«Und dann?»
Mrs. Douglas stieß einen langen Seufzer aus. «Ich wußte, daß Alex' Zeit bei der Armee noch nicht vorüber war. Wir waren unsäglich glücklich, Inspector, für den Rest seines Lebens. 1864 wurde er Colonel des Dreiunddreißigsten Regiments zu Fuß. Wir reisten zuerst nach Poona, dann nach Abessynien, seinem letzten Auslandsposten. Er starb bei einem Jagdunfall am 25. Januar 1878.»
Im selben Jahr wie Cardigan, erinnerte sich Lestrade.
«Wie passierte es, Mrs. Douglas?» fragte er.
«Eine Gruppe von Offizieren war auf Bockjagd auf der Ebene nahe Senafe. Sie sagten, sein Gewehr habe eine Ladehemmung gehabt, und er habe es untersucht ... als es losging. Es ist komisch, ich habe immer noch die Kleider, die er an jenem Tag trug.»
«Darf ich sie sehen, Madame?»
Mrs. Douglas wirkte ein wenig verblüfft, doch sie nickte und läutete.
«Holen Sie die Sachen von Colonel Dunn.» Sie schickte das Mädchen fort, das im Inneren des Hauses verschwand.
«Und nach Colonel Dunn's Tod?» fuhr Lestrade fort.
«Danach kehrte ich nach Hause zurück. Zu John. Oh, ich weiß, es war ein Zeichen von Schwäche. Meine eigene Familie verleugnete mich. Die seine noch viel mehr. Doch wir brachten eine Aussöhnung zustande – oder etwas Ähnliches. Irgendwie war ich weiterhin die pflichtgetreue Frau in Aldershot. Ich empfand noch immer etwas

für ihn, Inspector. Vielleicht habe ich ihn sogar ein bißchen geliebt.»
Sie schritt durch den dämmernden Raum.
«Habe ich falsch gehandelt, Inspector? Wegzulaufen mit einem jüngeren Mann, einem Untergebenen im Regiment meines Mannes? Oh, das sind Dinge, von denen alberne Schulmädchen träumen, die den Kopf voll poetischen Unsinns haben. Aber 1878 war ich vierundvierzig Jahre alt. Und die Romanze war an jenem Tag in Senafe zertrümmert worden.»
Unter Schwierigkeiten schleppte das Dienstmädchen eine Blechkiste herein. Lestrade half ihr dabei und wünschte im nächsten Augenblick, er hätte es nicht getan, weil ihm anschließend die Damen beim Aufrichten helfen mußten. Mit liebevoller Sorgfalt nahm Mrs. Douglas das Hemd, Hosen und den Staubmantel mit langer weißer Schärpe heraus und legte alles auf den Tisch.
«Sie haben die Sachen natürlich gereinigt, Mrs. Douglas?»
«Gereinigt? Nein, Inspector, das habe ich nicht. Jedermann weiß, daß Ihre Majestät in Osborne jeden Abend die Abendkleidung ihres Gatten auf dem Bett auslegt, als wäre er da, um sie zu tragen. Alex und ich haben fast dreizehn Jahre wie Mann und Frau gelebt. Nein, Inspector. Ich wollte mich an seine Kraft, seinen unverfälschten Geruch erinnern. Finden Sie das sonderbar?»
Lestrade nahm Hemd und Mantel in die Hand.
«Sie sagen, das Gewehr mit der Ladehemmung explodierte einfach?»
«Ja, Inspector.»
«Wie erklären Sie dann das hier?» Lestrade legte einen Finger in ein Einschußloch auf der Rückseite des Mantels, verkrustet mit den ausgeblaßten, dunkelbraunen Spuren von Alex Dunn's Blut.
Mrs. Douglas zündete stumm eine Lampe an und lüftete ihren Schleier, so daß das Licht, geisterhaft von unten scheinend, ihre vormals feinen Gesichtszüge hervorhob, die Alter und Leid mittlerweile mit Falten durchzogen hatten.
«Sehr gut, Inspector.» Ihre Stimme war gleichwohl kräftig.
«Ich habe in meinem Leben zwei Männer geliebt – John Douglas, meinen Gatten, und Alex Dunn, meinen Liebhaber. Wie konnte ich wissen, daß der eine den anderen töten würde?»
«Wie lange wissen Sie das schon, Madame?»

«Ich weiß es seit 22 Jahren, Inspector. In der Nacht, in der er starb, erzählte es mir mein Mann. Er war nur kurze Zeit krank gewesen. Eigentlich nur ein paar Tage. In jener letzten Nacht hielt er meine Hand und sagte: ‹Rosa, ich kann nicht sterben mit einer Lüge auf den Lippen. Ich habe Alex Dunn in Senafe erschossen. Ich habe ihn getötet, um dich zurückzubekommen, und ich würde es noch einmal tun.› Ich sah ihn bloß an. ‹Hasse mich nicht›, sagte er. ‹Das könnte ich nicht ertragen. Meine liebste Rosa›, und dann starb er.»

Lestrade faltete die Kleider säuberlich auf dem Tisch zusammen.

«Also sind Sie am Ende doch noch darauf gekommen, Inspector. Ich habe sofort begriffen, daß bei einem Jagdunfall nicht ein solches Loch entstehen kann. Ich vermute, Alex' Freunde haben die Sache aus Loyalität zu mir vertuscht. Sagen Sie, komme ich ins Gefängnis?»

«Dem Gesetz nach, Madame, haben Sie einen Mord verschwiegen. Da aber der Mörder tot ist, nehme ich nicht an ... Und außerdem bin ich hinter einem anderen her. Sie haben vorhin Sergeant Bentley erwähnt – den Mann, dem Alex Dunn bei Balaclava das Leben rettete. Wie steht es mit Jim Hodges? Richard Brown? Sagen Ihnen diese Namen etwas?»

«Ich glaube, es gab einen Bentley in meiner ... in Alex Brigade, der Elften, Inspector. Doch Bentley ist ein ziemlich häufiger Name.»

«Stimmt, Madame.» Lestrade machte ein langes Gesicht.

«Aber ich kann Ihnen zwei andere Namen nennen. Männer, die Ihnen mehr helfen können als ich – Seth Bond und ‹Poppy› Vansittart. Und jetzt ... lassen Sie mich mit meinen Erinnerungen allein.»

«Gewiß, Madame. Eine letzte Frage noch. Besitzen Sie ein Schiff – oder ein Boot –, das *Ora Rosa* heißt, oder kennen Sie jemanden, der ein solches besitzt?»

Mrs. Douglas schüttelte den Kopf. Und Lestrade schloß die Tür.

Bei Fatima

Die schwarze Mähmaschine klirrte und ratterte über den Hügel und bewegte sich unerbitterlich von links nach rechts über das goldene Getreidefeld. Männer schrien, schwarze Punkte in der Ferne, die neben den Pferden gingen und Treibriemen und Kette beaufsichtigten. Und die Hunde umkreisten kläffend die riesige Maschine, die schräg auf die Kuppe des Hügels zufuhr. Fast eine Meile entfernt saß Inspector Lestrade auf einem Fünfstangengatter und genoß die Morgensonne. Er war bereits in Hemdsärmeln, denn es versprach ein langer und heißer Tag zu werden. Eine Weile beobachtete er die Schnitter, doch ebensooft warf er nach links und rechts einen Blick auf die Straße und hielt nach etwas Wichtigerem Ausschau.

Das Wichtigere erschien nach ein paar Minuten, in Gestalt eines Zweispänners, der von zwei schäumenden Pferden gezogen wurde.

«Bandicoot.» Lestrade ergriff die Hand des Kutschers und half ihm herunter. «Danke, daß Sie gekommen sind. Was gibt es Neues?»

«Nun, Letitia hat offensichtlich Probleme mit ihrem Hochzeitskleid. Und bis jetzt sind noch nicht alle Antworten auf unsere Einladung eingegangen.»

«Banders, entzückt wie ich bin, daß eure Hochzeitsvorbereitungen so zügig vorangehen, habe ich gleichwohl dringendere Geschäfte.»

«Natürlich, Sholto, Entschuldigung. Sie haben mich gebeten, diese beiden Burschen ausfindig zu machen. Seth Bond und Poppy Vansittart. War gar nicht so einfach. Ich kann nicht verstehen, warum Sie die Quellen des Yard nicht dafür benutzen können.»

«Sagen wir es so: Im Augenblick bin ich eher ‹Persona non regatta›. Ich bin auf mich selber gestellt, Harry. Mein Sergeant liegt mit irgend etwas darnieder. Also muß ich ziemlich unorthodoxe Methoden anwenden.»

Ein wenig verletzt, daß er als ‹unorthodoxe Methode› apostrophiert

Bei Fatima ───────────────────────────── 145

wurde, gewann Bandicoot nichtsdestoweniger rasch seine Kaltblütigkeit zurück.
«Seth Bond ist kein Problem. Er lebt in einem Dorf namens Southam, nicht weit von hier. Ehemaliger Arbeiter, das war alles, was ich zusammenlesen konnte. Oh, das hört sich gut an, oder? ‹Zusammenlesen›?»
Lestrade überging die Leichtfertigkeit. «Und Vansittart?»
«Ach ja, das ist schwieriger. Er ist tot.»
«Wann gestorben?»
Es erregte Lestrades Aufmerksamkeit, als er sah, daß Bandicoot zur Aufbewahrung seiner Informationen sein altes Notizbuch benutzte. Gewohnheiten verlieren sich schwer, selbst bei einem Polizisten von Bandicoots begrenzten Fähigkeiten.
«Äh ... am 14. April 1886 in Paris.»
«Paris?» Lestrade schlug entrüstet die Hände über dem Kopf zusammen. «Na gut. Dann eben Bond. Ich werde mit ihm anfangen. Hören Sie, Bandicoot, ich brauche wohl kaum zu sagen, wie dankbar ich Ihnen für diese Information bin. Besonders bei einem Mann, der im Begriff ist, den Bund fürs Leben zu schließen. Ich weiß das zu schätzen.»
«Wie wollen Sie nach Southam kommen?» fragte Bandicoot.
«Ich werde einen Wagen anhalten, schätze ich.»
«Unsinn, Sholto. Ich werde den Bund fürs Leben, wie Sie es nennen, erst in zehn Tagen schließen. Klettern Sie rauf.»
«Ich dachte, Sie würden mir das nie anbieten», und der Zweispänner stob über die Straße davon.
«Was haben Sie eigentlich davon?» fragte Bandicoot. «Haben wir's nicht aus reiner Gewohnheit gemacht? Was verbindet uns mit dem Yard – Sie, Forbes, Dew, mich selbst?»
Lestrade grinste. «Was hat Sie bewogen, den Yard zu verlassen, Harry? Zu gegebener Zeit hätten Sie einen brauchbaren Polizisten abgegeben.»
«Nett, daß Sie das sagen, Sholto.» Der blonde Mann lächelte. «Ich weiß es nicht genau. Ich glaube, es war der *Struwwelpeter*-Fall. Wenn man jemanden getötet hat ... Egal, ich begegnete Letitia und begriff, daß das Leben mehr zu bieten hat als Streife gehen.»
«Das sagt man mir auch», sagte Lestrade.
«Dann ist da noch London. Ich meine, es ist wunderbar, in die Stadt

zu fahren, ins Theater und so, aber tagaus, tagein dort zu arbeiten ... Und in dieser Hitze! Wie halten Sie das bloß aus?»
«Zumindest ist man nie allein am Strand», bemerkte Lestrade.
Bandicoot fiel dazu nichts ein, und er nahm eine Zigarre vom Inspector.
«Da wir gerade vom *Strand* sprechen – schreibt eigentlich Dr. Watson immer noch in diesem Blättchen?»
«Im Augenblick nicht. Doch ich fürchte, das ist nur von kurzer Dauer. Sie haben mich gefragt, was ich in der Hand habe. Nun gut, kauen Sie mal daran.»
Bandicoot nahm die Zigarre aus dem Mund und erwartete, daß Lestrade ihm etwas zwischen die Lippen schieben werde. Er bemerkte seinen Irrtum, ohne allzusehr als Idiot zu erscheinen und nahm wieder die Zügel.
«Vier Morde. Alle Opfer ältere Männer. Todesursache in drei Fällen: Vergiftung. Im vierten: Erdrosseln. Zwei der Männer frühere Soldaten der Elften Husaren; standen bei der Leichten Kavallerie.»
«Mann!» Bandicoot war beeindruckt.
«Keine wirklichen Feinde. Kein offensichtliches Motiv. Ich kenne nur die Methode. Die Geographie liefert keine Anhaltspunkte. Diese Leichen sind übers Land verstreut. Aber der Mörder kennt sich mit Giften aus. Soviel wissen wir.»
«Warum in einem Fall die Erdrosslung?» fragte Bandicoot. Lestrade zuckte die Achseln. «Selbst Ihr Großer Detektiv stünde hier vor einem Rätsel, schätze ich.»
Bandicoot schnaubte: «Ich muß zugeben, daß der verstorbene Mr. Holmes Eindruck auf mich gemacht hat.»
Lestrade indessen wußte, daß nicht viel vonnöten war, um auf Bandicoot Eindruck zu machen.
«Ich habe keinen verwertbaren Hinweis erhalten», fuhr Lestrade fort. «Ich bin von Pontius zu Pilatus gelaufen. Und bis jetzt – nichts.»
«Außer daß Sie suspendiert wurden.»
«Woher wissen Sie das?» fragte Lestrade ungläubig.
«Nein, Sholto, ich möchte gern für mich in Anspruch nehmen, daß es sich um einen Blitz der alten Bandicootschen Inspiration handelt.»

Bei Fatima ──────────────────────────── 147

Lestrade zerbrach sich den Kopf, um sich ein früheres Beispiel dieses angeblichen Phänomens ins Gedächtnis zu rufen. Es gelang ihm nicht. «Aber mal im Ernst. Ich hab's heute morgen in der *Times* gelesen.»
Bandicoot wühlte im Kutschkasten herum und förderte eine zerknüllte Zeitung zutage. Lestrade fand es auf Seite sechs, am Ende der dritten Spalte.
«*Yard-Mitarbeiter suspendiert. Des Angriffs auf ein Mitglied des Königshauses verdächtig*», las er laut und durchflog stumm den restlichen Text.
«Hier heißt es, ich hätte den *Kaiser* angegriffen. *Inspector Lefade* – Ich weiß nicht, ob ich darüber wütend oder erleichtert sein soll, daß sie meinen Namen falsch geschrieben haben – *wurde in Sandringham festgenommen, als er die Hände um den Hals des Kaisers gelegt hatte* ... Das ist eine Verleumdung, Bandicoot. Nicht nur eine Verleumdung, sondern schierer, blutiger Quatsch.»
«Eines ist sicher, Sholto», sagte Bandicoot optimistisch, «irgend jemand ganz oben mag Sie nicht. Steht da nicht auch, daß Sie angeklagt werden sollen?»
«Ja, nächsten Monat. Warum hat Frost mir keine Nachricht zukommen lassen? Er weiß, wo ich bin. Und was ist mit Charlo los und mit all seinem Diensteifer?»
«Ich habe nie verstanden, wie der Yard funktioniert, Sholto. Selbst die Installation war mir ein Rätsel.»
Und der Zweispänner fuhr in Southam ein.

Sie fanden Seth Bond auf dem Kirchhof, wo er, gegen einen Strebpfeiler gelehnt döste, neben sich die Sense. Ein untersetzter Mann mit weißem, buschigem Schnurrbart, mit zerbeulter Melone und den traditionellen Gamaschen des Landarbeiters. Seine Pfeife war ihm aus dem Mund gefallen und brannte friedlich ein Loch in seine Weste, während er schnarchte. Lestrade stieß ihn gerade so heftig an, um ihm zu vermitteln, daß Eile geboten sei, den kleinen Brand auf seiner Brust zu löschen.
«Danke Ihnen, Sir. Is ja alles trocken wie Zunder, ja. Sollte mich nich wundern, wenn wir dies Jahr 'n paar schlimme Feuer kriegen.»

«Inspector Athelney Jones von Scotland Yard», sagte Lestrade, um sich vorzustellen, und trat Bandicoot heftig auf den Fuß, als der junge Mann angesichts dieser Lüge überrascht aufschrie. «Dies ist Constable Bandicoot.»
Bond blickte zu dem rotblonden Mann auf, der ihm die Sonne verdeckte. «Sind 'n netter Polizist, Chef», sagte er und ließ sich von den Polizisten auf die Beine helfen. «Sie haben nichts dagegen, wenn ich weitermache? Bis zum Abend will der Vikar den Kirchhof gemäht haben. Man kann die Steine nich mehr richtig sehen, sagt er. Wird nich mehr lange dauern, un ich lieg selber hier. Hoffe, daß dann einer diese Arbeit für mich macht. Oh, kann ich Ihnen helfen, Gentlemen?»
«Versetzen Sie sich mal in Gedanken in die Zeit zurück», sagte Lestrade, «als Sie bei den Elften Husaren waren.»
«Ach, schöne Zeiten waren das», strahlte Bond, «wenn man von den Fliegen und der Cholera mal absieht», und er hieb mit einem für einen Mann seines Alters ungewöhnlichen Behagen in das vergilbende Kirchhofgras. Lestrade nieste ein paarmal in rascher Folge. Typischer Städter, dachte Bond und mähte weiter.
«Wann sind Sie in das Regiment eingetreten?» sagte Lestrade schniefend.
«Oh, das muß gewesen sein ... ja, achtzehnvierzig. Das Jahr, in dem die alte Königin heiratete.»
«Welche Schwadron?»
«Schwadron F. Bis ich zum Sergeant-Major der Schwadron C befördert wurde.» Er richtete sich vor Stolz auf. «Das war nach dem Sturmangriff, 'türlich.»
«Balaclava?» fragte der Inspector nach.
«Richtig, Sir. Das war vielleicht 'ne Schlacht! Ich weiß noch, wie der alte Bill Lamb ...»
«Wer?» rief Lestrade aufgeregt.
«Bill Lamb», wiederholte Bond. «Komisch, war 'n Schäfer, bevor er eintrat. Und wurde danach wieder einer, glaub ich. Dachte, er hätt im Tal des Todes sein Augenlicht verloren, war fast sicher.»
Lestrade packte ihn am Sensenarm. «Sein Augenlicht?»
Bond nickte.
«Hatte Ihr Bill Lamb eine Narbe über der Stirn, knapp an den Augen vorbei?»

«Hatte er, Sir. Hat 'n verdammter Russe gemacht. Hatte soviel Blut im Gesicht, daß man nichts sehen konnte. Bill auch nich. Er stolperte übers Schlachtfeld und rief ‹Engländer, Engländer›. Muß 'n bißchen benommen gewesen sein.»

Lestrade ließ Bonds Arm los und blickte Bandicoot an. Er wandte sich wieder Bond zu. «Was sagen Ihnen diese Namen – Joseph Towers?»

Bond grinste. «Ja, er war bei uns. Ich erinnre mich an den alten Joe.»

«Bill Bentley?»

«War Sergeant. Warn Kumpel. Sprach dauernd von Frau und Kind.»

«Richard Brown?»

«O ja. Das war 'n Weltverbesserer. Schwänzelte dauernd um die Offiziere rum. War der Bursche vom Colonel. Hab ihn nie gemocht.»

«Jim Hodges?»

«Hodges? O ja, jetzt erinnre ich mich. War'n toller Hecht, das. Immer zu 'nem Spaß aufgelegt und so. Einmal isser ins Zelt von einem Offizier geschlichen und die ganze Nacht dageblieben und hat ihm die Beine von seinem Ausgehanzug zusammengenäht. Kriegte natürlich 'ne Strafe dafür.»

«Die Strafe der Leichten Brigade?» fragte Bandicoot dazwischen.

Bond und Lestrade blickten ihn an.

«Mr. Bond, Sie haben den Tag für mich gerettet.» Lestrade schüttelte dem Arbeiter die Hand. «Geben Sie auf sich acht. Kommen Sie, Bandicoot.» Und der Exconstable eilte dem frohgemuten Inspector nach.

«Das paßt ins Bild, Bandicoot», sagte Lestrade, als sie das Friedhofstor erreichten. «Es ist das gemeinsame Muster. Nicht *zwei* frühere Mitglieder der Elften, sondern alle fünf.»

«Eine Art von Rothosen-Bündnis?» sinnierte Bandicoot. Lestrade ignorierte die Bemerkung.

«Die Frage ist, warum? Und warum hat Nimrod Frost mich nach Mawnan geschickt, um die Leiche von Bill Lamb zu finden? Kommen Sie, Bandicoot. Sie können ins Theater gehen, und ich gehe nach Hause. Es wird Zeit, daß Assistant Commissioner Frost sich ein wenig deutlicher ausdrückt, als er es im Augenblick tut.»

Heiße Stadt. Sommer in der City. Lestrade und Bandicoot stiegen in Paddington aus dem Zug und begaben sich zum Yard. Während Bandicoot im Hansom wartete, betrat der Inspector im Schatten des Torbogens das Gebäude durch den Hintereingang.

«Tut mir leid, Inspector.» Sergeant Dixon war so entschieden, wie Lestrade ihn noch nicht kennengelernt hatte. «Mr. Frost möchte Sie nicht sehen, Sir. Ich habe meine Befehle. Sie werden doch wohl nicht versuchen, zum Lift zu kommen, nicht wahr, Sir? Ich würde es hassen, in dieser Hitze hinter Ihnen herzujagen, verstehen Sie? Die Hitze ist einfach entsetzlich. Und dann noch dieser verdammte Fluß! Ich erinnere mich noch an den großen Gestank von '58, aber mit diesem kann er's nicht aufnehmen. Diese Burschen von Archäologen finden dauernd Stücke von altem Eisen im Schlamm, wenn Ebbe ist, und zerbrechen sich die Köpfe drüber. Sie wären aus der Bronzezeit, schätzen sie, oder ein bißchen ...»

«Sie wechseln das Thema, Dixon. Ich muß Seine 'zellenz *jetzt* sprechen.»

«Inspector Lestrade, sehen Sie's doch mal von meiner Warte. Ich bin ein verheirateter Mann, vier Kinder, noch zwei Jahre bis zur Pensionierung. Ich dürfte noch nicht einmal mit Ihnen sprechen. Nicht im Augenblick. Sie wissen doch, wie das ist.»

Lestrade trat vom Tisch zurück. «Ja, Sergeant, ich weiß, wie das ist.» Und er ging zur Tür.

«Vielen Dank, Sir. Und passen Sie auf sich auf.»

Bandicoot hatte von einem Zeitungsverkäufer eine Morgenzeitung erworben und überflog emsig die Seite mit dem Börsenbericht und den Stadtnachrichten, als Lestrade zurückkehrte.

«Kein Glück gehabt?» fragte er. Lestrade schüttelte den Kopf. Er wollte gerade in den Hansom steigen, als ihm eine Überschrift ins Auge fiel. *Goron in London. Chef der Sûrete auf Kurzbesuch.*

«Bandicoot, es ist nichts als ein Versuch, aber er könnte es wert sein. Wo wohnen Sie, wenn Sie in der Stadt sind?»

«Im *Grand* natürlich.»

«Natürlich. Gut, besorgen Sie mir dort ebenfalls ein Zimmer. Keine Sorge, ich werd's auf die Spesen schlagen. Und benutzen Sie den Namen Athelney Jones. Dessen Gesicht möchte ich sehen, wenn Frost *diese* Rechnung beanstandet. Ich werde Sie später im

Bei Fatima ———————————————————————— 151

Hotel treffen. Nur noch eine Frage möchte ich Sergeant Dixon stellen.»
Als er um die Ecke bog, drang ein rauhes, krächzendes Flüstern an sein Ohr. Es war Hector Charlo im Schatten, der ihn zu sich heranwinkte.
«Ich bin außerordentlich froh, Sie zu sehen, Sergeant.» Lestrade schüttelte ihm die Hand. Charlo zog ihn hinter eine Platane. «Was, zur Hölle, ist los? Als ich Frost vor ein paar Tagen sprach, war er kurz davor, mich wieder einzustellen. Jetzt stelle ich fest, daß ich ihn noch nicht einmal sprechen darf. Und dieser ausgemachte Blödsinn, der auf Gregsons Mist gewachsen ist, steht in allen Zeitungen.»
«Ich weiß es nicht, Sir.» Charlo spähte zu den Fenstern im Obergeschoß des Yard hinauf, ob sich dort etwas regte. «Ich weiß lediglich, daß man mich von dem Fall abkommandiert hat.» Er äugte vorsichtig um den Baum. «Und daß ich meinen Job verliere, wenn ich mich auch nur in Ihrer Nähe blicken lasse.»
Lestrade schäumte. «Haben Sie das von Frost?»
«Von ihm selbst», nickte Charlo.
«Nun, das ist es wohl.» Lestrade zuckte die Achseln. «Viel Glück, Sergeant. Vielleicht treffen wir uns noch mal wieder, eines Tages.»
«Inspector», hielt Charlo ihn zurück, «wenn ich diese verdammte Rippenfellentzündung überstehen kann, bleibe ich mit Ihnen in Verbindung. Wo kann ich Sie erreichen?»
«Sergeant, Sie legen Ihren Kopf auf den Block. Ist Ihnen das klar?»
«Früher bin ich als ein Stück des alten Blocks angesehen worden, Sir.» Es war das erste Mal, daß Lestrade Charlo lächeln sah. Er schlug ihm dankbar auf die Schulter, ein wenig zu kräftig, wie sich herausstellte, denn Charlo stöhnte vor Schmerz.
«Im *Grand Hotel*. Unter dem Namen Athelney Jones, Inspector der Hafenpolizei.»
Charlo grinste zustimmend.
«Hören Sie. Ich habe erfahren, daß Monsieur Goron, Chef der Sûreté, den Yard besucht. Haben Sie eine Ahnung, was er jetzt treibt?»
«Es ist allgemein bekannt, wohin er abends geht, Sir. Zu Fatima.»
«Auch heute?»
«Warum wollen Sie ihn sprechen?» Charlo war verdutzt.

«Ich bin nicht ganz sicher, Charlo. Geben Sie auf sich acht.» Und er verschwand wieder.

In Haymarket machten die Laternenanzünder ihre Runde, als Lestrade und Bandicoot den Mann fanden, den sie suchten. Ein vierschrötiger, eisengrauer Mann mit untypischem Pince-nez drängte sich durch den Eingang und die herumlungernden Bummler.
«Alle Wetter.» Lestrade schnalzte mit der Zunge.
«Was ist, Sholto?»
«Bis hierher sind Sie nie vorgedrungen, wie? Beruflich, meine ich. Dies ist das Etablissement von Fatima Charrington, das bekannteste Bordell in London.»
«Fatima?» Bandicoot war beeindruckt.
«Logischerweise die Nachfolgerin von Kate Hamilton», sagte Lestrade.
«Aber was hat ein Mann von Gorons Ruf da drin zu suchen?»
Lestrade blickte seinen und wieder aktiven Constable ein wenig überrascht an. «Bandicoot, bevor Letitia und Sie Ihre Zeremonie hinter sich haben, erinnern Sie mich daran, daß ich mal ein Wörtchen mit Ihnen spreche.» Und er eilte quer über die Straße voran.
Bandicoot hatte noch nie ein Bordell von innen gesehen, doch auf den ersten Blick unterschied es sich nicht von den Hunderten von Music Halls, die über das West End verstreut waren. Kellner eilten mit Champagnerkühlern hin und her. Kunden lungerten herum und aßen Weintrauben, die von attraktiven jungen Damen offeriert wurden. Auf der schweflig-grell erleuchteten Bühne sang eine stark geschminkte Frau «Der erste Stoß ist der schönste» zur ziemlich mißtönenden Begleitung eines weiblichen Quartetts. An einigen strategisch wichtigen Punkten hatten Rausschmeißer Stellung bezogen: einer an der Bar, ein zweiter an der Tür, zwei weitere neben der Bühne. Die Luft war dick von Rauch, Alkoholdunst, und alles sah sehr teuer aus.
«Kann ich Ihnen helfen, Gentlemen?» Eine riesige Lady mit einer hoch aufgetürmten blonden Perücke, die auf eine nackte Schulter, so breit wie Bandicoots Brust, herabfiel, trat ihnen in den Weg.
«Miss Charrington, schätze ich?» sagte Lestrade.

Bei Fatima

Fatima knickste, wobei ihre Brüste wie Walfleisch wabbelten.
«Athelney Jones, Scotland Yard. Dies ist Constable Bandicoot.»
Und um ihrer Beschwerde zuvorzukommen, setzt er hinzu: «Keine Sorge. Dies ist kein offizieller Besuch. Wir sind auf Wunsch von Monsieur Goron hier. Können wir ihn sehen?»
«In Person oder durch den Spion, Süßer?» fragte Fatima.
Lestrade grinste. «In Person, bitte.»
«Hier entlang. Na, Süßer, was können wir dir denn anbieten? Ein Zimmermädchen, nich wahr? Ein Pfarrerstöchterchen? Vielleicht – ja, ich sehe schon. Eine Amazone?» Sie tätschelte Bandicoots Arm, blickte ihm in seine ziemlich erzürnten blauen Augen und leckte sich mit ihrer Krötenzunge die dicken Lippen.
«Madame, bitte. Ich glaube, Sie haben nicht verstanden...»
«Oh, ich verstehe.» Und ihr tödlicher Charme versiegte. «Sie meinen Bertram auf der anderen Straßenseite. Botenjungen. Pfadfinderbengel. Jede Menge Schwule da drüben.»
Bandicoots Mund öffnete sich in stummem Protest.
«Monsieur Goron», mahnte Lestrade, und Fatima führte sie über die mit Samt bespannte Treppe in einen Raum im Obergeschoß, vorbei an blitzenden und schimmernden Lüstern.
«Halten Sie Ihre Brieftasche fest, Bandicoot – und überlassen Sie mir das Reden.»
Monsieur ruhte in einem eleganten Salon auf einer Chaiselongue von riesigen Ausmaßen. Er sah ein wenig komisch aus, in seiner rosafarbenen Unterwäsche und mit dem Zylinder auf dem Kopf, den er nun beim Eintritt der Neuankömmlinge entblößte, und ihnen mit einem Glas erlesenen Champagners zuprostete. Die Herren von der Sûrete wissen zu leben, dachte Lestrade.
«Wer sind diese 'erren?» fragte er Fatima. «Ich 'atte ausdrücklich zwei *Ladies* bestellt. Und außerdem sind diese beiden weiß.»
«Ich fürchte, es wird eine kleine Verzögerung geben, Monsieur», scharwenzelte sie mit einer Stimme, als spreche sie in ein Telefon, wie es Lestrade vorkam. «Celeste und Angeline sind noch nicht fertig. Sie machen sich für Sie besonders schön. Währenddessen möchten diese Gentlemen Ihnen Gesellschaft leisten.»
«Oh, ich verstehe. Sie wünschen, einen Experten in Tätigkeit zu sehen, oui? Ich 'atte keine Ahnung, daß meine Reputation so weit gedrungen ist.»

«Doch, doch, Monsieur Goron, aber es ist nicht Ihr überragendes Können im Boudoir, das wir würdigen wollen.»
«Non? Vielleicht ist es eine Frage der Länge?»
«Gütiger Gott!» Bandicoot war außer sich vor Entrüstung.
«Nein, wir sind dienstlich hier», beharrte Lestrade. «Mein Name ist Athelney Jones, Inspector von Scotland Yard. Dies ist Constable Bandicoot.»
«Ah, *Inspecteur. Enchanté. Echanté.* Sie wissen, daß ich für ein paar Tage La Yarde Ecosse studiere. Sie sind bei der 'afenpolizei, non?»
«Äh, ja», log Lestrade.
«Bon. Und sind Sie der Meinung, daß die Londoner Unterwelt dazu neigt, auf dem Fluß ihrem Gewerbe nachzugehen?»
«Ich bin sicher, nicht mehr und nicht weniger, als ihr Pariser Gegenstück es auf der Loire treibt.»
«Seine», sagte Bandicoot.
Lestrade fragte sich für einen Augenblick, ob dies Bandicoots abschließendes Urteil über Gorons Geisteszustand sei. Es war weder hilfreich noch von Bedeutung.
«Immer wenn ich nach Londres komme, verbringe ich gern die erste Nacht bei Fatima», sagte Goron und küßte die rundliche, juwelenbehängte Hand der Lady, als sie entschwebte, um sich auf die Suche nach Celeste und Angeline zu machen. «Besonders gern habe ich zwei Mädchen auf einmal.» Bandicoot war über dieses Stehvermögen überrascht. «Eine weiß, die andere schwarz. Es gibt dem Ganzen die rechte Würze, meinen Sie nicht auch?»
Lestrade stimmte ihm zu.
«Pardon, Bain-de-Coute, was ziehen Sie vor? Non, sagen Sie's mir nicht. Groß, oui? Blond, wie Sie selbst? Vermutlisch eine etwas ältere Frau? Ich weiß, es sind die Oberschenkel, auf die Sie scharf sind, die Ihren Rücken umschließen, oui? Ich sage Ihnen, Sie sind einer, der's mit den Beinen 'at.»
Lestrade spürte, wie der «Constable» neben ihm zitterte. Ihm war klar, daß Gorons Beschreibung genau auf Letitia paßte, wenngleich er natürlich über deren Oberschenkel nichts sagen konnte. Sein Schrei «Diesen nicht, Bandicoot!» ging unter, als sich der junge Mann, entrüstet über die vermeintliche Kränkung der Ehre seiner Lady, knurrend auf den hingestreckten Goron stürzte. Lestrade

Bei Fatima ——————————————————————————— 155

hätte sich keine Sorgen zu machen brauchen, zumindest nicht wegen des kleinen Chefs der Sûreté. Der Franzose rollte behende von der Chaiselongue und traf Bandicoot zielsicher mit dem Schienbein in der Leistengegend. Im nächsten Augenblick stand Goron aufrecht da, und die Doppelläufe einer Miniaturpistole bohrten sich in Bandicoots Ohr. Alles war so rasch gegangen, daß Lestrade nicht die leiseste Ahnung hatte, woher die Waffe gekommen war.
«Ist das die Art, wie ihr Londoner Flics ausländische Persönlischkeiten behandelt, die eusch besuchen?»
«Äh ... ein Test», sagte Lestrade in einer plötzlichen Eingebung. «Wir haben natürlich von Ihrer legendären Beherrschung der Kunst der Selbstverteidigung gehört.»
«Ah, oui, das *System Goron*.»
«Ganz recht, und Assistant Commissioner Frost hat Anweisung gegeben, daß alle Constables viel von Ihnen lernen sollen.»
«Auf die harte Methode», murmelte Bandicoot in die Seide der Chaiselongue.
«Ich persönlich möchte gern mehr über Ihr Speisehaus erfahren.»
«Worüber?» Bandicoot richtete sich mühsam auf, während Goron die Hähne seiner Pistole sicherte und die Waffe gleichermaßen raffiniert, Gott weiß wo, an seinem Körper verbarg.
«Still, Bandicoot. Die Erwachsenen unterhalten sich», sagte Lestrade.
«Gorons Speisehaus, junger Mann. Eine Reihe von Räumen in der Sûreté, wo ich Gefangene befrage. Natürlich sollte es so etwas in unserem kultivierten Zeitalter, diesem *Fin de siècle*, nicht mehr geben. Aber Sie wissen beide, welch ein Abschaum der Erde 'erumschleischt. Ich kann mit einem Lederriemen Dinge machen, die Ihnen das Wasser in die Augen treiben – buchstäblich.»
«Es gibt da einen Fall, bei dem Sie mir helfen könnten, Sir», sagte Lestrade. «Poppy Vansittart.»
«Aha», sagte Goron, richtete sich wieder auf der Chaiselongue ein und füllte Champagner nach. «Ein Engländer in Paris.»
«Sie kannten ihn?» fragte Lestrade.
«O ja, rescht gut. Ah», er erhob sich, als Fatima mit einem einschmeichelnden Lächeln zurückkehrte. «Celeste und Angeline.»
Fatima winkte mit einem molligen Finger. Als Goron an Lestrade vorbeiging, flüsterte er ihm ins Ohr: «In Wirklichkeit heißen sie

Gertrude und Mary und sind beide aus Glasgow, aber, Monsieur, aber wie sie ihr Metier beherrschen ... Wollen wir uns unterhalten, während isch misch präsentiere?»

«Danke, nein, Monsieur», lehnte Lestrade das Angebot ab. «Das ist nicht ganz die englische Art. Wir werden hier auf Sie warten.»

Goron zuckte die Achseln und verließ den Raum, wobei er seinen Hosenschlitz aufknöpfte.

«Bon appetit», rief Lestrade ihm nach.

Welch eine geschmacklose Bemerkung, dachte Bandicoot, da er sich aber noch immer von dem Tritt in die Leiste erholte, beschloß er, sie durchgehen zu lassen.

Eine Zeitlang warteten sie, bedienten sich aus Gorons Champagnerflasche, dann beugte sich Lestrade langsam vor und stellte sein Glas auf den Tisch.

«Bandicoot», murmelte er, «ich möchte, daß Sie nichts sagen. Alles, was Sie gleich sagen, kann gegen Sie verwendet werden. Verstehen Sie, wir werden gleich eine Polizeirazzia erleben.» Gerade als sie sich zur Tür begaben, erzitterte das ganze Gebäude, Glas zersplitterte, und Trillerpfeifen gellten. Ein Hagel von Schlagstöcken regnete nieder, und an jedem Fenster tauchten blaue Helme auf. Überall rannten kreischend und schreiend nackte Mädchen herum. Ebenso rannten nackte Gentlemen, sich mit widerspenstigen Kleidungsstücken abplagend, nach fremden Hüten, Stöcken, Schärpen greifend, durch die Korridore und stolperten die Treppe hinunter. Mit einem Schlag war im Haus der Teufel los.

«Was wird Letitia sagen, wenn das rauskommt?» jammerte Bandicoot.

«Wenn *wir* rauskommen, bestimmt nicht halb so viel. Kommen Sie. Wenn ich mich recht entsinne, waren Sie Boxmeister in Eton.» Und er eilte fort, den Korridor entlang.

«Sie da, ich will mit Ihnen sprechen», rief ein uniformierter Constable. Bandicoot pflanzte ihm eine linke Gerade auf die Nase, und der Constable sackte zusammen. Ein zweiter sprang mit erhobenem Schlagstock auf ihn los. Bandicoot tauchte seitwärts weg, warf den Constable gegen eine Wand und brachte einen dritten zu Fall.

«So ist's richtig», rief Lestrade. «Nicht schlecht für einen Anfänger.» Er begann die Zimmer eines nach dem andern zu durchsu-

Bei Fatima ─────────────────────────────── 157

chen, während Bandicoot, wie weiland Horatius, den Treppenabsatz verteidigte. Die beiden ersten Zimmer waren leer, doch das dritte nahm die Aufmerksamkeit des eiligen Lestrade länger als beabsichtigt in Anspruch. Ein großer, vornehm wirkender Gentleman saß dort, vollständig bekleidet und sprach in ein Telefon. Es war nicht zu übersehen, daß er einen falschen Bart trug und seine Unterhaltung nicht alltäglicher Art war.
«Und was würdest du dann machen, Fifi?» Seine Stimme war nervös, und seine Augen traten hervor. Lestrade bemerkte, daß der Draht durch ein Loch in der Wand vermutlich ins Nebenzimmer führte.
«Fifi, was dann? Ich bin verzweifelt.»
Ein halbnacktes Mädchen mit Kopfhörern rannte an Lestrade vorbei.
«Ich glaube, Ihre Telefonistin hat das Weite gesucht», sagte Lestrade. «Ich habe Sie ohne Ihr Monokel nicht erkannt, Mr. Chamberlain», sagte Lestrade, und der große Mann rannte an ihm vorbei in das Schlachtgetümmel.
«Schnell, Lestrade. Eh ... Ich meine Inspector Jones. Eh ... Ich meine ... O Gott!» Bandicoot wehrte gleichermaßen tapfer Schläge, Tritte und Hiebe ab. Er konnte sich nicht mehr lange behaupten. Eines seiner Handgelenke war bereits in Handschellen gelegt. Am Ende des Ganges waren die Lichter ausgegangen, doch Lestrade erkannte die Stimme im achten Zimmer, in das er trat.
«*Ah, cheries. Vous êtes merveilleuse. Merci, mes petites. A bientôt*», und der Chef der Sûrete prallte gegen Lestrade. Blitzartig hatte er die Pistole auf Lestrades Nase gerichtet, oder besser auf das, was davon übrig war.
«Oh, Jones. Sie sind's. Dieser kleine Spaß hier ist nischt zufällig Ihre Idee, wie?»
«Bestimmt nicht», sagte Lestrade. «Wenn meine Erinnerung mich nicht trügt, gibt es hier irgendwo eine Feuerleiter. Ich möchte mich gern noch ein wenig mit Ihnen unterhalten, Monsieur Goron. Würden Sie unten auf der Straße auf mich warten, während ich unseren Freund herausboxe?»
Goron zog seine Smokingjacke an und verschwand mit einer Behendigkeit über die Feuerleiter, die angesichts seines Alters und seiner Aktivitäten in den letzten Minuten erstaunlich war. Celeste

und Angeline erschienen, unsicher aus dem dunklen Zimmer stolpernd.
«Uff, dieser Bursche is ja 'n Mordshengst.»
«Das kann man wohl sagen. Sie sind alle gleich, diese Polizisten.»
Lestrade erkannte, daß die Kampfhandlungen am Ende des Korridors sich in die Länge zogen, also sah er sich verzweifelt nach einem Hilfsmittel um. Hätte er doch bloß seinen vertrauten Schlagring und sein Messer nicht in seinem Zimmer im *Grand* gelassen. Er hätte wissen müssen, was es bedeutete, an einem Samstag abend zu Fatima zu gehen. Immerhin war das, was ihm in die Hand fiel, genauso nützlich – ein Nachttopf. Er schüttete seinen Inhalt über den ersten Constable und schlug einem zweiten damit auf den Kopf.
«Kommen Sie, Bandicoot. Man könte denken, daß Sie sich amüsieren. Ziehen Sie sich zurück, Junge.» Und er trat einem weiteren Angreifer in die Magengrube. Für Sekundenbruchteile erkannte er die Gestalt in Zivil, die sich durch die kämpfende Menge den Weg treppauf bahnte – Edgar Bradstreet, Gregsons Mann. Was hatte er bei einer Routinerazzia der Metropolitan Police zu suchen? Auch Bradstreet blieb genügend Zeit, den Inspector zu erkennen, als dieser den mit hübschen rosa Blumen bemalten Nachttopf schwang, ehe er Bandicoot in die Dunkelheit der Feuerleiter und der Nacht folgte.

Lestrades unübertreffliche Kenntnis der Straßen ermöglichte es den drei ehrenwerten Flüchtlingen, den Grüppchen übelbeleumdeter Damen auszuweichen, den schamroten Kunden, die vor den Polizisten mit Bündeln von Banknoten herumfuchtelten, und der ausschwärmenden Menge der Samstagnachtbummler, die vom Lärm und Skandal in Haymarket angelockt wurden wie Fliegen von einer Leiche. Am Montag morgen würde der Name «Fatima» vor manch einem Stadtgericht widerhallen und an vielen Frühstückstischen den wütenden Blick einer Ehefrau auslösen, der auf einen nervösen schwitzenden Ehemann geschleudert wurde. Das war der Lauf der Welt. Es war die häßliche Seite der Neunziger.
Als der Morgen, perlmuttfarben und heiß, über die schlafende Stadt hereinbrach, saßen drei Polizisten, ein ausländischer, ein suspendierter, ein verabschiedeter, im *Grand Hotel* und schlürften Champagner. Kaum war Goron mit den erschöpften Lestrade und

Bei Fatima

Bandicoot in deren Zimmern angekommen, hatte er ihn geordert. Während sie sich noch erholten, zog der Franzose abermals seine Taschenpistole und richtete sie unmißverständlich auf Lestrades Kopf.

«Jetzt ist ja das ganze Geschrei vorbei», sagt er. «Warum 'aben Sie mir nischt gesagt, wer Sie *wirklisch* sind?»

Lestrade streckte beruhigend die Hand aus, um Bandicoot davon abzuhalten, seinen verheerenden Versuch vom frühen Abend zu wiederholen.

Lestrade blieb bei seiner Version. «Wie ich Ihnen schon sagte, ich bin Inspector Athelney Jones von Scotland Yard.»

«Das sind Sie nicht, Monsieur, es sei denn, Sie 'ätten fünf oder sechs Stones verloren und Ihr Gesicht radikal verändert – seit gestern.»

Lestrade und Bandicoot wechselten Blicke.

«Sehen Sie, ich bin Athelney Jones gestern begegnet. Tatsächlich bin ich allen von Frosts Inspectors vorgestellt worden – einen ausgenommen.»

«Hat Nimrod Frost Ihnen schon einen Posten beim Yard angeboten?» fragte Lestrade nachdenklich. «Ich denke, wir könnten Sie brauchen.»

«Ha, ha.» Goron verstaute seine Pistole, dieses Mal ein wenig konventioneller, in der Westentasche. «Sie würden meine Methoden nicht billigen. Nachdem ich Sie freilisch letzte Nacht, als ich Fatimas Etablissement verließ, mit einem Nachttopf in Aktion sah, glaube isch, daß es für euch britische Bobbies noch 'offnung gibt. Nun, Inspecteur Le Strade, unter uns Franzosen, was wollen Sie über Puppy wissen?»

«Puppy?» wiederholte Bandicoot und fragte sich, ob sie wohl von einem vermißten Schoßhündchen sprachen.

«Coleraine Robert Vansittart; Puppy für seine Freunde.»

«Ein komischer Spitzname», bemerkte Lestrade.

«Nischt, wenn Sie ihn gesehen 'ätten, Le Strade. Er war lang und dünn mit einem roten Bart. Er war ein Meisterschütze, ein Gründungsmitglied des *Tir au Pigeon*. In der Pariser Gesellschaft genoß er großes Ansehen. Ein persönlicher Freund von Prinz Achille Murat und –» er rückte vertraulich näher «– von Napoleon III.»

«Sein Tod?»
«Ein natürlicher. Er starb im Bett, in seiner Wohnung in der Rue Vernet. Geräumig, komfortabel. Es blüht uns allen, mon vieux.»
«Aber einigen früher als anderen», war Lestrades Kommentar.
«Puppy 'atte ein schönes Leben. Komisch, daß er nie geheiratet hat.»
«Sie meinen ...»
«*Un pédéraste? Non*, an Vansittart war nichts Sonderbares. Freilisch ...»
«Ja?»
«Etwas Merkwürdiges war da doch. Ich 'atte das Gefühl, er stehe – wie sagt man bei Ihnen? – irgendwie am Rand. Sagen wir einfach, er war ein ... unergründlicher Typ.»
«Wissen Sie etwas über sein früheres Leben? In der britischen Armee?»
«Ich glaube, er ist Leutnant gewesen bei den Elften 'usaren. Sein Landsitz war im Département ... äh ... in der Grafschaft Berkshire, aber ich glaube, er hatte keine Angehörigen.»
Lestrade sackte in seinem Sessel zusammen.
«Eine Steinwand? Inspecteur?»
Lestrade nickte.
«*Je regrets*. Aber jetzt können Sie etwas für misch tun. Juden. Haben Sie mit ihnen Probleme 'ier?»
«Nicht übermäßig», sagte Lestrade. «Es gab ein paar Leute, die Jack the Ripper für einen Juden hielten – einen Schächter.»
«Ah, oui. Die Lederschürze.»
«Sie sind bemerkenswert gut informiert», sagte Lestrade. «Dieser Fall liegt fünf Jahre zurück.»
«Ja, aber welch ein Fall. Ich weiß auch eine ganze Menge über eure Adelaide Bartlett ...»
War es nicht eher *seine* Adelaide Bartlett? dachte Lestrade.
«Und über euren Charles Hurra.»
Lestrade runzelte kurz die Stirn. Bandicoot verstand überhaupt nichts. «Ich glaube, das ist ein Meuchelmörder», korrigierte ihn der Inspector.
«Oh, nein, beileibe nicht», sagte Goron großspurig. «Aber wir 'aben ein ernsthaftes Problem mit Juden. Insbesondere die Armee. Es gibt da einen kleinen Juden, 'inter dem ich her bin. Ein unbe-

Bei Fatima ─────────────────────────────── 161

deutender Artillerieleutnant namens Dreyfus. Wie steht's mit Wissenschaftlern? Vertrauen Sie Ihnen?»
«Nun, ich ...»
«Oh, mißverstehen Sie misch nischt. Einige der besten Apparate in meinem Speisehaus sind von Wissenschaftlern erfunden worden. Madame Guillotine, natürlich, die eurem englischen Galgen so sehr vorzuziehen ist. Und der Vater der forensischen Wissenschaften ist ein Franzose, Bertillon. Aber da gibt es andere, denen ich nicht traue. Anarchisten, Sozialisten ...»
Das kam Lestrade ungemein bekannt vor.
«Isch beobachte les Fréres Curie von der Sorbonne. Wenn es je eine Brutstätte der Anarchie gegeben hat, dann dort. 'aben Sie einen ähnlichen Ort?»
«Das Unterhaus», sagte Lestrade und trank seinen Champagner aus.

Lestrade war ungemein froh darüber, daß Goron angekündigt hatte, er werde die Rechnung für das Frühstück übernehmen. Beides, die Rechnung und das Frühstück, waren üppig, und die Polizisten, die Engländer und der Franzose, brachten über eine Stunde damit zu, sich an berühmten Fällen und den Problemen moderner Polizeiarbeit zu ergötzen. Was Bandicoots Beitrag zur Unterhaltung anging, hätte er zeitweilig ebensogut die Apidistra in der Ecke darstellen können, so stumm blieb er. Als es freilich ans Tafeln ging, war es an Lestrade, sich zurückzuhalten. Er war sicher, daß Arthur Sullivan die Vielfalt der *Haute cuisine*, wie sie sich vor ihm präsentierte, nicht zu schätzen gewußt hätte, Dinge, von denen Lestrade einige nie zuvor gesehen hatte und deren Namen er nicht aussprechen konnte. Der weltläufigere Bandicoot speiste mit gutem Appetit – dem eines Gentleman, versteht sich. Das einzige, wobei Lestrade sich sicher fühlte, war der Kaffee, und er beschränkte sich darauf.
Die Uhr im Speisesaal des *Grand* schlug gerade zehn Uhr, als Gorons Gesicht binnen Sekunden die Farben des Regenbogens anzunehmen schien. Er würgte, riß an seinem steifen Kragen und kippte nach vorn, geradewegs mit der Nase in die Konfitüre. Das Stimmengewirr ringsum erstarb, und als Lestrade gerade helfend ein-

greifen wollte, sackte Bandicoot seitlich von seinem Stuhl, die Tischdecke und den größten Teil des Geschirrs mit zu Boden reißend.
«Einen Krankenwagen!» brüllte Lestrade, drehte in verzweifelter Hast beide Männer auf den Rücken und öffnete ihre Kragen. Ladies wurden aus dem Saal hinauskomplementiert. Der *Maître d'hotel* geleitete sie zu den Drehtüren und tat sein Bestes, eine menschliche Mauer zwischen ihnen und den zusammengebrochenen Männern zu bilden.
«Was ist los, Inspector Jones?» Er kehrte eilig auf den Schauplatz zurück.
«Für mich sieht's wie Beriberi aus», sagte ein rotgesichtiger Mann wichtigtuerisch.
«Sind Sie Arzt?» fauchte Lestrade ihn an.
«Nun ... Nein, aber ich habe viele Jahre in den Tropen verbracht. Ich kenne Beri ...»
«Vielen Dank, Sir. Ich warte lieber auf einen Fachmann.»
Unter den schnippenden Fingern des *Maître d'hotel* schwärmten Kellnerinnen und Kellner aus und begannen aufzuräumen.
«Alles so lassen!» befahl Lestrade. «Nichts darf angerührt werden.»
«Sir», fing der *Maître* an, «ich hoffe nicht, daß Sie glauben ... Ich meine, die Speisen ...»
«Platz da! Platz da! Lassen Sie mich durch. Ich bin Arzt.»
Ein rötlicher Gentleman, den Schlafanzug und Morgenrock unzweifelhaft als Gast des Hotels auswiesen, warf neben Lestrade seinen Arztkoffer zu Boden und beäugte die Opfer.
»Tot?» fragte er Lestrade.
«Nein, aber ich glaube, man wollte sie töten.»
Der Arzt prüfte den Puls und die Augäpfel. «Sind diese Gentlemen Gäste des Hauses?»
Lestrade nickte.
«Wir müssen sie zu Bett bringen. Ihr Männer, faßt mal mit an.»
Während der Arzt zusammen mit dem *Maître d'hotel* den Abtransport Gorons und Bandicoots beaufsichtigten, ließ Lestrade die Überreste des Frühstücks einsammeln und in der Küche abstellen. Er bombardierte das gesamte Personal nahezu zwanzig Minuten lang mit Fragen, allen Vorstellungen des *Maître d'hotel* zum Trotz,

Bei Fatima _____ 163

er möge seinen Leuten erlauben, ihre Arbeit fortzusetzen. Schließlich war die Zeit des Mittagessens nicht mehr fern.
«Wenn einer dieser beiden Männer stirbt», herrschte Lestrade ihn an, «wird dieses Hotel nie wieder ein Mittagessen oder eine andere Mahlzeit servieren. Soviel kann ich garantieren.»
Lestrade war gerade zu dem Schluß gelangt, daß aus der Ansammlung von Köchen und Tellerwäschern nichts mehr herauszukitzeln war, als einer aus der Menge einen neuen Mitarbeiter erwähnte. Er war für Smithers eingesprungen, der an Herzflattern litt. Ich kenne einen Polizisten, der dasselbe Problem hat, dachte Lestrade. Nein. Er war nicht mehr da. Er war verschwunden. Komisch. Nicht sonderlich, dachte Lestrade. Was war seine Aufgabe gewesen? Er hatte für Kompott und Konfitüre zu sorgen.
Lestrade stürmte wie von Furien gehetzt aus der Küche und in den Nebenraum, in dem die Reste des Frühstücks immer noch lagen. Er stippte vorsichtig einen Finger in die erste Konfitüre. Sie schmeckte ausschließlich nach Kirschen. Er probierte eine zweite. Dann eine dritte. Bei der dritten hielt er inne. Der Geruch von Bittermandeln.
«Was ist das für eine Marmelade?» fragte er den *Maître d'hotel*.
«Das ist überhaupt keine Marmelade, Sir.» Der Mann versuchte verzweifelt, nach den verwirrenden Ereignissen dieses Morgens seine Würde wiederzugewinnen. «Das ist Aprikosengelee.»
«Und fügen Sie Ihrem Aprikosengelee Mandeln hinzu?»
Der *Maître d'hotel* war verblüfft und flüsterte mit dem Küchenchef, der neben ihm stand. Der kleine, weißbehaubte Mann schüttelte den Kopf. «Nein.» Der *Maître d'hotel* warf sich in die Brust.
«Bloß Aprikosen und Zyanid?»
«Genau.» Und im nächsten Augenblick, als dem *Maître* klar wurde, was er bejaht hatte, klappte sein Unterkiefer herunter.
«Keine Sorge», sagte Lestrade. «Bei mir ist Ihr Geheimnis gut aufgehoben.»
Lestrade war Zeuge, als Bandicoot zu sich kam, ein wenig früher als Goron. Beide Männer waren ein wenig blaß, ein bißchen schwach und gebeugt und suchten taumelnd das Bad auf, um sich der letzten Reste des Frühstücks und des vom Arzt verabreichten Brechmittels zu entledigen.
«Mir bleibt nur, mich zu entschuldigen, Gentlemen», sagte der In-

spector. «Ihr Unwohlsein wurde durch Marmelade hervorgerufen, die mit Zyanid versetzt war. Und es ist beinahe sicher, daß das Gift für mich bestimmt war.»

«Wissenschaftler. Verstehen Sie, was ich meine?» erinnerte ihn Goron.

«Vielleicht haben Sie recht, Monsieur Goron, aber wir haben in England ein Spiel, das Fingerhutsuchen genannt wird. Ein Kind versteckt den Fingerhut. Die anderen suchen danach. Nähert sich ein Kind dem versteckten Gegenstand, ruft das erste Kind: ‹Heiß!› Und das ist es, was der heutige Morgen bewiesen hat: ich werde ‹heiß›.»

Am Ende der Welt

Dieses Mal schrieb Jacob seinen Brief. Familienangelegenheit oder nicht, die Sache war ihm inzwischen über den Kopf gewachsen. Er schrieb es nieder, alles. Alles, was er wußte. Diese ganze düstere, schmutzige Geschichte. Und dieses Mal wußte er genau, an wen der Brief adressiert werden mußte. Er schickte ihn an Inspector Sholto Lestrade, New Scotland Yard. Lestrade würde jetzt etwas unternehmen. Nun, da er die Fakten kannte, würde der Inspector handeln.

Der Inspector war schon einige Male am Ende der Welt gewesen. Dieses Mal trug es den Namen Bishop's Castle in der Grafschaft Salop, und nachdem er den noch vergleichsweise zivilisierten Zug nach Shrewsbury verlassen hatte, mußte er, um das letzte Stück des Weges zurückzulegen, auf Pony und Einspänner zurückgreifen. Lestrade sauste durch die Fliegen und den Kuhmist des Spätsommers. In der Stadt mit ihren steilen Pflasterstraßen stellte er Ermittlungen an, wobei er es riskierte, seinen eigenen Namen zu benutzen, da er nicht glaubte, daß die Shropshire Constabulary mit der Tatsache vertraut war, daß der Yard jemanden suspendieren konnte. Eine Familie namens Hope, sagte man ihm, habe einen Bauernhof unweit Cefn-Einion an den unteren Hängen von Offa's Dyke. Lestrade mußte sich dies mehrere Male wiederholen lassen, weil der Constable sich einen Pflock in die Nase getrieben zu haben und zu sprechen schien, als habe er beide Backen voll Baumwolle – das heißt, nachdem er sich schließlich dazu durchgerungen hatte, sein angestammtes Walisisch gegen etwas einzutauschen, das Lestrade vage verstand. Lestrade seinerseits ertappte sich dabei, daß er sich mit dem Constable verständigte, indem er ihm einsilbige Wörter zurief, als sei er der Dorftrottel. Es half nicht viel. Und hatte er nicht noch Glück, daß das Hope-Anwesen auf der walisischen und nicht auf der englischen Seite dieses Grenzlandes lag? Der erste Eindruck, den er von einem Hope bekam, war eine Peitsche, die unberechenbar hinter einer kleinen Herde friesischer Rindviecher durch die Luft zischte, die heimwärts über die Wiese zogen. Nicht daß Lestrade die Tiere als friesisch erkannt hätte. Tatsächlich sahen sich die schwarzbunten Kühe sehr ähnlich. Gleichwohl blickte das Leittier mit seinen rollenden rosaroten Augen alles andere als freundlich. Und erst als Lestrade den Wanst des Tieres betrachtete, seine stampfenden Hufe, den Kopf, den es in der glühenden Nachmittagssonne hin und her warf, wurde ihm klar, wessen Geschlechtes es war. Überraschend für einen Mann, der alles gesehen und überall gewesen war, mußte sich das Tier erst an sein gebrechliches Gefährt drängen, ehe Lestrade seine Männlichkeit erkannte, denn sie schleifte fast über den Erdboden. Inzwischen hatte er genug mit den Zügeln zu tun, als sein Pony bockte und scheute, ohne aufgrund seiner Scheuklappen das Ausmaß des Problems zu erkennen.

«Miststück!» kreischte eine Stimme. Im Rücken der erregten Tiere tauchte eine Peitsche auf und an deren Ende eine kleine, vierschrötige Frau in Wollbluse und Schürze, das Haar hinten zu einem Knoten gebunden. Sie schwang eine rundliche Faust und schlug dem Bullen kräftig auf die beringte Nase. Das Tier schnaubte und watschelte ein wenig blöde davon.

«Tut mir leid.» Die Kuhhirtin schirmte ihre Augen gegen die Sonne. Sie wartete, bis Lestrade, unter Anzug und Bowler schwitzend und staubig, sein Pferd beruhigt hatte.

«Ich suche den Bauernhof von Mr. Hope», sagte Lestrade.

«Oh, Sie sind Engländer, oder? Ich bin Mrs. Hope. Sie sind gekommen, um Will zu sprechen, nicht wahr?»

Lestrade blickte verständnislos.

«Meinen Ehemann Will», half Mrs. Hope nach.

«Nein, eigentlich suche ich Henry Hope», erwiderte er.

Mrs. Hope machte ein betrübtes Gesicht. «Ich fürchte, da kommen Sie zu spät. Großpapa liegt im Sterben. Darum bin ich mit den Tieren draußen. Will is bei seinem Vater. Was wollen Sie von Großpapa? Hat doch wohl nichts Schlimmes verbrochen?»

«Nein, Mrs. Hope. Mein Name ist Lestrade; Inspector Lestrade, Scotland Yard.»

«Na dann, das hab ich noch nie getan!» Mrs. Hope kletterte hin-

Am Ende der Welt ─────────────────────────── 167

auf und setzte sich neben ihn, so daß er den ganzen Weg hügelabwärts Zeit hatte, darüber nachzusinnen, *was* sie nie tat.
Im Gefolge der trottenden Kühe erreichten sie nach geraumer Zeit ein kleines, schilfgedecktes Haus. Die Sonne blitzte auf seinen weißgetünchten Wänden, und die Stockrosen vervollständigten das Bild einer ländlichen Idylle. Nur die Steinfußböden verrieten seine Feuchtigkeit, und das einzige Geräusch im Inneren war das Röcheln eines sterbenden Mannes.
«Großpapa», rief Mrs. Hope dem bärtigen alten Mann zu, der, von Kissen gestützt, im Bett lag. «Da will dich ein Gentleman besuchen – ein Polizist.»
Zwei jüngere Männer in Ledergamaschen und Bowlerhüten, die Ärmel für die Ernte aufgekrempelt, traten, kaum hatten sie das Wort «Polizist» gehört, bei Lestrades Eintritt beiseite.
«Tut mir leid, hier einzudringen», sagte er zu den Anwesenden, «aber ich muß Mr. Hope ein paar Fragen stellen. Es geht möglicherweise um Leben und Tod.»
«Ja, bei ihm», murmelte einer der Männer.
«Das ist Will», sagte Mrs. Hope, als wolle sie sich entschuldigen. «Nehmen Sie's ihm nicht krumm. Fragen Sie ruhig. Oh, er ist wieder ohnmächtig.» Und sie beugte sich vor und tätschelte sanft die Wangen des alten Mannes, der bleich und stumm dalag. «So passiert's ihm hin und wieder», erklärte sie, «es ist die Fallsucht, verstehen Sie? Hat er immer gehabt. Nicht wahr, Will?»
«Ja.» Will war offenbar ein Ausbund an Klugheit und Schlagfertigkeit.
«Können wir helfen, Mr. Lestrade?» fragte sie.
Doch als sie das sagte, regte sich der alte Mann.
«Oh, er ist wieder bei sich», und sie schüttelte ihn sanft und machte Lestrade ein Zeichen, näher zu kommen.
«Dies ist Inspector Lestrade, Großvater, von Scotland Yard. London, weißt du. Er möchte dich was fragen.»
Der alte Mann murmelte etwas Unverständliches, vermutlich in jenem nasalen Walisisch des Bezirks, das Lestrade bereits zu schaffen gemacht hatte.
«Ich habe erfahren, daß Sie früher bei den Elften Husaren waren», sagte Lestrade. Keine Antwort. Er wiederholte seine Frage lauter.

«Brauchen nicht zu brüllen. Bin, verdammt noch mal, nich taub», brummte der alte Hope. «Ja, ich war bei den Elften. Und ich war beim Angriff der Leichten Brigade dabei.» Angespannt durch die Erinnerung, richtete er sich mühsam auf. «Und auch beim Angriff der Schweren Brigade.»

Lestrade blickte Mrs. Hope um Bestätigung bittend an.

«O ja, er ritt bei beiden Angriffen mit, das stimmt. Der einzige, der es tat, wissen Sie.»

«Ich war in der Arrestzelle, wissen Sie», stieß Henry Hope keuchend hervor, «am Morgen von Balaclava. Ja, und als ich sah, wie der ganze Trubel losging und weit und breit keine Wachen, ging ich einfach aus der Hütte raus und schnappte mir das erstbeste Pferd. War ein verrückter Hund damals, ja, der einzige Husar unter all den Schweren – und auf einem Kavalleriepferd von den Grauen, war's nich so? Aber ich galoppierte mit ihnen auf die Russen los. War zu spät, umzukehren, verstehn Sie. Als ich zurückkam, waren meine Jungens natürlich zum Angriff formiert, und der alte Loy Smith hätte mich in der Luft zerrissen, wenn ich nich dagewesen wär. Danach hat Lord Cardigan selbst mir meine Strafe erlassen – ich war auf Wache eingepennt –, nun, das war nicht mehr als recht und billig, verstehen Sie ...» Und er verfiel in einen krampfartigen Husten. Seine Familie scharte sich um ihn, und Lestrade erkannte in dem grauen Gesicht die Anzeichen des nahenden Todes. Er ließ seinen üblichen Respekt vor dem Tod beiseite und drängte.

«Erinnern Sie sich noch mal an die alten Zeiten, Henry. An die Krim.»

«Laß ihn zufrieden, Mann!» brüllte Will, unerwartet verständlich.

«Will, schrei deinen Vater nich an!» bellte der alte Mann in machtvollem Walisisch, das Lestrade nicht im geringsten zu würdigen wußte. «Hab meine verdammte Medaille vor Jahren versetzt», seufzte der alte Mann.

«Erinnern Sie sich an Jim Hodges?» Mit verrutschtem Bowler kniete Lestrade neben dem alten Mann und ergriff seine Hand.

«Ja.»

«Wie ist es mit Richard Brown? Joe Towers? Bill Bentley?»

Nichts.

«Denken Sie nach, Henry», zischte Lestrade. Und mit der Verzweiflung eines Ertrinkenden: «Es ist nicht mehr viel Zeit.»
Henry Hope blickte zu Lestrade auf. Seine Augen wurden größer, als ihm klar wurde, was der jüngere Mann meinte.
«Ja, ich erinnere mich an alle. Waren alle bei der F-Schwadron.»
«Sie sind tot, Henry. Ermordet. Alle. Auch Bill Lamb. Kennen Sie ihn?»
«Ermordet?» Der alte Mann versuchte sich aufzurichten. Lestrade stützte seinen Kopf.
«Warum, Henry, warum mußten alle Ihre alten Kameraden sterben?»
«Fragen Sie Miss Nightingale», sagte er. «Die Lady mit der Lampe nannten wir sie. Sie kann's Ihnen sagen...» Er sank zurück.
«Henry...» rief Lestrade ihn an.
«Sehen Sie denn nicht, daß er stirbt, Mann?» fauchte Will.
Lestrade achtete nicht auf ihn. «Henry, warum? Warum Miss Nightingale?»
«Arzt...» keuchte Henry.
«Er will 'nen Arzt. Wo steckt der alte Bursche?» Er eilte zum winzigen Fenster und zurück.
Henry schüttelte den Kopf. «*Kill...Cro...kill...*» und er verschied.
Lestrade ließ die kalte Hand des alten Mannes sinken und legte sie ihm sanft auf die Brust. Will und der andere Mann ragten drohend über ihm auf, bestürzt über sein Eindringen und im Gefühl ihres Verlustes. Es war Mrs. Hope, die sich einschaltete. «Was geschehen ist, ist geschehen, Will», sagte sie. «Hol den Doktor. Mach dich nützlich.» Und langsam watschelte der andere Mann zur Tür. Sie brachte Lestrade zum Wagen.
«Mein Beileid, Madame», sagte der Inspector. Es gab wirklich nichts, was er sonst hätte sagen können.
«Hat es Sie weitergebracht, Inspector – was Großvater sagte?»
«Ich weiß es nicht, Mrs. Hope. Möglich, daß nur die Zeit es erweisen wird.» Und er verließ das weißgetünchte Haus, fuhr über die Kuppe von Offa's Dyke und weiter nach Nordosten.

Wie verabredet trafen sie sich vor dem Altar im nordwestlichen Querschiff. Zwei Gentlemen, die sich an der Septembersonne erfreuten und an dem kalten Stein ihres mittelalterlichen Erbes in dem doppelt kreuzförmigen Gebäude in Canterbury.

«Vor fünf Jahren haben sie in der Krypta Beckets Gebeine gefunden», sagte Charlo zu Lestrade im Ton eines örtlichen Fremdenführers, der seine Kenntnisse vor einem Besucher ausbreitet.

«Ein Mordanschlag, habe ich recht?» Lestrade konnte nicht widerstehen, vom Beruf zu sprechen, sogar wenn er vor den anderen Besuchern den unwissenden Fremden spielte.

Er ist schon wieder beim Thema, dachte Charlo, aber um ehrlich zu sein, war er ja deshalb nach Canterbury gekommen.

«Ich bekam die Konfitüre von Bandicoot», wisperte Charlo verstohlen, während sie auf die Krypta zugingen.

«Ich möchte gern die Hugenottenkapelle sehen», sagte Lestrade für die Ohren der Vorbeigehenden. «Und?» Seine Stimme wurde zum Flüstern.

«Sie hatten recht. Ich habe sie von einem befreundeten Chemiker untersuchen lassen. Zyanid.»

«Es wird höchste Zeit, daß der Yard eigene Labors bekommt», war Lestrades Kommentar. «Was Neues aus der Chefetage?»

«Wir haben Befehl, Sie zwecks Befragung festzunehmen, Sir, falls Sie zu Ihrer heutigen Vernehmung nicht erscheinen.»

«Also sind Sie nicht näher an Frost rangekommen?»

«Vergessen Sie nicht, Sir, ich bin nur ein Sergeant. Leider zieht mich der Assistant Commissioner nicht ins Vertrauen.»

«Verstanden. Was ist mit Gregson?»

«Man erzählt sich, er sei noch immer davon überzeugt, Sie hätten versucht, den Kaiser umzubringen. Glauben Sie, daß er ganz richtig im Kopf ist?»

«Gregson oder der Kaiser?»

«Suchen Sie sich's aus», sagte Charlo, als sie in die Krypta hinabstiegen. Hier war es dunkler und kälter als im Schiff.

«Wie geht's Bandicoot?»

«Als ich ihn sah, gut.»

«Und Goron?»

«Abgereist. Schien keinen Groll zu hegen.»

«Hat er irgendwas zu Frost gesagt – über mich, meine ich?»

Charlo zuckte die Achseln. «Warum wollten Sie mich hier treffen, Sir?» Der Sergeant zitterte vor Kälte.

«Nun, vielleicht habe ich Seine Eminenz, den Erzbischof, auf meiner Liste der Verdächtigen, aber in Wirklichkeit müssen wir ein paar Akten durchsehen. Kommen Sie?»

Der kurzsichtige junge Offizier gähnte und schüttelte sich. Er blickte auf das Datum auf dem Kalender – 26. September. Er ging zum Mülleimer hinüber, stolperte über etwas und begann Bleistifte anzuspitzen. Der Gegenstand, über den er gestolpert war, ein erdfarbener irischer Wolfshund, knurrte ergeben.
«Herein.» Das Gehör des Offiziers funktionierte offenbar, und es hatte in der Tat an die Tür geklopft.
«Inspector Athelney Jones, Scotland Yard, möchte Sie sprechen, Sir.» Der Corporal salutierte kurz. Der Offizier rückte seine dicken Brillengläser zurecht, musterte die Tür und stolperte bei seiner Rückkehr zum Tisch abermals über den Hund. «Entschuldigung, Paddy», entschuldigte er sich höflich.
Lestrade trat ein. «Ich suche den Adjutanten der Elften Husaren».
«Sie haben ihn gefunden.» Der Offizier streckte eine Hand aus und verfehlte Lestrades um ein paar Zoll. «Charles Davenport ... der Ehrenwerte.»
«Athelney Jones, der ganz Gemeine. Dies ist Sergeant Charlo.» Lestrade ergriff die suchende Hand. Davenport machte eine grüßende Handbewegung zur Wand, wo nach seiner Schätzung irgendwo der Sergeant stehen mußte.
«Tut mir leid, daß Sie die anderen nicht angetroffen haben», sagte er. «Sie sind alle draußen.»
«Draußen?»
«Ja, in Indien, um genau zu sein. Wir haben hier nur eine Notbesetzung, und die bin ich. Womit kann ich Ihnen helfen?» Er warf ihm mit zusammengebissenen Zähnen einen schiefen Blick zu. Lestrade stellte fest, daß er mit seinem Plan keine Probleme haben würde. Athelney Jones hätte Davenports siamesischer Zwillingsbruder sein können, und er hätte ihn nicht erkannt.
«Ich führe gewisse Untersuchungen durch in bezug auf den Tod von fünf Männern, die früher allesamt Mitglieder Ihres Regiments waren. Ob ich wohl die Stammrollen aus den fünfziger Jahren sehen könnte?»

«Die Fünfziger?» Der Adjutant strich sich das Kinn. Er läutete mit einer Reihe von Gegenständen auf seinem Tisch, zuerst mit einem Briefbeschwerer, dann mit einem Bronzefigürchen und schließlich mit einem Glöckchen. Die Ordonnanz erschien wieder.

«Corporal, holen Sie mir Hauptbuch E5/21a, wenn möglich.»

«Äh ...» setzte der Corporal an.

«Oh, Gott, es ist grün mit goldenen Buchstaben, das achtzehnte von hinten, oberstes Regalbrett.»

Der Corporal verschwand.

«Warum gibt man mir Büropersonal, das nicht lesen kann? Ich werde es nie begreifen. Zigarre?» Davenport bot Lestrade einen Bleistift an.

«Nein, danke, ich glaube, das Blei bekommt mir nicht.»

Der Corporal kehrte, welch Wunder, mit dem gewünschten Band zurück und der Adjutant begann, die Seiten zu durchblättern. Vielleicht ist es eine Ausgabe in Blindenschrift, dachte Lestrade.

«Ja, das ist es. Mai achtzehnfünfzig bis Januar achtzehnsechzig. Sie werden darin finden, was Sie suchen.»

Und Lestrade fand es. John Douglas, Lieutenant-Colonel, Lieutenant Alexander Dunn, daneben mit Bleistift «Victoria-Kreuz». Aber am meisten interessierte ihn die F-Schwadron – Lamb, Bentley, Towers, Brown, Hope, sie waren alle verzeichnet. Und noch viele andere. Er kritzelte die anderen Namen auf einen Notizblock.

«Waren diese Männer alle auf der Krim stationiert?» Das mußte, folgerte er, das verbindende Glied sein.

«Alle mit einem ‹K› neben dem Namen», sagte Davenport.

Das engte die Zahl etwas ein.

«Haben Sie irgendeine Möglichkeit, festzustellen, ob diese Männer noch am Leben sind?» fragte Lestrade.

«Gott, nein», antwortete der Adjutant. «Einige davon werden längst ihre Pension bekommen. Da müssen Sie zum Kriegsministerium gehen.»

Kriegsministerium – das hieß London, wo man Lestrade erkennen würde, wo man überprüft wurde, Beglaubigung in dreifacher Ausfertigung benötigte und so fort. Hier in Canterbury konnte sich ein Mann, der auf der Flucht war, immer noch einigermaßen sicher fühlen. In erster Linie brauchte er die Quellen des Yard für diese Sache.

Am Ende der Welt ─────────────────────────────── 173

Und das war genau der Punkt, an dem Charlo ins Spiel kam. Ein plötzlicher Gedanke schoß ihm in den Kopf.
«Wären Sie gekränkt, wenn ich eine Bemerkung machte?» fragte er.
«Mein lieber Freund ...» sagte Davenport, was offenbar als Einladung zu verstehen war, sich frei zu äußern.
«Ich konnte nicht umhin, festzustellen, daß Sie ... äh ... ein wenig kurzsichtig sind.»
Davenport entrüstete sich ein wenig. «So könnte man es ausdrücken», sagte er verdrießlich.
«Nun, wie auch immer, ich frage mich, ob Sie wohl eine zweite Brille besitzen. Ich bräuchte sie für einen zweiten Fall, an dem ich arbeite.»
«Ein Fall mit einer Brillenschlange?» – der Adjutant wünschte, er hätte das nicht gesagt. «Ja, die habe ich tatsächlich. Für Schreibarbeiten, wissen Sie. Doch inwiefern könnte eine Brille Ihnen von Nutzen sein?»
«Ich bin leider nicht befugt, Ihnen das mitzuteilen, Sir.» Das war die Floskel, die Athelney Jones zu benutzen pflegte, aber Lestrade fragte sich, wie lange er unter dieser Maske noch würde arbeiten können.
«Sehr gut», sagte Davenport. «Aber ich bekomme sie zurück, nicht wahr? Würden Sie mir hier den Empfang bestätigen?»
Lestrade unterschrieb den Busfahrschein, den Davenport ihm zuschob.
«Und hier, bitte.»
Und er unterschrieb auf der Serviette.
«Und dann noch hier.»
Der Zwischenraum auf dem Tisch zwischen Löscher und Tintenfaß empfing gleichermaßen Lestrades Unterschrift. Davenport händigte dem Inspector eine Brille aus, die, wie der Inspector schätzte, aus den Böden zweier Flaschen gemacht war.
«Ich werde Sie zur Tür begleiten», sagte Davenport.
«Nein, danke, das schaff ich schon», sagte Lestrade und stolperte kopfüber über den Wolfshund, der lediglich seinen Kopf hob.
«Vielleicht sollten Sie die Brille aufsetzen, alter Junge!» grinste Davenport. Lestrade lächelte mühsam und ging, den wieder hustenden Charlo im Schlepptau.

An diesem Tag sandte Lestrade aus Canterbury ein Telegramm an Mrs. Manchester. *Bin bei Freunden. Stop. Polizei bewacht das Haus. Stop. Vertrauen Sie mir. Stop. Sholto. Stop.* Dann rasierte er sich seinen geliebten Schnurrbart ab, verpaßte sich einen Mittelscheitel und reiste nach London. Sein Geld ging zur Neige. Die Zeit wurde knapp. Es war der 26. September, der Tag, an dem er vorgeladen war, aber er würde nicht dort sein. Er fuhr zusammen, als ihm sein Gesicht von der Titelseite der *Police Gazette* entgegenstarrte. Aber die Ähnlichkeit war nicht sehr groß, und mit den Veränderungen, die er vorgenommen hatte, und vor allem durch Davenports Brille mußte es eigentlich klappen. Er mußte sich bloß einprägen: Meide Polizeireviere, und nimm von Fremden keine Bonbons an.

Er und Charlo trennten sich auf dem Waterloo-Bahnhof. Es war dem Sergeant nicht zuzumuten, sich in London in Lestrades Gesellschaft blicken zu lassen. Schließlich hatte er den ausdrücklichen Befehl, den Verkehr mit Lestrade abzubrechen. Seine ganze Karriere stand auf dem Spiel.
«Ich kann Ihnen nicht helfen, das zu tun, Hector», sagte Lestrade. «Ich kann Sie nicht einmal darum bitten ...»
«Keine Sorge, Sir. Ich werde nicht weit weg sein.» Und der Sergeant wickelte sich gegen den Septemberwind in seinen Schal und verschwand in der Menge.

«Inspector Jones?» fragte die alte Dame im Rollstuhl.
«Miss Nightingale.» Lestrade schüttelte die welke, ausgestreckte Hand.
«Ich bekomme nicht viel Besuch von Scotland Yard. Womit kann ich Ihnen helfen?»
«Der Krimkrieg, Madame.»
«Ach ja», lächelte sie. «Immer wieder die Krim. Manchmal sehe ich noch alles vor mir, Inspector, sogar nach so vielen Jahren. Das Hospital in Scutari. Der Schmutz, der Gestank. Wir stellten fest, daß ein totes Pferd den Abzugskanal verstopfte, wissen Sie! Und die Männer, viele waren noch Jungen. Ich sehe auch ihre Gesichter noch immer vor mir. Das war das Schlimmste von allem.»

«Mir geht es insbesondere darum, ob Sie sich an einen Verwundeten namens Joe Towers erinnern können.»
Nichts.
Auch an die anderen Verstobenen konnte sie sich nicht erinnern.
«Wie steht es mit Henry Hope?» sagte Lestrade aufs Geratewohl, weil er derjenige war, der Miss Nightingale zuerst genannt hatte.
«O ja, an *ihn* erinnere ich mich. Ein einfacher, jähzorniger Waliser. Er litt an *Petit mal*, glaube ich. Er war ungefähr zwei Monate bei uns; das muß im Frühjahr '55 gewesen sein.»
«Während er in Ihrer Obhut war, besonders wenn er phantasierte, sagte er da etwas ... Merkwürdiges?»
«Wenn Männer phantasieren, Inspector, sagen sie oft merkwürdige Dinge. Ich ... kann mich wirklich an keine Einzelheiten erinnern, was Hope betrifft.»
«Wie stand es mit den Regimentsärzten, Madame, mit denen der Elften Husaren, meine ich?»
«Regimentsärzte waren auf der Krim unser größtes Hindernis, Inspector Jones. Ich halte es nicht mit der heutigen Frauenbewegung, aber, bei Gott, in den Fünfzigern hätten wir sie gebraucht. Was ich denn schon, bloß eine Frau, sagten sie immer, von Medizin verstünde? Wie ich helfen könne, wenn sie es schon nicht konnten? Es war Krieg, und Krieg war blutig. Das war immer so und würde immer so sein. Die Ärzte von den Elften, nein, ich glaube, sie waren nicht besser und nicht schlechter als die anderen. Die meisten Regimentsärzte blieben bei ihren Regimentern. Einer oder zwei wechselten nach Scutari.»
«Die Stammrolle des Regiments scheint nicht alle ihre Namen zu verzeichnen», sagte Lestrade.
«Ach, wissen Sie, Inspector. Wenn ich etwas über Männer gelernt habe, über Männer bei der Armee, meine ich, ist es das: Ärzte, Pfarrer, Veterinäre wurden durch die Bank als minderwertig betrachtet. Ich entsinne mich an einen Arzt des Elften, Henry Wilkin, dem das aufging. Er war ein guter Arzt, aber er wollte unbedingt kämpfen. Die Regimenter gaben den Ärzten nicht einmal ein Pferd oder ein militärisches Begräbnis. Ich habe das immer als traurig empfunden. Daß man einem Mann, der den Soldaten nach besten Kräften das Sterben erleichterte, wenn die Reihe an ihn kam, sozusagen, die volle Teilhabe verweigerte.»

«Erinnern Sie sich an andere Ärzte, Madame? Vielleicht an einen, dessen Name mit den Buchstaben ‹C-r-o› begann?»
«‹C-r-o›? O ja, ich glaube, damit ist John Grosse gemeint. Und er ist gar nicht so weit von uns entfernt. Seit einigen Jahren lebt er als Sanitätsoffizier an der Königlichen Militärischen Pflegeanstalt in Chelsea.»

Der Rabbi Izzlebit nahm ein Zimmer in *Sussex Gardens*. Er schlurfte beim Gehen und hielt den Kopf gesenkt, als spähe er durch die dickwandige Brille, die er trug. Er sei aus York nach London auf Besuch gekommen, sagte er dem Wirt und jedem anderen, der ihn danach fragte. Sein schwarzer Mantel war überaus abgeschabt, und seine schmierigen Ringellöckchen hingen ihm spärlich auf die eingesunkenen Schultern. Am ersten Tag nach seiner Ankunft fuhr er mit Omnibus und Bahn nach Croydon und begab sich in die Sanderstead Road, wo er kräftig an die Tür des Hauses Nr. 20 klopfte.
Der stämmige Expolizist war nicht erfreut, ihn zu sehen.
«Hören Sie, ich möchte nicht unhöflich sein», sagte er, «aber ich verteile keine milden Gaben, am wenigsten an Ihre Sorte.»
«Aber die Wohltätigkeit fängt im eigenen Hause an, Beastie», lispelte der Rabbi.
«Wer sind Sie?» forschte Beastie nach.
«Sholto Lestrade, Sie Idiot. Lassen Sie mich rein, um der Liebe Allahs willen. Oder bringe ich etwa die Religionen durcheinander?»
Einmal sicher im Inneren des Hauses Nr. 20, nahm Lestrade den breitrandigen Hut ab und entledigte sich der Löckchenperücke und des falschen Bartes. Über einem dampfenden und bekömmlichen Teller Kaldaunen mit Zwiebeln erzählte Lestrade Beeson alles – oder fast alles –, was passiert war, seit Joe Towers auf eben dem Tisch gelegen hatte, von dem sie jetzt aßen.
«Habe gehört, Sie wären auf der Flucht, Sir. Ich konnte es nicht glauben. Was ist los?»
«Ich wünschte, ich wüßte es», sagte Lestrade. «Gregson ist immer ein Fanatiker gewesen, aber ich kann nicht verstehen, warum ihm Frost auf diese Weise den Rücken stärkt. Ich habe ihn für einen klügeren Mann gehalten.»
«Was passiert jetzt?» fragte Beeson.

«Wir arbeiten uns durch die Liste. Durch alle Mitglieder der F-Schwadron. Ich will alles über sie wissen. Bis in ihre Eingeweide.»
«Ich weiß nicht, Sir. Es ist 40 Jahre her.»
«Haben Sie mir nicht erzählt, daß Sie von Anfang an bei diesem Verein waren?» fragte ihn Lestrade.
«Ich habe Ihnen erzählt, daß ich Joe Towers in der Armee kennengelernt habe. Ich habe nicht gewußt, daß das darüber hinaus von Wichtigkeit war. Trotzdem, wissen Sie eigentlich, Sir, wie ich an den Namen Beastie gekommen bin?»
«Hab immer angenommen, das sei Ihr Vorname.»
«Nein», sagte der Exsergeant der Polizei schleppend. «Nach dem Krimkrieg wurde ich zu den Zwölften Lanzenreitern versetzt. War ein Weilchen in Indien. ‹Bhisti› ist der Hindu-Name für einen Wasserträger. Gott weiß, wie es kam, daß der Name an mir hängenblieb, aber er tat's.»
«Nun gut. Wir haben also folgendes. Die Offiziere ...»
«Ich kannte sie nicht alle, Sir. In damaligen Zeiten sprach man nicht mit Offizieren. Ich glaube auch nicht, daß man's heute tut.»
«Ich habe einen Sergeant im Yard namens Charlo, der noch immer bereit ist, mit mir zu sprechen. Er hat sich Zugang zum Kriegsministerium verschafft. Er wartete bis zur Mittagspause, bis kaum noch jemand im Haus war, dann gab er vor, die Spur eines vermißten Angehörigen zu verfolgen. Es klappte fabelhaft. Gott weiß, welche Geheimnisse er noch enthüllen wird, wenn er nur nachfragt. Nun begreift man etwas besser, warum Gregson so fanatisch ist. Nationale Sicherheit und all das. Jedenfalls kann er mit ein paar Toten aufwarten. Es gibt im Augenblick keine Möglichkeit, rauszukriegen, ob sie eines natürlichen Todes gestorben sind oder nicht. Da haben wir also», er las die Liste vor und strich dabei die Namen der Verstorbenen durch. «Captain Edwin Adolphus Cook, gestorben 1872. Lieutenant Alexander Dunn. Ja, über ihn weiß ich Bescheid. Gestorben 1868. Lieutenant Edward Harnett. Ich wußte nicht, daß er in Schwadron F war. Lebt noch. Hat mir bei dem Fall bereits geholfen. Lieutenant Roger Palmer. Erinnern Sie sich an ihn?»
«Ja, Jowett rettete ihm bei der Attacke das Leben. Anständiger Mann, wenn ich mich recht erinnere. Aber vergessen Sie nicht, daß ich bloß ein paar Wochen bei Schwadron F war.»

«Zur Zeit des Angriffs?»
«Nein, da war ich bei Schwadron D. Was ist so wichtig an der Schwadron F?»
«Wenn ich das wüßte, Beastie, hätten wir unseren Mann. Palmer ist jetzt offenbar Generalleutnant. Er hat mehr Landkäufe getätigt als Sie Verhaftungen – Irland, Wales, Berkshire. Ich bräuchte Zeit und den gesamten Yard hinter mir, um ihn aufzuspüren. Lieutenant Harrington Trevelyan. Pensioniert. Lebt jetzt in Fresno, Kalifornien.»
«Wo ist das, Sir?»
«Ich denke, Sie werden es westlich Pimlico finden, Sergeant. Aha, das hier ist interessant.»
«Pimlico?»
«Nein. ‹Poppy› ist nicht dabei. Vansittart wird nicht erwähnt. Also entweder war er nicht bei der Schwadron F, oder er nahm am Angriff nicht teil.»
«Das stimmt, Sir!»
«Was?»
«Beides stimmt. Er war bei meiner Schwadron, und wenn ich mich recht erinnere, war er zu jener Zeit in Scutari.»
«Scutari?» In Lestrades verwirrtem Kopf setzten sich die Stückchen des Puzzles zusammen.
«Das Generalhospital, Sir. Am Schwarzen Meer.»
«Ja, ja, ich weiß. Ein wenig östlich von Pimlico. War Miss Nightingale damals dort?»
«Ich glaube, Sir, gegen Ende von Lieutenant Vansittarts Zeit. Er nahm kurz danach seinen Abschied, glaube ich.»
«Komisch, daß sie ihn nicht erwähnt hat. Nun ja, ich habe sie ja auch nicht ausdrücklich nach ihm gefragt.»
«Seltsam, daß er nie geheiratet hat.»
Diese Bemerkung hatte Lestrade schon einmal gehört.
«Aha, jetzt kommen die beiden Ärzte der Schwadron F. Henry Wilkin. Ritt beim Angriff mit.»
«Ja, Sir. Ein Jahr nach Balaclava schied er aus dem Sanitätsdienst aus. Er wollte schon immer in den aktiven Dienst.»
«Er starb zwei Jahre später.»
«Tapferer Mann. Hätte in Indien das Victoria-Kreuz verdient gehabt.»

«Erinnern Sie sich an John Crosse?»
«Kaum, Sir; ich weiß nur, daß er jetzt den Fonds verwaltet.»
«Fonds?»
«Ja, Sir, für die Überlebenden der Leichten Brigade.»
«Beastie, Sie sind eine Goldgrube für Informationen. Wie hoch ist der Fonds? Wer bringt das Geld auf?»
«Nun, das weiß ich nicht genau, Sir; ich weiß nur, daß Dr. Crosse den Fonds verwaltet.»
«Haben Sie je Anlaß gehabt, den Fonds in Anspruch zu nehmen, Beastie?»
Lestrade hatte den alten Mann bei seinem Stolz gepackt. «Wo denken Sie hin, Sir. Lieber würde ich Straßenkehrer. In meinem ganzen Leben habe ich keine Almosen genommen. Bin zu alt, um jetzt damit anzufangen.»
Lestrade war schon wieder weiter. «Verstehen Sie nicht, Beastie? Geld. Geld liefert uns ein Motiv. Jedenfalls das erste, das ich in die Finger bekomme. Dr. Crosse verdient einen Besuch. Machen wir weiter. Sergeant-Major George Loy Smith.»
«War ein Bastard. Obwohl Joe ein harter alter Soldat war, hatte er tödliche Angst vor ihm, kann ich mich erinnern.»
«Nach allem, was ich hörte, hattet ihr alle Angst vor ihm. Er starb im Bartholomäuskrankenhaus ... hm ... vor fünf Jahren.»
«Geschieht ihm recht. Habe Leibgardisten nie leiden können.»
«Wurde er denn einer?»
«Ja.» Beeson spie seinen Priem aufs Ofenrost. «Ich hatte mal mit ihm zu tun, als ich im Tower Dienst hatte. Sagte mir, ich solle abhauen, sonst würde er mir den Helm mit der Hellebarde runterschlagen. Er verzieh oder vergaß nie etwas; diese Sorte tut das nie und nimmer.»
Und so arbeiteten sie sich weiter durch die Liste der Toten, und was die Lebenden anging, quetschte Lestrade Beesons Erinnerungsvermögen nach Kräften aus. Es war dunkel, als sie fertig waren. «Was denken Sie also, Sir?»
«Wir haben es mit jemandem zu tun, der sich mit Gift auskennt. Das deutet auf einen Arzt. Wenn es jemand aus Schwadron F war, setze ich auf Crosse. Zudem verwaltet er eine Geldsumme, wahrscheinlich beträchtliche Summen. Auf welche Weise er von den Morden finanziell profitiert, weiß ich nicht – noch nicht. Wir haben es mit

jemandem zu tun, der leicht durch das Land reisen kann, offenbar nach Belieben. Das deutet auf jemanden hin, der über private Mittel verfügt oder zumindest keiner regelmäßigen Beschäftigung nachgeht. Aber Tatsache ist, daß dieser Jemand nahe genug an Mrs. Lawrenson herankommen und ihr vergifteten Tabak unterschieben kann. Ebenso unbemerkt kann er von einem ausländischen Schiff aus in einen Leuchtturm eindringen. Er kann sich auf einem Landgut herumtreiben und Gift auf Brombeerhecken schmieren. Vielleicht haben wir es bloß mit einem ...»

«Meister der Verkleidung zu tun», unterbrach ihn Beeson. «Mir fällt ein, daß ich im *Strand Magazine* eine Geschichte über diesen Mann gelesen habe.»

«Professor Moriarty?»

«Stimmt!» Beeson war überrascht. «Woher wissen Sie das, Sir? Haben Sie die Geschichte auch gelesen?»

«Nein», seufzte Lestrade. «Hab's nur geraten. Ich glaube nicht, daß wir auf die Mythologie des verstorbenen Mr. Holmes zurückzugreifen brauchen.»

«Aber er könnte doch ein Schauspieler sein, Sir, oder etwa nicht?»

«Warum sagen Sie das?» Lestrade glaubte einen Funken von Intelligenz in Beesons Kopf aufblitzen zu sehen.

«Einer der Namen auf Ihrer Liste, Sir. William Pennington.»

«Was ist mit ihm?»

«Er ist jetzt Schauspieler, Sir. Ich habe sagen hören, er wäre Mr. Gladstones Lieblingsschauspieler.»

«*Dieser* William Pennington.» Auch Lestrade erinnerte sich jetzt.

«Nun, das ist interessant, Beastie. Guter Mann.»

«Da ist noch etwas, Sir. Vor einer Weile erwähnten Sie, daß Henry Hope, als er starb, ‹C-r-o› sagte. Nun gut, das bedeutet offensichtlich Crosse. Aber er sagte auch *Kill*. Stimmt's?»

Lestrade nickte.

«Was könnte das nach Ihrer Meinung bedeuten, Sir?»

«Nun, daß Crosse, wenn er denn unser Mann ist, etwas mit diesen Morden zu tun hatte.» Lestrade mochte sich nicht damit abfinden, daß Beeson so weit hinterherhinkte.

«Richtig. So sehe ich es auch. Aber was ist, wenn's nicht so ist?

Ihre Liste hat den Namen John Kilvert. Was, wenn Hope versuchte ‹Kilvert› zu sagen?»
Lestrade saß stumm da. Dann griff er nach der Liste. «Er lebt noch, stimmt. Der Bürgermeister von Wednesbury.»
«Wo, Sir?»
«Nördlich von Pimlico, Beastie.»
«Also haben wir drei Männer – Crosse, Kilvert und Pennington. Auf wen setzen Sie?»
«Setzen Sie lieber darauf, daß ich bis morgen früh noch frei bin. Beastie, ich möchte, daß Sie etwas für mich erledigen. Schicken Sie ein Telegramm ab, ja? Ich werde den Text aufschreiben. Ich müßte in Kürze zur Hochzeit eines Freundes gehen, aber so wie die Dinge nun liegen ...»
«Ich bin sicher, daß er das verstehen wird, Sir. Oh, da fällt mir etwas ein, was Sie zum Lachen bringen wird.»
Es gab nicht viel, das Lestrade hätte zum Lachen bringen können.
«Ich habe zugestimmt, Lady Butler Modell zu sitzen, der Malerin, die die Militärgemälde macht. Sie arbeitet an einem Bild ‹Appell bei Waterloo› – und hörte, daß ich Exsoldat bin. Sie kennt Pennington ebenfalls.»
«Wirklich?» Lestarde war mehr beruflich interessiert, als darüber erheitert, daß Beastie in pompöser Uniform auf einem Holzpferd sitzen würde.
«O ja. Er war die Zentralfigur in ihrem Gemälde von dem Angriff. Komisch, wie die Leute mit einem Mal alle etwas über die Leichte Brigade wissen wollen. Aber irgend jemand bringt uns um. Sogar die Männer, die schon in Arbeitshäusern dahinsiechen, werden ihre Opfer.»
«Wann gehen Sie zu Ihrer Sitzung?»
Beastie befragte den Brief. «Nächsten Donnerstag. Um zehn.»
«Ich werde Sie begleiten, wenn ich kann», und während er seinen Bart wieder anlegte, warf er einen Blick auf Lady Butlers Adresse.
«Wo werden Sie sich in der Zwischenzeit aufhalten, Sir? Für den Fall, daß jemand nach Ihnen fragt oder so.»
Lestrade grinste. «In Wednesbury. Wird Zeit, daß ich Bürgermeister Kilvert meine Aufwartung mache.»
«Sie werden ihn ohnehin bald treffen, wenn Sie wollen.»
Lestrade runzelte fragend die Stirn.

«Am einzigen Ort, wo Sie uns alle auf einem Haufen finden. Ich weiß nicht, warum ich nicht früher daran gedacht habe – das jährliche Wiedersehensessen.»
Lestrade ließ seine Ringellöckchen fallen.
«Beastie, Sie hören nie auf, mich in Erstaunen zu versetzen. Wann findet das Essen statt?»
«Am 25. Oktober natürlich, Sir. Blaclava-Tag. Das war ein denkwürdiger Tag.»

In Wednesbury wurden Rohre hergestellt. Und Kochtöpfe. Und Eisenteller. Lestrade schätzte, daß es in der Stadt keine sehr große jüdische Gemeinde geben würde, ein Rabbi also, insbesondere einer, der gewohnheitsmäßig überall anstieß, möglicherweise zuviel Aufmerksamkeit erregen würde. Andererseits war inzwischen in den Zeitungen zu lesen, daß Lestrade als Inspector Athelney Jones auftrat, so daß es unklug gewesen wäre, diese Maskerade zu benutzen. So beschloß er denn, sich statt dessen zu befördern. Er kam in Wednesbury an als Chief Inspector Abberline, der sich nahezu als einziger 1888 im Ripper-Fall einen Namen gemacht hatte. Sergeant Charlo ließ im Yard ausrichten, er sei erkrankt, und bestieg mit Lestrade zusammen den Zug. Lestrade war von der Treue des Mannes und seiner Risikobereitschaft beeindruckt.
Doch sie kamen beinahe zu spät an.
Ein Diener teilte ihnen mit, die Familie Kilvert sei in der Kirche und nehme an einer Beerdigung teil. Mrs. Kilvert war vergangene Woche gestorben. Lestrade und Charlo mischten sich unter die Trauergemeinde auf dem Friedhof von St. Bartholomew.
«Erde zu Erde, Asche zu Asche ...» Wie oft hatte Lestrade diese Worte gehört? Er taxierte die Trauergäste. Solide, respektable Männer und Frauen aus der Mittelschicht. Würdenträger aus der Umgebung. Die ganzen Geldleute aus der Porzellanbranche. Staffordshires beste Gesellschaft. Sobald er es für schicklich erachtete, knöpfte sich Lestrade den Mann mit der Amtskette des Bürgermeisters vor, John Ashley Kilvert, früher bei den Elften Husaren.
«Chief Inspector.» Der Bürgermeister gab ihm die Hand. «Ich hatte keine Ahnung, daß der Yard hinzugezogen werden sollte.» Lestrade wußte nicht, wovon der Mann sprach.

Am Ende der Welt ——————————————————— 183

«O ja», sagte er.
«Gibt es denn Neues?»
«Nein.» In Augenblicken wie diesem versuchte Lestrade, sich möglichst vage auszudrücken.
«Wollen wir uns in meiner Kutsche unterhalten? Ich habe mich von meiner Gattin bereits verabschiedet. Sie wird mich im Augenblick nicht vermissen.» Der Bürgermeister und der Inspector schlenderten zur schwarz verhängten Limousine.
«Wissen Sie, ich kann es immer noch nicht ganz begreifen. Ich kann meine Familie bis zum Eroberer zurückverfolgen. 900 Jahre. Und nun hat alles so geendet.»
Lestrade nickte mitfühlend und hoffte verzweifelt, Kilvert werde ihm einen Hinweis liefern.
«Ich wollte immer Bürgermeister von Nottingham werden, wissen Sie. Jetzt werde ich mich endgültig in Wednesbury einrichten müssen, schätze ich. Es ist eine Schande, daß Alfreda nicht mehr dasein wird, das Leben mit mir zu teilen.»
«Alfreda?»
«Meine Gattin, Chief Inspector. Der Chief Constable hat Sie doch sicher ins Bild gesetzt?»
«Nicht genau.» Hier konnte Lestrade ansetzen.
«Oh, verstehe. Nun, schmerzlich wie es ist, muß es wohl sein. Gestern war es eine Woche her. Alfreda hatte eine schlaflose Nacht. Sie schläft ... nun, überhaupt nicht sehr gut. Ja, es lag wohl an all diesen Schnapskisten, die sie zu tragen pflegte. Wir hatten früher eine Gastwirtschaft. Ich arbeitete für einen Wein- und Spirituosenhändler. Wie auch immer, an jenem Tag war sie auf und half Emily – unserem Mädchen – bei der Zubereitung des Frühstücks. Ich wollte mich gerade hinsetzen und essen, als eine Abordnung der Röhrenarbeiter erschien. Ich bin ein umtriebiger Mann – oh, ich meine das im kommunalpolitischen, nicht im außerehelichen Sinn, das nebenbei. Jedenfalls, als ich zurückkehrte, klagte Alfreda über Magenschmerzen. Im Laufe des Morgens wurden sie schlimmer. Sie starb um die Mittagszeit, die Uhr schlug gerade zwölf.» Kilvert suchte an einem Baum Halt. «Sie wurde vergiftet. Nikotin, sagte der Coroner. Ihr Ende war sehr qualvoll.»
Und verlängert, dachte Lestrade. Er wußte, daß Nikotin gewöhnlich sehr rasch wirkte.

«Ihr Gesicht schwoll an ...» Kilverts Stimme versiegte.
«Mr. Kilvert, ich habe Sie zu einem schrecklichen Zeitpunkt aufgesucht, aber die Umstände machen es erforderlich, daß ich schnell handeln muß. Gehe ich recht in der Annahme, daß Sie während des Krimkrieges bei der Schwadron F der Elften Husaren dienten?»
«Nun ja, aber ...»
«Sie kannten Männer wie Joe Towers, Bill Bentley, Richard Brown, Jim Hodges, Bill Lamb ...?»
«Ja, aber ...»
«Kannten Sie Henry Hope?»
«Sehr gut. Inspector, was hat das alles mit dem Tod meiner Frau zu tun?»
«Im Augenblick, Sir, stelle ich die Fragen, wenn Sie nichts dagegen haben.» In seiner Hast griff der Inspector auf die gängigen Phrasen zurück.
«Sie sagten, Ihre Frau und das Mädchen bereiteten das Frühstück vor?»
«Ja, das ist richtig.»
«Woraus bestand es?»
«Äh ... Kaffee und Rührei, glaube ich, auf Toast.»
«Ist das Ihr gewöhnliches Frühstück ...»
«Es wechselt ...»
«Konnte der Coroner sagen, in welchem Bestandteil des Frühstücks das Gift enthalten war?»
«Nein, konnte er nicht. Haben Sie seinen Bericht nicht gelesen?»
«Nur um sicherzugehen», log Lestrade. «Dieses Mädchen, Emily, wie lange ist sie schon bei Ihnen?»
«Fast zwölf Jahre.»
«Ist sie vertrauenswürdig?»
«Vollkommen. Zumindest geht sie nicht hin und vergiftet ihre Arbeitgeberin.»
«Haben sich in der letzten Zeit, sagen wir im letzten Monat, Fremde in Ihrem Haus aufgehalten?»
«Guter Gott, Mann, ich weiß es nicht. Wie ich Ihnen schon sagte, bin ich ein vielbeschäftigter Mann. Eine Stadtgemeinde dieser Größe funktioniert nicht von allein, wissen Sie.»
«Gewiß nicht.»

«Chief Inspector, was hat diese ganze Sache mit der Elften mit dem Tod meiner Frau zu tun?»
Lestrade prüfte das Friedhofsgelände. Kein Anzeichen einer Uniform. Und ebensowenig eine Person, die er auf den ersten Blick als Zivilbeamten einstufen würde, ausgenommen Charlo, der versuchte, wie ein Leidtragender auszusehen und mit der Unterhaltung seines Chefs Schritt zu halten suchte.
«Der Tod Ihrer Frau war ein Unglücksfall. Oder zumindest passierte er zufällig.»
«Zufällig? Wie können Sie es wagen, Sir!»
«Mißverstehen Sie mich nicht. *Sie* waren das Ziel des Mörders, nicht Ihre Frau. Wären die Röhrenarbeiter nicht zu so passender Zeit eingetroffen, würden sie Sie heute zur letzten Ruhe geleiten.»
Kilvert sah ihn verblüfft an. «Nun, ich weiß, daß ich Feinde im Rat habe. Aber dies ...»
«Ich glaube nicht, daß der Mörder dort zu suchen ist, Bürgermeister. Sie – oder, durch einen bösen Zufall, ihre Frau – sind nur ein Glied in einer Kette. Eine Kette, die bis auf die Krim und zu den Elften Husaren zurückreicht. Die Namen, die ich vorhin erwähnte – Towers, Bentley und die anderen. Alle sind in den vergangenen Monaten gewaltsam gestorben. Wo ist die Verbindung? Sie dienten alle in der F-Schwadron. Sie alle waren bei der Attacke der Leichten Brigade dabei. Wer will Sie tot sehen? Denken Sie nach!»
Lestrade lockerte den Griff, mit dem er ihn am Samtaufschlag gepackt hatte. Der Bürgermeister runzelte die Stirn und zermarterte sich das Hirn. Dann glättete sich sein Gesicht. Er straffte sich. Sein Gesicht nahm die Farbe der Asche an, von der der Vikar gesprochen hatte. Seine Augen bekamen einen entrückten, blicklosen Ausdruck. «Die goldene Morgendämmerung», flüsterte er. Lestrade suchte den Himmel ab. Es war früher Nachmittag. Es nieselte.
«Was?»
Der Mann wandte sich ab wie ein Besessener.
«Was sagten Sie, Kilvert?» Jetzt zweifelte Lestrade an dem, was er gehört hatte.
«Nichts», erwiderte der Bürgermeister dumpf. «Lassen Sie mich allein, Chief Inspector Abberline, ich möchte um meine Frau trauern.»
Charlo war an Lestrades Seite. «Was ist los, Inspector?»

«Ich weiß es nicht, Charlo. Er sagte ‹Goldene Morgendämmerung›. Was könnte das bedeuten, was meinen Sie?»
Charlo suchte sorgsam nach den richtigen Worten. «Keine Ahnung», sagte er.

Das Bärenfell machte Beeson zu schaffen. Er saß auf der Armlehne eines Sofas, den Kopf schief gelegt, und seine Hände ruhten auf dem Rand eines Apidistratopfes.
«Ich weiß, daß Sie bei der Kavallerie waren», sagte Lady Butler, «doch ich hoffe, Sie haben nichts dagegen, dieses eine Mal als Leibgardist zu posieren. Rabbi, gefällt Ihnen das Bild?»
Lestrade war, was ziemlich unwahrscheinlich erscheinen mochte, als Freund Beesons und Kunstliebhaber gekommen. Und jetzt bereute er die ganze Sache aus tiefster Seele. Er drückte seine Nase gegen die Leinwand, auf der er wegen der dicken Brillengläser nur die verschwommensten Umrisse erkennen konnte.
«Entzückend, entzückend», lispelte Lestrade, in der Hoffnung, Ihre Ladyschaft pflege nicht regelmäßig Unterhaltungen mit Juden. Besonders nicht mit kunstliebenden Rabbinern.
«Es soll ‹Die Morgendämmerung von Waterloo› heißen», strahlte Lady Butler und verschmierte den Inhalt der Tube mit Ockergelb auf ihrem Kittel. «Oder lieber ‹Spielt auf Trommeln und Pfeifen›?»
«War es nicht neblig?» fuhr Lestrade fort. «Am Morgen von Waterloo?»
«Neblig?» Lady Butlers Ton war ein wenig zu spitz, als daß Lestrade hätte glauben können, er wandle noch auf dem Pfad der Tugend.
«Oh, ich verstehe, nein, lieber Mann, dies sind bloß die vorausgehenden Skizzen. Ich werde diese Leinwand überhaupt nicht benutzen.»
«Wie lange wird es noch dauern, Mam?» Beeson fing an, sich unter dem Bärenfell ausgesprochen unbehaglich zu fühlen.
«Ungefähr drei Jahre», sagte sie selbstbewußt. Beeson verdrehte die Augen und fand sich mit einer langen Wartezeit ab.
«Wann haben Sie angefangen, Soldaten zu malen, Mylady?» fragte Lestrade in schmeichelndem Ton und hörte damit auf, sich unablässig die Hände zu reiben.

«Oh, lassen Sie mich nachdenken.» Sie fuhr federleicht mit dem Kohlestift über die Leinwand. «Es muß im Jahre 1872 gewesen sein. Ja, richtig. Ich war bei einigen Manövern dabei. General Butlers Einfluß, nicht wahr. Ich liebe die Art, wie Soldaten sich bewegen. Sie nicht auch?»
Lestrade blickte über den Brillenrand zu Beeson, der wie ein ungemein unschöner Kartoffelsack auf einem Sofa ins Nirgendwo galoppierte.
«Hm», sagte er.
«Seitdem habe ich eigentlich nie mehr zurückgeblickt. Nicht bewegen!» rief sie plötzlich Beastie zu, der vor Schreck erstarrte, obgleich seine rechte Hinterbacke völlig taub war.
«Besonders mag ich Ihre Balaclava-Bilder», tastete sich Lestrade allmählich zum springenden Punkt vor.
«Ah, ‹Nach der Attacke›? Ja, das gehört auch zu meinen Lieblingsbildern.»
«Hat Beastie – hat Benjamin Ihnen auch für dieses Bild gesessen?»
«Nein, nein. Aber ein paar von der Leichten Brigade saßen mir. Mr. Beeson, könnten Sie das bitte unterlassen?» Lestrade reagierte zu spät, um zu sehen, worum es ging. «Mr. Pennington, der Schauspieler, zum Beispiel. Er war ein entzückendes Modell.»
«Sonst noch jemand?»
«Ja. Poppy Vansittart. Ich fragte ihn, ob es ihm etwas ausmachen würde, als einfacher Soldat und nicht als Offizier auf dem Bild zu erscheinen. Der gute alte Poppy. Er war einverstanden.»
«Aber er hat an der Attacke nicht teilgenommen, Mam», bemerkte Beeson.
«Ebensowenig waren Sie bei Waterloo dabei», funkelte Lady Butler ihn an, rasch die Geduld mit ihrem neuesten Modell verlierend. Dann setzte sie säuerlich hinzu: «Oder?»
«Vansittart?» Lestrade versuchte, sie von Beastie auf ein anderes Thema zu bringen.
«Ja, das war wirklich sehr merkwürdig.»
«Merkwürdig?» fragte Lestrade.
«Ja. Also ich benutzte auch Fotografien von Überlebenden der Attacke. Als Poppy eine davon zu Gesicht bekam, zerriß er sie. Als ich ihn nach dem Grund fragte, sagte er: ‹Er war nie dort. Er war bei der

Attacke nie dabei. Sie können ihn nicht verwenden. Sagen wir einfach, es wäre besser, er hätte nie existiert!› Merkwürdig.»
«Aber unser gemeinsamer Freund hat soeben gesagt, daß auch Vansittart bei jener Attacke nicht dabei war.»
«Richtig. Und es spielte keine so große Rolle. Ich frage mich, wer er war, der Mann auf der Fotografie, die Poppy zerriß?»
«Er war ein Mörder, Madame», sagte Lestrade mit tonloser Stimme. Und er verschwand, es Beastie überlassend, sich über diesen Mann Klarheit zu verschaffen.

Er öffnete den Brief mit Lestrades Papiermesser und begann bei der Lektüre zu kichern. Ja, es stand alles da.

> *Mein lieber Inspector Lestrade,*
> *es sind einige Wochen vergangen, seit ich Ihnen über meinen Bruder schrieb. Ich habe keine Antwort erhalten und muß Sie abermals dringend ersuchen, unverzüglich tätig zu werden. Sie wissen ja nicht, wie groß die Gefahr ist.*

Die Geschichte war, soweit sie dem Schreiber bekannt war, richtig niedergeschrieben. Der Brief war mit *Jacob* unterzeichnet. Seine Stimme verdüsterte sich für einen Augenblick, dann zerriß er den Brief und warf die Schnipsel sorglos in den nächsten Papierkorb.
«Oh, Verzeihung, Sir. Ich hatte nicht erwartet, Sie hier anzutreffen. Haben Sie heute etwas für mich?»
Er grinste. «Nein, Dew. Heute nicht.»

Irrenhäuser

Verschwörungen, dachte Lestrade. Wohin er auch kam. Verschwörungen. Als Rabbi Izzlebit hatte er mehr Schminke aufgelegt als die Hexen auf der Bühne. Der Donner rollte durch das überfüllte Theater, heulende Winde gellten um das Proscenium. Im grausamen grüngelben Licht der Lampen hüpften und wirbelten die Hexen. Rührt die Trommel, Henry Irving kommt. Die Zuschauer unterbrachen die dramatische Wucht der dürren Heide durch frenetischen Applaus beim königlichen Auftritt des Mannes. Groß und eindrucksvoll stand er in der Mitte der Bühne, zog ein Bein nach, wie immer, wenn er auf den Brettern stand, und ließ seinen Umhang flattern. Er sprach langsam, jedes Wort wägend, mit jener schwachen, seltsamen Stimme, die ihm eigen war. Dies war die letzte Vorstellung der Saison. Er hatte seine Amerikatournee verschoben, nur um vor seinen geliebten Bewunderern zu erscheinen. Sie waren es, die das Haus bis zum Bersten füllten, und einer von ihnen hatte gezögert, seinen Sitzplatz dem kulturhungrigen Rabbi aus York zu überlassen, der bei Irvings letzter Vorstellung unbedingt dabeisein wollte. Es hatte ihn drei Pfund gekostet und ein großes Loch in Lestrades jammervoll begrenztes Budget gerissen.
Natürlich war es überhaupt nicht Irving, den Lestrade hatte sehen wollen. Er fragte sich, warum die Leute ihn so sonderbar anblickten, als er, um sich in die Schar der Bewunderer einzureihen, gepfiffen und «Autor! Autor!» geschrien hatte. Offenbar übertrieb er ein wenig. So benahmen sich Rabbiner nicht. Im weiteren Verlauf des Stücks hielt er sich mehr zurück, in erster Linie deshalb, weil er eingeschlafen war. Immerhin blieb er lange genug wach, um einen Blick auf sein Opfer zu werfen – König Duncan. Es waren nicht nur die Macbeths, die hinter ihm her waren. Auch Lestrade wollte kurz mit ihm sprechen. Der alte König war angemessen königlich und angemessen vertrauensselig, als er unwissentlich Macbeths Schloß betrat. War der Mann unter der Maske, William Henry Pennington,

so naiv wie die Figur, die er darstellte? Die Zeit würde es lehren. Vielleicht waren es Lestrades siebzehn Dienstjahre. Vielleicht war es ein Gefühl im Magen, geboren aus Instinkt und jenem undefinierbaren sechsten Sinn, die einen großen Polizisten ausmachten. Vielleicht war es der zufällige Stoß in die Eingeweide, den ihm die alte Dame neben ihm mit ihrem Schirm versetzte. Was immer es war, irgend etwas weckte ihn rechtzeitig, um Shakespeares Charakterisierung von Mördern mitzuerleben. Wider Erwarten stellte er fest, daß sein Interesse wuchs. Sie waren bezahlte, berufsmäßige Mörder. Doch sie verpfuschten alles. Verbrechen zahlten sich nicht aus, ermahnte Lestrade sich selbst. Ach, wenn's nur wahr wäre. Dieser Shakespeare hatte keine Ahnung von Kriminellen. Und dann noch dieser Unsinn mit den Hexen ... Lestrade spielte mit dem Gedanken, sobald Duncan tot war, hinter die Bühne zu gehen. Ein weiterer Mord hinter den Kulissen. Wofür zahlten die Leute ihr Geld? Aber er besann sich eines Besseren.
Hüte und Handschuhe flogen in die Luft, und die Atmosphäre war mit Applaus geschwängert, als Macduff zum Schluß kam. Alles dies und dann auch noch ein glückliches Ende, dachte Lestrade. Er zog trotzdem *Mother Goose* vor. Das Ensemble versammelte sich, die Nebenrollen zuerst, vor dem Samtvorhang. Pennington hatte kräftigen Applaus, doch der ohrenbetäubende rasende Beifall blieb natürlich Irving vorbehalten. Er stand im Rampenlicht, wo er ohne Zweifel am liebsten stand, stolz, einsam und egozentrisch. Ein Mann für die Galerie.
Hinter der Bühne entpuppte sich das *Lyceum* als ein Labyrinth von Korridoren, Türen und Notausgängen. Ein Wunderland glitzernder Kostüme, Holzstreben und gemalter Hintergründe. Im Laufe seiner hastigen Suche nach zwei Dingen lief Lestrade in die meisten Hindernisse hinein oder stolperte darüber. Als erstes suchte er einen Raum, um sich seines Rabbinergewandes zu entledigen, und zweitens suchte er die Garderobe von William Pennington. Die ganze Hinterbühne wimmelte von Bewunderern, die mit gezückten Autogrammbüchern hin und her eilten. Bühnenarbeiter und Theaterbesucher waren überall. In der geräumigen Tasche seines langen Mantels umklammerte Lestrade mit festem Griff seine Brieftasche. Die andere Hand klebte fortgesetzt an seiner rechten Schläfe, da die Hitze der Lampen und die von Irvings Deklamatio-

nen heiße Luft sich verschworen hatten, seinen falschen Bart abzulösen.
Auf diese Aufgabe ganz konzentriert, übersah er die großgewachsene Dame mit dem riesigen Straußfederhut, wenngleich das dem Mann, der den ganzen Abend hinter ihr gesessen hatte, vermutlich nicht gelungen war. Sie und der Rabbiner fanden sich als würdeloses Häufchen auf den Brettern wieder.
«Letitia, ist dir was passiert?»
Lestrade fummelte unverzüglich nach seiner dickwandigen Brille, doch es war zu spät. «Sholto!»
Nun ja, der Name hörte sich einigermaßen jüdisch an, dachte Lestrade. Zum zweitenmal binnen weniger Monate leugnete er, Mr. Bandicoot zu kennen.
«Oh, kommen Sie, Sholto. Dieses Mal können Sie sich nicht herauswinden.»
Es schien Lestrade eine Ewigkeit zu dauern, ehe Bandicoot, nachdem der Inspector sein Gesicht verzerrt und mit seinen Händen unverständliche Gesten gemacht hatte, seine Stimme senkte. «Was tun Sie hier?» zischte er. «Und dann noch als Zeuge Jehovas verkleidet?»
«Darf ich Sie daran erinnern», fauchte Lestrade durch seine zusammengepreßten Zähne, «daß ich noch immer suspendiert bin. Mehr noch: Ich werde gesucht.»
«Gesucht?» fragten Mr. und Mrs. Bandicoot wie aus einem Mund. Lestrade lehnte sich an ein Bündel von Hellebarden, die auf der Stelle geräuschvoll zu Boden krachten und dadurch viel mehr Aufsehen erregten als Bandicoots gleichzeitiger Ausruf. «Wo ich auch gehe und stehe», zischte Lestrade, «jedermann in London scheint zu wissen, daß ich gesucht werde. Wo haben Sie gesteckt, Bandicoot?»
«In Südfrankreich», erwiderte Bandicoot. «Auf unserer Hochzeitsreise, Sholto.» Und er zog die frühere Mrs. Lawrenson an sich.
Lestrade war einigermaßen verlegen. «Tut mir leid», sagte er. «Mrs. Bandicoot, bitte verzeihen Sie mir.»
«Da gibt es nichts zu verzeihen, Sholto. Wir verstehen. Und es betrübte uns, Sie nicht bei der Hochzeit zu sehen.»
«Unter den gegebenen Umständen, Madame, schien es mir besser, ihr fernzubleiben. Können Sie sich die Szene ausmalen? Sie und

Harry glückselig vor dem Altar und ich, der in diesem Augenblick von vier stämmigen Polizisten fortgeschleppt wird? Das hätte Ihren Tag kaum verschönt. Haben Sie sich wieder erholt, Harry?»
«Das ist ziemlich taktlos, Sholto», antwortete Bandicoot.
«Von dem Zyanid, Mann!»
Letitia trat näher und küßte Lestrade sanft auf die Wange, wobei ihre Lippen Spuren der zerlaufenden Schminke davontrugen.
«Können wir helfen?» fragte Bandicoot.
«Sie haben das Talent, in Theatern und Zirkusarenen aufzutauchen», grinste Lestrade, als ihm der Neujahrstag des Jahrs 1892 in Henglers Zirkus einfiel. «Sagen Sie bloß noch, Sie haben Ihre verläßlichen Pistolen bei sich.»
«Leider nein, Sholto.» Bandicoot sah wirklich ganz reumütig aus. «Wir haben unsere Flitterwochen unterbrochen, um Henry vor seiner Amerikatournee noch einmal zu sehen. War er nicht wunderbar?»
«Äh ...»
«Letitia kennt ihn seit Jahren, nicht wahr, Letitia?»
«Wir waren gerade zu ihm unterwegs. Das heißt, als wir sozusagen über Sie stolperten», fügte die frischgebackene Mrs. Bandicoot hinzu.
«Ich suche Pennington.»
«Ja, er war gut, nicht wahr?» strahlte Bandicoot.
«Ich habe nicht das Gefühl, Harry, daß der Inspector Mr. Pennington seine Glückwünsche aussprechen will», sagte Letitia. «Sie werden alle zusammen vorfinden, Sholto, nach Ende der Saison trifft man sich gewöhnlich zu einer Feier. Kommen Sie mit uns.» Und sie ging voran.
«Wir könnten sie beim Yard gebrauchen», sagte Lestrade zu Bandicoot, während Letitia ohne Schwierigkeiten die richtige Tür fand. Die Schauspieler steckten noch in ihren Kostümen, und die Luft war schwer vom Geruch der Schminke und dem Schweißgeruch der Menge. Aus Banquos blutigen Lippen ragte eine unverhältnismäßig große Zigarre hervor, und die Hexen waren emsig dabei, eine Flüssigkeit von klarer, perlender Konsistenz hinunterzugießen, die von dem schleimigen, dicken und leichenfarbenen Gebräu, das sie den ganzen Abend genossen hatten, weit entfernt war. «Letti, Liebes.» Lady Macbeth umarmte Mrs. Bandicoot und

nach vollzogener Bekanntmachung Harry ebenfalls. Sie lehnte es ab, den unappetitlichen jüdischen Gentleman in den Reigen einzubeziehen, insbesondere da sein Bart sich auf der einen Seite abzulösen begann.

«Äh ... dies ist ...» Letitia fehlten die Worte.

«Rabbi Izzlebit.» Lestrade nickte und dienerte so, wie seiner Meinung nach Rabbiner es taten, wenn sie Leuten vorgestellt wurden, doch das hätte er sich sparen können; angesichts des herrschenden Lärms hätte er sich ohnehin nicht verständlich machen können.

«Letti, Liebste.» Ein schnurrbärtiger Mann im Abendanzug umarmte Mrs. Bandicoot ebenfalls und schüttelte Harry herzlich die Hand. Er begnügte sich damit, dem Rabbi zuzunicken.

«Darf ich Sie mit Bram Stoker bekannt machen?» sagte Letitia. «Henrys Manager und ein sehr lieber Freund.»

«Letti, Liebling.» Macbeth machte mit Umhang und Arm eine großartige theatralische Gebärde. Er verbeugte sich tief, küßte ihr die Hand und zog sie an sich, als wolle er in einen Galopp ausbrechen.

«Mr. Henry Irving, mein Gatte Harry.»

Irving stampfte mit den Füßen auf, drehte eine Pirouette und nahm Bandicoots Hand zwischen die seinen. «Mein lieber Junge. Sie sind ein glücklicher Mann. Ein glücklicher Mann.» Seine Stimme war genauso sonderbar und unfreiwillig komisch wie auf der Bühne. «Ach, wäre ich bloß fünfzehn Jahre jünger ...»

«Fünfundzwanzig», verbesserte Stoker, der wie eine todbringende Viper an seinem Champagner nippte.

«Mein lieber Freund.» Irving trippelte zu Lestrade hinüber und beachtete seinen Manager überhaupt nicht. «Wo stehen Sie unter Kontrakt?»

«Es tut mir leid ...» lispelte Lestrade, der dem berühmten Mann nicht im geringsten folgen konnte.

«Entschuldigen Sie sich nicht, lieber Junge. Mal eben noch im Kostüm rübergehuscht, um mich zu sehen. Völlig verständlich. Völlig. Was dachten Sie? Nun kommen Sie. Frei heraus. Wie wunderbar war ich?»

Lestrade stand da und suchte vergeblich nach Worten.

«Er ist im Augenblick sprachlos», sagte Letitia. «Henry, Sie sind auf dem Weg nach Amerika. Morgen schon. Wir mußten Sie an

Ihrem letzten Abend einfach sehen. Ein Triumph. Ein totaler Triumph.»
«Bitte, meine Liebe. Sie wissen, wie ich viele Worte hasse. Ein schlichtes ‹Unglaublich› hätte genügt. Wenn auch nicht so gut wie in *Becket*, oder?»
«Besser», sagte Stoker nachlässig und vertiefte sich wieder in sein Glas.
«Nun, vielleicht, vielleicht.»
«Eine Rede», murmelte Stoker, und die Bitte wurde aufgenommen. Irving ging auf dem Weg zu einem Tisch an einem Spiegel vorbei und überprüfte sein Aussehen, bevor er das Rostrum bestieg.
«Freunde...» In tiefer Bewunderung seiner selbst riß er die Hand in die Höhe.
«...Römer, Landsleute...» murmelte Stoker hinter ihm.
«Dies kommt so plötzlich.»
Stoker ließ Blasen in seinem Glas aufsteigen.
«Was wir heute abend zustande gebracht haben, ist nichts weniger als...»
«Durchschnitt», sagte Stoker.
«...großartig», fuhr Irving fort. «Ihr habt das Publikum draußen gehört. Ich... wir kamen nie ins Stocken. Der große Barde...»
«...wird sich im Grab umdrehen», sagte Stoker.
«...hätte es sich nicht besser wünschen können.»
Während der Löwe des *Lyceum* dem Geheul und Entzücken seines zweiten Publikums an diesem Abend seine Eitelkeit entgegenbrüllte, schob sich Lestrade so dicht wie möglich an den Exkönig heran.
«Mr. Pennington?» flüsterte er.
Ohne seine Augen von Irving zu lassen, erwiderte der alte Mime: «Wenn Sie Unterricht in Sprechtechnik wünschen – ich bin bis zum Ende des Jahres voll und ganz ausgebucht.»
«Nicht eigentlich.» Lestrade versuchte, nicht aus der Rolle zu fallen.
Unbeeindruckt machte Pennington weiter. «Wenn sich's freilich um eine Repetition meiner ‹Kleinen Nell› handelt, darf ich euch daran erinnern, Leute, so auserwählt ihr auch sein mögt, daß man mich für das letzte Mal noch nicht bezahlt hat.»
Lestrade erkannte, daß es Schwierigkeiten bereiten würde, ihn von

Irrenhäuser ─────────────────────────────── 195

der versammelten Menge wegzulotsen. Vielleicht eine kleine Drohung mit der Waffe? Er preßte das Gestell seiner Brille, die er noch in der Tasche trug, in Penningtons königliches Gewand und so kräftig wie möglich in Penningtons Kreuz.
«Spüren Sie das?»
«Ja», sagte Pennington.
«Dann schlage ich vor, daß Sie jetzt mit mir kommen und mir ruhig und unauffällig in das Nebenzimmer folgen. Andernfalls mache ich Gebrauch von der Waffe.»
«Sehr schön», erwidert Pennington ungerührt. «Ich bin aber doch neugierig, auf welche Weise Sie Gebrauch von einer Brille zu machen gedenken.» Und er öffnete eine Tür hinter ihnen. Plötzlich blieb er stehen. «Sie ist doch nicht geladen, oder?»
Beide Männer wurden in das Zimmer gestoßen. Als sie herumfuhren, erblickten sie Bram Stoker, der, eine Pistole in der Hand, Lestrade durchdringend anblickte.
«Ich glaube, die Späßchen überlassen wir besser diesem Gentleman, William. Rabbiner mit falschen Bärten, die von Shakespeare keinen blauen Dunst haben, sollten ein paar Fachleute in petto haben.»
Der verbindliche Mann mit dem weichen irischen Akzent war kein Dummkopf. Gregson hätte riesigen Spaß mit ihm gehabt. Offenbar war er der Nachfahr Parnells, der, während er sein Frühstück verzehrte, darüber nachdachte, wie er das Parlament in die Luft sprengen und die Königin erdrosseln konnte.
«Nun gut.» Lestrade ließ die Maske fallen und schleuderte Hut und Perücke beiseite.
«Tut höllisch weh, wie?» fragte Pennington mitfühlend, als Lestrade sich die Reste seines künstlichen Bartes abriß.
«Ich bin nicht Rabbi Izzlebit.»
«Herrje, das schlägt dem Faß den Boden aus!» sagte Stoker schleppend und täuschte Schock und Entsetzen vor. Noch immer hielt er die Pistole auf Lestrade gerichtet.
«Ich bin Chief Inspector Abberline von Scotland Yard.»
«Das ist besser als eine Komödie», schnaubte Pennington.
«Ist es bei Theatermanagern üblich, Feuerwaffen zu tragen, Mr. Stoker?»
«Ist es unter Chief Inspectors üblich, sich als Rabbiner auszugeben,

Mr. Abberline?» Er steckte die Waffe in seine Jacke. «Verstehe. Glauben Sie mir, ich habe meine Gründe. Es handelt sich um eine delikate Angelegenheit, Mr. Stoker, und sie betrifft nur Mr. Pennington und mich.»
«Alles, was sich auf das *Lyceum* und sein Ensemble bezieht, geht auch mich etwas an, Chief Inspector. Ich bleibe.»
Lestrade zuckte die Achseln, und die drei Männern nahmen Platz.
«Mr. Pennington, wie lange sind Sie Schauspieler?»
«Es ist freundlich von Ihnen, mir diesen Titel zuzubilligen.» Pennington lächelte. «Lassen Sie mich nachdenken. Ich trat am *New Royalty* zum erstenmal '62 auf. Du lieber Himmel, das ist mehr als dreißig Jahre her.»
«Und davor?»
«Nun, da war ich Soldat, bei den Elften Husaren. Und davor ...»
«Und Sie haben an der berühmten Attacke der Leichten Brigade teilgenommen?»
«Einer der stolzesten Augenblicke meines Lebens. Wissen Sie, ich war damals gar nicht so tapfer. Als mir mein Pferd unter dem Leib weggeschossen wurde, dachte ich: ‹Das war's, Penners, alter Junge. Jetzt hat's dich erwischt›. Es war George Loy Smith, der mich durchbrachte. Er war ein harter Mann, zu hart, aber der geborene Soldat. Ich habe im Gefecht nie einen kühleren Mann kennengelernt. Woher Ihr Interesse an der Leichten Brigade, Chief Inspector?»
«Vielleicht hast du dir während der ganzen letzten Jahre deine Pension ergaunert, William», sagte Stoker. Die Theaterleute grinsten.
«Um die Leichte Brigade insgesamt geht es mir eigentlich weniger», sagte Lestrade, der jede Reaktion Penningtons aufmerksam verfolgte. «Ich meine bloß die Elften Husaren. Schwadron F.»
«Schwadron F?» sagte Pennington. «Warum? Die meisten der Männer müßten tot sein.»
War das ein Geständnis? fragte sich Lestrade.
«Wenigstens vier von ihnen sind ermordet worden.»
Pennington und Stoker wechselten Blicke. «Vom wem?» fragte der Schauspieler.
«Von Ihnen, Mr. Pennington.» Lestrade trieb es soweit wie möglich.
Im nächsten Augenblick war Pennington aufgesprungen. «Sie sind verrückt, Sir. Ich könnte keinen Menschen töten. Ich glaube, selbst

auf der Krim habe ich niemanden getötet. Ich könnte gewiß nicht jetzt damit anfangen. Welches Motiv sollte ich haben?»
«Beruhige dich, William. Ich habe das Gefühl, daß der Inspector dich auf die Probe stellen wollte. Ist es nicht so, Mr. Abberline?»
«Vielleicht.» Er gab Pennington ein Stück Papier. «Hier sind die Namen der toten Männer. Kennen Sie einen davon?»
Pennington kannte sie. Was Lestrade nicht enthüllt hatte, war die Tatsache, daß er die falschen Namen, Kilverts eingeschlossen, aufgeschrieben hatte. Wiederum wartete er gespannt auf eine Reaktion, ein Schwanken. Nichts. Vergiß nicht, ermahnte er sich, daß dieser Mann Schauspieler ist. Und er konnte nicht beurteilen, wie gut er war. Doch in der Welt von Mord und Verbrechen – in der so viele ungeschoren davonkamen – war alles denkbar.
«Hm, hm», sagte Pennington. «Der alte Ben Beeson tot. Er war ein prima Bursche ... Warten Sie, sprachen Sie von Schwadron F?»
«Stimmt», sagte Lestrade.
«Wenn meine Erinnerung mich nicht trügt, war Beeson in Schwadron D, zumindest solange ich bei der Brigade war.»
«Ich glaube, der Inspector stellt dich immer noch auf die Probe», bemerkte Stoker.
«Kommen Sie, Chief Inspector. Keine Spielchen mehr. Diese Männer waren meine Freunde. Sie werden beim diesjährigen Dinner vermißt werden. Wie kann ich helfen? Sie haben mein Wort als Soldat und als Gentleman, daß ich sie nicht umgebracht habe.»
«Das weiß ich», sagte Lestrade.
«Warum dann ...?» fing Pennington an.
«Ich habe mich an der Kasse erkundigt, bevor die Show ... äh ... die Vorstellung begann. Jeden Abend vor Hunderten von Leuten auf der Bühne zu stehen ist ein ordentliches Alibi, Mr. Pennington. Und ich habe meine Zweifel, ob selbst ein so guter Schauspieler wie Sie an zwei Orten gleichzeitig sein kann.»
«Uff», seufzte Pennington. «Mir fällt ein Stein vom Herzen.»
«Die Tatsache bleibt bestehen», fuhr Lestrade fort, «daß irgend jemand diese Männer umgebracht hat. Wenn Sie es nicht waren, muß ich herauskriegen, wer es war.»
Pennington war ratlos.
«Sagt Ihnen der Ausdruck ‹Goldene Morgendämmerung› etwas?»

Lestrade klammerte sich an den letzten Strohhalm. Pennington dachte einen Augenblick nach und zuckte dann die Achseln.
«Leider nicht», sagte er. Eine Folge von Hochrufen aus dem Nebenzimmer versetzte ihn zurück in die Gegenwart. «Chief Inspector, Henry geht morgen auf Amerikatournee und wird versuchen, diesem jämmerlich unbedarften Völkchen ein bißchen Kultur zu vermitteln. Ich muß ihm wirklich eine gute Reise wünschen.»
«Natürlich.» Lestrade hatte nichts mehr dagegen.
«Chief Inspector. Auf ein Wort.» Stoker schloß die Tür, nachdem Pennington gegangen war. Der Manager ging zur Petroleumlampe hinüber. «Ich bilde mir etwas darauf ein, ein intelligenter Mann zu sein», sagte er. «Ich habe den Master of Arts vom Trinity College, Dublin. Ich bin ehemaliger Beamter der Niederen Gerichtsbarkeit. Aus meinen Medaillen für Geschichte könnte ich eine Suppenterrine schmieden. Und ich schreibe. Oh, nichts, was Sie gelesen haben, schätze ich. *Der Schlangentrick?*»
Lestrade schüttelte den Kopf.
«Nein, das dachte ich mir. Nun, wir Schriftsteller haben Eisen im Feuer, Chief Inspector. Ich arbeite jetzt an verschiedenen Sachen. Aber es gibt ein Werk, ein Werk, das das Leben krönt und das jeder Schreiber zu vollenden hofft. Dieses Werk habe ich jetzt im Kopf.»
«Ein historischer Roman?» Lestrade war stolz auf diese Schlußfolgerung.
«Beinahe. Ist Ihnen Transsylvanien ein Begriff?»
«Ich gehe nicht oft ins Theater, Mr. Stoker», gestand Lestrade.
«Es geht nicht um ein Theaterstück, Chief Inspector», sagte Stoker geduldig. «Es ist ein Landstrich. Transsylvanien? Mitteleuropa? Nun, ich bin dort gewesen. Und ich weiß von sonderbaren und schrecklichen Dingen.»
Lestrade spürte, wie sich seine Nackenhaare sträubten. Wenn Stoker so schrieb, wie er erzählte, hatte er keinen Zweifel am Verkaufserfolg seines Buches.
«Zweifellos fanden Sie Shakespeares Hexen heute abend ein wenig fehl am Platz? Vielleicht sogar lächerlich?»
«Das haben Sie gesagt, nicht ich», erwiderte Lestrade.
«Als Shakespeare das schrieb, war es ihm bitterernst. Hexen waren für ihn wirklich. Die Mächte der Finsternis waren wirklich.

Irrenhäuser ──────────────────── 199

«Aber ist das nicht ... schon einige Zeit her?» Lestrade hatte eine ziemlich verschwommene Vorstellung von diesen Dingen. «Glauben Sie etwa, Mr. Abberline, nur weil wir im Zeitalter der Elektrizität und des Automobils leben – im Zeitalter der Eisenbahn –, gäbe es diese Mächte nicht mehr? Gehen Sie nach Transsylvanien, Chief Inspector. Fragen Sie dort nach Vlad Sepêc, dem Pfähler. Ich sage Ihnen, wenn wir Macbeth in Budapest auf die Bühne brächten, würde es einen Aufstand geben.» Nachdem ich Irving auf der Bühne gesehen habe, dachte Lestrade, bin ich überrascht, daß es hier keinen gegeben hat, doch es war vielleicht fehl am Platz, das zu sagen.
«Verzeihen Sie, Mr. Stoker, aber ich verstehe nicht, was dies alles mit den Morden an Männern der Leichten Brigade zu tun haben soll.»
Stoker starrte Lestrade über die Lampe hinweg an, und seine weichen Züge waren plötzlich düster, geisterhaft.
«Sie haben vorhin die ‹Goldene Morgendämmerung› erwähnt. Warum?»
«Es ist ein Ausdruck, den ich gehört habe. Von einem anderen Exhusaren. Kennen Sie den Ausdruck?»
Stoker zögerte. «Ich weiß davon.»
«Was bedeutet er?» Lestrade konnte die Stille nicht ertragen. «Es ist das Böse, Chief Inspector. Die Verkörperung des Bösen.»
«Aber ...»
«Dringen Sie nicht weiter in mich.» Stokers Hand schoß vor. «Ich kenne keine Einzelheiten, Mann. Aber soviel weiß ich: Wenn es die ‹Goldene Morgendämmerung› ist, hinter der Sie her sind, fangen Sie bei sich selber an.»

Das Royal Hospital in Chelsea war eines jener Gebäude, mit denen Lestrade aufgewachsen war. Erbaut in den goldenen Tagen des guten König Charles, war die langgestreckte Front seiner roten Backsteingebäude allen vertraut – den Büroangestellten, die hier täglich zur Arbeit gingen, den Bohemiens und Künstlern, die, mehr oder weniger inspiriert, die King's Road auf und ab wanderten.
Lestrade trat als Chief Inspector Abberline durch das Portal und hoffte, daß der richtige Abberline weder dem Pförtner noch irgend

einer anderen Person bekannt war, mit der er es heute morgen zu tun bekommen würde. Auf seinem Weg die labyrinthischen Treppen hinauf kam er an einer Anzahl stolzer, alter Soldaten in blauen Winteruniformen vorbei. Der Morgen war kühl, und zum erstenmal nach dem langen Sommer hatte es Frost gegeben. Selbst im Inneren des Gebäudes hingen die Standarten starr und steif herab, schwer von den Ehrenzeichen auf dem alten Tuch.
Der Aufseher eilte voran ins Innere des Gebäudes, einmal nach links, dann nach rechts abbiegend. Vor einer merkwürdig gepolsterten Tür blieb er stehen und klopfte dreimal kurz an. Ein Gitterfenster im oberen Teil der beschlagenen Tür glitt mit einem quietschenden Geräusch beiseite, das an das Tor zur Hölle erinnerte. Oder zumindest an die des Openshaw-Arbeitshauses in Manchester.

«Besucher für Dr. Crosse.»
Die Tür öffnet sich, und der nächste Aufseher führte Lestrade in ein Vorzimmer. Man bat ihn, zu warten. Er war nicht allein. Drei Männer in anrüchigen Nachthemden saßen wartend herum. Der eine starrte, ohne zu blinzeln, nach vorn. Der zweite schaukelte hin und her. Der dritte murmelte vor sich hin.
«Weswegen bist du hier?» wandte sich der Murmler plötzlich an Lestrade.
«Um Dr. Crosse zu sprechen», erwiderte er.
Die Augen des Mannes weiteten sich vor Entsetzen. «Ihn?» schnatterte er. Der Schaukler drehte sich auf seinem Stuhl, versuchte an der Wand hochzuklettern, schluchzte leise und barg den Kopf in seinen Armen. Der Starrer starrte weiter. Er hatte sich weder gerührt noch geblinzelt.
«Sie sehen, wie sie mich lieben?» Eine Stimme brachte Lestrade in die Wirklichkeit zurück. In der Tür stand ein älterer Mann in einem weißen Mantel, der ungeachtet seiner Jahre noch kräftig und gesund aussah. Er bedeutete Lestrade, einzutreten, und schloß dann leise die Tür hinter ihm.
«John Burton St. Croix Crosse», sagte er mit ausgestreckter Hand.
«Sie sagten am Telefon, Sie müßten mich dringend sprechen.»
«Das ist richtig, Doktor.» Lestrade setzte sich. «Als ich hörte, daß

Sie Sanitätsoffizier am Royal Military seien, nahm ich an, daß ...»

«... daß ich Schrammen verpflasterte und Mittel gegen Gicht verordnete? Nein, Chief Inspector, ich befasse mich mit den Verwundungen der Seele. Sehen Sie sich das an.»

Crosse zog ein großes Glasgefäß in die Mitte seines Tisches. Darin schwamm in einer halb durchsichtigen Flüssigkeit ein menschliches Gehirn.

«Sie wissen, was das ist?»

«In meinem Leben habe ich ein paar gesehen. Oder das, was davon übrig war», sagte Lestrade.

«Dieses hier ist etwas ganz Besonderes. Es gehörte dem Giftmörder Dr. Neil Cream.»

Lestrade war interessiert. Wieso fand Dr. Crosse das Gehirn eines Giftmörders interessant?

«Ich kannte ihn», sagte Lestrade.

Crosse blickte ihn an. «Ach, armer Yorick, wie?»

Lestrade verstand die Anspielung nicht.

«Dann werden Sie besser wissen als ich», sagte Crosse, «daß dieser Mann im vergangenen November wegen Mordes mit Hilfe von Strychnin, verübt an zahlreichen Prostituierten, gehängt wurde. In seinem Haus fand man *Nux vonica*, Gelatinekapseln und ein paar Flaschen Strychnin. Nicht sehr vorsichtig, wie? Ich schau mir das Gehirn gelegentlich an», sagte er, darauf deutend, «und frage mich, wie ein Gehirn beschaffen sein mag, das einen Mann zum Mörder macht. Gewiß, es gibt da eine Theorie, die besagt, daß körperliche Mißbildung Menschen wahnsinnig mache. Oh, ich weiß, die Phrenologie ist mittlerweile ein alter Hut, aber für einen alten Hasen wie mich hat sie noch immer ihren Reiz. Sie wissen bestimmt, daß einige der mörderischsten Ungeheuer in der Geschichte mißgebildet waren. Dschingis-Khan, Richard III. Cream war natürlich ein Schieler. Sein Optiker schwor, das sei der Grund für seine Verbrechen.»

«Sie interessieren sich für Gifte, Doktor?» sagte Lestrade und warf seinen Köder aus.

«Nicht mehr als jeder andere.» Crosse zuckte die Achseln und schob das Glas beiseite. «Aber ich schweife ab. Was kann ich für Sie tun?»

«Sie waren einmal Arzt bei den Elften Husaren», sagte Lestrade.
Crosse lachte leise. «In meiner nebelhaften und fernen Vergangenheit», sagte er. «Ich wurde im Jahr von Waterloo geboren, Chief Inspector. Und meine Erinnerung reicht weit zurück. Erzählen Sie mir nicht, jemand habe die Gedenktafel des Regiments gestohlen.»
«Nein, Sir, jemand bringt Überlebende des Regiments um. Oder, um genauer zu sein, der Schwadron F. Joseph Towers, Bill Bentley, Richard Brown, Jim Hodges. Und ich habe Grund zu glauben, daß der Mörder auch noch andere aufs Korn nehmen wird. Ich muß mich beeilen, um diesen Wahnsinnigen aufzuhalten – Oh, Verzeihung, Doktor.»
«Wie sind sie gestorben?» fragte Crosse. «Sie müssen alle alte Männer gewesen sein.»
«Das waren sie», antwortete Lestrade, «aber sie starben keines natürlichen Todes. Einer wurde erdrosselt, die anderen wurden vergiftet.»
Crosse blickte auf das schwimmende Gehirn. «Aha, vielleicht ist es Cream, der aus dem Grab tätig wird.»
«Was wissen Sie über Aconitum, Doctor?»
«Aconitum?» wiederholte Crosse. «Nie davon gehört.»
«Aber Strychnin ist Ihnen ein Begriff?»
«Natürlich. Ist Aconitum auch ein Gift?»
Lestrade spürte, daß er sich mit diesem Mann den ganzen Tag würde herumschlagen können. Zwar war er alt, doch sein Verstand war scharf wie ein Rasiermesser, zweifellos geschärft in ungezählten geistigen Auseinandersetzungen mit Schwachköpfen, die man, wie die Erfahrung Lestrade gelehrt hatte, nie unterschätzen durfte.
Lestrade wechselte das Thema. «Man sagte mir, es gebe einen Fonds zugunsten der Überlebenden der Leichten Brigade.»
«Das ist in der Tat richtig. Ich habe die Ehre, ihn zu verwalten.»
«Auch welche Summe beläuft er sich?»
«Ich glaube nicht, daß ich Ihnen das sagen muß, Chief Inspector.»
«Nein, Sir, müssen Sie nicht. Aber bitte glauben Sie mir, wenn ich sage, daß es für meine Nachforschungen von allergrößter Wichtigkeit wäre. Daß ich vielleicht allein durch diese Information weitere Morde verhindern könnte.»

Crosse grübelte eine Weile, dann ging er zu einem Safe in einer Zimmerecke. Er zog ein Bündel Papiere heraus und blätterte darin.
«Bei der letzten Zählung belief sich die Summe auf 216 Pfund, sechzehn Shilling und vier Pence», sagte er. Das kann man kaum ein Vermögen nennen, dachte Lestrade. Eine neue Mauer stieg vor ihm auf, als er begriff, daß finanzieller Gewinn als Motiv damit ausschied. Dr. Crosses' Pension allein war gewiß schon mehr wert. Trotzdem war es besser, nichts unversucht zu lassen.
«Und woher kommt das Geld?» fragte er.
«Oh, aus verschiedenen Quellen. Legate, Schenkungen verschiedener Personen, zumeist ehemaliger Offiziere. Man kommt leider nicht weit damit. Vielleicht findet sich eines Tages ein Philanthrop und sorgt wirklich anständig für diese Männer. Es tut mir leid um sie.» Er wurde ernst. «Freilich gibt es Leute, die außerordentlich weit gehen, um für würdig erachtet zu werden, etwas aus dem Fonds zu bekommen.»
«Tatsächlich?» sagte Lestrade, etwas Verdächtiges witternd.
«Obgleich es nicht ganz korrekt ist, werde ich Namen nennen. Robert Davies, früher Sergeant, Elfte Husaren, jetzt Lieutenant-Colonel, ehrenhalber, hat wahrhaftig die Unverschämtheit besessen, um Geld aus dem Fonds zu bitten. Ich bitte Sie, ein Lieutenant-Colonel! Der Mann hatte sein Offizierspatent nicht gekauft, sondern war befördert worden – das hat doch überhaupt keinen Stil!»
«Erinnern Sie sich an einen Soldaten der Elften namens Hope?»
«Aber ja. Epileptiker. Interessanter Fall. Schlief ein, wo er ging und stand. Warum?»
«Er erinnert sich an Sie.»
«Das ist nett.»
«Haben Sie den Ausdruck ‹Goldene Morgendämmerung› schon einmal gehört?» Lestrade wechselte abermals das Thema.
Crosse blickte Lestrade gleichmütig an. «Ja, Chief Inspector, allerdings.»
«Was bedeutet er?» Lestrade spürte die Elektrizität in der Atmosphäre.
«Ich bin nicht sicher», sagte Crosse. «Ein früherer Patient von mir war davon besessen.»
«Weiter», sagte Lestrade.
«Kommen Sie mit», sagte Crosse und führte den Inspector durch die

gläserne Doppeltür in einen stillen Innenhof, mit Efeu und Geißblatt überwachsen. Der Tau lag noch auf dem Gras, als sie durch einen Torbogen schritten und zu einem kleinen Friedhof gelangten. Crosse deutete auf ein Grab mit einem glänzenden Marmorgrabstein. Die Inschrift lautete: *In liebendem Angedenken an Donald Crowley, Arzt, Elfte Husaren, 1820–1893.*
«Das war der Patient, von dem ich sprach», sagte Crosse.
«War er ebenfalls auf der Krim?»
«O ja, wir waren fünf. Und Gloag, der Veterinär.»
«Kann ich die Namen der anderen erfahren?» Lestrade holte seinen verläßlichen Notizblock heraus.
«Hm ... O Gott ... Wilkin, Henry Wilkin.» Lestrade wußte, daß Wilkin tot war. «Malcolm Ancell. Er starb '55 in Kadiköy.» Lestrade notierte den Namen dennoch.
«Ormsby Miller. Zu komisch, ich habe erst kürzlich etwas über ihn gelesen. Er ist jetzt Sheriff von Galway.»
Crosse tippte mit seinem Rattanstock gegen den Grabstein. «Und der arme alte Crowley hier.»
«Sie sagten, er sei Ihr Patient gewesen ...»
«Ja, mit Unterbrechungen fast zwanzig Jahre. Mehr oder weniger seit ich hier bin.»
«War er ... äh ... hier im Haus?»
«Die letzten Jahre, ja. Er war ... Er konnte sich nicht selbst helfen.»
«Und die ‹Goldene Morgendämmerung›?»
«War eine Art Organisation, glaube ich. Er sprach immer voll Ehrfurcht davon, doch nie im Detail. Ich halte nicht viel von diesem blödsinnigen Hypnotisieren, Chief Inspector. Meine Patienten erzählen mir nur, was sie mir erzählen wollen.»
«Eine Organisation», murmelte Lestrade nachdenklich. Er hatte die ganze Zeit das Gefühl gehabt, es handle sich um eine Verschwörung. Seit der Zeit, als er nach der Bentley-Untersuchung mit Bradstreet durch Norfolk gerattert war. Die Stücke des Puzzles begannen sich zusammenzufügen.
«Das Sonderbare an Crowley war», fuhr Crosse fort, «daß er die Attacke der Leichten Brigade mitritt. Wilkin ebenso, übrigens. Aber *er* gierte nach Kampf. Nicht das richtige Naturell für einen Arzt, wirklich. Ich habe Crowley nie so eingeschätzt, aber sei's drum. Er

wurde von den Russen gefangengenommen. Wir hielten ihn für tot. Dann, oh, Jahre später, tauchte er in England auf. Das muß um 1870 gewesen sein. Er hatte sein Gedächtnis verloren. Dank unserer Fürsorge und der Liebe einer guten Frau wurde er wieder gesund.»
«Warum ist er hier begraben?»
«Weil man dieses Haus in seinen letzten Jahren beinahe als seine Heimat bezeichnen konnte. Seine Frau starb ein paar Jahre vor ihm.»
«Wir haben vorhin von Henry Hope gesprochen», sagte Lestrade. «Er starb letzten Monat. Ich war bei ihm. Er sagte zwei Dinge, die ich nicht einordnen konnte. *Kill* und ‹Cro›. Ich dachte, das *Kill* bezöge sich auf John Kilvert, ebenfalls ein Elfer. Und ‹Cro› bezog ich auf Sie, aber was ist, wenn ich mich geirrt habe? Was ist, wenn Hope in Wirklichkeit Crowley gemeint hat? Und warum hätte er darauf aus sein sollen, ihn umzubringen?»
Crosses Laune schlug plötzlich um. «Chief Inspector, ich habe Ihnen geholfen, so gut ich konnte. Wie Ihnen nicht entgangen sein wird, habe ich Patienten zu versorgen. Benutzen Sie diese Tür. Sie führt auf die Straße. Auf Wiedersehen.»
«Eine Frage noch», hielt Lestrade ihn zurück. «Die Namen Ihrer Kollegen, die Sie nannten, die Ärzte der Elften. Alle diese Namen waren mir bekannt. Bis auf einen. Warum sollte jemand Interesse daran haben, Crowleys Namen aus der Musterrolle zu tilgen?»
«Ich kann es Ihnen wirklich nicht sagen, Chief Inspector», erwiderte Crosse und verschwand durch den Torbogen.

Lestrade blickte auf das Grab zu seinen Füßen. Er bückte sich und ließ die Marmorsplitter durch die Finger rieseln. Eine Zeitlang dachte er über das vergängliche Wesen des Menschen nach. Dann öffnete er die Tür und trat auf die Straße. Leider war es nicht die Straße. Statt dessen fand er sich in einem langen, dunklen Gang wieder. Nach der Sonne im Innenhof war er in völlige Finsternis geraten. Er mußte die falsche Tür erwischt haben. Er drehte sich um, doch die Tür war wieder fest verschlossen. Er rüttelte am Riegel. Er gab nicht nach. Er hörte etwas in seinem Rücken. Einen röchelnden Seufzer. Er war nicht allein. Er drehte sich um, starrte in

die Dunkelheit und spürte in seinem Kreuz den Riegel. Als seine Augen sich an die Dunkelheit gewöhnt hatten, erkannte er Gestalten, die sich von Bänken zu beiden Seiten des Ganges erhoben. Er hörte das Rasseln und Schlittern von Ketten.
«Wer ist da?» rief er.
Ein höhnisches Lachen antwortete ihm. Dann ein zweites.
«Keiner hier», sagte eine hohle Stimme. «Überhaupt keiner.» Er spürte harten Stahl, der sich in seine Kehle rammte, und eine übermächtige Kraft zwang ihn zu einer Drehung und zu Boden. Er kniete nieder, das Gesicht der Tür zugewandt, eine Stahlkette um den Hals.
Eine zerlumpte Gestalt mit irren, starren Augen tauchte vor ihm auf und kicherte hysterisch. Lestrade erkannte seine mißliche Lage. Da waren fünf Gestalten, vielleicht sechs, mit soviel Ketten zwischen sich, um alle Panzerschiffe der königlichen Marine auszurüsten. Der Druck auf Lestrades Kehle wurde stärker, und in einer plötzlichen Eingebung – oder war es Panik? – kämpfte er sich hoch und keuchte die Anfangszeile eines Liedchens, das auf diese Irren vielleicht ein wenig wirkte. «Wir sind die Soldaten der Königin, Kameraden...»
Und einer nach dem anderen fielen sie ein. Zuerst war es ein Gemurmel, aber Lestrade stand still, seine Hände an die Hosennähte gepreßt, unfähig, seinen vertrauten Schlagring zu erreichen, und sang aus Leibeskräften. Es hörte sich nicht gerade nach Marie Lloyd an; schließlich war seine Stimme nie geschult worden, und außerdem lagen eiserne Glieder um seine Kehle. Das Gesumme erhob sich zu einem Crescendo, und einer nach dem anderen nahmen die verrückten Exsoldaten Habtachtstellung an, durch die Erinnerung aufgerührt, und der Griff um seinen Hals lockerte sich.
Sie sangen immer noch, und Lestrade hatte nicht die geringste Ahnung, wie viele Verse noch vor ihnen lagen, bevor sie der Sache überdrüssig werden und zu ihrer früheren Belustigung zurückkehren würden. Was ihn betraf, war er bereits beim «La, la, la» angelangt. Also warf er sich nach vorn, ohne Rücksicht auf die Kette, die seinen Hals übel zurichtete, und wuchtete sich mit seinem ganzen Gewicht gegen die Tür. Diese gab nach, und er rollte in den Sonnenschein. Hinter sich hörte er Peitschenknallen und Rufe: «Zurück!». Als er aufrecht kniete, war die Tür längst wieder an Ort und Stelle und von

seinen Angreifern nichts mehr zu sehen. Plötzlich gewahrte er, ein paar Zoll von seinem Kopf entfernt, ein Paar blaue Uniformhosenbeine über einem Paar schwarzer genagelter Stiefel. Er brauchte wirklich nicht aufzublicken, um zu wissen, daß er sich einem Constable der Metropolitan Police gegenübersah. Die Stimme bestätigte es.

Wiedersehen mit Balaclava

Man hielt Lestrade eine oder zwei Stunden in Bow Street fest, wo er seinen Namen mit Chief Inspector Abberline angab. «Tut mir leid, Sir», hatte der Constable gesagt, als sei es durchaus zulässig, daß man Inspectors vom Yard zerschunden und mit verrenkter Schulter auf dem Straßenpflaster von Chelsea fand. «Ich habe Sie nicht erkannt.»
Das überrascht mich nicht, dachte Lestrade; aber er dankte Gott, daß der Streifenpolizist über so wenig Beobachtungsgabe verfügt hatte. Er verbrachte zwei weitere Stunden im St. Thomas Hospital, wo ihm ein Arzt und die Schwestern einen weit weniger angenehmen Aufenthalt bescherten. Der Arzt, das ist wahr, fand, die Verletzungen wollten nicht recht dazu passen, daß der Patient, wie Lestrade vorgab, von einem Zugpferd über den Haufen gerannt worden sei. Aber im Hospital war Lestrade zu dem Schluß gekommen, daß seine Aussagen bei der Polizei und beim Arzt übereinstimmen müßten, sonst könnte man ihm vielleicht unangenehme Fragen stellen. Außerdem, wer hätte ihm denn schon geglaubt, wenn er erzählt hätte, er sei um Haaresbreite einer Prügelei in einem dunklen Gang, voll von mordlustigen Geisteskranken, entkommen und habe sich beim Versuch, zu entfliehen, verletzt. Nein, er mußte schon bei dem durchgegangenen Zugpferd bleiben.

«Gütiger Gott, Sir, Sie sehen furchtbar aus», war Ben Beesons Kommentar, als Lestrade steif über seine Schwelle trat. «Wo ist der andere Bursche?»
«In Chelsea, an eine Mauer gekettet», krächzte Lestrade und schleppte sich zu einem Stuhl. «Ich werde nie erfahren, wie ich nach Croydon gekommen bin.»
«Was ist passiert?»
Und die ganze Geschichte kam ans Licht.

Wiedersehen mit Balaclava ───────────────────── 209

Beeson saß reglos da, mit seinen Händen einen Becher dampfenden Tees umklammernd. Lestrades Hände waren mit einem anderen Becher beschäftigt.
«Also haben Sie ihn», sagte Beeson. «Sie haben Joe Towers gerächt.»
«Noch nicht», sagte Lestrade. «Dr. Crosse ist noch immer auf freiem Fuß. Ich jedenfalls glaube nicht, daß die Dinge so einfach liegen.»
«Ich kann Ihnen nicht folgen, Sir.»
«Was immer die ‹Goldene Morgendämmerung› ist, Beastie, sie besteht aus mehr als einem Mann. John Kilvert, Bram Stoker, John Crosse sagten von ihr, sie sei etwas Böses. Etwas. Nicht jemand. Eigentlich hat John Kilvert gar nicht davon gesprochen, sondern er hatte nur Angst. Die ‹Goldene Morgendämmerung› – das ist nicht nur Crowley. Außerdem war Crowley bereits eine Woche in seinem Grab, als Joe starb. Ich hab's nachgeprüft. Woran erinnern Sie sich, wenn Sie an diesen Crowley denken?»
«Ist nicht viel. Er kam spät zum Regiment. Ich glaube mich zu erinnern, daß wir bereits in Balaclava waren. Hielt sich meist abseits. Dann ritt er die Attacke mit und war beim Zählappell nicht mehr da.»
«Crosse fand es merkwürdig, daß Crowley überhaupt am Angriff teilnahm. Warum?»
«Nun, im Gefecht bilden die Ärzte meist die Nachhut, Sir, und warten darauf, später die Reste einzusammeln, wenn ich mich so ausdrücken darf. Es gab keinen Grund für Crowley, mitzureiten. Gütiger Gott!»
«Was ist los?» fragte Lestrade.
«Oh, es hat wahrscheinlich nichts zu bedeuten. Ich habe mich nur gerade eben daran erinnert, als Sie nach so vielen Jahren mit einem Mal von Crowley sprachen. Es war am Morgen des Angriffs. Ich ritt zusammen mit dem alten John Buckton. Er war bei der Schwadron F, jetzt fällt's mir ein. Merkwürdig, daß Sie ihn auf Ihrer Liste nicht drauf hatten.»
«Jemand hat sich Zugang zu der Liste verschafft, Beastie. Auch Crowleys Name war nicht drauf.»
«Nun, egal, John wollte mir was über Crowley erzählen. Etwas, was ich nie geglaubt haben würde, sagte er.»

«Was?» Lestrade lief Gefahr, sich die Schulter noch mal zu verrenken.
«Weiß nich.»
Lestrade sackte in seinen Stuhl zurück.
«Das war, weil der Kurier mit den Befehlen kam und wir alle woanders hin mußten.»
«Dieser Buckton – lebt er noch?»
«Weiß nich. Hab ihn vor drei Jahren beim jährlichen Dinner zum letztenmal gesehen.»
«Glauben Sie, daß der dieses Jahr dabeisein wird?»
«Möglich. Hab ihn seit '90 nicht mehr gesehen.»
«Sie sagten, Sie könnten mich da einschmuggeln», sagte Lestrade.
Der Exsergeant machte ein bedenkliches Gesicht. «Da bin ich möglicherweise ein bißchen voreilig gewesen, Sir. Das Dinner ist nur für Mitglieder der Leichten Brigade.»
Lestrade verstummte. Unter Schmerzen stand er auf und schritt durch die Küche. Als er seinen Arm in der Schlinge im Küchenspiegel erblickte, fuhr er herum.
«Beastie, sind Sie der Ansicht, daß ich eine entfernte Ähnlichkeit mit Joe Towers habe?»
Beeson stand auf und kam zu ihm. Im Spiegel sah Lestrade das ungläubige Gesicht des alten Polizisten.
«Auch nicht die allerkleinste, Sir», sagte er.
«Kommen Sie, Beastie. Bei schlechtem Licht und den Augen alter Männer. Die meisten von ihnen werden ihn seit Jahren nicht mehr zu Gesicht bekommen haben, oder?»
«Nein, vermutlich nicht», sagte Beeson. «Wenn ich recht überlege, hat Joe seit dem ersten Dinner, 1875, an keinem mehr teilgenommen. Aber Sie sind ...»
«Ja, ich weiß. Dreißig Jahre jünger! Aber mit ein wenig davon –» und er hielt einen schmierigen Stift in die Höhe – «kann ich's mir vielleicht gerade noch erlauben.»
«Was ist das, Sir?»
«Kostete mich fünf und neun, Beastie. Theaterschminke. Ich habe sie als Rabbi Izzlebit benutzt. Und als ich kürzlich im *Lyceum* war, hab ich mir noch ein bißchen mehr davon unter den Nagel gerissen. Ein Mann weiß nie, wann ein kleines, diskretes Make-up sich als nützlich erweisen kann.»

Wiedersehen mit Balaclava

Beeson zweifelte nicht an den Worten des Inspectors.
«Welches Datum?» fragte Lestrade.
«Äh ... der Dreiundzwanzigste, glaube ich.»
«Dann haben wir noch zwei Tage bis zum Dinner.»
«Stimmt, Sir. Es findet übermorgen statt.»
«In Ordnung, Beastie. Ich werde dort sein. Um mich unter die alten Kameraden von der Leichten Brigade zu mischen. Um mit John Buckton zu sprechen, falls er da ist. Dort liegt irgendwo die Antwort, verdammt noch mal. Was meinen Sie, ob man mir wohl bis dahin den Kopf abschlagen wird, um der alten Zeiten willen?»
«Ich werde schon aufpassen, Sir. Nur meinetwegen sind Sie in all das reingeschlittert. Wenigstens das bin ich Ihnen schuldig.»
Lestrade setzte sich wieder auf seinen Stuhl und streichelte seinen schmerzenden Arm. «Beastie, werfen Sie doch mal einen Blick aus dem Fenster. Seit ich das *Lyceum* verlassen habe, werde ich das Gefühl nicht los, daß ich verfolgt werde.»
«Vielleicht wollen sie ihr Make-up zurückhaben», brummte der alte Polizist und schob die Gardine beiseite. «Augenblick.» Lestrade rappelte sich auf. «Da ist jemand. Jüngerer Kerl, dunkles Haar, trägt einen grauen Überzieher ...»
Bis Lestrade ans Fenster gelangte, war die Gestalt verschwunden.
«Soll ich ihm nachgehen, Sir?»
«Nein, Beastie. Lassen Sie ihn gehen. Wer immer es war, ich glaube, daß wir ihn wiedersehen werden.»

«Sie wollen zu dem Dinner gehen, Sir?» Charlos schwindsüchtiges Krächzen war schlimmer denn je. «Ist das klug?»
«Guter Gott, Mann.» Lestrade war über all das hinaus. «Es kommt eine Zeit, wo Klugheit sich anderen Dingen unterordnen muß. Wie das Überleben. Da ist ein Wahnsinniger unterwegs, Sergeant, der versucht, alle Überlebenden von Schwadron F umzubringen.»
«Und er versucht, Sie zu töten, Sir. Das Frühstück im *Grand*? Der Vorfall in Chelsea? Das kann ich nicht vom Tisch wischen. Ich wünschte, Sie würden aufgeben, Sir.»
«Aber wir sind so dicht dran, Hector. Nach all diesen Monaten sind wir fast am Ziel. Wollen Sie wirklich, daß ich nun aufhöre?»
Charlo lehnte sich in seinen Stuhl zurück. «Ich kann Ihnen nicht

mehr helfen, Inspector. Mein Arzt sagt, ich muß mich erholen. Eine lange Pause machen. Ich habe mit Frost gesprochen. Er hat mir einen Monat Urlaub bewilligt.» Er streckte seine Hand aus. Lestrade stand unter Schmerzen auf und ergriff sie.
«Hector», sagte er. «Sie haben eine Menge für mich riskiert. Ich möchte, daß Sie wissen – was immer geschieht –, ich weiß es zu schätzen.»

Der 25. Oktober, ein grimmigkalter Mittwoch, dämmerte herauf.
«Was haben Sie an diesem Morgen vor 39 Jahren gemacht, Beastie?» fragte Lestrade.
Beeson verfiel einen Augenblick in Schweigen und begann in seinem Kopf ein bißchen zu rechnen. Bloß sein Stirnrunzeln, seine sich stumm bewegenden Lippen und seine unruhig zuckenden Finger bezeugten die Qualen, die diese Frage hervorgerufen hatte. Als er seine Überlegungen zu Ende geführt hatte, lächelte er. «Ich habe vor Kälte gezittert», sagte er. «Seit fünf Uhr standen wir da, saßen im Sattel und warteten. Meine Finger waren so taub, daß ich kaum die Zügel halten konnte. Ich erinnere mich, daß wir kein Frühstück gehabt hatten. Ein Paar von den Offizieren konnten gekochte Eier essen. Wir hatten an diesem Tag noch nicht mal unsere Rumration bekommen. Warten Sie einen Augenblick.» Und er eilte in ein Nebenzimmer. Er kam mit einer alten Uniform der Elften Husaren zurück. Die Farben leuchteten immer noch, die gelbe Kordel auf dem Jackett war noch unversehrt, und die Messingknöpfe schimmerten.
«Ich gab meine ab, als ich zu den Lanzenreitern versetzt wurde», sagte er. «Die hier gehörte Joe. Ich kann mir nicht vorstellen, daß er was dagegen hätte, wenn Sie sie heute abend tragen. Jedenfalls nicht, wenn sie dabei hilft, den ›Mörder zu fassen.»
«Danke, Ben», lächelte Lestrade.
«Fragt sich nur, ob Sie Ihnen paßt. Oh, und das hier …» Er förderte ein kleines Kästchen zutage. «Joe hat sie immer poliert. Und ich meine auch.» Er klappte den Deckel auf, und Lestrade erblickte eine Silbermedaille mit einem blaßblauen Band und daran befestigt die Spangen für Sewastopol, Inkerman und Balaclava.

Wiedersehen mit Balaclava ───────────────────── 213

So schlüpfte Lestrade in eine neue Verkleidung. In den vergangenen Wochen war er Athelney Jones, Chief Inspector Abberline und Rabbi Izzlebit gewesen. Seinen wirklichen Namen vergaß er rasch. Und jetzt war er Joe Towers, verstorben, ehemaliger Gemeiner, Elfte Husaren, Leibregiment von Prince Albert.

Kurz nach sieben Uhr begaben sich die beiden Männer gemächlich ins *St. James* Restaurant. Angesichts seiner knappen Polizistenpension sah Beeson im zivilen grauen Anzug und mit Melone einigermaßen stattlich aus. Seine Medaille von der Krim blitzte stolz auf dem Revers. Lestrade trug die mit Tressen besetzte Jacke und die scharlachroten Hosen von Joe Towers. Sie waren ihm lediglich eine winzige Spur zu eng. Sein Haar unter der roten Feldmütze war oben kurz geschnitten und mit Puder und Schminke grau gefärbt. Seinem Gesicht hatte Lestrade Falten und Winkel verpaßt, ohne sich um Beesons andauerndes Zungenschnalzen und Kopfschütteln zu kümmern. Es blieb ihm nichts anderes übrig.

Das Foyer war bereits voll von alten Männern, die sich vollaufen ließen. Was für viele noch immer eine heilige Verpflichtung war, diente auch als Entschuldigung, die alten Knochen gründlich zu befeuchten, wobei sehr fraglich war, wie weit sie mit diesen Knochen noch kommen würden.

Beeson eingeschlossen, zählte Lestrade 25 Männer. Er war einer der fünf, die Uniform trugen, wenngleich ihm nicht entging, daß die der anderen hier und da beträchtlich geändert worden waren, um sie dem wachsenden Lebensalter und Leibesumfang anzupassen. Und die im Lauf der Zeit auch einige Flicken bekommen hatten. Nur die Medaillen und die Augen glänzten. Und die Herzen waren jung.

Er war erleichtert, daß sonst niemand in der Uniform der Elften erschienen war. Wenn seine begrenzten Kenntnisse ihn nicht täuschten, war einer von den Siebzehnten Lanzenreitern, zwei von den Vierten Leichten Dragonern, wie sie damals hießen, und einer von den Achten Husaren. Gleichwohl dämmerte ihm plötzlich, daß er sowohl jedem Mitglied ‹seiner› alten Truppe, wäre eines dagewesen, hätte aus dem Weg gehen, als auch jeder Frage nach der wundersamen Veränderung seiner Erscheinung hätte ausweichen müssen. Wie die Dinge lagen, könnte jeder der Gentlemen in Melone oder Zylinder unverhofft zu ihm sagen: «Wer, zum Teufel, bist du?»

«Wer, zum Teufel, bist du?» Die Bombe ging hinter ihm los. Er öffnete den Mund, um eine Antwort zu versuchen.
«Ben Beeson, Elfte Husaren», erwiderte sein Gefährte.
«Natürlich», strahlte der andere Mann. «Ich habe dich nicht erkannt. Du hast ein paar Pfunde zugelegt. Job Allwood, Dreizehnte Leichte.»
«Wie geht's dir?» Beeson erwiderte den Händedruck. «Äh ... Du erinnerst dich an Joe Towers?»
«Ja, natürlich», strahlte Allwood. «Schön, dich wiederzusehen, Joe. Mein Gott, paßt du immer noch in deine alte Uniform? Die Zeit hat's gut mit dir gemeint.»
Hoffentlich bleibt das auch so, dachte Lestrade.
«Gut, gut.» Beeson schob sich wie ein Schild vor dem doppelt verwundbaren Lestrade her. «Jim Glanister. Wie geht's dir, Jim?»
«Nicht schlecht». Der Mann zog den linken Mundwinkel herunter und entblößte eine Reihe brauner, schiefer Zähne. «Ich kann nicht klagen.»
«Kennst du Joe Towers, Schwadron F?»
«O ja.» Glanister hatte ernsthafte Probleme mit seinem Speichelfluß, während er Lestrade die Hand schüttelte. «Komisch, ich hatte dich größer in Erinnerung.»
«Mir ging's nicht gut», sagte Lestrade mutig.
«Du siehst wirklich nicht gut aus», mischte sich ein anderer Mann ins Gespräch. Lestrade drehte sich um und erblickte John Kilvert, der seine Vornehmheit wie immer durch einen Astrachankragen unterstrich. Kilverts Lächeln verschwand.
«Sind wir uns nicht vor kurzem begegnet ...?» sagte er. Lestrade warf Beeson einen hilfesuchenden Blick zu. Nichts geschah.
«Nicht seit der Krim», erwiderte Lestrade, in der Hoffnung, daß er das Richtige gesagt hatte.
«Oh», war Kilverts schlappe und unzufriedene Erwiderung. Und der Gong ertönte und rief sie zu Tisch. Es war ein prächtiges Mahl. Gänsebraten mit allem, was dazugehörte. Unglücklicherweise fand sich Lestrade an der Tafel neben Glanister wieder und war in der Hauptsache damit beschäftigt, zuzuschauen, wie Teile von Glanisters Speisen, die dessen Mund ganz und gar verfehlten, an seinem linken Arm heruntergiltten.
«Pistolenkugel aus nächster Entfernung», flüsterte Beeson in Le-

strades rechtes Ohr, als wolle er Glanisters Schwierigkeiten erklären.

«Die Zeit heilt alle Wunden», sagte Glanister an irgendeinem Punkt der Unterhaltung. Nicht sehr gründlich, dachte Lestrade und schnippte Sahne von seinem Ärmel.

«Gentlemen, ich bitte um Ruhe für die Regimentsmärsche!» bellte ein Majordomus aus der Ecke. Das gutmütige Geplänkel verstummte, als, einer nach dem anderen, die Märsche der Regimenter gespielt wurden. Während die Kapelle spielte, erhoben sich hier und da Gruppen von Männern beim Klang der Melodie ihres Regimentsmarsches. Beeson zog Lestrade in die Höhe, als «Coburg» intoniert wurde, der langsame Marsch der Elfer. Lestrade hoffte, seine verspätete Reaktion werde durch sein Alter und seine kürzliche Erkrankung erklärt.

Durch die Breite des Saales von den Männern des Elften Regiments getrennt, stand eine Gestalt allein, während «Coburg» gespielt wurde. Der Mann war zu spät eingetroffen, um noch bei seinen alten Regimentskameraden Platz zu finden.

«John Buckton», zischte Beeson aus dem Mundwinkel und nickte in Bucktons Richtung. Wiederum fiel Glanister etwas aus dem Mund, doch Lestrade achtete nicht darauf, was es war.

Nachdem die Klänge des Ruhms verklungen und die Taschentücher bis zum nächsten Jahr weggesteckt waren, stand der Majordomus erneut auf.

«Genlemen, ich bitte um Ruhe für Seine Exzellenz, den Generalquartiermeister, Sir Evelyn Wood, Träger des Victoria-Kreuzes, Träger des Großkreuzes of the Bath.»

«Und eines Gebisses!» rief Sir Evelyn, einer der Rüstigsten unter den Anwesenden, wenngleich ebenso alt wie die anderen. «Was soll's?» Die Veteranen brachen in Hochrufe und Beifall aus. «Genlemen, ich werde Sie nicht lange aufhalten. Ich bin heute abend als Ihr Ehrengast hier. Einige unter ihnen halten mich vielleicht für einen Schwindler.» Rufe ertönten: «Nein», «Pfui», «Abtreten». Wood hob die Hand. «Jedoch ich bin aus zwei Gründen hier. Ich hatte vor vielen Jahren die Ehre, bei der Sepoy-Rebellion mit einem prächtigen und tapferen Gentleman das Quartier zu teilen, dem inzwischen leider verstorbenen Colonel Morris von den Siebzehnten Lanzenreitern.» Hochrufe von den Siebzehnern. «Und ich bin stolz, sagen zu

können, daß es mir eine außerordentliche Ehre war, mit Ihm und einigen von Ihnen in diesem prachtvollen Regiment zu dienen. Kurz nach dem Krimkrieg kam ich zu den Dreizehnten Leichten Dragonern –» die Veteranen dieses Regiments pfiffen und trampelten –, «und man wird nirgendwo eine Schar von Männern finden, die treuer und imponierender wären.» Beifall. Mach nur so weiter, dachte Lestrade. Wenn uns die Erzählung von Sir Evelyns Lebensgeschichte bevorsteht, werde ich nie zu Buckton hinüberkommen.
«Heute vor 39 Jahren, Gentlemen, war ich Maat in der Royal Navy. Und auf meinem Schiff hörte ich von etwas erzählen, was als ‹eine kurze, heftige Kavallerieattacke› beschrieben wurde.» Schallendes Gelächter und Trommeln auf den Tisch. Beeson zählte wieder einmal etwas an den Fingern ab. «Ich glaube, während meiner ganzen aktiven Zeit hab ich nie von einem Gefecht gehört, das derart erbärmlich beschrieben worden wäre.» Stärkeres Trommeln. «Gentlemen, mir bleibt nur, den verblichenen Poet Laureate, Alfred Lord Tennyson, falsch zu zitieren und euch, Männern der Leichten Brigade, zuzurufen: ‹Kann euer Ruhm je verblassen?›» Der stürmische Applaus einer so kleinen Schar von Männern drohte die Kronleuchter abstürzen zu lassen. Selbst Lestrade nahm lebhaft daran Anteil, wenn es ihm auch körperliche Schmerzen bereitete. Es folgten Trinksprüche auf Ihre Majestät, auf Sir Evelyn, auf die Kommandeure der verschiedenen Regimenter bei Balaclava, die inzwischen allesamt tot waren.
Dann verkündete der Majordomus: «Kaffee und Brandy, Gentlemen, gestiftet von Sir Evelyn Wood!» Trommeln auf den Tisch begrüßte diese nicht ganz unerwartete Vergünstigung. Aus Lederetuis kamen Zigarren zum Vorschein. Nicht zum erstenmal an diesem Abend warf Kilvert durch die Rauchschwaden prüfende Blicke auf Lestrade. Dieser war gerade im Begriff, zu Buckton zu gehen und ihn ins Gespräch zu ziehen, als ein ohrenbetäubendes Krachen in dem Gang ertönte, der zum Speisesaal führte. Ein Kellner in weisser Jacke stürzte herein und rannte in Bucktons Richtung. «Nicht den Kaffe trinken!» schrie er, als der Mann die Tasse an die Lippen führte. Gerade als er Buckton erreichte, ertönte ein Schuß, und mitten im Rücken des Kellners erschien ein roter Fleck. In den Sekunden der Panik, die folgte, stand eine Gestalt in den Schatten, die mit einer Pistole zuerst auf Buckton zielte, der sich unter den Tisch

Wiedersehen mit Balaclava ────────────────── 217

duckte, und dann auf eine Gruppe von Elfern um Lestrade. Die erste Kugel pfiff an Beesons Kopf vorbei. Eine zweite zertrümmerte die Kaffeetasse zwischen Lestrade und Glanister, und der letztere, verschreckt, doch unverletzt, griff nach seinem Kiefer und stöhnte: «Nicht noch mal.»
Lestrade wartete den nächsten Schuß nicht ab. Die Umstände zwangen ihn dazu, und er stand auf und schwang sich über den Tisch. Er und Beeson krochen hinüber, während die anderen verdutzt und verschreckt im Rauch umherkrochen.
«Gott sei Dank ist unser Freund kein Meisterschütze», sagte Lestrade. Er erreichte den niedergestreckten Kellner und drehte ihn auf den Rücken. «Guter Gott», sagte er, als er unter angeklatschtem Haar das traurige, gehetzte Gesicht des «Proleten» erkannte, mit dem er vor einer Ewigkeit aus dem Arbeitshaus von Openshaw geflüchtet war. «Er lebt noch, Beeson. Kümmern Sie sich um ihn.»
«Ich komme mit Ihnen, Sir.» Er nahm jetzt keine Rücksicht mehr auf Lestrades Verkleidung.
«Nein, nein. Der gehört mir.» Und Lestrade eilte zur Tür. «Sir Evelyn, ob ich mir wohl für einen Augenblick Ihr Schwert ausborgen dürfte?»
Der General, der sich während der ganzen Schießerei nicht von seinem Platz gerührt hatte, stand auf und zog die Waffe mit dem Elfenbeingriff aus der Scheide. «Mein lieber Freund, es ist mir ein Vergnügen», und rief ihm nach: «Achten Sie auf die ‹Rückendeckung›, Soldat», als Lestrade im dunklen Gang verschwand.
«Waren es die Russen?» fragte Glanister, unter dem Tischtuch hervorkriechend. Jemand tätschelte ihm besänftigend den Kopf.
So rasch es seine Verwundungen erlaubten, flitzte Lestrade an den zusammengelaufenen Kellnern und Dienern vorbei durch die Küche, in der aufgeregte Köche sich drängten.
«Dort entlang», rief ihm jemand zu und deutete auf die offene Hintertür.
«Wer war es?» schrie er.
«Einer der Kellner», kam die Antwort. Man kriegt heutzutage kein anständiges Personal mehr, dachte Lestrade. Aber genau das hatte er wissen wollen. Er hatte die Gestalt, die gefeuert hatte, überhaupt nicht deutlich gesehen. Nun wußte er, daß sein Mann eine weiße Jacke trug, die in der Dunkelheit leicht auszumachen sein würde. Er

schob sich auf den Hof. Er war leer, bis auf zwei angeleinte bellende Hunde. Hinter ihm blieben Lärm und Lichter zurück. Er bemerkte, daß Männer aus den Türen kamen und über seinem Kopf Fenster geöffnet wurden. Jedoch niemand folgte ihm. Während er sich vorwärtsbewegte, vergegenwärtigte er sich seine Situation. Er war mit dem Türkensäbel eines Generals bewaffnet. Eine schöne, reichverzierte Waffe, doch sie bot ihrem Träger keinen Schutz. Im Fall eines Kampfes hatte er eine gewisse Reichweite, doch sein Gegner, wer immer er war, hatte eine Pistole. Zugegeben, der Mann war kein guter Schütze, aber beim nächstenmal konnte er besser treffen. Und Lestrade war nicht in der Lage, sich wie gewohnt zu bewegen. Er wandte sich in einen Verbindungsgang. Vor ihm ragte eine Steinmauer auf, deren imaginäres Gegenstück sich in diesem Fall so oft vor ihm aufgetürmt hatte. Er stand still, nach dem langen Lauf vor Anstrengung keuchend. Kein anderes Geräusch, bis auf das Pfeifen eines Zuges in der Ferne und das Schnauben eines Kutschpferdes.

Er glitt um die Ecke in einen zweiten Hof. Es hatte geregnet, und im grünen Gaslicht schimmerte das feuchte Kopfsteinpflaster. Vor seinen Füßen lag ein weißes Jackett. Der Möchtegernmörder hatte seine Verkleidung abgelegt, doch das spielte keine Rolle. Lestrade wußte, wo er seinen Mann finden würde, falls dieser den Hof verlassen hatte. Mit ausgestrecktem Schwertarm bewegte er sich langsam vorwärts. Auf beiden Seiten lagen Haufen von Holz und Säcken. Gute Verstecke für einen verzweifelten Mann. Seine Lippen waren trocken. Er befeuchtete sie und öffnete das Husarenjackett, um ein wenig mehr Luft und Bewegungsfreiheit zu bekommen. In der Luft stand sein Atem. Und dann hörte er es. Schuhe auf Steinen. Er warf sich gegen die Mauer und versuchte, mit den Schatten eins zu werden.

Ein untersetzter Mann mit Donegal und Bowler stand breitschultrig im Licht vor der Gaslampe. Seine rechte Hand umklammerte einen Revolver, den er in Schulterhöhe hielt.

«Ich weiß, daß Sie da sind, Lestrade», sagte der Killer. «Kommen Sie raus, wo immer Sie sind.»

Schweigen.

«Ich bin kein geduldiger Mann.»

Ein paar Schritte von dem Mann mit der Pistole entfernt löste sich Lestrade von der Mauer.

«Hallo, Gregson», sagte er.
Der Chef der irischen Spezialabteilung legte seine Pistolenhand auf seinen linken angewinkelten Arm, um die Pistole vor dem Rückschlag zu sichern.
«Also Sie waren es die ganze Zeit?» sagte Lestrade.
«Ich ... Sie meinen diese verpfuschte Schießerei heute abend? Sie bestürzen mich, Sholto. Sie wissen, daß ich nicht daneben geschossen hätte.»
«Dann also die Morde. Die Giftmorde.»
«Mein Gott, Sie haben wirklich keinen Anhaltspunkt, oder? Ich hätte Sie für einen besseren Polizisten gehalten.»
Er ließ den Hahn klicken. Einmal. Zweimal.
«Ich habe versucht, es Ihnen leicht zu machen. Dieses Märchen vom Angriff auf den Kaiser, das ich erfand. Aber Sie machten weiter. Quälten sich ab. Blieben am Ball. Sie wollten es einfach nicht auf sich beruhen lassen. Nun, die Schuld liegt ganz und gar bei Ihnen, Lestrade. Für das, was folgt. Alles Ihre Schuld.»
Die Ewigkeit einer Sekunde stand Lestrade da und wartete, daß Bandicoots Pistolen losgingen oder die lautlosen Pfeile des Abos durch die Luft schwirren würden. Was er aber schließlich hörte, war das Aufbrüllen von Gregsons Revolver. Zu weit entfernt, um zum Angriff übergehen zu können, dreht er sich herum, ohne zu wissen, warum. Vielleicht nur, um zu vermeiden, daß die Kugel ihn ins Gesicht traf. Vielleicht war es wichtig, wie man starb. Als er herumfuhr, kam das Schwert hinter seiner Schulter ungefähr in der Position «Rückendeckung» zum Vorschein, und die Kugel prallte davon ab und schepperte seitwärts über das Pflaster. Lestrade blieb in der Drehung, während Gregson, sein Pech verfluchend, den Hahn spannte, und dann warf er das Schwert des Generals mit aller Kraft. Die Spitze bohrte sich tief in Gregsons Magen, und die zweite Kugel ging weit vorbei. Fassungslosigkeit malte sich auf Tobias Gregsons Gesicht, er taumelte zurück, die Pistole entglitt seinen Fingern, Woods Schwert stak in seinem Magen und glänzte im Mondschein, Blut lief über seine Finger. Er blickte Lestrade verständnislos an, griff nach ihm, als wolle er ihn mit sich in die Hölle reißen, und kippte nach vorn, so daß die Klinge seinen Leib durchdrang und die Spitze zwischen den Rückenfalten seines Donegals wieder zum Vorschein kam. Lestrade kniete nieder und prüfte

Gregsons Puls. Schwächer. Stillstand. Von irgendwo hörte man Trillerpfeifen der Polizei. Er drehte Gregsons Körper herum und zog das Schwert heraus. Er wischte die Klinge an seinem Mantel sauber. Dann stolperte er ins Restaurant zurück.

Beeson hielt den angeschossenen Kellner in seinen Armen. Als Lestrade herankam, sah er hoch und schüttelte den Kopf. Lestrade nahm das Gesicht des «Proleten» in seine Hände.
«Kannst du mich hören?» fragte er.
Der Prolet öffnete die Augen, und es kam noch einmal Leben in ihn.
«Haben Sie ... haben sie ihn?»
«Wen?» fragte Lestrade.
«Oliver.»
«Nein, ich habe Tobias Gregson.» Beesons Augen traten fast aus den Höhlen. War Lestrade verrückt geworden?
«Oliver ... Oliver ist der Mann, den Sie suchen. Sie müssen ihn kriegen», und er begann Blut zu spucken.
«Ich kriege ihn. Ich glaube, ich weiß, wo er ist. Hör zu, du machst es nicht mehr lange.» Es war keine Zeit mehr für Höflichkeiten. «Wer bist du?»
«Jacob Crowley», erwiderte der Prolet. «Ich haben Ihnen zweimal geschrieben. Oder dreimal. Ich weiß es nicht mehr. Warum haben Sie meine Briefe nicht beantwortet? Oder wenigstens etwas getan?»
«Ich habe keine Briefe bekommen. Beastie, schaff diese Leute weg.» Lestrade deutete auf die verdutzten Zuschauer.
«Nun machen Sie schon.» Beeson, der alte Polizist, war wieder im Dienst. «Es gibt hier nichts zu sehen. Jetzt gehen Sie schon. Vorwärts.»
«Und Donald Crowley ...?» Lestrade wandte sich wieder dem Proleten zu.
«Mein Vater. Oliver ist mein Bruder. Sie sind beide verrückt, Inspector. Völlig verrückt.» Und er hustete abermals.
«Beeson, Wasser», schnarrte Lestrade.
Der Prolet winkte ab. «Ich muß es Ihnen erzählen. Ich werde es Ihnen erklären», murmelte er.
«Warum die Morde?» Lestrade versuchte, es dem sterbenden Mann

Wiedersehen mit Balaclava ───────────────────────── 221

so einfach wie möglich zu machen. «Die Männer von Schwadron F. Warum?»
«Mein Vater schloß sich einer religiösen Sekte an, als er ... ein junger Mann war ... dem Orden der ‹Goldenen Morgendämmerung›.»
Er sprach jetzt undeutlich. Lestrade wußte, daß er es nicht mehr lange machen würde. «Sie sind Satanisten, Inspector. Sie beten den Satan an ...» Die Schmerzen packten ihn wieder. Er krümmte sich, lag dann still. Lestrade trocknete ihm den Schweiß von der Stirn, bis er sich wieder erholt hatte.
«In der Nacht vor Balaclava war Schwadron F auf Patrouille. Ein paar Männer wurden von den anderen getrennt, und in den Hügeln über Kadiköy stießen sie auf meinen Vater, der seine Riten praktizierte.»
«Riten?» fragte Lestrade, der glaubte, sich verhört zu haben.
«Opfer, Inspector. Menschenopfer. Mein Vater war damals ein Novize. Er mußte ... einen höheren Grad im Orden erreichen. Der einzige Weg war ... ein menschliches Wesen zu töten und zu ... verzehren.»
Lestrade fuhr in die Höhe. Während seiner ganzen siebzehn Jahre bei der Polizei hatte er so etwas nie gehört.
«Er war ... gerade dabei ... einen Türkenjungen zu verspeisen, als ein paar von Schwadron F ihn fanden. Er tat alles, um sich selbst umzubringen. Am ... nächsten Tag ... nahm er am Angriff teil ... und hoffte darauf, ein Gewehrschuß oder eine Kanonenkugel werde alles beenden. Er kam bis zu den Kanonen. Er wurde von den Russen gefangengenommen ... Sein Leben während der folgenden sechzehn Jahre ist für mich ein Buch mit sieben Siegeln. Was er in Rußland machte, wie er lebte, ich habe keine Ahnung. Aber ... vielleicht hat ihn die ‹Goldene Morgendämmerung› in Rußland gefunden und ihn davor bewahrt, Selbstmord zu begehen.»
«Darum also hat er am Angriff teilgenommen», sagte Lestrade. Der Sterbende nickte. «Als er nach England zurückkam – ich habe nie erfahren, warum er heimkehrte – gab er vor, das Gedächtnis verloren zu haben. Jedoch mein Bruder Oliver wurde in der verbrecherischen Tradition der ‹Goldenen Morgendämmerung› erzogen. Und er ist genauso verrückt wie sein Vater.»
«Sprich weiter, wenn du kannst», sagte Lestrade.
Das Sprechen fiel ihm immer schwerer. «Wer kann einen Verrückten

verstehen?» fragte der Prolet. «Vater hatte sich die Gesichter und die Namen der Männer gemerkt, die ihn in jener furchtbaren Nacht vor Balaclava gesehen hatten. Vielleicht wußte er, daß er nicht mehr lange zu leben hatte. Vielleicht verlangte es die ‹Goldene Morgendämmerung› von ihm. Jedenfalls tötete er den ersten der Männer. William Lamb.»

«Lamb?» unterbrach Lestrade. «Aber der wurde von einem Tier getötet. Einem Tasmanischen Wolf.»

Der Prolet lächelte. «Ja, ich habe damals den Bericht in der Zeitung gelesen», sagte er. «Tut mir leid, Inspector. Das arme, stumme Tier hat vielleicht Schafe gerissen, doch es hat keinen Menschen getötet. Vater hat diesen Mord getreu dem alten Ritus ausgeführt.»

«Er versuchte Lamb zu verspeisen?» fragte Lestrade ungläubig. Der Prolet nickte. «Und dann starb Lamb. Ein gnädiger Himmel erlöste ihn.»

Lestrade rekapitulierte schnell. Die Haare des Tieres, die er an der Leiche gefunden hatte, mußten nach Lambs Tod dorthin gekommen sein. Der Geruch des Blutes hatte das Tier gewiß angelockt.

«Und die Giftmorde?»

«Oliver ... Er ließ sich ebenfalls zum Arzt ausbilden. Einige Jahre diente er im Sanitätsdienst der Armee. Er wußte eine Menge über Gifte ...»

«Und hatte Zugang zu Giften», ergänzte Lestrade.

Der Prolet hustete zustimmend.

«Und als wir uns in Openshaw begegneten?» forschte Lestrade.

«Versuchte ich, ihn aufzuhalten. Während der ganzen Zeit war ich ... einen Schritt hinter Oliver, Ihnen einen Schritt voraus. Er war der Arzt, der als Vertreter einsprang, bevor Sie ankamen. Er benutzte den Namen ... Corfield, Inspector. Ein Wortspiel. Ein spöttisches, arrogantes Wortspiel. Das lateinische Wort für die Familie der Krähenvögel ist *corvus*. Und ein anderes Wort für ‹ley› ist ‹field›. Corfield und Crowley waren eine und dieselbe Person. Er gab Mrs. Lawrenson den vergifteten Tabak.»

«Und du bist es also gewesen, der mir seit dem *Lyceum* gefolgt ist?»

«Und vorher. Ich hätte ... Sie früher ins Vertrauen ziehen sollen, Inspector, aber ... ich versuchte, Oliver vor sich selber zu schützen. Vor seinem krankhaften Wunsch, die Wünsche meines Vaters aus-

Wiedersehen mit Balaclava ─────────────────────── 223

zuführen; und während der ganzen Zeit glaubte ich, Sie hätten meine Briefe bekommen, in denen ich alles niedergeschrieben hatte.» Er versteifte sich, und Krämpfe schüttelten seinen Körper.
«Lestrade», er klammerte sich krampfhaft an den Ärmel des Polizisten, «fassen Sie ihn. Und kümmern Sie sich um meinen Vetter Aleister. Ich fürchte, er schlägt denselben Weg ein.»
«Ich werde ihn kriegen, und wir werden uns um Aleister kümmern.»
Und der Prolet starb in Lestrades Armen.
«Beastie.» Lestrade faltete die Arme des Toten über der Brust und schloß ihm die Augen. «Die Polizei wird jeden Augenblick hiersein. Inspector Gregsons Leiche liegt ein paar Schritte von hier. Sagen Sie ihnen, was Sie wissen. Und sagen Sie ihnen, daß ich mich so rasch ich kann beim Yard sehen lassen werde. General, vielen Dank für Ihr Schwert.»
Und er gab es zurück.
«Bin froh, daß es von Nutzen war, Soldat ... äh ... Inspector», sagte Wood.
Beeson trat zu Lestrade. «Sir, lassen Sie mich mit Ihnen kommen.»
«Nein Beastie. In dem Korridor ist nur für einen Platz.»
«Dachte mir, daß Sie das sagen würden, Sir, also ...» Er zog eine längst nicht mehr gebräuchliche Pistole hervor, ein Modell für Lanzenreiter aus dem Jahr 1842. «Die gehörte George Loy Smith», sagte er. «Der alte Bastard ist grausam genug mit Schwadron F umgesprungen, als er noch lebte. Jetzt, da er tot ist, soll er mal was für sie tun.»
Lestrade nahm die Waffe.
«Und denken Sie daran», sagte Beeson, «das ist ein Hinterlader. Eine Kugel ist schon drin. Wenn Sie mit der nicht treffen, sind Sie ein toter Mann.»

«Das ist eine gottverdammte Zeit für einen Besuch, Bradstreet.» Nimrod Frost war alles andere als heiter. «Gott, Mann, es ist beinahe Morgen.» Er sah aus wie Wee Willie Winkie, jedenfalls wie Willie Winkie, als er, in Nachthemd und Nachtmütze, eine Kerze in die Höhe hielt. «Gehen Sie wieder zu Bett, Richards. Es ist bloß

einer meiner Beamten mit einem schlechten Zeitgefühl. Sie sind ja außer Atem, Mann», herrschte er Bradstreet an, «und Sie wissen, daß ich Besuche in meinem Haus nicht mag, zu keiner Zeit. Geh zu Bett, Wilhelmina!» brüllte er der Erscheinung auf der Treppe zu. «Es ist nichts passiert.» Er nötigte Bradstreet in sein Arbeitszimmer. «Oder etwa doch?»
«Es geht um Inspector Gregson, Sir. Er ist tot.»
«Guter Gott.» Frost ließ sich schwer auf das Polstersofa sinken.
«Aber das ist noch nicht alles. Lestrade hat ihn getötet.»
«Lestrade?» Frost kam wieder auf die Beine.
«Ich wußte, daß der Mann vom Dienst suspendiert war, Sir, aber offen gesagt ...»
«Ja?»
«Nun, ich habe mit ihm zusammengearbeitet, Sir. Offen gesagt, ich hielt Inspector Gregson für ein wenig übereilt. Es steht mir nicht zu, das zu sagen, Sir.»
Frost wirbelte um das Möbelstück herum. Vor Bradstreets Schlipsknoten blieb er stehen.
«Was ist Ihre Meinung über Verschwörungen, Bradstreet?»
«In der Spezialabteilung ist das Leben eine einzige große Verschwörung, Sir.»
«Ja.» Frost musterte ihn eingehend. «Ja, ich schätze, das ist es. Sie waren Gregsons rechte Hand, nicht wahr?»
«Ich habe mit ihm zusammengearbeitet, ja.» Bradstreet begann, den Braten zu riechen. Es kam nicht jeden Tag vor, daß Inspectors des Yard sich gegenseitig umbrachten.
«Gut, kehren Sie zum Tatort zurück, Bradstreet. Ich werde zum Yard fahren. Ich wünsche morgen einen vollständigen Bericht. Äh ... das heißt, in ein paar Stunden.»
Bradstreet verschwand. Frost brachte ihn zur Tür und rief eine Gestalt aus dem Schatten herbei.
«Folgen Sie ihm, Constable. Ich will genau wissen, wohin er geht.»

Auf der Straße nahm Lestrade eine Kutsche und wich den Polizisten aus, die zum Schauplatz von Gregsons Tod rannten und in das Restaurant *St. James* einfielen. Er hatte dem Kutscher strikte Anwei-

Wiedersehen mit Balaclava ──────────────────────────── 225

sung gegeben, und dieser rumpelte mit Rufen wie «Ich werd bestimmt meine Lizenz verlieren» durch den behelfsmäßigen Kordon von Polizisten, die, wie Lestrade wußte, in der letzten Minute den Weg freigeben würden, um den Zusammenstoß zu vermeiden.
Das Royal Hospital lag dunkel und still da. Die Patienten waren jetzt in ihren Betten. Bis auf einen. Lestrade ging an der Vorderfront entlang, vorbei am Chilianwalla-Denkmal und den stummen Kanonen, deren Mündungen zum Nachthimmel gähnten. Seine Hand ruhte auf dem Pistolenknauf, der ungefüge unter seiner Schärpe hervorlugte. Die Vordertür war verschlossen. Egal, es hätte ja sein können. Er ging um das Hauptgebäude herum, versuchte sich erst an einer, dann an einer zweiten Tür. Schließlich gab eine dritte unter seinem Druck nach, und er war drin. Ein schwaches Licht huschte über die Wand an der entfernten Seite einer großen Halle. Er erkannte sie wieder. Bei seinem letzten Besuch hatte man ihn diesen Weg geführt. Für einen Mann in Kavalleriestiefeln bewegte er sich wie eine Katze. Doch als er anfing, seine Leben zu zählen, beschloß er, diese Analogie fallenzulassen.
Die gewundene Treppe hinauf, an den Schlafsälen vorbei, in denen Soldaten schnarchten. Der Himmel, blau gegen die schwarzen Fensterrahmen, gab ihm Licht. Hin und wieder kam der Mond zum Vorschein, um dann wieder schüchtern zu verschwinden. Vielleicht waren draußen irgendwo Liebespaare, Arm in Arm, Herz an Herz, dachte Lestrade. Dann, als er die gepolsterte Tür erreicht hatte, erinnerte er sich und eilte zum Fenster zurück. Es war nicht Vollmond, oder?
Die Polstertür öffnete sich geräuschlos. Zu dieser nachtschlafenden Zeit war niemand da, das Gitterfenster zu betätigen. Vorbei an Crosses Tür.
Lestrade blieb stehen. In Crosses Büro war Licht. Schwach. Eine Petroleumlampe, schätzte er und versuchte sich daran zu erinnern, ob er auf dem Tisch eine gesehen hatte. Dann wollen wir mal, Sergeant-Major Loy Smith, hoffen wir, daß Sie Ihre Pistole gut gepflegt haben. Und hoffen wir, daß Beastie es seitdem ebenfalls getan hat. Und Lestrade brach durch die Tür, die aus den Angeln zurückfederte. Crosse sprang hinter dem Tisch in die Höhe, seinen Rohrstock in der Hand.
«Legen Sie ihn hin, Doktor.» Lestrades Stimme war fest, die Pistole

auf den Kopf des alten Mannes gerichtet. «Oder ich töte Sie auf der Stelle.»
«Abberline.» Crosse warf den Stock auf den Tisch. «Ich hoffte, daß Sie es sind.»
«Nicht Abberline, Doktor. Lestrade. Inspector Sholto Lestrade.» Er nahm die Feldmütze ab. Er hatte fast vergessen, daß er sie immer noch auf dem Kopf hatte.
«Ich ... verstehe nicht», sagte Crosse.
«Machen Sie sich nichts draus. Wo ist er?»
«Wer?»
«Doktor, Ihre Wahnsinnigen haben mich beinahe zu Tode geprügelt, ich wäre fast an vergiftetem Kaffee krepiert, man hat auf mich geschossen, alles innerhalb von drei Tagen. Ich bin im Augenblick nicht in bester Stimmung. Also, noch einmal und zum letztenmal: wo ist Oliver Crowley?»
«Oben. Zweite Tür auf der linken Seite. Lestrade, er ist bewaffnet ...»
«Und gefährlich. Ja, ich weiß, Doktor.»
«Lestrade.» Crosse sackte in seinem Sessel zusammen. «Lassen Sie mich erklären. Wenigstens das bin ich Ihnen schuldig. Machen Sie sich keine Sorgen. Er wird nirgendwo hingehen. Er wartet auf Sie. Oben.»
«Dann machen Sie schnell, Mann.»
«Neulich war ich in Panik geraten. Ich habe zwanzig Jahre lang in dieser lebendigen Hölle gearbeitet, Inspector. Zwanzig Jahre lang versuchte ich, Männern ihre Gesundheit wiederzugeben, während ich mich an die meine klammerte. In dieser Zeit, in dieser einsamen Zeit, machte ich einen Fehler. Ich ließ einen Mann entkommen. Einen gefährlichen Mann. Oliver Crowley. Wie sein Vater war auch er mein Patient. Ich habe es Ihnen nicht erzählt. Als Junge schien er normal; oh, ein bißchen sehr still vielleicht und eigenbrötlerisch; nicht wie Jacob, der jüngere Bruder. Oliver wurde geboren, kurz nachdem Donald sich zur Krim eingeschifft hatte. Er wollte Medizin studieren und zur Armee gehen, genau wie sein Vater. Gut, warum nicht? Ein höchst löblicher Beruf. Aber auf andere Weise begann er seinem Vater nachzuschlagen. Er schloß sich der ‹Goldenen Morgendämmerung› an – und, Gott soll mein Zeuge sein, daß ich nicht mehr darüber weiß. Er wurde

schwermütig, unberechenbar. Der Fluch, der auf seinen Vater fiel, erreichte auch ihn. Als seine Mutter noch lebte, versuchte ich, sie dazu zu überreden, auf ihn einzuwirken, daß er als stationärer Patient hierherkam. Das wollte er nicht, sondern er besuchte hin und wieder seinen Vater, manchmal blieb er tagelang bei ihm. Manchmal unterhielt er sich mit mir. Es funktionierte; wir machten Fortschritte. Und dann ...»
«Dann?»
«Sein Vater starb. Nichts konnte ihn trösten. Der Verstand verließ ihn. Er hätte unbedingt als Patient aufgenommen werden müssen. Aber er sagte, er hätte Dinge zu erledigen. Die Arbeit seines Vaters, sagte er. Eines Nachts überwältigte er seinen Wärter und floh.»
«Und Sie taten nichts?»
«Ob ich es gemeldet habe, meinen Sie? Nein. Ich gab dem Wärter Geld, damit er den Mund hielt. Crowley hatte ein Einzelzimmer. Nur wenige Leute hatten ihn überhaupt gesehen. Es war nicht schwer.»
«Und die Morde? Wußten Sie davon?»
«Nein.» Crosse barg sein Gesicht in den Händen. «Gott im Himmel, nein. Aber ich konnte ihn nicht finden. Er war spurlos verschwunden. Ich wußte, daß Jacob nach ihm suchte, doch es schien hoffnungslos. Als Sie vor drei Tagen kamen und nach der ‹Goldenen Morgendämmerung› fragten, wußte ich, daß alles vorbei war. Es sei denn ... Es sei denn, ich würde Sie irgendwie zum Schweigen bringen. Diese Insassen sollten Sie nicht umbringen. Ihnen bloß eine kleine Abreibung verpassen. Ihnen Angst einjagen ...» Eine Pause. «Was geschieht jetzt?»
«Jetzt gehe ich nach oben. Es bleibt abzuwarten, ob ich wieder runterkomme oder nicht. Egal was passiert, Doktor, Sie können sich auf den wohlverdienten Ruhestand vorbereiten. Wo Sie ihn verbringen, hängt von mir ab, nicht wahr?»
Crosse sackte vornüber mit dem Kopf auf den Tisch, ein gebrochener Mann, als Lestrade auf die Treppe zuging. Die zweite Tür auf der linken Seite, hatte Crosse gesagt. Lestrade nahm die Pistole fest in die Hand. Er hatte keine Ahnung, was ihn hinter dieser Tür erwarten würde, doch er wußte, daß er, falls es im Zimmer dunkel war, sich deutlich gegen den hellen Hintergrund der Halle abheben und ein perfektes Ziel darstellen würde. Natürlich konnte er bis

Tagesanbruch warten, doch bis dahin konnte Crowley längst an der Regenrinne hinabgeklettert und über alle Berge sein.
Er schwankte einen Augenblick, dann warf er seine weniger schmerzende Schulter gegen die Tür. Sie flog auf, krachte zurück, gleichzeitig mit zwei Pistolenschüssen. Stuck rieselte ihm auf den Kopf. Im Zimmer war es dunkel, als er die Tür mit dem Fuß wieder zustieß. Crowleys Augen waren an die völlige Finsternis besser gewöhnt als die seinen, aber wenn man ausschloß, daß der Mann völlig blind war, deutete der Winkel des Schusses, der den Stuck getroffen hatte, darauf hin, daß er sich auf dem Fußboden befand. Dort war auch Lestrade; mit dem Gesicht nach unten lag er hinter einem Sofa. Seine Kavalleriepistole hielt er noch immer im Anschlag, geizte noch immer mit seinem einzigen Schuß. Er mußte damit sein Ziel treffen.
«Hallo, Inspector.» Die Stimme klang hohl, spöttisch, unwirklich. «Ich fragte mich, wann es zu dieser Begegnung kommen würde.»
«Geben Sie auf, Oliver. Sie haben keine Chance.»
«Oh, da irren Sie sich aber, Inspector. Verstehen Sie doch, ich habe meine heilige Mission noch nicht beendet. John Kilvert. John Buckton. Wenn sie tot sind, werden alle, die mein Vater verflucht hat, verschwunden sein. Die Prophezeihung der ‹Goldenen Morgendämmerung› wird erfüllt sein.»
«Sie wissen, daß ich das nicht zulassen kann, Oliver.» Lestrade arbeitete sich auf Knien und Ellenbogen zur rechten Seite des Sofas vor. Zwei weitere Blitze und Detonationen. Ein Splitter vom Holz des Sofas blieb in Lestrades Wange stecken. Entweder war das Glück, oder Crowleys Zielsicherheit nahm zu.
«Ich weiß genau, wo Sie sind», fuhr die spöttische Stimme fort, «und machen Sie sich nicht die Mühe, die Schüsse zu zählen. Ich verfüge über ein ganzes Arsenal. Und Sie haben eine Kugel.»
Zum Teufel, dachte Lestrade. Wie kann er das wissen?
«Sie haben die ‹Goldene Morgendämmerung› geschändet, Inspector.» Crowleys Stimme hob sich. «Dafür müssen Sie sterben.»
«Gregson ist tot.» Lestrade versuchte Crowley aus der Fassung zu bringen, ihn nur für eine Sekunde abzulenken, um einen Schuß abgeben zu können.
«Er kannte die Risiken. Wie wir alle. Aber die Macht, Lestrade. Es lohnt sich, alles zu wagen, um der Macht willen.»
Mit einem Ruck richtete Lestrade sich auf und versuchte, den rech-

ten Arm mitzuziehen. Crowley schoß erneut, einmal, und die Kugel traf etwa einen Zoll über Lestrades Kopf die Wand.
«Gregson hielt mich über Ihre Untersuchungen auf dem laufenden, und ebenso der unwissende, arme Jacob, der so ungeschickt durch das Land stolperte. Aber der beste Informant war natürlich Hector Charlo.» Als der Name fiel, verwandelte sich die Stimme in ein asthmatisches Rasseln. Es gab einen plötzlichen Lichtschein, als Crowley über seinem Kopf eine Fackel anzündete. Lestrade schoß ungestüm, und die Kugel landete irgendwo in der Decke.
«Charlo», wiederholte der Inspector dumpf. Vor ihm, im flackernden Flammenschein, war der Sergeant gleichen Namens. Er saß mit gekreuzten Beinen auf dem Boden, die Gewänder eines Zauberers hingen an ihm herab, und er trug die Hörner einer Ziege.
«Crowley», wiederholt der Zauberer. «Und Sie hatten keinen blassen Dunst, Lestrade, oder? Als der schwachsinnige, treue Charlo mit Ihnen herumzog, Ihnen folgte, wenn Sie meinten, er liege flach auf dem Rücken. Sie gaben alle Informationen preis, die ich brauchte. Sie armseliger Bastard.» Crowleys Pistole zielte auf Lestrades Kopf.
Der Inspector versuchte verzweifelt, die Unterhaltung in Gang zu halten.
«Dann war es also Ihr Schiff beim Leuchtturm von Cromer?»
«Ja. Der Fischer dort hätte mein Geheimnis um ein Haar ausgeplaudert. Nur daß er den Namen nicht richtig mitgekriegt hat. *Aurora Aurosus* – Lateinisch für ‹Goldene Morgendämmerung›. Hätte er sich genau erinnert und Sie es nachgeprüft, wäre der Fall schon vor Monaten geklärt worden.»
«Oder Sie hätten mich schon vor Monaten beseitigt, wie?» Lestrade suchte das Zimmer ab und versuchte etwas zu finden, das als Waffe dienen konnte. Noch immer hielt er Loy Smith' abgefeuerte Pistole in der Hand, doch er wußte, daß Crowleys Kugel schneller sein würde. Und er würde nicht noch einmal soviel Glück haben wie im Fall von Gregson.
«Und darum haben Sie in Ladybower den Schal getragen? Für den Fall, daß diese Arbeiter Sie wiedererkennen könnten?»
«Ich war am Tag zuvor dagewesen. Aber Sie wissen ja, wie diese Bauerntöpel sind, Lestrade ... Sie hätten mich nicht wiedererkannt, selbst wenn ich am hellen Tag diese Gewänder getragen

hätte. Ja, es war riskant, diese Hecken zu beschmieren. Aber ich hatte Hodges seit Tagen beobachtet. Es war wahrscheinlich, daß er sich irgendwann daran verletzen würde. Ist ein Wunder, daß es niemand anderen erwischte.»

«Was, wenn das passiert wäre?»

«Glauben Sie etwa, die ‹Goldene Morgendämmerung› kümmert ein Menschenleben, Lestrade? Leben überhaupt? Das Ihre ist genauso wenig wert wie das der anderen.» Die Flammen prasselten und leckten an dem Stab, den Crowley in der rechten Hand umklammert hielt.

«Schlau von Ihnen, auf diese Weise ins Arbeitshaus zu gelangen.» Lestrade versuchte es mit der alten Masche der Schmeichelei, während er sich langsam darauf vorbereitete, einen letzten Versuch zu wagen. «Aber Sie machten einen Fehler.»

«Nicht die Verkleidung. Letitia Lawrenson war so ahnungslos wie die anderen.»

«Nein, nicht die Verkleidung. Der Name. Oh, Corfield ist wirklich ein ausgekochtes Wortspiel. Aber Sie hatten es schon benutzt, nicht wahr? Verstehen Sie, ich hatte es schon mal gehört. Ich sagte es Ihnen. Ich konnte mich bloß nicht erinnern, wo. Jetzt fällt es mir ein. Als wir uns zum erstenmal begegneten, als Sie nicht in der Lage waren, mit mir nach Cromer zu kommen – weil Sie bereits vor mir dort gewesen waren und es nicht riskieren wollten, wiedererkannt zu werden –, damals gaben Sie mir die Bescheinigung eines Arztes. Natürlich gefälscht. Von Ihnen selbst als Arzt geschrieben. Und diese Bescheinigung unterschrieben Sie mit Corfield.»

Crowleys Augen blitzten. Er lachte tief und dröhnend. «Ja, das war dumm. Aber das spielt doch wohl keine Rolle mehr, oder?»

Lestrade sah, wie er den Hahn spannte.

«Aber Sie haben Ihren eigenen Bruder getötet ...» platzte Lestrade heraus.

«Ja, armer Jacob. Der alberne Junge mischte sich ein und schrieb Ihnen andauernd Briefe. Ich, als der treue, tatkräftige Charlo, habe sie natürlich immer abgefangen. Es war alles furchtbar einfach. Wissen Sie, der arme Jacob wußte nichts von meiner anderen Existenz beim Yard. Und es gibt höhere Verpflichtungen, Lestrade. Ich habe viele Brüder in der ‹Goldenen Morgendämmerung›. Aber in einem Punkt lagen Sie falsch, als Sie nämlich die Sache zurückver-

Wiedersehen mit Balaclava ──────────────────── 231

folgten, argwöhnten Sie, die Lösung sei in der Dunn-Douglas-Menage zu finden. Sie irrten sich, was die Figur angeht. Es war kein Dreieck, Inspector, etwas Zeitloses oder sonst etwas. Es war ... ein Fünfeck.» Crowley stieß die Fackel nach unten und enthüllte für Sekundenbruchteile einen fünfzackigen Stern, der mit schwarzem Pulver auf dem Boden markiert war. Der Stern explodierte in einer wogenden Feuermasse, und in deren Mitte stieg Crowley wie ein großes Tier mit ausgebreiteten Armen in die Höhe. Die Flammen umhüllten ihn, die Fensterscheiben barsten unter der Druckwelle, und Lestrade wurde mit einem Purzelbaum zur Tür geschleudert. Verzweifelt versuchte er Crowley zu erreichen, doch der Zauberer war verschwunden, hatte sich in entsetzlicher Hitze und dichtem, ätzenden Qualm aufgelöst.

Irgendwie fand Lestrade den Türgriff und fiel auf den Gang. Er erreichte die Treppe, als er hörte, wie die Alarmglocken ertönten und dann einen halb menschlichen, halb tierischen Schrei – «Ipsissimus!»

Und dann nichts mehr.

Endspiel

An diesem sonnigen Oktobermorgen gab es merkwürdigere Anblicke als einen Elften Husaren in altmodischer Uniform, der mit offener Jacke, zerissenen Hosen, das Gesicht und die Haare von Feuer versengt und geschwärzt, zielsicher zum Yard schritt, aber man hätte lange suchen müssen, um fündig zu werden.
Aber etwas, das beinahe ebenso merkwürdig aussah wie Lestrade, kam auf ihn zu, als er sich dem Fluß näherte.
«Lestrade – guter Gott, schon wieder ein Kostümball des Commissioners?»
Lestrade verließ der Mut. Von allen Leuten, die er, unterwegs, um sich zu zwanzig Jahren Pentonville verdonnern zu lassen, hätte treffen können, mußte er ausgerechnet ihm in den Weg laufen – Dr. John Watson, einstmals Baker Street.
«Guten Morgen, Doktor. Ich habe wirklich keine Zeit.»
«Einen Augenblick, einen Augenblick, das muß ich Ihnen erzählen. Ich habe neulich einen jungen Burschen namens Friese-Green getroffen.»
«Ein Kühlschrankfabrikant?» fragte Lestrade.
«Nein, nein, ein Filmemacher. Er hat gerade ein Patent für eine Erfindung bekommen, die er stereoskopische Kinematographie nennt. Es ist so etwas Ähnliches wie das Glücksrad, bloß viel besser.»
«Aufregend.» Lestrade setzte seinen Weg fort.
«Aber das Beste kommt noch», fuhr Watson fort. «Er sagt, er kann von einem meiner Bücher Bilder machen, die sich bewegen ... Nun, von meinen und Conan Doyles Büchern. Können Sie sich das vorstellen? – Der Große Sherlock Holmes in bewegten Bildern?»
«Welcher Mensch, der richtig im Kopf ist, würde schon Geld dafür bezahlen, bei einem solchen Spektakel anwesend zu sein?» seufzte Lestrade. «Ober bezahlt ihr die Zuschauer?»
«Aber jedermann wäre entzückt, entzückt.»

Inzwischen hatte sich eine mittlere Menschenmenge um den sonderbar versengten Soldaten und den heftig gestikulierenden praktischen Arzt versammelt.
«Und die Schauspieler werden Schlange stehen, wegen der Ehre und dem Privileg, ihn für den Kinematographen zu porträtieren. Pennington, ja sogar Irving.»
«Madame.» Lestrade faßte eine neugierige Lady, Gatten und Sohn im Schlepptau, am Ärmel. «Darf ich Sie fragen, wie alt Ihr hübscher Junge ist?»
«Dreizehn Monate», sagte sie mit nuschelnden, ungewöhnlichen Akzent.
«Meine Familie und ich machen hier Ferien», sagte der Vater. «Wir kommen aus Johannesburg.»
«Da haben wir's ja, Watson. Jemanden, der genau die richtigen geistigen Fähigkeiten besitzt, den Großen Detektiv zu spielen.»
«Dieses Kind?» fragte Watson verächtlich.
«Basil ist ein sehr kluges Kind.» Seine Mutter war in der Defensive.
«Oh, ich ... äh ... hatte nicht die Absicht, Sie zu beleidigen, Mrs. ... äh ...»
«Rathbone.»
Watson tippte an seinen Hut.
«Hören Sie, Lestrade ...» Aber Lestrade war verschwunden.
Dieses Mal kam er nicht auf leisen Sohlen. Dieses Mal schlich er nicht durch den Hintereingang. Lestrade marschierte schnurstracks die Treppe hinauf und durch den Vordereingang des Yard.
«Morgen, Sir», grüßte ihn Sergeant Dixon, als sei es völlig natürlich, daß ein suspendierter Inspector, wegen Mordes an einem anderen Inspector und tätlichen Angriffs auf einen ausländischen Würdenträger gesucht, aufgetakelt wie ein Varietékünstler, zur Arbeit schlenderte.
«Wollen Sie wohl ... Sir», sagte Dew, sprang vor und packte Lestrade mit einer Hand am Kragen und mit der anderen am Handgelenk.
«Nicht jetzt, Dew», bellte Nimrod Frost von der Garderobentür. «Haben Sie ihn am Ende doch, Dew, Ihren Superverbrecher? Ja, ich sehe schon den Buchtitel – *Ich verhaftete Lestrade*. Es sei denn,

er hat nichts ausgefressen. Jetzt seien Sie ein guter Junge und lassen Sie den Inspector los, er ist in Ordnung.»
«Tut mir leid, Walter», grinste Lestrade. «Vielleicht klappt es beim nächstenmal, he?»
«Ja, Sir ... äh... Sie sind nicht böse, Sir?»
«Eine Tasse Tee, Dew. Ich komme später runter.»
«Ja, Sir.» Und der Constable schlurfte davon, um sich jener Tätigkeit zuzuwenden, die er am besten beherrschte.
«Ich bin froh, daß Sie ein bißchen Gewicht verloren haben, Lestrade», sagte Frost, «sonst hätte ich meine Zweifel, daß der Lift uns beide tragen würde.»
Schweigend fuhren sie ins erste Stockwerk hinauf.
«Wir haben einiges miteinander zu bereden, Inspector. Aber zuerst sind da zwei Gentlemen, die gern ein Wörtchen mit Ihnen reden möchten.»
Frost stieß die Tür zu seinem Büro auf, wo sie von einem großgewachsenen, geschniegelten Herrn mit einer Gardenie im Knopfloch erwartet wurden.
«Chief Inspector Abberline.» Lestrade grinste mit zusammengebissenen Zähnen. Der Mann an Abberlines Seite war kleiner, kräftiger und trug die Uniformjacke der Hafenpolizei.
«Athelney Jones», sagte Lestrade.
«Sie haben unsere Namen vergeblich mißbraucht, Lestrade.» Abberline wippte würdevoll auf den Hacken, dann erschien ein breites Grinsen auf seinem Gesicht. «Aber ich schätze, es geschah aus gutem Grund», und er nickte Frost zu, als er sich empfahl.
«Gut, Sie wieder hierzuhaben, Lestrade.» Jones schlug ihm kräftig auf die Schulter, als er das Büro verließ.
«Also dann, jetzt nehmen Sie besser Platz und erzählen mir alles», sagte Frost.
«Ich weiß gar nicht, wo ich anfangen soll.»
«Wie wär's mit der ‹Goldenen Morgendämmerung›?»
«Aha, Beeson hat Ihnen davon erzählt?»
«Beeson? Guter Gott, nein. Ich höre nicht auf ehemalige Polizisten, Lestrade. Sie können einen in alle Arten von Schwierigkeiten bringen. Nein, ich habe während der ganzen Zeit über die ‹Goldene Morgendämmerung› Bescheid gewußt. Wir Krämerkinder aus Grantham sind nicht auf den Kopf gefallen, wissen Sie.»

Gut, dachte Lestrade, ich hab's geschafft. Als nächstes wird er mir eine Zigarre anbieten.
«Nehmen Sie eine Zigarre, Lestrade.»
«Sie haben die ganze Zeit von der ‹Goldenen Morgendämmerung› gewußt?»
«Ja. Warum wohl, glauben Sie, habe ich Sie vor einigen Monaten nach Mawnan geschickt? Wir hatten einen Tip bekommen. Anonym natürlich. Sind Sie das nicht alle? Es hieß einfach, es solle ein Schäfer getötet werden. Als Sie diese ... Hyäne fanden, dachte ich, das wär's, aber die Morde gingen weiter.»
«Ich habe den Verdacht, Ihr Informant war ein unglücklicher junger Mann namens Jacob Crowley. Ich ging davon aus, zwischen William Lamb und den anderen Toten gebe es keine Verbindung. Warum wurde ein Belohnung auf meinen Kopf ausgesetzt?»
«Um Gregson eine Falle zu stellen. Ich hatte ihn von Anfang an in Verdacht. Zu fanatisch. Zu argwöhnisch. Gegen alles und jeden. Ein solcher Mann hat etwas zu verbergen. Darum habe ich Sie insgeheim nach Manchester geschickt. Offizielle Untersuchungen, großer Wirbel, alles in der Art hätte ihn vielleicht verscheucht. Ich wollte, daß er sich selber eine Grube grub. Er war ein Neophyt, ein Novize, wenn Sie wollen, im Orden der ‹Goldenen Morgendämmerung›.»
«Erwarten Sie im Ernst von mir, daß ich glaube, Tobias Gregson habe den Teufel angebetet?»
«Nein, Lestrade, er betete die Pfundnote an. Oder, um genauer zu sein, viele davon. Soweit wir wissen, ist die ‹Goldene Morgendämmerung› eine Gesellschaft von Spinnern, wie die ‹Flache-Erde-Gesellschaft›. Nur gelegentlich mal taucht eine wahnsinnige Familie wie die Crowleys auf, und die Hölle bricht los. In erster Linie ist die ‹Goldene Morgendämmerung› eine Sache von Macht, Politik, Hochfinanz. Dinge, von denen Sie und ich nichts verstehen, Lestrade.»
«Also wußten Sie auch über die Crowleys Bescheid?»
«Nein, nicht im Detail. Bis ich vor etwa einer Stunde Besuch von einem gewissen Doktor Crosse erhielt. Ich glaube, Sie kennen ihn.»
«Und wer bezahlte Gregson?»
«Ja, jetzt haben Sie mich. Wer immer ihn bezahlte, wollte Sie aus

dem Weg räumen. Ganz raus aus dem Fall. Daher dieser ausgemacht blödsinnige Trick mit dem Kaiser, und daher für mich die Notwendigkeit, das Spielchen mitzumachen. Übrigens, Sie haben meine Constables ganz schön an der Nase herumgeführt. Es gehörten Nerven dazu, sich in Bow Street Abberline zu nennen.»
«Die ‹Goldene Morgendämmerung› existiert also noch immer?»
«Ja. Wir haben nur die Spitze des Eisberges entdeckt, Lestrade. Das meiste ist irgendwo in den düsteren Tiefen verborgen, aber wir tun, was wir können.»
«Und Charlo haben Sie in diesen Tiefen wohl nicht vermutet?»
«Charlo?» Frost war nahe daran, die Beherrschung zu verlieren. «Was hat er damit zu tun?»
«Sie werden seinen verkohlten Leichnam in den Trümmern finden, die von dem Flügel des Hospitals in Chelsea übriggeblieben sind, Sir.»
Frost blinzelte, als er zu begreifen anfing. «Sie meinen, er und Crowley ...?»
«... waren derselbe Mann. Ja, Sir.»
Frost Unterlippe drohte für einen Augenblick unter seiner Krawatte zu verschwinden. «Ich muß bekennen, Lestrade, daß ich nie einen Gedanken an ihn verschwendet habe. Oh, ich fand sein dauerndes Fehlen verdächtig und begann an meinem Urteil zu zweifeln. Aber ich habe bloß angenommen, er sei arbeitsscheu, ein Hypochonder. Charlo, ein Novize der ‹Goldenen Morgendämmerung›! Kein Wunder, daß er immer so schlecht aussah. Um ehrlich zu sein, Lestrade, ich hatte meine Zweifel in Bezug auf Bradstreet, aber das ... Und ich habe ihn zum Verbindungsmann zwischen Ihnen und mir gemacht. Mein lieber Junge, ich hätte Ihren Tod auf dem Gewissen haben können.»
Lestrade fühlte sich gerade so edelmütig, nicht darauf einzugehen. «Was bedeutet *Ipsissimus*?»
«Ah, Ipsissimus, ich sagte zwar, ich wisse nicht viel über den Orden, aber Ipsissimus ist der Leithund dieser ganzen stinkenden Meute. Sie sind nicht alle verrückt, nicht alle Satanisten, aber sie spielen ein schmutziges Spiel und sind vermutlich überall.»
«So eine Art von Freimaurerloge?» mutmaßte Lestrade.
«Wenn ich recht habe, sind die Freimaurer eine Ansammlung von Chorknaben gegen die Mitglieder der ‹Dämmerung›. Bei der Ge-

Endspiel ———————————————————————— 237

legenheit fällt mir ein ... Wann habe ich mein nächstes Logentreffen?» Er zog sein Notizbuch zu Rate. «Sie kennen die Definition von ‹Ipsissimus›, Lestrade? Etwas über alle Maßen Böses. Das macht mir angst, Lestrade. Das erschreckt mich.»
«Haben Sie eine Ahnung, wer Ipsissimus ist, Sir?» fragte der Inspector.
«Ich habe neulich mit dem Commissioner gesprochen. Er hatte mit dem Innenminister gesprochen ...»
«Mr. Churchill?» unterbrach Lestrade.
Frost hörte nicht auf ihn. «Sagen wir, ich habe ein paar Vermutungen.»
«Dürfte ich sie hören, Sir? Schließlich habe ich bei diesem Fall einiges durchgemacht. Verstehen Sie, es gibt da eine Sache, die ich nicht verstehe. Donald Crowley kehrte 1870 nach England zurück, aber es dauerte 23 Jahre, bis er zu töten begann. Warum die Verzögerung? Warum hat er so lange damit gewartet, die Prophezeiung der ‹Goldenen Morgendämmerung› zu erfüllen?»
Frost sah ihn eindringlich an. Er öffnete die Tür und warf einen prüfenden Blick auf den Korridor.
«Lassen Sie sich eins sagen, Lestrade. Wenn Sie einem lebenden Wesen auch nur ein Sterbenswörtchen davon erzählen, werde ich für Ihre Entlassung sorgen, ich schwöre es. Alles, was ich habe, sind Vermutungen. Zufälligkeiten. Absolut nichts, was vor einem Gericht standhalten würde. Ipsissimus ist nicht ein einzelner Mann, Lestrade. Wenigstens ist er ein Mann, der noch einen anderen Posten bekleidet, der gleichzeitig vom Amtsinhaber besetzt ist. Ich werde Ihnen nicht sagen, welcher Posten das ist, Inspector. Es reicht, wenn ich sage, daß der dazugehörige Amtssitz die Nummer zehn trägt und sich in einer gewissen Straße an der Themse befindet.»
«Sie meinen ...»
«Wenn ein Amtswechsel eintritt, wechselt Ipsissimus auch. Das ist seit den Tagen Walpoles so gewesen.»
«Ich verstehe noch immer nicht, Sir.»
«Nur ein einziger Mann auf diesem Posten hat sich geweigert, den Titel des Ipsissimus anzunehmen und seine Rolle zu spielen, Lestrade. Der Mann, der ihn im Augenblick innehat. Erzogen in Eton und Oxford, einer fähigsten Lieutenants des verstorbenen Mr.

Peele; er hat eine vollkommen häßliche Frau und verbringt einen großen Teil seiner Zeit mit Holzfällen.»
«Der Grand Old Man», sagte Lestrade.
«Lestrade!» Hysterisch verschloß Frost mit seiner Hand den Mund seines Untergebenen, während seine Augen gehetzt durch den Raum irrten. Dann ein Flüstern: «Er ist auf dem Weg nach draußen, Lestrade. Der Mann, der dieses Amt am Fluß viermal in diesem Jahrhundert innehatte. Er weiß vermutlich ebensoviel über die ‹Goldene Morgendämmerung› wie deren Mitglieder, und Sie wissen ja, was er für ein überzeugter Christ ist. Nun, ich bin davon überzeugt, daß er, bevor er geht – und es heißt, er werde nicht noch einmal kandidieren –, den Mund aufmachen wird. Er wird, davon bin ich überzeugt, den Orden und seine Mitglieder öffentlich brandmarken.»
«Dann ist er in Gefahr?»
«Ja, keine Sorge. Ich treffe meine Vorkehrungen.»
«Und Ipsissimus?»
«Sie haben die Wahl. Der Titel muß weitergegeben worden sein. Ich bin sicher, sie kennen die gegenwärtige politische Situation so gut wie ich. Sie werden den –» abermals ein Flüstern – «Grand Old Man bald zu Fall bringen. Irland. Der Haushaltsvoranschlag für die Flotte. Spielt keine Rolle, was es ist. Sie bereiten sich auf diesen Tag vor, Lestrade. Wer immer der neue Ipsissimus ist, er ist ein neuer Besen, der saubermacht. Donald Crowley stellte einen Spinnenfaden dar. Es waren Männer am Leben – die Männer der Schwadron F –, die über Wissen verfügten, das, gelangte es in die richtigen Hände, die Aufmerksamkeit auf den Orden und seine Machenschaften hätte lenken können. Diese Männer mußten zum Schweigen gebracht werden. Und Verrückte wie die Crowleys waren am besten dazu geeignet, diese Arbeit zu übernehmen.»
«Die Ironie war», sagte Lestrade, «daß die Schwadron F alles vergessen hatte. Der Sturmangriff am folgenden Tag hatte das, was sie bei Kadıköy gesehen hatten, aus ihren Köpfen getilgt. Und was sahen sie? Eine Patrouille in einem feindlichen Land? Fern von der Heimat? Und bei Nacht? Keiner dieser Männer hätte überhaupt zu sterben brauchen.»
«Lestrade», sagte Frost. «Ich habe mehr als genug gesagt. Sie haben schon zu lange den Chief Inspector gespielt. Nun gehen Sie, und trinken Sie Ihren Tee.»

Endspiel ———————————————————————— 239

Lestrade wandte sich zum Gehen.
«Oh, und Sholto», sagte Frost leise, «abgesehen vom Grand Old Man sind Sie meines Wissens der erste, der den Schleier um die ‹Morgendämmerung› gelüftet hat. Wir werden vielleicht berühmte Männer, Sie und ich. Passen Sie auf sich auf.»

«Oh, Sholto, alles, was ich von dir hörte, war *Bin bei Verwandten. Stop. Bin einige Zeit fort. Stop.* Ich war nicht da, als du mich brauchtest.»
Lestrade umschlang den schönen warmen Körper der Frau neben ihm.
«Jetzt bist du da, Sarah. Das ist das wichtigste. Und, bei Gott, jetzt brauche ich dich.»
Er küßte ihr volles blondes Haar, wo es über ihre nackten Schultern und vollen Brüste fiel.
«Mrs. Manchester, ich denke, es ist Zeit, daß ich Sie zu einer ehrlichen Frau mache.»
«Was, Inspector Lestrade, soll das heißen, daß Sie mir die rückständige Miete bezahlen wollen, die Sie mir schulden?»
«Sch!» flüsterte Lestrade. «Man hält dich für meine Haushälterin und nicht für meine Vermieterin. Eine Schande!»
«Sholto.» Sie wurde plötzlich ernst. «Du gehst nicht ... Du gehst nicht wieder fort, nicht wahr?»
«Nein, Sarah, ich werde nicht mehr fortgehen.» Hörst du das, Constance? Hörst du das, Daisy? Er schwor es der Nacht: Ich werde nicht mehr fortgehen.
«Weißt du, was das allerkomischste ist?» Lestrade wandte sich wieder der wollüstigen Mrs. Manchester zu. «Nimrod Frost glaubt, daß du 61 bist.»
Und sie lachten beide in der Dunkelheit ...

Anmerkungen

Seite 9
«seine Patronentasche war mit Laudanum gefüllt» – Aus dem Persischen stammende Bezeichnung für Beruhigungsmittel, hier Opiumtinktur.

Seite 10
«in die vordere Reihe der F-Schwadron» – engl. troop, bei der Kavallerie Einheit eines Regimentes, das etwa so aufgebaut ist:

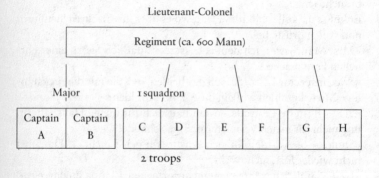

«wie Cardigan seinen Kastanienbraunen in die Mitte der Brigade trieb» – James Thomas, VII. Earl of Cardigan and Baron Brudenell (1797–1868), von seinen Männern mitunter ‹Jim der Bär› genannt, war in der hier beschriebenen Szene des Krimkrieges Befehlshaber der Leichten Brigade der britischen Kavallerie.
Cardigan stattete seine Truppen mit der damals ungeheuren Summe von £ 10000 im Jahr aus seinem Privatvermögen aus und machte sie zur elegantesten der Armee; er führte ein, was später Cardigan-Jacke genannt werden sollte. Im Umgang extravagant verlangte er von seinen Offizieren etwa, in der Messe ausschließlich Champagner zu trinken. Mit zweien seiner Offiziere duellierte er sich, einen anderen stellte er widerrechtlich für einen Monat unter Arrest, weil der eine dunkle, an Bier erinnernde Flasche Mosel an seinem Tisch in der Messe zu stehen hatte.

Anmerkungen — 241

Seite 11
«vielleicht war es das Porter» – Ein dunkles obergäriges Bier mit starkem Hopfenzusatz, benannt nach den Lastenträgern (engl. porter), für die das Bier ursprünglich gebraut wurde.

«die neun Pfund Handgeld» – Die britische Armee rekrutierte sich zu dieser Zeit zumeist aus Farmarbeitern, die ungefähr 50 Pence die Woche verdienten. Bis zur Umstellung des Dezimalsystems bestand das Pfund aus 20 Shilling zu je 12 Pence; das Handgeld betrug demnach fast das Jahreseinkommen eines Farmarbeiters. Um den heutigen DM-Wert eines damaligen Pfund-Betrages zu erhalten, schlägt der Sherlock-Holmes-Übersetzer Gisbert Haefs vor, die jeweilige Pfund-Summe mit 100 bis 150 zu multiplizieren. Das Handgeld hätte danach den Wert von etwa 900–1500 DM betragen.

Seite 12
«Die Brigade rückt vor» – Die nun folgende Schlacht von Balaclava inspirierte den viktorianischen Dichter Alfred Tennyson (1809–1892) zu dem in Großbritannien zeitweise überaus populären Gedicht *Charge of the Light Brigade (Angriff der Leichten Brigade)*.
Zu Beginn der Kämpfe eroberte russische Kavallerie die beiden wichtigen, von britischen Soldaten gehaltenen Höhen von Fedyukhin und Vorontsov, die ein Tal einrahmen. Der britische Oberbefehlshaber Lord Raglan sah von seinem Kommandostand auf einer Hügelkuppe, wie die Russen die erbeuteten Kanonen wegschafften. In einer hingekritzelten Notiz befahl er dem im Tal befindlichen Cardigan, das zu verhindern. Cardigan ritt mit seinen Soldaten in das falsche, nämlich von Russen umstellte Tal. Knapp die Hälfte der Leichten Brigade wurde in der Schlacht getötet oder verwundet.

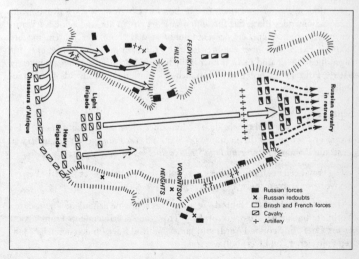

Seite 15
«die nach der Felddienstordnung von 1796 schwierigsten Hiebe» – John Gaspard Lemarchant (1812 bei Salamanca gefallen) hatte das erste professionelle Übungsprogramm für Offiziere entworfen, eben die *Rules and Regulations for the Sword Exercise*. Als erster Kommandant der ersten britischen Offiziersschule Sandhurst gehörte er zu denen, die zum Ende des 18. Jahrhunderts begannen, die Existenz in der Armee als Beruf zu begreifen.

«erblickte ‹Old Woman›» – Lieutenant-Colonel Frederick George Shewell (–1856), Kommandeur der Achten Husaren.

Seite 16
«Der Offizier in ihrer Mitte schien Cardigan zu erkennen» – Ein Prinz aus dem polnischen Fürstengeschlecht Radziwill, der als Offizier des Zaren diente und Cardigan in London auf Gesellschaften und Bällen getroffen hatte.

Seite 17
«die blitzenden Säbel der Chasseurs D'Afrique» – franz. Jäger. In der französischen Armee ursprünglich die leichtesten und behendesten Leute eines Bataillons, die in einer Kompanie zusammengestellt wurden. Später wurden reitende Jäger aufgestellt und 1831 ein Verband der in den Kolonialtruppen reitenden afrikanischen Jäger (Chasseurs D'Afrique) gebildet.

Seite 19
«PC eins-sechs-fünf» – Police-Constable.

Seite 20
«Der alberne *Punch*» – *Punch, or the London Charivari*, seit 1848 wöchentlich erscheinendes Blatt, das für seinen satirischen Humor und seine Karikaturen berühmt ist. Zur Zeit der Handlung, in den Neunziger Jahren, machte sich der *Punch* u. a. über die breitfüßigen Polizisten lustig – Scherze eher für jugendliche Leser und nicht immer unbedingt auf dem Niveau der politischen Satire. Polizisten wurden grundsätzlich als einfältig und als Idioten dargestellt.

Seite 21
«McNaghten war nicht mehr da» – Mehr über Melville McNaghten (1853 bis 1921) und warum er die Leitung von Scotland Yard abgegeben hat im ersten Lestrade-Roman *Lestrade und die Struwwelpeter-Morde*.

«wog er nahezu neunzehn Stones» – 1 Stone (= 14 lb) sind 6,35 kg, d. h. Lestrades Vorgesetzter wiegt etwa 120 kg.

«Mein Name ist Frost. Nimrod Frost.» – Das sagt eine erfundene Figur, deren Vorbilder nach einer Aussage von M. J. Trow die Superintendents Frank Froest (1905 Chef von Scotland Yard) und James Nimrod Race (in den neunziger Jahren Polizeichef von Liverpool) waren.

Anmerkungen — 243

«Der neue Leiter des Criminal Investigation Department» – Abgekürzt C. I. D., wurde diese ‹Kriminaluntersuchungsabteilung› 1878 bei der Neuorganisierung der Metropolitan Police gegründet. Nach der ersten Adresse, einer Seitenstraße der Whitehall im Regierungsviertel, wurde die Metropolitan Police als «Scotland Yard» bezeichnet.
Der C. I. D. umfaßte bald 800 Mitarbeiter. Im Yard selbst waren in den neunziger Jahren des 19. Jahrhunderts 3 Chefinspectoren, 20 Inspectors, 29 Sergeanten «first class», 150 Sergeanten «second class» und zahlreiche Detektivanwärter tätig.

Seite 23
«wegen seines Vornamens» – Nach dem *Kleinen Pauly* ist Nimrod der Name einer aus dem Zweistromland Mesopotamien übernommenen, sagenhaft entstellten Herrschergestalt, Begründer von Ninive und Herrscher über Babel, Uruk und Akkad, der als leidenschaftlicher Jäger bezeichnet wird.

Seite 24
«Inspector Athelney Jones» – Eine Erfindung des Sherlock-Holmes-Schöpfers Sir Arthur Conan Doyle (1859–1930). In dem Roman *Das Zeichen der Vier* (1890) hat ihn Dr. Watson so beschrieben: «Er war bullig, hatte ein rotes Gesicht, das auf hohen Blutdruck hindeutete, und hinter seinen wulstigen, aufgedunsenen Tränensäcken blinzelten mit wachem Blick zwei kleine, funkelnde Äuglein hervor.»

«wegen der verdammten breiten Brunel'schen Spur» – Isambard Brunel (1806–1859), einer der genialsten und erfolgreichsten Konstrukteure seiner Zeit, benutzte bevorzugt Stahlkonstruktionen und baute zahlreiche Brücken und Hafenanlagen, entwickelte die damals größten eisernen Transatlantikschiffe und baute das Schienennetz für die Great Western Railway in Devon und Cornwall, das 1892 an einem Wochenende auf die europäische Spurweite umgestellt wurde.

«ein Exemplar des *Strand Magazine*» – Von Januar 1891 bis März 1950 erschien das monatliche *Strand Magazine*. Bis auf die beiden ersten Sherlock-Holmes-Romane *Eine Studie in Scharlachrot* und *Das Zeichen der Vier* publizierte Conan Doyle alle weiteren Erzählungen und Romane mit den Abenteuern von Sherlock Holmes sowie zahlreiche andere Arbeiten zuerst im *Strand Magazine*. Die Zusammenarbeit währte bis zum Tode Doyles 1930.

Seite 25
«Gilbert White aus Selborne» – Der Landprediger (1720–1793) hatte Pflanzen, Tiere und das Wetter in der Umgebung von Selbourne beobachtet und aufgezeichnet. Seine 1789 veröffentlichte *National History and Antiquities of Selborne* wurde zu einem der meistgelesenen Bücher über englische Naturgeschichte.

Seite 26
«Sind Sie Campanologe?» – von engl. campanology, der Kunst des Glockenläutens.

Seite 28
«Tiger, Tiger, grelle Pracht» – Erste Strophe eines Gedichtes von William Blake (1757–1827), dem Lyriker und Maler der englischen Romantik.

Seite 31
«endlose Überfälle von Dingos» – Australischer Wildhund von der Größe eines kleinen Deutschen Schäferhundes.

«die Bedeutung des Efeus in Holman Hunts *Das Licht der Welt*» – William Holman Hunt (1827–1910) gehörte zu den prominenten Malern der Präraffaeliten. Berühmt machte ihn 1854 sein Gemälde *Das Licht der Welt* (Keble College, Oxford), eine Allegorie Christus', der an die Tür der menschlichen Seele klopft.
Die Bedeutung des Efeus kann nicht sehr groß sein, da der Autor sich nicht mehr erinnert, ob Efeu auf dem Bild zu sehen ist oder nicht. Wäre er da, so wäre dies ein typisches Beispiel für die Konversation Intellektueller jener Zeit.

«Warum Kardinal Manning so weit gegangen war» – Henry Edward Manning (1808–1892) gehörte zur Oxford-Gruppe, welche die Anglikanische Kirche zur Kirche des 17. Jahrhunderts zurückwandeln wollte. Die Bemühungen waren nicht erfolgreich, Manning konvertierte 1851 zum Katholizismus und wurde Erzbischof von Westminster.
Warum Manning so weit gegangen war, wird nicht klar. Vielleicht meint der anglikanische Geistliche Mannings Konvertitentum, seine erfolgreiche Vermittlung im Dockerstreik 1889 oder den Weg, den der Kardinal nach seinem Tode im Vorjahr der Handlung antreten mußte.

Seite 39
«besser bekannt als Tasmanischer Wolf» – In *Brehms Tierleben* von 1891 wird der Tasmanische oder Beutelwolf als größtes aller fleischfressenden Beuteltiere so beschrieben: «Seine Leibeslänge beträgt über 1 m, die Länge des Schwanzes 50 cm (...) Der kurze, locker anliegende Pelz ist graubraun, auf dem Rücken 12–14mal schwarz quergestreift. Die Rückenhaare sind am Grunde dunkelbraun und vor der dunklen Spitze auch gelblichbraun (...) Das Fell ist nicht eben fein, sondern kurz und etwas wollig. Der Gesichtsausdruck des Tieres ist ein ganz anderer als beim Hunde, und namentlich das weiter gespaltene Maul sowie das größere Auge fallen auf (...) Die Nahrung des Zebrahundes besteht aus allen kleineren Tieren, welche er erlangen und überwältigen kann, und zwar aus Wirbeltieren ebensowohl wie aus wirbellosen.» Nach Brehms Beschreibung soll das Tier u. a. Muscheln, Seehunde, Fische, Buschkänguruhs und Schnabeltiere fressen.

Anmerkungen 245

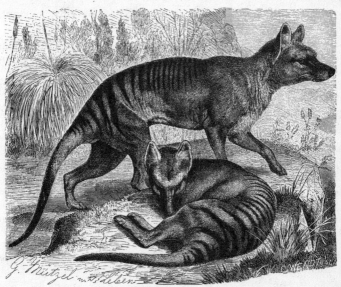

Beutelwolf (Thylacinus cynocephalus). ¹⁄₁₀ natürl.

Seite 43
«Kensal Green hatte nie zu den Lieblingsorten Lestrades in London gehört» – Zu Lestrades Zeiten am westlichen Stadtrand gelegen, westlich von Paddington. Eingerahmt vom Grand Union Canal, Eisenbahngleisen und, heute, von Stadtautobahnen.

Seite 44
«wie der alte Ben Crouch» – Der hatte sich in Fachkreisen einen Namen als Leichenräuber gemacht und versorgte die Londoner Anatomiekurse mit dem nötigen Lehrmaterial. Der Bedarf wurde so groß, daß die Regierung schließlich die Leichname von gehängten Mördern dem wissenschaftlichen Nachwuchs zur Verfügung stellte, um unbescholtenen Toten die Ruhe zu wahren.

Seite 45
«in Pentonville oder den Scrubs» – Wormwood Scrubs und Pentonville, zwei große und berüchtigte Londoner Gefängnisse.

«in Richtung Croydon davon» – Das bedeutet eine Fahrt durch die ganze Stadt, vom nordwestlichen Stadtrand zu den südlichsten Ausläufern.

Seite 46
«Joc arbeitete im Royal Albert» – Royal Albert Dock, das größte seinerzeit, östlich der Isle of Dogs gelegen.

«Ben Tillet?» – Benjamin Tillet (1860–1943) hatte mit acht Jahren begonnen, in einer Ziegelei zu arbeiten. Gründete später die Docker-Gewerkschaft. Bei dem legendären Streik 1889 ging es um die Einführung eines garantierten Mindestlohnes. In den zwanziger Jahren wurde er Abgeordneter für die Labour Party im Unterhaus.

«Rigor mortis» – lat. Totenstarre.

Seite 48
«einen Besuch von John Watson, MD, aus Baker Street» – Wir wissen nicht, wo Dr. Watson in dieser Zeit lebt; er hatte in dem Jahr eine kleine Praxis in Kensington. 1881 hatte der junge Arzt Sherlock Holmes kennengelernt, beide teilten seitdem «ein paar hübsche Zimmer» in Baker Street 221 B, London West One.
Im Gefolge von Holmes, der als «beratender Detektiv» arbeitet, wird Watson mit einigen der gerissensten Kriminellen und bemerkenswertesten Verbrechen seiner Zeit bekannt. Doch ist der «arme, alte Watson nicht der beste Schreiber». Er liefert dem Arzt Sir Arthur Conan Doyle (1859–1930) die Fakten seiner Erlebnisse, die Doyle in Romanen und Erzählungen verarbeitet. Mehr dazu im Anhang zum ersten Lestrade-Roman *Lestrade und die Struwwelpeter-Morde*.

«Im *London Charivari*» – *Punch, or the London Charivari*, siehe Anmerkung zu Seite 20.

Seite 49
«Sherlock Holmes ist tot ... als er mit einem unbeteiligten Zuschauer kämpfte, den er fälschlicherweise für Sie hielt» – In *Lestrade und die Struwwelpeter-Morde* berichtet Watson vom Tode Holmes. Conan Doyle und der Öffentlichkeit gegenüber wird Watson Prof. James Moriarty (den «Napoleon des Verbrechens») für den Tod verantwortlich machen. Ausführliches darüber findet sich in der Erzählung *Das letzte Problem* (in dem Band *Die Memoiren des Sherlock Holmes*, 1894). Doch Holmes überlebt. Von seiner Rückkehr nach London berichtet die Erzählung *Das leere Haus* (in *Die Rückkehr des Sherlock Holmes*, 1905).

«Der Bruder des großen Detektivs. Ist beim Außenministerium» – Der sieben Jahre ältere Bruder Mycroft Holmes arbeitet als Regierungsrechnungsprüfer und interministerieller Berater im Regierungsviertel Whitehall, und lebt in einem Appartement in der Pall Mall.

Seite 50
«die Pracht der Architektur von Norman Shaw» – Die Verrenkungen Lestrades sind verständlich, schließlich hatte Norman Shaw (1831–1912) das Gebäude als Opernhaus geplant, bevor 1891 Scotland Yard einzog.

Anmerkungen

Seite 51

«Warum nennen Sie sie nicht *Der Hund der Baskervilles*» – Das werden Dr. Watson und Conan Doyle in ihrer 1901 veröffentlichten Variante der Geschehnisse auch machen.

Seite 56

«Es soll heißen *Ich fing*...» – Walter Dew wird 1935 das Buch *I caught Crippen* veröffentlichen, die Geschichte eines berühmten Kriminalfalles von 1910. Nach dem Mord an seiner Frau befand sich Dr. Crippen auf einem Schiff, um nach Amerika zu fliehen. Zu seiner Festnahme wurde zum erstenmal in der Kriminalgeschichte der drahtlose Funkverkehr vom Festland mit einem Schiff auf hoher See eingesetzt.

Seite 57

«Sergeant Edgar Bradstreet» – Der Mann hat früher schon mit Sherlock Holmes zusammengearbeitet, u. a. 1889 in der Erzählung *Der Mann mit der entstellten Lippe* (in dem Band *Die Abenteuer des Sherlock Holmes*, 1892). Zu der Zeit war Bradstreet allerdings bereits Inspector bei Scotland Yard.

«Inspector Gregson» – Nach Holmes' Ansicht ist Tobias Gregson der intelligenteste Mann von Scotland Yard. In *Eine Studie in Scharlachrot* (1887) charakterisiert ihn Sherlock Holmes so: «Er und Lestrade sind die Einäugigen unter den Blinden».

Seite 59

«der Leichnam sei nicht *in situ*» – lat. nicht vorhanden.

«Martello Towers und Palmerstone Follies» – Martello Towers sind Wachtürme, die seit dem 16. Jahrhundert an den britischen Küsten errichtet wurden, um vor befürchteten spanischen und französichen Invasionen zu warnen. Palmerstone Follies (von franz. Torheit, Wahnsinn) erinnern an die Ängste des langjährigen britischen Außen- und Premierministers Lord Palmerstone (1784–1865) vor einer Bedrohung des Königreiches durch Franzosen und Russen. In seiner Amtszeit wurden zahlreiche befestigte Türme errichtet, obgleich die Gefahr einer Invasion in dieser Zeit wohl niemals bestanden hat.

«William F. Cody am Ende seiner Tournee» – Unter seinem Künstlernamen Buffalo Bill war William Frederick Cody (1846–1917) auch in Europa bekannt. Der amerikanische Pionier und Kavallerieoffizier in den Indianerfeldzügen der siebziger Jahre bereiste mit seiner zirkusähnlichen Wildwestschau seit 1883 die USA und Europa.

Sergeant-Major William Bentley

Seite 64
«daß sie Mr. Isaac Pitman gerecht werden» – Sir Isaac (1813–1897) hatte ein phonografisches System einer Kurzschrift entwickelt.

Seite 71
«aus dem Mund eines Mannes, der John hieß, mit Söhnen, die sich Matthew, Mark und Luke nannten» – Lestrade ist unter Christenmenschen geraten, mit den Namen der Apostel und Wahrheitsverkünder Johannes, Matthäus, Markus und Lukas.

Anmerkungen _____ 249

«mit einem Maxim getötet» – Der amerikanische Ingenieur Hiram Maxim (1840–1916) hatte 1883 das erste einsatzfähige Maschinengewehr erfunden.

Seite 73
«dem kleinen rattengesichtigen Mann» – So wird Inspektor Sholto Lestrade im ersten Sherlock-Holmes-Roman *Eine Studie in Scharlachrot* (1887) von Dr. Watson beschrieben: «Es gab da einen kleinen blassen Burschen mit Rattengesicht und dunklen Augen, der mir als Mr. Lestrade vorgestellt wurde.»

Seite 74
«der Deutsche Kaiser» – Wilhelm II. (1859–1941), Deutscher Kaiser und König von Preußen, Enkel von Königin Viktoria und Neffe des Thronfolgers Albert Edward Prince of Wales (1841–1910). Das persönliche Verhältnis zwischen den beiden Herrschern war getrübt. Es ging sogar soweit, daß der Deutsche Kaiser bei einem halbfamiliären, halbpolitischen Zusammenkommen der Versuchung nicht widerstehen konnte, dem gebückten König Edward VII. mit seiner Hand auf den Hintern zu klatschen.

Seite 76
«Sie waren doch am Blutigen Sonntag dabei» – Am 13. November 1887 zogen große Arbeiterdemonstrationen zum Trafalgar Square. 2000 Polizisten der Metropolitan Police und von Scotland Yard, dazu die königliche berittene Leibgarde, griffen die Demonstranten an. Es gab 65 Schwerverletzte und einen Toten.

Seite 77
«wenn dieser Home-Rule-Unsinn mal vorbei ist» – Premier William Gladstone (1809–1898) versuchte die irische Frage zu lösen, indem er Irland die Selbstregierung («Home Rule») zugestehen wollte. Damit scheiterte er 1886 und 1903 am Widerstand der Konservativen.

Seite 79
«Ist doch Bow Bells» – Im Umkreis von Bow Church, wo das Läuten ihrer Glocken zu hören ist, ist die Heimat des Cockney, seinerzeit des echten Londoners.

Seite 81
«Manchester ... Es gab eine Torte und eine Schule, die nach ihr benannt waren» – Die Torte ist – mit Marmelade und Kokosnußstreuseln – sehr süß. Mit der Schule bezeichnet man eine liberalistische Richtung der englischen Nationalökonomie, deren Vertreter den Anstoß zum Freihandel in Großbritannien zu Beginn des 19. Jahrhunderts gegeben haben.

«im Schatten des großen Chadwick» – Sir Edwin Chadwick (1800–1890) war verantwortlich für die große Verbreitung von Arbeitshäusern, die ursprünglich Arbeitslosen und wohnungslosen Familien Obdach geben sollten. Als einer der ersten erkannte Chadwick die Bedeutung von sauberem Wasser für die Gesundheit.

«dann gewiß Mr. Disraeli» – Benjamin Disraeli (1804–1881), britischer Schatzkanzler, Premierminister und Schriftsteller.

Seite 82
«vom Poplarismus gehört» – Benannt nach dem östlichen Stadtbezirk Londons, Poplar, wo sich eine bürgerliche Hilfsbewegung für die Armen im frühen 19. Jahrhundert entwickelte. In Arbeitshäusern wurden obdachlose Familien gesammelt. Nach der herrschenden Moral war Armut die Schuld der Armen, darum mußte das erbärmliche Essen und die jämmerliche Kleidung in den Arbeitshäusern erarbeitet werden. Familien wurden nach Geschlechtern und Altersstufen getrennt gehalten.

Seite 84
«Hexenspeise» – engl. hellbroth. So genannt wurde die dünne Wassersuppe, die so schmeckte, als sei sie in der Hölle gekocht.

Seite 86
«und ich bin selbstverständlich Florence Nightingale» – Die wirkliche Krankenschwester (1820–1910) hat mit der professionellen Ausbildung von Frauen als Krankenschwestern begonnen; während des Krimkrieges versorgte sie Verwundete in dem Militärhospital Scutari.

Seite 88
«er verdankte dem Mann sein Leben» – Das hatte Constable Bandicoot bei der Jagd nach dem Struwwelpeter-Mörder gerettet, beschrieben im letzten Kapitel von *Lestrade und die Struwwelpeter-Morde*.

Seite 89
«warum hießen so viele Straßen Coronation Street» – Für den britischen Fernsehzuschauer gibt es nur eine *Coronation Street*, und die läuft seit nahezu 30 Jahren als Soap-opera bei ITV.

Seite 92
«reichte den Madeirakuchen» – Ein gehaltvoller Kuchen, schwer und von fester Konsistenz, sättigend und nicht krümelnd, sehr vornehm.

Seite 93
«William Morris von der Kelmscott Press» – Der Designer, Handwerker und Dichter (1834–1896) hat mit seinen Entwürfen für Tapeten, Möbel, Gebrauchtgegenstände das Kunsthandwerk in England entwickelt und den viktorianischen Geschmack revolutioniert. In der Kelmscott Press (benannt nach seinem Wohnhaus) druckte er 53 liebevoll ausgestattete Titel, z. T. in speziell entworfenen Lettern.
Was ihn für Lestrade so verdächtig machte, war seine Affinität zu den Sozialisten. Gemeinsam mit G. B. Shaw und anderen hatte er die große verbotene Arbeiterdemonstration am «Blutigen Sonntag» zum Trafalger Square geführt. (siehe Anmerkung zu S. 76).

Anmerkungen — 251

Seite 96
Dr. Foster ... aus Gloucester» – Ein populärer Kinderreim:
> Dr. Foster went to Gloucester
> in a shower of rain.
> He stepped in a puddle
> right up to his middle
> and never went there again.

Seite 98
«Madge von der *Truth*» - Magde, Kurzform von Margarete. Mrs. Margarete Humphrey war eine Autorität der Etikette, die in der Frauenzeitschrift *Truth* auf Leserfragen antwortete, etwa: Wie verhalte ich mich, wenn ich zu spät zum Gottesdienst komme.

Seite 106
«der verdammte Peitschenknaller bringt die *Meteor* dieses Jahr nach Cowes» – Die *Meteor* war die Yacht des Deutschen Kaisers, der nach dem Vorbild der Segelregatta von Cowes die Kieler Woche schuf.

«daß Königliche Hoheit sich meiner erinnern» – Am 15. September 1891 hatte der Thronfolger Albert Edward Prince of Wales (1841–1910) einen Polizeiball besucht. Dabei wurde der spätere König Edward VII. von seinem Sohn Albert Viktor Duke of Clarence (1864–1892) begleitet. Dessen Name war Scotland-Yard-intern mit einem Männerbordell in der Cleveland Street No. 19 genannt worden, auch mit den Ripper-Morden wurde er in Zusammenhang gebracht. Mehr über das Geschehen auf dem Ball und warum Lestrade einen Teil seiner Nasenspitze verlor in *Lestrade und die Struwwelpeter-Morde*.

Seite 107
«wie man Einbrecher aufgrund des Musters auf ihren Fingerspitzen verfolgen kann» – Die Daktyloskopie (von gr. Daktylos, Finger) wurde von Scotland Yard erst 1901 eingeführt. Zu der Kommission, die das Fingerabdruckverfahren prüfte, gehörte auch Melville McNaghten.

«Lady Warwick den Hof machen» – Lady Warwick (1861–1938) war eine der unabhängigsten Frauen ihrer Zeit. Der an Affären nicht arme Prince of Wales verlangte von seinen Freundinnen, andere Beziehungen neben ihm aufzugeben. Lady Warwick tat das nie.

Seite 108
«Sickert heißt er, und kränklich ist er» – Wortspiel mit engl. sick, d. h. krank, siech.
Walter Sickert (1860–1942) war der bedeutendste britische impressionistische Maler, beeinflußt von James Abbott McNeill Whistler (1834–1903) und Edgar Degas (1834–1917). Eine Zeitlang wurde Sickert verdächtigt, der nie entdeckte Frauenmörder «Jack the Ripper» zu sein. Möglicherweise bringt das Jahr 1992 Aufklärung, wenn nach hundertjährigem Verschluß die Akten von Scotland Yard geöffnet werden.

Lady Daisy Warwick

Anmerkungen — 253

Seite 109
«Mrs. Carpenters Kedgeree» – Zutaten: Kalter Fisch, 1 Teetasse gekochter Reis, Butter, Senf, 2 weichgekochte Eier, Salz und Cayenne-Pfeffer. Der Fisch wird mit den Zutaten vermengt und heiß serviert.

Seite 110
«in den Ashanti-Krieg» – Die Ashanti bewohnen das zentrale Bergland im Süden Ghanas und wurden von den Engländern in den Jahren 1872 bis 1900 niedergeworfen.

«diese Hanswürste im Quorn» – Eine berühmte Fuchsjagd.

Seite 111
«Bow Street und Clerkenwell?» – Zwei Polizei-Stationen in London.

«einer Countess of the Realm» – Das würde niemand sagen, abgeleitet von Peer of the Realm, d. h. Mitglied des Oberhauses.

Seite 114
«William Gilbert ... *Sir* Arthur Sullivan» – William Gilbert (1836–1911), der erst 1907 geadelt wurde, und Arthur Sullivan (1842–1900) schrieben zahlreiche komische Opern und Operetten, die in einem eigenen Theater aufgeführt und weltweit erfolgreich waren.
Beide waren für ihren komischen Umgang miteinander bekannt. Der leicht gereizte Ton mag von einer vierjährigen Pause stammen, in der jeder seine eigenen Wege gegangen war. Ab 1893 arbeiteten sie wieder zusammen.

Seite 116
«bei den Unteren Wiesen» – engl. Lower Meadow, Flurname.

Seite 117
«auf die Urteile der Coroners» – (von lat. corona, Krone), ein ursprünglich den König vertretender Beamter, der bei Todesfällen mit nicht eindeutig geklärter Ursache ermittelt. Dazu gehört eine Leichenschau.

Seite 000
«die Alte Lady von Threadneedle Street» – Die Bank von England.

«wie Buchstützen von Jack Sprat und seiner Frau» – Kindervers:
    Jack Sprat could eat no fat
    his wife could eat no lean
    and so between them both you see
    they licked the platter clean.

Seite 125
«Waverley ... Raleigh» – Zwei englische Firmen, die Fahrräder produzieren.

Seite 130
«hielt sich immer für sowas wie'n *beau sabreur*» – franz. schneidiger Kavallerieoffizier.

Seite 132
«die Reveille blies» – Trompetensignal, das in der Armee zum Wecken gespielt wurde.

«in der Adair-Affäre» – Ein noch zu schreibendes Abenteuer von Inspector Sholto Lestrade.

Seite 133
«mein Name ist Churchill, Sir. Winston Churchill» – Nach seiner Ausbildung in Sandhurst macht der junge Mann (1874–1965) bald Karriere in zahlreichen Ämtern der Armee und Regierung. Unter anderem wird er Innenminister und zweimal Premierminister. Über das folgende Geschehen schweigt sich seine Autobiographie indessen aus. Mehr über Churchill im dritten Lestrade-Roman *Lestrade und der Sarg von Sherlock Holmes*.

Seite 136
«Was war mit Lizzie Borden» – Ein berühmter Kriminalfall des Jahres 1892. Lizzie Borden wurde – wohl zu Recht – verdächtigt, ihren Vater und ihre Stiefmutter mit einer Axt erschlagen zu haben. Die Geschworenen wollten ein so junges Mädchen nicht schuldig sprechen. Über den Fall kursierten u. a. die folgenden Zeilen:

> Lizzie Borden took an axe
> gave her father forty whacks.
> When she saw what she had done
> she gave her mother forty one.

Seite 138
«in den *Marches*» – So werden die Grenzregionen zwischen England und Wales bzw. zwischen England und Schottland bezeichnet. Dort wurden über die Jahrhunderte hinweg soviele Festungen errichtet, daß es von einer zur anderen nur ein kurzer Marsch (engl. march) war.

«in Harts Handbuch» – Eine jährlich publizierte Liste aller Offiziere in Armee und Marine, nach Regimentern geordnet.

«heute sagt man ‹untere Gliedmaßen›» – Unter der Regentschaft von Königin Viktoria hatte sich eine Moral entwickelt, nach der man sogar die Beine eines Klaviers bedeckte, damit niemand die Beine einer realen Person assoziieren könne.

Seite 149
«Die Strafe der leichten Brigade» – Wortspiel mit engl. charge, d. h. Angriff und Anklage.

Anmerkungen 255

Seite 150
«*Goron in London*» – Marie Francois Goron (1847–1933) war Chef der französischen Kriminalpolizei Sûreté (1887–1894) und für sein exzeptionelles Verhalten bekannt.

Seite 152
«mit untypischem Pince-nez» – franz. Kneifer.

«Nachfolgerin von Kate Hamilton» – Die hatte in den fünfziger Jahren ein legendäres Bordell am Haymarket betrieben.

Seite 154
«Seine» – Wortspiel mit franz. Seine und engl. sane, d. h. gesund, zurechnungsfähig.

Seite 156
«wie weiland Horatius» – Nach römischer Überlieferung soll Horatius Cocles 507 v. Chr. Rom gerettet haben, indem er eine Tiberbrücke gegen die Etrusker unter Porsenna verteidigte, bis die Brücke hinter ihm abgebrochen war. Nach widersprüchlicher Überlieferung konnte er sich schwimmend über den Fluß retten, bzw. kam dabei um. Die Stadt wurde entgegen der römischen Überlieferung trotzdem von den Etruskern erobert.

Seite 157
«ohne ihr Monokel nicht erkannt, Mr. Chamberlain» – (1836–1914) Kolonialminister. Vater von Austen und Neville Chamberlain.

«*Ah, cheries. Vous êtes merveilleuse. Merci, mes petites. A bientôt*» – franz. Ah, Lieblinge. Sie sind wunderbar. Danke, meine Kleinen. Bis bald.

Seite 159
«Gründungsmitglied des *Tir au Pigeon*» – franz. Taubenschießclub.

Seite 160
«eine ganze Menge über eure Adelaide Bartlett» – Mit einem Engländer verheiratete Französin, die aber aus Mangel an Beweisen freigesprochen wurde. Nach der Verhandlung 1886 sagte ein Gerichtsmediziner, jetzt wo sie freigesprochen sei, könne sie doch der Wissenschaft helfen und sagen, wie sie es (mit Chloroform) gemacht habe.

«über euren Charles Hurra» – Wurde 1876 von seiner Frau ermordet.

«ein unbedeutender Artillerieleutnant namens Dreyfus» – Der jüdische Offizier Dreyfus (1859–1935) wurde – begleitet von einer maßlosen Hetzkampagne in der antisemitischen Presse – 1894 wegen angeblichen Hochverrates degradiert und verbannt. Das Verfahren führte zu einer tiefen innenpolitischen Krise, Dreyfus wurde erst 1906 rehabilitiert.

Seite 161
«Bertillon» – Der Anthropologe Louis Bertillon (1851–1914) war seit 1880 Leiter des Identifikationsbüros der Pariser Polizei. Er entwickelte eine Methode, durch unveränderliche körperliche Merkmale (u. a. Augenfarbe) Straftäter zu identifizieren. Die Bertillonage wurde 1895 von Scotland Yard eingeführt.

Seite 162
«Für mich sieht's wie Beriberi aus» – Tropenkrankheit.

Seite 170
«in der Krypta Beckets Gebeine gefunden» – Der Erzbischof von Canterbury (ca. 1118–1170) wurde nach langen Auseinandersetzungen mit König Henry II. von vier Rittern in der Kathedrale erschlagen. Sein Schrein war eines der beliebtesten Ziele mittelalterlicher Pilgertouren.

Seite 175
«Er litt an *petit mal*» – franz. kleine Anfälle.

Seite 189
«Rührt die Trommel, Henry Irving kommt» – Berühmt für sein Übeagieren, war Henry Irving (1838–1905) der berühmteste Shakespeare-Darsteller seiner Zeit und in den achtziger und neunziger Jahren Leiter des Lyceum Theatre.

Seite 190
«er zog trotzdem *Mother Goose* vor» – engl. Mutter Gans, dummes Frauenzimmer. Ein unserem Kasper vergleichbares Sujet.

«Hinter der Bühne entpuppte sich das Lyceum als ein Labyrinth» – Theater für Erfolgsstücke und Melodramen, an der Ecke Strand und Wellington Street gelegen.

Seite 193
«Darf ich sie mit Bram Stoker bekanntmachen?» – Bram Stoker (1847–1912) war von 1878 bis zum Tode Irvings 27 Jahre später dessen Manager, für den er mehr als 50 Briefe am Tag schrieb und den er auf seinen USA-Tourneen begleitete.

Seite 194
«das Rostrum bestieg» – lat. Rednertribüne auf dem Forum Romanum.

«Freunde ... Römer, Landsleute» – Shakespeare *Julius Caesar*.

«eine Repitition meiner ‹Kleinen Nell›» – Mit dem Kapitel vom Tod der Kleinen Nell aus seinem Roman *The Old Curiosity Shop* reiste Charles Dickens (1812–1870) herum und verdiente enorme Summen mit Lesungen.

Anmerkungen 257

Sergeant-Major John Kilvert

Seite 195
«der Nachfahr Parnells» – Der irische Nationalist war als Vertreter der «Home Rule Party» 1875 ins Unterhaus gewählt worden. Wegen seiner Agitation wurde er 1881/82 verhaftet.

Seite 199
«Fragen sie dort nach Vlad Sepêc, dem Pfähler» – Die Walachei-Fürsten Vlad Dracula (ca. 1400–1447) und sein wegen seiner Grausamkeiten berüchtigter Sohn Vlad Tepec (ca. 1430–1476/77), die gegen die Türken kämpften, inspirierten Bram Stoker zu seinem Roman *Dracula*, der 1897 erschien.

Seite 201
«es gehörte dem Giftmörder Dr. Neil Cream» – Der Arzt (1850–1892) hatte 1891 mehrere Prostituierte mit Strychnin vergiftet, was so kurz nach den Ripper-Morden von 1888 für teilweise hysterische Zustände in London sorgte. Cream wurde am 15.11.1892 gehängt.

«armer Yorick» – Shakespeare *Hamlet*.

«in seinem Haus fand man *Nux vomica*» – lat. Brechwurzel.

Seite 206
«Es hörte sich nicht gerade nach Marie Lloyd an» – In den neunziger Jahren ein Star der Londoner Music Hall.

Seite 215
«Ich bitte um Ruhe für Seine Exzellenz, den Generalquartiermeister, Sir Evelyn Wood» – Sir Evelyn (1838–1919) wurde später Feldmarschall.

Seite 223
«Er sah aus wie Wee Willie Winkie» – Wee Willie ist eine Figur aus einer schottischen Kindergeschichte aus dem 18. Jahrhundert. Ein kleiner Junge mit langem, weißem Nachthemd.

Seite 231
«Ipissimus» – Küchenlatein. Allerhöchstselbst, von lat. ipse selbst.

Seite 232
«Dr. John Watson, einstmals Baker Street» – (siehe Anmerkungen zu Seite 48 und Seite 49).

«einen jungen Burschen namens Friese-Green» – Der britische Fotograf (1855–1921) gilt als Erfinder der ersten Filmkamera, doch waren seine Präsentationen nicht erfolgreich, und der Ruhm fiel an Thomas Edison (1847–1931). Später entwickelte er Stereo- und Farbfotografie.

Anmerkungen

Seite 233
«Basil ist ein sehr kluges Kind» – Und wird später Lestrades etwas unverschämte Behauptung realisieren; Basil Rathbone (1892–1976) ist *der* Sherlock-Holmes-Darsteller geworden.

Seite 234
«Wir Krämerkinder aus Grantham sind nicht auf den Kopf gefallen» – Das mag sich auch ein anderes Krämerkind aus Grantham sagen, die Ehrenwerte Margarete Thatcher.

Seite 235
«Soweit wir wissen, ist die ‹Goldene Morgendämmerung› eine Gesellschaft von Spinnern» – Die Geheimgesellschaft wurde in England gegründet, um die Okkulten Wissenschaften und Künste zu studieren. Unter ihren mehr als hundert Mitgliedern waren zeitweise auch Algeron Blackwood und William Butler Yeats.
Nach Dennis Wheatley's Buch *The Devil and all his works* (London: Book Club Association 1977) kannte die ‹Goldene Morgendämmerung› fünf Grade: Philosophus 4°, Practicus 3°, Zelator 2°, Neophyte 1°, Probationer 0° (Prüfling, Novize).

Seite 238
«Der Grand Old Man» – Der Große Alte Mann der Liberalen war Gladstone, der 1892 bis 1894 seine letzte Amtszeit als Premierminister erlebte (siehe Anmerkung zu Seite 77).

Meirion James Trow

Eine Skizze von Thomas Schreiber

Ferndale, so stelle ich es mir vor, ist eine kleine Stadt im schmalen Tal von Rhondda, an den südlichen Ausläufern der Black Mountains gelegen. Die Höhenzüge beginnen nur wenig nördlich und Cardiff ist nicht weit entfernt.
Am 16. Oktober 1950 wird hier Meirion James Trow geboren. In Wales zur Welt gekommen, ohne sich als Waliser zu fühlen, ziehen seine Eltern 1953 mit ihm in eine gesündere Landschaft. Das Kind leidet unter Lungenentzündungen im feuchten Wales und war, so erzählt er heute, schwach auf der Brust. Die Mutter, eine Lehrerin, bekommt eine neue Stelle als ‹Head Mistress› in der Nähe von Macclesfield Forest westlich der Penninen. Hier bleibt Trow, bis er sieben Jahre ist und die Familie erneut umzieht, nach Bubbenhall. Bubbenhall besteht aus der Kirche, zwei Farmen und dem Schulhaus, das einer Idylle von Thomas Hardy entsprungen sein könnte. So zumindest wirkt es auf der Steinguttasse, aus der Trow heute seinen Kaffee trinkt und die an das hundertfünfzigjährige Bestehen des Schulhauses erinnern soll. Nach der Zeichnung auf der Tasse ist die Schule ein zweigieblges Haus; unter dem einen Giebel werden die 15 Schüler von zwei Lehrern unterrichtet, unter dem anderen wohnt die Familie der ‹Head Mistress›.
Die Schule besucht er in Warwick, einer ‹public school›, wie in England die Privatschulen heißen, und mit dem Gründungsjahr 914 die drittälteste des Landes.
1968 erlebt Trow zum erstenmal urbane Atmosphäre, er studiert Geschichte am Londoner King's College. Seinen Bachelor of Arts macht er 1971, doch welche Berufschancen hat ein Historiker? Mit Geschichte möchte er sich weiter beschäftigen, und neben dem Traum, als Regisseur historische Spielfilme zu inszenieren, sieht er

nur eine Möglichkeit – die Arbeit des Lehrers. Am Jesus College in Cambridge besucht er 1971/72 ein Lehrerseminar.
In den kommenden vier Jahren arbeitet er in Welwyn Garden City, einer Gartenstadt aus den zwanziger Jahren zwischen Cambridge und London. 1976 stellt er sich in Ryde auf der Isle of Wight vor. Er wird akzeptiert, seine Frau zieht mit ihm in den Süden, und Trow wird ‹head of history› an der Ryde High School. Seit zehn Jahren ist er ‹head of sixform›, vergleichbar einem Leiter unserer Oberstufen an Gymnasien.

Die zweite Hälfte des 19. Jahrhunderts, die viktorianische Epoche ist die historische Zeit, zu der Meirion Trow sich am meisten hingezogen fühlt. In dieser Zeit manifestiert sich die Reaktion auf das Zeitalter der Vernunft, es sind die Jahre, in denen Unheimliches und Übernatürliches die Gemüter der Menschen anregen. Zugleich Geschöpfe der positivistischen Zeit versuchen einige, dem Übernatürlichen mit wissenschaftlichen Methoden zu Leibe zu rücken. Das ist die Zeit, in der manche glauben, die Existenz von Geistern mit Hilfe von Fotografien beweisen zu können. Diese Atmosphäre gibt der Imagination eines Autors Raum, meint Trow, der Kriminalschriftsteller.
Dabei versteht er sich als Militärhistoriker. So sagt er. Trows Faszination gilt dem Lebensstil der Soldaten, den raren Emotionen, wie sie ein Mensch in einer Schlacht erleben mag. Und ein Buch wollte er immer schon schreiben, bereits als Kind. Doch mit dem Schreiben beginnt er erst auf der Universität. In diesen Jahren sieht er seinen Namen die ersten Male gedruckt, als Autor romantischer und melancholischer Gedichte.
Das geht vorüber.
1982, seine Frau arbeitet bis spät abends in einem Krankenhaus, der kleine Sohn ist im Bett, sind die Abende voller Langeweile. Ohne zu wissen ‹wohin›, beginnt er zu schreiben. Sein Interesse an krimineller Aktion, an der schwer faßlichen Spanne persönlicher Konflikte und Erfahrungen, die zum Mord führen, dieses Interesse schlägt um. Aus dem *ennui* an der Darstellung des tumben Inspectors Lestrade und des übermenschlichen Sherlock Holmes entstehen seine

Meirion James Trow · Eine Skizze 263

Phantasien und Scherze über Holmes. Private Scherze zuerst. Sechs Monate schreibt er an seinem ersten Buch *Lestrade und die Struwwelpeter-Morde* und er liest es seiner Frau vor. Sie tippt das handschriftliche Manuskript, um es einem Verleger präsentieren zu können.
Das renommierte Haus Macmillan akzeptiert das Konvolut, 1985 erscheint es als Buch.

✳

Von seinem Lektor aufgefordert, schreibt Trow weiter. In den Jahren 1986 bis 1988 erscheinen bei Macmillan fünf Romane mit den Abenteuern von Inspector Sholto Lestrade.
Und Trow erzählt spannende Geschichten. Allein, das vermögen andere Schriftsteller auch. Was ihn auszeichnet, ist eine Melange aus geschichtlicher und erfundener Wirklichkeit, wie er neben erfundenen Figuren exzentrische Personen der Zeitgeschichte auftreten läßt. Was Historiker nur schwer darstellen können, die Senilität eines Alfred Tennyson etwa oder das Transvestitentum Baden-Powells, des Begründers der Boy Scouts, wird bei ihm zum intellektuellen Spiel. Trow schreibt für ein modernes Publikum. Und er beschreibt Situationen von heute, verwendet alltagssprachliche Formulierungen. Dabei gelingt es ihm, ohne einen altertümlichen Stil zu kopieren, die Atmosphäre der spätviktorianischen Epoche zu verdichten. Aus diesem Anachronismus entstehen komische Momente. Telefonsex erscheint uns als Erfindung unserer Zeit. Wenn ein Politiker wie Joseph Chamberlain beim Ausprobieren dieser neumodischen Vergnügung gezeigt wird, wirkt es komisch, weil es unsere Vorstellung der Vergangenheit unterläuft.
Indessen, bei der Vermischung von heutigen Gebräuchen mit viktorianischen vermeidet Trow eines: er spielt nicht mit Verhaltensweisen, die einem Viktorianer als anachronistisch erschienen wären. Mit einer Ausnahme. Lestrade geht mit den meisten Menschen freundlich und höflich um. Ein wirklicher Beamter von Scotland Yard wäre wohl sehr viel rigider und engstirniger gewesen.
Sein spielerischer Humor hat ihm treue Leser eingetragen. Trow zählt zu den Autoren, deren Bücher in Großbritannien am häufigsten aus Bibliotheken entliehen werden.

*

Macmillan ist ein großer Verlag. Jeden Monat erscheinen vier Kriminalromane als Hardcover, darunter die renommiertesten Autoren des Genres. Nicht jedes Buch findet den Weg zu einem Taschenbuchverlag. So ergeht es auch Trow. Seine Romane werden in den USA und Japan verlegt, ein Band ist in Australien erschienen und in Griechenland soll in diesem Jahr mit einer Edition begonnen werden, doch im eigenen Land bleibt ihm der große Erfolg versagt. Zwar erscheinen euphorische Kritiken in den großen Zeitungen, die Erstauflagen sind lange vergriffen, allein der eigene Verlag vernachlässigt den Autor.

Meirion Trow hat einen neuen Verleger gefunden, Constable. Constable ist das letzte Verlagshaus mit Tradition, das sich im Familienbesitz befindet. Im Frühling erschien dort der siebte Lestrade-Roman, *Lestrade and the Gardian Angel*, für den Herbst ist *Lestrade and the Deadly Game* geplant.

Im Sommer wird Trow einem breiteren Publikum bekannt werden, wenn sein Buch über den Craig/Bentley-Fall publiziert wird. Dieser Kriminalfall aus dem Jahr 1952 beschäftigt noch immer die britische Öffentlichkeit, allein in diesem Jahr erscheinen drei weitere Bücher zu diesem Thema.

Zwei Jugendliche wollen ein Kaufhaus überfallen. Einer erschießt einen Polizisten, doch da er minderjährig ist, kommt er mit einer Haftstrafe davon. Der andere, zum Zeitpunkt des Schusses bereits verhaftet, wird auf Grund manipulierter Zeugenaussagen zum Tode verurteilt und gehängt. Nicht lange nach diesem Urteil wird die Todesstrafe aufgehoben.

Durch einen Zufall ist Trow auf einen Zeugen aufmerksam geworden. Der Fahrlehrer seiner Frau war der Sohn eines Polizeibeamten, der bei dem Geschehen dabei war. Dieser Mann kann die Unschuld des hingerichteten Jungen beweisen, war im Gerichtsverfahren aber nicht als Zeuge geladen.

Zu einer Zeit, da der britischen Polizei, wie im Fall der als IRA-Terroristen verdächtigten Birmingham-Six Rechtsbeugung nachgewiesen werden konnte, ist das ein hochpolitisches Thema in Großbritannien.

Im kommenden Jahr schließlich erscheint Trows Biographie über

Meirion James Trow · Eine Skizze

William Morris. Dieser Offizier des 19. Jahrhunderts, ein Landedelmann mit dem beschränkten Horizont seiner Klasse, hatte in drei Schlachten in Indien gekämpft. Zu einer Zeit, da Offizierspatente gekauft wurden, war er der einzige Offizier mit Kampferfahrung, der an der Schlacht von Balaclava teilgenommen hatte. Das macht die nicht unbedingt sympathische Person William Morris für den Historiker Trow so interessant. Morris überlebte den denkwürdigen Tag von Balaclava. Und da er nicht mit Schwadron F in den Hügeln von Kadiköy auf Patrouille war und ebensowenig den Novizen Crowley bei seinen Riten überraschte, blieb William Morris auch von der «Goldenen Morgendämmerung» verschont.

Zu diesem Buch

Erst verstarb Oscar Wilde und nun macht Queen Victoria ihren letzten Atemzug – man schreibt das Jahr 1901, und Großbritannien, respektive London, stehen noch einige höchst unerfreuliche Ereignisse bevor. Wahrhaft schockierend ist die Tatsache, daß Ralph Childers, seines Zeichens Member of Parliament, nackt und mit zertrümmertem Schädel an einer Kette baumelnd aufgefunden wird. Der Ort des Geschehens ist eine geheime Räumlichkeit, ausgestattet mit Spiegeln, Ketten und Peitschen. Dies findet auch Beales, der Butler des Hauses, höchst unpassend. Inspector Lestrade, mit diesem Fall von seinem Chef Nimrod Frost höchstpersönlich betraut, ahnt den tieferen Sinn jener Folterkammer, auch wenn er die Auswirkungen de Sadescher Lektüre auf ein Mitglied des Unterhauses nicht recht einzuschätzen weiß. Tatsache ist indes, daß der ehrenwerte Mr. Childers mit jungen Frauen gelegentlichen Ausschweifungen frönte, die ebenfalls die Mißbilligung seines Butlers fanden. Doch die Mitgliedschaft im ‹Hell Fire Club›, einer 150 Jahre alten Vereinigung, verpflichtet zur gewissenhaften Ausübung durchaus perverser Exzesse. Lestrade muß sehr schnell feststellen, daß hier bedauerlicherweise ein äußerst gerissener und perfider Mörder am Werk war, der nun eine blutige Fährte legt. Die Tatwerkzeuge dürfen durchaus und mit Recht als martialisch bezeichnet werden. Sollte hinter all dem gar sein vom Kokain zerrütteter Gegenspieler Sherlock Holmes stecken? Doch jener ist seit Jahren tot, gestorben am Nachmittag des 4. Mai 1891 im Kampf mit Professor Moriarty, dem «Napoleon des Verbrechens».
So bleibt Lestrade keine Wahl: Er läßt die Leiche von Sherlock Holmes exhumieren und den Sarg öffnen.

Lestrade und der
Sarg von Sherlock Holmes

In dieser Kriminalgeschichte

aus dem Jahre 1901 treten auf: Inspector Lestrade – ein Detektiv von Scotland Yard; Sergeant Dew – ein Mann fürs Teekochen und Liebhaber japanischer Geishas; Edward Henry – neuer Chef von Scotland Yard und Freund der Daktyloskopie; Sherlock Holmes – von den Toten auferstanden?; Dr. Watson – sein Gefährte; Rudyard Kipling – verleiht ein Paar Beinkleider; Winston Churchill – ein junger Parlamentsabgeordneter; Emily Greenbush – eine begehrenswerte Streiterin für das Frauenwahlrecht; Edward Prince of Wales – abhandengekommener Thronfolger; Mycroft und Aumerle Holmes; eine Bombe unter Big Ben; berühmte Politiker; perverse und ermordete Mitglieder des Unterhauses; und ein Mörder, der grausam und raffiniert Rache nimmt.

Inhalt

Ein Skandal in Belgravia 9

Der Onkel von den Sechsten Karabinieren 32

Boscombes sonderbares Nest 50

Das Abenteuer in der Roedean-Schule 68

Probleme mit altem Sherry 83

Ein schwieriges Verhör 98

Der irische Übersetzer 123

Der zweite Maßkrug 144

Der Polizist auf der Bühne 163

Die Kavaliere von Tintagel 188

Des Teufels Meisterstück 213

Die Rückkehr des Sherlock Holmes 234

Anmerkungen 248

Nachwort 263

Der Morgenrock des Detektivs
oder
Was wissen wir schon über Sherlock Holmes

Landkarte 268/269

Nachweise 270

«Keine Maus
Störe dies gefeite Haus!...
Mich schickt man mit Besen vor,
Den Staub zu fegen hinters Tor.»

Shakespeare: Ein Sommernachtstraum,
5. Akt, 1. Szene
Deutsch von Erich Fried

Ein Skandal in Belgravia

Die Große Königin war tot. All die Jahre der Drangsal – und der Prozesse – waren endlich vorüber. Das Jahrhundert hatte kaum begonnen, bevor das große Herz zu schlagen aufhörte. Und der Frieden kam. Wie auch für Oscar Wilde.
Binnen dreier Monate entzog sich Victoria, Königliche Herrscherin von Gottes Gnaden, in Osborne auf der Insel Wight auch der irdischen Mühsal. Ihr Hinscheiden fand mehr Beachtung als das von Oscar Wilde. Immerhin hatte sie die Gesellschaft nicht schockiert, wenn diese wieder einen ihrer periodischen Anfälle von Moralität hatte. Auch hatte sie den Marquees of Queensberry nicht einen Verleumder genannt. Und Laufburschen ließen sie seltsamerweise kalt. Alles in allem, sagten die meisten Leute, ein sehr erfülltes Leben. Unter ihrer Ägide war Großbritannien wirklich groß geworden. Und das Empire war begründet worden, in dem die Sonne nie unterging. Es war ein goldenes Zeitalter der Phrasen und des Bombasts. Doch während sie mit mehr als einem Anflug von Fin de siècle zurückblickten, schauten die meisten Leute auch nach vorn. Nach vierundsechzig Jahren wieder ein König! Lediglich der Feministinnenklüngel um Mrs. Pankhurst unterließ es, strammzustehen und diese Tatsache zu bejubeln. Es war eine schöne, neue Welt, ein neues Jahrhundert. Und wenn diese lästigen Buren darauf beharrten, das Jahrhundert mit ihren unbedeutenden Problemen zu belästigen, konnte man sich auf das harte Pfund Sterling und diesen neuen Burschen – wie hieß er doch gleich? – Kitchener verlassen. Sie würden das rasch in Ordnung bringen.
Im Umkleideraum des Erdgeschosses von Scotland Yard stand Walter Dew. Zum zweitenmal an diesem Morgen pomadisierte er sich die Haare und bewunderte noch einmal die aussagekräftigen Streifen an seinem Ärmel. Nicht schlecht, sinnierte er, fünfzehn Jahre beim Yard und endlich Sergeant. Gerade polierte er im fleckigen Grün des Spiegels die neue Krawattennadel, als über seiner Schulter

ein Gesicht auftauchte. «Sehr hübsch, Dew, sehr hübsch.» «Oh, guten Morgen, Sir.» Dew nahm Haltung an, als der Donegal und der Bowler ihn vor die Brust stießen.
Der Neuankömmling schnalzte mit der Zunge. «Nichts als Eitelkeit, nichts als Eitelkeit.»
«Nun, Sir, es ist bloß... meine neue Position, Sir.»
Der andere Mann fragte sich, ob es wohl dieses unanständige indische Buch war, das in Sir Richard Burtons Übersetzung neuerdings im Yard kursierte, das den frischgebackenen Sergeant zu seiner Bemerkung veranlaßt hatte, doch er verfolgte den Gedanken nicht weiter. Dazu fehlte es Dew an Grips.
«Sagen Sie, Sergeant, hatten Sie zwischen dem Polieren Ihrer Streifen und Ihrer Haare Gelegenheit, die Tagesbefehle zu lesen?»
Dew zermarterte sich das gerade beförderte Hirn. «Es wurde eine Anzahl von Ping-Pong-Bällen gestohlen, Sir. Und der ägyptische Gesandte hat gemeldet, daß Leute ihn wieder mal einen verdammten Wuschelkopf genannt haben.»
«Verzeihung, Dew», der andere Mann warf einen Blick auf seine Taschenuhr, «ich war der Meinung, mich hier in der Abteilung ‹H› zu befinden. Ich bin sicher, daß Superintendent Abberline mit diesem schwerwiegenden Ping-Pong-Verbrechen fertig werden wird. Und was diesen ägyptischen Gentleman angeht, glaube ich nicht, daß wir die Mordkommission damit belästigen müssen, oder? Zumal der letzte, den ich über den Möchtegern-Potentaten habe reden hören, der Commissioner der Metropolitan Police war.» Er versuchte es noch einmal. «Etwas für mich?»
«O ja, Sir. Der Chef möchte Sie sehen, Sir. Er sagte, es sei höchst dringend.»
Der Neuankömmling nickte mit einem müden Ausdruck auf dem schmalen, pergamentfarbenen Gesicht. Rasch fuhr er sich mit einem Blick in den Spiegel über seinen Schnurrbart, sorgsam darauf bedacht, daß der Sergeant es nicht merkte, und ging zur Treppe. Dew griff nach dem Telefon an der Wand. Es klickte und vibrierte, und ein Pfeifen antwortete.
«Mr. Frost, Sir, hier spricht Sergeant Dew.»
Schweigen.
«Sergeant Walter Dew, Sir. Abteilung ‹H›.»
«Und?» kam es barsch zurück.

Ein Skandal in Belgravia

«Inspector Lestrade ist unterwegs zu Ihnen, Sir.»
«Wäre es nicht besser, Sie hängten seinen Hut und seinen Mantel auf?» Und das Pfeifen gellte ihm im Ohr. Er stand immer noch mit offenem Mund da und wunderte sich, woher Nimrod Frost wußte, daß er Lestrades Kleidungstücke in der Hand hielt, als der Inspector den Lift erreichte.
Am Tisch im Vorzimmer vermißte er den alten Dixon. Jetzt saß dort ein blauäugiger Junge – er war nicht sicher, wessen Junge. Aber es traf bestimmt zu, was man sich erzählte. Wenn Polizisten anfingen, jünger auszusehen als man selbst, war es Zeit, den Knüppel an den Nagel zu hängen.
«Kommen Sie!» bellte die Stimme durch die verzierte Glastür.
Wie kam es bloß, fragte sich Lestrade, daß die Chefs des C.I.D. am Ende dieses Satzes niemals «herein» sagten?
«Guten Morgen, Sir», strahlte der Inspector.
«Lestrade, Sie sehen entsetzlich aus. Nehmen Sie eine Zigarre.» Frost schob ihm einen Stumpen in den Mund. Er läutete eine Glocke, die eine sittsame, mittelalterliche Lady mit eisengrauen Locken und einem ebensolchen Gesicht auf den Plan rief.
«Miss Featherstonehaugh, Tee, bitte.»
«Mit Zitrone?» fragte sie.
«Nein. Sahne und Zucker.»
«Das ist nicht gut für Sie, Mr. Frost. Ihre Arterien.»
«Meine Arterien», erwiderte Frost, indem er sich zur ganzen neunzehn Stone schweren Größe aufrichtete, «sind heute meine geringste Sorge. Inspector Lestrade sieht immer schlechter aus als ich.»
Miss Featherstonehaugh lächelte den Inspector verschämt an, dann streckte sie die Hand aus und kniff ihn in die Wange, wobei sie kicherte. «Niemals», seufzte sie, und ihr mütterlicher Busen hob sich vor Wollust oder weil ihr Korsett klemmte. «Sie schrecklicher Junge.» Und sie rauschte aus dem Zimmer. Lestrade wünschte abermals, der Erdboden möge ihn verschlingen.
«Sie wird gehen müssen», knurrte Frost und nahm das Streichholz, das Lestrade ihm hinhielt. «Man sollte nicht glauben, daß eine Frau ihres Alters und dazu im Ehestand solche unkeuschen Gedanken hegt, oder?»
«Ich denke lieber nicht darüber nach, Sir. Bin selber in einem komischen Alter.»

«Wie alt sind Sie jetzt, Lestrade? Nicht mehr lange bis zur Pensionierung, wie?» Der Chef des C.I.D. blies Rauchringe an die Decke.
«Achtundvierzig, Sir. Hab gelegentlich darüber nachgedacht.»
Frost grinste. «Ich kann mir nicht vorstellen, wie Sie in Peckham Petunien ziehen, Lestrade. Zumindest nicht in der nahen Zukunft. Außerdem ist es gut so.» Sein Gesicht wurde ernst. Zur Sache, dachte Lestrade. «Was wissen Sie über Ralph Childers?»
«Nichts, Sir.»
Frost war einen Augenblick verblüfft. «Na, hören Sie, Lestrade. Sie haben doch einen Hang zu Skandalen...»
Sekundenlang setzte Lestrades Herzschlag aus. Wer hatte geplaudert?
«Ich weiß zufällig, daß Sie die *Sun* lesen. Letzte Nachricht, Mann. Parlament. Sie wissen doch, dieser Haufen von Käuzen und Päderasten, der sich anmaßt, das Land zu regieren.»
Ein bißchen übertrieben für den Chef des C.I.D., dachte Lestrade, aber das zu sagen, stand ihm nicht zu.
«Oh», sagte er bereitwillig, «Ralph Childers, das MP.»
«Ex-MP», verbesserte ihn Frost.
«XMP, Sir?» Offensichtlich hatte die *Sun* ihn im Stich gelassen. Diese Initialen waren ihm noch nie untergekommen.
«Seine Leiche wurde heute früh gefunden, Lestrade. In seinem Haus in Belgravia.»
«Und Sie vermuten...»
«Jeden», nickte Frost.
Miss Featherstonehaugh huschte herein, versorgte Lestrade mit Zucker und Sahne und ließ Frost sich selbst bedienen.
«Wenn Sie damit fertig sind», schnauzte Frost lauter, als er beabsichtigt hatte, «den Inspector zu bemuttern, Miss Featherstonehaugh», jetzt gedämpfter, «würden Sie uns dann bitte allein lassen?» Sie schnaubte indigniert, raffte ihre Röcke und huschte lautlos aus dem Zimmer.
«Sie werden natürlich die Burschen vom örtlichen Revier vorfinden», fuhr Frost fort, seine wabbeligen Lippen an das Porzellan legend. Lestrade genoß den Luxus, aus einer Tasse mit Henkel zu trinken. Ungleich vornehmer als die Becher in seinem eigenen Büro ein Stockwerk tiefer. Frost beugte sich vor.

Ein Skandal in Belgravia

«Aber dies ist ein kitzliger Fall, Lestrade. Es gibt Gerüchte...»
«Gerüchte, Sir?»
Frost blickte sich um und prüfte sorgfältig, ob keine Featherstone-haughs in Sicht waren.
«Drücken wir es einmal so aus», flüsterte er. «Die Lieblingslektüre des verstorbenen Mr. Childers war, neben den Parlamentsakten, der Marquis de Sade.»
Lestrade war sicher, daß die Bemerkung über die Parlamentsakten ein Witz sein sollte, aber er ließ es dabei bewenden. Was meinte Frost. Gab es da eine geheime Verbindung?
«Irgendwelche Anhaltspunkte, Sir?»
Frost schlürfte seine zweite Tasse, nachdem er seine üblichen drei Stücke Zucker hatte hineinplumpsen lassen.
«Keine. Offensichtlich ist die Leiche nicht bewegt worden. Der Coroner wird die Sache übernehmen, wenn Sie fertig sind.»
Frost blickte auf. Lestrade wußte, daß das Gespräch zu Ende war. Er trank seinen Tee aus und wandte sich zum Gehen.
«Ach, was ich noch sagen wollte, Lestrade», hielt Frost ihn zurück, «seien Sie vorsichtig, ist ein Dschungel da draußen.»
Lestrade ließ sich von seinem Sergeanten Hut und Mantel geben. Einen Augenblick spielte er mit dem Gedanken, Dew mitzunehmen. Er sah die Seelenqualen auf dem Gesicht des Mannes, als dieser seinen ganzen Mut zusammennahm und einen Bleistift spitzte, um sich für den morgendlichen Papierkram zu rüsten. Doch nein. Frost hatte angedeutet, es handle sich um eine kitzlige Sache. Und in diesem Fall konnte Dew nicht von Nutzen sein. Er konnte ja kaum Englisch lesen, geschweige denn Französisch. Der Inspector nahm eine Droschke und eilte in den Westen der Stadt.
Er entstieg dem Gefährt nach einer Stunde – die neue Untergrundbahn, das war ihm jetzt klar, wäre schneller gewesen – und blickte an den korinthischen Säulen von 102 Eaton Square hinauf, einem imposanten Gebäude, georgianisch und protzig. Lestrade mochte es nicht. Reichtum, der so zur Schau gestellt wurde, ärgerte und entnervte ihn. Zwei stämmige Constables salutierten, als er zwischen ihnen die Stufen hinaufsprang, und verzogen keine Miene, als der Inspector mit einem eleganten Salto über die oberste Stufe schoß und heftig gegen die Löwentatzen des Messing-Türklopfers prallte. Ein dritter Constable öffnete die Tür, gerade als Lestrade seine Fas-

sung wiedererlangt und sich die Tränen aus den Augen gewischt hatte.
«Wer sind Sie?» fragte eine Stimme aus dem Aspidistra-Gebüsch am entfernten Ende...
«Inspector Lestrade, Scotland Yard», erwiderte er.
«Oh, ich bin Smellie.» Ein Mann trat aus dem Blattwerk.
Vermutlich, dachte Lestrade.
«Pimlico.»
«Inspector?» fragte Lestrade.
«Morgen werden es neun Jahre.»
«Wie die Zeit vergeht!»
Lestrade hatte bereits mit Bobbies außerhalb des Yard zusammengearbeitet. Sie haßten ihn ohne Ausnahme. Den Yard. Die ganze Kriminalabteilung. Kein Anlaß, ihnen höflich zu begegnen. Wenn man fortging, fühlte man das Messer zwischen den Schulterblättern.
«Er ist da drin.» Der uniformierte Inspector führte ihn in eine riesige Bibliothek, deren Wände mit rotem Leder bespannt waren. Sessel, Lampen, Hunderte von Büchern. Es war ein veritables britisches Museum. Aber es gab keine Leiche. Als Antwort auf Lestrades stumme Frage drückte Smellie auf den Rücken eines hier ziemlich deplazierten Buches von Mrs. Beeton, worauf die ganze Wand zur Seite schwang und einen dunklen, kahlen Gang freigab. «Nach Ihnen, Inspector.»
Und obgleich sich das so ungemütlich wie ein Gefühlsausbruch von Miss Featherstonehaugh anhörte, fügte sich Lestrade.
Es war eine unangenehme Aufgabe für Lestrade, in einem dunklen, dazu noch beengten Raum die Führung zu übernehmen. Gleichwohl hatte er nicht die Absicht, sich in Gegenwart dieses geringeren Sterblichen von der Metropolitan Police in Verlegenheit bringen zu lassen. Lestrade hatte seinen Stolz. Es waren die Smellies dieser Welt, die ihn wachriefen. Dennoch war er dankbar für den Lichtschein, als er um die Ecke bog.
«Wir bewegen uns jetzt unter den Räumen des Personals in westlicher Richtung», informierte ihn Smellie. Lestrade drehte sich in der Finsternis um und suchte den Kompaß. Er entdeckte keinen. Vielleicht hatte Inspector Smellie mal etwas mit Seefahrt zu tun gehabt.

Ein Skandal in Belgravia

Das Licht kam von einer einfachen Petroleumlampe, die lange Schatten auf die Wände eines weiteren rot ausgekleideten Raumes warf, der kleiner war als der erste und fast genau darunter lag. Doch hier gab es keine Bücher. Lestrade erblickte eine zweite Lampe, eine dritte, eine vierte, bis er begriff, daß er von Spiegeln umgeben und es dieselbe Lampe war. Selbst an der Decke, obgleich der aufsteigende Rauch dort das Glas verdunkelt hatte und den Effekt verminderte. Das rote Blut in den Spiegeln leuchtete samtig und ekelerregend von allen Seiten.

Eine Studie in Scharlachrot, dachte Lestrade, bis etwas weniger Poetisches seine Aufmerksamkeit erregte. Smellie machte eine Bewegung, die Lampe nach oben zu richten.

«Handschuhe, Mann», mahnte ihn Lestrade.

Smellie gehorchte und verfluchte sich, daß der Mann vom Yard ihn bei einem elementaren Fehler ertappt hatte.

Das volle Licht ergoß sich über den verstorbenen Mr. Ralph Childers. Oder auf das, was von ihm übrig war. Er hing mit dem Kopf nach unten an einer Kette, die straff gespannt von der Mitte der Decke herabhing. Er war nackt, seine Hände mit Handschellen gefesselt und hinter seinen Rücken gedreht. Von dort lief die Kette zu seinen Fußknöcheln und war mit den Gliedern der von den Deckenbalken hängenden Kette verbunden. Sein Rücken und Gesäß waren von Narben bedeckt. Mit alten und frischen. Einige noch klebrig von Blut. Andere leuchtend weiß im flackernden Lampenlicht. Lestrade zog Smellies Arm dichter zu sich. Man hörte kein Geräusch, außer dem leisen Klicken der Kettenglieder, als das frühere Mitglied des Parlaments sanft im Luftzug hin und her schwang. Der Geruch im Raum war süßlich – eine ekelerregende Mischung aus Sandel- und Zedernholz –, und dazwischen erschnupperten Lestrades den vertrauten Geruch des Todes.

Als Lestrade Smellies Arm herunterdrückte, hielt der Inspector inne. «Unten ist es kein schöner Anblick... da.»

Lestrade starrte auf die Geschlechtsteile des Verblichenen. Wahrlich nicht der schönste Anblick, den er gesehen hatte, doch für seine Begriffe übertrieb Smellie. Dann begriff er, daß sein Kollege den Kopf gemeint hatte. Das Haar schleifte über den Boden. Es war grau gewesen; jetzt war es blutverklebt, und der Kopf war gespalten wie die Wassermelonen, die Lestrade im Albert-Dock gesehen hatte, als

er in den Tagen seiner Jugend eine Blauflasche gewesen war, in Wapping Halunken festgenommen hatte und bei Shadwell Stair bis zu den Armbeugen in kaltem Brackwasser gewatet war. Ein blickloses, trübes Auge trat hervor und schimmerte weißlich, als der Körper sich drehte. Vorsichtig teilte Lestrade den ungekämmten Bart, um das eiserne Halsband und den Dorn freizulegen, der tief in die Kehle getrieben war.
«Ist er tot?» fragte Smellie.
Lestrade richtete sich auf. «Ich dachte, Sie hätten das alles untersucht», sagte er.
«Nein, ich bin bloß gekommen, weil ich Dienst hatte. Meine Constables sagten mir, es sei eine schmutzige Sache. So etwas habe ich noch nie gesehen.»
Lestrade bemerkte, daß aus Smellies Gesicht die Farbe gewichen war. «Kommen Sie», sagte er, «wir wollen ein bißchen frische Luft schnappen. Dann möchte ich hier unten mehr Licht haben. Und niemand», er machte eine Pause und nahm Smellie beim Ärmel, «niemand darf hier rein, bis ich es erlaube.»
«Oben wartet ein Coroner.»
«Er soll warten. Ist das letzte, was wir brauchen, wenn er mit seinen großen Füßen hier herumlatscht. Wer fand die Leiche?» Die Polizisten kamen im Erdgeschoß an. «Beales. Sein Faktotum.»
«Wie viele andere Diener?»
«Acht. Die anderen sind im Sommerhaus in Berkshire. Ein Haus namens ‹Draughts›.»
Lestrade erteilte Smellie klare Anweisungen, und dieser verschwand mit seinen Constables, um sie auszuführen. Zumindest macht der Mann keine Schwierigkeiten, dachte Lestrade. Was er insgeheim auch über die Arroganz des Yard denken mochte, er behielt seine Gedanken für sich.
Es war fast Mittagszeit, bevor der Inspector an Mr. Childers' riesigem Tisch in der Bibliothek Platz nahm. Er war noch einmal nach unten in den unheimlich riechenden kleinen Raum zurückgegangen. Dieses Mal allein. Jahrelanger Umgang mit solchen Anblicken hatte ihn gelehrt, daß er am besten auf seine eigene Weise vorging. Auf diese Art war er sich seiner Emotionen – und seines Magens – sicherer. Er schlug sein Notizbuch auf, um sich zu vergewissern, daß er nichts übersehen hatte. Todesursache?

Ein Schlag mit einem stumpfen Gegenstand gegen Schädeldecke und Hinterkopf, nahm er an. Oder vielleicht war zuerst das Halsband zugeschnappt, so daß der eiserne Dorn Luftröhre und Rückenmark durchstoßen hatte. Demnach wäre er bereits tot gewesen, als man ihn so grausam mit dem Kopf nach unten aufhängte? Und was war mit den Spuren von Peitschenhieben am Körper? Konnte er sicher sein, daß es Peitschenhiebe waren? Lestrade hatte längst gelernt, keine Vorurteile zu hegen, fast so wie der bedauernswerte Verstorbene, der unten geschaukelt hatte, dachte er grimmig. Childers war natürlich durch den Dienstboteneingang fortgeschafft worden, doch selbst dort hatte eine Menge faszinierter Gaffer seinen würdelosen Weg zur wartenden Droschke behindert. Lestrade hatte von einem Fenster im Obergeschoß zugesehen. Botenjungen und Ladenhilfen schwatzten wie Fischweiber, auf die Lenker ihrer Raleighs gestützt; die Diener der Nachbarn waren «zufällig vorbeigekommen» und, wie Lestrade an den zitternden Vorhängen der Fenster erkannte, waren die Nachbarn selbst neugierig. Smellies Constables trieben die versammelte Menge mit den Ellenbogen auseinander, und Lestrade hörte den bekannten Ruf «Weitergehen, weitergehen!» Er bemerkte einen oder zwei junge Männer, die sich weiter vorwagten als die übrigen, unter die grauen Polizeidecken lugten und sich dann in verschiedene Richtungen davonmachten, anders als die nur aus Langeweile Neugierigen. Die Gangart und die hageren, hungrigen Gesichter waren ihm vertraut – Spürhunde aus Fleet Street. Jetzt war der Fall wohl nicht mehr, wie Nimrod Frost es gewünscht hatte, mit «Delikatesse» zu behandeln. Am Abend würde ganz London Bescheid wissen – der *Standard* würde dafür sorgen.

«Sie haben die Leiche gefunden?» Lestrade blickte von seinem Notizbuch auf.

Beales, der Kammerdiener, nickte. Lestrade schaute ihn intensiv an. Jede Geste, jede Bewegung war abgezirkelt und präzise. Im Geist strich er den Mann von der Liste der Verdächtigen. Hier war ein Mann, der es nicht liebte, sich die Hände schmutzig zu machen oder das eingefahrene Gleis zu verlassen. Ein bißchen Goddards zum Silberputzen, das makabre Begräbnis einer unverheirateten Tante in Cheltenham – aber keine mit dem Blut seines Herrn getränkte Weste und nicht der entsetzliche körperliche und emotionale Aufwand,

der mit dem Einschlagen eines Schädels verbunden war. Das war nicht sein Stil. Doch Lestrade schoß übers Ziel hinaus. Er hatte sich bereits einen rasenden Angriff vorgestellt – die Tat eines Geistesgestörten. Was die blutgetränkte Weste anging, war der Mörder ebenso wie sein Opfer nackt gewesen... Aber das waren alles Vermutungen. Tatsachen, sagte er zu sich selbst. Was war mit den Tatsachen? Und vor ihm dieser beherrschte, gebildete Mann.
Er wußte zumindest etwas über die Gewohnheiten seines ehemaligen Herrn. Lestrade zog gemächlich eine Zigarre hervor und erschrak ein wenig, als Beales aufsprang, um ihm Feuer zu geben. Die Nasenflügel des Kammerdieners zitterten mißbilligend, als er den Rauch einatmete. Er nahm sich die Zeit, Lestrade von Kopf bis Fuß zu mustern. Ein Mann in mittleren Jahren – fünfundvierzig, sechsundvierzig. Fünf Fuß neun oder zehn. Die Kleidung verriet einen entsetzlichen Geschmack. Wer trug denn heutzutage noch Donegals? Er sah aus wie ein Kutscher.
«Sie fanden die Leiche?» Lestrades Frage beendete die umständliche Taxierung, die der Kammerdiener seinen Befrager unterwarf.
«Ja, Sir.» Beales dachte vielleicht, eine gesprochene Antwort werde den Mann zufriedenstellen. Ein Nicken hätte gewiß nicht ausgereicht.
«Erzählen Sie.» Lestrade begann Runden durch das Zimmer zu drehen, wobei er Beales hin und wieder Blicke zuwarf oder ein Buch auf dem Bücherbrett befingerte. Beales, immer als Hausangestellter denkend, kam es so vor, als suche der Inspector nach Staub.
«Es war sechs Uhr drei...» Beales wurde durch den herumwirbelnden Polizisten irritiert. Er drehte sich erst in die eine, dann in die andere Richtung und versuchte, Lestrade mit den Augen zu fixieren. Seine ganze Ausbildung hatte ihn gelehrt, einem Menschen in die Augen zu blicken, außer natürlich wenn man ein Geschenk empfing oder wenn der Herr, im Glauben, er sei allein, in der Nase zu bohren begann.
«Sie sind sehr korrekt», unterbrach Lestrade.
«Ich bin Kammerdiener, Sir. Korrektheit ist mein Metier.»
Lestrade schnitt ihm das Wort ab. «Weiter.»
«Mein verstorbener Herr war ein Mensch mit festen Gewohnheiten. Ich hatte die strikte Anweisung, ihn jeden Morgen um sechs

Ein Skandal in Belgravia _____ 19

Uhr dreißig zu wecken. Er nahm dann immer ein Bad und unternahm einen Ausritt auf der Row, bevor er in seinem Club lunchte oder ins Haus ging.»
«Sein Club?»
«Der Diogenes.»
«Das Haus?»
Beales blickte hoch, und sein zunächst verwunderter Blick wurde verächtlich. «Unterhaus, Sir», sagte er säuerlich.
«Nur zur Kontrolle», sagte Lestrade. «Fahren Sie fort.»
«Mr. Childers war nicht in seinem Zimmer. Ich brachte den Tee hierher, weil ich glaubte, er arbeite vielleicht an einigen Schriftstücken. Er war nicht da.»
«Also gingen Sie nach unten?»
«Nicht sofort. Ich sah im Speisezimmer und im Frühstückszimmer nach, obgleich ich wußte, daß sein Frühstück noch vorbereitet wurde. Ich spielte mit dem Gedanken, es in den Stallungen zu versuchen. Manchmal konnte Mr. Childers nicht schlafen, und es war bekannt, daß er sein Pferd selbst sattelte.»
Gütiger Gott, dachte Lestrade, wie vielseitig diese Grundbesitzer sind.
«Ich weiß nicht, was mich dazu bewog, die Zelle aufzusuchen.»
«Die Zelle?» wiederholte Lestrade.
«Der Raum im Kellergeschoß, Sir. Wo Ihre Constables die... Mr. Childers fanden.»
«Sie sagten Zelle. Meinten Sie den Keller?»
«Nein, Sir... Vielleicht sollte ich besser alles erklären. Immerhin...» Beales fing an, mit den Fingern zu zucken, das erste Anzeichen, daß er die Fassung verlor. «Es liegt mir daran, zu helfen, so gut ich kann. Es ist nur so, daß ein Kammerdiener loyal sein muß. Und diskret.»
Lestrade nutzte die Gelegenheit sogleich. Er glaubte, daß Beales in diesem Augenblick sein wahres Gesicht zeigte. Der Inspector legte ihm väterlich die Hand auf die Schulter.
«Es ist ein bißchen zu spät, loyal zu sein, Mr. Beales. Und Diskretion wird mir jetzt nicht helfen, seinen Mörder zu fassen, nicht wahr?»
Beales atmete mühsam und nickte. «Haben Sie vom ‹Hell Fire Club› gehört, Inspector?»

«Ist das der kleine in Cleveland Street?»
Abermals machte Beales ein verwundertes Gesicht. Dieses Mal folgte kein verächtlicher Ausdruck.
«Nein, Sir. Er wurde vor hundertfünfzig Jahren von Sir Francis Dashwood begründet. Er setzte sich aus Gentlemen zusammen – heute würde man sie wohl Wüstlinge oder Lebemänner nennen, nehme ich an –, die als die Mönche von Medmenham bekannt waren. Sie praktizierten jedes Laster, das Männern bekannt war. Ganz zu schweigen von Frauen.»
«Frauen?»
«Bitte.» Beales fuhr hoch. «Ich bat Sie, Frauen nicht zu erwähnen. Mr. Childers war Junggeselle, Sir. Niemals hat er offiziell Frauen empfangen, noch wurde er in ihrer Gesellschaft gesehen. Ohne daß ich der übrigen Dienerschaft gegenüber unhöflich sein möchte, muß ich sagen, daß er für seinen Haushalt die unscheinbarsten Frauen aussuchte. Seine Misogynie war wohlbekannt.»
Darauf wußte Lestrade keine Antwort, doch seine wandernde Hand bekam zufällig ein Wörterbuch zu fassen, und er ließ die Seiten durch die Finger gleiten. Nach einer Pause, die beiden Männern wie eine Ewigkeit vorkam, ließ Lestrade das Buch triumphierend zuknallen.
«Also mochte er keine Frauen?»
«Nein, Sir.» Das Gesicht des Kammerdieners hatte wieder einen verächtlichen Ausdruck. «Gleichwohl hat er sich, wenn ihn die Laune überkam, Sir –» Beales zeigte Unbehagen – «gelegentlich Exzessen hingegeben.»
«Sie machen mich überaus neugierig», sagte Lestrade und drückte die Zigarre in einen Aschenbecher, während er sich wieder in Childers' Sessel niederließ.
«Er pflegte gewöhnliche Kleidung anzulegen und nachts hinauszuschlüpfen.»
«Und?»
«In der Regel fand er eine Unglückliche, ein Straßenmädchen, und brachte es mit hierher. Es gibt eine Tür, die Ihre Männer nicht gefunden haben werden. Sie führt direkt in die Zelle. Dort legte Mr. Childers seine Mönchskutte an und frönte…»
Lestrade erinnerte sich an die Peitschen und Lederriemen, welche unten die scharlachroten Wände säumten. Und an die eisernen

Ein Skandal in Belgravia

Handschellen. Und die Ketten. Und die Spiegel für eine bessere Sicht.

«Brutale Praktiken?» fragte er.

«Das englische Laster», nickte Beales, als wäre das ein Treuegelöbnis.

«Sagen Sie mir, war Mr. Childers das einzige Mitglied dieses wieder ins Leben gerufenen Clubs?»

«Nein, Sir. An Festtagen war die Zelle das reinste Bienenhaus.»

«Beales», Lestrade wanderte wieder umher, «ich bilde mir etwas darauf ein, über die laufenden Skandalgeschichten im Bilde zu sein.» Er hoffte, daß Frost ihn nicht hören konnte. «Wie kommt es, daß ich in dem, was man in Fleet Street bekanntlich ‹Zeitungen› nennt, niemals die leiseste Andeutung über Mr. Childers' Gewohnheiten gefunden habe?»

«Dafür sorge ich selbst, Sir. Ach...» Und dieses Mal war es der Kammerdiener, der etwas mißverstand. «Es gibt Gesetze gegen Verleumdung, wie Sie sicher wissen, Inspector Lestrade. Jedenfalls war Mr. Childers die Diskretion selbst. Die Zelle ist sorgfältig gepolstert, so daß kein Laut nach außen dringen kann. Darum habe ich in der Nacht von dieser furchtbaren Tat nichts gehört. Nur ich wußte – bis heute – von der Existenz des Raumes. Niemand sonst – nicht die Dienerschaft, nicht die Kollegen meines Herrn – wußte, daß er... äh... Besuch hatte. Er pflegte zu sagen...» Beales hielt inne.

«Ja?» fiel Lestrade ein.

«Er pflegte zu sagen, daß ihm, wenn ihn Rücken und Gesäß nach einer Ausschweifung schmerzten, die Sitze im Haus immer sehr unbequem erschienen. Und in diesen Augenblicken schwor er, daß der Grand Old Man ihn beobachtete.»

«Sie meinen Gladstone?» fragte Lestrade.

«Als der alte Herr noch lebte», pflichtete Beales bei.

«Hatte der verstorbene Premierminister ähnliche Gewohnheiten?» fragte der Inspector.

«Das kann ich wirklich nicht sagen, Sir. Aber vergessen Sie nicht, daß Mr. Gladstone ein Liberaler war.» In Beales' Augen erklärte das alles.

«Als Sie vorhin sagten», fuhr Lestrade fort und schob die Vorhänge beiseite, um einen Blick auf die Stallungen in der dünnen

Nachmittagssonne zu werfen, «daß außer Ihnen niemand von der Zelle wußte, haben Sie natürlich die anderen Mitglieder ausgenommen.»
«Mitglieder?»
«Des ‹Hell Fire Clubs›, Mann», strahlte Lestrade. «Diese modernen Wüstlinge und Lebemänner, die Ihrem teuren verblichenen Herrn bei seinen interessanten Vergnügungen Gesellschaft leisteten.»
«Natürlich wußten sie von dem Raum, Sir.»
«Sagen Sie mir, ob Eaton Square 102 das Hauptquartier des Clubs war.»
«Soweit mir bekannt ist, ja, Sir.»
Lestrade ließ die Gemütlichkeit beiseite. «Ich will die Namen.»
Beales sprang auf die Füße. «Sir, ich bin Kammerdiener. Loyalität und Diskretion sind meine Leitsätze. Nichts wird mir diese Information entreißen.»
«Beales», Lestrade beugte sich vor. «Ich bin Inspector der Metropolitan Police. Ich habe überhaupt keine Leitsätze. Und ich kann dafür sorgen, daß Sie fünfzehn Jahre bekommen, weil Sie einen Polizeibeamten in der Ausübung seiner Pflicht behindert haben. Ich denke, Pentonville wird Ihnen jede Information entreißen.»
Einen Augenblick lang sahen die beiden Männer einander an. Dann nahm Beales seine ganze Würde zusammen. «Wenn Sie sich zu Mr. Childers' Landhaus in Berkshire bemühen», sagte er, «werden Sie in der mittleren Schublade seines Schreibtisches ein rotes Lederkästchen finden. Dies hier», er zog ihn geschickt aus der Tasche, «ist der Schlüssel zu diesem Kästchen. Ich denke, darin werden Sie die Antworten finden, die Sie benötigen.»
«Und wie kommt es, daß Sie den Schlüssel zu dieser Büchse der Pandora haben?» Es war das einzige Stückchen Mythologie, das Lestrade seit seiner Schulzeit in Blackheath im Gedächtnis geblieben war.
«Ich sollte das Kästchen vernichten, Sir. Für den Fall, daß Mr. Childers eine Wahl verlöre. Aber jetzt hat er sein Leben verloren...»
Lestrade nahm den Schlüssel. «Was werden Sie jetzt machen, Beales?» fragte er.
Der Kammerdiener schüttelte sich, als ihm nochmals klar wurde,

Ein Skandal in Belgravia ——————————————————— 23

daß sein Herr tot war. «Mr. Joseph Chamberlain hat mir gegenüber mehrfach angedeutet, daß ich in seinen Diensten willkommen wäre, Sir.»
«Na dann.» Lestrade klopfte ihm auf die Schulter.
«O nein, Sir.» Beales sah entsetzt drein. «Mr. Chamberlain *war* ein Liberaler!»
Und das schien abermals alles zu sagen.
Auf dem Weg durch die Halle traf Lestrade auf Smellie.
«Ich überlasse Ihnen die übrigen Diener», sagte er, «vielleicht haben Sie noch etwas Brauchbares zu sagen. Schicken Sie Ihren Bericht an den Yard, ja? Ach, Smellie...»
Der Inspector blickte auf.
«Sagen Sie mir doch mit Ihrem untrüglichen Gespür für Geographie, wo Berkshire liegt.»
Smellie dachte angestrengt nach. «Auf der Landkarte liegt es ein wenig links. Wenn Sie aus der Tür kommen, halten Sie sich rechts.»

Lestrade nahm den Zug nach Hungerford und eine Kutsche nach Ogbourne Maizey. Smellies geographische Kenntnisse waren vielleicht nicht mehr das, was sie einst gewesen waren, doch er hatte den Namen des Dorfes herausbekommen, in dem das Herrenhaus Draughts lag. Die Sonne ging unter, als die Räder der Droschke auf dem Kies vor der zartgelben Eingangshalle knirschten. Die untergehende Sonne warf die langen Schatten der gekrümmten Schornsteine über die Rasenflächen. Lestrade gab dem Fuhrmann ein Trinkgeld, machte sich im Geist eine Notiz, es auf die Spesenrechnung zu setzen, und zog die Türglocke. Er hörte es in der Halle läuten und wartete, bis der Riegel zurückgeschoben wurde. Eine verdrießliche Haushälterin erschien. Mr. Beales habe ihr die Neuigkeit telefonisch mitgeteilt. Ja, das Haus verfüge über alle modernen Einrichtungen. Es gebe auch eine Dusche, falls der Gentleman sie benutzen wolle. Lestrade fragte sich, ob sein Achselschweiß ihn verraten hatte; doch er lehnte das Angebot gleichmütig ab und wurde in das Arbeitszimmer geführt.
Auch dieses Zimmer war scharlachrot ausgeschlagen und stellte, wenn den Inspector seine Erinnerung nicht trog, eine Kopie

des Raumes in Eaton Square dar. An den Wänden hing eine Anzahl gerahmter Karikaturen von Spy, Köpfe von gestern und heute, Kollegen des ehemaligen Hinterbänklers. Es war sogar eine von Nimrod Frost darunter, auf der er erheblich weniger schwergewichtig aussah, als er in Wirklichkeit war. War einer dieser Männer, fragte sich Lestrade, der Mörder von Ralph Childers? Er hatte den Erzbischof von Canterbury immer für ziemlich verschlagen gehalten, aber der Mann war gut und gern achtzig. Wie viele Achtzigjährige waren wohl imstande, einen zwölf oder dreizehn Stone schweren Toten an Ketten vom Boden hochzuhieven? Nein, Cantuar konnte friedlich in seinem Bett schlafen. Lestrade schloß den Schreibtisch auf und stellte das Kästchen aus Walnußholz auf den Tisch. Als Einlegearbeit trug es die Initialen des teuren Verblichenen und eine Reihe unverständlicher Hieroglyphen. Der Inspector steckte den Schlüssel ins Schloß, und der Deckel ging auf. Nichts. Das Kästchen war völlig leer. Beales hatte ihn also ganz umsonst hergelockt. Lestrade ärgerte sich über die verschwendete Zeit. Noch mehr ärgerte er sich darüber, daß man einen solchen Idioten aus ihm gemacht hatte. Ganz gegen seine Art hämmerte er das Kästchen heftig auf das rote Leder des Tisches, mit dem Ergebnis, daß ein Schubfach an seinem Sockel hervorsprang. «Oh», lächelte er, «die alte Masche mit dem Geheimfach.»

In der Lade lag ein Buch, in schlichtes schwarzes Leder gebunden, dessen Seiten mit Notizen in Childers' Handschrift bedeckt waren. In Eaton Square hatte Lestrade Handschriftproben gesehen. Bei dem Buch schien es sich um ein Tagebuch zu handeln, und Lestrade vertiefte sich darin bis zum Einbruch der Dunkelheit. Die mürrische Haushälterin entzündete feierlich die Lampen.

«Mrs.... äh.» Der Inspector unterbrach sie.

«Smith», sagte die Haushälterin.

Das soll glauben, wer mag, dachte Lestrade. «Sagen Sie mir – hat Mr. Childers Gäste empfangen?»

«Hin und wieder, Sir. Aber er kam nicht oft hierher. Die meisten seiner Freunde waren Mitglieder des Unterhauses, Sir, wie er selbst. Er brachte nicht viele von ihnen hierher.»

«Sind Beileidsbriefe eingetroffen?»

«Vom Vikar, Sir. Sonst keine. Seine Kollegen dürften sie an seine Londoner Adresse geschickt haben.»

Ein Skandal in Belgravia

«Mrs. Smith, gibt es im Dorf eine Unterkunft?»
«Es gibt dort ein Gasthaus, Sir, aber es ist nicht das beste. Ich habe Anweisung von Mr. Beales, Sie hier unterzubringen. Seit der Herr tot ist, gibt es hier Platz genug.»
Und so kam es, daß Lestrade die Nacht in Draughts verbrachte. Er konnte nicht schlafen. Vermutlich lag es an dem Schweinefleisch mit Pickles, das ihm die melancholische Mrs. Smith vorsetzte. Oder an dem wechselhaften Wetter des ersten Frühlings. Er hatte keine anderen Dienstboten gesehen, nur zwei Gärtner, die den Liguster stutzten, sah er aus dem Fenster des Arbeitszimmers. Im Haus rührte sich nichts. Es war offensichtlich, daß Childers es selten benutzte. Überall waren die Möbel mit Bezügen verhängt, was den Zimmern in der Dämmerung des Aprilabends ein geisterhaftes Aussehen verlieh.
Kurz vor Mitternacht prasselten Regenschauer auf die bleigefaßten Fenster von Lestrades Zimmer. Er mochte keine Himmelbetten. Er bekam Platzangst darin. Und er hatte sich nie richtig davon erholt, daß er mal in einem Himmelbett verführt worden war. Also setzte er sich in die geräumige Fensternische und ackerte sich weiter durch das Tagebuch, das er gefunden hatte. Was hatte Beales gesagt? Der Inhalt des Kästchens werde ihm die Antworten geben, die er brauchte. Doch das meiste war rätselhafter Unsinn. Eine Folge von ungeordneten Buchstaben, Zwischenräumen und Punkten. Vielleicht konnte die Dechiffrierabteilung des Yard etwas damit anfangen. Lestrade konnte es mit Sicherheit nicht.
Der Inspector wanderte mit seiner Petroleumlampe durch das Obergeschoß des Hauses. Der moderne Komfort, von dem Mrs. Smith gesprochen hatte, erstreckte sich nicht auf die Elektrizität, und am Morgen hatte Lestrade wunde Zehen, weil er in den langen, dunklen Schatten über die Sockeltäfelung gestolpert war.
Das Frühstück war ebenso trist wie das Abendessen am Tag zuvor, und er war froh, als er mit seinem Buch und seinem Problem wieder in der Eisenbahn saß und zur Stadt ratterte. Er befragte sein eigenes Gesicht, das sich in der Scheibe spiegelte: Wer würde ein Mitglied des Unterhauses töten? Sechshundert verrückte weitere Parlamentsmitglieder? Doch nein, hier ging es nicht um Politik, sondern um Sexualität. Welche Höllenfeuer in der Zelle am Eaton

Square auch glühten, es gab eine Person, die es mit Sicherheit wußte. Und an ihre Tür klopfte Lestrade am frühen Vormittag.
Das Gitterfenster in der kleinen Tür in Greek Street öffnete sich. Ein massiges schwarzes Gesicht glänzte dahinter auf. «Ja?» fragte es. Lestrade wedelte in altehrwürdiger Manier mit ein paar Geldscheinen.
«Miss Labedoyere.» Mutig versuchte er, den Namen französisch auszusprechen.
Die glänzenden rosa Augen in dem glänzend schwarzen Gesicht blinzelten nicht. «Wer hat Sie geschickt?»
Lestrade baute darauf, daß die Insassen der Bordelle in Greek Street keine Zeitung lasen. «Ralph Childers», antwortete er. Das Gitter schloß sich. Hatte er den falschen Namen gesagt? Die falsche Parole? Vielleicht hätte er sagen sollen: «Der Junge, den ich liebe, sitzt auf der Galerie?» Jetzt war es jedenfalls zu spät. Er hörte den Riegel quietschen und klirren. Ein riesiger Neger öffnete die Tür, bekleidet mit einem grell karierten Anzug und einem Seidenhemd. Der schwarze Mann schnappte sich Lestrades Geld und verschloß hinter ihm die Tür. «Miss Labedoyere empfängt um diese Zeit wirklich keine Gäste.» Lestrade versuchte den Akzent zu identifizieren. Karibisch mit einer Spur Seven Dials.
«Ich bin sicher, daß sie in meinem Fall eine Ausnahme machen wird.»
«Warten Sie hier.»
Lestrade wurde in ein Vorzimmer geführt, das feudal mit Samt und schweren Stofftapeten ausstaffiert war. Es roch durchdringend nach Zedernholz und Sandelholz. Es war die Zelle vom Eaton Square. Er spürte, daß er auf der richtigen Spur war.
Der Perlenvorhang hinter ihm schwirrte und klirrte, und eine massige Frau betrat den Raum, die ein baskisches, schleifengeziertes Mieder und im Haar riesige Straußenfedern trug.
«Mr. ... äh ...?»
«Lister.» Lestrade nannte seinen liebsten Decknamen.
«Ich bin Fifi Labedoyere.»
Kaum zu glauben, dachte Lestrade.
«Was kann ich für Sie tun, für –» sie knisterte mit den Geldscheinen in ihrer Hand – «fünf Pfund?» Sie wirbelte um Lestrade herum und beäugte ihn eingehend. «Etwas Braunes?» Sie lachte.

«Nein, töricht von mir. Ein kräftiger, vollblütiger Mann wie Sie –» sie schnippte ihm den Bowler vom Kopf – «ist gewiß auf etwas Rotes scharf.» Mit einem Stüber, der einem Schwan den Flügel hätte brechen können, beförderte sie ihn zurück auf die Chaiselongue. «Na...» Mit ihren spitz zulaufenden Fingernägeln zwickte sie seinen Schnurrbart.
Du bist ein Mann von Welt, sagte sich Lestrade. Niese nicht.
«Da wäre Charlotte. Frisch vom Land. Eine Jungfrau, Mr. Lister. Erst vierzehn Jahre alt.»
Ja, das konnte er sich vorstellen. Eine abgerissene Hure von vierzig, mit Ringellöckchen und Rouge aufgedonnert.
«Ach, nein. Ich habe ja Celeste. Eine Nymphe aus dem Orient. Mit einer Haut wie ein reifer Pfirsich. Sie versteht sich darauf, einen Mann verrückt zu machen.»
Irgendeine Schachtel aus Chinatown, dachte Lestrade, mit einem Zahn im Mund.
«Ich... hm... ich hatte an etwas Kräftigeres gedacht», sagte er vorsichtig.
«Aha», Fifis Augen leuchteten auf, «Sie brauchen Tamara. Sie stammt aus Bayern. Ich habe Männer gesehen, die unter ihrer Peitsche zu Wachs wurden.»
«Miss Labedoyere, verzeihen Sie», lächelte Lestrade, «aber ich hatte auf Ihre eigenen exquisiten Dienste gehofft.»
Fifi lachte, daß ihr Busen, bedrohlich und gewaltig, aus ihrem Fischbeinkorsett quoll. «Für fünf Pfund, mein Lieber? So gutmütig bin ich nicht.»
«Ein Jammer.» Lestrade versuchte, Madames Finger von seiner Leistengegend fernzuhalten. «Ralph Childers hat Sie in den höchsten Tönen empfohlen. Was sagte er gleich? ‹Das Eisen einer gepanzerten Faust und der Samt eines Handschuhs›.» Lestrade war stolz auf diesen Satz. Alfred Austin konnte sich davon eine Scheibe abschneiden.
«Und wie geht es dem lieben Ralph?» Fifi hatte mit geschickten Fingern drei von Lestrades Knöpfen geöffnet und fegte seine Hemdzipfel beiseite.
«Er ist tot.» Lestrade stand auf und brachte hastig seine Kleider in Ordnung.
Fifi stand neben ihm. «Tot?» wiederholte sie. Und dann wurde ihr

langsam alles klar. «Ich rieche einen Polypen.» Aus dem weichen Französisch war rauhes Bermondsey geworden.
«Sehr scharfsinnig, Madame», erwiderte Lestrade.
«Bert!» bellte die Madame, und der Herr aus der Karibik versperrte die Tür. «Er ist ein Schnüffler, er möchte gehen.»
Lestrade mußte schnell kombinieren. Der Bursche war vier oder fünf Stone schwerer als er, und hätte der Inspector hinter ihm gestanden, wäre er überhaupt nicht zu sehen gewesen. Und er schien die Kraft eines Dampfhammers zu haben. Lestrade fummelte in seiner Hosentasche nach seinem Schlagring, den er dort aufbewahrte, doch als er seine Hand wieder herauszog, fand sich nur eine Brille darin. Sie war Bestandteil seiner Verkleidung. Wenn er sich Lister nannte, trug er immer eine Brille. Der Neger hielt einen Augenblick inne, eine Hand an Lestrades Revers, während die andere in der Luft schwebte; mit der ganzen Erfahrung eines ehemaligen Preisboxers visierte er das Kinn des Polizisten an.
«Sie werden doch wohl keinen Mann mit einer Brille schlagen?» jammerte Lestrade und umklammerte das nutzlose Gestell.
«Nein, ich würde meine verdammte Faust benutzen», schnarrte der Neger.
Aber Lestrade war schneller. Jahrelang hatte es der Bursche mit unterwürfigen Männern um die Vierzig zu tun gehabt und gelernt, sich Zeit zu lassen. Dieses Mal war die Pause fast tödlich. Lestrade stieß beide Hände nach oben, und die Brillenbügel rammten sich schmerzhaft in die Nüstern des größeren Mannes. Als der Schwarze sich duckte und sich an die blutende Nase griff, schoß Lestrades Knie in die Höhe. Gleichzeitig bekam er in der anderen Hosentasche den Schlagring zu fassen und ließ ihn mit beiden Händen auf den Schädel des Burschen niedersausen. Es gab einen dumpfen Schlag und ein Gurgeln, und das Haus zitterte, als er zu Boden krachte.
«Also, Miss Labedoyere», wandte sich Lestrade an die Madame.
Fifi spie verächtlich aus, wenngleich sie ein wenig verblüfft war, den unbezwingbaren Bert als ein solches Häufchen Unglück zu sehen. Sie wich zurück und entrollte eine Peitsche, die an ihrem Handgelenk hing, was Lestrade bis jetzt entgangen war.
«Nett von Ihnen, mir das anzubieten», sagte Lestrade, «doch ich

Ein Skandal in Belgravia 29

fürchte, ich habe Sie ein kleines bißchen angeschwindelt. Mr. Childers hat Sie nicht empfohlen. Er hat einen ganz anderen Geschmack als ich.»
«Du plattfüßiger Bastard!» Fifi schrie, und ihre Brüste schaukelten hin und her, als sie den Lederriemen fliegen ließ. Er grub sich in Lestrades Nase und Wangen und zog eine blutrote Spur quer über sein Gesicht. Er fuhr herum, stieß sich von der Wand ab und stolperte über den ausgestreckten Bert. Ich kann es nicht mit allen aufnehmen, dachte er, während er versuchte, seine tränenden Augen auf Miss Labedoyere zu richten. Die besagte Lady holte Schwung zu einem neuen Peitschenhieb, als Lestrade sich zurückrollen ließ und heftig an dem Perlenvorhang zerrte. Er löste sich von der Wand, und ein Hagel von Perlen knatterte hüpfend auf den Boden. Lestrade war bereits im Parterre, und binnen weniger Sekunden hatte sich Madame, von den rollenden Perlen zu Fall gebracht, zu ihm gesellt. Sie verfluchte und verwünschte ihn, bis er ihr die Peitsche um den Nacken wickelte und sich, das verschnürte Bündel in seinem Schoß, gegen die Wand lehnte.
«Eine ganz neue Stellung für dich, Gertie», keuchte er und versuchte, wieder zu Atem zu kommen. Ein Mann, der auf die Fünfzig zuging, sollte so etwas nicht machen. Es wurde Zeit, dies jüngeren Kollegen zu überlassen.
«Wer?» fauchte Fifi.
«Gertie Clinker», sagte Lestrade, «früher Wapping und werweißwo im Osten. Weißt du, ich und du, wir sind ein bißchen zu alt für diese Spielchen, oder?»
«Du sprichst von dir selber, Schnüffler!» knurrte sie.
«Schäm dich, Gertie. Du erkennst mich nicht, nicht wahr? Mich, den einzigen Blauen, der dir je guten Tag sagte?»
«Blimey», murmelte sie. «Sergeant Lestrade!»
«Jetzt hast du dein Alter verraten, Täubchen», sagte Lestrade. «Ich bin seit sechzehn Jahren Inspector.»
Trotz der Fesseln um ihren Hals kicherte Gertie. «Hattest natürlich damals eine richtige Nase. Woher hast du all die Narben?»
«Nun, zumindest eine davon habe ich von einer Puffmutter in Greek Street.»
Gertie kicherte wieder. «Tut mir leid, Liebchen. Meine Augen sind nicht mehr das, was sie sein sollten.»

«Sitzt du bequem? Oder soll ich mich weiter mit deinem Hinterkopf unterhalten?»
«Ich werde Ihnen keinen Ärger mehr machen, Mr. Lestrade. Ehrlich. Ich werde mich nicht mucksen. Machen Sie mal was Neues mit mir.» Und sie kicherte abermals. Lestrade streckte die Arme. Er war froh, denn Gertie war eine kräftige Person, und seine Fingerknöchel waren vor Anstrengung weiß.
«Ich will dich ja nicht beleidigen, Gertie», sagte er, glättete seinen Donegal und schlitterte vorsichtig zum Korridor, «es ist nicht deine Wenigkeit, hinter der ich her bin.» Routinemäßig warf er einen Blick auf den Neger. Kiefer gebrochen, schätzte er. «Du wirst jedenfalls einen neuen Zuhälter brauchen.»
«Nach der heutigen Vorstellung glaube ich das auch», stimmte Gertie ihm zu.
«Ralph Childers», nahm Lestrade den Faden wieder auf.
«Ach ja, Sie sagten es.» Gertie goß ihnen beiden einen großen Gin ein. «Auf Ihr Spezielles, Mr. Lestrade.» Und sie kippte ihren Gin auf einmal hinunter.
«Du weißt, daß ich im Dienst nicht trinken darf.» Der Inspector prostete der Madame zu und schlürfte die klare Flüssigkeit. Sein Blick wurde wieder klar.
«Kommen Sie, Teuerster, ich möchte mich ein bißchen um Ihr Gesicht kümmern.» Und sie wühlte in einem Schrank und begann, Lestrade das Blut abzuwischen. Zwischen Lestrades Zucken und unterdrücktem Keuchen, übernahm Miss Clinker jetzt das Fragen.
«Habe ich recht gehört, daß Sie sagten, Mr. Childers sei tot?»
«Mausetot, Gertie.»
«Das überrascht mich nicht. Hat er es ein bißchen übertrieben?»
«Es?»
«Er nahm und teilte aus, wie es kam. Strammer Junge. Jedesmal, wenn er dagewesen war, tat mir tagelang der Arm weh.»
«Kann er es so übertrieben haben, daß er daran starb, Gertie?»
Sie hielt einen Augenblick in ihrer Tätigkeit inne und blickte ihn an.
«In allen meinen Jahren im Gewerbe, Mr. Lestrade, ist mir so was nie untergekommen. Jeder kommt an einen Punkt, wo er genug hat. Wenn natürlich seine Pumpe schwach war...»
«Ich glaube nicht, daß es sein Herz war, das die Prügel bezog, Gertie. Wann hast du ihn zum letztenmal gesehen?»

«Ach, vor drei, vielleicht vier Monaten. Hören Sie mal, Sie glauben doch nicht etwa...»
«Hast du Mr. Childers je in seinem Haus besucht?»
«Ich mache keine Hausbesuche, Mr. Lestrade. Kann sein, daß Mr. Childers bei sich zu Hause Flittchen hatte, aber wenn er was Professionelles wollte, kam er immer hierher.»
«Hatte er mal Freunde bei sich? Oder wurde jemand durch ihn bei dir eingeführt? Jemand, der vielleicht so ähnlich veranlagt war wie er?»
Gertie zermarterte sich das, was man für ihr Gehirn halten konnte.
«Es gab da einen Kerl. War in der Politik wie Mr. Childers. Hieß so ähnlich wie... wie hieß er doch gleich? Hab ein Gedächtnis wie ein Sieb, Mr. Lestrade, hatte ich immer.»
Lestrade griff müde in seine Hosentasche und zog eine weitere Handvoll Scheine heraus. «Das ist das zweite Bündel, Gertie, und das letzte.» Er schob ihr das Geld in die Hand. Sie lächelte triumphierend und quetschte die Scheine in die unergründliche Spalte zwischen ihren Brüsten.
«Holmes», sagte sie. «Großgewachsener Bursche. Schmales Gesicht. Rauchte Pfeife.»
Lestrade war halb den Korridor hinunter, ehe die verdutzte Gertie ihm nachrief.
«Du hast dir was verdient, Liebchen», sagte sie und stand mit gespreizten Beinen da, die Hände in die Hüften gestemmt, «um der alten Zeiten willen.»
Als er die Tür erreichte, warf Lestrade einen Blick zurück. «So was wie dich, Gertie», sagte er, «kann ich mir nicht leisten.»

Der Onkel von den
Sechsten Karabinieren

Sie hatten ihn am Morgen gefunden, als das Gras von der Nacht noch voller Tau war und der Wald in seiner Feuchte tropfte. Er lag auf seinem Rücken, die Beine ausgestreckt, und seine Hände umkrampften mit der ganzen Unnachgiebigkeit der Leichenstarre den Schaft der Bambuslanze, die senkrecht aus seiner Brust hervorragte.

Seine Freunde und seine Treiber hatten ihn auf einer Scheunentür nach Hause getragen und ihn auf sein Bett gelegt. Die Gutsfrau, die sich in diesen Dingen auskannte, hatte ihm den blutigen Jagdrock abgestreift und ihn gewaschen. Die Lanze wurde entfernt und sauber gewischt. Man mußte ihm die Arme brechen, um seine Hände vom Schaft zu lösen. Und es vergingen über sechzehn Stunden, ehe die örtliche Polizei verständigt wurde. Der Chief Constable war ein umsichtiger Mann. Er war so klug, sich an den Yard zu wenden und nicht auf seine eigene Tolpatschigkeit zu vertrauen. Lestrade war gerade damit fertig, seine Berichte zu tippen – natürlich in dreifacher Ausfertigung –, als ihn die dringende Aufforderung erreichte: «Major Deering tot. Stop. Vermute Verbrechen. Stop. Schickt Euren besten Mann. Stop. Wenn das nicht möglich, Lestrade. Stop.»

Unempfänglich für die Beleidigung, die Augen von der Konzentration des Tippens und der Verwundung durch Gerties Peitschenhieb verquollen, suchte der Inspector seinen abgeschabten Gladstone hervor, warf ein Hemd hinein, einen Reservekragen, sein Rasiermesser und begab sich nach King's Cross. Ihm blieb keine Zeit mehr, den Bericht des Coroners über den verstorbenen Childers zu lesen. Keine Zeit mehr, das Tagebuch bei den Entzifferern des Yards abzuliefern. Keine Zeit, den beiden neuen Männern, die Frost ihm geschickt hatte, Anweisungen zu geben. Sie wie alle übrigen im ersten Stock würden warten müssen.

Man holte ihn mit einem schwarz ausgeschlagenen Landauer am

Der Onkel von den Sechsten Karabinieren ───────────────── 33

Bahnhof ab. Die gegenseitige Vorstellung vollzog sich kurz und würdig in der Dämmerung, und dann ratterte das Gefährt durch die einbrechende Dunkelheit.
«Sie sind also der Bruder des Verstorbenen?» fragte Lestrade den Mann mit Zylinder, der ihm gegenübersaß.
«Bin ich», bestätigte dieser.
«Ich habe keine Informationen, Sir. Können Sie mir sagen, was passiert ist?»
«Wir haben keine Ahnung, Inspector. Gestern fand eine Jagd statt. Die Halle war proppenvoll. Überall Pokale und Hunde. Onkel war am Morgen gut in Form, bereit zum Kampf, wie immer.»
Lestrade wandte sich an den älteren Mann zu George Deerings Linken. «Sie sind also der Onkel des Verstorbenen, Mr. Sheraton?»
Mr. Sheraton wirkte ein wenig überrascht, und das Monokel fiel ihm aus dem Auge.
«Nein, Sir. Ich war ein Regimentskamerad.» Und beide Männer blickten auf einen imaginären Altar in mittlerer Entfernung.
«Verzeihung», sagte Lestrade, der spürte, daß er im Begriff war, von den fallenden Ästen des Familienstammbaumes erschlagen zu werden. «Wer ist dann Ihr Onkel?»
«John», sagten beide wie aus einem Munde.
Lestrade blickte verständnislos.
«Major Deering», fuhr Sheraton fort, während Lestrade die Lichter von Deering Hall durch das Immergrün schimmern sah, «war bei allen Offizieren des Regiments als ‹Onkel› bekannt.»
«Regiment.» Jetzt fiel Lestrade ein, welchen Rang der Tote gehabt hatte.
«Die Karabiniere, Mann», erklärte Deering ein wenig gereizt, «die Sechsten Leibdragoner. Wir sind – waren – alle Offiziere dieser großen und vornehmen Einheit.»
Es war geraume Zeit her, seit Lestrade sich in der Gesellschaft von Troupiers befunden hatte. Er hatte ihre fehlenden Kinnpartien vergessen, ihr beschränktes Gesichtsfeld, das Ausmaß ihres Snobismus und die unsägliche Arroganz, die sie zur Schau stellten.
Der Landauer kam mit einem Ruck zum Stehen, und Lestrade wurde in das Innere von Deering Hall geleitet. Er kam sich vor, als werde er zu seiner eigenen Hinrichtung geschleppt, während die Reitstiefel seiner Begleiter auf dem gewachsten Holz und dem Marmor der

Fußböden rasselten. Er wurde in einen von Kerzenlicht erhellten Raum geführt. An den Wänden hingen Banner und Porträts von steinhart dreinblickenden Colonels, stolz in ihren scharlachroten und goldenen Uniformen. Auf einer Geschützlafette lag Major John Deering, ehemals Angehöriger der Sechsten Leibdragoner Seiner Majestät. Lestrade blickte auf den Leichnam. Friedlich. Zufrieden. Er lag da, die Arme über seiner Brust gekreuzt, prächtig in der dunkelblauen und weißen Uniform der Karabiniere, und das Kerzenlicht blitzte auf den goldenen Litzen an Hals und Manschetten. Sie hatten ihm sein Schwert umgeschnallt, und auf dem Samtkissen an seinem Kopf lagen seine Panzerhandschuhe, seine Sporen und der große, weißgefiederte Helm. Lestrade fühlte sich an das Grabmal des Schwarzen Prinzen erinnert, das er in Canterbury gesehen hatte. Sogar der geschwungene Schnurrbart des Majors gemahnte daran.

«Wer hat den Tod bescheinigt?» fragte er.

«Ich», sagte Sheraton. «Ich bin der Regimentsarzt.»

«Wir machen ihm keinen Vorwurf daraus», äußerte der jüngere Deering, eher als Feststellung, denn als versuchten Witz.

«Und?» Der Inspector wartete.

«Die Aorta wurde von der Spitze einer Kavallerielanze durchtrennt.»

«Von einer Kavallerielanze?» Lestrade blickte ungläubig auf. Deering ging in eine Ecke des Raumes und kehrte mit der Waffe zurück. Er überreichte sie Lestrade, der zögerte und sie dann mit einer gewissen Resignation in die Hand nahm. «Sie ist vermutlich abgewischt worden?»

«Selbstverständlich», erwiderte Deering. «Den ganzen Tag über sind Leute gekommen, um dem Onkel die letzte Ehre zu erweisen. Morgen früh werden es noch mehr sein. Man konnte die Waffe ja nicht einfach so herumliegen lassen, mit Onkels Blut bedeckt, oder?»

«Die Wunde, Doktor?» wandte sich Lestrade an Sheraton.

«Captain», verbesserte Sheraton.

«Wie wurde sie ihm beigebracht?»

«Ein einziger Stoß, würde ich sagen, von vorn, wahrscheinlich, als der Onkel am Boden lag.»

«Ist es üblich, Füchse mit Lanzen zu jagen?» Die Antwort auf diese

heikle Frage überließ Lestrade seinen nicht gerade entgegenkommenden Gastgebern.
«Unser Regiment gehört zur Schweren Kavallerie, Lestrade», schnauzte Deering, «wir verwenden überhaupt keine Lanzen. Ich glaube, die Schottischen Grauen benutzen die Lanze für ihre Vorhut, aber... nun ja, die Grauen...» Er und Sheraton schnaubten in gemeinsamer Verachtung.
«Wem also gehört diese Lanze?» fragte Lestrade.
«Keine Ahnung», antwortete Deering. «Sie gehört nicht ins Haus. Sie muß dem Mörder gehört haben.»
Lestrade hielt die Waffe einen Augenblick waagerecht, dann schwenkte er sie aufwärts.
«Zeigen Sie mir, wie der Stoß ausgeführt wurde, Captain», sagte er zu Sheraton, «nach Ihrer Meinung.»
Der gute Captain nahm den Schaft, schlang den Lederriemen um sein Handgelenk und klemmte die Waffe unter seinen rechten Arm.
«Ein Lanzenreiter würde sie so benutzen, und bei allen Angriffen mit der Lanze wird sie so geführt. Nach der Tiefe der Wunde zu urteilen, würde ich sagen, ist sie so benutzt worden...» Er umklammerte die Lanze mit beiden Händen wie einen Speer. «Der Stoß erfolgte aus einer stehenden Position.»
«Es gab keine anderen Wunden am Körper?»
«Keine.»
«Ich schätze, die Frage, ob der Major ein guter Reiter war, erübrigt sich?»
Sheraton blickte Deering an.
«Der beste», bestätigte George Deering.
«Gentlemen, ich konnte keinen Constable mitbringen. Dürfte ich vielleicht Ihr Telefon benutzen, Mr. Deering?»
«Captain», beharrte Deering.
«Um das Polizeirevier anzurufen?»
«Können Sie die Sache nicht allein erledigen, Inspector? Sehen Sie, wir möchten wirklich nicht, daß die Bobbies vom Revier hier überall herumtrampeln. Unser Chief Constable hat, wenn ich recht informiert bin, ausdrücklich nach Ihnen verlangt.»
Wie man's nimmt, dachte Lestrade. «Kopf hoch, Gentlemen», sagte er, indem er zur Tür ging. «Wir wissen zumindest, daß Major

Deerings Mörder kaum ein Lanzenreiter sein kann. Ein solcher hätte sicherlich vom Sattel aus getötet. Und er hätte seine Waffe nicht zurückgelassen. Damit dürften zwei- oder dreitausend Männer als Verdächtige ausscheiden.»
Lestrades fröhlicher Optimismus wurde von seinen Gastgebern nicht geteilt. In den verbleibenden Stunden, bis die Uhr in der Eingangshalle zwölf schlug, fuhren sie in ihrer Geschichte von den Ereignissen am Vortag fort. Die Jagdgesellschaft war mit fliegendem Start aufgebrochen, und sie hofften auf einen vergnügten Tag. Onkel ritt einen neuen kastanienbraunen Wallach und war bald dem Feld voraus. Am Wasser hatte es ein wenig Verwirrung gegeben, und die Meute hatte sich geteilt. Sheraton und George Deering ritten über höherliegendes Gelände auf das Hochmoor zu. Onkel und einige andere waren den übrigen Hunden in die Ginsterbüsche gefolgt und vertrauten auf ihr Jagdglück im dichten Unterholz. Als die beiden Gruppen sich wieder trafen, gab es einen schrecklichen Wirbel, weil Lady Brandlings Pferd sie abgeworfen hatte und sie den Verdacht äußerte, jemand habe sich, als sie benommen in der Lower Moorgate lag, an sie herangemacht. Sie sei ganz sicher, sagte sie, daß sie die Hand eines Mannes an ihrem Knie gespürt habe. Jedenfalls verging einige Zeit, bevor auffiel, daß Onkel nicht unter denen war, die sich um ihre völlige Wiederherstellung bemühten. Aber er war, wie George Deering dem Inspector immer wieder versicherte, ein vorzüglicher Reiter und kannte das Gutsgelände und die angrenzenden Wälder wie seine Westentasche. Er würde aufkreuzen, wenn es ihm paßte, und mit der Lunte des Fuchses dazu. Aber der Abend war hereingebrochen, und sein Pferd war gefunden worden, das allein und seltsamerweise ohne seinen Reiter durch den Ginster irrte. Deering, Sheraton, die anderen und die Treiber waren noch einmal hinausgegangen, um nach ihm Ausschau zu halten. Vielleicht war er gegen einen Baum geprallt. Der Wallach war relativ unerprobt. Wer konnte wissen, was geschehen war. Vielleicht hatte er den Burschen erspäht, der sich Lady Brandling genähert hatte, und war ihm nachgesetzt. Aber die Treiber fanden nichts, und auf das Rufen seines Namens antwortete er nicht. Bei Anbruch der Nacht brachen sie die Suche ab, um sie beim ersten Tageslicht wiederaufzunehmen. Und dann hatte ihn einer der Wildhüter des Gutes gefunden.

Der Onkel von den Sechsten Karabinieren

«Warum eine Lanze?» Lestrade sprach wirklich mit sich selber.
«Indien», murmelte Sheraton, an seinem Monokel rückend, während er sich einen weiteren Brandy eingoß.
Lestrade blickte auf die Flammen, die sich im Monokel spiegelten.
«Indien?» wiederholte er.
«Als ich zum Regiment stieß», erklärte Sheraton, «waren wir in Indien stationiert. Merut. Dort waren unsere Lieblingsbeschäftigungen in der Freizeit Pferderennen und Schweinespießen.»
«Schweinespießen?»
«Eberjagd, um genau zu sein», erläuterte Deering. «Gerissener Bursche, dieser Eber. Bösartig. Geht auf dich los, wenn er in die Enge getrieben wird. Und seine Hauer sind nicht zum Spaßen.»
Sheraton pflichtete bei.
«Also ist unser Mann vielleicht jemand, der Major Deering aus Indien kannte? Hatte er Feinde?» fragte Lestrade.
«Welcher Mann hat keine Feinde?» fragte Deering zurück. «John war ein ungeheuer beliebter Mann, Inspector. Im Kasino nannte jeder ihn ‹Onkel›. Aber sollte ihm jemand diese Beliebtheit geneidet haben?»
«Gab es jemanden, der einen speziellen Grund gehabt hätte?»
Deering zuckte die Achseln. Wird Zeit, dachte Lestrade, daß ich selbst den Eber mal ein bißchen in die Enge treibe.
«Vielleicht jemand, der Aussicht hatte, den Besitz seines älteren Bruders zu erben?»
George Deering sprang auf die Füße. «Das ist eine widerwärtige und beleidigende Bemerkung, Lestrade. Sie werden sie auf der Stelle zurücknehmen.»
Lestrade warf einen Blick auf Sheraton, der mittlerweile ebenfalls aufgesprungen war. «Vielleicht jemand, der als Arzt in einem exklusiven Kavallerieregiment als der Allerunterste angesehen wird und der auf den beliebtesten Offizier dieses Regimentes krankhaft eifersüchtig ist?»
«Lestrade, Sie überschreiten die Grenzen des Anstands!» brüllte Sheraton.
«Häufig», erwiderte Lestrade, jetzt in derselben Lautstärke, «doch nur, weil ein Mord es von mir verlangt. Nehmen Sie Platz, Gentlemen. Falls ich beleidigend gewesen bin, tut es mir leid. Aber ich

mußte damit anfangen, Verdächtige auszuscheiden. Gerade habe ich zwei eliminiert.»
«Wie das?» wollte Deering wissen.
«Captains, ich befasse mich seit langer Zeit mit Morden», sagte er und starrte nachdenklich in das prasselnde Feuer, «seit langer Zeit. Und ich erkenne eine Lüge, wenn ich sie höre. Und einen Mörder, wenn ich ihn sehe. Oh, nicht jedesmal. Aber im allgemeinen schon. Und in Ihrem Fall kann ich nichts sehen. Und nichts hören.»
«Wozu auch noch die Tatsache kommt», fuhr Deering fort, «daß wir Zeugen haben, die schwören werden, daß wir den ganzen Tag mit ihnen zusammen waren.»
«Geben Sie mir zehn Männer, die alle dieselbe Sache zu selben Zeit gesehen haben, und ich liefere Ihnen zehn verschiedene Versionen dieser Sache», sagte Lestrade. «Ihre Freunde werden schwören, weil sie Ihre Freunde sind. Weil sie davon ausgehen, daß Sie da waren. Weil sie ein Pferd sahen, daß dem Ihren ähnelte. Weil jemand erwähnte, er habe Sie gesehen. Trotzdem», Lestrade trank seinen Brandy aus, «hätte ich gern eine Aufstellung derer, die mit Ihnen ritten, und insbesondere derer, die nach Ihrer Erinnerung mit Major Deering ritten, als die Meute sich trennte. Wenn Sie mich jetzt entschuldigen, Gentlemen, ich werde zu Bett gehen. Ich werde die morgigen Feierlichkeiten stören müssen, um Ihren Trauergästen ein paar Fragen zu stellen.»
Und er empfahl sich.
George Deering blies die Lampe aus und wandte sich an Sheraton, der noch immer am Fenster stand.
«Ich denke, unser plattfüßiger Freund hat sich zu weit vorgewagt, Arthur, meinst du nicht auch?»
«Was schlägst du vor, George?»
«Wenn unser lieber Chief Constable den Mann richtig einschätzt, ist er der Typ, der jeden Stein umdreht.» Er ging zur Tür. «Wenn er damit fertig ist, unsere Freunde mit seinen entsetzlichen kleinbürgerlichen Fragen zu belästigen, wird er sich vermutlich nach Brighton begeben.»
«Zum Regiment?» Sheraton war entsetzt. «Dieser ekelhafte Kerl!»
«Genau. Ich denke, wir können dort etwas für ihn arrangieren, meinst du nicht auch?»

Der Onkel von den Sechsten Karabinieren ──────────── 39

Den ganzen folgenden Tag über kamen und gingen sie, gaben am Morgen ihre Karten ab und kehrten am Nachmittag zurück. Die Auffahrt sah aus wie der Hyde Park an einem sonnigen Sonntag, verstopft von Kutschen und Kabrioletts. Mit der widerwilligen Erlaubnis Captain Deerings machte es sich Lestrade im Arbeitszimmer des verstorbenen Majors bequem. Er hatte seine Verstärkung schließlich doch noch bekommen – einen Sergeanten und drei Constables, welche die Protokolle aufnahmen und ansonsten alles taten, was der Mann vom Yard ihnen befahl.

Deering und Sheraton gingen ihm aus dem Weg, doch die ärgerlichen Blicke jener, die Lestrade befragt hatte, konnten ihnen nicht entgehen. Von denen, die an der Hetzjagd vor zwei Tagen teilgenommen hatten und nach Deerings Liste mit dem Verstorbenen geritten waren, als die Meute sich trennte, befragte Lestrade acht. Sie erzählten im wesentlichen dieselbe Geschichte und brachten ihn nicht weiter. Am Wasserlauf hatten sie allesamt den Major aus den Augen verloren. Einer sagte aus, der Major habe anscheinend Probleme mit dem Wallach gehabt. Ein anderer erwähnte eine Gestalt auf einem grauen Pferd, die er nicht kannte, die ein wenig rechts neben Deering geritten sei, doch es gab in der Jagdgesellschaft viele Gesichter, die er nicht kannte, und diesem einen hatte er keine besondere Bedeutung beigemessen.

Dann befragte Lestrade Lady Brandling. Sie war eine großgewachsene Frau. Vermutlich jenseits der Vierzig, doch wer war das heutzutage nicht? Zum Zeichen der Trauer trug sie Purpur und ihr goldenes Haar hing in Zöpfen über ihre Schultern – eine Frisur, die ein wenig aus der Mode war. Gleichwohl sprühten ihre Augen wie leuchtende Saphire, und sie bestand darauf, ohne die Anwesenheit der Constables mit Lestrade im Garten zu spazieren, vorausgesetzt, er habe nichts dagegen, denn der Gegenstand ihres Gesprächs sei delikat.

«Sie sind wegen des... Vorfalls... hier?» fragte Lady Brandling, während sie unter den Apfelblüten entlangschritten.

«In der Tat, Madame», erwiderte er.

«Ich kann Ihnen nur wenig sagen», seufzte sie.

Dieser Satz kam Lestrade bekannt vor.

«Und wenn es nur eine winzige Kleinigkeit ist, Madame, sie kann von größter Wichtigkeit sein.»

Sie blickte ihn an. «Natürlich», sagte sie. «Ich war fast eine Stunde geritten. Während dieser Zeit war vom Fuchs nichts zu sehen, doch die Hunde hatten ihn offenbar gewittert. Ich hörte gerade den Halloruf, daß er gesichtet worden war, als ich merkte, daß ich zu hoch in den Wald hinaufgeritten war. Ich war allein, obwohl ich durch die Bäume unter mir verschiedene Leute sah. Ich muß gegen einen Ast geprallt sein, denn als ich zu mir kam, lag ich am Boden und mein Kopf schmerzte.»
Lestrade bemerkte die kleine Schwellung.
«Da war ein Mann... der sich über mich beugte. Er... er hatte seine Hand auf meinem Knie und schob meinen Jagdrock hoch. Dann versuchte er... mich zu küssen... Inspector, ist das alles notwendig?»
«Nein, Madame, ist es nicht. Ich stelle Nachforschungen über den Tod von Major John Deering an. Ich fürchte, Sie und ich reden aneinander vorbei, Lady Brandling.»
Sie trat ruckartig beiseite, dann kehrte sie zu ihm zurück.
«Nein, Inspector, das glaube ich nicht. Sehen Sie, der Mann, um den es geht, war Major John Deering.»
Lestrade kniff die Augen zusammen und nahm Lady Brandling sanft am Ellenbogen.
«Wollen Sie damit sagen, daß der Verblichene versuchte, Sie zu notzüchtigen?»
Lady Brandling errötete. «Sagen wir, er war seit geraumer Zeit... verliebt. Machte Annäherungsversuche... Andeutungen.» Sie straffte ihren üppigen Busen. «Ich wies ihn natürlich zurück.»
«Natürlich.» Lestrade war besorgt.
«Er war ein prächtiger Reiter, Inspector. Er hätte nie zugelassen, daß ein Pferd ihn abwirft. Er war mir offensichtlich gefolgt. Hatte auf seine Chance gewartet.»
«Was geschah dann?»
«Sobald ich begriff, was passierte, wehrte ich ihn ab.»
Höchst glaubwürdig, dachte Lestrade, nachdem er unter dem Samt Lady Brandlings Bizeps erspäht hatte.
«Er muß sich geschämt haben, denn er half mir auf und ritt fort. Es war das letzte Mal, daß ich ihn sah, bis... zum nächsten Nachmittag.»
«Wer sonst weiß von diesem Zwischenfall?» fragte Lestrade.

Der Onkel von den Sechsten Karabinieren

«Niemand. Und ich möchte, daß das so bleibt. Onkel war in mancher Hinsicht ein prächtiger Mann. Das Regiment liebte ihn. Das Land liebte ihn. Hier und da werden Sie vielleicht eine Lady finden – oder eine Frau aus dem Volk –, die ihn nicht liebte. Er hatte diese fatale Schwäche, wissen Sie. Eine Schwäche für Frauen.»
«Fatal, in der Tat, Madame», wiederholte Lestrade. «Sagen Sie mir, Mylady, stammen Sie selber aus einer militärischen Familie?»
«O ja, Inspector. Mein Vater war Colonel im Dorsetshire-Regiment, und mein Großvater kämpfte mit der Königlichen berittenen Artillerie auf der Krim.»
«Also ist Ihr Heim... äh... Verzeihung...»
«Brandling Hall.»
«...voll von Trophäen militärischer Art?»
«O ja.»
«Kavallerielanzen?»
«Ja, ich glaube...» Lady Brandling war plötzlich auf der Hut.
«Inspector, was wollen Sie andeuten?»
«Sie sind eine Frau, die man grob beleidigt hat, Lady Brandling», mahnte Lestrade. «Was ist natürlicher, als daß Sie Rache wollten?»
«Und wie sollte ich diese Rache bewerkstelligen?» fragte sie. «Versteckte ich eine Lanze in meinen Röcken, mit der ich Onkel Deering aufspießte? Oder trug ich sie ganz offen, wie Lanzenreiter es tun, in einem Lanzenschuh, der am Steigbügel befestigt ist? Nein, warten Sie. Vielleicht habe ich sie heimlich im Wald versteckt, überzeugt der Fuchs werde dort vorbeilaufen, und wartete dort, bis der Onkel sich auf mich stürzte. Dann durchbohrte ich ihn damit.»
Gegen seinen Willen brach Lestrade in Lachen aus. Und kurz darauf begann auch Lady Brandling zu lachen.
»Verzeihen Sie mir, Mylady. Es ist meine Aufgabe, keine Möglichkeit außer acht zu lassen. Immerhin haben Sie mich daran erinnert, daß es so etwas wie Logik gibt. Und Sie haben sich dabei auf bewunderungswürdige Weise entlastet.»
«Inspector», sagte sie, nachdem das Gelächter verebbt war, «es schickt sich nicht, daß wir an einem Tag wie dem heutigen so ausgelassen sind. Ich vertraue darauf, daß der Vorfall, von dem ich vorhin berichtete, unter uns bleibt.»
Lestrade blickte sie ernst an. «Ich sehe keinen Grund, Madame»,

sagte er, «warum das nicht so sein sollte. Eine letzte Frage noch», indem er sie zu dem riesigen, eindrucksvollen roten Backsteinhaus im Stil Palladios führte, «haben Sie einen Reiter auf einem grauen Pferd gesehen?»
«Drei oder vier, Inspector. Ist das wichtig?»
«Vermutlich nicht.» Und sie gingen ins Haus.

Seit acht Jahren hatte Lestrade diesen Teil von Norman Shaws elegantem Gebäudekomplex nicht besucht. Damals hatte er am Baskett-Fall gearbeitet, und die Umstände waren gänzlich andere gewesen. Dieser Teil lag irgendwo tief unter der Erde. Tatsächlich müßte man eigentlich, so stellte er sich vor, nur ein paar Schritte entfernt die gute alte Themse gurgeln und grollen hören.
«Noch keine großen Fortschritte, Inspector», sagte der Mann der Wissenschaft und musterte Lestrade über seinen Kneifer hinweg. «Scheint ein Tagebuch zu sein, aber das System ist kompliziert. Verstehen Sie etwas von Chiffren?»
«Nicht viel», sagte Lestrade achselzuckend.
«Nun, es gibt numerische und alphabetische, Silbe und Wort, mit Schablone oder freihändig. Andererseits gibt es die verschiedenartigen Systeme – Winkelschrift, Fadenschrift, Punktierung, die Zollstockschrift und so weiter.»
«Wozu gehört diese?»
«Ich weiß es nicht. Doch ich denke, ich habe Punktierung, Schablone und Zollstock ausgeschieden.» Er durchblätterte einen Berg von Papieren. «Das ist ein Fortschritt. Die einfachste Geheimschrift ist die Fünf-Elemente-Verschlüsselung – Francis Bacon verwendete sie – ‹Fliege›, zum Beispiel, wird ‹aabab› geschrieben. Aber man könnte auch ‹ababa› oder gar ‹babba› schreiben – verstehen Sie?»
«Nein», sagte Lestrade. Es war die schlichte Wahrheit. Man brauchte ihm bloß eine Leiche, einen Blutfleck, einen Fingerabdruck zu geben, und er war auf vertrautem Boden. Dieser Mann jedoch redete Unsinn.
«Die Pariser Internationale Telegrafenkonferenz hat 1890 ein offizielles Wörterverzeichnis von etwa zweihunderttausend Wörtern herausgegeben. Das bezog sich eigentlich auf den kommerziellen

Gebrauch, aber man kann es auch in anderen Bereichen verwenden, versteht sich.»
«Versteht sich», pflichtete der verwirrte Lestrade bei.
«Das neue offizielle Wörterverzeichnis hat diesen Bestand auf eine Million Wörter ausgedehnt. Damit wollte man das Risiko einer fehlerhaften Übertragung verringern, doch ich persönlich glaube nicht, daß man damit Erfolg haben wird.»
«Äh... nein, ich denke nicht», bemerkte Lestrade.
«Wenn dieses Tagebuch – wenn es denn eines ist – allerdings künstliche Wörter benutzt, dann sind wir erledigt.»
«Absolut», mußte Lestrade gezwungenermaßen zugeben.
«Um hinter die Verschlüsselung zu kommen, habe ich das Buch sogar um 360 Grad gedreht. Kein Glück. Jetzt arbeite ich daran...»
Doch er sprach mit sich selbst. Lestrade hatte sich in die oberen Gemächer des Yards begeben, wo die Menschen eine Sprache benutzten, die er verstand.
Drei solcher Männer standen vor seinem Tisch in seinem Büro im ersten Stock. Einer davon war Walter Dew, gerade zum Sergeanten der Abteilung ‹H› von Scotland Yard befördert. Die anderen zwei waren Neulinge – die Constables Dickens und Jones –, quietschvergnügt in ihren billigen Anzügen.
«Dickens», sagte Lestrade und überflog die vor ihm liegenden Papiere. «Vorname Charles Boothby.» Er blickte auf, als der junge Mann näher trat. «Charles Dickens?» Lestrade hatte einen finsteren Gesichtsausdruck. «Irgendwie verwandt?»
«Mit wem, Sir?» fragte der Constable gespannt.
«Nicht verwandt», seufzte Lestrade. «Wie lange bei der Polizei?»
«Drei Jahre, Sir – im kommenden September.»
«Zweieinhalb», bemerkte Lestrade mechanisch. Abermals sah er in die Papiere, und etwas fesselte seine Aufmerksamkeit. «Sie waren der Beamte, der im Fall Terris die Verhaftung vornahm?»
«Ja, Sir. Es war meine erste Nacht auf Streife. Allein, meine ich.»
«Gehörte eine Menge Mumm dazu, es mit diesem Wahnsinnigen aufzunehmen.» Lestrade war kein Mann, der leicht zu beeindrucken war.
«Nein, Sir. Ich brauchte weder Mumm noch Pommery. Ich verließ mich auf meinen Knüppel.»
Gott sei Dank, dachte Lestrade, daß du dein Hirn nicht benutzt

hast. «Warum haben Sie sich beim Yard beworben?» besänftigte er sich durch Weiterfragen.
«Scotland Yard ist das beste Polizeiorgan der Welt, Sir. Ich wollte ein Teil davon sein.»
Lestrade verkniff sich die Bemerkung, welchem Teil dieses Organs nach seiner Meinung Dickens höchstwahrscheinlich ähneln würde, und wandte sich an den anderen Constable.
«Jones», sagte er. Der Angesprochene baute sich zackig vor ihm auf und salutierte. «Nein», sagte Lestrade niedergeschlagen, «wenn wir in Zivil sind, machen wir das nicht. Dadurch verrät man alles, verstehen Sie? Stellen Sie sich vor, Sie arbeiten geheim in einem Nachtclub und sind dabei, einen Ring von Opiumhändlern oder weißen Sklavenhändlern auffliegen zu lassen. Ich komme rein, sehe so aus, daß mich alle Welt für einen Börsenspekulanten hält, und Sie salutieren. Dann können Sie sich bedanken, verstehen Sie?»
Jetzt war Jones an der Reihe, niedergeschlagen dreinzuschaun.
«Vorname John Thomas...» Lestrade blickte ihn an und sah, wie das Grinsen von Dews und Dickens' Gesichtern verschwand. Er sah im Personalbogen nach. «Sie sind also Athelney Jones' kleiner Junge?» Er schnalzte mit der Zunge.
«Nicht mehr so klein, Inspector. Nächsten Monat werde ich neunzehn. Ein Jahr dabei.»
«Wie geht's Ihrem alten Herrn? Genießt er seine Pension?»
«Danke, gut, Sir. Er schickt seine Empfehlungen.»
«Wenn man bedenkt, daß er und ich uns kaum die Tageszeit geboten haben, Constable, muß ihn das eine ganz schöne Überwindung gekostet haben. Also, Sie haben den größten Teil des letzten Jahres damit verbracht, die Mile End Road auf und ab zu spazieren. Irgendwelche Vorfälle?»
«Ein paar kleine Lichter... äh... Spitzbuben, Sir.»
«Gut. Ein Mann, der das East End abklappern kann. Das ist nützlich. Warum der Yard? Papas Fußstapfen?»
«Ja, Sir.» Jones entschuldigte sich nicht für diese Tatsache.
«Wenigstens ehrlich.» Lestrade räkelte sich in seinem Sessel. Sie standen vor ihm und glichen sich wie ein Ei dem anderen, wie Plisch und Plum. Welch ein Trio – Plisch, Plum und Dew. Warum kriegte er eigentlich immer die Grünschnäbel? Und dazu noch

diese Tröpfe! Es schien gar nicht lange her, seit er in diesem Sessel gesessen und auf die stahlharte Gestalt von Harry Bandicoot geblickt hatte. Aber Harry war trotz all seiner Fehler und seinem alt-etonianischen Sinn für Ehre und Anständigkeit ein nützlicher Mann gewesen, den man gern zur Unterstützung hatte. Auf Dew konnte sich Lestrade jederzeit verlassen. Aber auf diese zwei? Was war, wenn Plisch und Plum mal zufällig in ein Handgemenge gerieten? Und für welche polizeiliche Routinearbeit konnte er sie einsetzen, wenn überhaupt? Zwischen ihnen lagen weniger – merklich weniger – als vier Jahre Erfahrung. Und im Augenblick waren andere Zeiten.

«Dickens.»

«Sir?»

«Was wissen Sie über die Sechsten Leibdragoner?»

Dickens blickte einen Augenblick verständnislos, dann fing er sich. «Die Sechsten Leibdragoner. Seiner Majestät Sechstes Linienregiment schwerer Kavallerie. Aufgestellt siebzehnhundertfünfundachtzig. Ursprünglich ‹Witwen der Königin› genannt. Später ‹Die Karabiniere›, wegen der kurzen Muskete, die sie im Gefecht trugen. Sollten vor vierzig Jahren in Indien in ein Regiment leichter Kavallerie umgewandelt werden. Es wurde ihnen befohlen, ihre blauen Uniformen gegen scharlachrote einzutauschen. Die Umwandlung fand nie statt, und heute sind sie das einzige Regiment schwerer Kavallerie, das blaue Waffenröcke trägt. Sie zeichneten sich unter anderem in folgenden Schlachten aus...»

«Danke, Constable!» Lestrades Verblüffung war von Sekunde zu Sekunde gewachsen. «Sie wissen all das und haben keine Ahnung von ihrem Namensvetter?»

«Wer soll das sein, Sir?»

«Vergessen Sie's», brachte Lestrade hervor, nachdem es ihm gelungen war, seinen Mund zu schließen.

«Und wo sind die Karbs jetzt stationiert?»

«Karbs, Sir?»

«Die Karabiniere, Mann. Das Regiment, von dem wir – das heißt Sie – gerade gesprochen haben.»

«Oh, in Brighton, Sir.»

«In Ordnung.» Der Inspector griff mit zitternden Fingern nach einer Zigarre. Dickens' Streichholz war aufgeflammt, ehe sie seine

Lippen erreichte. Lestrade blies Rauch durch die Nase und entsprach jetzt dem grimmigen Bild, das Dew den beiden neuen Burschen mit Freuden gemalt hatte.
«Jones.» Lestrade eröffnete das Feuer auf Plum.
«Was wissen Sie über Kavallerielanzen?»
«Kavallerielanzen, Sir?» Jones vergewisserte sich, daß er richtig verstanden hatte.
Lestrade nickte und wartete auf das «Nichts» oder das Schweigen. Statt dessen wurde ihm eine Lektion zuteil.
«Die Lanze als Waffe im Krieg verschwand im siebzehnten Jahrhundert vom Schlachtfeld, weil man zum Schluß gelangte, sie sei unhandlich und den Feuerwaffen nicht gewachsen. Aufgrund des beeindruckenden Gebrauchs, den die von Napoleon ausgehobenen Truppen, insbesondere die Vistula-Lanzenreiter unter Marschall Poniatowski, von ihr machten, kehrte die Waffe 1817 in das britische Heer zurück. Britische Lanzenregimenter trugen zuerst einen sechzehn Fuß langen, vier Pfund schweren, aus Eschenholz gefertigten Schaft, doch die jüngst in Indien gemachten Erfahrungen haben zur Entwicklung einer kürzeren Waffe geführt, die aus Bambus hergestellt wird und ein Gewicht von...»
«Danke, Constable.» Vor lauter Verblüffung angesichts der Entfaltung solcher Belesenheit hatte Lestrade seine Zigarre ausgehen lassen. «Sergeant Dew», sagte er. «Ich wette, daß Sie trotzdem einen besseren Tee machen als jede dieser beiden wandelnden Enzyklopädien. Heiß, und einen Eimer voll. Ich fühle mich nicht wohl.»

Lestrade hätte Walter Dew hinschicken können. Auf Dickens und Jones konnte er sich noch nicht verlassen. Aber auf eine sonderbare Weise hatte er einen grollenden Respekt vor ihnen. Wie freilich zwei Männer, die aus so langweiligen Verhältnissen kamen – einer von ihnen war der Sohn des größten Idioten, der je die Uniform der Metropolitan Police angezogen hatte – ein derartiges Wissen ansammeln konnten, blieb ihm unerklärlich. Kein Wunder, daß Nimrod Frost gesagt hatte, Lestrade werde diese zwei mögen. Doch er hatte schon zuvor Constables gemocht. Zwei waren getötet worden, die unter ihm dienten. Einer war zum Krüppel geworden. Einer

Der Onkel von den Sechsten Karabinieren ─────────────── 47

hatte den Dienst quittiert, um eine reiche Witwe zu heiraten. Constables hatten die Angewohnheit, nicht lange in seiner Nähe zu bleiben. Ausgenommen Dew, aber auch der war inzwischen Sergeant. Es war am besten, sie nicht allzu gern zu haben. Lestrade nahm selbst den Mittagszug nach Brighton.
Er kannte die Stadt oberflächlich. In der kurzen Zeit, die er und Sarah zusammen hatten, waren sie mit demselben Zug gelegentlich hergekommen, wenn er sich recht erinnerte. Doch es war jetzt nicht die Zeit für Rührseligkeit. Er hatte ihr versprochen, daß er nicht flennen würde. Und er hatte einen Mörder dingfest zu machen.
Oberstleutnant Gilmartin, Kommandeur der Sechsten Dragoner Seiner Majestät, der Karabiniere, war ständig von der Gicht geplagt. Lestrade fand ihn in seinem Quartier auf dem Kasernengelände, auf einer Chaiselongue liegend und durch einen riesigen weißen Kaiserbart knurrend, der gut und gern seit vierzig Jahren aus der Mode war. Ein Untergebener, der die Erinnerungen des Colonels in Langschrift zu Papier brachte, wurde aus dem Raum gewiesen, und Lestrade nahm seinen Platz auf dem Schemel ein.
«Gießen Sie mir einen Brandy ein», knurrte Gilmartin, «bevor meine bessere Hälfte von ihrer verdammten Temperenzler-Versammlung zurückkommt. Sind Sie verheiratet, Inspector?»
«Witwer, Sir.»
«Oh», brummte der Colonel. «Wollte Sie nicht verletzen, alter Junge, aber Sie sind ein glücklicher Mann.»
Lestrade lächelte.
«Also... au», und er verzog das Gesicht zu einer Grimasse, als er versuchte, seinen dick verbundenen Fuß auf das Kissen zu betten, «wie kann ich Ihnen im Fall des armen alten Onkel helfen?»
«Was für ein Mann war er?» fragte Lestrade.
«Prachtvoller Bursche. Prachtvoll. Fähiger Soldat. Durch und durch ein famoser Kerl. Ein Teufel beim Bakkarat... äh... haben sie das inzwischen legalisiert?»
«Ich suche nach einem Mörder, Colonel Gilmartin, nicht nach einem Falschspieler.»
«Richtig, richtig.» Der Colonel tauchte seinen Schnurrbart in den Brandy. »So etwas wie ein Frauentyp, soviel ich weiß.»
«Das hörte ich auch», sagte Lestrade. «Hat er eine Galerie verschmähter Geliebter hinterlassen? Eifersüchtige Ehemänner?»

«Das weiß der Himmel. Ich hatte das Pech, die einzige wilde Hummel zu heiraten, der ich je meine Aufwartung machte. Hatte die Bezeichnung ‹wilde Hummel› völlig mißverstanden. Als ich es merkte, war es zu spät. Verstehe nicht, was Männer an Frauen finden. Bin jederzeit mit einem Pferd und einem Brandy zufrieden.»
Jeder nach seiner Façon, dachte Lestrade, schlimm, was die Gicht aus einem Mann machen kann.
«Er war im Regiment beliebt?»
«Gütiger Gott, ja. Die Leute hier in Brighton nannten uns ‹Onkels Regiment›, wissen Sie. Gut für die Moral war der gute alte Onkel. Wir werden ihn vermissen. Auf dein Wohl, Onkel Deering, wo immer du bist!» Und er stürzte den Brandy hinunter und schleuderte das Glas gegen das Kamingitter. Lestrade trank ebenfalls auf Onkels Wohl, hielt sich aber beim Zerschmettern des Glases zurück. Die Trümmer würden ihn zwei Monatsgehälter kosten.
«Ich weiß nicht, was ich Ihnen erzählen könnte, Inspector.» So schmerzlos wie möglich gab der Colonel seinem Fuß eine andere Lage. «Onkel war fast zwölf Jahre bei uns. Sein Vater gehörte diesem Regiment an und davor sein Großvater. Wir hätten ihn auf alle Fälle vermißt.»
«Ich glaube, ich kann Ihnen nicht folgen, Sir», sagte Lestrade.
«Er stand im Begriff, uns zu verlassen, Inspector. Hat sein Bruder Ihnen das nicht erzählt? Vielleicht hat George es nicht gewußt. Merkwürdig. Ja, er wollte den Dienst quittieren. Wollte in die Politik gehen, glaube ich. Na, ein komisches Leben für einen Mann. Was mich angeht, ich kann's nicht ausstehen. Im Kasino redet man nicht über Politik, verstehen Sie? Nicht über Religion, nicht über Politik. Ja, wir hätten ihn vermißt.»
«Politik», wiederholte Lestrade, und in seinem Kopf begann schwach, eine Alarmglocke zu schrillen. Das war eine Spur. Er dankte dem Colonel für seine Zeit und seinen Brandy, und eine Ordonnanz führte ihn hinaus. Unterwegs lüftete er den Bowler vor einer Dame, die vermutlich die bessere Hälfte des Colonels war. Er erkannte sie sogleich als eine wilde Hummel, umflochten von den Ordensbändern der Abstinenten, Frömmigkeit und Steifheit in jede Linie ihres Gesichtes gegraben.
Er fand sich in einer gepflasterten, gewundenen Gasse mit hohen Ziegelmauern wieder. Auf diesem Weg war er nicht hergekommen,

Der Onkel von den Sechsten Karabinieren ────────────── 49

und für kurze Zeit war er ohne Orientierung. Als er um eine Ecke bog, sah er sich zwei stämmigen Kavalleristen der Karbs gegenüber, deren Arbeitsuniformen und Feldmützen sich vor der Nachmittagssonne deutlich abhoben. Es war etwas in ihrem Gang, etwas in den Knüppeln, die sie trugen, das Lestrade sagte, daß die Männer sich nicht auf einem Spaziergang befanden. Diskretion, bei solchen Anlässen immer ein Verbündeter des Polizisten, kam der Tapferkeit zur Hilfe, und Lestrade trat den Rückzug an. Dort standen zwei weitere Karbs, größer und widerwärtiger als die ersten. Sie rückten gemessenen Schrittes vor, ihre Holzknüppel unter die Arme geklemmt. Lestrade kannte die vernichtende Wirkung dieser Instrumente. Sie sahen unangenehm aus wie die Schlagstöcke der berittenen Polizei. Seinerzeit hatte er selber so ein Ding geschwungen. Er fühlte nach seinem Schlagring, während er die andere Hand zum Zeichen der Unterwerfung hob. Zum erstenmal erblickte er die schwarzen Armbinden oberhalb ihrer linken Ellenbogen. Zeichen der Trauer für ihren Onkel. Er drehte sich herum, einmal links, einmal rechts und wartete auf den ersten Schlag. Was er sagte, war sinnlos, aber er sagte es trotzdem.

«Ich bin Inspector Lestrade von Scotland Yard. Einen Polizeibeamten zu schlagen, ist ein schweres...» Und der erste Knüppel pfiff auf ihn los, bevor er den Satz beendet hatte. Er fing ihn geschickt ab, riß den Schläger nach vorn und schleuderte ihn gegen den zweiten Angreifer. Der zweite Schlag erfolgte schneller, oder Lestrade war langsamer, und er traf ihn mitten im Rücken. Er prallte gegen die Mauer, und die rauhen Steine zerschrammten sein bereits narbiges Gesicht. Er schwenkte herum, bückte sich und hörte wie zwei weitere Knüppel nutzlos an die Mauer krachten. Sein Stiefel trat gegen das Knie eines der vier Männer, und dieser stolperte. Lestrades Schlagring schoß zum erstenmal hoch und brachte die Nase des Mannes zum Bluten. Eine Sekunde lang hörte er das Fluchen und Knurren der anderen, dann ein dumpfer Schmerz, in beiden Armen, etwas krachte gräßlich auf seinen Schädel und die Pflastersteine kamen hüpfend auf ihn zu. Der Rest war Schweigen.

Boscombes sonderbares Nest

Lestrade erwachte unter einem strahlenden Abendhimmel, der eher auf Juli denn auf April hindeutete. Nicht eine Wolke war zu sehen, und die Sonne blitzte durch das Geäst der Ulme, die über ihm aufragte. Zuerst hatte er das Gefühl, sein Kopf sei vom übrigen Körper abgetrennt, so als liege, als er sich mühsam aufrappelte, alles, was oberhalb seines Halses war, noch neben ihm im Gras. Nur allmählich konnte er das Buschwerk zu seiner Rechten und dahinter die weiten Flächen der Downs deutlich erkennen. Er spürte die rauhe Rinde des Baumstammes in seinem Rücken und wollte gerade versuchen, sich aufzurichten, als ein markerschütternder Schrei gegen den leeren widerhallenden Raum prallte, der sein Kopf gewesen war. Blitzartig erspähte er einen Schwarm junger Damen in luftigen Kitteln und mit Strohhüten. Er folgerte, daß diese es gewesen sein mußten, die geschrien hatten. Mühevoll kniete er sich hin und machte eine Handbewegung, um sie zu beruhigen, als ihm die ganze Entsetzlichkeit seiner Lage aufging. Unter seinem geräumigen Donegal war er splitternackt.

Mit einem Satz suchte er Schutz im nächsten Busch, doch er lernte, wie die meisten Stadtkinder, auf diese brutale Weise den Stechginster kennen. So dekorativ wie möglich, wickelte er den Mantel um jene Körperteile, die vermutlich Anstoß erregt hatten, doch die Schar von Damen enteilte inzwischen bereits der kleinen Senke und begab sich auf höheres Gelände.

Lestrade hatte wenig Zeit, weitere Betrachtungen über seine Situation anzustellen, denn als er, angeschlagen, aus dem dichten Buschwerk auftauchte, traf ihn die volle Wucht eines Schlags mit einem Hockeyschläger quer über die Nase. Mit tränenüberströmten Augen duckte er sich und stolperte rückwärts, so daß der Mantel sich abermals öffnete und seinen nackten Körper preisgab.

«Sie widerwärtiger Unhold!» kreischte seine Angreiferin im höchsten Falsett und bedeckte ihr Gesicht mit der Linken, während

Boscombes sonderbares Nest ──────────────── 51

sie mit dem Hockeyschläger in ihrer Rechten die eilig zurückkehrende Schar junger Damen zurückhielt. «Nicht hinschauen, Mädchen!» bellte sie. «Bleibt hinter mir!» Und sie machte sich zu einem neuen Angriff bereit, ihr Schlaginstrument mit der gesammelten Inbrunst eines tanzenden Derwischs schwingend. Selbst ihre Haartracht paßte dazu.
«Madame, ich...» Doch Lestrade mußte sich ducken, bevor er ausgesprochen hatte, und er hielt es für das Beste, die Beine in die Hand zu nehmen. Er befand sich auf einem breiten Acker, der schräg zum Meer abfiel, und hörte hinter sich, ohne daß er sich umzublicken wagte, die Meute wütender Frauen, die ihm auf den Fersen war. Die Luft war erfüllt vom Sausen eines Hockeyschlägers, und er hörte wirklich zumindest einmal ein «Ich habe ihn», ehe er über den Stacheldrahtzaun sprang und kopfüber durch das lange gelbe Gras in eine steile Schlucht rollte. Am Grund war sie vielleicht schlammig, feucht und stinkend, doch sie war immer noch besser als die Harpyien, die ihn hineingetrieben hatten. Er verkroch sich in schützendem Buschwerk, bis die Meute am Begrenzungszaun die Jagd aufgab und sich aus dem Staub machte.
Nun stand er vor dem Problem, auf die Straße zurückzugelangen. Dieses Mal knöpfte er seinen Donegal zu und bahnte sich behutsam einen Weg durch die Schlucht, in die er gefallen war. In der Ferne zu seiner Rechten funkelte das Meer, und von dort begannen Winde aufzuleben, während die purpurnen Schatten länger wurden. Gerade hatte er sich mühsam über Heidekraut gequält, unfähig zu entscheiden, ob ihn seine Füße mehr schmerzten als sein Kopf, als er eine ferne Stimme rufen hörte: «Feuer!» Als er sich umdrehte, um das Wölkchen schwarzen Rauchs ausfindig zu machen, das er nach diesem Ruf zu sehen erwartete, erblickte er statt dessen eine einsame Gestalt, die wie ein Schattenriß auf einem Hügel stand. Gleich darauf erkannte er, daß diese Gestalt nicht allein war, sondern daß oberhalb einer Kammlinie zu seiner Rechten eine Reihe von Köpfen in die Höhe schnellte. Der Ruf war von einem Geräusch gefolgt, das er, wenn auch nicht oft, bereits gehört hatte, und ein scharfer, peitschender Wind kam aus dem Nirgendwo, der die Schöße seines Donegals zerfetzte. Instinktiv folgte er der Richtung des Windstoßes und sah in einem schwarz und weiß bemalten Pfosten zwischen ihm und dem Meer ein Loch erscheinen.

«Gütiger Gott!» hörte er den Beobachter schreien. «Feuer einstellen!»
Erst jetzt ging Lestrade die Doppeldeutigkeit des Wortes auf, und er warf sich kopfüber ins Gras. Jetzt, als er lag, begriff er, daß er sich auf einem Schießstand befand, ein paar Zoll von den Zielen entfernt. Er sah, daß die Köpfe zu Männern wurden, die durch die einbrechende Dunkelheit auf ihn zu rannten. «Habe ich dir nicht vorhin gesagt, wir sollten aufhören, Gigger!» hörte er jemanden sagen. «In diesem verdammten Zwielicht kann man ja nichts mehr sehen.»
«Ich kann ohnehin nicht viel erkennen», antwortete Gigger und dann, an Lestrade gewandt: «Mein lieber Junge, ich werde Ihnen aufhelfen.»
Zwei oder drei der Männer begannen Lestrade abzubürsten, bis sie unter dem Donegal seine nackten Beine entdeckten, und sie wichen, einer nach dem anderen, zurück, und je nach ihren unterschiedlichen Vorlieben oder Weltanschauungen spiegelte sich auf ihren Gesichtern Verblüffung und Ekel.
«Haben Sie denn das Schild nicht gesehen?» schnauzte einer von ihnen. «Es sagt ganz deutlich: ‹Zutritt verboten›.»
«Nein», erwiderte Lestrade, «Tatsache ist, daß ich von einer ziemlich gereizten Schar junger Damen verfolgt wurde.»
«Das überrascht mich nicht», sagte ein anderer, «so, wie Sie angezogen sind.»
«Offensichtlich ein Perverser, Gigger. Was sollen wir tun?»
«Die Polizei rufen», schlug ein anderer vor. «Dies ist privates Gelände. Es ist mir egal, was ein Mann in seiner Freizeit treibt, aber hier residiert der Rottingdean Rifle Club. Hier kann er das nicht machen.»
«Nein, nein, wartet eine Minute», erwiderte Gigger. «Ich bin sicher, daß es eine plausible Erklärung dafür gibt, Mr. ... wie?»
«Lestrade, Inspector Lestrade von Scotland Yard.»
«Heiliger Strohsack», murmelte Gigger, «Geheimauftrag, wie?»
«So könnte man es nennen», antwortete Lestrade.
«Kommen Sie», sagte Gigger, ihn durch seine starken Brillengläser angrinsend, «Sie sehen so aus, als könnten Sie ein paar Hosen vertragen. Ich habe im Clubhaus einen Lanchester.»
Von dieser Art Unterkleidung hatte Lestrade noch nie gehört, doch

Boscombes sonderbares Nest ──────────────── 53

wenn sie die Winde der Downs davon abhielt, seinen Donegal zu zerfetzen, war er mehr als zufrieden. Inmitten der gemurmelten Beschimpfungen der übrigen schritten Lestrade und sein Schützenbruder zum Clubhaus.
«Ich fürchte, ich habe Ihre Freunde verstimmt», sagte Lestrade.
«Pah! Dummköpfe in Flanell, die nur beim Kricket etwas taugen. Außerdem ist es zu dunkel, um heute abend weiterzuschießen. Ich bin Rudyard Kipling.» Und er schüttelte Lestrade herzlich die Hand.
Der Lanchester, von dem Kipling gesprochen hatte, war mitnichten ein Bekleidungsstück, sondern ein Automobil. Es brachte Lestrade nicht weiter, daß sein neuer Bekannter das Gefährt andauernd mit «Amelia» anredete. Zumindest nahm Lestrade das an, denn er mochte nicht glauben, daß Kipling so geschmacklos sein könne, dadurch anzudeuten, eine ihm bekannte Dame sei eine Hündin, die an einem frostigen Morgen nicht in Gang kommen wollte. Als er es sich jedoch recht überlegte, kam Lestrade zu dem Schluß, daß er solche Frauen gekannt hatte. Sie fuhren durch die Dämmerung der Aprillandschaft, Lestrade fröstelnd und niedergeschlagen, schmerzerfüllt und verärgert, während Gigger das Rattern und Brummen Amelias mit volltönenden Kommentaren über Sussex am Meer übertönte, bei denen es sich nach Lestrades Einschätzung um Poesie handeln mußte. Es war nicht die erste Fahrt des Inspectors in einem solchen Vehikel, doch als sie das düstere Granithaus Kiplings erreichten, wünschte er von ganzem Herzen, es möge seine letzte gewesen sein.
«Also, wie sind Sie denn nun ohne Hosen in die Downs geraten, Lestrade?» fragte Kipling bei einem ungemein aufheiternden Glas Port.
«Ich fürchte, ich bin nicht befugt...» fing Lestrade mit der Floskel an, der sich Polizisten im ganzen Land bedienen, doch Kipling war hartnäckig.
«Kommen Sie, Mann. Sie trinken hier meinen Port, wärmen sich an meinem Feuer. Sie sind in meinem Automobil gefahren, und jetzt tragen Sie meine Kleider. Finden Sie nicht, daß ich ein wenig Vertrauen verdiene?»
Lestrade betrachtete den Mann. Sein Gesicht hatte die Tönung von Mahagoni, seine indische Bräune hatte sich durch die Sonne des

Veld noch vertieft. Ein energisches, herrscherliches Kinn stieß unter einem Walroß-Schnurrbart von völliger Schwärze hervor, und über den Brillengläsern, die ihm den Spitznamen Gigger – «Nasenfahrrad» – eingetragen hatten, wuchsen die Augenbrauen finster zusammen. Lestrades alte Großmutter hatte gesagt, Leute mit solchen Augenbrauen seien dazu bestimmt, gehängt zu werden. Er erzählte dem Dichter in großen Zügen von seinem Zusammenstoß mit den Karbs, aber wie er, nur mit seinem Mantel bekleidet, auf die Downs nahe Rottingdean geraten war, konnte er nicht erklären.

«Nun, eines ist sicher», sagte Kipling nachdenklich, «die Damen Lawrence werden auf Ihren Skalp scharf sein.»

«Lawrence?» wiederholte Lestrade.

«Es ist so gut wie sicher, daß die Matrone, die mit ihrem Hockeyschläger auf sie losging, eine der Damen Lawrence war. Oh, sie ist ein furchtbarer Drache. Und Sie haben sich vor ihren jungen Damen entblößt, nun…»

«Es war also eine Mädchenschule?»

«Rodean. Vor ein paar Jahren von drei schrecklichen Schwestern gegründet. Die älteste wurde Medusa genannt…»

Die mythologische Anspielung ging an Lestrade vorbei, dessen Kenntnis über die Antike mit Pandora begann und endete. Doch Kipling hatte inzwischen den Kamin verlassen und die gerahmte Fotografie eines kleinen Mädchens in die Hand genommen. Seine Stimmung schlug plötzlich um. «Ich hätte sie dort hinschicken sollen», murmelte er.

«Mr. Kipling?»

«Haben Sie jemals jemanden verloren, der Ihnen viel bedeutete, Lestrade?» Im Feuerschein hatten seine Augen einen traurigen Ausdruck.

«Ja», erwiderte der Inspector.

Kipling nickte, dann schneuzte er sich mit ohrenbetäubendem Getöse die Nase und goß ihnen beiden einen neuen Drink ein. «Was wollen Sie gegen diese Burschen von den Karbs unternehmen?» fragte er.

«Wenn ich Ihre Kleider behalten dürfte, Sir, bis ich zum nächsten Schneider komme…»

«Mein lieber Freund, der nächste Schneider ist ein Versager. Ich habe, als ich in Südafrika war, in den Krals der Zulu bessere Näh-

Boscombes sonderbares Nest ───────────────────── 55

arbeiten gesehen. Außerdem bin ich für eine Weile Herr meiner Zeit.
Ich habe erst in einer Woche wieder Dienst als Signalgast im Club.
Es interessiert mich, was ihr Burschen von der Polizei macht. Der
Reiz des Ungewöhnlichen, schätze ich. Ich habe ein wenig davon in
Indien kennengelernt. Oh, ich bin sicher, auf niederer Ebene, verglichen mit Ihrem Metier.»
Lestrade war dessen gleichfalls sicher, obgleich er nicht wußte, was
mit Metier gemeint war.
«Ich könnte Ihr Fahrer sein», schlug Kipling vor.
Lestrade zögerte. «Nun ja...»
«Prächtig!» rief Kipling. «Ist also abgemacht. Jetzt wollen wir essen. Mrs. Kipling macht außerordentlich gute Pasteten.»

Lestrade hatte ein Gedächtnis für Gesichter, besonders für solche,
die zu Männern gehörten, die ihn zusammengeschlagen hatten.
Während Kipling auf der Straße kuriose Stellungen einnahm, auf
höchst possierliche Weise mit Kopf und Körper unter Amelia begraben, wartete der Inspector in Dichterkleidern vor dem Kasernentor.
Kurz nach elf erschien sein Opfer in Ausgehuniform und machte
sich auf den Weg in die Stadt. Der Mann nahm an der Ecke einen
Autobus und entstieg ihm in der Nähe des Ufers. Er ging über den
Strand, an dem sich bereits frühe Urlauber mit ihren Sonnenschirmen und Liegestühlen im warmen Aprilwind ergingen, als Lestrade
ihn einholte.
«Auf ein Wort», zischte der Inspector, drehte seinen Mann herum
und stieß ihn zurück, so daß sein Kopf gegen einen großen Balken
der Palace-Pier prallte. Der Soldat schrie auf, aber Lestrade war
schneller und versetzte ihm ein paar Ohrfeigen. «Du Bastard»,
brüllte der Soldat und sprang auf Lestrade los. Er war jünger und
größer als sein Gegner, doch es erwies sich, daß er nicht über Lestrades Erfahrung im Nahkampf verfügte. Der Inspector sprang bloß
mit der Behendigkeit eines Tänzers beiseite, packte den Mann am
Handgelenk und schleuderte ihn der Länge nach in den Sand. Er
landete krachend auf der Sandburg eines entrüsteten Kindes, das
mit solcher Heftigkeit zu kreischen begann, daß seine Mutter herbeieilte, um den Männern die Meinung zu sagen.
«Empörend!» schnaubte sie und zerrte das flennende Kind weg.

«Betrunkene Raufbolde am hellichten Tag.» Und als sie sich umwandte, erblickte sie Kipling, der auf die Gruppe zurannte. «Sie da! Rufen sie die Polizei!»
«Inspector!» sagte Kipling aufmunternd.
«Ja, Sir», spielte Lestrade mit, «gibt es etwa Ärger?»
«Empörend!» sagte die Dame noch einmal. «Ich werde einen *richtigen* Polizisten rufen!» Und sie eilte in einem Wirbel von Sand davon, ihr schluchzendes Balg hinter sich herschleifend.
Lestrade hatte keine Zeit, über den philosophischen Gehalt ihrer Bemerkung – ob er nun ein *richtiger* Polizist sei oder nicht – nachzusinnen, weil er zu sehr damit beschäftigt war, auf dem liegenden Karabiniere zu sitzen.
«Mist. Das Schönste habe ich verpaßt», seufzte Kipling. «Amelia, diese alte Mühle mußte erst anspringen.»
«Vielleicht geht's jetzt erst richtig los», sagte Lestrade, den Kopf des Soldaten an den Haaren hochzerrend, «wenn unser Freund hier nämlich nicht kooperativ ist. Ich bin Inspector Lestrade von Scotland Yard. Wer sind Sie?»
«Williams, Ezechiel. Soldat drei-vier-eins-acht-zwei, Sechste Leibdragoner.» Die Antwort war präzise und, soweit Lestrade beurteilen konnte, ehrlich. Immerhin hatte er den Kopf des Mannes mit brutalem Griff so weit zurückgebogen, daß er ihn fast erdrosselte.
«Warum sind Sie und Ihre Kameraden neulich auf mich losgegangen?»
«Befehl?»
«Wessen?»
Ein Zögern. Bis Lestrade den Soldaten daran erinnerte, wie verwundbar seine Luftröhre war.
«Captain Deerings.»
«Könnten Sie etwas präziser werden?»
Kipling saß mit gekreuzten Beinen im Sand und amüsierte sich offensichtlich über Lestrades Umgangsformen.
«Er hat uns bloß gesagt, wir sollten Sie ein bißchen bearbeiten, das ist alles. Er hat nicht gesagt, warum.»
«Was hat er euch gezahlt?»
«Fünf Shilling», keuchte der Soldat.
Lestrade trat von ihm weg und zog den Mann an den Haaren in die Höhe.

Boscombes sonderbares Nest ──────────────────────── 57

«Schätzen Sie sich glücklich, Williams, daß ich hinter einem größeren Fisch her bin. Sonst würden Sie Seiner Majestät dem König heute abend hinter Gefängnisstäben dienen. Und in Militärgefängnissen ist die Prügelstrafe doch noch nicht verboten, oder?»
Williams schüttelte sich und stolperte leise fluchend über den Strand davon.
«Sie lassen diesen Halunken gnädig davonkommen», bemerkte Kipling. «Gehen wir ein paar Schritte über die Pier? Ich lade Sie zu einer gebackenen Kartoffel ein.»
Und das war ein Angebot, das Lestrade nicht ausschlagen konnte.

Gegen Abend war der Inspector wieder in seiner Geburtsstadt, wo er sich zu Hause fühlte. Und er trug auch wieder seinen eigenen Anzug. Von der Fahrt in Kiplings Lanchester zum Bahnhof von Brighton war er noch immer durchgeschüttelt, und er erinnerte sich selbst daran, daß er die Kleider des Dichters mit der Morgenpost zurücksenden mußte. So wie die Dinge lagen, nutzte er einen dienstfreien Tag und nahm eine Droschke zum Yard.
Es regnete, als er über den Hof ging, der im Lampenlicht schimmerte, das durch die rauschenden Bäume sickerte. Sonderbar, wie fröstelig es hier war nach der Pracht der Downs und den gebackenen Kartoffeln mit Kipling auf der Pier. Er hatte den Nebeneingang, der zu seinem Büro führte, noch nicht erreicht, als das strahlende junge Gesicht von Jones im Halbdunkel auftauchte.
«Oh, ich war gerade auf dem Weg in Ihre Gemächer, Sir.»
«Gemächer?» Lestrade residierte nicht in Inner Temple.
«Telegramm, Sir. Gerade eingetroffen.»
Lestrade schob den Constable in den Torweg zurück. Er überflog das Telegramm. «Wo ist Dickens?» fragte er.
«Dienstfrei, Sir – seit einer Stunde.»
«Dew?»
«Ich glaube, er sucht nach dem Versteck der gestohlenen Ping-Pong-Bälle, Sir?»
«Wo? In Chinatown?»
«Sir?»
Lestrade blickte Jones an. Wie er gedacht hatte: derselbe Mangel an Humor wie bei seinem alten Herrn.

«Können Sie eine Droschke lenken?»

«Ja, Sir.»

«Worauf warten wir hier dann noch und stehen herum wie angenagelt? Besorgen Sie eine. Den Papierkram werde ich später erledigen.»

Das Telegramm stammte von einem gewissen John Watson, Arzt, und bezog sich auf sonderbare Vorfälle im Diogenes Club.

«Diogenes, Jones», sagte Lestrade, als er nach dem Geländer des Sitzes griff, während die Droschke der Mall zustrebte. «Was können Sie mir erzählen?»

«Meinen Sie Diogenes von Apollonia, Diogenes von Babylon, Diogenes Laertius oder Diogenes, den Zyniker, Sir?»

«Wenn es vier davon gibt, Jones, fehlt mir die Zeit, der Antwort zuzuhören. Hatte einer davon einen Club?»

«Nicht, soweit mir bekannt ist, Sir.»

«In Ordnung. Dann fahren Sie.»

Sie ratterten durch die hereinbrechende Nacht, wobei Lestrade in zunehmendem Maße klar wurde, daß Jones ein unendlich schlechterer Fahrer war als Kipling. Immerhin war zumindest das Schlingern erträglicher, und das Pferd heulte und hustete nicht wie eine tuberkulöse Blechbüchse. Vor der Tür des Diogenes Clubs fanden sie einen uniformierten Mann und eine Anzahl von Gesichtern, die aus den Fenstern im Obergeschoß des Carlton auf die Straße spähten. Der Bobby salutierte vor Lestrade, der einen Blick auf den Säulengang, typisch für das Clubviertel, warf und Jones befahl, draußen zu warten.

In der Eingangshalle mit ihrem doppelten Treppenaufgang und ihren Marmorsäulen eilte ein betagter Gentleman mit puterrotem Gesicht auf Lestrade zu. Für einen lächerlichen Augenblick stand Lestrade wie angewurzelt da, seine ausgestreckte Hand nur ein paar Zoll von der des Gentleman entfernt, ehe er begriff, daß seine Mantelschöße sich in der Tür verfangen hatten. Warum hatte er bloß immer Schwierigkeiten beim Betreten von Gebäuden?

«Lestrade. Danke, daß Sie so schnell gekommen sind.»

«Sch!» Das Zischen widerhallte im Gang, obgleich niemand in der Nähe war.

«Sind Sie Mitglied diees Clubs, Doctor Watson?» fragte Lestrade.

Boscombes sonderbares Nest ───────────────── 59

«Still!» fauchte eine körperlose Stimme. Lestrade konnte noch immer niemanden erkennen.

Watson führte ihn über eine kurze mit Teppichen belegte Treppe zu einer Nische, die mit schweren Stofftapeten ausgeschlagen und von einer kleinen Lampe erhellt war. Ein Mitglied des Diogenes Clubs lag dösend in seinem Sessel, das Gesicht von der *Times* bedeckt. Watson zog die Zeitung weg, und Lestrade sah, daß das Mitglied nicht döste. Der Mann war tot.

Routinemäßig prüfte Lestrade den Puls und legte das Ohr auf die unbewegliche Brust.

«Ihre Geschichte, Doktor?» Lestrade flüsterte mittlerweile. «Hier können wir nicht sprechen, Lestrade.» Watsons Augen schwenkten nervös von einer Seite zur anderen. «Dieser Club ist nicht wie andere.»

Ein Lakai in schwarzem Samt erschien von irgendwo, der ein Silbertablett mit Brandygläsern trug. Eines davon stellte er auf den Tisch des toten Mannes.

«Ich glaube nicht, daß er den braucht», sagte Lestrade.

«Sir?»

«Der Gentleman ist tot», teilte ihm der Inspector mit.

«Du liebe Zeit», sagte der Lakai und stand einen Augenblick mit gesenktem Haupt da.

«Wer hat hier die Leitung?» fragte Lestrade.

«Nun, Mr. Mycroft Holmes ist Gründungsmitglied – ich glaube, er ist der einzige aus diesem Kreis, der heute abend anwesend ist.»

«Wo finde ich ihn?»

Der Lakai verbeugte sich und verschwand durch einen Wald von Aspidistren.

«Einen Augenblick», hob Lestrade die Stimme.

«Beschämend!» knurrte jemand.

«Abtreten!» brummte ein anderer.

«Nein, nein, Lestrade. Das ist hier ein Club-Gesetz. Niemand, nicht einmal die Dienerschaft, darf mehr als dreimal sprechen oder man wird ausgeschlossen oder boykottiert», sagte Watson.

Lestrade blickte ihn verwirrt an.

«Diogenes», sagte Watson erklärend.

Lestrade blickte verständnisloser als zuvor.

«Diogenes, der Zyniker», fuhr Watson fort, «einer der ungesellig-

sten Männer des klassischen Altertums. Dies ist ein Club für die Ungeselligen.»
«Mund halten!» bellte eine Stimme.
«Hinaus!» dröhnte eine zweite.
Lestrade schritt zur Tür.
«Constable», sagte er zu dem Mann an der Treppe, «hat jemand seit Ihrer Ankunft das Gebäude durch diese Tür verlassen?»
«Nein, Sir.»
«Wie lange sind Sie hier?»
«Seit dieser Gentleman», er deutete auf Watson, «mich vor einer Stunde von der Straße herbeirief.»
«Gibt es einen zweiten Ausgang?» fragte der Inspector Watson.
«Ja, eine Hintertür, glaube ich», erwiderte der gute Doctor.
«Verdammt! Jones, bauen Sie sich vor dieser Tür auf, bis Sie abgelöst werden.» Der junge Constable sprang vom hohen Sitz der Droschke. «Und, übrigens, es ist Diogenes, der Zyniker.»
«Aha», sagte Jones, auf der Suche nach der Hintertür davoneilend. «Diogenes, der Zyniker. Etwa zwischen vierhundert und dreihundertundfünfundzwanzig vor Christus. Geboren in Sinope an der Südküste des Schwarzen Meers. Schüler von Antisthenes...»
Doch Lestrade war gegangen, nachdem er dem anderen Constable eingeschärft hatte, niemanden durchzulassen.
«Es muß doch in diesem Mausoleum einen Ort geben, wo wir uns anders als flüsternd unterhalten können, Doctor Watson.»
«Ja, der Besucherraum. Hier entlang.»
Als die Tür des Zimmers sich geschlossen hatte, hob Watson seine Stimme zur normalen Lautstärke.
«Mein lieber Lestrade. Wie geht es Ihnen? Es ist eine Weile her.»
«In der Tat, Doctor, aber ich fürchte, wir müssen die Höflichkeiten verschieben. Ein Mann ist ermordet worden.»
«Wie wollen Sie wissen, daß es Mord war, Lestrade?»
«Kommen Sie, Watson. Ich spiele keines Ihrer Detektivspielchen. Ich habe noch immer Blut am Ohr von dem Loch in der Brust des Toten. Und ein Loch in der Brust deutet nicht auf einen natürlichen Tod. Nicht in meinem Buch. Warum haben Sie sonst nach mir geschickt?»
«Da wir gerade von Büchern reden... ich habe mein letztes fast

Boscombes sonderbares Nest

fertig... *Der Hund der Baskervilles*. Gefällt Ihnen der Titel?» Lestrade hob verärgert die Augenbraue.
«Nun... äh... wo soll ich anfangen, Inspector?»
«Ein guter Romanautor wie Sie sollte die Antwort kennen, Doctor. Ich bin sicher, bei Conan Doyle wäre es so. Am Anfang natürlich.»
Und Watson fing an.
Aber er war noch nicht fertig, als der einsilbige Lakai die Tür öffnete und einen großgewachsenen Mann im Abendanzug einließ. Er war Nimrod Frost nicht unähnlich, gesehen in einem Zerrspiegel auf dem Rummelplatz, und sein Händedruck war, als schüttele man einem Zirkusseehund die Flosse. Es lag etwas in seinen stahlgrauen Augen, das Lestrade entfernt bekannt vorkam, und als Watson ihn vorstellte, wußte er, wer der Mann war. «Darf ich vorstellen: Mr. Mycroft Holmes, Begründer des Diogenes Club. Dies ist...»
«Nein!» Holmes hielt seine Flosse in die Höhe. «Lassen Sie mich raten. Sie sind ein Polizist, Sir, ein Detektiv von Scotland Yard. Im Rang eines... warten Sie... Inspectors?»
Holmes begann Lestrade zu umkreisen. «Sie haben Ihre Nasenspitze in einem Duell auf Säbel eingebüßt und sind kürzlich die Zielscheibe einiger stumpfer Gegenstände gewesen – von hölzernen Knüppeln, würde ich schließen. Sie sind verheiratet... nein, Witwer. Ohne Kinder.» Holmes strahlte. «Wie habe ich meine Sache bis jetzt gemacht, Inspector Lestrade?»
«Besser als Ihr verstorbener Bruder, Mr. Holmes», erwiderte der Inspector.
«Seien Sie vorsichtig, Lestrade.» Der treue Watson meinte eingreifen zu müssen.
«Ja, Sherlock sagte immer, ich sei besser», grinste Holmes. «In Wirklichkeit habe ich Ihnen etwas vorgemacht. Ich habe Sie schon einmal gesehen – in der *Police Gazette*, nicht wahr? Wurden Sie nicht wegen des Versuchs gesucht, den Kaiser zu ermorden?»
«Sie haben ein bemerkenswertes Gedächtnis, Mr. Holmes», lächelte Lestrade. «Das Ganze war natürlich ein Mißverständnis.»
«Natürlich.» Holmes lächelte ebenfalls. «Boscombe», wandte er sich an den Lakaien, «Brandies. Große. Und wollen Sie Mr. Aumerle Holmes bitten, zu uns zu kommen.»
Der Lakai verschwand.

«Hätte es doch geklappt – dieser Strolch!» knurrte Watson.
«Bei wem? Bei Aumerle?» sagte Holmes anzüglich.
«Nein – beim Kaiser. Lestrade hätte es gelingen sollen, ihn zu töten. Verdammter Parvenü. Ich habe ihm die Krüger-Depeche nie vergessen, wissen Sie.»
«Gentlemen», unterbrach Lestrade, «so sehr ich auch in Erinnerungen an vergangene Mordversuche schwelgen möchte, fürchte ich doch, daß wir einen gegenwärtigen vor uns haben, der sehr erfolgreich war. Mr. Holmes, würde es Ihnen etwas ausmachen, mir zu sagen, was Sie seit... sagen wir... fünf Uhr nachmittags gemacht haben?»
«Ich werde mich dünnmachen, Mycroft...», fing Watson an.
«Ich möchte, daß Sie bleiben, Doctor», hielt ihn Lestrade zurück.
«Oh, sehr gern.» Und der gute Doctor nahm Platz.
«Um fünf war ich in meinem Büro in Whitehall, Inspector.» Holmes machte es sich bequem. «Es war ein teuflisch langer Tag gewesen – ich war seit drei Uhr dort...»
«Ihr Büro, Sir?» unterbrach ihn Lestrade.
«Das Außenministerium, Inspector.»
«Welcher Tätigkeit gehen Sie dort nach, Sir?»
«Mein lieber Freund, ich bin nicht befugt, darüber Auskunft zu geben. Nationale Sicherheitsinteressen, Sie verstehen.»
Alles das erinnerte Lestrade an seine verrückten Kollegen in der Spezialabteilung, doch er verbannte den Gedanken und Holmes fuhr fort. «Genau um sechs Uhr ging ich in meine Wohnung, wusch mich, kleidete mich um und kam hierher in den Club.»
«Um welche Zeit kamen Sie an?»
«Oh, es muß fast sieben Uhr gewesen sein, ausnahmsweise gegen meine Gewohnheit.»
«Gewohnheit?» Lestrade fragte sich, welches ekelerregendes Geständnis wohl folgen werde.
«Ich komme ansonsten unweigerlich um Viertel vor fünf an und verlasse den Club exakt um zwanzig vor acht. Es war, wie ich sagte, ein teuflischer Tag gewesen, und ich wäre natürlich auch schon vor einer Stunde fortgegangen, wäre nicht die Sache mit dem armen alten Waldo passiert.»
«Wie gut kannten Sie den Verstorbenen?»

Boscombes sonderbares Nest ——————————————— 63

«Kennen? Watson, haben Sie dem Inspector denn nichts erzählt? Dies ist der Diogenes Club, Mr. Lestrade, und ich bin Grüdungsmitglied. Wir sind die ungeselligsten Männer in London, völlig unfähig zum Clubleben. Wir kennen einander nicht. Viele von uns führen ein sehr aufreibendes Leben. Wir kommen bloß her, weil wir hier mit Sicherheit Ruhe und Frieden finden. Es ist eine Regel des Clubs, daß wir, soweit wie möglich, keine Notiz voneinander nehmen.»
«Sogar bis hin zum Mord, Mr. Holmes?»
«Ach ja, bedauerlich. Jedoch, wenn ich Ihnen ein wenig auf die Sprünge helfen darf, mein lieber Lestrade», sagte Holmes überaus gönnerhaft, «so gibt es nach meiner Erfahrung bei jedem Mord eine Pointe.»
«Und in diesem Fall? Haben Sie den Leichnam gesehen?» Auch Lestrade hatte, wenn nötig, ein Gefühl für Pointen.
«O ja. Die ‹Pointe› in diesem Fall war ein Stilett, würde ich sagen. Sauberer, präziser Stich. Genau durch das Herz.»
«Haben Sie an der Lage der Leiche etwas verändert?»
«Du liebe Güte, nein, Inspector. Diese Art von Stümperei überlasse ich der Polizei – Anwesende natürlich ausgenommen.»
«Sie sind mehr als freundlich.» Lestrade verbeugte sich im Sitzen. «Was geschah nach Ihrer Ankunft im Club?»
«Warten Sie mal. Ich nahm einen Sherry und bestellte das Dinner. Kurz nach sieben gesellte sich Doctor Watson als mein Gast zu mir. Er wünschte, sein letztes Meisterwerk mit mir zu erörtern.»
«Meisterwerk?» Lestrade war froh, als er sah, daß auch Holmes Mühe hatte, ein Lachen zu unterdrücken.
«Wie hieß es doch gleich, Watson? *Der Hund von Barsetshire?*»
«*Der Hund der Baskervilles*, wie Sie sehr wohl wissen, Holmes.» Watson war wütend und versuchte, die Schuld auf jemand anderen zu schieben. «Eigentlich war es Lestrade, der mich dazu anregte.»
«Wie?» Lestrade hob eine Augenbraue.
«Das Biest, das Sie vor ein paar Jahren in Cornwall gefangen haben.»
«Futter vergiftet?» fragte Holmes in aller Unschuld.
«Ein tasmanischer Wolf», klärte Lestrade ihn auf.
«Ja, das ist der Bursche. Nun, ich erzählte Conan Doyle davon

und dabei ist dann das Buch herausgekommen. Ich glaube, es ist ziemlich gut. Ich denke, Sherlock hätte es akzeptiert.»
«Jedenfalls hatten wir uns gerade zu einem Schwätzchen niedergelassen, und Boscombe sagte uns, Aumerle sei eingetroffen.»
«O'Merle?»
«Mein Vetter, Inspector. Aumerle Holmes. Er gesellte sich hier im Fremdenzimmer zu uns – es ist der einzige Raum, wo Unterhaltung erlaubt ist.»
«Und dann?»
«Dann genossen wir ein herzhaftes Dinner. Prachtvolles Schwein, Watson.»
«Verzeihung, was?» Der Doctor errötete hinter seinem weißen Backenbart. «Oh, verstehe. Ja, das war's. Prachtvoll.»
«Und nach dem Essen?»
«Boscombe kam zu mir und sagte mir, Waldo sehe nicht wohl aus. Ich empfahl mich bei meinen Gästen und ging in seine Nische. Er war tot. Es war noch nicht lange her, eine halbe Stunde, würde ich sagen. Kein Zeichen von Leichenstarre.»
«Inzwischen ist er steif wie ein Brett», teilte ihnen Watson beinahe heiter mit.
«Was geschah dann?» Lestrade ließ Holmes keine Atempause.
«Watson schlug vor, Sie herbeizurufen. Sie sehen also, daß meine deduktive Schlußfolgerung, als wir uns begegneten, nicht ganz so eindrucksvoll war.»
«Eindrucksvoll genug», knurrte Watson. «Äh... würde es Ihnen etwas ausmachen, Holmes, mir zu erzählen, wie Sie es gemacht haben?»
«Darf ich ihm nachgeben, Inspector?»
Lestrade nickte.
«Ohne daß ich unfreundlich sein möchte, Mr. Lestrade, aber außer einem Polizisten trägt heutzutage niemand mehr einen Donegal. Vielleicht noch ein Kutscher. Und dazu waren seine Hände nicht verarbeitet genug. Eine davon hatte ich gerade geschüttelt.»
«Wie steht's mit dem Rang?»
«Ja, da log ich. Erinnern Sie sich an die *Police Gazette*?»
«Die Nase?» fuhr Watson fort und machte im Geist Notizen für seinen nächsten Erguß mit Conan Doyle.
«Ein gerader, sauberer Schnitt. Der Hieb mußte mit einer ein-

schneidigen Waffe mit ziemlicher Wucht ausgeführt worden sein. Es war entweder ein Säbel oder ein Fleischbeil. Ich entschied mich für das erstere. Ich hatte Glück, wenn man so will. Der Witwer ist leicht. Der Inspector trägt einen Trauring am entsprechenden Finger, doch seine Kleidung und sein ganzer Habitus sind die eines Mannes ohne die bemutternde Fürsorge einer Frau. Ein Inspector kann sich eine Scheidung nicht leisten. Also folgerte ich, daß Mrs. Lestrade verstorben sein mußte. Mein Beileid, Lestrade.»
Der Inspector lächelte flüchtig.
«Das erinnert mich daran, Watson, Sie zu fragen, wie es Mrs. Hudson zur Zeit geht?»
«Alles, was Sie gehört haben mögen...» Watson wurde dunkelrot und brachte dann hervor: «Oh, gut, gut.»
«Im Gegensatz zu dem Verstorbenen in seiner Nische.» Lestrade kehrte zum Ausgangspunkt zurück.
«Ach ja...»
Die Tür öffnete sich und ein großgewachsener junger Mann trat ein. Er war um viele Pfunde leichter als Mycroft und ging an einem weißen Stock.
«Ah, Aumerle.» Mycroft führte den Mann zum Inspector.
O'Merle? dachte der Inspector. War das der irische Zweig der Familie?
«Ich möchte dir gern Inspector Lestrade von Scotland Yard vorstellen. Mein Vetter Aumerle.»
«Doch nicht *der* Inspector Lestrade?» Ungeschickt nahm Aumerle seinen Stock in die andere Hand und griff nach der Hand des Inspectors.
«Niemand anderer», knurrte Watson.
«Als Vetter Sherlock noch lebte, sprach er sehr anerkennend von Ihnen.»
«Anerkennend?» wiederholte Lestrade spöttisch und starrte in die blicklosen Augen, die an die Decke gerichtet waren.
Aumerle stieß ein kurzes, scharfes Lachen aus. «Schon gut, nicht ganz so anerkennend. Aber Watson ist freundlicher gewesen.»
«Gentlemen.» Lestrade führte Aumerle zu einem Sessel und wandte sich an die anderen. Boscombe brachte die Brandies und verließ auf ein Zeichen Lestrades zusammen mit Holmes und Watson den Raum.

«Warum haben Sie das getan, Mr. Lestrade?» fragte Aumerle.
«Was, Mr. Holmes?»
«Sie haben die anderen fortgeschickt, nicht wahr?»
«Sie sind sehr scharfsichtig, Mr. Holmes. Darf ich erfahren, wie lange Sie schon... äh...»
«Wie lange ich blind bin? Seit fast zwei Jahren, Inspector. Ein unglücklicher Unfall, aber ich lerne, damit fertig zu werden. Diese Dinge brauchen Zeit. Zum Beispiel...» Und seine Hand schnellte vor und ergriff den Cognacschwenker auf dem Tisch. Er führte ihn unfehlbar an die Lippen. «Mein Geruchssinn ist allmählich zurückgekehrt.»
Und beide lachten.
«Was geschah heute abend?» fragte der Inspector.
«Lassen Sie mich mal sehen... Ach», lächelte er, «sonderbar, wie diese inhaltlosen Phrasen so bedeutungsvoll werden. Ich nahm eine Kutsche zum Diogenes. Meine Wohnung ist in Jermyn Street – eines Tages werde ich zu Fuß hergehen. Die Uhr in der Eingangshalle schlug die halbe Stunde. Ich schätze, daß es halb acht gewesen sein muß. Mycroft empfing mich und führte mich hierher. Watson war bereits eingetroffen. Wir fingen mit dem Dinner an. Wir speisten vorzüglich. Und dann wurde Mycroft geholt. Einem der Clubmitglieder sei schlecht geworden. Ich weiß noch, daß ich hoffte, es möge nicht am Schweinefleisch liegen.» Er kicherte. «Als Mycroft zurückkehrte, erzählte er uns, der Mann sei tot. Er konnte uns im Speisesaal nicht mehr sagen. Er hatte seine drei erlaubten Sätze beim Weiterreichen der Menage verbraucht. Watson brachte mich in ein kleines Nebenzimmer. Der arme Mann gab mir ein Exemplar der *Times*. In der Aufregung hatte er vergessen, daß ich sie nicht lesen konnte. Der Gute war ganz außer sich, aber ich sagte ihm, er solle sich nicht quälen. Der Himmel wird's ihm lohnen.»
«Uns allen», murmelte Lestrade.
«Das ist alles, was ich weiß. Bis Boscombe mich holte, hörte ich nichts. Was ist passiert, Inspector?»
«Ein Mann ist ermordet worden, Mr. Holmes. Sie haben sich für Ihr Dinner einen schlechten Abend ausgesucht.»
Lestrade ließ den blinden Mann, wo er war, versorgte sich reichlich mit Brandy und kehrte zu dem Toten in der Nische zurück. Der «arme alte Waldo», war nach seiner Schätzung ein Mann An-

Boscombes sonderbares Nest ───────────────── 67

fang Sechzig; schütter werdendes graues Haar, ein Monokel schaukelte nun auf seiner blutigen Brust. Lestrade prüfte die Lage des Körpers. Was man selber tun konnte, sollte man nie einem Coroner überlassen. Die Leiche ruhte auf dem Samt, der inzwischen vom getrockneten Blut hart war. Die Zeitung lag ungeordnet auf dem Tisch, daneben ein leeres Glas. Lestrade fischte sein Messer heraus und balancierte es auf der Klinge. Er schnüffelte. Port... Ob es guter, schlechter oder mittelmäßiger war, konnte er nicht sagen – dazu war er nicht Gentleman genug. Ein Clubmitglied kam vorbei und übersah geflissentlich den schnüffelnden Polizisten und den steifen Leichnam. Was mußte eigentlich an diesem Ort passieren, fragte sich Lestrade, damit irgend jemand davon Notiz nahm. Er untersuchte den Teppich unter den Füßen des Toten. Makellos. Kein Anzeichen für einen Kampf. Mit der Hilfe einer Petroleumlampe betrachtete er die Wunde. Mycroft Holmes hatte recht gehabt – eine schlanke, schmale Klinge mitten durch das Herz. Lestrade befühlte behutsam das Schulterblatt und stellte fest, daß Holmes sich geirrt hatte. Kein Stilett hätte den Körper ganz durchbohren können. Die Klinge war länger gewesen – vielleicht ein Rapier. Und natürlich trug im London des 20. Jahrhunderts jedermann ein Rapier!

«Ja, das wär's also», flüsterte eine Stimme hinter ihm. Lestrade richtete sich auf. «Das bedeutet eine weitere verdammte Nachwahl.»

Es war Mycroft.

«Nachwahl?» wiederholte Lestrade.

«Natürlich. Ich habe Hamilcar Waldo vielleicht nicht gekannt, Inspector, aber ich weiß, womit er seinen Lebensunterhalt erwarb. Er war Mitglied des Unterhauses.»

Das Abenteuer in der Roedean-Schule

«Richtig, Gentlemen!» Sergeant Walter Dew von der Obersten Kriminalpolizeibehörde kam ordentlich in Schwung. Seit fast drei Monaten hatte er seine erhabene Stellung inzwischen inne und nicht ein Tag war vergangen, an dem er nicht an diese Tatsache erinnert hätte. Selbst Mrs. Dew und die acht kleinen Dews mußten ihn «Sergeant» nennen.
Plisch und Plum, alias Constables Dickens und Jones, neuerdings der Abteilung ‹H› zugeteilt, standen starren Blicks an der Wandtafel, auf welche in der Blockschrift, in der Dew laufend Fortschritte machte, die Fakten des Falles von Major Deering, ehemals Karabinier, gekritzelt waren.
«Mr. Lestrade ist stark in Anspruch genommen. Er hat zwei weitere Morde auf seinem Tisch. Also hat er mir die Ehre erwiesen, diesen hier aufzuklären. Und solange andere Beamte außer Haus sind... äh... um Hinweisen nachzugehen – das ist der Ausdruck, den wir hier benutzen – habe ich die Absicht, euch Burschen ein wenig Polizeiarbeit beizubringen. Also, Jones. Was haben wir?»
«Sergeant?»
«Welche Fakten liegen uns in diesem Fall vor?» Dew war so geduldig als möglich.
«Nun, Sarge...»
«Sergeant.»
«Nun, Sergeant. Wir haben eine Leiche. Major Deering. Alter einundvierzig. Ehemals bei den Sechsten Leibdragonern.»
«Modus opera?»
Constable Jones sah ihn befremdet an.
«Der Tod war auf den Schock zurückzuführen, der durch den Stich einer Kavallerielanze verursacht wurde.»
«Und woher wissen wir das?» Die Lippen nach Art einer wiederkäuenden Kuh verziehend, die Hände auf dem Rücken, durchmaß Dew den Raum.

Das Abenteuer in der Roedean-Schule   69

«Aus dem Bericht des Coroners, Sir.»
«Und was wissen wir über Berichte von Coroners, Junge?»
«Sergeant?»
«Sie kennen sicher den alten Spruch – ‹Fünf Prozent die Wahrheit ist, neunzig Prozent sind lauter Mist› – alles klar?»
«Sergeant?» unterbrach Dickens.
«Was ist, mein Junge?» Dew polierte das Milchglas von Lestrades Tür.
«Was ist aus den restlichen fünf Prozent geworden?»
«Was?»
Doch ein Klopfen an der Tür, die Dew polierte, enthob ihn jeder mathematischen Peinlichkeit. Tatsächlich schlugen die Fingerknochen des Anklopfenden in gefährlicher Nähe seiner Nase an die Tür.
«Ja?» Er öffnete und ließ den diensthabenden Sergeanten ein.
«Hello, Tom. Wie geht's der Alten?»
«Wie immer», knurrte der andere, «selbstmörderisch. Du schuldest mir zwei Shilling vom Freitag. Der Gaul hatte drei Beine…»
«Danke, Sergeant.» Dew nahm Haltung an, als der Donegal und der Bowler durch den Korridor fegten. «Ich werde dafür sorgen, daß Inspector Lestrade das Telegramm bekommt. Ah, da sind Sie ja, Sir.»
Lestrade schnappte sich das Schreiben, das der Sergeant gebracht hatte, mit der Geste eines Mannes, der es eilig hat.
«Dickens, Tee», befahl er und warf sich in den abgeschabten alten Ledersessel. Sein Blick fiel auf die Tafel, doch das rief nur eine geringfügige Kränkung hervor. Und nachdem er sich erholt hatte, las er Dews Notizen.
«Ich sehe, Sie haben wieder mal Polizist gespielt, Walter.»
Dew errötete ein wenig, aufgebracht, weil sein Vorgesetzter ihn vor den Constables aufzog.
«Nein, im Ernst, Sergeant. Vergessen Sie das alles. Ich habe das unbestimmte Gefühl, daß wir nicht von drei Mördern sprechen, sondern von einem. Gentlemen, was haben Ralph Childers, John Deering und Hamilcar Waldo gemeinsam?»
«Sie sind tot, Sir», verkündete Jones stolz.
Lestrades Blick hätte einen klügeren Mann zur Salzsäure erstarren lassen.

«Denken Sie nach», sagte er.
Schweigen.
«Waren Sie alle Junggesellen, Sir?»
«Nein, Dickens. Waldo war verheiratet, wenn er's damit auch nicht so genau nahm. Machen Sie Ihre Hausaufgaben.»
«War da nicht die Rede von einem bestimmten Club, Sir?» sagte Dew auf gut Glück.
«‹Hell Fire›, ja. Aber soweit ich bis jetzt weiß, war nur Childers dort Mitglied. Es sei denn, daß hinter dem Diogenes mehr steckt, als man annimmt. Childers war auch dort Mitglied. Sie kommen der Sache schon näher, Dew.»
«Lassen Sie's gut sein», sagte Jones fröhlich.
«Nun, das liegt in der Familie», bemerkte Lestrade. «Die Politik, Gentlemen. Ralph Childers und Hamilcar Waldo waren beide Mitglieder des Unterhauses. John Deering hatte die Absicht, den Dienst zu quittieren und in die Politik zu gehen. Niemand außer seinem vorgesetzten Offizier scheint das gewußt zu haben, vermutlich weil man in Kavalleristenkreisen nicht über Politik spricht.»
«Also ein Fall für die Spezialabteilung?» Dew übertraf sich selbst.
«Sie übertreffen sich selbst, Dew.» Auch Lestrade hatte das bemerkt. «Aber ich will in der Hölle schmoren, ehe ich diesen Fall an diese Bande von Verrückten abgebe.»
«Wäre das Inspector Bradstreet, Sir?» fragte Dickens.
«Ja. Als ich ihn kennenlernte, war er Sergeant. Verblüffend, wie eine Beförderung Leuten zu Kopf steigt.» Eine unfreundliche Sekunde lang warf Lestrade Dew einen schnellen Blick zu. «Er ist kein schlechter Polizist. Aber im Augenblick werden wir den Fall behalten. Ah», er griff zum dampfenden Becher, «der Tee.»
Während er schlürfte, über Dews kindische Kritzeleien auf der Tafel nachsinnend, öffnete er das Telegramm. Als er es las, verdüsterte sich sein Gesicht. Er griff nach dem zerbeulten Gladstone.
«Dickens. Jones. Wie wär's mit ein wenig Seeluft?»
«Sir?» fragten sie im Chor.
«Nehmen Sie Ihre Sachen. Wir fahren nach Rottingdean.»
«Rottingdean?» wiederholte Dew.
«Rottingdean», antwortete Dickens. «Ein kleiner Badeort an der Südküste zwischen Brighton und Newhaven. Der Strand ist felsig und die Häuser sind aus demselben kieselharten...»

Das Abenteuer in der Roedean-Schule

«Danke, Constable.» Lestrade stürzte den letzten Rest Tee hinunter.

«Sergeant, sagen Sie dem Oberjäger, wohin wir gefahren sind. Mordversuch an einer Berühmtheit, einem Nationalheiligen etc. Das wird ihm gefallen. Wir sind Donnerstag zurück.»
«In Ordnung, Sir.» Dew ging zur Tür und brüllte nach einem Constable. «Macnee! Herkommen!»
«Walter.» Lestrade legte seinem Sergeanten onkelhaft den Arm um die Schultern. «Sie wollen doch weiterkommen, nicht wahr? Sie wollen jemand sein im CID?»
«O ja, Sir.» Dew straffte die Schultern.
«Nun, dann denken Sie dran», flüsterte Lestrade, «ein Sergeant kann schreien, aber ein Inspector ruft.»

Carrie Kipling hatte nicht damit gerechnet, daß mit dem Nachmittagszug drei Beamten von Scotland Yard eintreffen würden, doch es waren ihrer drei, trotz der milden Maitemperaturen mit Donegals und Bowler bekleidet.
«Er ist nicht da, Inspector. Rudyard ist in der Schule und hilft der Polizei bei ihren Untersuchungen.»
«In der Schule, Madame?»
«Rodean, Inspector. Wo alles passierte.»
«Sie erzählen mir besser die ganze Geschichte, Mrs. Kipling. Jones, schreiben Sie.»
Auf Geheiß von Mrs. Kipling nahmen die Polizisten im Salon Platz und ließen sich vollständig über das Problem unterrichten.
«Alles begann vor über einem Jahr; zumindest um diese Zeit erzählte mir Rudyard zum erstenmal davon. Anfangs machte er sich nicht viel daraus. Eine Fehlzündung am Auto. Ein Beinahezusammenstoß mit einer Straßenbahn. Eine durchgehende Viehherde – um diese Zeit waren wir in Calgary», sagte sie erklärend, als sie Lestrades verständnislose Miene gewahrte. «Rudyard tat das alles als bloßen Zufall, als Nebensache ab. Aber gestern. Gestern war jeder Irrtum ausgeschlossen. Ich rief sofort die Polizei. Er zögerte, und dann schickte er Ihnen ein Telegramm.»

«Was passierte gestern, Mrs. Kipling?»
«Mir ist von dem Schrecken noch immer schwindelig, Inspector.»
Carrie Kipling kam Lestrade bemerkenswert standfest vor.
«Verzeihen Sie, Sir», mischte Jones sich ein, «wie buchstabieren Sie Calgary, Mrs. Kipling?»
Lestrade schoß einen inspectoralen Blick in Richtung des Constable, und er schrumpfte auf der Stelle zusammen.
«Bitte fahren Sie fort», sagte er.
«Nun, Rudyard war zur Feier des Gründungstages nach Rodean eingeladen worden. Er ist ein solcher Dummkopf, wenn es um Mädchen geht. Ich denke, weil wir unseren Liebling verloren haben, wissen Sie.» Sie lächelte, und Lestrade bemerkte, daß sie das Porträt anstrahlte, das Mr. Kipling bei seinem letzten Besuch in die Hand genommen hatte. «Es waren zahlreiche Würdenträger anwesend – oh, keiner von ihnen hatte natürlich das Format des lieben Rudyard –»
«Ihr Gatte ist ein korpulenter Mann, Mrs. Kipling?» unterbrach Dickens.
«Ich werde die Fragen stellen, danke, Constable», sagte Lestrade, «stehen Sie mit ihrem zuverlässigen Federmesser bereit, falls Jones' Bleistift zu Ende gehen sollte.» Dickens fiel wie ein Kartenhaus in sich zusammen.
«Rudyard hatte sich gerade erhoben, um seine Ansprache zu halten. Am Abend zuvor hatte er sie mir vorgelesen. Sie war wunderbar. Da plötzlich, während der Beifall noch verklang, ging ein Verrückter nach vorn und schoß auf meinen Gatten...» Exakt zum richtigen Zeitpunkt flatterte ein Taschentuch und Carrie Kipling schneuzte sich die Nase mit einem Getöse, das für die Gattin eines möglichen zukünftigen Poete laureate nicht ganz schicklich war. Sie warteten, bis sie sich gefangen hatte.
«Die Kugel ging weit daneben, Gott sei Dank, doch in der Verwirrung entkam der Meuchelmörder.»
«Hat Mr. Kipling – oder jemand anderer – diesen Mann genau gesehen?»
«Ich fürchte, nicht, Inspector. Die Augen meines Mannes sind nicht die besten. Auf der Schule nannte man ihn ‹Nasenfahrrad›, wissen Sie, wegen seiner Brille.»
«Was Sie nicht sagen, Madame.»

Das Abenteuer in der Roedean-Schule ——————————— 73

Mrs. Kipling konnte ihnen nicht weiterhelfen. Unter zahlreichen Beruhigungen verließen sie die Dame, wenngleich Lestrade Dickens an der Eingangstür Posten beziehen ließ, für den Fall, daß ein Verrückter, der den Hausherrn daheim wähnte, es noch einmal versuchen sollte. Der Inspector und sein zweiter Constable fuhren mit einer Droschke zur Schule.

Die Rodean-Schule für junge Damen aus guter Familie war ein neues Gebäude auf der weiten Fläche der Downs oberhalb des Meeres, wo Lestrade vor einigen Wochen, nackt bis auf seinen zuverlässigen Donegal, umhergestolpert war. Jetzt waren, trotz der Tatsache, daß die jungen Damen jener guten Familien dort wohnten, die Sportplätze verlassen, und über dem ganzen Ort lag ein Hauch von Furcht und Heimlichkeit. Zwei Polizeifahrzeuge mit dem Emblem der Sussex Constabulary versuchten, unter einer Gruppe von Ulmen unverdächtig auszusehen. Hier und da patrouillierten Polizisten zu zweit, an deren Hüften nach altehrwürdiger Tradition Blendlaternen und Schlagstöcke baumelten.

Lestrade meldete sich bei dem Constable an der Tür und betrat die Haupthalle. Wie kam es bloß, fragte er sich, daß alle Schulen, selbst diese für junge Damen, so komisch rochen? Hier fehlte nur das Einreibemittel und Leinöl für die Rohrstühle, das er aus seiner Schule kannte. Die Beamten von Scotland Yard traten in einen großen Saal mit hohen Erkerfenstern und einem Podium am entfernten Ende. Lestrade sah penibel ausgerichtete Reihen von Holzstühlen, die jetzt verlassenen Notenpulte und hinter ihm, als er sich umwandte, eine Empore mit Wendeltreppe.

«Das ist er!» kreischte eine Stimme von irgendwo. «Dieser widerliche kleine Mann im Donegal. Ich würde sein Rattengesicht überall wiedererkennen.»

Im Nu wimmelte es im Saal von Uniformierten, die von allen Seiten Hand an Lestrade legten. Auch auf Jones gingen sie los, drückten seinen Kopf zu Boden, ein Knie rammte sich in sein Kreuz, während seine Hände auf den Rücken gedreht und ihn Handschellen angelegt wurden.

«Sind Sie sicher, Madame?» Eine bullige, grauhaarige Gestalt bahnte sich den Weg, doch sie verblaßte vor einer riesenhaften Erscheinung in flatterndem Kittel, die sich vornüber beugte, um den Missetäter zu identifizieren.

«Ich bin sicher, Inspector. Nehmen Sie ihn auf der Stelle fest!»
Die Hand eines Constables, die sich schwer auf seinen Mund legte, hinderte Lestrade daran, zu alledem eine Erklärung abzugeben.
«Ich verhafte Sie im Namen des Gesetzes. Sie werden beschuldigt des versuchten Mordes an Mr. Rudyard Kipling...»
«Schwachkopf!» dröhnte die eiserne Jungfrau. «Das ist nicht der Mann. Er ist einen Fuß kleiner!»
Der Inspector vom Revier war verwirrt.
«Warum dann...»
«Dies ist das ekelhafte Ungeheuer, das sich letzten Monat vor mir und meinen Mädchen entblößt hat. Lungerte in den Büschen herum, und wenn ich mich nicht irre, trug er den gleichen Donegal.» Sie schnaubte verächtlich. «Mit Sicherheit hatte er das gleiche lüsterne Grinsen.»
Lestrade versuchte sich zu verteidigen, doch mehr als ein Gurgeln gelang ihm nicht.
«Ich habe gehört, daß Verbrecher immer an den Ort ihrer Tat zurückkehren. Du gemeines Ferkel!» Und sie drosch mit einem Papierbündel auf Lestrades Kopf ein.
«Lestrade!» rief eine Stimme von oben. Jedermann sah nach oben, wo Gigger Kipling kurzsichtig über das Geländer der Empore lugte.
«Sie haben den falschen Mann verhaftet!»
Er eilte die Treppe hinunter auf die Gruppe im Saal zu.
«Inspector, Sie sind dabei, einen Kollegen zu verhaften.»
«Was?» wütete die Matrone. «Dieser Spanner ist ein Polizist? Ekelhaft!»
Die Constables entließen Lestrade und Jones aus ihrem Griff. «Genau das, was ich erwartet habe, nun, da die alte Königin dahin ist. Es ist eine Welt, die verrückt geworden ist», fuhr sie fort.
«Wer sind Sie?» fragte der Inspector den Inspector.
«Dasselbe könnte ich Sie fragen», gab Lestrade zurück.
«Ich habe zuerst gefragt.» Die Unterhaltung artete bereits aus. «Inspector Sholto Lestrade, Scotland Yard.»
«Oh.» Der Inspector vom Revier machte ein langes Gesicht, und die Constables standen wie begossene Pudel daneben und wünschten, der Erdboden möge sie verschlingen. «Inspector Daniel Clutterbuck, Sussex Constabulary. Äh... es tut mir leid, Mr. Lestrade. Ich scheine ein wenig übereifrig gewesen zu sein.»

Lestrade zwang sich zur Ruhe. «Ist ja nichts Schlimmes passiert. Jones?»
«Ich bin in Ordnung, Sir.» Der Constable versuchte, seinen Hals wieder in die richtige Stellung zu bringen.
«Wenn Sie damit fertig sind, Höflichkeiten auszutauschen», brauste die grauhaarige Lady auf, «möchte ich sagen, daß dieser Mann von Scotland Yard oder von sonstwo ein Perverser ist. Ich verlange, daß Sie etwas unternehmen.»
Clutterbuck sah aus, als leide er Höllenqualen. Er war, weiß Gott, kein Freund des Yard, aber einen Inspector, mehr noch, einen höherrangigen zu verhaften, weil eine Verrückte darauf bestand, das hieß alles zu riskieren. Am Ende war es Lestrade, der die Initiative übernahm.
«Wer sind Sie denn überhaupt, Madame?»
«Vielleicht bin ich Lord Salisbury», gab sie zur Antwort. Nein, dachte Lestrade, dazu reicht der Bartwuchs nicht.
«Tatsächlich bin ich Miss Lawrence, Direktorin dieser Schule.»
«Dann, Miss Lawrence, möchte ich gern in Ihrem Arbeitszimmer mit Ihnen sprechen. Clutterbuck, was immer Sie bis jetzt unternommen haben, ich wünsche einen detaillierten Bericht darüber. Und postieren Sie ein paar Ihrer Constables bei Mr. Kiplings Haus in Rottingdean. Sie werden einen meiner Männer dort vorfinden. Constable Jones hier wird alles notieren. Darauf versteht er sich recht gut.»
«Mit diesem Mann will ich nicht allein sein.» Mrs. Lawrence war verstockt.
«Darf ich als Anstandsperson fungieren, Miss Lawrence», schlug Kipling vor.
Sie dachte einen Augenblick nach. Ein Mann, der solche bewegenden Gedichte und schöne Geschichten für Kinder schrieb, war gewiß ein Mann, dem man vertrauen konnte. «Sehr gut», willigte sie ein.
Kipling zwinkerte Lestrade zu, und sie folgten ihr durch einen unfreundlichen Gang zu einer getäfelten Tür. Dort stand ein gertenschlankes Kind in Schuluniform, das knickste, als seine Direktorin erschien.
«Oh, nicht schon wieder, Annabelle. Habe ich dich nicht gewarnt, eine zweite Portion von der Pastete zu nehmen? Geh zur Kranken-

schwester – und zwar schnell!» Das bleiche Kind verschwand. Miss Lawrence brach plötzlich seitwärts aus und stürzte durch eine andere Tür.
«Denkt an den Ablativus absolutus!» donnerte sie.
«Ja, Miss Lawrence», zwitscherte ein Dutzend Stimmchen.
Lestrade und Kipling blickten einander an, jeder entsprechend dem Niveau seiner Kenntnisse und Ausbildung, von der Sinnlosigkeit der Bemerkung ziemlich überrascht.
«Gentleman», nötigte sie Miss Lawrence in ihr Gemach, «und Inspector Lestrade.»
«Wollen wir zunächst etwas klären?» erlaubte sich Lestrade zu sagen.
Miss Lawrence hob eine matriarchalische Augenbraue.
«Ich bin an dem Verbrechen, dessen Sie mich beschuldigen, völlig unschuldig. Die Wahrheit ist, daß ich von bezahlten Raufbolden in Brighton zusammengeschlagen und bewußtlos auf Ihre Spielplätze geschleppt wurde. Meine Kleider, mit Ausnahme des Donegals, wurden gestohlen.»
Die Direktorin blickt unsicher.
«Es ist wahr, Miss Lawrence», bestätigte Gigger. Gott sei Dank, dachte Lestrade, daß es in alledem noch eine vernünftige Stimme gibt.
«Wenn Sie es sagen, Mr. Kipling, dann muß es wohl so sein.»
Sie schenkte ihm ein zuckersüßes Lächeln, bei dem sich Lestrades Haupthaar vor Unbehagen kräuselte. Er zog jederzeit die finstere Miene der Medusa vor. «Aber» – und da war sie schon – «auf keinen Fall werden Sie eines meiner Mädchen befragen, wenn ich nicht die ganze Zeit anwesend bin. Haben wir uns verstanden? Es ist hohe Zeit, daß es weibliche Polizisten gibt, so abstoßend ich diese Vorstellung auch finde.»
Wenn sie alle wären wie du, dachte Lestrade, könnten wir anderen nach Hause gehen.
«Jetzt, Madame, zu den Ereignissen des gestrigen Tages.»
Doch die schreckliche Miss Lawrence hatte kaum mit ihrer Geschichte begonnen, als die Tür aufging und zwei Damen, größer und schrecklicher als sie, hereinschwebten.
«Violet, meine Liebe. Wir kamen so schnell wir konnten», sagte die erste und umarmte und herzte die Direktorin.

Das Abenteuer in der Roedean-Schule

«Petronella, wie freundlich. Agatha, meine Teuerste.» Und die Vereinigung mütterlicher Busen wurde nur durch das diskrete Räuspern Lestrades unterbrochen.

«Oh.» Die Direktorin erinnerte sich, daß Männer anwesend waren. «Diese beiden Herren sind, jeder auf seine Weise, mit den Schrecken des gestrigen Tages befaßt. Oh, ich möchte wissen, was der Bischof sich gedacht hat. Dies ist Mr. Kipling, der Dichter und Schriftsteller. Meine Schwestern, die zusammen mit mir diese Schule begründet haben – Petronella und Agatha.»

«Entzückt, meine Damen.» Kipling verbeugte sich feierlich.

«Ah, Mr. Kipling. Ihre *Departmental Ditties* gefielen mir besonders gut. Darf ich fragen, woran Sie zur Zeit arbeiten?»

«Eine Erzählung aus dem Raj ist gerade erschienen. Sie heißt *Kim*.»

«Wie wunderbar!» Petronella klatschte begeistert in die Hände.

«Ladies, können wir zur vorliegenden Sache zurückkehren?» Der furchteinflößende Blick aller drei Lawrence-Damen richtete sich auf Lestrade.

«Dies ist ein Polizist», informierte die Direktorin ihre Schwestern.

«Von Scotland Yard.» Lestrade meinte sich ein gewisses Niveau beilegen zu müssen. «Ladies, dürfte ich Sie bitten, sich zurückzuziehen, bis ich mit ihrer Schwester gesprochen habe?»

«Wir haben uns schon zurückgezogen, junger Mann», teilte ihm Petronella mit.

«Alles, was Violet in bezug auf die Schule zu sagen hat, betrifft auch uns.» Agatha war trotzig.

«Sehr gut», fügte sich Lestrade in das Unvermeidliche, «doch zuerst möchte ich gern von Ihnen wissen, warum zwei der drei Gründerinnen von Rodean am Gründungstag nicht anwesend waren.» Agathas Teint wurde so rot wie die Vorhänge ihrer Schwester. Petronella brauste auf: «Persönliche Gründe. Gehen Sie überhaupt nichts an. Gestern abend schickte uns Violet ein Telegramm. Wir kamen so schnell wir konnten.» Und die Schwestern begannen wieder, ihre Taschentücher zu frequentieren, womit sie gerade aufgehört hatten.

«Miss Lawrence.» Lestrades Geduld ließ allmählich nach.

«Ja», riefen sie im Chor.

«Ihre Geschichte, Madame.» Er versuchte, liebenswürdiger zu sein.
«Nun ja, Inspector, der Tag nahm einen guten Verlauf. Es hatte diesen unangenehmen Zwischenfall gegeben, als der Bischof von Bath und Wells die Treppe runterfiel, aber ich halte viel vom Schienen. Mr. Kipling wollte gerade mit seiner Ansprache beginnen – ein solcher Redner! –» sie warf einen schwärmerischen Blick in Giggers Richtung, «als es plötzlich hinten im Saal unter der Empore eine Balgerei gab. Zuerst dachte ich, es sei Angelique…»
Abermals stimmten die Lawrence-Schwestern zu.
«Angelique?» wiederholte Lestrade.
«Angelique D'Umfraville. Unser französisches Mädchen. Nicht so ganz das Gelbe vom Ei. Neigt zu seltsamen Ausbrüchen nervöser Energie.»
«Sie ist geistesgestört, junger Mann.» Petronella war unverblümter.
«Das ist eine Spur zu stark, Petra, altes Mädchen. Ein wenig stark…»
«Es war nicht Angelique», schaltete Lestrade sich ein. Er mußte sie irgendwie davon abhalten, abzuschweifen.
«In der Tat nicht. Der Schnitt des Deerstalkers paßte gar nicht zu ihr.»
«Deerstalker?» fragte Lestrade.
«Das sagte ich, Inspector, eine von diesen Jagdmützen, wie sie dieser ekelhafte Keir Hardie trägt. Dieser Mann trat vor, angezogen wie für eine Kutschfahrt und richtete ein Gewehr auf Mr. Kipling.»
Miss Lawrence zitterte, wurde jedoch durch ein Fläschchen mit Riechsalz, das Agatha ihr unter die Nase hielt, vor dem völligen Zusammenbruch bewahrt.
«Und dann?» drängte Lestrade, kaum daß Violets Augäpfel aufgehört hatten, sich zu drehen.
«Wir alle standen wie angewurzelt da. Es gab einen Knall…»
«Wie beim Bericht des Vorstandsvorsitzenden, Liebe?» bat Petronella um Aufklärung.
«Von einem Gewehrschuß, liebe Dame.» Es war Kipling, der übersetzte.
«An viel mehr erinnere ich mich nicht. Der Bischof fiel abermals

um, das ist mir im Gedächtnis, weil der arme Mann sich den anderen Arm brach.»
«Er muß einer Windmühle ziemlich ähnlich sehen», sinnierte Agatha.
«Es gab Geschrei und Panik, doch ich muß sagen, daß die Mädchen sich bewunderungswürdig verhielten. Zwei oder drei setzten dem Unhold nach, mit ihren Hockeystöcken, glaube ich.»
«Kannten Sie den Mann?» fragte Lestrade.
«Nein. Er war großgewachsen.»
«Mir kam er eher mittelgroß vor», sagte Kipling.
«Würden Sie ihn wiedererkennen?»
«Ganz gewiß», versicherte die Direktorin.
«Möglicherweise», sagt der Dichter vorsichtig.
«Mr. Kipling, dürfte ich mit Ihnen sprechen? Miss Lawrence, danke für ihre Geduld. Ich werde mit allen sprechen müssen, die gestern anwesend waren, besonders mit denen, die sich im hinteren Teil des Saales aufhielten.»
«Meine Mädchen haben genug durchgemacht, Inspector.» Violet hatte sich hoch aufgerichtet und blickte auf Lestrade hinunter.
«Erst schießt man auf sie, sie werden von Polizisten aus Sussex belästigt, und jetzt werden sie wieder von Polizisten aus London bedroht. Der Himmel weiß, was die Zeitungen aus der ganzen Affäre machen werden. Ich werde nicht ein einziges Mädchen behalten. Roedean muß schließen.»
Petronella und Agatha stützten Violet, die einer Ohnmacht nahe war, während Lestrade sich dreimal verbeugte und sich mit Gigger empfahl.
«Was halten Sie von den verrückten Schwestern?» fragte Kipling, als sie die kiesbestreute Auffahrt erreichten.
«Ich weiß nicht, was aus unserem Erziehungswesen noch werden soll», bemerkte Lestrade. «Sagen Sie mir, dieser Mann, der versucht, sie zu töten. Warum haben Sie ihn nicht erwähnt, als wir uns neulich begegneten?»
«Das war alles noch nicht klar – das wurde es erst gestern. Sie müssen verstehen, lieber Lestrade, daß sich ein Mann in meiner Position Feinde macht. Wenn Sie die Ansichten vertreten wie ich, müssen Sie damit rechnen, auf Widerstand zu stoßen. Gewiß, ich meine jenen Widerstand, der sich gewöhnlich in literarischen Kritiken oder wü-

tenden Briefen an die *Times* äußert. Aber nach dem gestrigen Tag hat das unbestimmte Gefühl des Unbehagens feste Form angenommen. Was ich für eine Reihe unzusammenhängender Zufälle hielt, entpuppt sich jetzt als der offensichtliche Versuch, mich zu ermorden.»
«Und gestern? Der Mann mit dem Deerstalker?»
«Ich war vermutlich am wenigsten dazu geeignet, ihn zu erkennen. Mit diesen erbärmlichen, alten Augen», er rieb sie hinter den dicken Brillengläsern, «Jahre angestrengter Arbeit bei Kerzenlicht. Kaum hatte ich klare Sicht, da schoß er auch schon.»
«Haben Sie das Gewehr gesehen?»
«Ich denke, es war ein Karabiner. Trotzdem, zu kurz für ein Lee-Metford. Vielleicht ein Martini-Henry.»
«Ihre erbärmlichen, alten Augen konnten den Mann nicht erkennen, aber Sie können mir den Typ eines Gewehres nennen, dessen Mündung auf sie zeigt und das», Lestrade warf einen Blick zurück zum Saal, «sechzig, siebzig Fuß von Ihnen entfernt war.»
«Ach, aber mit Gewehren kenne ich mich aus, Inspector. Immerhin habe ich einen Schützenverein gegründet.»
«Gehe ich recht in der Annahme, daß ein Karabiner eine Waffe ist, die von der Kavallerie benutzt wird?»
«Und von berittener Infanterie.» Kipling war erst kürzlich vom Kriegsschauplatz zurückgekehrt.
«Ein Jammer, daß wir mit dem Gewehr nicht weiterkommen», sagte Lestrade nachdenklich.
«Aber wir können, Inspector. Haben Sie denn nicht diese Coroners, die aus den Leuten die Kugeln rausholen?»
«Wie?... ja, ja», sagte Lestrade, ohne Kiplings Gedanken folgen zu können.
«Na also. Lassen Sie den armen alten Arthur L'Estrange ein bißchen aufschneiden. Dabei wird gewiß etwas herauskommen. Nennt man das nicht Ballistik?»
«Arthur L'Estrange?» Lestrade war stehengeblieben.
«Ja.» Kipling begann zu dämmern, daß etwas nicht stimmte.
«Mein lieber Freund, hat Ihnen das niemand gesagt? Die Kugel, die mir galt, ging zwar weit vorbei, wie Miss Lawrence sagte, aber sie traf einen anderen Gast der Gründungsfeier, der unmittelbar neben mir stand. Wenn ich mir vorstelle, wie haarscharf...»

Das Abenteuer in der Roedean-Schule

«Wo ist er jetzt?»
«L'Estrange? Im Leichenschauhaus, denke ich. Bringt ihr die Leute nicht dorthin? Besser, Sie fragen Clutterbuck.»
«Das werde ich. Nun zu Ihrer Beschreibung des Mannes mit dem Deerstalker...»
Während der Dichter und der Polizist mehr als eine Stunde lang über die Downs spazierten, erfuhr Lestrade alles über die verschiedenen Mordversuche. Am Ende ergab sich, ungachtet der Beobachtungsgabe Kiplings als hervorragender Geschichtenerzähler, ein unklares und nicht schlüssiges Bild. Ein Mann von mittlerer Größe, normalem Körperbau, glattrasiert, wenngleich vielleicht mit Schnurrbart; Haarfarbe und Augenfarbe: unbestimmt; keine sonstigen charakteristischen Merkmale. Bloß der Deerstalker und der Ulster und eine Waffe mit kurzem Lauf. Das letzte zumindest leuchtete ein. Leute kreuzten an solchen Tagen nicht mit einer Martini-Henry unter dem Arm auf. Nicht einmal in Roedean.
Anderthalb Tage untersuchten Lestrade, Jones und Dickens das Gelände, das von der Sussex Constabulary mit riesigen Füßen abgegrast worden war. Dickens nahm sich die Mädchen vor – dreiundvierzig an der Zahl, die alle schworen, sie hätten unmittelbar neben dem Mörder gestanden. Interessanterweise hatte Inspector Clutterbuck, als er nach Augenzeugen fahndete, nur eine gefunden, eine merkwürdige manische junge Lady namens Angelique oder so ähnlich. Als der junge, blauäugige Dickens fragte, standen die Mädchen rund um die Kapelle Schlange. Jones befragte den Lehrkörper, mit Ausnahme der respekteinflößenden Miss Lawrence, die sich inzwischen weigerte, mit einem Polizisten zu sprechen, der nicht mindestens Chief Superintendent war. Lestrade telegrafierte an Nimrod Frost, dessen Antwort sachlich, einsilbig und in der Wortwahl ziemlich urwüchsig war. Lestrade selbst verhörte die Gäste – siebzigjährige Vorstandsmitglieder und Freunde der Schule, auf verschiedene Weise angestaubt und verschimmelt – die alle nach besten Kräften kreischten, das Land gehe vor die Hunde und die Mitglieder der Labour Party gehörten hinter Gitter. Lestrade meisterte die Lage so gut er konnte und verbrachte den Tag, an dem er nach London hatte zurückkehren wollen, knietief in Protokollen, im weniger erholsamen Teil Brightons in Clutterbucks Büro, das noch trister und geschmackloser war als sein eigenes. Das einzige, das ihn, abgesehen

von ungezählten Tassen Tee, vom Aufbruch zurückhielt, war die Tatsache, daß Jones einen Kutscher aufgetrieben hatte, der aus Goodwood gekommen war und an jenem Tag die Schule beliefert hatte. Besagter Kutscher kannte die Lawrence-Schwestern gut und hatte sie an jenem Morgen gesehen. Lestrade wußte jetzt, daß die persönlichen Gründe, die Petronella genannt hatte, um ihre Abwesenheit am Gründungstag zu erklären, darin bestanden, daß das vorgebliche diamantene Jubiläum erst 32 statt sechzig Jahre aufwies und sie mit den Nerven am Ende gewesen waren.

Der Leichnam von Arthur L'Estrange verriet ihm nur eines – und das wußte er bereits – daß der Mann nämlich erschossen worden war. Nach unendlichen Fragen, ob der Inspector und der Verblichene wegen der Ähnlichkeit ihrer Namen nicht vielleicht verwandt seien, zeigte der Coroner dem Inspector die Einschußwunde, hoch über dem Herzen. Die Kugel mußte das Schulterblatt getroffen, abgelenkt worden sein und die Aorta zerrissen haben. Der Tod war binnen weniger Minuten eingetreten. Die Kugel? Der Coroner zeigte sie Lestrade. Sie stammte möglicherweise aus einer Martini-Henry. Das beschränkte die Möglichkeiten auf ein paar tausend.

Als Lestrade in jener Nacht beim Schein einer Petroleumlampe in Clutterbucks Hinterzimmer döste, fiel sein Blick zufällig auf ein zusammengefaltetes Exemplar des Brighton *Argus*. Die Balkenüberschrift lautete: «Brighton trauert um Parlamentsmitglied». Lestrades Schläfrigkeit wich Verblüffung, als er den Text las. Für den kommenden Mittwoch war ein aufwendiges Begräbnis geplant. Es sollten keine Kosten gescheut werden. Man hoffte, den Bischof von Bath und Wells soweit zu bekommen, daß er den Trauergottesdienst abhielt. Es folgte ein glühender Nachruf. Ja, Brighton würde den Mann vermissen, welcher der Stadt nahezu sieben Jahr lang getreulich gedient hatte. Man würde ihn vermissen, den Right Honourable Arthur L'Estrange. Lestrades Gefühle waren gemischt, als er diese Neuigkeit am Morgen darauf Rudyard Kipling mitteilte. Nach Lestrades Ansicht – die zwar noch eine Vermutung war, wenngleich durch jahrelange Erfahrung erhärtet – hatte der Verrückte mit dem Deerstalker sein Ziel nicht verfehlt. Die tödliche Kugel war mitnichten weit am Ziel vorbeigeflogen. Im Gegenteil: Sie hatte es getroffen.

Probleme mit altem Sherry

Es war der Sommer, in dem Nimrod Frost starb. Es waren seit langem Gerüchte im Umlauf, er sei seit Jahren krank gewesen, ein Schatten gegen früher. Eingeweihte behaupteten, es seien die Strapazen der Arbeit gewesen, die ihn ins Grab gebracht hätten. Niemand bei der City Police war im geringsten überrascht. Konfrontiert mit einem Haufen wie der Metropolitan Police, war dem Mann offensichtlich alles zuviel geworden und er hatte sich das Leben genommen. Miss Featherstonehaugh wußte es besser. Die Unmengen an Zucker und Sahne hatten ihn schließlich zur Strecke gebracht, sie und die Anstrengung, jeden Morgen im Aufzug auf den Knopf zu drücken. Bei jeder erdenklichen Gelegenheit hatte sie ihn gewarnt und jedermann an diese Tatsache erinnert. Ein Mann konnte ein solches Gewicht nicht ewig mit sich herumschleppen. Natürlich gab es auch einige, und zeitweise hatte Lestrade dazugehört, die der Ansicht waren, daß Frosts Arterien sich verhärtet hatten, um weiterem Kontakt mit Miss Featherstonehaugh zu entfliehen – aber das war vielleicht unfreundlich.

Es war ein eindrucksvolles Begräbnis für den Sohn eines Krämers aus Grantham. Natürlich war der Commissioner da. Sir Frederick Ponsonby vertrat den König. Chief Superintendent Abberline war der oberste Trauergast, und die meisten der anderen Superintendents kamen. Wegen der neunzehn Stone des Verstorbenen waren statt der üblichen vier sechs Bobbies vonnöten, um den Sarg zu tragen, der mit purpurnem Samt bedeckt und von Frosts Mütze und Prachtschwert gekrönt war. Der Strom der Polizisten, in Uniform oder Zivil, war fast eine Meile lang.

Frost hätte das gefallen. Sogar ein paar Unterweltler kamen, um ihm widerwillig Respekt zu bezeugen, und standen, die Mützen in den Händen, wie Schatten an High Holborn. Das hätte Frost noch mehr gefallen.

Mit dem Kirchhof von St. Sepulchre's war die Wahl auf einen son-

derbaren Friedhof gefallen. Mrs. Frost, hochaufgerichtet und durch und durch würdevoll, ließ durch den Vikar erklären, daß der teure Nimrod den Wunsch ausgedrückt habe, in der Nähe von Newgate beigesetzt zu werden, gewissermaßen um ein Auge auf jene zu haben, die er und seine Männer dorthin gebracht hatten. Offensichtlich war ihr nicht klar, daß man Newgate abgerissen hatte, und als der Trauerzug die Kirche erreichte, nahmen die Männer, die auf dem Dach von Old Bailey arbeiteten, die Mützen ab.
Lestrade blickte zu der vergoldeten Figur hinauf, die man in die richtige Stellung hievte. Die Göttin der Gerechtigkeit mit Schwert und Waage. Wie schon ungezählte Male zuvor dachte er über die Doppeldeutigkeit ihrer Blindheit nach. Er las die Inschrift auf der großen Bronzeglocke: «Und beginnt am Morgen St. Sepulchre's Glocke die Stunden zu zählen, erbarme sich der Herr eurer Seelen.» Doch sie läutete längst nicht mehr, wenn Hinrichtungen stattfanden. Als Lestrade mit den anderen Inspectoren vom Yard seinen Platz einnahm, bemerkte er den frischen Zement am Eingang des Tunnels, der zur Todeszelle von Newgate führte. Es war ein Tunnel, den er nur zu gut kannte. Mehr als einmal hatte er diesen Weg mit den Männern zurückgelegt, auf die der Galgen wartete. Inzwischen zog man sogar schon in Betracht, auf die schwarze Flagge zu verzichten, die der Menge anzeigte, daß der Gerechtigkeit Genüge getan war. Wo sollte das bloß hinführen? Miss Featherstonehaughs Blasiertheit löste sich am Ende auf und sie schluchzte still in Dews Taschentuch, als der Gesangverein von Scotland Yard «Näher mein Gott zu Dir» anstimmte.

Es dauerte fast drei Wochen, bevor Nimrod Frost durch einen neuen Mann ersetzt wurde. In dieser Zeit machte sich Lestrade noch einmal nach Brighton auf, im Gefolge Sergeant Dew. Mitten im Juni war das eindeutig ein Fehler. Die Sonne brannte grausam durch die Serge, die ein Sergeant sich von seinem Gehalt leisten konnte. Wäre Dews Sprachgefühl ausgeprägter gewesen, hätte er vielleicht zwischen seinem Rang und dem Material seines Anzuges eine wunderliche Beziehung herstellen können. So wie die Dinge lagen, gab er sich damit zufrieden, zu schwitzen. Und neidvoll betrachtete er den kühleren Aufzug seines Vorgesetzten, der sich elegant mit weißer

Weste und Kreissäge herausgeputzt hatte. Überall waren Kinder, die zwischen den beiden Männern herumhüpften, die über die Promenade spazierten. Mehr als einmal stolperte Dew «unglücklich» über einen Liebling im Matrosenanzug und übergoß ihn und seine dazugehörigen Eltern mit den unaufrichtigsten Entschuldigungen. Lestrade watete durch die Klumpen zu Boden gekleckerter Eiscreme und begab sich zum Grand Hotel, einem eindrucksvollen efeubewachsenen Gebäude mit klassischer Fassade. Er schlug, ungeachtet der Prosteste des Angestellten, das Eintragungsbuch auf und fand die Person, die er suchte, als Gast von Zimmer 15. Die Beamten des Yard nahmen die Treppe und warteten, daß der Bewohner von Zimmer 15 auf ihr Klopfen antwortete.

«Guten Morgen, Captain Deering. Ich freue mich, daß ich Sie gefunden habe.»

«Wer, zum Teufel, sind Sie?»

«Na, na.» Lestrade schob sich an dem guten Captain vorbei, der noch immer Morgenmantel und Pantoffeln trug. «Lestrade vom Yard. Das ist Sergeant Dew. Und Sie haben ein kurzes Gedächtnis.»

«Ach ja», wurde Deering ruhiger. «Nun, was wünschen Sie? Ich bin mit meinem Frühstück noch nicht fertig.»

«Ich stelle noch immer Nachforschungen über den Tod Ihres Bruders an, Sir.» Lestrade durchmaß das Zimmer, ziellos Blicke um sich werfend, die darauf abzielten, den Offizier der Karabiniere zu verwirren. Dew stand da wie ein Türsteher, um jeden Fluchtversuch zu verhindern. Lestrade hatte keine Taktik mit ihm abgesprochen, doch er kannte seinen Chef zu gut, um nicht auf jede Eventualität vorbereitet zu sein. Er verharrte, eine Hand über dem Notizbuch schweben lassend, die andere in der Nähe der Handschellen, bereit, mit einer oder mit beiden in Aktion zu treten.

«Ich glaube, bei dem Mord an Ihrem Bruder handelt es sich um einen von mehreren.» Lestrade blickte Deering kühl an. «Der gemeinsame Faktor aller Morde ist Politik.»

«Politik?» Deering blickte verständnislos.

«Ihr Bruder stand im Begriff, das Regiment zu verlassen. Er wollte seinen Abschied nehmen und in die Politik gehen.»

Deering stand mit offenem Mund da, den gebutterten Toast schlaff in der Hand haltend.

«Quatsch! Absurder Blödsinn!» brachte er schließlich hervor.
«Als den Mann, der Ihrem Bruder vielleicht am nächsten stand, muß ich Sie fragen, Sir, welcher Partei Ihr Bruder sich anzuschließen beabsichtigte?»
«Hol der Teufel Ihre Unverschämtheit, Lestrade!» Deering klatschte den weich gewordenen Toast auf den Teller. «Die politische Überzeugung eines Mannes ist seine eigene Sache. Wir haben hier die geheime Wahl, wissen Sie! Ich stimme mit Ihnen vielleicht nicht völlig überein, aber ich will verdammt sein, wenn ich die Ansichten meines Bruders mit einem gewöhnlichen Polizisten diskutiere.»
Dew war unbehaglich zumute. Er hatte den Inspector nie als einen gewöhnlichen Polizisten betrachtet, aber damals war er auch nicht auf die Idee gekommen, der verstorbene John Deering habe irgendwelche Überzeugungen. Im Augenblick fragte er sich, worin diese bestanden.
«Ezechiel Williams», sagte Lestrade ruhig.
«Wer?»
«Einer aus Ihrer Einheit, oder nicht?»
«Williams, sagen Sie?»
«Sie strapazieren meine Geduld, Captain Deering!» Lestrade trat auf ihn zu. «Sollen wir Colonel Gilmartin heute morgen einen Besuch machen?»
Für einen Augenblick verlor Deering die Fassung. «In Ordnung, Lestrade. Was wollen Sie?»
«Lassen wir die Tatsachen außer acht, daß Sie oder Captain Sheraton oder sie beide vier Schläger aus dem Regiment anheuerten, um mich zu verdreschen. Wenn ich es darauf anlegte, würden Sie dafür vier Jahre ins Gefängnis gehen.»
Lestrade nahm seine Wanderung wieder auf. «Wir wollen auch die Sache mit dem Heeresbeschaffungsamt übersehen...»
Deering ging wieder zum Angriff über. «Sie haben nicht den geringsten Beweis. Ich...» Und er verstummte.
Schau an, dachte Lestrade mit Genugtuung, es ist erstaunlich, wie Schüsse ins Dunkle ihre Ziele finden.
«Soweit mir bekannt ist, Inspector, hat mein Bruder immer für die Konservative Partei und die Unionisten gestimmt. Aber Gott sei mein Zeuge, daß ich keine blasse Ahnung vom Plan meines Bruders

Probleme mit altem Sherry _____ 87

hatte, die Armee zu verlassen. Äh... was die... die andere Geschichte betrifft...»
«Alles, was ich verlor, war das Bewußtsein und ein bißchen Stolz, Captain», antwortete Lestrade, «aber tragen Sie Sorge, daß unsere Wege sich nicht noch einmal kreuzen, sonst werde ich es versuchten Mord nennen.»
Die Polizisten traten wieder ins Sonnenlicht.
«Das Beschaffungsamt der Armee, Sir?» Dew brach als erster das Schweigen.
«Sie haben sicherlich darüber gelesen, Dew, oder? Die Zeitungen waren voll davon. Ich habe einen Köder ausgeworfen.»
«Und was wollen Sie ergattern, Sir?» Dew war stolz auf sich, weil er die Metapher aufgegriffen hatte.
«Den Zug viertel nach zwölf zur Victoria Station, Dew. Wenn wir uns beeilen.»

Mr. Edward Henry war der soundsovielte Insasse des Büros des Assistant Commissioner im ersten Stock von Scotland Yard. Rowbottom, Anderson, McNaghten, Frost – sie waren gekommen und gegangen. Und jetzt stand Lestrade auf dem abgetretenen Teppich, jenem, den Rowbottom aus Ägypten mitgebracht hatte, dem kommenden Mann gegenüber. Wochenlang waren im Yard Gerüchte umgegangen. Er komme aus Indien, sagten einige. Andere behaupteten, er sei aus Südafrika. Schwarz wie die Nacht. Noch andere hielten ihn für einen Spion der Buren. Inspector Bradstreet von der Special Branch würde ihn im Auge haben müssen.
«Was ist das?» sagte der kleine, dunkelhäutige Mann mit schütterem Haar zu Lestrade.
«Ihr Finger, Sir.» Lestrade war überzeugt, es handele sich um eine Art Einleitungstest.
«Nein, nein, Mann. Am Ende meines Fingers.»
«Ein Nagel, Sir?» Lestrade gab sich Mühe.
«Sind Sie absichtlich begriffsstutzig, Inspector?»
Lestrade räusperte sich. Tatsächlich antwortete er deshalb nicht, weil er sich nicht selbst belasten wollte.
«Wir sind uns schon einmal begegnet, wissen Sie», fuhr Henry fort, «beim Belper Committee, neunundneunzig.»

Lestrade dämmerte es. «Ich bitte um Verzeihung, Sir. Natürlich. Fingerabdrücke.»
«Fingerabdrücke», strahlte Henry. «Haben Sie mein Buch gelesen?»
«Äh… nein, Sir.»
Henry machte ein langes Gesicht, wobei sein Walroßbart sein Kinn vollständig bedeckte.
«Aber seit etwa sechs Jahren werden bekannten Kriminellen Fingerabdrücke abgenommen, Sir.»
«Ja, ich erinnere mich an Ihre Aussage vor den Belper-Leuten. Ich war beeindruckt, Lestrade. Nun brauche ich Ihre Unterstützung. Ich will hier im Yard eine Abteilung für Daktyloskopie einrichten. Chief Superintendent Abberline schlug einen Sergeant namens Collins vor. Ihre Meinung?»
«Stockley Collins ist ein guter Mann», pflichtete Lestrade bei, wenngleich er schwer daran schlucken mußte, einer Sache zustimmen zu müssen, die Abberline vorgeschlagen hatte.
«Was würden die Burschen von einem solchen Wagnis halten, Lestrade? Sie müssen doch ziemlich gut wissen, was so geredet wird. Wie würden sie es aufnehmen?»
«Möchten Sie eine politische Antwort oder die Wahrheit hören?»
«Wenn Sie mich erst besser kennen, Lestrade, werden Sie wissen, daß für mich nichts zählt, außer der Wahrheit.»
Dann helfe mir Gott, dachte Lestrade im stillen. «Die meisten meiner Kollegen beschränken sich noch immer auf die Beinmaße bekannter Krimineller, Sir. Einige würden einen Fingerabdruck nicht erkennen, wenn er vor ihnen auftauchen und sie beißen würde.»
«Das sagte auch Abberline», nickte Henry.
Verdammt, dachte Lestrade, zweimal an einem Tag.
«Nun zu Ihren Fällen, Lestrade. Sie nehmen besser Platz.»
Gott, dachte Lestrade, sind sie das wert?
«Sie denken an eine Verschwörung?»
«Wenn nicht, scheint es sich um außergewöhliche Zufälle zu handeln, Sir?»
«Zufälle?» Henry setzte ihm mit der Wildheit eines beleidigten Frettchens zu.
«Die Tatsache, daß alle Verstorbenen eine Beziehung zum Unterhaus hatten.»

«Die habe ich auch, Lestrade. Mein Wagen fährt jeden Morgen über den Parliament Square. Ich nehme an, der Ihre ebenfalls.»
«Im Sommer gehe ich zu Fuß, Sir.»
«Was ist mit diesem?» Henry zog die getippten Unterlagen auf seinem Tisch zu Rate. «John Deering. Er war Soldat.»
«Aber einer mit politischen Ambitionen, Sir. Wie der Bericht besagt...»
«Ich habe den Bericht gelesen, Lestrade. Und bis zu diesem Punkt, nehme ich Ihnen Ihre Geschichte ab. Doch entweder ist Major Deering ein völlig anderer Fall oder Ihre Theorie bricht zusammen. Betrachten Sie die Mordmethoden. Was haben wir da? Ein Mann, der zu Tode gequält wurde, einen zweiten, der auf eine Lanze gespießt, und einen dritten, der erschossen wurde. Welcher Mörder wendet so verschiedenartige Methoden an?»
«Sind Sie mit dem Struwwelpeter-Fall vertraut, Sir?»
«Ich habe auch diese Berichte gelesen, Lestrade. Aber damals haben Sie Ihren Mann nicht gekriegt, oder?»
Lestrade schmerzte dieser Tadel. Es war nicht die Wahrheit. Er hatte seinen Mann gekriegt, doch aus alten, persönlichen Gründen hatte er diese Tatsache nicht zu Papier gebracht.
«Wollen Sie sagen, daß dies das Werk des Struwwelpeter-Wahnsinnigen ist?»
«Nein, Sir.»
«Sind Sie sicher?»
Lestrade lächelte. «Sagen wir einfach, ich habe einen sechsten Sinn.»
«Ich bin nicht sicher, ob Ihre Sinne in Ordnung sind. Ich werde etwas Zeit brauchen, es herauszufinden. In der Zwischenzeit, denke ich» – Henry läutete ein kleines Silberglöckchen auf seinem Tisch – «werden wir's auf meine Art anpacken.»
Es klopfte an der Tür und zwei Männer traten ein: Beide kannte er und beide gingen ihm auf die Nerven.
«Lestrade, Sie kennen die Inspectoren Gregory und Bradstreet?»
«Durch und durch, Sir.»
«Lassen Sie uns für den Augenblick annehmen, Ihre Verschwörungstheorie sei zutreffend – daß irgend jemand Parlamentsmitglieder umbringt. Wenn diese Annahme richtig ist, muß die Special Branch den Fall bearbeiten. Der Commissioner hat uns dankens-

werterweise die Zeit und die Fähigkeiten von Bradstreet zur Verfügung gestellt.»
«Sholto», grinste der Erwähnte eisig.
«Edgar», erwiderte Lestrade mit der Leutseligkeit eines Leichnams.
«Bradstreet, Ihre Meinung.» Henry forderte die Neuankömmlinge mit einer Geste auf, Platz zu nehmen.
«Nun, Sir, auf den ersten Blick sieht es so aus, als wären die Iren am Werk.»
Lestrades Augenbrauen verschwanden unter seinem Haaransatz. Wie oft hatte er diesen Unsinn gehört? Von einem intelligenten Mann wie Bradstreet hatte er Besseres erwartet.
«Warum?» setzte Henry ihm zu.
«Ralph Childers, Arthur L'Estrange und Hamilcar Waldo waren Konservative – und Unionisten. Natürliche Ziele für die Fenier.»
«In den vergangenen zwölf Jahren haben wir nicht einen Fenier gesehen», erwiderte Lestrade.
«Da bin ich anderer Ansicht...», begann Bradstreet.
«Gentlemen, Gentlemen», vermittelte Henry, «mir scheint, daß es in diesem Fall Raum genug gibt für Inspector Bradstreet, der irischen Spur, und für Inspector Gregory, anderen zu folgen.»
«Gregory?» Lestrade war bislang nicht bekannt, daß der Mann mit dem Fall zu tun hatte.
«Gregory wird mit Dew und Ihren Männern während Ihres Urlaubs arbeiten, Lestrade.»
«Urlaub?» Lestrade sprang auf.
«Ja. Ich beabsichtige, allen meinen Beamten so rasch als möglich eine Urlaubszeit zu gewähren. Natürlich muß das gestaffelt erfolgen. Ich gebe Ihnen eine Woche – die nächste, um genau zu sein. Ich weiß, was Überarbeitung anrichten kann. Man wird unproduktiv, unvorsichtig.»
«Mit Verlaub, Mr. Henry, ich...»
«Ich dulde keinen Widerspruch, Lestrade. Sie werden Ihren Urlaub nehmen. Gregory wird Sie ins Bild setzen, wenn Sie zurückkehren. Nun, Gentlemen, ich denke, das muß für heute genügen. Ich habe eine Verabredung mit Seiner Majestät.»
Die Inspectoren marschierten hintereinander hinaus, Lestrade nach dieser ersten Begegnung mehr als gekränkt.

Probleme mit altem Sherry ─────────────────────── 91

«Tut mir leid, Sholto», sagte Bradstreet, «es war wirklich nicht meine Idee.»
«Als wir das letzte Mal zusammenarbeiteten, Edgar, warst du Sergeant. Was das Dienstalter angeht, bin ich immer noch ranghöher als du.» Es war unter Lestrades Würde, vielleicht unter seinem Niveau. Aber er war verärgert. Er wandte sich an Gregory, den alle miteinander als den langweiligsten Mann des Yard bezeichneten, und diesen Titel trug er, ohne es zu wissen, seit vier Jahren.
Er klopfte ihm auf die Schulter. «Tom, mach mir nichts kaputt, ich hänge an dem Fall.»
«Tu mein Bestes, alter Junge. Sagt mal, kennt ihr schon den vom Bischof und der Revuetänzerin?»
«Ja», sagten Lestrade und Bradstreet wie aus einem Munde und ließen ihren Kollegen stehen, so daß er seinen Witz einem Garderobenständer erzählte, bevor er merkte, daß sie gegangen waren. Am Ende des Flurs ging jeder der Inspectoren seiner eigenen Wege.

Seit drei Jahren hatte Lestrade sie nicht gesehen. Drei lange Jahre mit schmerzenden Füßen, klappernden Schreibmaschinen, zu starkem, kaltem Tee und nassen Socken. Immer wieder sagte er sich, hör auf, Mann, hör auf. Laß dich pensionieren. Aber was würde er anfangen? Mit der Pension kam er nicht weit. Er hatte keine Ambitionen wie Dew, der verhinderte Literat, seine Memoiren zu schreiben. Er mochte Petunien nicht leiden, und die Vorstellung, sie für den Rest seines Lebens zu ziehen, erfüllte ihn mit bösen Ahnungen. Was also dann? Nachtwächter? Gefängniswärter? Kesselflicker? Schneider? Soldat? Er war zu alt, zu eigensinnig, zu stolz und zu tolpatschig für jeden dieser Berufe. Harry Bandicoot, natürlich, der hatte vor Jahren eine reiche Witwe aufgetan... Vielleicht gab es selbst jetzt noch diese Möglichkeit. Und als er in den Zug stieg, fuhr er zu Harry. Um sie wiederzusehen. Drei Jahre. Hatte sie sich verändert? Würde sie ihn wiedererkennen? Was würde er zu ihr sagen?
Diese und ein wirres Knäuel anderer Gedanken tummelten sich in der grauen Masse, die er Hirn nannte. Selbst als er vor der Tür stand und an der Glocke zog, war nichts gelöst. Er erneuerte seine Bekanntschaft mit dem Butler und wurde in den Garten geführt, wo die Familie Tee trank.

«Sholto.» Es war Harry, der ihn als erster sah. Drei Jahre hatten ihn nicht verändert. Er mußte mittlerweile Ende Dreißig sein, doch abgesehen von dem Wohlstand und der Gelassenheit, die er ausstrahlte, hatte er sich, seit Lestrade ihn als einen jungen Grünschnabel im Dienst kennengelernt hatte, keine Spur verändert. Der riesige, liebenswerte alte Etonianer schüttelte herzlich die Hand des wettergegerbten alten Yard-Mannes. Bandicoot sah vor sich einen älteren Mann, dessen Züge jetzt vielleicht eher dem Rattengesicht entsprachen, das der dubiose Dr. Watson und sein Mitarbeiter Conan Doyle ihm nachgesagt hatten.

«Sholto, welch eine Überraschung.» Harrys Frau Letitia, hinreißend wie immer in dem Spitzengeriesel des ersten Edwardianischen Sommers, drückte ihn an ihren üppigen Busen.

«Ich hätte vorher schreiben sollen», sagte er.

«Unsinn.» Letitia küßte ihn auf die Wange. «Sie sind immer willkommen. Das wissen Sie doch. Kinder!» rief sie über den Rasen.

Aus den knorrigen alten Bäumen des Obstgartens lösten sich drei kleine Bandicoots und kamen lachend und stolpernd auf ihn zu gehüpft. «Sagt Onkel Sholto guten Tag», sagte Letitia.

Die beiden Jungen waren als erste bei ihm, und die Zeit der Trennung war in jener Sekunde vergessen, als sie auf seinen Schoß kletterten.

«Rupert. Ivo. Tut eurem Onkel nicht weh», schalt Letitia.

«Also, also.» Lestrade spielte den Bobby-auf-Streife, eine Vorstellung, die er, seit die Jungen in der Wiege lagen, vor sieben Jahren zum besten gegeben hatte. «Sie kommen besser mit mir, wenn's recht ist», und er vergrub eine Hand in seinem abgeschabten Gladstone. Die Jungen verstummten und versuchten, mit vor Aufregung glänzenden Augen in seine Tasche zu spähen. Lestrade tat so, als müsse er etwas Schweres hochheben, und dann, mit einer Bewegung, die alle verblüffte, kettete er die Jungen mit Handschellen zusammen. Sie lachten, gackerten und fielen beim Versuch, sich zu befreien, zusammen zu Boden.

«Die Handschellen sind ein Geschenk für euch», sagte Lestrade zu ihnen. «Und der Schlüssel», er gab ihn Letitia, «ist ein Geschenk für eure Mutter.» Alle lachten.

Emma war langsamer und scheuer als die Jungen. Sie schob sich nach vorn und kuschelte sich ein wenig an Harrys Beine. Sie trug ein cremefarbenes Kleid wie das von Letitia, doch es waren nicht Letitias Augen, die unter dem Strohhut hervor zu ihrem Onkel Sholto aufblickten. Es waren die Augen von Sarah Lestrade. Lestrade holte eine Puppe mit einem lächelnden, blassen Porzellangesicht aus seiner Tasche. Das kleine Mädchen streckte seine Hände aus und umarmte Lestrade und die Puppe. Der Inspector drückte sie sanft an sich, und plötzlich wurde ihm bewußt, wie rauh seine Hand und der Stoff seiner Weste waren. Klein-Emma bog sich zurück und blickte hinauf in sein Gesicht, zog mit den Fingern die Narben nach, die es durchfurchten, und fragte sich in ihrem kindlichem Gemüt, wohin wohl seine Nasenspitze gekommen war. Der Polizeiinspector Sholto Lestrade war heimgekehrt.

Er blieb drei Tage, obwohl er vorgehabt hatte, überhaupt nicht zu bleiben. Im sommerlichen Schlupfwinkel der Familie Bandicoot kam er sich vor wie in einer anderen Welt. Warm und sonnenhell, lärmig vom Getümmel der Kinder und heiß vom Atem der Hunde. Das war das einzige, das die Harmonie ein wenig störte. Lestrade hatte es nie über sich bringen können, Hunde zu mögen. Doch Squires, Harrys Wildhüter, hatte sie gut erzogen, und nur der Bernhardiner, der seine Nase ständig in Lestrades Leistengegend grub, verursachte ihm wirkliches Unbehagen.

An seinem letzten Abend hatte sich Letitia nach einem großartigen Dinner zurückgezogen und Harry und Lestrade mit Brandy und Zigarren allein gelassen. Sie sprachen über Krüger und über den de Dion, auf den Harry ein Auge geworfen hatte. Lestrade äußerte Zweifel, ob das Pferd jemals durch ein Eisengestänge ersetzt werden würde, das man jeden Morgen aufpumpen mußte. An die rote Fahne erinnerte er sich natürlich aus seinen Kindertagen.

«Was Emma angeht, Sholto...» Bandicoot wechselte plötzlich das Thema.

«Was ist mit ihr?» fragte Lestrade.

Bandicoot goß ihm einen weiteren Brandy ein. «Letitia und ich haben darüber gesprochen», sagte er. «Wir fragen uns...»

«Ist sie eine Last?» fragte Lestrade.

«Mein lieber Freund, überhaupt nicht. Als Sie uns baten, sie zu uns zu nehmen, nachdem... Sarah verstorben war, waren wir entzückt, helfen zu können. Und wir werden weiter helfen. Solange Sie unsere Hilfe brauchen. Jedoch...»

«Jedoch?» Lestrade blies Rauchkringel zur Decke – das einzige, das er und Conan Doyle gemeinsam hatten: eine Vorliebe für guten Shag.

«Verflixt, Sholto, sie ist Ihre Tochter. Sie haben sie in diesen paar Tagen gesehen. Sie ist ein reizendes Kind. Sie sollte bei ihrem Vater sein.»

«Sie haben ihr doch wohl nicht gesagt...», fuhr Lestrade hoch.

«Nein, natürlich nicht. Was Emma angeht, sind Letitia und ich ihre Eltern und Rupert und Ivo ihre Brüder.»

«Und so muß es auch bleiben, Harry. Um ihretwillen.» Lestrade schlenderte zum Fenster, wo der letzte Schimmer des Tages verschwand. «Vor sieben Jahren, als Emma geboren wurde und Sarah starb, konnte ich einem kleinen Mädchen kein Heim bieten, kein wirkliches Heim. Ich kann es noch immer nicht, Harry. Der einzige Unterschied besteht darin, daß ich älter geworden bin. Träger. Ich lebe noch immer in Zimmern – und es sind wahrlich keine im Grand Hotel. Der größte Teil meines Lebens steckt in der Gladstone-Tasche, die oben steht. Es gibt Nächte, da gehe ich nicht nach Hause. Und eines Tages, eines Abends, wer weiß, werde ich vielleicht nicht mehr nach Hause kommen.»

Er bemerkte Bandicoots Blick im flackernden Schein der Petroleumlampe. «Das hört sich wie Selbstmitleid an, nicht wahr? Das ist es nicht. Ich habe mir mein Bett bereitet, und ich bin ganz zufrieden, darin zu liegen. Aber es ist ein Einzelbett, Harry, und dahin kann ich Emma nicht zurückbringen.»

Er drückte die Zigarre aus. «Es ist besser für sie, wenn sie mich als Onkel Sholto kennt und mich hin und wieder sieht, vorausgesetzt ihr habt nichts dagegen.»

«Mein lieber Freund.» Bandicoot stand auf und legte eine Hand auf Lestrades Schulter.

«Es ist spät», sagte Lestrade.

«Ja», stimmte Bandicoot zu. «Und morgen reisen Sie ab?»

Lestrade nickte.

«Der Yard kommt ohne Sie nicht zurecht, he?»

«Kam er nie, Banders, alter Junge. Bloß, daß man das bis jetzt noch nicht gemerkt hat.»

Probleme mit altem Sherry ─────────────────────── 95

«Wann ist Ihr Urlaub zu Ende?»
«Mittwoch.»
«Gut. Dann werden wir zwei morgen auf eine Auktion gehen.»
«Eine Auktion?» wiederholte Lestrade.
«In den vergangenen drei Tagen haben Sie mein Haus total leergetrunken.» Bandicoot tat, als sei er entrüstet. «Ich muß meine Vorräte an Sherry wieder auffüllen!»

Lestrade studierte noch einmal den Katalog. «Per Auktion gelangen zum Verkauf durch Messrs. Chistie, Manson & Woods in ihren großen Räumen in King Street 8 fünftausend Dutzend Flaschen feiner alter Sherry, alle vor 1890 eingelagert und aus einer Anzahl königlicher Besitzungen zusammengetragen. Der Erlös geht an den Prince-of-Wales-Krankenhaus-Fonds.»
«Fünftausend Dutzend», wiederholte Lestrade, als sie das Gebäude betraten.
«Schier unvorstellbar, nicht wahr?» pflichtete Bandicoot bei, «und stellen Sie sich vor, das ist bloß der Überschuß des gesamten Vorrats. Ich wußte nicht, daß die alte Königin so eine Säuferin war.»
«Tsch!» schalt Lestrade, «und Sie wollen ein alter Etonianer sein?»
Bandicoot schreckte zusammen. «Oh, ich wollte nicht despektierlich sein, Sholto, ich versichere es Ihnen.»
Lestrade lachte. Daß er jetzt Vater war, hatte Bandicoot nicht verändert. Er war noch immer ein Dummkopf.
«Da ist nun jemand, der wirklich ein Säufer ist. Ich dachte mir, daß er hier sein würde.» Bandicoot deutete in eine Ecke des überfüllten Raumes. Von seinem ein paar Zoll tieferen Aussichtspunkt konnte Lestrade nichts anderes erkennen als ein Gedränge von Zylindern. Mit seinem Bowler fühlte er sich entschieden fehl am Platz.
«Wer ist das?» Er dachte, es sei höflich, zu fragen.
«Christian Barret, der MP meines Wahlbezirks. Trinkt wie ein Loch. Sherry?»
Der Polizist und der Ex-Polizist, außer Diensten und jetzt Privatier, nahmen jeder ein Glas vom Silbertablett des Lakaien. In diesem Augenblick drohte ein Fanfarenstoß alle Glasgegenstände im Raum zu zerschmettern.

«Das wird Seine Majestät sein», sagte Bandicoot, «wir gehen besser nach oben. Ich hoffe, die Reden werden nicht zu endlos. Ah, Mr. Barrett, wie geht es uns?»
Das MP für Bandicoots Wahlbezirk drehte sich um und blickte vage in ihre Richtung.
«Ah, Mr.... äh...»
«Schön, Sie zu sehen. Darf ich Ihnen Inspector Lestrade vorstellen, einen alten Freund.»
«Entzückt, Mr.... äh... Entzückt. Äh...» und er deutete ungefähr in die Richtung der Treppe, «der König.»
Lestrade fragte sich, wie lange Barret sich wohl in den Kellern aufgehalten und den Oloroso probiert hatte. So wie er aussah, mindestens eine Woche. Sie schoben sich zur Teppe, während oben in den von Kandelabern erhellten Räumen noch immer die Fanfaren widerhallten. Das freundliche Geplauder drehte sich um etwas weniger Aufregendes, als es auf der obersten Treppenstufe plötzlich eine Bewegung gab. Jemand war gestrauchelt, ein weiterer fiel über ihn und ein dritter stürzte über das Geländer und landete in einem Fäßchen Amontillado.
«Nicht der beste Jahrgang», bemerkte Lestrade trocken.
«Passen Sie auf da», rief jemand.
«Vorsicht. Das ist mein Auge», jammerte ein anderer.
Es war ein Wunder, daß Lestrade mit heilen Gliedern entkam, doch andererseits konnte er die Tatsache nicht leugnen, daß seine Zähne sich bereits gefährlich in das Sherryglas gruben. «Guter Gott», erhob sich eine Stimme über den Tumult, «ich glaube, er ist tot.»
«Sturzbesoffen», sagte eine andere Stimme in die Stille hinein, die immer entsteht, wenn jemand ins Fettnäpfchen tritt. Ein solches Benehmen ließ nur auf Harry Bandicoot schließen. «Machen Sie Platz. Treten Sie zurück. Ich bin Arzt.» Ein weiterer Säufer kämpfte sich die Treppe hinauf. Die Menge wich beiseite und räumte das Feld, so daß Christian Barrett allein auf der Treppe lag; sein Kopf hing über der Kante.
Der Arzt bemühte sich um ihn und trat zurück. Zylinder wurden gelüftet, als klar war, was geschehen war. Lestrade nahm die Sache in die Hand, wie er es in solchen Situationen zu tun pflegte. Von allen Männern in diesem rauchgeschwängerten Raum war er derjenige, dem ein plötzlicher Tod am vertrautesten war. Er rief die Treppe hinauf: «Mr. Christie!»
Ein gebrechlicher, weißhaariger Gentleman erschien. «Würden Sie

Probleme mit altem Sherry

Seine Majestät davon in Kenntnis setzen, daß es hier einen tragischen Zwischenfall gegeben hat. Ich fürchte, die Auktion muß verschoben werden...» Er brach ab, als er den Leichnam erreichte. Er ließ sich auf ein Knie nieder und schnüffelte an Nase und Mund des Toten.

«Liebe Güte», sagte jemand, «was tut er da?»

«Gentlemen», Lestrade richtete sich auf und sperrte mit gespreizten Beinen die Treppe. «Ich fürchte, die Auktion wird auf unbestimmte Zeit verschoben.» Er winkte Bandicoot zu sich und flüsterte ihm ins Ohr: «Harry, hol die Schlüssel von Christie und sperre alle Türen zu. Dann ruf den Yard an. Verlange Gregory – er ist das kleinere Übel. Er wird Constables brauchen, und zwar viele.»

«Genau so wie in alten Zeiten, wie?» grinste Bandicoot.

Ich hoffe nur, daß du seitdem pfiffiger geworden bist, dachte Lestrade, doch um nichts in der Welt hätte er so etwas gesagt.

«Was geht hier vor?» fragte jemand, als Bandicoot sich seinen Weg bahnte. «Wer, zum Teufel, sind Sie?»

«Ich bin Inspector Lestrade von Scotland Yard», antwortete er, «und in diesem Augenblick, Gentlemen, sind Sie alle Verdächtige in einer Morduntersuchung.»

Ein schwieriges Verhör

Messrs. Christie, Manson & Woods stellten Scotland Yard einen ihrer größeren Räume zur Verfügung. Bandicoot versperrte den Haupteingang mit seiner etonianischen Körperfülle, doch er hatte Ärger mit einem Gentleman, der sich weigerte, die vorläufige Festsetzung zu akzeptieren. Lestrade kam zur Hilfe, nachdem er sich vergewissert hatte, daß der Keller geräumt und die Türen verschlossen waren.
«Gibt es ein Problem, Harry?» fragte er.
«Ich wünsche zu wissen, aufgrund welcher Befugnis wir hier festgehalten werden.»
«Aufgrund der meinen als Beamter des Criminal Investigation Department, Metropolitan Police.»
«Nun, meine Befugnisse reichen weiter als die Ihren. Ich bin Sir Frederick Ponsonby, Stallmeister Seiner Majestät. Wir dürfen Seine Majestät durch diese Sache nicht kompromittieren.» Er wurde vertraulicher. «Hörte ich Sie sagen, es sei ein Mord begangen worden?»
«So ist es.»
«Guter Gott, Mann. Ist Ihnen denn nicht klar, welche Weiterungen das hat? Vielleicht ist das Leben Seiner Majestät in Gefahr.»
«Na, na, Freddie. Was geht hier vor?»
Die Gruppe protestierender Herren an der Tür wandte sich der massiven Gestalt des Königs zu, der in den Rauch einer riesigen Havanna gehüllt war.
«Dieser ... Gentleman, Sir, weigert sich, das Gefolge Seiner Majestät gehen zu lassen.»
«Ganz recht. Wissen Sie, wer dieser Mann ist, Freddie? Inspector Lestrade – Lestrade vom Yard, genau gesagt. Ich habe volles Vertrauen zu ihm. Wie ist es Ihnen ergangen, Lestrade?»
«Gut, Majestät, danke.» Er war verwundert, daß der König sich an ihn erinnerte.

Ein schwieriges Verhör

«Warten Sie, wann war das noch... vierundneunzig bei Ladybower. Old Harnett's Place.»

«Ich glaube, es war dreiundneunzig, Sir.»

Dieser Mann hat Nerven, schäumte Ponsonby, den König zu korrigieren.

«Sie haben recht. Stimmt. Ja, ja, wo sind die Jahre geblieben, wie?»

«Darf ich Sie zur Thronbesteigung beglückwünschen, Sir?» Es fiel Lestrade schwer, zu kriechen, doch von Zeit zu Zeit brachte er es über sich. «Und dürfte ich Majestät um Nachsicht bitten? Der Mörder befindet sich möglicherweise noch immer im Gebäude.»

Wie unfein, sagte Ponsonby zu sich selbst.

«Wenn ich bei Ihnen beginnen dürfte, Sir», fragte Lestrade vorsichtig, «ich möchte Sie nicht länger als nötig aufhalten.»

«Lestrade!» donnerte Ponsonby. «Haben Sie den Verstand verloren? Sie sprechen mit dem König von England!»

«Nun, Freddie, achten Sie auf Ihren Blutdruck.» Der König tätschelte ihm den Arm. «Ich habe Bakkarat-Skandale und Scheidungsprozesse hinter mich gebracht. Ein paar Fragen wegen eines kleinen Mordes werden keinen Schaden anrichten.»

«Danke, Majestät. Hier entlang, bitte.»

Doch bevor Lestrade mit seiner Befragung beginnen konnte, klopfte es donnernd an der Eingangstür.

«Die Leute vom Yard», sagte Lestrade. «Sie machen sich. Harry, laß sie rein.»

Uniformierte Constables schwärmten in das dichte Gewühl, während die Auktionatoren versuchten, die Ordnung auf dem Schauplatz durch das merkwürdig deplazierte Klopfen ihrer Hämmer wiederherzustellen, was natürlich in dem Getöse völlig unterging. Zum Unglück für alle Anwesenden oder zum Glück, falls sie etwas zu verbergen hatten, stand Edward Henry, nicht Tom Gregory an der Spitze der Invasion und übernahm als ranghöchster anwesender Beamter unverzüglich das Kommando von Lestrade. Nachdem er sich fast bis zum Boden vor dem König verbeugt hatte, ging er sofort auf Frederick Ponsonbys Forderung ein und gestattete der königlichen Gesellschaft, zu gehen. Er fuhr fort, solche Zugeständnisse zu machen, während seine Constables verzweifelt Namen und Adressen notierten, bis im Raum niemand übrig war als die Auktionatoren, ihre Angestellten und eine gewaltige Truppe von Polizisten, die nichts zu tun hatten. Um nicht die Nerven zu verlieren und Edward Henry die Nase zu polieren, zog sich Lestrade in den Keller zurück, um noch einmal einen Blick auf die Leiche zu werfen. Bandicoot begleitete ihn.

«Was macht Sie so sicher, daß es sich um Mord handelt, Sholto?» fragte der jüngere Mann.

«Riechen Sie mal», sagte Lestrade.

Bandicoot gehorchte.

«Sherry», sagte er.

«Und?»

«Andere Getränke?» riet Bandicoot.

«Möglich. Aber da ist noch etwas anderes.»

Bandicoot schüttelte den Kopf.

«Bittere Mandeln. Zyankali.»

«Du lieber Gott. Ich rieche gar nichts.»

«Das geht den meisten so. Darum ist das Gift ja so beliebt. Eigentlich ist es kein gewöhnliches Gift, obgleich ich dreiundneunzig im Brigade-Fall damit zu tun hatte. Sehen Sie hier.»

Lestrade hob den Kopf des Toten. «Erkennen Sie den Schaum auf den Lippen? Ein klassisches Symptom.»

«Aber wie... Der Sherry!» stieß Bandicoot plötzlich hervor, mit dem Triumph eines Mannes, dem plötzlich ein Licht aufgegangen ist.

«Ja, der Sherry. Aber damit gibt es Probleme. Ich sehe nicht, daß unser neuer Herr und Meister uns gestatten wird, alle fünftausend Dutzend Flaschen zu überprüfen. Nicht, wenn er sich weiterhin so aufführt wie in den letzten Minuten. Wissen Sie, Bandicoot, ich kann es noch immer nicht glauben. Er hat den Mörder mit ziemlicher Sicherheit entkommen lassen.»

«Ein Mann, der sich genau an die Vorschriften hält. Aber ist es nicht wahrscheinlich, daß der Mörder gar nicht hier war? Und warum sich die Mühe machen, den alten Barrett umzubringen? Er war doch völlig harmlos.»

«Wenn ich Ihre letzte Frage beantworten kann, Harry, habe ich meinen Mann. Dieser Mord paßt in ein Muster. Christian Barrett ist das vierte Parlamentsmitglied, das binnen weniger Monate unter mysteriösen Umständen starb.»

Ein schwieriges Verhör 101

«Mein Gott. Wirklich?»
«Um Ihre erste Frage zu beantworten: Der Mörder mußte hier sein. Barrett war kein zufälliges Opfer. Der Mann, den ich suche, ist vorsichtig und schlau – sehr schlau. Er riskiert nur etwas, wenn er muß. Wie konnte er sicher sein, daß Barrett von allen diesen Tausenden von Flaschen gerade die vergiftete bekam?» Er begann an Gläsern zu schnuppern, die man in der Verwirrung hatte stehen lassen, wo sie waren. «Wie konnte er sicher sein, daß nur Barrett das Zyankali trinken würde?»
«Ich gebe auf», sagte Bandicoot verständnislos.
«Antwort», strahlte Lestrade triumphierend, «weil das Gift nicht in einer Flasche war. Das wird Edward Henry gefallen. Wir brauchen den Sherry des Königs nicht zu beschlagnahmen, und ich werde ein paar Fingerabdrücke für ihn kriegen.»
«Fingerabdrücke?» Bandicoot verstand gar nichts mehr.
«Vergessen Sie's, Harry, das ist eine lange Geschichte. Aber *dies* hier» – er hielt es ans Licht – «ist das vergiftete Glas. Barretts Glas.» Er roch abermals daran. «Bittere Mandeln.»

Lestrade kehrte einen Tag früher als vorgesehen zum Dienst zurück. Tatsächlich fuhr er mit seinem neuen Chef in dessen Droschke am Parlamentsgebäude vorbei und weiter zum Yard. Für den restlichen Teil des Tages waren die beiden Männer zusammen mit dem wissenschaftlichen Sergeanten Collins in den Eingeweiden des Gebäudes eingekerkert. Dew, Dickens und Jones waren an einem anderen Ort in die amtlichen Parlamentsprotokolle vertieft und versuchten Reden ausfindig zu machen, welche die Toten gehalten hatten. Es würde keine angenehme Lektüre sein. Es war Abend, bevor Collins aufhörte mit Teströhrchen, Bunsenbrennern, Pudern und Pinseln zu hantieren.
«Da», strahlte Henry, «sind die Fingerabdrücke unseres Mannes, Lestrade. Jetzt werden die anderen aufhören zu spotten. Wir haben ihn.»
«Wer ist es, Sir?»
«Nun, das weiß ich nicht. Wir werden allen Leuten Fingerabdrücke abnehmen müssen, die bei der Auktion anwesend waren.»
«Wie viele waren dort?»

«Zweihundert. Dreihundert. Weiß nicht mehr.»
«Können wir darauf bestehen, Sir?»
«Bestehen? Lestrade, heute waren einige der reichsten Männer Englands anwesend. Von den Damen ganz zu schweigen. Sie waren heute morgen nah daran, den König zu befragen. Sie müssen wirklich noch ein bißchen Fingerspitzengefühl lernen, wissen Sie.»
Collins unterdrückte ein Grinsen.
«Darf ich mal telefonieren, Sir?» fragte Lestrade.
«Natürlich. Wozu?»
«Nur eine Idee, Sir.» Und er verschwand.
Die Verbindung zwischen dem Yard und Christie's Auktionshaus war nicht die beste, doch Lestrade erhielt die Antwort, die er wollte. Oder besser nicht wollte.
«Collins, haben Sie Christian Barretts Fingerabdrücke genommen?»
«Äh… nein», gab der Sergeant zu.
«Sie werden ihn im Leichenschauhaus finden. Machen Sie sich auf die Strümpfe.»
«Nur einen Augenblick, Lestrade. Worauf wollen Sie hinaus?» fragte Henry.
«Ich habe gerade mit Mr. Christie von Christie, Manson & Woods gesprochen.»
«Und?»
«Und, wie ich vermutete, tragen ihre Angestellten Handschuhe, wenn sie mit Gegenständen umgehen, die versteigert werden.»
«Ich kann Ihnen nicht folgen.»
«Haben Sie Geduld, Sir. Das Zyankali wurde in ein Glas praktiziert. Richtig?»
Henry nickte.
«Das Glas wurde Christian Barrett gegeben.»
Er nickte wieder.
«Er trank daraus. Und war binnen fünf Minuten tot.»
«Also?»
«Also hatte der Mörder offensichtlich nicht genügend Zeit, das Glas abzuwischen, weil immer noch Fingerabdrücke daran sind. Ich verwette mein nächstes Monatsgehalt, daß Collins feststellen wird: Alle stammen von Barrett.»

«Natürlich stammen ein paar von ihm.»
«Alle», sagte Lestrade mit Überzeugung.
«Woher wissen Sie das?»
«Weil die Angestellten im Auktionsraum Handschuhe tragen, wenn sie die für die Auktion bestimmten Gegenstände anfassen.»
«Wollen Sie damit sagen, daß...»
«Daß unser Mörder einer von den Angestellten war? Ich vermute, daß er vorübergehend zu ihnen gehörte. Ich werde das natürlich nachprüfen, aber ich denke, daß wir von dem Mann jetzt keine Spur mehr finden werden. Freilich, wäre ich heute morgen in der Lage gewesen, jeden zu befragen...»
«Unmöglich, Lestrade.» Henry war hurtig auf Verteidigung bedacht. «Wie auch immer», kam ihm ein entlastender Gedanke, «hat Ihnen derselbe Mann vermutlich ebenfalls Sherry serviert. Er stand direkt vor Ihrer lädierten Nase, Lestrade, und Sie haben ihn gehen lassen.»
«Nun», zügelte Lestrade seinen aufkeimenden Zorn, «wir müssen dafür sorgen, daß es nicht noch einmal passiert, nicht wahr?»
«Es ist ein Jammer», Henry wandte sich wieder dem mörderischen Glas zu. «Ich hatte gerade angefangen, aus den Mustern der Spiralwindungen herauszulesen, daß unser Mann ein linkshändiger Ire war, der an Gicht litt. Na gut, zurück an den Schreibtisch.»

Der Sommer ging zu Ende. Und es wurde Herbst, ein unwirtlicher, kalter Herbst, bevor es in Lestrades Fall einen Fortschritt gab. Er und Bradstreet und Gregory machten einen weiten Bogen umeinander, nickten sich im Flur zu und tauschten Gehässigkeiten aus, wenn sie sich zu den gräßlichen monatlichen Inspectorenrunden bei Edward Henry trafen, eine Einrichtung, die dieser von seinem Vorgänger und dieser wiederum von seinem Vorgänger übernommen hatte. Es war mittlerweile Dezember, der Himmel war dunkel, kündigte Schnee an und gab wenig Anlaß, sich auf Weihnachten zu freuen. Nachforschungen bei Christie's hatten einen Namen zutage gefördert – ein Name, der in Lestrades Kopf, so oft er sich ihn vorsprach, Glocken zum Klingen brachte. Doch er konnte ihn nirgendwo unterbringen. Messrs. Christie, Manson & Woods hatten am Freitag vor dem Mordtag einen Mann namens Henry Baskerville eingestellt. Seine Referenzen waren ausgezeichnet gewesen, doch am Tage des unglücklichen Zwischenfalls, am Tag, an dem Christian Barrett starb, war er spurlos verschwunden.

Was die anderen Morde betraf, hatte sich wenig Neues ergeben. Lestrade nahm sich Beales noch einmal vor, doch dieser konnte ihm über den brutalen Mord an seinem früheren Herrn Ralph Childers nichts weiter sagen. Außerdem stand er jetzt bei Lord Rosebery in Lohn und Brot und hatte strikte Anweisung, der Polizei nicht mehr zu sagen, als er mußte. Lestrade war Rosebery bereits begegnet und kannte ihn als einen Mann, der bis zur Hysterie vorsichtig war. Bei den Rittern des Hosenbandordens war keine Antwort zu finden. Die Freunde und Kollegen von John Deering sagten nichts. Lestrade war noch nicht einmal in der Lage, zu klären, welche Rolle der überlebende Deering im Beschaffungsskandal der Armee spielte oder wie sehr dieser die Ehre der Familie oder des Regiments zu retten suchte. Eine Zeitlang ließ er Dickens aus sicherer Entfernung die ziemlich attraktive Lady Brandling beschatten, weil er nicht sicher sein konnte, daß ihre Geschichte ganz wasserdicht war, ungeachtet ihrer einleuchtenden Beteuerungen in bezug auf die problematische Mordwaffe. Er mußte zugeben, daß er sich an Strohhalme klammerte.

Dann starb ein weiterer Mann. Seltsam genug, wurde ihm die Nachricht von jenem Altmeister der Yard-Detektive überbracht, der den Ripper-Fall einzig und allein zu seiner eigenen Befriedigung verfolgt hatte, Chief Superintendent Abberline.

«Chief Superintendent Abberline für Sie, Sir», meldete Jones.

«Kenne ich Sie nicht, Constable?» Der große Mann mit der großen Gardenie blieb in der Tür stehen.

«Nein, Sir. Sie kannten meinen Vater, Athelney Jones.»

«Ach ja. Habe ihn nie gemocht.»

«Chief Superintendent», begrüßte ihn Lestrade. «Dew, wo ist der rote Teppich?»

«Sie reden von Leuten, die ich nicht mag. Morgen, Lestrade.»

«Chief Superintendent.» Der Inspector gab Dickens mit einem Fingerschnipsen ein Zeichen, Tee zu machen. Er machte sich gut. Eines Tages würde er vielleicht Dew das Wasser reichen können.

«Ich habe einen Fall für Sie, Lestrade.»

«Ach ja?»

Ein schwieriges Verhör

«Sie wissen vielleicht, daß ich hinter einer Bande ruchloser Spitzbuben herjage, die einen Haufen Ping-Pong-Bälle gestohlen haben.»
«Ich wußte, daß Sie mit der Verfolgung ernster Verbrechen betraut sind, Sir. Ich hatte keine Ahnung, wie ernst sie wirklich sind.»
Dew schaffte es gerade noch rechtzeitig, sein brüllendes Gelächter in ein Niesen zu verwandeln.
«Ich pfeife auf Ihr Benehmen, Lestrade. Ich komme her, gebe Ihnen einen Tip...»
«Tut mir leid, Sir. Bitte fahren Sie fort.»
«Meine Nachforschungen führten mich zu Baronet Sir Geoffrey Manners.»
«Könnten das die Manners-Barts aus Yorkshire sein, Sir?» mischte Dew sich ein.
«Hören Sie nicht auf ihn, Mr. Abberline. Durch das Lesen von Debrett hat er versucht, sich weiterzubilden. Geoffrey Manners, MP?»
«Nun, ich bin froh zu sehen, daß in der Abteilung ‹H› jemand helle ist.» Er warf Dew einen bösen, anklagenden Blick zu. «Er ist tot.»
Lestrades gleichmütige Miene verschwand. Dickens blieb wie angewurzelt mit der dampfenden Teekanne stehen. «Stellen Sie die Kanne hin, Constable, bevor Sie den Chief Superintendenten mit Tee begießen. Wann?»
«Gestern, glaubt mein Inspector. Seine Männer haben die Leiche heute morgen gefunden.»
«Wie?»
«Er wußte es nicht. Meine Männer sind an Mordfälle nicht gewöhnt, Lestrade. Das ist Ihre Abteilung.»
«Haben Sie es Mr. Henry erzählt?»
«Für so eilig hielt ich es nicht.»
«Chief Superintendent, Sie sind in meiner Hochachtung gestiegen. Trinken Sie in Ruhe Ihren Tee. Wie ist die Adresse?»
«O nein, Lestrade. Ich übergebe Ihnen die Sache nicht ganz. Ich erinnere mich, wie Sie sich in den Ripper-Fall hineingeschlichen haben.»
Dews Tee zitterte leicht in seiner Hand. Lestrade beugte sich vertraulich zu Abberline. «Er war auf Streife, als in jenem Oktober Mary Kelly gefunden wurde. Er war der erste, der zur Stelle war. Seitdem ist er nicht mehr derselbe.»

«Nun, auch dieser Anblick ist nicht hübsch. Wollen wir?»
«Dickens, Sie haben Ihre Teepause gehabt. Machen Sie sich wieder an die amtlichen Protokolle. Vergessen Sie nicht, daß Sie nach einem Muster suchen.»

Die Beamten des Yard nahmen eine Droschke zur Schattenseite von Jermyn Street und wurden von einem stämmigen Constable aus Abberlines Abteilung empfangen.
«Er ist im Spielzimmer, Sir.»
Ein uniformierter Inspector, den Lestrade flüchtig kannte, führte sie in einen großen Raum im Kellergeschoß im rückwärtigen Teil des Hauses. In der Mitte stand unter einer schaukelnden Lampe ein großer grüngestrichener Tisch, über den ein Netz gespannt war.
«Was ist das?» fragte Lestrade den Inspector.
«Ein Tisch», gab der andere zur Antwort.
«Offensichtlich, Mann. Der Inspector will wissen, wozu er dient», schnauzte Abberline ihn an.
«Zum Ping-Pong-Spielen, Sir.» Der Inspector wirkte zerknirscht.
«Ich bin mit dem Spiel nicht vertraut», sagte Lestrade.
«Es ist jetzt die große Mode, Mann», klärte Abberline ihn auf. «Es wird von zwei Leuten gespielt. Es ist wie Tennis, wird aber im Zimmer gespielt mit dem Tisch als Spielfläche.»
«Tennis für Zwerge?»
Abberline ging nicht auf ihn ein. «Sir Geoffrey war ein eifriger Anhänger dieses Sports. Inspector Ruxton wollte ihm ein paar Routinefragen wegen seiner verschwundenen Bälle stellen, als der Diener des Toten schreiend aus dem Haus gestürzt kam, es sei ein Mord geschehen. Da ist er.»
«Der Diener?»
«Der Tote.»
In der entfernten Ecke lag zusammengesunken der Baronet Sir Geoffrey Manners. Er trug einen Morgenmantel, der offenstand und ein teures Nachthemd enthüllte. Sein Gesicht war mit gräßlichen rosafarbenen Flecken übersät. Der Mund war verzerrt und seine Augen verdreht. Einer seiner Arme ruhte seltsamerweise auf einem umgekippten Stuhl und sein Zeigefinger deutete auf sein Gesicht. Die andere Hand umkrampfte noch immer seine Kehle.

Ein schwieriges Verhör

«Fingerabdrücke?» fragte Lestrade.
Abberline nahm ihn beiseite. «Hören Sie, Lestrade, es steht uns nicht zu, unsere Vorgesetzten zu kritisieren, aber dieser Blödsinn, den Henry da verzapft, nun, ich meine... Wollen wir uns nicht lieber auf ernsthafte Polizeiarbeit beschränken? Sie können sich meinen Craniographen ausleihen.»
«Ihr was?»
«Wirklich, Lestrade, ich dachte immer, Sie seien auf der Höhe der wissenschaftlichen Entwicklung. Ein Craniograph vermißt die Schädel von Mördern. Er hilft bei der Identifizierung von Verbrechertypen.»
«Müssen wir sie dafür nicht zuerst fangen?»
Daran hatte Abberline offenbar nicht gedacht.
Lestrade hob den Schläger auf. «Brechen sie immer so?»
«Ja», sagte der Inspector. «Es ist das Pergament, wissen Sie.»
Lestrade roch daran. Bittere Mandeln. «Wo werden diese Dinger gemacht?» wollte er wissen.
«Dieser hier», Ruxton holte den anderen Schläger, «scheint bei Hamleys in Regent Street gekauft worden zu sein.»
«Darf ich mir Ihren Inspector ausleihen, Chief Superintendent?»
«In Ordnung.» Abberline war nicht begeistert. Er war heute bereits einmal hilfsbereit gewesen, das zweite Mal schmerzte ihn.
«Ruxton, seien Sie so nett und gehen Sie zu Hamleys. Sprechen Sie mit Hamleys selbst. Finden Sie heraus, wie diese Dinger gemacht werden. Ich werde Sie später im Yard erwarten. In meinem Büro.»
«Irgendeine Theorie, Lestrade?»
«Wollen Sie eine Vermutung hören?»
«Warum nicht? Aus rein akademischem Interesse, versteht sich.»
«Zuerst Sir, wessen Fall ist das? Meiner oder Ihrer?»
Abberline schürzte die Lippen. «In Ordnung, Lestrade. Es ist Ihr Fall.»
«Blausäuregas. Ich habe davon gelesen. Hab's nie gesehen. Es könnte Kohlenmonoxyd sein, das ebenfalls diese rosafarbene Verfärbung hinterläßt.»
«Ich nehme zurück, was ich gesagt habe, Lestrade. Wie ein ange-

hender Coroner, wie? Aber wie wurde ihm das Gift beigebracht? Niemand hat im Zimmer etwas gerochen. Würde das Gas nicht alle und jeden im Zimmer angreifen? Sir Geoffrey hat nicht allein gespielt.»

«Es sind nicht seine einsamen Laster, an denen ich interessiert bin, Sir. Nicht im Augenblick. Lassen Sie mich eine weitere Vermutung äußern. Ich glaube nicht, daß Ruxton bei Hamleys viel Glück haben wird. Ich glaube, unser Mann kaufte diese Schläger und riß die äußere Lederhülle ab. Dann schob er eine Kapsel mit Blausäuregas zwischen die Pergamentschichten. Wenn das Pergament, wie Ruxton sagt, immer bricht, war es nur eine Frage der Zeit, wann das geschah. Ein plötzlicher Luftstrom führt vielleicht zu einer Explosion, die den zerschmetterten Schläger und den entsetzten Ausdruck auf Manners Gesicht erklären würde. Es ist nur eine Vermutung, doch ich zweifle, daß wir etwas Besseres finden werden. Der Mörder hätte Zeit genug gehabt, falls er schnell war, das Zimmer zu verlassen. Darf ich mit den Dienstboten sprechen?»

Nichts anderes tat Lestrade. Den ganzen Tag über nahm er Verhöre vor. Und zum erstenmal seit langer Zeit hatte er das Gefühl, daß er vorankam. Jermyn Street No. 24 war das Stadthaus von Sir Geoffrey Manners, seine stille Zuflucht vor dem Tumult des Parlaments. Der Sitz seiner Familie war nicht, wie Dew vermutet hatte, in Yorkshire, sondern in Devon, nahe Okehampton. Infolgedessen hatte er nur wenige Bedienstete, nämlich einen Diener und zwei Dienstmädchen. Er hatte keine Köchin, denn er speiste in der Regel im Unterhaus oder in seinem Club und verbrachte einen großen Teil seiner Zeit damit, in der Row zu reiten oder auf dem Fluß zu rudern. Er war als begeisterter Sportler bekannt und galt als vorzüglicher Schütze, Billardspieler, Cricketspieler und Ruderer. Wie Lestrade feststellte, war sein Arbeitszimmer voll von Trophäen, die bis in seine Schulzeit zurückreichten.

Sein Diener, der die Leiche entdeckte, hatte mitbekommen, daß am Abend zuvor ein Gentleman kommen sollte, um gegen Sir Geoffrey ein Ping-Pong-Spiel auszutragen. Der Name des Gentleman sei Sherrinford Holmes oder so ähnlich gewesen.

Lestrade fuhr in seinem Sessel zurück.

Ein schwieriges Verhör

«Sagten Sie Sherrinford Holmes?»
«Ja, Sir, ich glaube, das war der Name, den Sir Geoffrey erwähnte. Ich könnte mich verhört haben.»
«Hat Sir Geoffrey je zuvor diesen Namen erwähnt?»
«Nein, Sir, ich glaube nicht... Aber Sir Geoffrey hatte eine Unmenge von Freunden und Bekannten, Sir. Ich konnte mich unmöglich darüber auf dem laufenden halten.»
«Wer hat Holmes hereingelassen?» fragte Lestrade.
«Es muß Sir Geoffrey selbst gewesen sein. Ich war mit einem Auftrag in der Stadt und ging nach meiner Rückkehr zu Bett. Ich hatte eine fiebrige Erkältung.» Gerechterweise mußte man sagen, daß er sie noch immer hatte.
«Und die Dienstmädchen?»
«Annie ist taub. Sie hätte nichts gehört. Mrs. Elkins war auf einem Besuch bei ihrer Schwester in Deptford.»
«Nicht gerade vernünftig, ein taubes Mädchen zu beschäftigen», bemerkte Lestrade.
«Sir Geoffrey pflegte zu sagen, er halte sich gern dadurch in Schwung, die Tür selber zu öffnen. Selbst wenn wir alle im Haus waren, rannte er mit uns um die Wette zur Tür. Gewöhnlich mogelte er, indem er auf dem Treppengeländer runterrutschte.» Der Diener schneuzte sich die Nase und saß wie ein Märtyrer des Katarrhs da.
«Damenbekanntschaften?»
Lestrade hielt es für besser, nichts außer acht zu lassen.
«O ja, Sir. Viele. Es ist komisch...» Lestrade glaubte den Anflug eines Grinsens zu sehen, doch es war bloß ein Reflex des Lichts.
«Was ist?»
«Sir Geoffrey war ein großer Freund der Damen, Sir. Und im Unterhaus war er so ausgesprochen gegen sie. Er und Mr. Churchill.»
«Churchill? Winston Churchill?»
«Ja, Sir. Sie kennen ihn?»
«Ich kenne ihn tatsächlich – als Kadetten in Sandhurst.»
«Ah, seitdem hat er sich herausgemacht, Sir. Seine Heldentaten im Krieg. Wir haben sie begeistert verfolgt.»
«Und jetzt?»
«Nun, jetzt sitzt er für Oldham im Parlament, Sir. Elf Wahlbezirke haben ihn aufgefordert, bei ihnen zu kandidieren, aber er entschied sich für Oldham.»

«Ja, nun, über den Geschmack läßt sich streiten», sagte Lestrade.
«Jetzt sieht es so aus, als würde er am Ende Innenminister.»
«Sir?»
«Nichts.» Lestrade riß sich aus seinen flüchtigen Träumereien und empfahl sich. Durch einen Constable schickte er Inspector Ruxton eine Nachricht, er möge Sergeant Dew sagen, was er bei Hamleys herausgefunden habe, und nahm die Untergrundbahn zur Baker Street.

Lestrade hatte sich immer vorgenommen, nie mehr in das Haus No. 221 B zurückzukehren. Zu viele bittere Erinnerungen waren damit verbunden. Doch nun war er da, läutete wie früher, und da war Mrs. Hudson und öffnete die Tür, als sei überhaupt keine Zeit vergangen. Sie war runder und kleiner, als Lestrade sie in Erinnerung hatte. Er war dünner und größer, als sie ihn in Erinnerung hatte. Sie führte ihn die Treppe hinauf in das Arbeitszimmer, das früher das von Sherlock Holmes gewesen war.
«Doctor Watson, Inspector Lestrade ist gekommen.»
«Lestrade. Mein Gott, das ist eine Überraschung.» Watson schüttelte ihm die Hand. «Ich war gerade dabei, letzte Hand an meinen... unseren neuesten Roman zu legen. Conan Doyle ist mit der Zeichensetzung so nachlässig.»
Lestrade warf einen Blick auf die Papiere auf dem unordentlichen Tisch. Mrs. Hudson war nach unten gehuscht, um nach altehrwürdiger Tradition einen Sherry zu holen.
«Nein, danke, Mrs. Hudson», sagte Lestrade, als sie zurückkehrte, «inzwischen mache ich mir weniger aus Sherry.»
«Bleiben Sie zum Essen, Lestrade?» fragte Watson.
«Danke, nein.»
«Also ist es kein privater Besuch?»
«Dieser Name da» – er deutete auf die Papiere – «*Der Hund der Baskervilles* – von Ihrem letzten Roman.»
«Was ist damit?»
«Wie sind Sie darauf gekommen?»
«Nun, wissen Sie das nicht mehr? Das war Ihre Idee. Dieses Hyänen-Biest, das Sie in Cornwall gefangen haben. Das gab mir die Anregung zu einem riesigen Untier, das im Moor Menschen zer-

Ein schwieriges Verhör　　　　　　　　　　　　　　　　　　　　　111

fleischt. Wirklich, Lestrade, wir führten dieses Gespräch im Diogenes Club an dem Abend, da der alte Hamilcar Waldo starb.»
«Wahrhaftig», sagte Lestrade. «Ich wußte, daß ich den Namen gehört hatte. Jetzt weiß ich, wo.»
«Welchen Namen? Hören Sie, Lestrade, Sie wollen doch wohl nicht auf Diebstahl geistigen Eigentums hinaus. Ich meine, ich weiß, Conan Doyle und ich... nun, Conan Doyle ist ein bißchen grob mit Ihnen umgesprungen... nun, den *Strand* liest sowieso niemand.»
«Sagen Sie mir, Doctor, gibt es in Ihrem Buch einen Henry Baskerville?»
«Aber ja, er ist die Hauptfigur. Von Holmes und meiner Wenigkeit natürlich abgesehen.»
«Wer hat dieses Buch gelesen?»
«Wer? Mein Gott, ich natürlich. Conan Doyle. Mein Verleger, ein paar Korrektoren.»
«Ich brauche ihre Namen, Doctor. Und die Adressen von Mr. Conan Doyle.»
«Ich glaube, er ist mit seinem Feldlazarett noch immer in Südafrika. Es gibt Gerüchte, daß er zum Ritter geschlagen werden soll, wissen Sie.»
«Gratuliere», sagte Lestrade, «aber das befreit ihn nicht von einer Morduntersuchung.»
«Mord? Was hat der liebe Arthur mit Hamilcar Waldo zu tun?»
«Ach, mein lieber Doctor, in diesem Fall spreche ich nicht von Hamilcar Waldo.»
«Nicht?» Watson ging jetzt vom Sherry zum Brandy über.
«Sagen Sie mir etwas anderes. Hat Ihr ehemaliger Kollege jemals den Namen Sherrinford benutzt?»
«Conan Doyle? Nie.»
«Ich meinte Sherlock Holmes.»
«Oh, ich verstehe.» Watson tat einen kräftigen Schluck.
«Hm... hm... ja. Ich glaube, ja. Wie Sie wissen, war er ein Mann mit vielen Talenten.»
«In der Tat, obgleich es mir in der Erinnerung so vorkommt, als hätten sie nicht alle funktioniert, oder?»
«Seien Sie vorsichtig, Inspector. Sie sprechen von einem Mann, der mir näher stand als ein Bruder. Und obendrein war er ein Genie.»
Lestrade legte einen Arm auf den Tisch, so daß ihre Augen in glei-

cher Höhe waren. «Ich spreche von einem Mann, der durch den Mißbrauch von Narkotika so zerstört war, daß er versuchte, Sie zu töten, Doctor Watson. Und er war ein Detektiv von sehr begrenzten Fähigkeiten.»

Watson goß sich ein neues Glas ein, das erheblich mehr Brandy enthielt als das erste. Warum benutzen Sie die Vergangenheitsform, Lestrade?» fragte er nervös.

Der Inspector richtete sich auf. «Doctor, ich weiß, daß es ihre fromme Hoffnung ist, Holmes' Erinnerung am Leben zu erhalten. Und im Hinblick auf Ihre frühere Freundschaft verstehe ich das.»

«Seine Erinnerung, Inspector? Wer spricht von seiner Erinnerung? Ich spreche von ihm selbst. Ich habe ihn gesehen!»

Lestrades Augen verengten sich, und er schielte auf die Karaffe, aus der Watson sich abermals bediente.

«Nein, Inspector, es ist nicht der Brandy. Auch Mrs. Hudson hat ihn gesehen.»

«Vielleicht ist es besser, Sie erzählen mir alles», sagte Lestrade.

«Inzwischen habe ich ihn vier- oder fünfmal gesehen. Immer am Abend, da draußen auf der Straße.»

Die beiden Männer gingen zum Fenster. «Dort unten.» Watson deutete hinunter. «Er überquert immer die Straße, bleibt unter dem Fenster stehen und blickt auf die Tür. Zweimal hat er sich dabei seine Meerschaumpfeife angezündet.»

«Was hatte er an?»

«Er war so gekleidet, wie Paget ihn gewöhnlich zeichnete – Ulster und Deerstalker. Es ist wirklich komisch», setzte Watson hinzu, obwohl er offensichtlich alles andere als heiter war, «daß Holmes diese Kleidung sehr selten trug.» Und er leerte sein Glas.

«Doctor, Sie wollen ernstlich behaupten, die Gestalt, die sie gesehen haben, sei Sherlock Holmes?»

«Warum nicht, Lestrade? Sie wissen, daß Conan Doyle ein Spiritist ist.»

Lestrade wußte es.

«Für ihn ist das vollkommen selbstverständlich. Er nennt es ein Phantom.»

«Doctor, Sie und ich, wir sind Männer, die mit beiden Beinen auf der Erde stehen. Und Holmes war das auch.»

«Es gibt mehr Dinge zwischen Himmel und Erde, Lestrade...»

Ein schwieriges Verhör

Lestrade nickte. Sein alter Chef, Melville McNaghten, hatte das einmal zu ihm gesagt. *Er* war ebenfalls ein Gläubiger.
«Aber er wurde getötet. Sein Körper wurde am Fuß der Reichenbach-Fälle gefunden. Sie waren bei seiner Beerdigung, Mann», beharrte Lestrade.
«Ja, ich war bei der Beerdigung. Und ich sah, was jeder andere sah. Einen Mahagonisarg mit Messingbeschlägen. Wie soll ich wissen, was drin war?»
Darüber nachzudenken, lohnte sich in der Tat. «In Ordnung», sagte Lestrade, «nehmen wir an, Sherlock Holmes wäre nicht in dem Sarg gewesen – er sei nicht tot. Warum sollte er seinen eigenen Tod vortäuschen?»
«Wer weiß? Internationale Spionage, ausländische Machenschaften.»
«Geschwätz, Doctor – mit Verlaub. Ich will Tatsachen, keine Erfindungen.»
«In Ordnung, Lestrade. Doch ich bleibe bei meiner Behauptung. Holmes war neurotisch – er war es immer. Und in der letzten Zeit fiel er schließlich dem Kokain zum Opfer. War es wirklich so? Schauen Sie sich das mal an.»
Watson schloß eine Schublade des Schreibtisches auf und überreichte Lestrade einen Brief. «Ich erhielt ihn vor einem Monat. Er trägt einen Schweizer Poststempel.»
Lestrade überflog den Inhalt: «Watson, alter Freund, werde rascher heimkehren, als Sie denken. S.»
«Wollen Sie mir sagen, der Brief sei echt?»
«Es ist seine Handschrift, Lestrade. Ich habe zehn Jahre lang mit diesem Mann praktisch zusammengelebt. Ich sollte doch wohl seine Handschrift kennen.»
«Augenblick.» Lestrade prüfte den Poststempel. «Der Brief selbst trägt kein Datum – und der Stempel ist verwischt. Was ist, wenn dieser Brief vor Holmes' Tod abgeschickt wurde?»
«Vor zehn Jahren? Guter Gott, Lestrade, ich weiß, daß die Post des Auslands mit der unsrigen nicht zu vergleichen ist, aber selbst dann...»
Lestrade kehrte zum Fenster zurück. Die Dunkelheit senkte sich rasch und die Verkäufer der Abendzeitung versuchten einander in der bitteren Kälte des Winterabends zu überschreien.

«Nehmen wir mal an, das alles sei zutreffend», sagte er. «Nehmen wir an, daß Holmes aus persönlichen Gründen seinen eigenen Tod fingiert, sein eigenes Begräbnis organisiert hat und im Ausland geblieben ist. Nehmen wir an, daß er Ihnen vor einem Monat aus der Schweiz geschrieben und Ihnen mitgeteilt hat, er werde bald heimkehren…»
«‹Rascher, als Sie denken›, sind seine Worte, Lestrade.»
«Richtig. Nehmen wir also an, daß er sich jetzt in London aufhält und ein paarmal in seiner vertrauten – wenn auch offenbar nicht ganz so vertrauten – Kleidung unter Ihrem Fenster aufgetaucht ist und sich seine Meerschaumpfeife angezündet hat. Ich stelle Ihnen nur eine einzige Frage, Doctor – warum?»
Watson zuckte die Achseln. «Und ich stelle Ihnen auch eine Frage, Lestrade. Warum sind Sie heute abend hergekommen und haben nach Holmes gefragt?»
Lestrades Blick fiel auf die Einschußlöcher in der Wand neben der Tür – sie rührten von den mehr oder weniger halbherzigen Versuchen Holmes' her, Watson zu ermorden.
«Was, wenn ich Ihnen sage», verkündete der Inspector, «daß ich nach einem Mörder suche, der ein Verrückter ist, einen Ulster und einen Deerstalker trägt und sich Sherrinford Holmes nennt?»
Watsons Glas zersplitterte auf der Kaminplatte und rief eine kleine Explosion hervor, als sein Inhalt in Flammen aufging.
«Dann glauben Sie es also auch, daß Holmes am Leben ist?»
«Nein, Doctor. Ich glaube, daß jemand ernsthaft versucht, uns glauben zu machen, er sei am Leben.» Er ging zur Tür. «Trotzdem werde ich mich mit den Schweizer Behörden in Verbindung setzen. Falls Sie weitere Briefe bekommen – oder weitere Erscheinungen haben – sollten, lassen Sie mich es wissen.»
Watson nickte. Er war ein angsterfüllter Mann.
Wie von Lestrade vorausgesagt, waren Gregorys Erkundigungen bei Hamleys wegen des Ping-Pong-Schlägers ergebnislos verlaufen. Es war undenkbar, daß jemand während der Herstellung des Schlägers eine Blausäurekapsel hineinpraktizieren konnte – es sei denn, natürlich, der Mörder wäre ein Hersteller von Ping-Pong-Bällen, was immerhin im Bereich des Möglichen lag.
Die ganze Episode erhielt eine heitere Fußnote durch die Tatsache, daß Mr. Hamley persönlich an Edward Henry geschrieben und sich

Ein schwieriges Verhör _____ 115

darüber geklagt hatte, daß Inspector Gregory den besagten Mr. Hamley andauernd durch das Erzählen zahlreicher unerträglich langweiliger Witze belästigt habe, die er, Hamley, alle bereits kannte und nicht noch einmal zu hören wünschte. Das war natürlich eine vertrauliche Angelegenheit, die Assistant Commissioner Henry und Inspector Gregory insgeheim miteinander abmachen mußten. So wäre es auch gewesen, hätte nicht Sergeant Dew vor Mr. Henrys Büro gewartet und zufällig seine Taschenuhr auf den Teppich fallen lassen, so daß er, als er sie aufhob – ein Prozeß, der sich sonderbar in die Länge zog – Gelegenheit hatte, sein Ohr an das Schlüsselloch zu legen.
Immerhin hatten Dickens und Jones etwas herausgefunden – sie hatten, ausgehend von einer zufälligen Bemerkung seines Dieners, daß Sir Geoffrey in Gesellschaft von Damen kein Blatt vor den Mund nehme, in den Amtlichen Protokollen bestätigt gefunden, daß er sich in jeder seiner Reden über dieses Thema ziemlich freimütig auszulassen schien. Lestrade beschloß, eine alte Bekanntschaft wiederaufzufrischen.

«Nun, Lestrade», sagte der Abgeordnete von Oldham, «wie lange ist es her?»
«Länger, als ich mich erinnern möchte, Mr. Churchill. Also haben Sie sich schließlich für die Politik entschieden?»
«Ich schätze, der Tod meines Vaters hat dafür gesorgt. Wie auch immer, zu viele Hindernisse in der Armee, Lestrade – besonders bei der Kavallerie. Nichts als vornehme Trottel, und in den letzten Tagen hat man Nigel berufen. Da gibt es keine Aussichten.»
«Und in der Politik?»
«Ach, im Parlament, Lestrade, da macht man sich selbst einen Namen. Noch einen Muffin?»
Lestrade dankte.
«Wenn dieser höllische Regen nicht wäre, hätten wir auf der Terrasse Tee trinken können. Ich habe eine Schwäche für den Alten Vater Themse, wissen Sie.»
Lestrade hatte Winston Churchills Schwächen bemerkt. Seit ihrem letzten Zusammensein waren es gewiß mehr geworden. Damals war Churchill ein schlanker, junger Mann gewesen, ein Kadett, der

darauf wartete, einem Regiment zugeteilt zu werden. Die Vierten Husaren, die Malakand-Fronttruppe und ungezählte Zusammenstöße mit Sudannegern und Buren hatten gewiß ihre Spuren hinterlassen. Heute war er ein nationaler Held, ein geachteter Hinterbänkler – und fast drei Stone schwerer.

«Aber geben Sie's zu, Lestrade», Churchill gab dem Inspector Feuer für die Havanna, «Sie haben mich nicht vor den Weihnachtsferien aufgesucht, bloß um alte Zeiten wiederaufleben zu lassen.»

Lestrade lächelte. Ja, dieser Mann würde eines Tages Innenminister sein.

«Es sind diese Morde, nicht wahr? Mir ist in letzter Zeit eine zunehmende – wie nennt ihr Burschen das doch gleich? – Präsenz der Polizei im Parlament aufgefallen.»

Bradstreet, dachte Lestrade. «Sir Geoffrey Manners», sagte er.

«Ach ja, armer Geoffrey. Ein verdammt netter Bursche. Es sind die Iren, schätze ich?»

«Warum glauben Sie das, Mr. Churchill?»

«Nun, wissen Sie... Die Lage spitzt sich zu, Lestrade. Merken Sie sich meine Worte. Es wird ein Blutbad geben.»

«Und Sie glauben, diese Morde seien der Anfang davon?»

«Das leuchtet doch wohl ein, oder? Ich sagte Ihnen ganz offen, jeder ist ein bißchen nervös. Wissen Sie, daß wir alle morgens, mittags und abends durchsucht werden. Polizisten im Yard – von Westminster, nicht Scotland – Polizisten im Plenarsaal. Ich bin nicht sicher, daß das legal ist. Sogar in den Räumen der Ausschüsse. Nur hier im Speisesaal ist man ungestört. Kann es nicht leiden, wenn ein Plattfuß – oh, tut mir leid, Lestrade – aufpaßt, während ich Brötchen esse.»

Lestrade warf einen Blick in die Runde. Die meisten der Speisenden sahen in der Tat wie ziemlich sorgenvolle Parlamentsmitglieder aus. Doch der Mann neben der Tür, in schlechtsitzendem Zylinder und Frack, wies alle Merkmale eines überaus gelangweilten Polizisten auf.

«Ich glaube nicht, daß es die Iren sind», sagte Lestrade.

«So? Wer dann?»

«Wie ich höre, war Sir Geoffrey ein unverblümter Kritiker der Damen?»

«Nun ja, aber wer ist das nicht?»

Ein schwieriges Verhör

«Sir?»

«Nun, Lestrade, wie Sie wissen dürften, gibt es unter uns eine kleine Gruppe, der es einigen Spaß bereitet, gegen die Suffragetten zu sticheln. Manners, ich selbst, sogar der alte Lloyd George und Asquith sind solchen gelegentlichen Seitenhieben nicht abgeneigt.»

«Protestiert niemand?»

«Guter Gott, Lestrade, Sie sind doch kein Feminist, oder? Ich hielt Sie für jemanden, der aus härterem Holz geschnitzt ist. Nun, um aufrichtig zu sein, gelegentlich weht uns im Parlament ein ziemlich rauher Wind ins Gesicht, wenn Emily Greenbush oder die Pankhursts drin sind.»

«Emily Greenbush?»

«Ja, eine militante Feministin. Ich bin froh, daß es nur eine von der Sorte gibt.»

Allmählich ging Churchill ein Licht auf.

«Lestrade, wenn ich Ihren verqueren Gedanken recht folge, so wollen Sie doch wohl nicht andeuten, daß Emily Greenbush Geoffrey umgebracht hat? Nein, das ist absurd.»

«Ist es absurd, wenn eine Handvoll holländischer Farmer es mit dem Britischen Weltreich aufnimmt, Mr. Churchill? Aber noch bis vor ein paar Monaten hätte ich keine Wette über den Augang des Ganzen angenommen.»

Churchill sah ziemlich perplex aus. «Volltreffer», sagte er.

«Wissen Sie zufällig, wo Emily Greenbush wohnt?» fragte Lestrade.

«Ich weiß es tatsächlich. Ihre Adresse steht fett auf allen Handzetteln, mit denen sie die Abgeordneten überschüttet, wenn sie zu einer Debatte eintreffen. Sie wohnt Curzon Street Nr. 31. Wissen Sie, ich bin froh, daß Sie ihr einen Besuch machen wollen. Es wird ihr gut tun, wenn man sie mal einbuchtet. Sie ist eine gefährliche Frau.»

Lestrade dankte seinem Gastgeber für den Tee und verabschiedete sich. Als er an dem allzu gut verkleideten Polizisten vorbeikam, der an der Tür stand, sagte er im Flüsterton fröhlich zu ihm: «Meine Empfehlung an Bradstreet!»

In Curzon Street erlebte Lestrade sein Waterloo – oder beinahe. Doch zuerst traf er Emily Greenbush. Nach Churchills Beschreibung hatte er zumindest einen feuerspeienden Drachen erwartet. Statt dessen stand er einem grazilen Geschöpf gegenüber, das

ihn in den Salon führte. Das Licht der Kerzen funkelte in ihren Augen und schimmerte auf ihrem langen Haar von der Farbe feingesponnenen Kupfers. Sie trug ein langes Kleid aus weinrotem Samt, mit Silberfäden gesäumt, und ihre Augen waren klar und blau.
«Ich habe Sie erwartet», sagte sie und streckte ihm die Handgelenke wie in Erwartung der Handschellen entgegen.
«Wirklich, Madame?» Lestrade fühlte sich unbehaglich in der Gesellschaft intelligenter Frauen und besonders, wenn diese dazu noch schön waren. Emily Greenbush war beides.
«Sagen Sie mir, wer Sie geschickt hat. Winston Churchill? Asquith? Doch wohl nicht dieser alte Bock Lloyd George, der – bevor Sie danach fragen – meinen Vater nicht kannte.»
«Tatsächlich war es Mr. Churchill...»
«Ich wußte es. Nun, verfügen Sie über mich, Inspector...»
«Lestrade.»
«Lestrade. Haben Sie nicht den Hyde-Park-Fall bearbeitet?»
«In der Tat, Madame. Warum fragen Sie?»
«Es ist gut, seinen Feind zu kennen, Inspector. Wie lautet die Anklage? Zwischenrufe an einem öffentlichen Ort? Absichtliches Herumlungern, um einen Politiker zu reizen? Machen Sie schon, meine Arme beginnen weh zu tun.»
«Ich bin in einer schwerwiegenderen Angelegenheit hier, Madame. Wegen des Mordes an einem Parlamentsmitglied, dem Baronet Sir Geoffrey Manners, der vor kurzem stattgefunden hat.»
«Ah ja.» Emily ließ ihre Hände sinken. «Darf ich Ihnen einen Scotch anbieten?»
«Nicht, wenn ich im Dienst bin, Miss Greenbush.» Er warf einen Blick auf seine Uhr. «Fragen Sie mich in einer halben Stunde noch einmal.»
Zu Lestrades Überraschung goß sie sich selber einen großen Whisky ein, kippte ihn hinunter und goß sich sofort nach. Als sie seinen Gesichtsausdruck bemerkte, sagte sie wie zur Erklärung: «In einer männlichen Welt müssen Frauen lernen, sich wie Männer zu benehmen. Hätten Sie was gegen einen Ringkampf?»
«Danke, Madame. Es ist Donnerstag. An Donnerstagen ringe ich nie mit Ladies.»
«Vielleicht eine Zigarette?» Sie griff nach einem silbernen Etui.
«Ich ziehe meine Sorte vor.» Lestrade zog eine Havanna hervor,

Ein schwieriges Verhör ───────────────────────── 119

doch Emily zündete sie umgehend für ihn an. Trotz seiner Vorurteile mußte Lestrade zugeben, daß die Zigarette zwischen ihren zarten Fingern besonders schick aussah.

«Meine Liebe!» Plötzlich öffnete sich krachend die Tür, und auf dem Schauplatz erschienen drei Damen aus der Schule von Miss Lawrence, vielleicht nicht aus Roedean, aber allesamt Mannweiber.

«Rawlins sagt mir gerade», wies die führende Lady mit unübersehbarem Ekel auf Lestrade, «daß dies ein Polizist ist.»

«Ja, Emmeline, das ist er.»

«Schweinehund!» Und Emmeline versetzte Lestrade einen heftigen Hieb mit ihrem Schirm.

Der Inspector sprang hurtiger, als er es für möglich gehalten hätte, hinter das Sofa und brachte das Polster aus Roßhaar zwischen sich und die Damen.

Emily konnte sich vor Lachen nicht mehr halten. «Darf ich bekannt machen. Inspector Lestrade von Scotland Yard, dies sind Emmeline Pankhurst und ihre Töchter Christabel und Sylvia.»

«Chauvinistischer Lakai!» zischte Christabel.

«Frauenschänder!» stieß Sylvia hervor.

Emmeline warf sich mit ihrem Leib schützend vor Emily Greenbush. «Wessen klagen Sie sie an?» fragte sie. «Was wirft man ihr vor?»

«Mit Verlaub, Madame, damit sind wir gerade fertig. Ich stelle Ermittlungen in einer Mordsache an...»

«Mord? Ist das nicht genau das, was man seit Jahrhunderten an den Frauen verübt? Sehen Sie das hier?» Emmeline fuchtelte mit ihren Fäusten vor Lestrade herum.

«Das sind Fäuste, Madame.»

«Nein. Das sind Ketten, Inspector. Ketten. Oh, sie sind unsichtbar, das gebe ich zu, aber es sind dennoch Ketten. Wer hat sie mir angelegt?»

«Äh... Ihr Gatte, Madame?» Lestrade begriff langsam die Methode dieser Verrückten.

«Mr. Pankhurst, Gott sei seiner Seele gnädig, war ein Heiliger. Der einzige Vertreter seines Geschlechts, dem die Ungerechtigkeit der Verhältnisse klar war. Bis alle anderen Männer denken wie er, werden wir Frauen von der ‹Liga für das Frauenstimmrecht› kämpfen –

kämpfen, Inspector, um unsere gottgegebenen Rechte zu erlangen. Christabel, Sylvia, zu mir!» Und das Trio marschierte auf den chauvinistischen Lakaien und Frauenschänder los.
«Meine Damen!» Es war Emily, die den Angriff zum Stillstand brachte. «Ich denke, Sie können es mir überlassen, mit dem Inspector fertig zu werden. Wirklich. Ich bin nicht in Gefahr.»
Langsam ließ die Angriffslust nach. Es gab allerlei Geflüster, böse Blicke und Mienen. Schließlich wurde das feministische Trio mit sanfter Gewalt aus dem Zimmer befördert. Emily lehnte sich mit ihrem ganzen Gewicht gegen die Tür und brach in ein schallendes Gelächter aus. Zu seiner Überraschung – und Verärgerung – stimmte Lestrade in das Gelächter ein. Emily klopfte mit der Hand auf das Sofa, und der Inspector nahm neben ihr Platz. Ihre Stimmung schlug um. «Geoffrey Manners», sagte sie ruhig. «Ich war ebenso entsetzt wie jedermann, von seinem Tod zu hören. Oh, wir hatten unsere Meinungsverschiedenheiten, Inspector. Ich habe vielleicht viele unfreundliche Dinge gerufen – damals hatte er sie mehr als verdient – von oben, von der Damengalerie... Nun, es gibt ein *non sequitur*, Mr. Lestrade.» Er ertappte sich dabei, daß er auf dem Teppich danach Ausschau hielt. «Eine Damengalerie im Unterhaus. Wir sollten dort unten sein, auf dem Boden.»
Lestrade guckte abermals. Oder handelte es sich etwa um eine Aufforderung, die abzulehnen ihm schwerfallen würde.
«Wissen Sie, was Edward I. sagte?»
«Hm... Über was, Madame?»
«Über das Parlament, Inspector. Er sagte ‹Quid omnes tangit, ab omnibus approbetur›. Glauben Sie, daß er recht hatte?»
«Nun, ich...» begann Lestrade zu stammeln.
«Oh, vergeben Sie mir, Inspector. Ich verbringe soviel Zeit damit, Männer in der Öffentlichkeit in ihre Schranken zu weisen, daß es mir privat schwerfällt, davon abzulassen. Es ist das Erbe einer klassischen Erziehung. Sehen Sie, der verstorbene Mr. Pankhurst war eigentlich nicht der einzige, der für unsere Sache eintrat. Auch mein Vater erkannte die Ungerechtigkeit der Welt und achtete darauf, daß ich eine so gute Erziehung erhielt wie jeder Mann, soweit das im eigenen Haus möglich war. Edward I. sagte über das Parlament, ‹Was alle betrifft, muß von allen entschieden werden›. Ich meine, das macht ihn zum ersten Advokaten des Frauenstimmrechts.»

Ein schwieriges Verhör

«Und Geoffrey Manners?»
«Ach ja.» Emily goß Lestrade einen Scotch ein, denn die halbe Stunde war vorüber, und blies Rauchringe an die Decke, «es tut mir wirklich leid. Haben Sie eine Theorie?»
«Besitzen Sie zufällig ein Martini-Henry-Gewehr, Karabiner-Ausführung?» fragte Lestrade. Bei Miss Greenbush hätte ihn nichts überrascht.
«Nein», antwortete sie gelassen, «aber ich habe eine Webley Mark IV, ein altes Marine-Entermesser und ein paar Kavallerielanzen.» Das Lächeln wich von ihrem Gesicht, als sie Lestrades düstere Miene bemerkte.
«Verzeihen Sie die Frage, Madame, aber haben Sie, bei Ihren Bemühungen, Männern ebenbürtig zu sein, ihren Scotch zu trinken und ihre Zigaretten zu rauchen, jemals Männerkleidung getragen? Einen Deerstalker vielleicht? Oder einen Ulster?»
Emily lachte. «Nein, Inspector, tut mir leid, Sie enttäuschen zu müssen. Soweit treibe ich die Dinge nicht. Sie bleiben doch zum Dinner?»
«Madame, ich...»
«Sie werden mich nicht kompromittieren, Inspector, wenn es das ist, was Sie beunruhigt. Sehen Sie, ich habe schon öfter mit Männern gespeist.»
Für den Rest seines Lebens blieb es Lestrade ein Rätsel, wie er, später in jener Nacht, in Emily Greenbushs Bett geraten war. War es der Scotch? Die Erschöpfung angesichts eines nervtötenden und erfolglosen Falles? Die langen Jahre ohne Frau? Er kam nie dahinter. Auf jeden Fall war es standeswidrig. Falls Edward Henry es erfuhr, würde er einen Anfall bekommen – einen moralischen, wahrscheinlich. Sie rollte sich auf ihn, ihre Brüste stießen herausfordernd durch den Wohlgeruch ihres kastanienbraunen Haares. Sie begann sich auf ihm zu heben und zu senken, ihre langen schlanken Finger streichelten und liebkosten seine Brust, ihre kraftvollen Schenkel führten ihn zu einem plötzlichen betäubenden Höhepunkt. Sie streckte sich neben ihm aus, den Arm über ihn gelegt, das Gesicht im Kissen vergraben. Nach einer Weile, als er zu sich gekommen war, bemerkte er, daß sie weinte. Er hob ihr Gesicht und küßte sie sanft auf die Lippen.
«Was ist los?» fragte er. «Ich habe dich doch nicht geärgert?»

Sie lächelte unter Tränen und schüttelte den Kopf. «Nein, Sholto», sagte sie, «einigen von uns ist der Feminismus aufgezwungen worden. Seit ich klein war, hörte ich nichts anderes.» Sie drängte die Tränen zurück. «Zwanzig Jahre lang habe ich meine Vernunft ausgebildet, den Verstand geschärft, gelernt, nicht nur einzustecken, sondern auch auszuteilen. ‹Laß keine Gelegenheit aus, Emily.› ‹Du bist genau so gut wie sie, Emily.› Wußten sie es denn nicht? Haben sie denn nicht begriffen, daß ich nichts anderes sein wollte als ich selbst? Ein kleines Mädchen, das kein kleines Mädchen war. Eine Frau, die keine Frau ist.»

Lestrade verschloß ihre Lippen mit einem zweiten Kuß.

«Du *bist* eine Frau», flüsterte er, «eine wunderbare.» Im Lampenschein blickte sie ihn an. «Morgen», sagte sie, «werde ich leugnen, daß dies jemals passiert ist. Ich werde wieder Emily Greenbush sein, die Männerhasserin. Aber heute nacht bei dir kann ich die Maske fallen lassen, nicht wahr?»

Und sie kuschelte sich in seine Arme.

Der irische Übersetzer

Es war die Nacht vor dem Weihnachtsfest, und im ganzen Parlamentsgebäude war keine Seele, ausgenommen Edgar Bradstreet und Sholto Lestrade, Beamte des Yard.
«Iren», sagte Lestrade noch einmal.
«Aber sicher», sagte Bradstreet mit Nachdruck, «oder Frauen.»
«Frauen?»
«Haben Sie Miss Greenbush gesprochen?»
Einen Augenblick lang verließ Lestrade seine Kaltblütigkeit. «Wenn man so sagen darf», sagte er.
«Was glauben Sie?»
«Eine interessante Lady.»
Bradstreet blieb stehen. «Sholto, sie ist Mitglied der Liga für das Frauenstimmrecht. Ganz zu schweigen von der Unabhängigen Labour Party.»
«Und das macht sie zu einer Mörderin?»
«Vielleicht nicht, aber es gibt andere, Millicent Fawcett, zum Beispiel.»
«Ach ja?»
«Sie ist militant, Lestrade. Mehr noch: fanatisch. Guter Gott, Mann, Sie und ich, wir sind klardenkende, liberale menschliche Wesen. Offen für Veränderungen. Aber diese Frauen sind tödlich. Die Zukunft macht mir Sorgen. Stellen Sie sich doch bloß mal vor», wurde Bradstreet vertraulich, «stellen Sie sich vor, Sie würden von einer ausgequetscht.»
«Meinen Sie vor Gericht?»
«Nein Lestrade. Stellen Sie sich das Allerheiligste einer Arztpraxis vor. Sie gehen hin, bereit Ihre... Seele zu entblößen, und ein *weiblicher* Arzt fordert Sie auf zu husten. Das ist unvorstellbar.»
«Ich habe gehört, es soll schon ein Dutzend oder mehr davon geben», sagte Lestrade – ein Schnipsel, den er ohne Zweifel in der *Sun* aufgelesen hatte.

«Na bitte, da haben Sie's. Es ist nicht natürlich. Würden Sie wollen, daß Ihr Sohn so eine heiratet?»
«Ich habe keinen Sohn, Bradstreet. Aber was ich habe, ist ein heißer Rum, der im Yard auf mich wartet. Und ich könnte darauf verzichten, um dieses trostlose Mausoleum herumzuwandern. Warum haben Sie mich hergebeten?»
Sie schritten über die Steintreppe in die starre mittelalterliche Pracht von Westminster Hall.
«Padraig O'Leary», sagte Bradstreet.
«Wer?»
«Er ist ein Führer der Fenier, Lestrade. Seit Jahren bin ich hinter ihm her. Wenn es die Iren sind, ist er derjenige, der in die Sache verwickelt ist.»
«Was hat das mit mir zu tun?»
«Nun, ich will ehrlich sein. Ich hatte ihn im Yard in der Sonderabteilung, vierzehn Tage lang. Ich werde mit ihm nicht fertig. Er quatscht irisch wie auf dem Theater, und das ist alles. Es ist nicht viel mehr als Name, Rang und laufende Nummer. Ich kann ihn nicht viel länger festhalten. Wenn die Presse dahinterkommt, wird sie ihren großen Tag haben.»
«Also?»
«Also fragte ich mich, ob Sie nicht ein paar Worte mit ihm reden könnten, Sholto. Alle, die ich kenne, habe ich angesprochen. Auch der Commander hat ihn auf Herz und Nieren geprüft. Sogar Gregory hat's versucht.»
«Ohne Erfolg nehme ich an?»
«Richtig. Gregory versuchte ihn weichzukochen, indem er ihm endlose irische Witze erzählte.»
«Und?»
«O'Leary verstand sie nicht.»
Lestrade seufzte und blickte auf seine Uhr. «Nun gut», sagte er, «ich werde mal ein Wörtchen mit ihm reden, aber ich kann nichts versprechen. Und außerdem sind Sie sowieso auf dem Holzweg. Wissen Sie was, Edgar?» Lestrade sagte es laut in die Stille der Halle. «Nehmen Sie dies nicht persönlich, aber Sie waren mir lieber, als Sie Sergeant waren.» Und er trat in die Kälte hinaus.
Der Posten im Umhang an der Tür salutierte. Der Nachthimmel war mit Sternen übersät, der Fluß ein träge fließender Schimmer von

Der irische Übersetzer

gehämmertem Silber. Lestrades Atem schlug ihm ins Gesicht zurück, als er den Kragen seines Donegals zuknöpfte und seine Hände so tief wie möglich in den Taschen vergrub. Was dann passierte, war allein seine Schuld. Er blickte träge auf das Denkmal von Richard Löwenherz, der, das Schwert in der Faust, mit zurückgeworfenem Kopf dastand. Seine Gedanken hatten die Kälte des Parlamentsgebäudes und den Polizisten, der es bewachte, verlassen. Sie richteten sich auf den Weihnachtsabend und auf die kleine Emma, die im Hause Bandicoots, das wußte er, tief und fest schlief. In wenigen Stunden würde es Tag werden. Helläugig und morgenfrisch würde sie aus ihrem Bett springen und mit den Jungen zu ihren Strümpfen hüpfen. Sie würde das Geschenk von Onkel Sholto finden. Er hoffte, daß es ihr gefallen würde. Er war immer noch tief in diese Gedanken versunken, als er mit jemandem zusammenprallte, der in die entgegengesetzte Richtung ging. Die Gestalt stürzte der Länge nach auf das Pflaster und landete heftig am Fuß des Löwenherz-Denkmals. Erst jetzt erblickte Lestrade den weißen Stock. Und erst jetzt begriff er, daß er den Mann kannte.

«Mr. Holmes?»

«Wer sind Sie?» fragte der blinde Mann, der sich allmählich von dem Schrecken erholte.

«Inspector Lestrade. Wir sind uns im Diogenes Club begegnet.»

«Ach, natürlich. Ich vergesse nie eine Stimme. Wie geht es Ihnen?»

«Ich bin zutiefst betrübt», erwiderte Lestrade, ihm aufhelfend, «ich habe nicht darauf geachtet, wo ich hinging.»

«Ich auch nicht», sagte Holmes.

Lestrade lachte unfroh. «Sind Sie in Ordnung?»

«Es geht mir gut. Prima. Was treibt Sie in einer so bitteren Nacht hinaus? Verbreiten Sie Weihnachtsstimmung?»

«Der Dienst, Sir, leider. Wir schlafen nie, wissen Sie.»

«Wahrlich nicht.»

«Und Sie, Sir? Am Weihnachtsabend und allein?»

«Oh, Tag und Nacht sind eins für mich, Inspector. Ich gehe oft spät spazieren – weniger Leute», lachte er blechern, «man stößt nicht so leicht zusammen.»

«Soll ich Ihnen eine Droschke rufen, Mr. Holmes. Sie sind weit weg von Jermyn Street.»

«Danke, Lestrade. Übrigens, es ist ein Glücksfall, daß ich in Sie hineingerannt bin. Mir ist etwas über die Nacht eingefallen, in der Hamilcar Waldo im Diogenes Club starb.»

«So?»

«Es hat möglicherweise nichts zu bedeuten, aber als ich im Club ankam und Vetter Mycroft mich empfing...»

«Ja?»

«Wir gingen durch die Halle, und ich hörte, wie jemand nach Waldo fragte.»

«Jemand fragte nach ihm?» Lestrade winkte einer Droschke.

«Ja, ob er da sei, und, wenn ja, welchen Tisch er habe.»

«Und das war alles?»

«Ich fürchte ja. Vermutlich nicht von Bedeutung.»

«Im Gegenteil, Mr. Holmes. Es könnte von größter Bedeutung sein. An wen war die Frage gerichtet?»

«Ja, da haben Sie mich, Inspector. Das ist eine der Fragen, die ein blinder Mann nicht beantworten kann. Ich wundere mich, daß Mycroft davon nichts erwähnt hat.»

Die Kutsche kam am Randstein zum Stehen.

«Ist es nicht so», fragte Lestrade, «daß die anderen Sinne sich schärfen, wenn einer verloren ist?»

«In gewissem Maße, ja», sagte Holmes, «ich erzählte Ihnen, glaube ich, im Diogenes, mein Geruchssinn habe sich enorm verbessert.»

«Und wie steht es mit dem Gehör?»

«Wie?»

O Gott, dachte Lestrade, das verspricht nichts Gutes. «Ich sagte...» fing er an.

«Nein», lachte Holmes. «Ich habe Sie gehört, Lestrade. Ich kann Ihnen einfach nicht folgen.»

«Sie sagten vorhin, Sie würden nie eine Stimme vergessen. Wie steht's mit der, die sie nach Hamilcar Waldo fragen hörten?»

«Nun», Holmes' Gesicht zeigte, daß er angestrengt nachdachte, «sie lispelte leicht. Nein, es war kein Lispeln, genaugenommen, sondern eine Art Sprachfehler. Und sie sprach irisch, natürlich.»

«Was?»

«Ich sagte...»

«Ja, ich weiß, was Sie sagten.»

«Hören Sie, Chef», der Kutscher beugte sich von seinem Sitz hinunter, «es ist Weihnachten. Ich hab 'ne Familie daheim.»
«Richtig, Santa Claus kommt», sagte Lestrade. «Mr. Holmes, möchten Sie mich nicht zum Yard begleiten?»
«Nehmen Sie mich fest, Inspector, weil ich ohne Licht gegangen bin?»
«Nein, ich bin im Begriff, mit einer lebenslangen Gewohnheit zu brechen. Und mit ein paar Vorschriften ebenfalls. Ich glaube, Sie können mir helfen.»

«Einen Hot Toddy, Mr. Lestrade?» Der diensthabende Sergeant hielt ihm ein Glas entgegen.
«Na, na, Dalgleish. Schon wieder trinken?» Lestrade nahm das Glas und stürzte den Inhalt hinunter. «Und eines für meinen Freund hier.»
Holmes stieß stumm mit einer Säule zusammen. Dalgleish, der weder den weißen Stock noch die verdrehten, blicklosen Augen wahrgenommen hatte, machte Lestrade darauf aufmerksam: «Er ist bereits voll, Sir.»
«Schon in Ordnung, Sergeant», besänftigte Lestrade, «er fährt ja nicht mehr.»
Er gab Holmes den Rum-Punsch und führte ihn durch die labyrinthischen Korridore des Yard. Der Weihnachtstag war angebrochen, bevor sie die einschlägige Tür im selten besuchten Flügel des Gebäudes erreichten, der für die Sonderabteilung reserviert war. Lestrade bemerkte den Mistelzweig, der über der Tür im Zugwind wehte. Er klopfte, und ein Constable erschien.
«Inspector Lestrade», verkündete der Besucher, «möchte mit Inspector Bradstreets Erlaubnis mit dem Gefangenen sprechen.»
«Mit welchem?» fragte der Constable, ganz in der heiteren und festlichen Verfassung eines Mannes, den das Los getroffen hat, über Weihnachten Dienst zu tun.
«Padraig O'Leary.»
«Oh, mit dem. Ich werde Sie durchsuchen müssen, Sir.» Der Constable begann, genau das zu tun, zauberte Schlüssel, Schlagring, Handschellen, Zigarren und Taschentücher aus Lestrades Taschen hervor wie Kaninchen aus einem Hut. Lestrade zuckte ein bißchen

zusammen, als der Constable mit seinem Unterarm gegen seinen Schenkel stieß.

«Verzeihung, Sir. Sie wären verblüfft, was manche von denen dort verstecken.»

«Ganz bestimmt», pflichtete Lestrade bei.

«Wer ist das?» fragte der verdrießliche Sergeant.

«Mr. Aumerle Holmes», sagte Lestrade. «Er ist sauber. Er begleitet mich.»

Der Constable nahm Lestrade beiseite. «Sagten Sie O'Merle, Sir?»

«Nein, er ist kein Fenier, Constable.» Lestrade war in höchst milder Stimmung. Schließlich war Weihnachten.

Gleichwohl durchsuchte der Constable auch Holmes, obgleich der Inhalt seiner Taschen weit weniger interessant war. Und es waren weniger Flusen drin.

«Mr. Holmes, ich möchte Sie bitten, im Nebenzimmer zu warten. Der Constable wird Ihnen ein Gitterfenster in der Wand zeigen. Das wird Sie in die Lage versetzen, meiner Unterhaltung mit O'Leary zuzuhören. Achten Sie genau auf seine Stimme. Ich möchte wissen, ob Sie sie schon einmal gehört haben. Constable, wollen Sie Mr. Holmes behilflich sein? Wir werden Sie wieder nach Hause bringen, Mr. Holmes, bevor Santa Claus kommt.»

Padraig O'Leary war ein unbekümmerter Kobold, der mit gekreuzten Beinen auf dem nackten Bettgestell in einer Ecke seines grauen, spartanischen Zimmers saß.

«Padraig O'Leary?» Lestrade hatte ein besonderes Talent dafür, Gespräche anzufangen.

«Allerschönsten guten Morgen», erwiderte der Ire.

Gott, dachte Lestrade, es ist schlimmer, als Bradstreet angedeutet hat.

«Sie haben uns alle ganz schön an der Nase rumgeführt, nicht wahr?»

«Hab ich, Sir, hab ich.»

«Warum haben Sie das getan?»

«Was möchten Sie sonst noch wissen, Sir?»

«Hören Sie schon auf damit, O'Leary. Sie haben fünf Mitglieder des Parlaments und einen Offizier der Königlichen Kavallerie ermordet. Ich will wissen, warum.»

«Ich verweigere die Antwort aufgrund wiedererlangter Zurechnungsfähigkeit.»
«Was?»
«Ich habe sie nicht angerührt, Sir. Gott ist mein Zeuge.»
«Bei allem Respekt vor dem Allmächtigen, O'Leary, Sie werden einen besseren Zeugen brauchen als ihn.»
«Heilige Mutter Gottes, möge der Schlag dich dafür treffen, fürchterlicher, gotteslästerlicher Engländer!»
«Kommen Sie mir nicht mit dem papistischen Geschwätz, O'Leary. Ich will Antworten.»
Der Ire zwinkerte und beugte sich vor. «Dürfte ich erfahren, wer du bist, Liebling?» sagte er.
«Ich bin nicht Ihr Liebling, O'Leary. Ich bin Inspector Lestrade.»
«Alle Wetter, etwa die Lestrades aus Kilkenny?» Der Ire sprang vor Entzücken in die Höhe.
«Nein, die Lestrades aus Spitalfields, Pimlico und Norwood.» Eine Pause. «Meinen Sie etwa, ich hätte Verwandte in Irland?» Er schielte auf das Bild vom Abendmahl, hinter dem sich das Gitterfenster verbarg. Was das betraf, würde er Bradstreet einiges erklären müssen.
«Erzählen Sie mir, wie Sie Ralph Childers vergiftet haben.» Lestrade saß rittlings auf dem einzigen Stuhl des Zimmers und hatte die Arme auf die Lehne gestützt.
«Oh, wohl mit diesem schrecklich deprimierenden Zeug, das ihr Engländer Bier nennt?» fragte der Ire quietschvergnügt.
«Und was ist mit dem stumpfen Instrument, das Sie bei John Deering benutzten?»
«Den Grips eines Polizisten», antwortete der Ire.
«Vorsicht», warnte Lestrade, jetzt lächelnd, «da haben Sie sich beinahe verraten.»
«Hab ich's jetzt, Sir?» beharrte der Ire.
Lestrade blickte den Mann an. Der Commander der Irischen Sonderabteilung und seine Speichellecker vom Schlage Bradstreets hatten diesen Mann tagelang in der Mache gehabt. Sie waren nicht weitergekommen als er selbst. Die Schwellungen um O'Learys Nase und Augen ließen darauf schließen, daß sie auch andere Methoden angewendet hatten. Lestrade war die Sprachregelung vertraut: «Aufgrund von Widerstand gegen die Verhaftung zugezogene Ver-

letzung.» In Wirklichkeit hieß das: «Der irische Schurke guckte mich so komisch an, also schlug ich ihn mit meinem Schlagstock. Mehrere Male.»
«In Ordnung, O'Leary.» Lestrade stand auf. «Das war's. Es war Ihre letzte Chance. Constable», rief er. Die Türriegel wurden zurückgeschoben, und sie öffnete sich quietschend. «Ein Jammer, daß man Newgate abgerissen hat», sagte Lestrade, «aber der Gefängnishof der Scrubs eignet sich so gut wie jeder andere zum Hängen. Und, es ist eine Schande, ich weiß, daß Sie es nicht waren. Welch eine Verschwendung.» Und kopfschüttelnd ging er zur Tür.
«Warten Sie eine Minute!» Der Kobold stand auf. Das breite Irisch war verschwunden. Lestrade blieb stehen. «Gut, Lestrade. Können wir uns allein unterhalten?»
Lestrade schickte den lachenden Polizisten hinaus.
«Wieso der Sinneswandel?» Lestrade setzte sich wieder auf den Stuhl. «Mit dem Feind kollaborieren? Werden das nicht ein paar von Ihren Fenierfreunden sagen?»
«Wahrscheinlich. Aber ich hab keine Veranlagung zum Märtyrer, Lestrade. Ich fürchte, es drängen sich da jetzt ein paar in den Vordergrund – oh, bis jetzt bloße Grünschnäbel –, aber die werden euch das Leben ganz schön schwermachen. Und die, die wären gern Märtyrer. Es kann in Phoenix Park sein, überall.»
«Ich bin nicht hier, um mit Ihnen über Home Rule zu diskutieren, O'Leary. Sie sind nicht in der Position zu feilschen. Aber ich brauche Antworten. Ich muß Sie und Ihren sogenannten Fall aus meinen Untersuchungen eliminieren.»
«Also gehören Sie nicht zur Sonderabteilung?»
Lestrade schüttelte seinen Kopf.
«Der Name kam mir von Anfang an nicht vertraut vor.»
«Und was ist mit den Lestrades aus Kilkenny?»
«Alles Theater, Inspector, Liebling. Aber sagen Sie mir, warum ich Ihnen, außer um dem Strick zu entgehen – und persönlich glaube ich sowieso nicht, daß sie genügend Beweise haben –, helfen sollte?»
«Deshalb also das ganze Theater, wie? Soviel Ärger machen wie möglich. So widerspenstig sein, wie es nur geht. Gut, ich werde Ihnen sagen, warum Sie mir helfen sollen, O'Leary. Weil ein Verrückter umgeht und Parlamentsmitglieder umbringt. Und mit Irland hat das gar nichts zu tun. Ich weiß bloß, daß als nächster ein irischer

Abgeordneter an der Reihe sein könnte. Oder ist es vielleicht das, was auch Sie wollen? Wäre das vielleicht gut für Ihren Fall?»
O'Leary schüttelte den Kopf. «Ich habe Alibis für die Zeiten, in denen diese Männer starben, Lestrade. Für alle.»
«Das ist sehr günstig», sagte Lestrade und wünschte sogleich, er hätte es nicht gesagt.
«Und das ist übrigens ein alter Trick, nebenbei bemerkt – Sie haben mir gerade die falsche Todesursache genannt. Ralph Childers wurde mit eurem sprichwörtlichen stumpfen Gegenstand zu Tode geprügelt – nein, es war kein irischer Schlehdornknüttel. Und John Deering wurde mit einer Lanze erstochen. Ihre Kollegen von der Sonderabteilung haben das tausendmal wiedergekäut. Und kurz bevor ich verhaftet wurde, habe ich eifrig die Zeitungen gelesen. Sie haben nicht mit Details gespart, nicht wahr? Ich bin überrascht, daß die Leute nicht Schlange standen, die sich schuldig bekennen wollten.»
«Oh, die haben wir. Zwei Männer, die behaupteten, sie seien Charles I. und hätten Rache nehmen wollen. Ein dritter schwor einen Eid, er sei Guy Fawkes, und diesmal werde er die Bastarde kriegen. Ich reichte sie an einen meiner Kollegen weiter. Ich glaube, Sie haben Inspector Gregory kennengelernt.»
O'Leary gähnte.
«Ja, ganz recht», bestätigte Lestrade. «Kennen Sie den Diogenes Club?»
O'Leary schüttelte den Kopf.
«Ein Letztes noch», Lestrade wandte sich zum Gehen. «Bevor Sie eine Aussage machen, die Hand und Fuß hat, und wir Sie gehen lassen, würden Sie mir etwas versprechen?»
«Es ist mein irischer Akzent, der dir gefällt, Inspector, Liebling, nicht wahr?» O'Leary schlüpfte wieder in seine Rolle.
«Würden Sie sagen, ‹Ist Hamilcar Waldo heute abend da?›?»
O'Leary zuckte die Achseln und sagte es.
«Ich danke Ihnen, Mr. O'Leary, und fröhliche Weihnachten.»
Im angrenzenden Raum erhob sich Aumerle Holmes bei Lestrades Eintreten.
«Es tut mir leid, Inspector. Schwierig, es herauszuhören. Es klang ähnlich... aber nach all den Wochen... Doch vor einem Gericht könnte ich mich nicht dafür verbürgen. Es tut mir leid.»

«Keine Ursache, Mr. Holmes. Ich danke Ihnen, daß Sie so geduldig waren. Constable, besorgen Sie eine Droschke für Mr. Holmes und lassen Sie ihn nach Hause bringen. Ich weiß Ihre Hilfe zu schätzen, Mr. Holmes.» Er ergriff die Hand des Mannes und schüttelte sie. «Ich hoffe, wir werden einander recht bald wiedersehen.»
Wieder das blecherne Lachen über die deplazierte Floskel. «Sie können sich darauf verlassen, Inspector.»
Am Tage nach dem 2. Weihnachtsfeiertag hatte die weihnachtliche Stimmung Lestrade verlassen, besonders nachdem Sergeant Dew ihn mit Neuigkeiten überraschte. Padraig O'Leary war freigelassen worden. Nun, das war nur recht und billig. Wie auch immer der Mann in die Home-Rule-Sache verwickelt sein mochte, mit diesen Morden hatte er nichts zu tun. Lestrade war mehr darüber verärgert, daß Bradstreet es jetzt anders versuchte. Da er dem Iren nichts anhängen konnte, nicht einmal ein Sträußchen Klee, hatte er seine Aufmerksamkeit auf das schöne Geschlecht gerichtet. Er hatte Emily Greenbush in Haft genommen.
«Warum?» hatte Lestrade in Bradstreets Büro gefragt, einem düsteren Winkel, hoch unterm Dach des Yard.
«Sehen Sie, Lestrade, ich bin Ihnen in gewisser Weise – aber nur in gewisser Weise wohlgemerkt – dankbar, daß Sie mir die O'Leary-Sache vom Hals geschafft haben. Trotzdem glaube ich, daß der Bastard seine Freiheit nutzen wird, wieder zu töten und zu bomben.»
«So ist das also. Es geht Auge um Auge, nicht wahr? Ich lasse einen Ihrer Verdächtigen frei, also greifen Sie sich einen von meinen?»
«Sie nehmen das sehr persönlich, Lestrade», bemerkte Bradstreet.
Lestrade riß sich zusammen. Bradstreet war kein Dummkopf. Er mußte es vorsichtig angehen. Er begann damit, indem er sich setzte. «In Ordnung», sagte er, «was haben Sie?»
«Erstens.» Bradstreet begann nach Art der Polizisten an den Fingern abzuzählen. «Geoffrey Manners war ein fanatischer Antifeminist.»
«Fünf weitere Männer sind tot, Bradstreet. Waren auch sie alle Antifeministen?»
«Nach Ihrem Bericht würde ich sagen, daß Ralph Childers und

John Deering es mit Sicherheit waren. Sie benutzten Frauen als Sexualobjekte, Lestrade. Ihnen wird aufgefallen sein, daß es unter den Opfern keine Frauen gibt.»

«Bis jetzt.»

«Es wird keine weiteren Morde geben, Lestrade. Ich habe meine Mörderin.»

«Alles, was Sie haben, ist ein verflucht dünnes Motiv. Fürs Gericht wird das niemals reichen.»

«Zweitens», kam Bradstreets zweiter Finger ins Spiel, «ist Miss Greenbush eine dezidierte Kritikerin der Regierung, und mit Ausnahme von John Deering waren alle Opfer Mitglieder der Regierungspartei.»

«Aber nicht die Regierung, Bradstreet. Nicht das Kabinett. Wenn diese Morde wirklich alle politische Verbrechen sind, warum hat es der Mörder nicht bei Salisbury oder Balfour probiert? Und John Deering ist eine ziemlich wichtige Ausnahme, oder? Er paßt hinten und vorne nicht in das Ganze.»

«Das will ich Ihnen zugestehen», stimmte Bradstreet zu, «und es ist möglich, daß der Mord an Deering mit dem Fall überhaupt nichts zu tun hat. Andererseits wissen wir, drittens», doch er benutzte immer noch dieselbe Hand, «daß Miss Greenbush eine Kavallerielanze besitzt – zwei sogar. Von der Art, wie sie bei Major Deering verwendet wurde.»

«Motiv?»

«Wer weiß. Eine persönliche Sache vielleicht. Möglicherweise gibt es eine Verbindung zwischen Greenbush und Lady Brandling. Ich werde sie finden.»

«Werden Sie nicht.»

«Viertens: Miss Greenbush ist nach ihrem eigenen Eingeständnis ein ziemlich guter Schütze. Sie hätte Arthur L'Estrange ohne große Schwierigkeiten mit einer Martini-Henry töten können.»

«Das hätte auch ein blinder Mann auf einem galoppierenden Pferd geschafft. Es geschah aus nächster Nähe am hellen Tag – ein Kinderspiel.»

«Fünftens, und das ist die Trumpfkarte, Lestrade. Eigentlich sind es zwei...»

«Sie sollten besser 5a sagen, sonst gehen Ihnen die Finger aus», sagte Lestrade.

«Der verstorbene Horatio Greenbush, Emilys Vater, war Chemiker.»
«So.»
«Sie könnte also sehr wohl ausreichende Kenntnisse über Gift gehabt haben.»
Lestrade lachte.
«Und», Bradstreet war unbeeindruckt, «sie kaufte vor sechs Monaten eine kleine Menge Zyankali. Ich habe das Giftbuch des Apothekers.»
«Zu welchem Zweck kaufte sie es?»
«Um Wespen zu vernichten, sagte sie.»
«Nun, da haben Sie's.»
«Kommen Sie, das sagen doch alle.»
«Ich verstehe», sagte Lestrade, «also ging sie in die Apotheke, gab ihren eigenen Namen und ihre Adresse an, um Zyankali zu bekommen, stellte ein Präparat her, verkleidete sich als Angestellter eines Auktionshauses und vergiftete Christian Barrett. Dann brach sie in Geoffrey Manners Haus ein, praktizierte dasselbe Zeug in seinen Ping-Pong-Schläger und forderte ihn zu einem Match heraus, wohl wissend, daß es ihn umbringen würde?»
«Genau!»
Lestrade räkelte sich in seinem Sessel.
«Na gut, ich weiß, daß es aberwitzig ist», sagte Bradstreet, «aber Mord ist ein aberwitziges Geschäft, Lestrade. Denken Sie an die Ripper-Morde, an den Struwwelpeter-Fall, an die Sache am Hanover Square...»
«Schon gut, verschonen Sie mich mit dem Museumskatalog. Lassen Sie mich eine Frage aufwerfen. Ralph Childers. Wo alles anfing. Wie paßt Emily Greenbush da hinein?»
«Sie kannte seine... Neigungen.»
«Und war sie Mitglied des wiederbelebten ‹Hell Fire Clubs›?»
«Oh, ich habe nachgeforscht. Wußten Sie, daß der ursprüngliche Club ein weibliches Mitglied hatte? Den sogenannten Chevalier d'Aeon – eine Frau in Männerkleidung.»
«Haben Sie den Bericht des Coroners über Childers gelesen? Und meinen?»
«Habe ich», sagte Bradstreet triumphierend.
«Wieviel wiegt Emily Greenbush nach Ihrer Meinung? Vielleicht

acht Stones? Wollen Sie ernstlich behaupten, sie könnte ihm diese Verletzungen zugefügt haben?»
«Ja, wenn Childers währenddessen gefesselt und unfähig – oder nicht willens – war, sich zu wehren, bis es zu spät war. Vergessen Sie Lizzie Borden nicht. Sie war eine winzige Person, und trotzdem zerstückelte sie ihre Eltern.»
«Das wurde nie bewiesen. Machen Sie Ihre Hausaufgaben. Wie dem auch sei, sie war Amerikanerin.»
Die beiden Männer blickten sich an. Alles schien gesagt.
«Verhaften Sie sie oder ihre ganze Bewegung?» fragte Lestrade.
«Die Pankhursts greife ich mir später», antwortete Bradstreet. «Für den Augenblick halte ich mich an Emily Greenbush.»
Ihre Unterhaltung wurde durch heftiges Klopfen an die Tür beendet.
«Was gibt es?» fragte Bradstreet.
Es war Walter Dew, der hereinstolperte. «Mr. Lestrade, Sir, da ist ein Telefonanruf für Sie. Ein Mann mit einem irischen Akzent. Er sagt, er wisse, wer alle diese MPs umgebracht hat.»
«Wo?» Lestrade griff nach seinem Hut.
«In Mr. Henrys Büro.»
«Warten Sie auf mich.» Bradstreet schnappte sich Schal und Ulster und folgte Lestrade durch die labyrinthischen Flure in das Zimmer, wo eine schwache und bleiche Miss Featherstonehaugh mit einem Telefonhörer in der schwachen, bleichen Hand stand.
«Er ist es», flüsterte sie rauh, den falschen Teil des Apparats mit der Hand zudeckend.
«Ja?» Lestrade entriß ihr brüsk den Hörer.
«Lestrade?» Unverfälschtes Irisch brandete an sein Ohr.
«Am Apparat.»
Bradstreet und Dew schoben sich so dicht wie möglich heran. In der Stille entfiel Miss Featherstonehaughs Mund eine Nadel. Bradstreet warf ihr einen Blick zu. «Auf dem Nachhauseweg komme ich durch den Strood-Tunnel», flüsterte sie erklärend. «Ich könnte von einem Mann geküßt werden.»
Herzlich wenig Aussicht, dachte Dew, obgleich jetzt nicht der Augenblick war, das zu sagen.
«Gehen Sie zum Parlamentsgebäude», zischte die Telefonstimme, «zum Fuß des Glockenturms. Dort wartet eine Überraschung auf Sie. Ist der unfähige Bradstreet da?»

«Ja.» Lestrade reichte den Hörer weiter.
«Ja?» Bradstreet übernahm den Hörer.
«Ich habe eine Überraschung für Sie. Gehen Sie zum Fuß des Victoria Tower.»
Und die Verbindung brach mit einem Klicken ab.
«Hallo, hallo.» Bradstreet schüttelte den Hörer. Nichts.
«Nichts», sagte er.
Hinter ihnen fiel Miss Featherstonehaugh still in Ohnmacht. Niemand bemerkte es.
«‹Eine Überraschung› hat er gesagt», wiederholte Lestrade.
«Ja», sagte Bradstreet, «am Fuß des Victoria Tower.»
«Meine Überraschung wartet am Fuß des Glockenturms.»
«Es ist natürlich eine Falle.» Bradstreet lehnte sich gegen Henrys Tisch.
«Natürlich.» Lestrade folgte seinem Beispiel. «Vielleicht war es Emily Greenbush, die am Telefon zu uns gesprochen hat. Miss Feather...» Lestrade bemerkte die graue Lady auf dem Fußboden.
«Dew, würden Sie für Mr. Henrys Sekretärin ein wenig Wasser holen? Und wenn sie aufgewacht ist, nehmen Sie sie ins Gebet. Ich will *genau* wissen, was der Anrufer sagte. Holen Sie zuerst Dickens und Jones. Bradstreet und ich werden sie am Parlament erwarten.»
«Da haben Sie es, Lestrade», schnaubte Bradstreet, «eine *irische* Stimme. Hab ich's Ihnen nicht gesagt? Ich sagte Ihnen, es seien die Fenier.»
«Also werden Sie Miss Greenbush freilassen?»
Die Inspectoren begaben sich zum Lift.
«Wenn wir den heutigen Abend überleben, Lestrade, ja. Sonst...»
«Sonst werde ich sie selbst freilassen.»
Dew erteilte seinen Constables die nötigen Befehle und kehrte zurück, um, nicht allzu zartfühlend, Wasser über Miss Featherstonehaugh zu gießen. «Ich frage mich, was sie umgehauen hat», sagte er zu sich selber. «Es muß die Vorfreude auf den Strood-Tunnel gewesen sein.»

Der irische Übersetzer

Vor dem Parlamentsgebäude kam die Droschke quietschend und ruckend zum Stehen. Es war inzwischen dunkel, eine weitere eisige, klare Nacht, durch den funkelnden Rauhreif verzaubert.
«Sie sind der Fachmann, Bradstreet, wenn es mir auch schwerfällt, das zu sagen. Was denken Sie?»
«Ich denke, es ist ein Sprengstoffanschlag, Lestrade.»
Dickens und Jones sahen einander an.
«Zu Ihrer Information, Gentlemen: das ist eine Bombe», sagte er.
«Jemals mit so was zu tun gehabt, Lestrade?»
Der Inspector schüttelte den Kopf. «Sie?»
Der Inspector schüttelt ebenfalls den Kopf. «Aber ich lasse meine Männer draußen. Wenn dieses Plätzchen in die Luft fliegt, besteht kein Anlaß, daß die halbe Sonderabteilung dabei mit draufgeht.»
«Dickens, Jones. Gehen Sie durch das Gebäude. Schicken Sie alle Polizisten raus – Befehl von Inspector Bradstreet. Beeilen Sie sich.»
Die Constables schwirrten ab.
Die Inspectoren entfernten sich von der Droschke. Bradstreet warf einen Blick auf seine Uhr. Fast halb acht.
«Natürlich, wenn ich mich irre...» sagte er.
«Sie?» spottete Lestrade. «Sie ganz bestimmt nicht!»
«Wenn ich mich irre, und es sich nicht um eine Bombe handelt, sondern drinnen Fenier auf uns lauern, laufen wir ihnen direkt ins Messer. Sind Sie bewaffnet, Lestrade?»
«Nur das, was ich im Dienst bei mir habe.» Lestrade ließ den Messingschlagring aus der Tasche gleiten und die tödliche Klinge aufschnappen.
«Ich ebenso.» Bradstreet zog eine Webley Mark IV.
«Alles nach Vorschrift, natürlich. Und einwandfrei», bemerkte Lestrade.
«Absolut», fügte Bradstreet hinzu.
Sie brabbelten belangloses Zeug, weil ihre Stimmen ihnen ein Gefühl von Sicherheit zu geben schienen. «Verdammt, ist das kalt», zischte Lestrade und zog den Kragen seines Donegals über die Ohren. Als sie den Fuß des Glockenturms erreichten, hörten sie einen Constable in die Dunkelheit der öffentlichen Toilette hineinrufen: «Kommen Sie jetzt, Mr. Strachey, seien Sie so nett. Stecken Sie's weg und gehen Sie heim.»

«Nun dann, Lestrade. Hier ist Ihr Platz. Ich suche den meinen auf.»

«Bradstreet, wir werden diese Sache zusammen durchstehen. Wer von uns sie zuerst findet – wenn es denn eine Bombe ist –, wartet, bis der andere die seine gefunden hat. Dann werden wir einander Nachricht geben.»

«Wie?»

«Durch Läufer. Ich werde Dickens bei mir behalten, und Ihnen schicke ich Jones. Sie können als Verbindungsmänner fungieren. In Ordnung?»

Bradstreet nickte.

«Lestrade», rief er, als der Inspector durch einen Nebeneingang trat, «passen Sie auf, wo Sie hintreten.»

«Ich liebe dich auch, Schatz», grinste Lestrade und war verschwunden. Er hatte sich von einem vorbeikommenden Constable eine Blendlaterne geben lassen und fing an, in jede Ecke zu leuchten, in der Hoffung, daß Mr. Strachey dem Rat des Constables wirklich gefolgt und heimgegangen war. Sicherheit oder nicht, die Regierung Seiner Majestät hatte auf strikte Sparsamkeit gehalten, und der ganze Turm war in das allertrübste Licht getaucht. Lestrades Laterne warf unheimliche Schatten auf die gotischen Mauern, aus denen Vorsprünge und Spitzbögen deutlich hervorragten. Doch die Schönheiten der Puginschen Architektur ließen Lestrade unberührt. Er ging wie auf Eiern, die eine Hand umkrampfte seine Laterne, die andere sein Schnappmesser. Nichts außer seinen Schritten war zu hören, leise und stetig wie der Schnee, der draußen zu fallen begann. Zuerst war er nicht sicher, ob er das Geräusch gehört hatte, doch es wurde lauter. Fußtritte. Hinter ihm. Er glitt geräuschlos hinter eine Säule, dabei die Lampe löschend, und wartete, daß die Schritte näher kamen. Er schätzte, daß es zwei Personen waren. Er drückte sich noch tiefer in die Dunkelheit. Dann schoß sein Fuß vor und seine Faust sauste herab. Der Tritt traf das Schienbein und der Schlag den Kopf von Sergeant Dew, der wie vom Blitz getroffen zu Boden sank. Ein Aufschrei in seinem Rücken ließ Lestrade herumwirbeln, um sich dem zweiten Eindringling zu stellen. Constable Dickens stand da und staunte mit offenem Mund über die Schnelligkeit des Angriffs. Das hätte er dem alten Mann nicht zugetraut.

«Dew, Dew.» Lestrade kniete bei dem gefällten Sergeanten. «Sind Sie in Ordnung?»
«Ja, Chef», Dew kam mühsam hoch, «bloß ein bißchen Kopfweh.»
«Dickens, wo ist Jones?»
«Mit Inspector Bradstreet gegangen, Sir, wie Sie befahlen. Er traf uns vor dem Gebäude.»
«Ist das Gebäude geräumt?»
«Ja, Sir.»
«Gut. Dew. Gehen Sie nach Hause.»
«Sir?»
Im Schein der wiederangezündeten Laterne blickte Lestrade ihn an.
«Sie haben Familie, Walter. Was werden die kleinen Dews machen, wenn sie am Morgen keinen Papa mehr haben? Gehen Sie heim. Und das ist ein Befehl. Empfehlen Sie mich Mrs. Dew.»
Der Sergeant zögerte. «Ich werde draußen bei der Droschke warten, Sir. Will sehen, daß ich für Sie ein bißchen Tee auftreiben kann, wenn Sie rauskommen.»
Lestrade klopfte ihm anerkennend auf den Arm, und der Sergeant verschwand.
«Also, Dickens. Inspector Bradstreet glaubt, daß irgendwo hier drin entweder eine Bombe oder eine Bande irischer Schläger verborgen ist. Es ist meine Aufgabe, herauszufinden, was stimmt. Ich könnte Ihre Hilfe brauchen, aber ich werde Ihnen nichts befehlen. Wenn Sie dem Sergeanten jetzt folgen wollen, werde ich Ihnen das nicht übelnehmen.»
«Wonach suchen wir genau, Sir?»
Lestrade lächelte. Nimrod Frost hatte recht gehabt. Ihm gefiel dieser Mann.
«Was wissen Sie über das Parlamentsgebäude, Dickens?» fragte der Inspector.
«Das heutige Gebäude wurde während der Regierungszeit von Queen Anne aus Yorkshire-Sandstein erbaut. Ein verheerendes Feuer im Jahre 1834 führte zu einer ausgedehnten Erneuerung unter Sir Charles Barry und Augustus Welby Pugin...»
«Ja, ja. Lassen Sie's gut sein mit dem Geschichtsunterricht. Wie groß ist das Gebäude?»
«Es bedeckt acht acres, Sir, hat elf Höfe, einhundert Treppen und elfhundert Räume.»

«Was ist mit dem Turm?»
«Der Glockenturm liegt am Nordende.» Dickens blickte hinauf in die Dunkelheit. «Dreihundertachtzehn Fuß. Der Glockenturm über uns, allgemein Big Ben genannt, obgleich viele Leute glauben, der Name beziehe sich auf die Glocke selbst, erhielt im Jahre 1858 die Glocke…»
«Hoffentlich ist sie gut befestigt», bemerkte Lestrade.
«Sie wiegt 13 Komma fünf Tonnen.»
Lestrade schnürte es ein wenig die Kehle zu. Dreizehn und eine halbe Tonne, ein paar Fußböden und das Dach würden auf ihn herabstürzen, sollte der Turm in die Luft fliegen. Von der Glocke ganz zu schweigen. Das Gewicht der Zeit würde buchstäblich schwer auf ihm lasten.
«In Ordnung, Constable», erlangte Lestrade die Herrschaft über seine Nerven wieder, «Sie gehen im Uhrzeigersinn –» er bedauerte diesen Ausdruck – «und ich werde in die andere Richtung gehen. Ist das Ihre Uhr, die da tickt?»
«Ich habe keine Uhr, Sir.»
Der Inspector und der Constable sahen einander an. Sie blickten auf den Boden. Der Strahl von Dickens' Laterne fiel auf einen kleinen rechteckigen Kasten in der Ecke. Als er stürzte, hatte Dew ihn nur um ein paar Zoll verfehlt.
«Dickens», flüsterte Lestrade, «ich möchte, daß Sie Ihre Schuhe ausziehen und zum anderen Ende des Gebäudes gehen. Sagen Sie Inspector Bradstreet, es sei eine Bombe. Und daß sie tickt.»
«Sehr gut, Sir.» Und der Constable entledigte sich behutsam seiner Schuhe und tappte in die riesigen Hallen und Gemächer, wo die Lordschaften, Gnaden und ungezählten Ehrenwerten in ein paar Wochen sitzen würden. Lestrade saß mit untergeschlagenen Beinen auf dem Boden, allein mit dem Ticken und der Finsternis. Es schienen Stunden zu vergehen, ehe Dickens zurückkam. Er kroch zu Lestrade. «Ich habe Jones gefunden, Sir. Man braucht wirklich bloß geradeaus zu gehen. Ich habe eine Abkürzung durch den Plenarsaal gefunden.»
«Hat Bradstreet seine Bombe gefunden?» früsterte Lestrade.
«Ja, Sir. Nach Jones' Beschreibung sieht sie genauso aus wie unsere.»
«Was macht er damit?»

«Jones sagte, er habe gesagt, und ich zitiere, ‹Lestrade ist der Ältere, also soll er den Anfang machen, aber es hört sich an wie eine Zeitbombe›.»

«Glänzend!» zischte Lestrade. «In Ordnung, Dickens. Sagen Sie Jones, er solle Bradstreet sagen, daß ich meinen Kasten öffnen werde. Es sind...» er richtete den Strahl der Lampe auf die Bombe, «vier Schrauben. Ich werde sie der Reihe nach lösen, oben rechts, oben links, unten rechts, unten links. Können sie das behalten?»

«Ich bitte Sie, Sir!» Dickens stöhnte aufgebracht. Es war, als frage man einen Mann mit einem fotografischen Gedächtnis, ob seine Platte sauber sei. Lestrade führte die ziemlich lässige Bemerkung auf die Nervenanspannung zurück. In der Regel ließ er jungen Constables Aufmüpfigkeit nicht durchgehen, doch heute Nacht würde er eine Ausnahme machen. Als Dickens nach links abging, ließ er die Klinge seines Messers aufschnappen. Er spürte, wie sich auf seiner Stirn Schweiß bildete und hinter seinen Ohren heruntertröpfelte. Er nahm den Bowler ab und zog den Donegal aus, bevor er an die anderen Schrauben ging. Die erste und die zweite ließen sich leicht lösen. Doch die dritte klemmte. Muß sich verzogen haben, dachte er. Warum gab es immer eine von dieser Sorte? Er legte sein ganzes Gewicht hinter die Drehung, unfähig zu sagen, ob sein Herz oder die Bombe lauter tickte. Sie gab nach, und er konnte die Klinge drehen. Nummer vier machte keine Schwierigkeiten. Er richtete sich auf. Seine Handgelenke waren wie Blei.

Dickens, von der Anstrengung des Laufs keuchend, kam zurückgetappt. «Alles in Ordnung, Sir. Inspector Bradstreet hatte offenbar Schwierigkeiten mit der ersten Schraube, doch inzwischen sollte er mit ihr fertig sein.»

«Gut. Wie lange brauchen Sie, um zu Jones zu kommen?»

«Etwa vier Minuten, Sir.»

«Und Jones braucht etwa ebenso lange, um Bradstreet zu erreichen?»

«Würde ich sagen, Sir. Wir treffen uns unter dem mittleren Turm.»

«Gut. Es ist jetzt...» er blickte auf seine Uhr, «sechzehn Minuten nach acht. Um zwanzig nach acht werde ich den Deckel abnehmen.

Sie warten bei Jones. Wenn Sie keine Explosion hören, sagen Sie Jones, er möge Bradstreet sagen, dasselbe zu machen.»
«Ja, Sir.» Und Dickens war wieder verschwunden.
Während er dasaß und versuchte, Ruhe zu bewahren, dachte Lestrade an die Orte, an denen er jetzt lieber gewesen wäre. Er dachte an die kleine Emma mit ihrem verschlafenen Morgengesicht. An Harry und Letitia Bandicoot. An Sarah, seine Frau. Liebe, tote Sarah. Dann war der Augenblick gekommen. Er arbeitete schnell, das Gesicht zu einem wahnsinnigen Grinsen verzerrt. Eine nach der anderen ließen die Schrauben sich herausdrehen. Er wischte seine schweißigen Hände an der Hose ab und betete, wie er nie zuvor gebetet hatte. Er lockerte den Deckel; er ließ sich leicht abnehmen. Er betrachtete den Inhalt des Kastens. Ein Wecker. Auf halb neun gestellt. Keine Drähte. Kein Dynamit. Keine Bombe. Als Dickens ankam, fand er Lestrade, hysterisch kichernd, zusammengekauert auf dem Boden kniend.
«Sagen Sie Bradstreet, es sei alles in Ordnung», lachte Lestrade. «Es ist ein Scherz. Ein blutiger Scherz...» Jedoch ehe er ausgesprochen hatte, kam aus der Entfernung ein dumpfes Dröhnen, das widerhallend durch die leeren Hallen lief. «Mein Gott», murmelte Lestrade, und er und Dickens rannten um die Wette zum Victoria Tower. Sie hasteten durch die Dunkelheit, und der Strahl der Laterne blitzte und schoß in alle Richtungen. Sie rannten durch spiegelglatte Korridore, vorbei an stummen Statuen, Dickens, immer noch in Socken, im Kielwasser Lestrades gleitend und glitschend. Rauch und Flammen ließen sie zurückprallen, als sie den Fuß des äußersten Turmes erreichten. Was von Inspector Bradstreet übrig war, lag an der gegenüberliegenden Mauer. Lestrade und Dickens packten den schwerverletzten Jones und schleppten ihn aus dem brennenden Gebäude in die frostige Nacht hinaus.
«Sie ging hoch, Sir. Direkt vor uns», murmelte Jones, vor Schmerz und Entsetzen zitternd. «Inspector Bradstreet...»
«Schon gut, Junge.» Lestrade wischte das Blut vom Kopf des Jungen. «Ist schon gut. Dew!» Lestrade wandte sich wütend an die durcheinander wuselnde Menge von Polizisten.
«Diesen Mann ins Krankenhaus, auf der Stelle. Sie da, rufen Sie die Feuerwehr. Und die übrigen – da drüben ist ein verdammter Fluß. Holt Wasser und löscht das Feuer.»

Und der Schnee trieb durch die offene Tür und fauchte und zischte in den Flammen. Lestrade verbrachte den Rest der Nacht an Jones' Bett, in der Hoffnung, er werde sich erholen. Hoffte, er werde das Bewußtsein wiedererlangen. Niemand sonst schlief.

Der zweite Maßkrug

«Also ist es schließlich schmutzig geworden.» Edward Henry klopfte mit seinen Fingern heftig auf Tisch, Lampe und Eintagsfliegen. «Wie geht es dem Jones-Jungen?»
«Im Krankenhaus war man vorsichtig, Sir», sagte Lestrade. «Den Umständen entsprechend, sagt man wohl, glaube ich.»
«Es war also keine sehr große Bombe?»
«Groß genug, um einen Mann zu töten und einen zweiten um ein Haar. Kein Zweifel, das Land wird entzückt sein zu erfahren, daß dem Gefüge des Gebäudes kein Schaden zugefügt wurde.»
Henry starrte über den Fluß, wo der letzte Himmel des alten Jahres Schnee versprach. Er wandte sich wieder Lestrade zu und bedeutete ihm, Platz zu nehmen.
«Also, Ihre Meinung dazu», sagte er, «unter Polizisten gesprochen.»
«Es ist nicht nur schmutzig geworden, Sir. Es ist persönlich geworden. Dieser Telefonanruf beweist es. Wer immer am anderen Ende der Leitung war, er weiß, daß ich an dem Fall arbeite – und er wußte auch von Bradstreet.»
«Hilft das, um ihn festzunageln?»
«Nein. Für die Presse war das ein gefundenes Fressen. Mein Name, Bradstreets, Gregorys. Es steht alles in den Tageszeitungen.»
«Natürlich.» Henry wedelte mit einem Bündel Morgenzeitungen. «Ich bestand auf totaler Geheimhaltung, als ich diesen Posten übernahm», sagte er, «und die Gentlemen der Fleet Street haben sich entschieden, keine Notiz davon zu nehmen. Nun, heute nachmittag rufe ich die Lokalredakteure zusammen. Ich möchte, daß Sie und Gregory dabei sind. Vorher sind wir alle zum Commissioner befohlen. Halsbinde und Vorhemd, bitte.»

Der zweite Maßkrug ────────────────────────────── 145

Später an diesem Morgen kehrte Lestrade zum Parlamentsgebäude zurück. Die ganze Gegend wimmelte von Polizisten in Uniform und in Zivil. Eine eigentümliche Spannung lag über dem Ort; Lestrade hatte eine ähnliche Atmosphäre kennengelernt, als man auf Nachricht aus Mafeking gewartet hatte.
«Hier kann keiner mehr rein oder raus, Lestrade», hatte der Commander der Sonderabteilung ihm erzählt. Ja, jetzt, dachte Lestrade, nachdem ein Mann tot ist. Er ging am dunstigen Fluß zurück zum Yard. Der Wind war schneidend, als er den Platz überquerte. Miss Featherstonehaugh war ihm keine Hilfe gewesen. Der Anrufer hatte einen irischen Akzent. Er hatte gebeten – nein, gefordert –, mit Inspector Lestrade zu sprechen. Er war hartnäckig gewesen. Er schien aus der Nähe anzurufen. Das örtliche Fernsprechamt hatte noch weniger helfen können. Es war jetzt ein persönlicher Zweikampf, und Lestrade stand ziemlich genau dort, wo er sich am Anfang, als Ralph Childers im Frühjahr ermordet wurde, befunden hatte. Als er den Yard betrat, nahm er Dalgleish's Gruß kaum zur Kenntnis, und als die neue Drehtür ihn am Hinterkopf traf, grunzte er bloß, und so reagierte er ansonsten keineswegs, wenn die kleinen Tücken des Alltags ihm zusetzten. Er grübelte darüber nach, warum das Muster sich verändert hatte. Bis jetzt war es eine sorgfältig geplante Folge von Morden gewesen. Wer immer der Verrückte war, seine Arbeit hatte offensichtlich Methode. Und alle Opfer, mit einer Ausnahme, waren Mitglieder des Parlaments gewesen. Selbst die Ausnahme hatte politische Neigungen gehabt. Warum also hatte der Mörder sein System jetzt geändert? Warum war die Kette abgerissen? Warum waren die beiden mit der Aufklärung des Falles beauftragten Männer an jenen Ort gelockt worden, den Emily Greenbush nach Lestrades sicherem Empfinden den Schauplatz unzähliger Verbrechen genannt haben würde? Und warum wartete der Tod dort nur auf einen der beiden? Und warum war dieser eine Bradstreet und nicht Lestrade? Sie wurden jeder zu einem bestimmten Turm dirigiert, der eine explosiv, der andere nicht. Bradstreet hatte den kürzeren gezogen. Warum? Weil der gerade verschiedene Edgar auf der richtigen Spur gewesen war? Wie auch immer, der Mann am Telefon hatte einen irischen Akzent. Und wie auch immer, Emily Greenbush war immer noch in Haft. Nun, jetzt war es Lestrades Fall. Er wußte, daß der Commander keinen weiteren Mann dafür

verschwenden würde. Er war gewiß zufrieden, ihn Lestrade überlassen zu können. Nun, Lestrade wollte seine vorgefaßte Meinung ablegen. Ganz im geheimen regte sich ein Gefühl, daß dies kein politischer Fall war. Es war nicht leicht für ihn zuzugeben, daß er falsch gelegen hatte. Aber nachdem alles so gekommen war...

«Miss Greenbush, Sie sind frei.»

Emily erschien in der Zellentür. Die verkniffene Wärterin, die bei ihr war, ließ keinen Zweifel an ihrer Mißbilligung. «Seine verstorbene Majestät», sagte sie so gebieterisch, wie es ihr kaum zustand, «war der Meinung, diese Suffragetten sollten ausgepeitscht werden. Ich bin derselben Ansicht.»

«Schön für Sie», sagte Lestrade und geleitete das anstößige Subjekt die Treppe hinauf ans Tageslicht.

«Was hat das zu bedeuten?» fragte sie ihn im Hof auf der Rückseite des Yard.

«Daß du frei bist», wiederholte er.

«Gestern war ich Komplizin bei einem Mord», beharrte sie.

«Das war gestern», erwiderte Lestrade.

Sie blickte ihn mit ihren hellen, klaren Augen an. «Sholto, was ist passiert?»

«Ein Mann ist tot», sagte Lestrade, «ein Polizist.»

«Das tut mir leid», sagte sie.

«Wirklich?» Seine Erwiderung war schneller und schärfer ausgefallen, als er beabsichtigt hatte.

«Ja», sie sah ihm direkt in die Augen, «ja, es tut mir leid.»

Er lächelte. «Jetzt tut es *mir* leid», sagte er. «Du wirst es ohnehin aus den Abendzeitungen erfahren. Es ist Edgar Bradstreet. Er wurde letzte Nacht durch eine Bombe getötet.»

«Mein Gott!» Emily berührte seinen Arm. «Wer war's?»

«Zur Zeit würde ich meine Pension darum geben, diese Frage zu beantworten», sagte er.

«Du siehst müde aus, Sholto.»

Darüber nachzudenken, hatte er bislang keine Zeit gehabt. «Komm mit mir nach Hause», sagte sie.

Er sah sie eindringlich an. Vor ihm stand eine angebliche Verbrecherin, die Bradstreet erst gestern wegen Mordes eingelocht hatte, und lud einen Inspector der Metropolitan Police in ihr Haus ein – und das unter dem Portal von Scotland Yard. Andererseits schrieb man

Der zweite Maßkrug ——————————————————————— 147

in Kürze das Jahr 1902; die Welt änderte sich. Und Lestrade kannte
die Reize von Emily Greenbush. Außerdem konnte sie ihm vielleicht
doch ein paar Fragen beantworten.
«Jetzt nicht», antwortete er. «Ich muß ins St. Thomas-Hospital.
Einer meiner Constables wurde von derselben Bombe verletzt, die
Bradstreet tötete. Außerdem habe ich heute mehr Verabredungen
am Hals als Mrs. Pankhurst Prozesse. Selbstverständlich bitte ich
dich um Verzeihung.»
Sie lachte. Eine wohlklingende Tonfolge, die Lestrade von einer
schönen Frau seit langer Zeit nicht gehört hatte.
«Dann später?» fragte sie.
«Es könnte sehr spät werden», warnte er sie.
«Auf später.» Und sie hielt seine Hand.

Der Commissioner war kurz angebunden. Zwar war er alles andere
als ein fröhlicher Mann, doch heute nachmittag war er ausgesprochen mürrisch. Die neue elektrische Beleuchtung im Versammlungssaal des Yard glitzerte auf dem Überfluß an silbernen Litzen, und
der Zugwind erfaßte die wehenden Federn auf prächtigen Dreispitzen. Die hartgesottenen Detektive der ersten und zweiten Etage und
dahinter die pomadisierten Sergeanten der dritten Etage saßen wie
ein trostloser Klecks Pflaumenmus in der Mitte eines Tellers mit
schimmernder Tapioka. Zumindest kam es Walter Dew so vor, der
aufgrund seiner kürzlichen Beförderung seinem Ziel um so vieles
nähergekommen war – seinen autobiographischen Erinnerungen.
Edward Henry mahnte, schmeichelte, drohte. Die Augen des Landes, nein, der ganzen Welt seien in diesem Augenblick auf den Yard
gerichtet. Es müßten die äußersten Anstrengungen unternommen
werden. Jeder Stein müsse umgedreht werden. Jeglicher Urlaub war
gestrichen. Und jeder Beamte, der in der Silvesternacht sich in den
Brunnen auf dem Trafalgar Square vergnüge, werde ohne Pensionsanspruch gefeuert. In der Tat eine harte Linie.
Später an diesem Tag machte Edward Henry in den Redaktionsräumen der *Daily Mail* Geschichte. Er hielt das ab, was man künftig
eine Pressekonferenz nennen sollte. Die Herren von der Presse, in
Zigarrenrauch gehüllt, saßen in besagten Büros und umklammerten
Bleistifte und Notizblöcke.

«Haben wir das so zu verstehen, Mr. Henry», sagte einer, «daß Sie von uns verlangen, über diesen Fall nicht zu berichten?»
«Richtig.»
Im Raum war Gemurmel und Gelächter zu hören. Lestrade blickte Gregory und Gregory Lestrade an.
«Äh...» Ein zweiter Mann stand auf. «T. A. Liesindad», verkündete er mit der Stimme einer Kreissäge, «*Daily Mail*. Versuchen Sie, der Presse einen Maulkorb anzulegen, Mr. Henry?»
«Ich versuche, Menschenleben zu retten, Mr. Liesindad. Und dazu noch einen Mörder zu fangen. Ohne Ihre Hilfe kann ich das nicht tun.»
«Wie können wir helfen, wenn wir nicht in der Lage sind, unsere Geschichten zu veröffentlichen?» beharrte Liesindad.
«Genau das ist es», gab Henry zurück, «wir sind nicht an Geschichten interessiert. Wir befassen uns mit Tatsachen.»
Gebrüll und Zurufe übertönten ihn.
«Sie sind Panikmacher, Gentlemen!» klagte Henry sie an.
Lestrade und Gregory waren ziemlich beeindruckt. Gleichwohl schien die Versammlung sich rasend schnell in eine Menge zu verwandeln, die nach Lynchjustiz schrie.
«Sind es die Buren?» wollte einer wissen.
«Kein Kommentar», sagte Henry.
«Dann die Deutschen. Könnte es der Kaiser sein?»
«Unsinn, es sind die Franzosen», mischte sich ein anderer ein.
«Die ganze Sache stinkt nach Dynamit», sagte Liesindad. «Es sind die Iren.»
«Kein Kommentar», sagte Henry.
«Wie steht es mit der Labour Party?» bellte eine Stimme durch den Lärm.
«Oder mit den Liberalen?» Und die ganze Versammlung geriet in Aufruhr.
«Wir haben», sagte eine mächtige Stimme aus dem Hintergrund, «von diesen Gentlemen noch nichts gehört.» Er deutete auf Lestrade und Gregory.
«Mr. Harmsworth, nicht wahr?»
«Ja, von der *Daily Mail*», erwiderte Harmsworth. «Gehe ich recht in der Annahme, daß die Inspectors Lestrade und Gregory den Fall zur Zeit bearbeiten?»

Der zweite Maßkrug ——————————————————— 149

«Nun, wenn ich so sagen darf...» fing Gregory an.
«Ich hoffte, etwas von Inspector Lestrade zu hören», sagte Harmsworth.
Lestrade entflocht seine Finger, die er über seiner Nase verschränkt hatte.
«Ich möchte Ihnen einen Handel vorschlagen, Gentlemen», sagte er.
«Lestrade!» fauchte Henry.
«Wenn Sie aufhören, Gerüchte und Spekulationen zu drucken, werde ich ihnen den Mörder im ersten Monat des neuen Jahres auf einem Tablett servieren.»
«Das ist kein Handel», gab Liesindad zurück. «Was wollen Sie machen? Uns *allen* die Geschichte exklusiv geben?» Und wieder erfüllte höhnisches Gelächter den Raum.
«Wenn Sie uns keine Tatsachen liefern, Mr. Lestrade, müssen wir veröffentlichen, was wir kriegen», sagte Harmsworth.
Lestrade stand auf. «Und wenn Sie mit Ihren Phantastereien nicht aufhören, Mr. Harmsworth, wird Fleet Street es schaffen, eine Nebelwand über diesen Fall zu legen, daß wir die Hand nicht mehr vor Augen werden sehen können. Mit Ihrer Erlaubnis, Mr. Henry, ich habe zu arbeiten.» Und er stürmte inmitten von Geschnatter und Rufen nach Abberufungen aus dem Raum.

Athelney Jones, Yard-Inspector im Ruhestand, stand barhäuptig im Flur des St. Thomas-Hospitals. Er nickte Lestrade zu, als dieser schweratmend anlangte.
«Sagen Sie mir eines», sagte er, «ist mein Junge freiwillig geblieben?»
Lestrade nickte. «Ich bin sicher», sagte er, «daß Bradstreet ihm die Wahl gelassen hat, und wie ich Ihren Jungen kenne, entschied er sich dafür, nicht zu kneifen. Gibt es hier etwas Neues?»
Jones schüttelte den Kopf.
Lestrade klopfte ihm auf die Schulter, eine Geste, von der er früher gesagt hätte, daß er sie nie über sich bringen würde. Dann nahm er die Straßenbahn zur Curzon Street.

«Gehört es sich, Sholto», flüsterte Emily, «für Beamte von Scotland Yard, mit Mörderinnen zu schlafen?»
Lestrade wandte sich ihr zu. «Mörderinnen?»
«Hat nicht Bradstreet mich für eine Mörderin gehalten?»
«Er hatte keinen Beweis.»
«Und darum hast du mich laufen lassen?»
Lestrade nickte.
«Bist du verheiratet, Sholto Lestrade?» fragte sie plötzlich.
Im Kerzenschein blickte er sie an. «Nein, nicht mehr», sagte er. «Sie starb.»
«Tut mir leid.»
«Ja, mir auch.»
«Wie hieß sie?»
«Sarah», erwiderte er. «Sie starb vor sieben Jahren.»
«Und du hast deine Lehrjahre ohne sie hinter dich gebracht?»
Er lächelte. «Ja, ich denke schon.»
«Kinder?» fragte sie.
«Ein Mädchen. Emma. Sie lebt bei Freunden. Sie weiß nicht, daß ich ihr Vater bin.»
«Sie weiß es nicht?» wiederholte sie und stützte sich auf einen Ellenbogen. «Warum nicht?»
«Bradstreet war nicht verheiratet», sagte er, «und er endete im Victoria Tower, in Stücke gerissen. Das ist schlimm genug, aber um wieviel schlimmer wäre es gewesen, hätte er Familie gehabt. Was hätte ich seinen Kindern gesagt? Ich will nicht, daß eines Tages jemand kommt, um meinem Kind so etwas zu sagen. Wo sie ist, ist sie besser dran.»
«Ist das nicht Ihre Entscheidung, Sholto?» fragte Emily.
Lestrade lachte. «Ihr Feministinnen», und er versetzte ihr einen zarten Kinnhaken. «Emma ist sieben Jahre alt. Möchtest du sie wählen lassen?»
Emily lachte ebenfalls. Dann fiel sie, wie es ihre Gewohnheit war, in Schweigen.
«Sholto. Dieser Fall, an dem du arbeitest. Er ist ernst, nicht wahr?»
Er nickte.
«In fünf Tagen tritt das Parlament wieder zusammen. Laß mich dir helfen. Wenn dein Mann drinsitzt – sei es ein Ire oder ein Franzose

oder ein Bure, ich kann helfen. Ich weiß mehr über diese Ansammlung von Außenseitern in Westminster als sie selbst.»
«Wirklich? Das glaube ich. Aber...» Er nahm ihre Hand und küßte sie. «Ich dachte, ich sei der Feind. Warum dieser Sinneswandel? Hast du deiner Sache entsagt?»
Langsam schüttelte sie den Kopf. «Das werde ich nie tun», sagte sie. Sie löste sich von ihm, schritt anmutig durch das Kerzenlicht, und ihr langes kupferfarbenes Haar flutete um ihre nackte Taille. Sie zog ihren flauschigen Morgenmantel an und blickte auf die schlafende Curzon Street hinaus.
«Ach, Sholto, hast du es noch nicht erraten?» Sie wandte sich ihm zu. «Ich tue das für dich, weil... weil du Hilfe brauchst, und ich nicht die Hexe bin, für die die Welt mich hält. Aber ich tue es auch für Geoffrey Manners.»
«Manners?» Lestrade saß aufrecht.
Sie drehte sich zum Fenster. «Er und ich, wir waren... ein Liebespaar», sagte sie. «Oh, im Unterhaus bekämpften wir einander. So wie ich dich bekämpfen würde, wenn es dazu käme, auf der Straße. Aber hier, hinter diesen Türen...» Und sie senkte ihren Kopf. Er ging zu ihr, nahm sie bei den Schultern und zog sie sanft an seine Brust.
«Nun gut», flüsterte er, «jeder von uns hat seine Erinnerungen. Und jeder hat seine Aufgabe. Lassen wir es dabei bewenden.»

Lestrade begann seine Attacke, sobald das Parlament sich wieder versammelte. Eigentlich hätten die Sitzungen nicht vor Februar beginnen sollen, doch die Staatsangelegenheiten führten die Abgeordneten früher als gewöhnlich zusammen. Sie kehrten von ihren Landhäusern zurück, aus ihren eleganten Stadthäusern. Zurück zu den Geschäften des Empire. Es war ein Krieg zu beenden, ein König zu krönen und ein ganzes Bündel weniger bedeutender Probleme zu lösen. Niemals waren die Sicherheitsvorkehrungen in Westminster strenger gewesen. Abgeordnete und ihre Gäste wurden beim Betreten und Verlassen des Gebäudes durchsucht. Es gab eine Spezialeinheit, deren Männer den größten Teil ihres Dienstes damit verbrachten, auf dem Rücken unter Kutschen zu liegen und nach Sprengsätzen zu fahnden. Diese Männer behaupteten, sie seien in der Lage, in ihren Uniformröcken wunderschöne Rosen zu ziehen.

Es war die irische Frage, der Lestrade sich zuerst widmete. «Und das ist alles, Mr. Redmond, was Sie mir zu sagen haben?»
Der Führer der irischen Fraktion im Unterhaus blickte den Inspector von Scotland Yard an. «Sehen Sie das hier?» fragte er. «Das ist eine Flagge.» Die Jahre hatten Lestrades Verstandesschärfe nicht getrübt.
«Dieser spezielle Teil der Flagge, Mr. Lestrade, stellt die Harfnerin von Erin dar. Wußten Sie, daß die Damen der Königlichen Handarbeitsschule sich geweigert haben, sie für die Krönung Seiner Majestät zu besticken?»
«Wirklich?» Lestrade schnalzte in gespielter Ungläubigkeit mit der Zunge.
«Natürlich behaupten sie, es sei die Nacktheit der menschlichen Gestalt, die zu schmücken sie sich weigerten, jedoch ich weiß – und meine Fraktionskollegen wissen es auch –, daß es sich um eine bewußte Brüskierung der irischen Nation handelt.»
«Und das hat einen Ihrer Abgeordneten zum Mord getrieben, Mr. Redmond?»
Redmond war ein Mann mit unendlicher Geduld. «Ich habe Ihnen gesagt, Inspector, daß wir uns verpflichtet haben, Reformen im Rahmen der Verfassung anzustreben. Darauf gebe ich Ihnen mein Wort als irischer Gentleman. Ich kann natürlich nicht für Leute wie Padraig O'Leary sprechen...»
«Und keiner Ihrer Parlamentarier würde sich dazu herablassen, im Unterhaus Bomben zu deponieren und kaltblütig Polizisten zu ermorden?»
«Niemals. Aber...» Lestrade, bereits unterwegs zur Tür, blieb stehen. «Könn Sie ein wenig Gälisch, Lestrade?»
«Ich habe keine Schwäche für schwere Kost, Sir.»
Redmond blickte ihn sonderbar an. «Sinn Fein, Mr. Lestrade. Es bedeutet ‹Wir selbst›. Das wollen wir sein, Inspector. Der Tag wird kommen und ich fürchte, dann wird Blut fließen.»
«Werden Sie deshalb ein schlechtes Gewissen haben, Mr. Redmond?»
Der Führer der irischen Partei richtete sich zu voller Größe auf. «Nein, Sir, das werde ich nicht.»
Die meisten von Redmonds Leuten waren damit einverstanden, daß ihre Stimmen von einem Phonographen aufgezeichnet wur-

Der zweite Maßkrug ———————————————————— 153

den; jeder von ihnen mußte die Frage stellen, die Aumerle Holmes im Diogenes Club gehört hatte: «Ist Hamilcar Waldo heute abend da?» Irgendwie war Lestrade sicher, daß hier der Schlüssel lag, der zu seinem Mann führte. Doch schließlich beschwerte sich John Redmond bei Edward Henry über die unangemessenen Schikanen der Polizei, und dieser verpaßte Lestrade eine Zigarre und ließ die Aufnahmen stoppen. Als Aumerle Holmes sie abhörte, konnte er keine sichere Aussage machen. Zwei oder drei Stimmen klangen ähnlich, doch der Phonograph krachte und stotterte und die Erinnerung war inzwischen wahrhaftig verblaßt. Nach allem, was er wußte, konnte der Ire an jenem Abend im Diogenes Club ebensogut Miss Langtry gewesen sein.

Sergeant Dew folgte dem Beispiel seines Chefs und quetschte das Personal des Diogenes Clubs aus. Er kam langsam vorwärts, da die Leute nun mal nicht mehr als drei Antworten geben konnten, und Dew notierte sie in seiner alles andere als makellosen Handschrift. Aber es war vergeblich. Niemand erinnerte sich an einen Iren, der nach Mr. Waldo gefragt hatte, und der einzige lebende Ire, der für eine Mitgliedschaft im Club intelligent genug erschien, war Mr. Bernard Shaw – und der redete viel zuviel.

Von dort wagte sich Lestrade in das Lager der Labour Party, deren Räumlichkeiten weit genug von der Pracht der übrigen entfernt und nahe genug am Fluß lagen, um dem ganzen Ort einen modrigen Hauch zu verleihen. Zumindest war hier die Auswahl kleiner. Zwei Mitglieder, welche die arbeitenden Klassen repräsentierten, waren bei der letzten Wahl wiedergewählt worden. Einer erwies sich als ein Reinfall. Sein Name war Richard Bell, und Emily Greenbush hatte ihn kürzlich im Zuge einer gegenseitigen Beschimpfung, die viel Staub aufgewirbelt hatte, in der Vorhalle des Unterhauses vernichtet. Jetzt trieb ihn eine tödliche Angst vor ihr um. Der andere, den Lestrade zu kennen glaubte, als er ein Wahlplakat sah, trug ständig einen Deerstalker.

«Sie tragen immer einen Deerstalker, Mr. Hardie?»

«Tue ich, Sir», erwiderte Keir Hardie mit weichem schottischen Akzent. «Ist das ein Verbrechen?»

«Noch nicht», antwortete Lestrade.

«Lassen Sie uns zur Sache kommen, Inspector.» Keir Hardie klappte das Buch zu, das auf seinem Tisch lag. «Zufällig vertrete

ich das Volk dieses Landes. Nicht die Gentlemen in ihren hübschen Häusern, mit ihren Bankkonten und Kutschen, sondern die Leute, Lestrade, die gewöhnlichen Männer – und Frauen –, Leute wie Sie genaugenommen.»
«Worauf wollen Sie hinaus. Mr. Hardie?»
«Ich will sagen, daß ich nicht die Zeit habe, durch das Land zu sausen und Mitglieder meines eigenen Parlaments umzubringen. Guter Gott, Mann, selbst wenn wir die moralischen Fragen mal beiseite lassen, ich stehe hier einer enormen Opposition gegenüber. Ich bin vierundfünfzig Jahre alt. Mir bleiben nicht mehr genug Jahre, alle meine Gegner fertigzumachen. Es sind immer noch sechshundertundvierzig übrig! Nein, Mr. Lestrade, bei den Konservativen sollten Sie Ihren Mann suchen. Dort werden Sie Ihren Verrückten finden. Mann, es gibt jede Menge davon.»
Keir Hardie konnte sich, ebensowenig wie John Redmond, für seine Anhänger außerhalb dieser geheiligten Mauern verbürgen. Aber irgend etwas sagte Lestrade, daß sein Mann nicht der Arbeiterklasse angehörte. Die Leichtigkeit, mit der er unbemerkt in einen exklusiven Herrenclub, in Feiern von Privatschulen, in die Mutter des Parlamentarismus selbst eindrang! Nein, dieser Mann war kultiviert, geschickt und schlau. Und wo sich, wie Lestrade wußte, solche Männer doch unter den verbürgerlichten Proletariern (diesen Ausdruck hatte er erst gestern in der *Sun* gelesen) fanden, spürte er, daß einer der ihren der vorliegenden Verbrechen nicht schuldig war. Er würde anderswo suchen müssen.
«Immer noch zu kalt, um auf der Terrasse Tee zu trinken, Inspector Lestrade.» Es war Winston Churchill, Abgeordneter von Oldham, der ihn begrüßte. «Egal, lassen wir uns hier nieder. Ist der beste Kamin im ganzen verdammten Haus. Oh», wandte sich Churchill an einen Kollegen, «dies ist Mr... äh...»
«Bonar Law», sagte der Kollege, «Abgeordneter von Glasgow, Wahlbezirk Blackfriars.»
Lestrade schüttelte ihm die Hand, bevor er in Churchills Lehnstuhl bei Tee und Scones auf Unterhaus-Porzellan Platz nahm.
«Ich höre, Sie haben sich in die Höhle des Löwen gewagt?»
«Sir?»
«Keir Hardie, respekteinflößender Abgeordneter von Merthyr. Haben Sie genug, um ihn zu hängen?»

«Ich denke, wie sollten nicht...» sagte Bonar Law, aber Churchill fuhr ihm über den Mund.
«Im Ernst, Lestrade. Irgendwelche Fortschritte?»
«Wollen Sie die politische Antwort hören oder die Wahrheit?» Lestrade probierte bei dem jungen Abgeordneten dieselbe Methode aus wie bei seinem neuen Chef bei ihrer ersten Begegnung. Es war, wie er fand, ein nützlicher Maßstab, Männer von Jungen zu trennen, und, wenn es mehr um Seelsorge ging, Schafe von Böcken.
«Nun, sie stimmen nie überein, nicht wahr?» sinnierte Churchill wehmütig. «Doch in etwa einer Stunde wird das Haus sich wieder versammeln. Die Wahrheit zu hören, wird zu einem Umschwung führen.»
«Keine Fortschritte.»
«Aber sicherlich...» fing Bonar Law an.
«Das Ärgerliche ist», fuhr Lestrade fort, «daß man sich vorkommt, als suche man nach einer Nadel in einem Heuhaufen.»
«Glauben Sie, daß der Mörder einer von uns ist?» Bonar Law sah entsetzt aus.
«Meinen Sie, einer von Ihnen beiden, Mr... äh?» hakte Lestrade nach.
«Bonar Law. Nein, das gerade nicht. Ich meine ein Mitglied des Unterhauses.»
«Es kam mir in den Sinn, Sir.»
Bonar Law sackte entsetzt in seinen Sessel zurück.
«Oh, nun hören Sie mal... äh...» sagte Churchill. «Wenn wir die Sache logisch betrachten, ist es recht wahrscheinlich. Wer weiß über Leben und Treiben eines MP besser Bescheid als ein MP? Richtig, Lestrade?»
«Ich freue mich schon darauf, unter Ihnen zu arbeiten, wenn Sie Innenminister sind, Sir.» Lestrade salutierte Churchill mit der Teetasse und genoß den Luxus eines Henkels.
«Vorsichtig, Lestrade.» Churchill beugte sich vor. «Sie wissen doch, Wände haben Ohren.»
«Natürlich könnte es auch», sagte Bonar Law, der um jeden Preis scharfsinnig erscheinen wollte, «jemand von... drüben sein.»
Beide Männer blickten ihn an. «Von drüben?»
Bonar Law sah sich ängstlich um. «Vergessen Sie die Ohren nicht, Winston.»

«Ich werde es versuchen», antwortete Churchill und bemerkte Lestrades äußerst verblüffte Miene. «Was Mr... äh...»
«Bonar Law», sagte Bonar Law.
«Ja, richtig. Was er meint, ist das Oberhaus.»
«Die Herren werde ich mir am Schluß vornehmen», sagte Lestrade.
«Beeilen Sie sich besser», grinste Churchill, «ein paar davon haben nicht mehr viel Zeit!»
Und Schweigen breitete sich aus, als ihm die besondere Geschmacklosigkeit dieser Bemerkung aufging.
«Wie auch immer», sagte Churchill, um die verlegene Pause zu überbrücken, «diese Sache ist uns allen ganz schön an die Nerven gegangen, Lestrade, glauben Sie mir. Ich scheue mich nicht, zuzugeben, daß meine Dienstpistole neuerdings niemals allzuweit von mir entfernt ist. Sie wissen schon, bloß für den Fall.»
Ja, Lestrade wußte das. Er streichelte, wie um sich zu vergewissern, den Schlagring in seiner Tasche, bevor er die Abgeordneten ihrem Tee überließ. Dann empfahl er sich Churchill und... dem anderen.

Die wohlgeformte junge Dame sprang vom Knie des Ehrenwerten Abgeordneten und knöpfte sich währenddessen hastig ihre Bluse zu.
«Mr. Lloyd George?» fragte Lestrade. «Ich hoffe, ich habe Sie nicht bei etwas unterbrochen?»
«Nein, nein», strahlte der Waliser, «jedenfalls nicht bei etwas Ungewöhnlichem.» Er schnipste beiläufig eine Fotografie auf den Tisch. Das Gesicht der jungen Dame, die es sich gerade auf seinem Schoß bequem gemacht hatte, verschwand und das seiner Gattin erschien.
«Sie also sind Lestrade vom Yard?»
«Hört sich ein wenig bombastisch an» (ein weiteres Wort, das er in dieser Woche in der *Sun* aufgeschnappt hatte), «aber es stimmt.»
«Und Sie wollen wissen, warum ich herumlaufe und meine Kollegen umbringe, ist es das?»
Lestrade mußte Luft holen. Doch das war er, der walisische Hexenmeister. Emily hatte ihn gewarnt.

«Ich freue mich, daß Sie in einer Zeit wie dieser scherzen können, Sir», sagte er.
«Scherzen?» dröhnte Lloyd George. «Scherzen? Mein lieber Junge, ich bin ohne Zweifel», er tätschelte das üppige Hinterteil der Sekretärin, die inzwischen züchtig gekleidet zurückgekehrt war und fortfuhr, Akten zu ordnen, «im Augenblick der meistgehaßte Mann Englands. Der König kann mich noch weniger leiden als die Ehegatten seiner Mätressen. Leute wie Kipling schwenken ihre kleinen Union Jacks, Inspector, doch ich glaube nun mal, daß die Buren im Recht sind. Meine Antikriegsversammlungen sind öfter aufgelöst worden, als Sie sich vorstellen können. Sagen Sie mir, welchen Anlaß es, zur Hölle noch mal, zum Scherzen gibt?»
«Ich bin im Augenblick nicht an den Buren interessiert, Sir. Ich versuche, eine Morduntersuchung durchzuführen.»
«Jawohl, und sind Sie, nach dem, was ich gehört habe, nicht sehr weit gekommen. Hören Sie, ich bin kein Limp wie Campbell-Bannerman.»
«Ein Limp, Sir?» War das ein lahmes Bein oder eine sexuelle Beschwerde, fragte sich Lestrade.
«Ein liberaler Imperialist, Inspector.» Lloyd George war ein Muster an Geduld. Er ging zu seiner Sekretärin und knetete eine ihrer Brüste, während sie sich – entweder vor Erregung oder vielleicht aus Verlegenheit über die Anwesenheit des Inspectors – wand.
«Aber», fuhr er fort und strich seine Weste glatt, «ich habe diese Morde verfolgt. Hier ist –» er zog aus einer Schublade ein Blatt Papier – «eine Liste der Daten, an denen die Morde passierten. Und neben jedes Datum habe ich geschrieben, wo ich jeweils war und wer bei mir war.»
«Sie sind sehr gründlich gewesen, Sir», bemerkte Lestrade.
«Der unpopulärste Mann in England muß das sein, Inspector. Ich wußte, daß Sie früher oder später bei mir auftauchen würden. Schließlich bin ich ein Liberaler und vermutlich der schärfste Kritiker der Regierung, den Sie in diesem Hause finden werden. Und außerhalb des Hauses ebenfalls. Früher oder später mußte jemand mit dem Finger auf mich zeigen.»
Lestrade überflog die Liste. «Wie ich sehe», sagte er, «erscheint der Name von Mrs. Lloyd auf dieser Liste nur einmal. Diese anderen Damen...»

Lloyd George eilte auf ihn zu, und vor Nervosität versagte ihm fast die Stimme: «Äh... verschiedene... Angehörige meines Wahlkreises... äh... Parteifreunde und so weiter...» Und er schob Lestrade zur Tür. «Hören Sie», flüsterte er, als die Sekretärin außer Hörweite war, «ein wenig Diskretion, lieber Junge, seien Sie nett. Ich bin natürlich noch nicht in der Position, für Sie die Fäden zu ziehen, aber, wer weiß, eines Tages...» Und er tätschelte Lestrade vertraulich den Arm. «Da wäre noch etwas», er langte hinter die Tür und brachte einen Umhang und einen Helm der Birmingham Constabulary zum Vorschein. «Als ich letztes Jahr auf einer Versammlung in Birmingham war, bin ich nur verdammt knapp dem Tod entronnen. Mußte als Bobby verkleidet das Weite suchen. Ob es Ihnen wohl möglich ist, das hier zurückzuerstatten, mit meinem Dank?»
«Nein, Sir», sagte Lestrade so frostig wie möglich. «Das Fundamt ist in Paddington Green, glaube ich.» Und er ging.
Es war mitten in der Nacht, als der Constable an Lestrades Tür hämmerte. Rückschauend war der Inspector dankbar, daß er nicht in Curzon Street war. Ein Constable, dazu noch mit einer Blendlaterne bewaffnet, hätte die Beziehung, die der Inspector zu der Dame entwickelt hatte, nicht begriffen. Tatsächlich war Lestrade nicht sicher, ob er selbst sie begriff. «Sie sind einer von Gregorys Leuten, nicht wahr?» Lestrade zog den Donegal über seinen Pyjama und steckte die Füße in die verkehrten Schuhe.
«Ja, Sir. Der Inspector läßt Sie grüßen, Sir. Er sagt, ob sie nich ganz fix kommen können, weil's einen neuen gegeben hat.»
Wie konnte Lestrade einer so anmutigen und präzisen Aufforderung widerstehen?
Die Kutsche sauste durch das schlafende Pimlico, weiter nach West End und kam schließlich rasselnd auf dem Kopfsteinpflaster vor dem *Metropol* zum Stehen. Lestrade folgte dem Constable ins Innere, war besonders auf der Hut, dem polierten Messing der obersten Stufe zu entgehen, und rammte mit der Hand in den Briefkasten zu seiner Linken. In seiner Hast, den Lift zu erreichen, verlor er nur einen Fingernagel, und da er den Constable nicht gut genug kannte, hielt er es für das beste, ihn durch Geschrei nicht über Gebühr zu erschrecken. Ein Toter im Hotel in dieser Nacht genügte wohl. In der vierten Etage empfing sie ein bleicher und sorgenvoller Inspector Gregory.

«Hallo, Tom. Ich kann nur hoffen, daß es wichtig genug ist», sagte Lestrade.
«Ist es, Sholto.» Und er führte sie zur Tür von Zimmer 83. Von einem Punkt unterhalb des Nummernschildes aus Messing zog sich ein Rinnsal dunklen, geronnenen Blutes zum Fußboden, wo es auf dem Teppich eine Pfütze bildete. Und aus der Quelle des Bächleins ragte eine Stahlspitze hervor. «Das ist bloß die Spitze des Eisbergs», witzelte Gregory wie immer grotesk unangebracht und drückte die Tür auf, so weit er es vermochte. Erst als er eintrat, sah Lestrade das Hindernis. Der Körper eines Mannes in Pyjama und Hausjacke wurde durch ein häßliches, rasiermesserscharfes und leicht gebogenes Schwert an die Tür genagelt. Es war ihm mit solcher Wucht durch die Kehle gerammt worden, daß der Kehldeckel zertrümmert worden war und die Klinge das Rückgrat und die zwei Zoll dicke Eichentür hinter dem Kopf durchbohrt haben mußte. Ein ähnliches Blutrinnsal war an der Brust des Toten hinabgeronnen und hatte auf dem Zimmerteppich eine zweite Lache gebildet.
«Er ist tot, Sholto.» Tom Gregory, immer klarblickender Polizist, hatte es wieder mal auf den Punkt gebracht.
«Wer ist der Mann?» fragte Lestrade.
«Reginald Cobham, MP von Kettering.»
«Wo?»
«Kettering? Es liegt...»
«Schon gut, Tom. Lassen wir die Geographie.»
«Ich habe Sie auf der Stelle gerufen, Sholto. Ich gebe es ja höchst ungern zu, aber, um ganz ehrlich zu sein, kennen Sie sich mit diesen Dingen besser aus als ich. Was halten Sie davon?»
Lestrade schob vorsichtig den Pyjama beiseite und untersuchte den Körper. Keine anderen Wunden. Keine Spur von Quetschungen oder Abschürfungen. Er prüfte die Fingernägel. Keine Reste von Haut oder anderem Gewebe. Das Zimmer wies Spuren eines Kampfes auf. Ein Kaffeetisch war umgeworfen worden. Desgleichen ein Stuhl. Alle Lampen brannten noch. Auf dem Boden lagen zwei Bierkrüge von der Art, die Deutsche besonders liebten, wie Lestrade wußte – reichverzierte Tongefäße mit metallenen Klappdeckeln. Beide waren leer.
«Ist in diesem Zimmer etwas angerührt worden?» fragte Lestrade.

Gregory wandte sich an den anderen Constable, der den Kopf schüttelte.

«Nein, Sholto. Haben uns gemerkt, wie scharf die hohen Tiere auf Fingerabdrücke sind. Überhaupt nichts.»

«Wer fand die Leiche?» fragte Lestrade.

«Ich», erwiderte der Constable, «als ich um ein Uhr meinen Dienst antrat.»

«Wer hatte vor Ihnen Dienst?»

«Constable Mason.»

«Warum hat er nichts bemerkt?»

«Nun, Sir, Mr. Cobham machte es uns nicht gerade leicht, ihn zu beschützen. Er sagte, er weigere sich... Plattfüße... vor seiner Zimmertür zu haben. Ließ uns unten in der Halle warten.»

«In der Halle?» Lestrade war entsetzt. «Es konnte also jemand von einer Nebenstraße von hinten oder zum Beispiel durch ein Dachfenster ins Haus gelangen.»

«Seien Sie nicht zu streng mit diesen Burschen, Sholto. Sie wissen, daß die Grenzen unserer Belastbarkeit erreicht sind. Cobham konnte sich glücklich schätzen, daß er überhaupt Schutz bekam.»

«Ja», sagte Lestrade, den Leichnam beäugend, «er hatte wirklich Glück, oder?»

Er untersuchte das Fenster. Kein Anzeichen eines gewaltsamen Eindringens. Dann rief er den Constable zu sich. «Constable, kehren Sie zum Yard zurück und stellen Sie fest, ob Sergeant Collins im Dienst ist. Wenn ja, sagen Sie ihm, er solle mit seinem ganzen Krempel herkommen. Wenn nicht, stellen Sie fest, wo er wohnt und schaffen Sie ihn her.»

«Sehr wohl, Sir.»

«Was halten Sie von dem Schwert, Tom?»

«Darüber habe ich mir schon den Kopf zerbrochen. Ein chinesisches, nicht wahr?»

«Der Tong?»

«Chinatown ist nicht mein Revier, Sholto.»

Lestrade fand sie. Das Licht der Lampe glitzerte darauf, als er wieder zur Tür hinüberging. Vorsichtig hob er sie auf. Eine Glasphiole mit einer Nadel an einem Ende.

«Was ist das?» fragte Gregory.

«Ich bin nicht sicher, Tom. Doch ich glaube, ich kenne jemanden, der es weiß. Wollen Sie für alles übrige sorgen? Wenn Collins fertig ist, lassen Sie die Leiche ins Leichenschauhaus bringen. Und dieses Schwert lassen Sie bei Sergeant Dew. Vielleicht sollten Sie ihm einschärfen, daß es scharf ist.»

Gregory grinste.

«Die Frage ist, Tom, wer aus dem zweiten Krug getrunken hat.» Und er verschwand im Flur.

Nachdem er sich kurz im Krankenrevier von Charing Cross aufgehalten hatte, um sich den Finger verbinden zu lassen, setzte Lestrade seinen Weg in die Baker Street fort. Zu dieser morgendlichen Stunde war er unwesentlich besser gekleidet als Watson, und der gute Doktor brauchte eine Weile, um seine Augen auf den gläsernen Gegenstand in Lestrades Hand zu konzentrieren.

«Es ist eine Spritze», sagte er.

«Dachte ich mir. Was war drin?»

Watson rückte an seinem Pince-nez und drehte die Lampe nach oben. Er schnüffelte daran, tastete, entfernte die Nadel und fuhr mit der Zunge über den Boden.

«Ich würde sagen, es war... Kokain, Lestrade. Wo haben Sie das her?»

«War das nicht das kleine Laster von Sherlock Holmes, Doctor?»

Watson starrte ihn an. «Ich denke, Sie und ich könnten einen Drink brauchen, Lestrade.»

Er goß vierfache Brandys ein.

«Haben Sie ihn wieder gesehen?» fragte Lestrade.

Watson nickte und kippte den Brandy. «Ja, dreimal. Also glauben Sie's inzwischen auch. Sie wissen, daß Holmes am Leben ist, Lestrade, nicht wahr?»

«Die Auskünfte der Schweizer Behörden waren ganz schön vage. Alles, was sie mir mitteilen konnten, waren die offiziellen Fakten, soweit sie ihnen bekannt waren.»

«Es gibt eine Möglichkeit», sinnierte Watson, «wir könnten sein Grab überprüfen.»

«Leichenraub heutzutage, Doctor? Ist das nicht ein wenig vor Ihrer Zeit modern gewesen?»

«Ich meine es ernst, Lestrade. Wenn Holmes nicht im Sarg ist, wissen wir, daß er zurückgekehrt ist. Und daß er vorhat, mich umzubringen.»

Lestrade trank sein Glas aus.

«Wenn Holmes nicht in seinem Sarg ist», sagte er, «dann sind nicht Sie es, hinter dem er her ist, Doctor. Wollen wir gehen?»

Der Polizist auf der Bühne

«Nun, Dew? Was halten Sie davon?» Lestrade kaute an seinem Schinken-Sandwich, einem monumentalen Gebilde, das nach den kulinarischen Vorstellungen des Sergeanten als Frühstück galt.
«Es ist ohne jeden Zweifel ein Schwert, Sir.»
Und um zu dieser Schlußfolgerung zu gelangen, hatte Dew seinen gesamten Grips verbraucht.
«Erinnern Sie mich, daß ich Sie dem Assistent Commissioner empfehle, Sergeant», gähnte Lestrade. Es war eine lange Nacht gewesen. Der Innenminister war in den frühen Morgenstunden nicht erreichbar, und ein Inspector von Scotland Yard hatte das zu wissen und nicht zu fragen. Anträge für die Exhumierung einer Leiche konnten bei der Bezirksverwaltung gestellt werden. Man riet Lestrade und Watson, deren Chef zu belästigen. Sie taten es. Und wurden von einem überaus gereizten Gentleman davon in Kenntnis gesetzt, daß solche Verfahren Zeit erforderten. Es war in den frühen Morgenstunden des Sonntags, und selbst wenn der König darum gebeten hätte, wäre vor Montag nichts zu machen gewesen. Lestrade hatte die notwendigen Formulare ausgefüllt, und damit ruhte die Sache, ebenso wie die Gebeine von Sherlock Holmes.
«Das ist aber ein hübsches Tachi», war Constable Dickens' Kommentar, als er seinen Bowler aufhängte.
«Was?» riefen Lestrade und Dew im Chor.
«Das Schwert, Sir. Es ist ein Tachi.»
Lestrade und Dew blickten einander an.
«Natürlich, Walter. Ich hätte daran denken müssen. Wir brauchen bloß unsere wandelnde Enzyklopädie aufzuschlagen, und schon haben wir den Fall gelöst.»
«Wenn es sich um einen Tachi-Fall handeln sollte, Sir, denken Sie bitte an die parlamentarische Natur unserer Ermittlungen...»
Dews Stimme erstarb, als er den gequälten Gesichtsausdruck seines Chefs bemerkte.

«Ein Tachi, Sir, ist das kürzere der beiden Schwerter, die von einem Samurai getragen werden, einem Mitglied des japanischen Kriegerstandes. Es wird hergestellt, indem man Stahl härtet...»
Lestrade griff nach der Morgenzeitung und überflog die Schlagzeilen. «Dickens, ich wünsche einen Bericht – in dreifacher Ausfertigung. Alles, was Sie über dieses Schwert wissen oder nicht wissen. Kommen Sie, Dew, gehen wir Japanisch lernen.» Und der Inspector griff nach seinem Donegal und enteilte.
«Es ist der Schlag gegen seinen Finger», sagte Dew zu dem erstaunten Dickens und sprang dem Inspector zum Lift nach. Was Sergeant Dew erfahren sollte und was Constable Dickens der Titelseite von *Graphic* entnahm, war die Tatsache, daß sich eine japanische Abordnung in der Stadt aufhielt. Eine ganze Schar großmächtiger östlicher Potentaten war zu hochwichtigen Verhandlungen auf höchster Ebene in London. Doch wie das Blatt aufgebracht zu berichten wußte, unterlag alles strengster Geheimhaltung. Also ging auch Lestrade auf Zehenspitzen durch den teppichbelegten Flur des *Strand Palace* Hotels. Die Worte «Scotland Yard», dem diensteifrigen Herrn an der Rezeption ins Ohr geflüstert, hatten wie gewöhnlich die Türen geöffnet. In diesem besonderen Fall war den Exzellenzen die Hälfte der vierten Etage überlassen worden.
Lestrade klopfte an die erstbeste Tür. Sie öffnete sich und es erschien ein verhutzelter kleiner Mann in einem safranfarbenen Gewand, der sich fast bis zur Erde vor Lestrade verbeugte.
«Ich komme von Scotland Yard», sagte der Inspector.
Der kleine alte Mann verbeugte sich abermals. Lestrade sah Dew an, der offensichtlich in keiner Weise eine Hilfe sein würde.
«Scotland Yard», wiederholte Lestrade. «Polizei.»
Der kleine alte Mann verbeugte sich ein drittes Mal. Das wurde eintönig, wie Lestrade fand.
«Gestatten Sie, Sir.» Sergeant Dew bildete sich etwas darauf ein, mit Asiaten umgehen zu können. Hatte er nicht in seiner Jugend in Chinatown Streifendienst gemacht? Und wurden nicht seine Hemden, selbst jetzt noch, von Mr. Foo in der Mile End Road gewaschen? Es spielte nicht die geringste Rolle, daß Mr. Foo aus Peking stammte, wogegen der safranfarben gekleidete Gentleman aus einem völlig anderen Landstrich kam. Die kleinen Unterschiede des Ostens machten auf Dew keinen Eindruck.

«Du hören», begann Dew. «Polizei. Scotland Yard. Du holen Boss.» Und mit dieser glänzenden Eingangsfloskel stieß er den alten Mann behutsam ins Zimmer. Kaum war Dew drinnen, fand er sich der Länge nach auf dem Fußboden wieder. Von irgendwoher waren zwei bewaffnete Männer durch die ganze Länge des Zimmers geflitzt, um dem alten Mann zu helfen. Als Lestrade hinsah, kniete Dew als zusammengepreßter Ballen am Boden, der Fuß eines der Männer ruhte fest auf seinem Nacken und die Spitze eines Schwertes hatte sich in die Mitte seines Rückens versenkt. Der zweite Mann, eine Reihe von fauchenden Lauten ausstoßend, drang auf Lestrade ein und sein kurzes, gekrümmtes Schwert war nur ein paar Zoll vom Schnurrbart des Inspectors entfernt. Lestrade begann sich zu fragen, ob die vier Zoll lange Klinge seines Apachendolchs es wohl damit aufnehmen konnte. Ein letztes Mal versuchte er es mit schlichtem Englisch, bloß lauter als zuvor.
«Inspector Lestrade, Scotland Yard», sagte er.
«Ishiro Yamonoto, Charterhouse und Sandhurst», antwortete hinter ihm eine Stimme in tadellosem Englisch.
Lestrade sah sich um und erblickte einen jungen japanischen Offizier in einem Uniformrock, der vom Aufschlag bis zur Schulter mit Gold besetzt war, die Brust ordenübersät. Er brummte etwas Unverständliches, und die beiden Schwertkämpfer ließen ihre Waffen mit furchterregender Geschwindigkeit in den Scheiden verschwinden und traten von der zusammengekrümmten Gestalt Dews zurück.
«Sie können Ihrem Mann sagen, daß er jetzt aufstehen kann», sagte Ishiro. «Normalerweise hätte mein Mann auf seinen Rücken uriniert, doch...»
Er sah den Ausdruck auf Lestrades Gesicht und grinste. «Ja, durch und durch bestialisch, nicht wahr? Ich fürchte, mein Land hat noch einen weiten Weg vor sich, bevor wir hoffen können, das Raffinement des Ihren zu erreichen. Hahnenkämpfe und Fuchsjagden und so weiter. Außerdem», nahm er das Thema noch einmal auf, «ruiniert es die Teppiche.»
«Verzeihen Sie, Mr. Yamonoto», sagte Lestrade. «Darf ich Sie fragen, welche Stellung Sie hier bekleiden?»
Dew rappelte sich langsam wieder auf, als er bemerkte, daß die militärische Ausrüstung sicher verstaut worden war.
«Eigentlich heißt es Mr. Ishiro», erklärte der Offizier. «In Japan

kehrt man die Reihenfolge der Namen um. Eine weitere archaische Gewohnheit. Und eigentlich bin ich Colonel. Ich bin der Militärattaché Seiner Exzellenz des Japanischen Gesandten.»
«Ich hab's Ihnen gesagt, Sir», wisperte Dew aus dem Mundwinkel, «Tachi. Dieser Bursche steckt bis zum Hals drin.»
«Tee, Gentlemen?» Ishiro klatschte in die Hände und führte die Polizisten in eine zweite Zimmerflucht. Das einzige Mobiliar war eine Reihe von Holzblöcken auf dem Boden, von dem die Teppiche entfernt waren. Er ließ sich mit gekreuzten Beinen auf dem glatten Parkett nieder und bedeutete Lestrade und Dew, dasselbe zu tun.
«Es tut mir leid wegen des Zwischenfalls, Gentlemen. Was mich betrifft, hätte ich berücksichtigt, daß wir schließlich in London sind, doch die Mühlen des Fortschritts mahlen langsam.»
Eine weißgesichtige Lady, in eine verschwenderische Fülle von Seidengewändern gehüllt, lange Nadeln in ihrem nachtschwarzen Haar tragend, erschien.
«Saki oder Darjeeling?» fragte er.
Weil er von Darjeeling schon mal gehört hatte, entschied sich Lestrade für das letztere. Ishiro knurrte dem Mädchen etwas zu, und es goß den Tee in winzige henkellose Porzellantassen. Dew und Lestrade fühlten sich zu Hause. Auch die Becher im Yard hatten keine Henkel. Das Mädchen verharrte in kniender Stellung, das Kinn auf der Brust und warf Lestrade hin und wieder einen scheuen Blick zu.
Ishiro bemerkte es. «Ach, du meine Güte, ich vergesse meine Manieren. Wenn unser Geschäft beendet ist, Inspector Lestrade, hätten Sie dann gerne dieses Mädchen?»
«Ob ich was...?» Lestrade ließ um ein Haar seine Tasse fallen. Er blickte zu Dew hinüber, dessen Grinsen auf der Stelle verschwand.
«Sie ist eine Geisha, Inspector. Ein Freudenmädchen. Ihr einziger Lebenszweck besteht darin, verehrten Gästen Freude zu bereiten.»
«Würde es jemanden kränken, wenn ich das Angebot ablehnte?» fragte Lestrade.
«In den Tagen der Shogune hätten Sie vermutlich Ihre Hoden eingebüßt, oder zumindest hätte man Ihnen die Zunge gespalten. Doch mittlerweile sind wir ein klein wenig zivilisierter. Trotz der hölzer-

nen Kissen sind wir in den letzten Jahren noch nicht ans Ziel gelangt.»
Lestrade sah erleichtert aus.
«Das bedeutet natürlich», fuhr Ishiro fort, «daß Ihr Untergebener ihre Gunst wird in Anspruch nehmen müssen.»
«Ich, Sir?» Dew verschluckte sich fast an seinem Darjeeling. «Ich bin ein verheirateter Mann, Sir! Was würde Mrs. Dew sagen?»
«Die Welt ist voll von verheirateten Männern, Sergeant», warf Lestrade ein, «es ist kaum die beschwerlichste aller Pflichten. Im übrigen werden Sie dann endlich mal nachprüfen können, was an den Gerüchten dran ist.»
«Gerüchte, Sir?» Dew blickte ihn entgeistert an.
«Sie wissen, was ich meine.» Lestrade gab ihm einen Stupser. Dew warf Ishiro einen Blick zu. «Mein lieber Freund», sagte der Attaché, «ich denke nicht im Traum daran, Ihnen das Vergnügen zu versagen, das Ihnen diese besondere Entdeckungsreise bescheren würde. Aber zuerst zur Sache. Was führt Sie her?»
Er klatschte in die Hände und das Mädchen huschte fort.
«Ich führe eine Morduntersuchung durch», sagte Lestrade.
«Tatsächlich?» Ishiro trank seinen Tee aus. «Wie kann ich helfen?»
«Das Opfer wurde mit einer Waffe getötet, die bei Ihnen, soweit ich weiß, Tachi genannt wird – einem Kriegerschwert.»
«Tatsächlich?» sagte Ishiro noch einmal. Er klatschte in die Hände und die beiden Schwertkämpfer erschienen wieder. Dew straffte sich und zerbrach sich den Kopf, wie er es wohl vermeiden könnte, dazu in sitzender Stellung, dieses Mal bepinkelt zu werden.
«Diese Gentlemen sind Samurai», sagte Ishiro, «ich denke, dieser Bezeichnung würde im Englischen wohl ‹Ritter› entsprechen. Im heutigen Japan haben sie natürlich weniger Macht und, um ehrlich zu sein, lassen wir sie ihre Waffen nicht in der Öffentlichkeit tragen. Nun, sie sind ja auch wirklich lästig, wenn man in einen Bus steigt oder ihn verläßt.»
«Aber Sie erlauben, daß sie sie in London tragen, Colonel Ishiro», bemerkte Lestrade.
«Oh, die Einheimischen lieben das. Ist ja keine strafbare Handlung, Lestrade.»
Der Inspector tat seine Worte mit einer Handbewegung ab. Er

spürte, daß er unter Umständen mehr verlor als seine Würde, wenn er sich von diesem Mann beleidigen ließ.
«Dieses dort», Ishiro deutete auf das längere der beiden Schwerter, das jeder der Männer unter seiner Hüftschärpe trug, «ist das Katana. Das andere, an dem Sie, wenn ich recht verstehe, interessiert sind, ist das Tachi.»
Er bellte einen Befehl, und die Samurai sprangen auseinander. Walter Dew ließ vor Überraschung beinahe seine Tasse fallen. Mit einer erstaunlich flinken Bewegung des Handgelenks zogen beide Männer das Tachi und standen, in Erwartung des nächsten Kommandos, regungslos da wie Marionetten an Fäden.
«Diese beiden Männer sind die Leibwächter Seiner Exzellenz des Gesandten», erklärte Ishiro. «Ein Wort von mir und sie würden einer den anderen oder sich selbst töten.»
«Sich selbst?» fragte Lestrade.
«Ja. Dabei schlitzt man sich den Bauch auf und benutzt dazu das hier.» Ishiro zückte von irgendwoher einen Dolch, ein kürzeres Abbild der Schwerter, die nun in den Händen der Samurai wie Lichtbögen blitzten. «Soll ich's demonstrieren?»
Lestrade bemerkte, daß Dew anfing, so gelb auszusehen wie ihr Gastgeber.
«Ich würde lieber sehen, wie das Tachi benutzt wird, Sir. Nicht ‹richtig›, verstehen Sie?»
«Gewiß. Vielleicht reicht das schon. Selbstmord – wir sagen *Harakiri* – ist gewöhnlich ohnehin ein Zeichen des Versagens.» Ishiro sprang mit einer einzigen Bewegung auf die Füße und ergriff das Schwert eines der Samurai. «Ich bin natürlich ein bißchen aus der Übung», sagte er entschuldigend. «Geben Sie mir ein Maxim, jederzeit.» Und er hob das Schwert mit beiden Händen, bevor er es mit einem Fluch auf einen der Holzblöcke heruntersausen ließ. Der Block zerschellte unter der Wucht des Schlages und Ishiro verbeugte sich, bevor er das Schwert seinem Besitzer zurückgab. Lestrade hob die Holzstücke auf, wie mit einem Rasiermesser durchgeschnitten, und gab sie an Dew weiter.
«Dieser Block muß vier, fünf Zoll dick sein», murmelte Dew, der sich noch unwohler als vorher fühlte, wenn er daran dachte, daß er eines dieser Schwerter vor ein paar Minuten in seinem Rücken gespürt hatte.

Der Polizist auf der Bühne ─────────────────── 169

«Was Sie da haben, ist ein Kissen», erklärte Ishiro. «Sie büßen die Ihren vermutlich in der chinesischen Wäscherei ein. Wir schlitzen ein paar der unsrigen auf, um mit dem Schwert zu üben. Nun, jedes Land hat seine kleinen Schwächen. Noch Tee, Gentlemen?» Er nahm seinen Platz wieder ein.

«Nein, danke, Sir», sprach Lestrade für beide. «Wird jemals die Spitze des Schwerts benutzt?» fragte er.

«Von einem Samurai nie. Sehen Sie, wir Japaner haben das Problem nicht, das ihr Engländer habt; ich meine die außergewöhnliche Unfähigkeit Ihrer Kavallerieoffiziere zu entscheiden, ob die Schneide oder die Spitze eines Schwertes wirksamer ist. Ich schätze, es könnte auf diese Weise benutzt werden, aber wenn das die Methode ist, die Ihr Mörder angewendet hat, ist er kein Japaner.»

«Ich danke Ihnen, Sir.» Lestrade erhob sich. «Das war alles, was ich wissen wollte. Sie sind höchst freundlich gewesen.» Und er verbeugte sich tief.

«Mein lieber Freund, wie bewunderungswürdig altmodisch. Aber lassen Sie mich ihre Hand schütteln. Ich habe mich den ganzen Morgen verbeugt.» Und er reichte ihm die Hand.

Als sie zur Außentür kamen, erschien der Mann im safranfarbenen Gewand wieder, winkte Dew beiseite und deutete auf eine offene Tür, durch die Lestrade und der Sergeant die Geisha erblickten. Sie war jetzt nackt und saß züchtig neben einem wohlriechenden heißen Bad. Lestrade schob seinen Sergeanten ins Zimmer. «Nun gehen Sie schon, Dew. Sie wollen diese freundlichen Leute doch wohl nicht kränken, oder?»

«Aber Sir, ich kann doch nicht...»

«Unsinn.» Lestrade schlug ihm auf die Schulter. «Legen Sie sich zurück und denken Sie an England. Und machen Sie sich keine Sorgen. Wir werden Sie im Yard schon nicht dazu zwingen, sich ein Messer in den Leib zu stoßen.»

Er blieb an der Tür stehen.

«Schon gar nicht wegen so was.»

Trotz der massierten Truppen von Mr. Edward Henry, Chef der C.I.D., und der Bemühungen von Sergeant Stockley Collins von der Abteilung Fingerabdrücke erbrachte der Schauplatz des Ablebens von Reginald Cobham nichts, was von Interesse gewesen wäre. Beide Bierkrüge hatten Bier enthalten. «Ein dreifach Hoch der modernen Wissenschaft», applaudierte Lestrade im stillen. Es gab keine Fingerabdrücke auf dem Schwertgriff, dem zweiten Bierkrug oder auf einem Möbelstück. Die Tür war nicht mit Gewalt geöffnet worden, und laut Gregorys Bericht hatten weder Personal noch Gäste auffällige Geräusche gehört. Kurzum, es war eine typische Backsteinmauer. Außer, daß Lestrade jetzt wußte, daß der Mörder kein Japaner war (jetzt brauchte er nur noch alle anderen Länder der Welt auszuscheiden) und daß entweder der Mörder oder sein Opfer Kokain nahmen oder zumindest bei sich trugen. Als guter Polizist, nie zufrieden mit dem Urteil eines einzigen Mannes, hatte Lestrade im Laboratorium des Yard, jenem kuriosen kleinen Raum, der dazu noch als Polizeimuseum diente, den Inhalt der Spritze untersuchen lassen. Obgleich es Sonntag war, brachte er seinen beträchtlichen Charme in Form eines sanft ausgeführten Würgegriffs zur Anwendung, um den Gelehrten dazu zu überreden, die notwendigen Tests auszuführen. Ja, der gute Dr. Watson hatte recht gehabt. Die Spritze hatte Kokain enthalten, und obgleich er den toten kalten Arm des verblichenen Reginald Cobham in seinem Kühlfach im Leichenschauhaus untersuchte, hatte er keine Einstiche gefunden. Das begann das Feld freilich einzuengen. Ein Deerstalker, ein Ulster, ein großgewachsener Mann, der Kokain nahm ... Aber er wollte keine voreiligen Schlüsse ziehen.

Und bevor er etwas tun konnte, erhielt er die dringende Aufforderung, sich im Außenministerium einzufinden. Das Schreiben war von Lord Lansdowne persönlich unterzeichnet. Die Lampen brannten, als der Inspector an jenem Abend Mitte Januar das Gebäude in St. James's Square durch einen Nebeneingang betrat. Der wachhabende Constable erkannte ihn, und er ging unbehindert wie befohlen ins oberste Stockwerk. Er klopfte an die eichengetäfelte Tür. «Inspector Lestrade, C.I.D.», sagte er, den Bowler unter den Arm geklemmt.

Es war Mycroft Holmes, den sein Blick zunächst traf, doch dieser Gentleman trat beiseite, um die Tür zu schließen und den Blick auf die sitzende Gestalt von Henry FitzMaurice, dem 5. Marques of Lansdowne, freizugeben. Seine Augen glühten im Schein des Kaminfeuers, und der dichte, graue Schnurrbart vibrierte nervös.

«Was wissen Sie über das C.I.D.?» bellte er und zeigte anklagend mit dem Finger auf Lestrade. «Das unterliegt höchster Geheimhaltung. Holmes, haben wir eine undichte Stelle?» Einen Augenblick schnappte seine Stimme vor Entsetzen über.

Mycroft war wie gewöhnlich die Ruhe selbst. «Ich glaube, Inspector Lestrade meinte das Criminal Investigation Department von Scotland Yard, Sir, nicht... das andere.»

Lansdowne keuchte und schnippte mit den Fingern. Holmes goß seinem Herrn und Meister einen kräftigen Schuß Brandy in ein Glas, das Lansdowne krampfhaft umklammerte. «Gott sei Dank», murmelte er mehrere Male, «Gott sei Dank.»

«Nehmen Sie Platz, Lestrade.» Holmes ließ sein vergleichsweise joviales Benehmen vermissen, das er bei ihrer letzten Begegnung im Diogenes Club an den Tag gelegt hatte.

Lansdowne hatte seine Fassung und seinen Sessel wiedergefunden. «Würde es Ihnen etwas ausmachen, mir zu erzählen, wie ein Inspector der Polizei dazu kommt, einen japanischen Militärattaché in einem Quartier aufzusuchen, das geheimgehalten wurde?»

Mein Gott, dachte Lestrade, so schlecht kann Dews Vorstellung doch wohl nicht gewesen sein. Tatsächlich war es ihm eher so vorgekommen, als sei Walter Dew bei seiner Rückkehr in den Yard einigermaßen mit sich selbst zufrieden gewesen, doch Männer wie Walter Dew waren schon zufrieden, wenn sie am Morgen auf der richtigen Seite aus dem Bett stiegen.

«Erstens, Sir», begann er, «war das Quartier nicht geheim. Ich habe in der gestrigen Ausgabe von *Graphic* davon gelesen.»

«*Graphic*?» wimmerte Lansdowne. «Holmes, überprüfen Sie den Herausgeber. Der Mann wird von den Chinesen bezahlt, oder ich bin die Königin von Saba.»

«Sehr wohl, Majestät», erwiderte Holmes mit verkniffenem Gesicht. Lansdowne starrte ihn an.

«Was den Grund für meinen dortigen Besuch angeht, so führte ich meine Ermittlungen durch. Mr. Reginald Cobham wurde mit einem japanischen Schwert ermordet.»

Lansdowne nahm einen weiteren tiefen Schluck. «Ja, ja. Reggie. Ich weiß. Furchtbar. Furchtbar.» Er hielt inne. «Sie glauben doch wohl nicht im Ernst, daß ein Mitglied aus dem Gefolge Seiner Exzellenz...»

«Ich kann mit Sicherheit sagen, daß die Japaner nicht in die Sache verwickelt sind.»
Lansdowne und Holmes stießen einen Seufzer der Erleichterung aus.
«Aber wie es scheint, hat sich jemand die Mühe gemacht, es so aussehen zu lassen, als seien sie's gewesen.»
«Was meinen Sie damit?» fragte Lansdowne.
«Ich dachte, das könnten Sie mir vielleicht sagen», versetzte Lestrade.
«Wir?» wollte Holmes wissen.
«Lestrade», fuhr Lansdowne fort, «was Sie zu diesem Schritt auch immer bewogen haben mag, sie hatten kein Recht, auf der japanischen Empfindlichkeit herumzutrampeln. Sie sind ein eigenartiges Völkchen, wissen Sie, grausam, stolz. Und sie sind hier in einer Angelegenheit von höchster Wichtigkeit. Ich darf natürlich nicht zuviel verraten, aber unsere gesamte Stellung im Fernen Osten hängt vom Ausgang ihres Besuches ab. Ein Hauch von Skandal...»
«Hat darum jemand Cobham mit einem japanischen Schwert umgebracht? Um den Eindruck zu erwecken, die Japaner seien dafür verantwortlich?»
Lansdowne und Holmes sahen einander an.
«Reggie Cobham war... sagen wir bei der Zusammenarbeit mit der Begleitung des Gesandten behilflich», sagte Lansdowne und zu Holmes gewandt: «Könnten es die Chinesen sein, Holmes?»
«Die Chinesen können es immer sein, Mylord», nickte Holmes, «sie haben uns den Boxeraufstand nie verziehen, Lestrade...»
«Das ist genug, Holmes!» fauchte Lansdowne. «Wände haben Ohren, wie Sie wissen.»
Offenbar, fiel Lestrade ein, stand Lansdowne mit Winston Churchill in Verbindung. Vielleicht sogar mit jenem anderen, dessen Name niemandem über die Zunge wollte.
«Also, Lestrade.» Lansdowne beruhigte sich und schritt zum Verweis, «zu diesem Zeitpunkt werden wir darüber nicht mehr sagen. Aber wenn ich merke, daß Sie sich noch einmal in Angelegenheiten des Außenministeriums einmischen, werde ich Sie so schnell aus dem Yard feuern lassen, daß Ihre Füße den Boden nicht berühren. Haben Sie mich verstanden?»
«Vollkommen, Sir», sagte Lestrade.

«Ich bringe Sie hinaus», sagte Holmes, und sie verließen Lansdowne, der wild mit den Augen rollte und mit den Händen gestikulierte.

«Haben Sie Nachsicht mit Lord Lansdowne, Lestrade. Er hat viel um die Ohren. Was wird aus dieser japanischen Allianz... O Gott, welch ein Fauxpas!»

Lestrade blieb im Flur stehen. «Mr. Holmes, ich könnte jetzt in jeder Hinsicht ein wenig Hilfe brauchen.»

Mycroft sah ihn an. «Das verstehe ich, Lestrade. Doch ich sehe nicht recht...»

«Das fällt mir nicht leicht, Mr. Holmes. Gleichwohl meine ich, daß Sie, wie auch Ihr verstorbener Bruder, das Interesse und die Fähigkeit mitbringen, Verbrechen aufzuklären.»

Holmes lächelte. «Obwohl das hier ein wenig mehr ist als ein Drei-Pfeifen-Problem, oder?»

«Fangen wir mit der wichtigsten Frage an: Wer tötet unsere MPs?»

«Schauen Sie sich das an, Lestrade.» Holmes zeigte mit dem Finger auf eine Weltkarte. «Der kleine rote Fleck, das sind wir. Großbritannien. Die anderen kleinen roten Flecken, das ist unser Empire. Und weil es das gibt, kann uns niemand leiden, Lestrade. Sie sind grün, verstehen Sie – vor Neid, grüner als die Farbe im Atlas. War es nicht unser großer Premierminister selbst, der das Wort von der ‹Splendid Isolation› prägte? Nun, lassen Sie sich von mir sagen, Lestrade, daß es damit bald vorbei sein wird. Sie wollen wissen, wer unsere MPs tötet? Ich, als höherer Beamter im Außenministerium, vermute, daß es die Buren sind – sie verlieren den Krieg, wissen Sie. In ein paar Monaten wird alles vorüber sein, denken Sie an meine Worte.»

Lestrade wandte sich zum Gehen.

Holmes hielt ihn zurück. «Es könnten auch die Deutschen sein. Ja, ich weiß, der Kaiser ist der Neffe Seiner Majestät, aber Blut ist nicht dicker als Wasser, Lestrade, besonders wenn der größte Teil des Wassers auf der Welt von der Royal Navy beherrscht wird. Das ist der Brocken, an dem die steifnackige Majestät so schwer zu schlucken hat. Und dann gibt's ja noch die Franzosen. Erinnern Sie sich an Faschoda, achtundneunzig?»

Lestrade erinnerte sich nicht.

«Nun, damals war das nur ein obskures Dorf am Nil, aber heute, wer weiß? Sie haben uns Waterloo nie wirklich verziehen, wissen Sie. Oder daß wir den Suez-Kanal aufgekauft haben. Dann könnten es natürlich die Amerikaner sein. Gerissene Bande, diese Amerikaner. Lansdowne glaubt, daß es die Chinesen sind...»
«Mit Verlaub, Mr. Holmes, das engt mein Feld nicht gerade sonderlich ein.»
«Ja, da ist Afrika, Mr. Lestrade. Da kommt mir ein Gedanke. Die Watussi. Ihr Mann ist nicht zufällig ein sieben Fuß großer Neger?»
«Dann müßte er schon ein Meister der Verkleidung sein, Mr. Holmes. Das bringt mich auf eine andere Frage. Ist Ihnen bekannt, daß Dr. Watson glaubt, Ihr verstorbener Bruder sei noch am Leben?»
Holmes' Miene veränderte sich merklich.
«Watson ist ein sehr kranker Mann, Lestrade. Sehr krank. Ich habe schon viel zuviel gesagt. Sie finden den Weg hinaus, wenn Sie den Gang entlang gehen, die zweite Tür links führt zur Treppe. Danke für Ihr Kommen.»
«Aber...»
«Gute Nacht, Mr. Lestrade.» Und Mycroft Holmes verschwand hinter Doppeltüren und begab sich in die Korridore der Macht.

Es regnete, als sie an jenem Montagmorgen Sherlock Holmes exhumierten. Dr. John Watson, 221 B Baker Street, stand barhäuptig neben dem Grab, ohne Rücksicht auf das Wetter. Inspector Sholto Lestrade von der Abteilung ‹H›, Scotland Yard, stand neben ihm. Doch er nahm mehr Rücksicht auf den Regen als auf den verblichenen großen Detektiv, und er behielt seinen Bowler auf dem Kopf. Constable Dickens folgte seinem Beispiel, und die geplagten Totengräber arbeiteten in Ölzeug. Niemand sprach. Exhumierungen waren melancholische Angelegenheiten. Es gab vergnüglichere Arten, einen Januarmorgen zu verbringen.
«Ich bin überrascht, daß er nicht in der Familiengruft beigesetzt wurde», bemerkte Lestrade.
«Ich hielt es nicht für schicklich», sagte Watson, der heute nicht er selbst zu sein schien, «in Anbetracht der Umstände seines Todes.»
Der Sarg wurde von den knurrenden, fluchenden Totengräbern nach oben gehievt.

Der Polizist auf der Bühne ─────────────── 175

«Öffnen», sagte Lestrade.
Sie gingen mit ihren Hebeln und Brechstangen ans Werk. Es war zehn Jahre her. Die Schrauben waren eingerostet. Watson wappnete sich. Dickens fragte sich, welcher Erhaltungszustand nach zehn Jahren im Londoner Lehm zu erwarten war.
«Halt! Ich untersage das!» dröhnte eine Stimme durch die Stille des Friedhofs. Weniger Würde als gewöhnlich verratend, hüpfte eine großgewachsene Gestalt über die Gräber auf sie zu.
«Es ist Federbein-Jack», schoß es Lestrade durch den Kopf, dem plötzlich die Schreckensgeschichten einfielen, die sein Vater ihm erzählt hatte. Und sein Vater war einer jener Polizisten, welche das Gespenst leibhaftig gesehen hatten.
«Gott, es ist Mycroft!» stöhnte Watson und wünschte sich, er wäre in diesem Augenblick unter einem der Grabsteine.
«Ich wußte nicht, daß er so schnell auf den Beinen ist», bemerkte Lestrade.
«Das ist eine Ungeheuerlichkeit, Lestrade», fauchte Mycroft. «Was hat das zu bedeuten?»
Lestrade überreichte Holmes die Papiere der Bezirksverwaltung.
«Die sind ungültig», rief Holmes. «*Ich* bin der nächste Angehörige. Ohne meine Unterschrift kann keine Exhumierung stattfinden. Wessen Idee war das?»
«Meine», murmelte Watson.
«Ihre?» Holmes war sprachlos.
«Wenn ich Sie korrigieren darf», sagte Lestrade, «diese Papiere sind absolut gültig. Sie sind von Mr. Edward Henry unterzeichnet worden, dem Chef der Kriminalpolizeibehörde.»
«Mit welcher Begründung?»
«Mit der Begründung, daß der Verdacht auf ein Verbrechen besteht.»
«Was für ein Verbrechen?»
«Öffnet den Sarg», sagte Lestrade zu den Totengräbern, «und wir werden es sehen.»
«Nein!» Holmes ließ seinen Spazierstock auf die Hand des nächstbesten Mannes niedersausen und zwang ihn, seine Brechstange fallen zu lassen. Er holte zum zweitenmal aus, aber Lestrade fing den Schlag mit seinem Schnappmesser ab und drückte Holmes' Arm zur Seite.

«Das stellt einen tätlichen Angriff dar, Mr. Holmes. Und ich würde Ihnen dringend raten, es zu unterlassen, Ihren Spazierstock als Waffe gegen mich zu verwenden, sonst machen Sie sich eines Angriffs gegen einen Polizeibeamten schuldig. Außerdem spränge ein gebrochener Arm dabei heraus.»

Holmes war krebsrot vor Zorn, doch er ließ seinen Stock sinken und blickte Lestrade finster an. Der Inspector schob das Messer wieder in die Tasche und machte den Totengräbern ein Zeichen, weiterzumachen. Mit einem Knirschen und Splittern von Holz löste sich der Sargdeckel. Watson warf als erster einen Blick hinein.

«Gütiger Gott!» Und er wich zurück, als habe ihn eine Schlange gebissen.

Lestrade beugte sich über den Sarg. Er war mit Steinen gefüllt. Falls jemals eine Leiche drin gewesen war, befand sie sich jetzt nicht mehr darin.

«Haben Sie eine Erklärung dafür, Mr. Holmes?» fragte Lestrade.

Holmes war sichtlich erschüttert, doch er war nicht umsonst der Bruder des großen Detektivs, und so richtete sich der bedeutende Beamte im Staatsdienst zu seiner vollen Größe auf und sagte: «Nein, Sir, ich habe keine.»

«Wenn das so ist, Sir, denke ich, brauchen wir Sie nicht länger aufzuhalten.»

Holmes eilte von der Grabstelle fort.

«Da wäre noch etwas.» Lestrade hielt ihn zurück. Er wandte sich an den malträtierten Totengräber. «Wollen Sie gegen diesen Mann Anzeige erstatten?»

Der Totengräber warf einen Blick auf Holmes, seinen Pelzkragen und seine goldene Uhrkette und besann sich eines Besseren. Er schüttelte den Kopf.

Holmes fuchtelte mit seinem Spazierstock herum. «Wenn ich mit Ihnen fertig bin, Watson, werden Sie in Tanganjika Leprakranke kurieren. Und was Sie angeht, Lestrade, Sie werden nicht bloß *am* Fluß Streife gehen, sondern darunter!» Und er schritt über den knirschenden Kies zu seiner wartenden Kutsche.

«Wie ist er wohl dahintergekommen, Sir?» Dickens sprach zum erstenmal.

Der Polizist auf der Bühne

«Er ist ein Mitarbeiter des Außenministers, Constable. Er braucht bloß an die richtige Tür zu klopfen und er weiß, wann jeder von uns niest. Sind Sie in Ordnung, Doctor?» Er wandte sich an den aschfahlen Watson.
«Das hatte ich mir wirklich nicht vorgestellt...» fing Watson an.
«Haben Sie vor zehn Jahren Sherlock Holmes in seinem Sarg gesehen?»
«Nein. Der Sarg kam aus der Schweiz, per Bahn und mit dem Postschiff, ordnungsgemäß versiegelt und ausgefertigt. Ich hätte mir nie träumen lassen...»
«Aber Sie haben um die Exhumierung gebeten», sagte Lestrade.
«Weil ich in Baker Street die Gestalt gesehen habe, die Holmes ähnlich sah. Ich bin ein Mann der Wissenschaft, Lestrade. Wie Sie habe ich mir immer wieder gesagt, er sei es nicht. Es sei irgend jemand, der so angezogen ist wie er. Aber jetzt...»
Und er nahm einen herzhaften Schluck aus seiner Taschenflasche.
«Constable», sagte der Inspector zu Dickens, «bringen Sie den Doctor nach Hause. Und ich werde eine Liste aller Leute brauchen, Doctor, die nach Ihrer Erinnerung bei Holmes' Begräbnis anwesend waren. Der Constable wird alle Namen notieren.»
Dickens führte Watson weg, doch er blieb einen Augenblick bei Lestrade zurück.
«Ist es Tanganjika, was ihn beunruhigt, Sir?»
Lestrade blickte ihn an. «So etwas Ähnliches, Constable», sagte er.

Gegen Ende des Monats kehrte Constable Jones von der Schwelle des Totenreiches zum Dienst in den Yard zurück. Bradstreet hatte die ganze Wucht der Explosion abbekommen, Jones hatte Glück gehabt. Keiner seufzte erleichterter auf als Inspector Lestrade. Er hätte sich nämlich, wie er Dew erklärte, im Fall von Jones' Tod der Mühe unterziehen müssen, einen neuen Constable auszubilden. Das wäre lästig gewesen.
«Also, Gentlemen, wir suchen nach einem Mann, der, aus welchen Gründen auch immer, sich für den verstorbenen Sherlock Holmes, 221 B Baker Street, ausgibt.»

«Für den großen Detektiv?» fragte Jones. Die anderen straften ihn mit eisigen Blicken.
«Er ist schließlich krank gewesen», sagte Lestrade zu seiner Entschuldigung.
«Verzeihung, Sir.» Dickens war offensichtlich verwirrt. Besorgt runzelte er die Stirn. «Aber wenn der Sarg des verstorbenen Sherlock Holmes voller Steine war, suchen wir dann nicht nach Holmes selbst?»
«Die Möglichkeit besteht», stimmte Lestrade zu, «aber es gibt da ein paar Begleitumstände, über die ich nicht glücklich bin. Erstens...» – er konnte sich gerade davor zurückhalten, nach Bradstreets Manier an den Fingern abzuzählen – «gibt es da die Zeit, die vergangen ist. Vor zehn – nein, inzwischen elf – Jahren stürzte Holmes in die Reichenbach-Fälle. Warum ist er während dieser ganzen Zeit still geblieben? Warum wartet er bis jetzt, um Watson zu erscheinen?»
Dew übertraf sich selbst. «Aber vielleicht war er in einem Krankenhaus, Sir. In irgendeiner ausländischen Klinik. Ich glaube, er rauchte Kokain.»
«Er rauchte es nicht, Sergeant, er spritzte es sich.»
«Daher die Spritze in dem Hotelzimmer, in dem Reginald Cobham starb.» Jones war wieder genesen.
«Richtig, Jones», sagte Lestrade. «Und, ja Dew, Ihre Klinik ist eine Möglichkeit. Ich zweifle, ob wir das ohne enge Zusammenarbeit mit den Schweizern je herausfinden werden. Seit Jahren sage ich, daß eine internationale Polizeiorganisation nötig ist, aber niemand hört auf mich.»
«Ein weiterer Grund, ihn nicht für Sherlock Holmes zu halten, Sir?» fragte Dickens.
Lestrade biß die Spitze einer Zigarre ab. «Zweitens», sagte er, «ich sehe ein Motiv für Holmes, Doctor Watson Schauer ins Gebein zu jagen. Er haßte ihn. Aber warum Parlamentsabgeordnete töten? Soweit ich mich an den Mann erinnern kann, hatte er keine bestimmten politischen Interessen.»
«Wie glaubwürdig ist Doctor Watson, Sir?» fragte Dew.
«Er hängt ein wenig an der Taschenflasche», warf Dickens ein.
«Glauben Sie, daß er Sherlock Holmes *wirklich* gesehen hat?» fragte Jones.

«Falls Sie andeuten wollen, es sei wahrscheinlicher, daß er kleine grüne Raupen über seine Tapete kriechen sieht, glaube ich's nicht. Übrigens, seine Haushälterin, Mrs. Hudson, hat ihn ebenfalls gesehen.»
«Bah», sagte Jones, «Haushälterin. Können wir uns darauf verlassen, daß sie unbefangen ist, Sir? Könnte er etwas mit ihr haben?»
Lestrade blies Ringe in die Luft. «Gesprochen wie ein echter Detektiv, Constable», sagte er. «Sie sind ein bißchen heller als Ihr Vater, wissen Sie.»
«Danke, Sir.»
«Das ist nicht schwer», hörte man Walter Dew murmeln, aber im letzten Augenblick unterdrückte er den Satz mit einem Hüsteln.
«Es gibt eine Möglichkeit, Sir.» Dickens war aufgewacht. «Nach allem, was wir von Ihnen und aus den Geschichten von Doctor Watson und Conan Doyle wissen, hatte Sherlock Holmes für den Yard nicht viel übrig.»
«Für Polizisten im allgemeinen», pflichtete Lestrade bei.
«Hat er dann nicht ein perfektes Motiv, Sir? Das, was er für seinen ungeheuren Verstand hält, zu benutzen, um uns reinzulegen? Links, rechts und in der Mitte falsche Spuren zu legen – und trotzdem eindeutige Visitenkarten zu hinterlassen wie den Deerstalker, den Ulster, die Spritze –, einfach um jeden Zweifel an seiner Person zu zerstreuen?»
«Besser und besser», sagte Lestrade, der selten beeindruckt war.
«Ich möchte wissen, wie Mr. Mycroft Holmes in die Sache hineinpaßt», sagte Dew.
«Ja, Walter.» Lestrade deutete mit der Zigarre auf ihn. «Ich auch.»
Gemäß Lestrades Anordnung wurden Gentlemen, die Deerstalkers und Ulsters trugen, von Polizisten in Uniform und in Zivil vernommen. Mr. Keir Hardie erschien dreimal innerhalb von drei Wochen in Cannon Street und Clapham, und jedesmal regnete es Entschuldigungen, und bei der Metropolitan- und der City-Polizei gab es betretene Gesichter. Trotzdem war es interessant, wie die beiden Londoner Polizeitruppen zusammenarbeiteten. Es wurden nur vier Schlägereien zwischen Beamten gemeldet. Nicht einmal die düsteren Tages des Rippers hatten eine solche Kameradschaftlichkeit zustande gebracht.

So blieb denn Lestrade zuerst ganz kühl, als ihm ein weiterer Mann vorgeführt wurde, auf den «die Beschreibung paßte». Ein weiterer übereifriger Constable, der auf einen Streifen scharf war, hatte einen unschuldigen Passanten aufgegriffen. Doch dann guckte er genauer hin. Der Mann unter dem Deerstalker hatte mit dem großen Detektiv eine außerordentliche Ähnlichkeit – den stechenden, durchdringenden Blick, die Habichtsnase, die hageren Gesichtszüge.
«Sie sind?» fragte Lestrade.
«Mr. William Gillette», antwortete der Mann. «Warum hat man mich hergebracht?»
«Routinemäßige Nachforschung», sagte Lestrade und gab Jones, der immer noch an den Schreibtisch gefesselt war, einen Wink, Notizbuch und Bleistift zur Hand zu nehmen. «Bitte nehmen Sie Platz, Mr. Gillette. Darf ich fragen, welchen Beruf Sie haben?»
«Ich bin Schauspieler.» Und er sagte es so überlaut, daß kein Widerspruch möglich schien.
«Tatsächlich?» Die Schauspielerei gehörte nicht zu den Berufen, mit denen Lestrade auf Anhieb etwas anfangen konnte. «Darf ich etwas über Ihre Lebensumstände erfahren, Mr. Gillette – Wohnort, Familie?»
«Nein, Sir, dürfen Sie nicht.» Gillette zog ein kleines Glasfläschchen hervor, wie Damen es zum Riechen benutzen, und begann den Inhalt in den Mund zu spritzen. Die Polizisten sahen sich an. Lestrade beschloß, es mit dem enzyklopädischen Gedächtnis seines Constables zu versuchen.
«Jones?» sagte er.
«William Gillette», fing der Constable an, «geboren am vierundzwanzigsten Juli achtzehnhundertdreiundfünfzig in Hartford, Connecticut, Vereinigte Staaten von Amerika, Sohn des früheren Senators Francis Gillette und der Elizabeth Draggett. Ausbildung in Harvard und Yale...»
«Und am Massachusetts Institut der Schönen Künste.» Gillette stand offensichtlich verärgert auf. «Bin ich verhaftet?»
«Nein, Sir», sagte Lestrade gemütlich, «Sie helfen uns lediglich bei unseren Nachforschungen.» Er machte eine Pause. «Sie helfen uns doch, Sir, nicht wahr?»
«Wer sind Sie?» fragte Gillette.
«Inspector Lestrade. Dies ist Constable Jones.»

Gillette bekam einen Lachkrampf und setzte sich wieder. «Na, wenn das nicht gelungen ist!» stieß er zwischen zwei Lachern hervor.
«Was?» Lestrade wollte gern mitlachen.
«Vielleicht sollte ich es besser erklären. Zur Zeit spiele ich jeden Abend gegen Sie. In *Sherlock Holmes* im *Lyzeum*. Hätte nie gedacht, daß ich Ihnen jemals leibhaftig gegenübersitzen würde.»
«Verstehe ich Sie richtig?» Lestrade fand als erster seine Fassung wieder. «Sie spielen in einem Stück mit dem Titel *Sherlock Holmes*?»
«Spielen?» rief Gillette. «Mein lieber Freund, sagen wir lieber, ich lebe die Rolle. Ich *bin* Sherlock Holmes.»
Erneutes Schweigen.
«Und die Kleider, die Sie tragen?» fragte Lestrade.
«Ach, ein kleiner Witz von mir. Ich muß bekennen...» Lestrade und Dew strafften sich. «Ich trage sie als eine kleine Extra-Reklame. Es schadet ja niemandem, wissen Sie.»
«Und halten Sie sich zuweilen in der Nähe von Baker Street auf?» fragte Lestrade.
«Nummer 221 B, meinen Sie? Nein, tatsächlich bin ich John Watson nie begegnet. Obwohl ich Conan Doyle natürlich sehr gut kenne.»
«Tatsächlich?»
«Aber ja, wir schrieben gemeinsam das Stück. Ich schrieb an Watson und bat ihn, mitzumachen. Doch ich kann mich nicht erinnern, eine Antwort bekommen zu haben. Hören Sie, Lestrade...» Gillette wurde vertraulich. «Sie haben keinen Anstoß genommen, nicht wahr?»
Lestrade wußte nicht genau, was das war, aber er wußte, daß er wissentlich nichts genommen hatte.
«Ich meine», fuhr Gillette fort, «ich hatte nicht die Absicht, Sie in Verlegenheit zu bringen. Dieser Dreiakter läßt Sie nicht wie ein kompletter Blödian aussehen, oder?»
Lestrade hob eine Augenbraue.
«Verdammt noch mal, Mann, die Charakterisierung stammt von Conan Doyle.»
«Der sie seinerseits von Doctor Watson bekam. Ja, ich weiß. Ihre Interpretation meines Charakters ist nicht meine Sorge, Mr. Gillette

– im Augenblick. Was mir Sorgen macht, ist die Tatsache, daß in London ein Verrückter herumläuft, der die Kleidung von Sherlock Holmes trägt.»
«Wie bitte?» sagte Gillette.
«Und bevor Sie fragen: Sich für Idioten auszugeben, ist nach britischem Recht nicht strafbar. Aber dieser spezielle Verrückte bringt Leute um.»
Gillette sackte sichtlich zusammen.
«Verstehen Sie jetzt, warum man Sie hierher gebracht hat?»
«Bei Gott, ja», sagte Gillette. Plötzlich verlor der Erzschauspieler sein Bühnengehabe. «Inspector, ich kann Ihnen versichern, daß ich nie das gringste damit zu tun hatte. Ich...»
«Das werden wir sehen», schnitt ihm Lestrade das Wort ab. «In der Zwischenzeit werden meine Beamten und ich Ihre Aussage und die jedes Ensemblemitgliedes zu Protokoll nehmen.»
«Oh, natürlich, natürlich», sagte Gillette zuvorkommend. «Ich werde dafür sorgen, daß die Gentlemen Freikarten bekommen.»
«Das wird nicht notwendig sein, Sir», erwiderte Lestrade, «aber dürfte ich Sie bitten, den Sherlock Holmes zukünftig nirgendwo anders als auf der Bühne zu spielen?»
«Gewiß, mein lieber Freund, gewiß.» Und er schritt dankbar zur Tür.
«Das ist ja gerade noch mal gutgegangen, Mr. Gillette», sagte Jones, als der Schauspieler aufgeregt verschwand. «Glauben Sie, daß er etwas zu verbergen hat, Sir?»
Lestrade tat etwas noch nie Dagewesenes und goß sich selber Tee ein. «Wahrscheinlich bloß ein paar Falten und graue Haare», sagte er, «aber wir werden weiterforschen müssen.»

Dew und Dickens genossen die Vorstellung im *Lyzeum* von ganzem Herzen und wollten sich vor Lachen ausschütten, als Lestrade, auf der Bühne, über Möbelstücke stolperte, mit dem Garderobenständer zusammenstieß und sich in jeder Hinsicht als ein vollkommener Tolpatsch darstellte. Lestrade verzog keine Miene und beobachtete Gillette haargenau. Jede Geste, jedes Wort stimmte. Es war so, als sei Sherlock Holmes aus seinem Grab auferstanden.
Hinter der Bühne herrschte anstelle der üblichen Lobhudeleien eine

sehr bedrückte und gespannte Stimmung, als die drei Polizisten das Ensemble und die Bühnenarbeiter vernahmen. Dew hatte nicht viel Freude an W. L. Abingdon, der den teuflischen Professor Moriarty spielte. Jeder, der einen Schurken so überzeugend verkörperte, mußte etwas zu verbergen haben. Doch er konnte ihm nichts anhängen und mußte die Waffen strecken.
Alles in allem war es ein erfolgloser Abend.

«Haben Sie das gelesen, Sir?» Mit diesen Worten stürzte ein paar Tage darauf Dickens ins Zimmer, eine Zeitung in der Hand und den Türgriff in Lestrades Ohr rammend. Exakt im falschen Augenblick hatte der Inspector sich nämlich gebückt, um sich den Schuh zuzubinden. «Oh, tut mir leid, Sir.»
«Schon gut, Constable», sagte Lestrade mit zusammengebissenen Zähnen. «Was haben Sie da?»
«Die letzte Nummer des *Punch*, Sir.»
«Erzählen Sie mir nicht», sagte Lestrade, «daß sie sich wieder den Yard vorgenommen haben.»
«Nein, Sir. Dieses Mal nicht. Sehen Sie.»
Lestrade las: «Arthur Conan Doyle, zweiundvierzig, Arzt, und William Gillette, vierundvierzig, Schauspieler, zwei kerngesunde Männer, gerieten auf die Anklagebank, weil sie in gewinnsüchtiger Absicht Sherlock Holmes ausgegraben hatten... Professor Moriarty behauptete, daß Sherlock Holmes in Wirklichkeit nie tot gewesen sei, sondern sich bloß in einem Zustand tiefer Bewußtlosigkeit befunden habe...»
Lestrade plumpste in seinen Sessel. Dann begriff er.
«So etwas nennen sie eine Kritik, Dickens. Sie beziehen sich auf das Stück im *Lyzeum*.»
«Aber die Exhumierung...» begann Dickens.
«Eine Metapher», erklärte Lestrade weiterlesend. «Hören Sie, hier offenbart sich eine Haltung, an der ich nichts auszusetzen habe: ‹Das Gericht ließ die Anklage mit der Begründung fallen, daß Sherlock Holmes, wenn er nicht tot sei, eben tot sein müsse!›»

Ein paar Tage später langte eine geheimnisvolle, an Lestrade gerichtete Nachricht an. Sie stammte von William Gillette. Und was Lestrade darin las, ließ ihn stehenden Fußes in Mr. Henrys Büro eilen.
«Wollen mal sehen, ob ich Sie richtig verstehe, Lestrade. Sie wollen sich als Schauspieler ausgeben. Warum?»
«Weil ein weiteres Stück über Sherlock Holmes in Vorbereitung ist – im *Terry's Theater*. Im Augenblick lassen sie dort vorsprechen.»
«Und Sie glauben...»
«Sie kennen meine Meinung, Sir. Unser Mann benutzt die Holmes-Verkleidung. Sie ist perfekt. Die Leute sehen – wenn sie überhaupt etwas sehen – den Deerstalker und den Ulster. Den Mann, der drinsteckt, sehen sie nicht.»
«Und einer, der in diesem neuen Stück mitspielt...»
«Ich kann diese Spur nicht außer acht lassen, Sir.»
Henry blickte den Inspector der Abteilung ‹H› an. «Ich mag Undercover-Arbeit nicht, Lestrade. Sie schmeckt nach Melodrama.»
«Aber um genau das handelt es sich hier, Sir.»
«Sind Sie denn überhaupt gut?»
«Nun ja, Sir, ich ließ mich überreden, vor zwei Jahren an der Polizei-Revue teilzunehmen.»
«Und?»
«In aller gebotenen Bescheidenheit, Sir, aber meine Sarah Bernhardt war legendär.»
Henry äußerte mehrere Male ein «Hm!», dann griff er nach seiner Pfeife.
«Nun gut, Lestrade. Aber seien Sie vorsichtig. Ich habe bei diesem verfluchten Fall schon einen Inspector verloren. Und bleiben Sie mit jemandem in Verbindung – wie hieß noch Ihr Sergeant?»
«Dew, Sir.»
«Ja.» Er stopfte seine Pfeife und erhaschte Lestrades Blick. «Ja, es ist tatsächlich eine Meerschaumpfeife, Lestrade. Und ich bin nicht als Sherlock Holmes verkleidet herumgelaufen und habe MPs umgebracht. Wollen Sie meine Alibis überprüfen?»
«Nichts könnte mir ferner liegen, Sir.»

Der Polizist auf der Bühne ───────────────── 185

Erste Februartage und leere Theater vertragen sich nicht. Lestrade gab sich alle Mühe, wie ein Bohemien auszusehen. Trotz seiner legendären Sarah Bernhardt brachte er wirklich nicht viel mit, um die Bretter zu erobern.
«Der nächste!» dröhnte eine Stentorstimme aus der Dunkelheit des Zuschauerraums.
«Das sind Sie», zischte jemand hinter ihm.
Er schlurfte unsicher ins Rampenlicht.
«Name?» donnerte die Stimme.
«Lister», erwiderte er, sein abgenutztes Pseudonym verwendend, und fügte dann, um es ein wenig theatralischer zu machen, hinzu: «Roderick.»
«Was haben Sie gemacht?» fragte die körperlose Stimme. Sie klang jetzt ein wenig heller, weiblicher. Er schielte nach unten und fragte sich, ob er irgendwo hineingetreten sei.
«Wie bitte?» fragte er.
«Oh, schon gut. Welche Rolle wollen Sie versuchen?»
«Äh... Doctor Watson», sagte Lestrade.
«Mein Gott», hörte er die Stimme murmeln, «schon wieder einer.»
Die Stimme wurde wieder theatralisch. «Hören Sie, Sie sind etwa einen Fuß zu groß und drei Stone zu leicht. Egal, ich schätze, man hält das für eine Komödie. Fertig, Clarence.»
Stille.
«Clarence, Lieber, wo steckst du dieses Mal?»
Eine großgewachsene, ziemlich magere Gestalt schlenderte auf die Bühne und musterte Lestrade von oben bis unten.
«Ah, Clarence, da bist du ja. Seite vier oben, Süßer.»
Clarence stand da, einen Arm auf seinen Rücken gepreßt und runzelte die Stirn. «Nun, Watson, was halten Sie davon?» Seine Stimme war so scharf wie ein Rasiermesser und schnitt Lestrade tatsächlich in die Ohren.
Stille.
«Roderick», jammerte die Stimme in der Dunkelheit, jetzt wütend, «das sind Sie. Sie sind dran, Süßer.»
«Oh», murmelte Lestrade. «Verzeihung.»
«Clarence! Gib ihm noch mal sein Stichwort. Sei so lieb.»
«Nun, Watson», deklamierte Clarence, «was halten Sie davon?»

Lestrade räusperte sich. Es war nicht leicht, in diesem Licht den Text zu entziffern, doch er hatte den Vorteil zu wissen, wie der wirkliche Watson sprach.

«Ich habe nicht auf den Tonfall des Mannes geachtet, Holmes», sagte er. «Tatsächlich habe ich...»

«Danke. Der nächste», sagte die flexible Stimme.

«Wie meinen?» sagte Lestrade. Clarence machte wieder den Abgang.

«Sehen Sie, Roderick», die Stimme erschien jetzt zwischen den Rampenlichtern und gehörte zu einem fettleibigen Gentleman, der eine Perücke trug, die aussah, als habe sie früher Oscar Wilde gehört, «es ist nichts Persönliches. Er ist einfach nicht Watson. Tut mir leid.»

«Dann eine andere Rolle», schlug Lestrade vor. «Wie wäre es mit dem Polizisten?»

«Polizist? Oh, Sie meinen Lestrade? O nein, dafür sind Sie vollkommen ungeeignet.»

Die Stimme sah den Ausdruck in Lestrades Augen.

«Oh, sehr gut. Versuchen wir's. Seite hunderteinundzwanzig. Clarence!»

Clarence kam erneut angeschlendert und nahm dieselbe Haltung ein wie zuvor, und seine Augenbrauen hingen so tief herab, als laste das Gewicht eines riesigen Hirns auf ihnen.

«Nun, Lestrade, was halten Sie davon?» las er. Alles hörte sich niederdrückend bekannt an.

«Ich habe nicht die geringste Spur, Mr. Holmes. Es gibt niemanden im Yard, der Ihnen das Wasser reichen kann, Sir.»

«Nein! Nein!» schnaubte die Stimme und schlug mit dem Textbuch gegen die Hüfte. «Roderick, Schätzchen. Lestrade ist so gewöhnlich wie ein Stück Dreck. Ihm fehlt jede Art von Raffinesse. Bei Ihnen klingt er allzu... nun, allzu menschlich. Noch mal, Clarence, von oben an.»

Sie wiederholten es, und obgleich Lestrade an den Worten fast erstickte, schien die Stimme zufrieden.

«Es wird eben gehen müssen. Die Zeit wird ohnehin immer knapper. In Ordnung, Roderick. Sie haben die Rolle, Schätzchen. Hinterlassen Sie Ihre Adresse am Bühnenausgang. Sie hören von mir.»

«Danke», sagte Lestrade. «Äh...»

Der Polizist auf der Bühne

«Ja?»
«Wie groß ist die Rolle?»
«Nun, Sie haben Ihren Text gerade gelesen, mein Lieber. Entscheiden Sie sich.» Und die Stimme entfernte sich in der Dunkelheit und murmelte etwas von Primadonnen.

In dieser Nacht machte sich Lestrade auf den Heimweg. Es war fröstelig und klar, und er brauchte frische Luft. Zeit zum Nachdenken. Er war auf der richtigen Fährte. Er war sicher. Die langsamste, aber sicherste Methode war die folgende: alle Möglichkeiten eliminieren, die Wahrscheinlichkeiten herauspräparieren – und man hatte die Antwort. Aber würde er die Antwort haben, bevor ein weiterer Mensch starb? Er rang mit sich, quälte sich, drehte es im Kopf nach allen Seiten. Dann bog er statt nach links nach rechts ab und ging in Richtung Curzon Street.

Die Kavaliere von Tintagel

Lestrade war die ganze Nacht im Yard gewesen. Er war müde, sehr müde. Er war müde vom Starren auf die Wandtafel mit ihrem Gewirr von Kreidestrichen – Opfer, Orte, Zeiten. Er hatte in der Vergangenheit Mörder gekannt, die das Schema sprengten, die sich einer Vielzahl von Methoden bedienten und niemals zuließen, daß man sie auf eine festlegen konnte. Aber der Unterschied zwischen ihnen und diesem Mörder – und das brachte Lestrade am meisten aus der Fassung – bestand in der Kälte dieses Mannes, in seiner völligen Mißachtung und Verachtung der Polizei.
«Sie und ich haben Fälle gehabt», hatte Dew in einem ungewöhnlich gönnerhaften Augenblick (die Beförderung war ihm zu Kopf gestiegen) zu ihm gesagt, «in denen der Mörder eine Frau war, die sich als Mann ausgab. Ich frage mich, ob es hier auch so ist.»

Lestrade war daran gewöhnt, daß Walter Dew sich weiterzubilden versuchte, indem er laut sinnierte. Das Denken bedeutete für den Mann eine so große Anstrengung, daß er es nicht stumm tun konnte. Das meiste dessen, was dabei herauskam, war dummes Zeug, doch zuweilen blitzte etwas auf, was Sinn machte. Eine Frau. Eine Frau? Bradstreet hätte gesagt, Emily Greenbush sei ohne Zweifel diejenige, die in Frage komme. Und obwohl Lestrade von Zeit zu Zeit ihr Bett und ihre geheimsten Gedanken teilte, war er zu sehr Polizist, um sich dadurch sein Urteil trüben zu lassen. Gleichviel, es war eine gefährliche Liaison. Eine, die er würde beenden müssen – eines Tages.

Er war noch ganz in Gedanken versunken – Blausäuregas, Ping-Pong-Schläger, vergiftete Weingläser, Martini-Henrys – als Constable Jones hereinhumpelte.
«Haben Sie die Morgenzeitungen gelesen, Sir?»
Lestrades Augen brannten an diesem Februarmorgen wie geröstete Kastanien, und so sahen sie auch aus.
«Morgen?» knurrte er.

«Oh, Verzeihung, Sir. Guten Morgen.» Jones hatte seine Manieren vergessen.
«Wollen Sie mir damit zu verstehen geben, daß es Morgen ist?» Lestrade nahm seine Füße vom Schreibtisch.
«Tasse Tee, Sir?»
«Musik in meinen Ohren, Jones», sagte Lestrade. «Sie sind dran mit den Bath Olivers.»
«Ich hab sie, Sir.» Jones holte die Kekse hervor.
«Gütiger Gott!» Lestrade überflog die Schlagzeilen: «Ist Sherlock Holmes am Leben?» Er las den Artikel. Spekulationen, Holmes habe seinen eigenen Tod eingefädelt, habe sich in Venezuela versteckt gehalten, sich von den Buren bezahlen lassen, habe den Verstand verloren. Nun, die letzte Vermutung machte für Lestrade auf jeden Fall Sinn. «Und wie», hieß es in dem Artikel weiter, «paßt Professor Moriarty in das Ganze?»
«Moriarty», schnaubte Lestrade und schleuderte die Zeitung von sich, «ist ein Produkt von Doctor Watsons dubioser Einbildungskraft. Wann werden diese Leute in Fleet Street lernen, Tatsachen und Erfindungen auseinanderzuhalten?»
«Eine Menge von Journalisten wartet draußen», sagte Sergeant Dew und bürstete den Schnee von seinem Donegal. «Unangenehmer Morgen, Sir.»
«Ihnen auch», knurrte Lestrade. Dew und Jones wechselten Blicke.
«Bath Oliver?» sagte Jones einladend zu Dew.
«Nein danke. Habe erst letzte Woche gebadet. Und nennen Sie mich nicht Oliver. Ha, ha!»
Niemand sonst lachte.
«Was wollen sie?»
«Das übliche, Sir. Eine Stellungnahme von Ihnen. Ich sagte ihnen, Sie würden erst um zwölf kommen. Hat nicht funktioniert.»
«Tut es nie. Was unternimmt Dalgleish?»
«Hält sie zurück, Sir, so gut er kann. Er kämpft wie Horatius an der Brücke.»
«Horatius an der Brücke?» Lestrade war über die neuerliche Belesenheit seines Sergeanten völlig verblüfft.
«Er erscheint im Buch über das alte Rom von Lord Macaulay, Sir», sagte Jones. «‹Lars Porsinna aus Clusium...›»

«Verschonen Sie mich damit», schnitt ihm Lestrade das Wort ab. «Dew, gehen Sie runter zu Dalgleish und sagen Sie ihm, er solle einem – ich sagte *einem* – der Gentlemen von der Presse erlauben, raufzukommen.»
«Mit Verlaub, Sir, das wird einen Aufruhr zur Folge haben, Sir», sagte Dew.
«Gut», erwiderte Lestrade, «das wird uns Gelegenheit geben, sie alle einzubuchten. Abmarsch!»
In der Tür stießen Dew und Dickens zusammen. «Verzeihung, Sergeant. Unangenehmer Morgen, Sir», sagte Dickens zu Lestrade.
«Erzählen Sie mir nicht, daß draußen ein Haufen Zeitungsleute wartet, Dickens», sagte Lestrade.
«Nun ja, Sir, woher wissen Sie das?»
«Spielt keine Rolle. Wie weit sind Sie mit Ihrer Liste?»
«Liste, Sir?» Dickens griff dankbar nach dem Becher Tee, den Jones ihm eingeschenkt hatte.
«Die Liste der Trauergäste bei Holmes' Beerdigung.»
«Nichts Besonderes, Sir.» Dickens zog seinen Notizblock. «Zwei sind tot. Oder zumindest behauptet jeder, sie seien es.»
«Nun, wir können nicht die Runde machen und alle miteinander ausbuddeln», sagte Lestrade, «selbst Zyniker wie wir müssen davon ausgehen, daß einige Leute die Wahrheit sagen. Was ist mit den Lebenden?»
«Acht davon haben Alibis für die meisten Morde, Sir. Einer sitzt.»
«Aha.»
«Verunstaltung von Westminster Bridge.»
«Seit Robert Peele Innenminister war – vor achtzig Jahren – ist das kein Verbrechen gewesen.»
«Ja, aber er versuchte sie mit drei Pfund Dynamit zu verunstalten, Sir. Er hatte einen Groll gegen die Metropolitan Omnibus Company und wollte seiner Ansicht irgendwo an ihrer Route Ausdruck verleihen.»
«Noch etwas?»
«Nichts von Bedeutung, Sir. Keiner konnte zu Holmes' Tod etwas Erhellendes sagen. Die meisten von ihnen schienen ihn gemocht zu haben. Für Watson hatten sie jedenfalls weniger übrig. Drei muß ich noch überprüfen.»

Die Kavaliere von Tintagel ──────────────── 191

Er überreichte Lestrade die Liste. «In Ordnung», sagte der Inspector, «mit denen werde ich mich befassen.»
«Mr. ... äh ... Lie ... Lis ...», stotterte Dew in der Tür.
«Liesindad», sagte der Reporter, «*Daily Mail*. Inspector Lestrade, es ist zu gütig von Ihnen, mich zu empfangen ...»
«Lassen Sie uns Tacheles reden, Mr. Liesindad. Stammt dieser Artikel von Ihnen?» Er fuchtelte mit der Zeitung unter der Nase des Mannes herum.
«Ja», erwiderte er.
«Wie sind Sie daran gekommen?»
«Oh, jetzt hören Sie mal, Inspector», prahlte Liesindad, der wie viele Waliser nasale Probleme hatte, «Sie erwarten doch nicht im Ernst, daß ich meine Quellen preisgebe?»
«Wie würde es Ihnen gefallen, wegen Behinderung der polizeilichen Ermittlungen eine gewisse Zeit in Pentonville zu verbringen?»
«Nun», erwiderte Liesindad, ohne daß das eisige Lächeln aus seinem Gesicht verschwand, «das nenne ich Tacheles, fürwahr.»
«Und es ist keine leere Drohung», fuhr Lestrade fort. «Wie haben Sie von der Exhumierung erfahren?»
«Es ist also wahr?»
Zu dieser frühen Morgenstunde war mit Lestrade nicht gut Kirschen essen. Er beugte sich vor, packte den Reporter am Ende seiner Krawatte und zog ihn zu sich, so daß ihre Nasen auf einer Ebene waren.
«Ich habe kürzlich ein neues Wort gelernt, Mr. Liesindad», sagte Lestrade mit zusammengebissenen Zähnen. «Es heißt ‹Fenstersturz›. Wissen Sie, was man darunter versteht?»
«Äh ... ja ...», polterte der Mann aus Wales, «es bedeutet, daß jemand aus dem Fenster gestoßen wird.»
«Genau», sagte Lestrade und warf einen demonstrativen Blick auf das Schiebefenster. «Man ist so schnell unten», sagte er, «erspart sich all den Ärger, auf den Lift warten zu müssen, finden Sie nicht?»
«Das würden Sie nicht wagen», sagte Liesindad, doch in seiner Stimme schwang ein wenig Unsicherheit mit. «Ich bin ein Pressemann.»
«Und ich versuche, meinen Verrückten zu fangen», sagte Lestrade und löste den Fensterhaken, «und indem Sie solches Zeug drucken,

helfen Sie uns überhaupt nicht. Also noch einmal: Können wir nicht zur Abwechslung mal zusammenarbeiten? Wer war Ihre Quelle?»
«Nun gut.» Liesindad setzte sich. «Ich erhielt einen Anruf in der Redaktion. Ein Mann mit irischem Akzent. Er erzählte mir alles über die Exhumierung und sagte, Sherlock Holmes sei scharf auf Rache...»
«Rache?» wiederholte Lestrade.
«Ja», bestätigte Liesindad. «Ein zweites neues Wort, das Sie gelernt haben, Inspector?»
Lestrade blies dem Reporter den Rauch seiner gerade entzündeten Zigarre ins Gesicht. «Noch was?» fragte er.
«Nein. Der Akzent hörte sich echt an, aber vielleicht war er's auch nicht.»
«Warum sagen Sie das?»
«Wir Kelten haben ein Ohr für diese Dinge, wissen Sie.»
«Verstehe. Danke, Mr. Liesindad, das wäre alles.»
«Alles?» fragte Liesindad.
«Ja. Ein neues Wort für Sie, Mr. Liesindad?»
Der Reporter erhob sich. «Ist Sherlock Holmes am Leben, Lestrade?» fragte er.
«Wenn ich ihn habe, werde ich ihn fragen», erwiderte Lestrade. Das war alles, was Liesindad aus ihm herausbekam.

Mrs. Hudson öffnete wie gewöhnlich die Tür.
«Inspector Lestrade», sagte sie. «Leider ist Doctor Watson nicht daheim.»
«Ich weiß, Mrs. Hudson», sagte Lestrade. «Ich wollte zu Ihnen.»
«Zu mir, Sir?»
Sie führte ihn in das Zimmer, in dem Sherlock Holmes seine Klienten zu empfangen pflegte.
«Ich möchte, daß Sie sich in Gedanken zurückversetzen, Mrs. Hudson», sagte Lestrade, «und zwar in die Zeit von Mr. Holmes' Tod. Sie gingen zur Beerdigung?»
«Ja, Sir.»
«Können Sie sich an etwas erinnern... etwas Merkwürdiges?»
«Merkwürdig, Sir? In welcher Hinsicht?»

Die Kavaliere von Tintagel

«In jeder Hinsicht, Mrs. Hudson. Kam Ihnen irgend etwas sonderbar vor?»
«Es war eine Beerdigung wie jede andere, Sir. Ich erinnere mich, daß sich in den Straßen eine riesige Menschenmenge versammelt hatte, aber das Begräbnis selbst war eine sehr intime Sache. Ich sorgte für den Imbiß.»
«Natürlich. Befand sich unter den engsten Trauergästen jemand, der böse Worte fallen ließ? Haben Sie jemanden von Rache reden hören?»
«Sir, es ist über zehn Jahre her...»
Lestrade seufzte. «Ich danke Ihnen, Mrs. Hudson. Ach, übrigens, haben Sie die Gestalt gesehen, die Doctor Watson für Sherlock Holmes hält?»
Das Gesicht der Haushälterin verdunkelte sich. «Ja, Sir.»
Lestrade trat näher und neigte den Kopf, um ihr in die Augen blicken zu können. «Und ist es wirklich Mr. Holmes, Mrs. Hudson?»
Sie erwiderte seinen ruhigen Blick und nickte. «Gott sei mein Zeuge, Sir. Und ich habe seine Geige gehört.»
«Seine Geige?»
«Die Stradivari, die er spielte. In eben diesem Zimmer habe ich sie manchmal gehört, wenn es dunkel war.»
Lestrade untersuchte die Riegel der Türen und Fenster. Keine Spur eines gewaltsamen Eindringens. «Haben Sie Mr. Holmes' Nachlaß aufbewahrt?» fragte er.
«Aber gewiß, Sir. Genau nach Doctor Watsons Anweisungen.»
«Kann ich die Sachen sehen?»
Mrs. Hudson schwankte einen Augenblick, ob sie sich etwas vergeben würde; nach Lestrades Erfahrung ein nicht weniger schmerzhafter Vorgang.
«Wenn ich so sagen darf, Sir, Sie waren, als Mr. Holmes noch lebte, hier nicht gerade ein willkommener Besucher. Was immer er vorhaben mag, er hat seine Gründe. Sagen Sie mir, warum ich Ihnen seine Sachen zeigen sollte.»
Lestrade bemerkte das Zittern in ihrer Stimme und die Träne im Auge. Er nahm Mrs. Hudsons Hand. «Ich glaube nicht», sagte er, «daß Sherlock Holmes noch am Leben ist...»
«Aber die Steine im Sarg...», unterbrach ihn Mrs. Hudson.
«Jemand will uns glauben machen, er sei noch am Leben, Mrs.

Hudson. Ist es das, was Sie wollen? Der große Detektiv» – und er erstickte fast an diesen Worten – «als ein geistesgestörter Mörder gebrandmarkt? Als Verrückter?»
Mrs. Hudson drehte sich zum Fenster, dann zog sie ein großes Taschentuch hervor und schneuzte sich explosionsartig und sagte energisch: «Nein, Mr. Lestrade. Bitte, kommen Sie mit.»
Sie führte ihn in einen verdunkelten Raum, dessen schwere Samtvorhänge seit Jahren nicht aufgezogen worden waren. Das Zimmer war still und tot und von Spinnweben durchzogen wie eine Gruft. Mrs. Hudson griff nach Lestrades Arm. War ihr plötzlich eingefallen, wie pflichtvergessen sie gewesen war? Oder war dies ihre übliche Art, ein Haus in Ordnung zu halten?»
«Sie ist weg», flüsterte sie.
«Was ist weg?» Lestrade spähte in das Halbdämmer.
«Mr. Holmes' Geige. Sie war hier, auf dieser Vitrine.»
Lestrade zog die Vorhänge beiseite, und der Staub flog in alle Richtungen. Mrs. Hudson fuhr mit einem Laut des Erschreckens vor dem Licht zurück. «Fehlt sonst noch etwas?» fragte Lestrade. Sie sah in einer Garderobe und in Schubladen nach.
«Seine Lieblingsmeerschaumpfeife, sein Deerstalker und sein Ulster.»
Welch eine Überraschung, dachte Lestrade.
«Er ist zurückgekommen, um die Sachen zu holen, in eben dieses Zimmer.» Mrs. Hudson knetete ihr Taschentuch.
«Die Tür ist abgeschlossen?» fragte Lestrade.
«Ja. Sie haben doch gesehen, wie ich sie mit meinem Schlüssel aufschloß.»
«Und wo wird der Schlüssel aufbewahrt?»
«Hier, an meiner Gürtelkette.»
«Gibt es einen zweiten?»
«Doctor Watson hat einen.»
«Noch jemand?»
Eine Pause. Dann: «Mr. Holmes, natürlich.»
«Natürlich», wiederholte Lestrade. «Mrs. Hudson, es ist Ihre Sache, was Sie mit diesem Mausoleum anfangen. Wenn ich einen Mann übrig habe, werde ich ihn draußen etwa um die Zeit postieren, zu der dieser Sherlock Holmes auftaucht. Wenn ich keinen Mann übrig habe oder mein Mann ihn verfehlt und Sie die Gestalt

Die Kavaliere von Tintagel

wieder sehen sollten, wäre ich Ihnen dankbar, wenn Sie den Yard umgehend verständigen würden. Wollen Sie das tun?»
«Ja, Sir», sagte Mrs. Hudson.
Lestrade verließ das Haus. Er war auf dem Weg zur nächsten Haltestelle der Straßenbahn, als er plötzlich bemerkte, daß ihm jemand folgte. Ein jüngerer Mann, vielleicht Mitte Zwanzig, schäbig angezogen, der wie ein Straßenhändler aussah. Als Lestrade die Straßenbahn bestieg, verschwand der Mann, doch der Inspector erspähte einen zweiten Verfolger, einen zweiten jungen Mann, der mit ihm eingestiegen war. Lestrade setzte seinen Weg ungerührt fort und bog um die Ecke in Jermyn Street ein. Der junge Mann ging weiter, als Lestrade an der Tür von Aumerle Holmes läutete. Auf der Liste von Männern, die an Sherlock Holmes' Beerdigung teilgenommen hatten, war er der vorletzte. Sein Diener Blenkinsop geleitete Lestrade in ein Arbeitszimmer. Nach wenigen Augenblicken erschien Holmes.
«Was halten Sie davon, Lestrade?»
«Ein entzückender Raum», entgegnete der Inspector.
«Nein, nein, Mann, nicht die Ausstattung. Die Bänder. Sie sind fort.»
«Bänder, Sir?»
«Oh, mein lieber Freund, wie dumm von mir. In meiner Freude hatte ich ganz vergessen, daß Sie zum erstenmal hier sind. Bis gestern waren überall im Haus Garnbänder gespannt, von Türgriff zu Türgriff, damit ich mich orientieren konnte. Endlich brauche ich sie nicht mehr. Brandy?»
«Ich sollte eigentlich nicht, Sir...»
«Kommen Sie, Lestrade. Machen Sie mir das Leben nicht leicht. Lassen Sie mich Ihnen zeigen, wie gewitzt ich bin.»
Er ging ohne Mühe zum Flaschenständer hinüber, schloß ihn auf und fingerte herum, bis er ein Glas gefunden hatte. Lestrade starrte fasziniert auf die blicklosen Augen. Er mußte sich gewaltsam zurückhalten, um dem blinden Mann nicht zu helfen.
«Zwei Finger, Lestrade?»
Kein Grund, beleidigend zu werden, dachte Lestrade, das Hilfsangebot war gut gemeint.
«Ach so.» Er begriff, daß es für den Blinden eine Hilfe war, die Höhe der Flüssigkeit im Glas zu schätzen. «Das reicht.»
Holmes brachte ihm das Glas.

«Nun, Inspector, zwar bin ich erfreut, unsere Bekanntschaft zu erneuern, doch ich fürchte, dies ist kein Höflichkeitsbesuch.»
«Leider nicht, Sir.»
«Nun denn, wie kann ich Ihnen helfen? Es geht immer noch um diese schrecklichen Morde an MP's, nicht wahr? Blenkinsop liest mir jeden Tag die Zeitungen vor.»
«Ja, so ist es, Sir.»
«Sie wollen wissen, ob mein Vetter noch am Leben ist.»
«Aha, Sie haben es aus der *Daily Mail*, Mr. Holmes?»
«Und aus der *Times* und den *London News*, Mr. Lestrade. Daß ich blind bin, bedeutet nicht, daß ich mit den Tagesereignissen nicht Schritt halten kann.»
«Wie ich hörte, haben Sie an Sherlock Holmes' Beerdigung teilgenommen.»
«Ja.»
«Ist Ihnen damals etwas Ungewöhnliches aufgefallen?»
«Ungewöhnliches?» Holmes goß sich einen Brandy ein und tastete sich zu einem Armsessel. «Verzeihen Sie mir, Inspector. Blindheit führt leicht zu Unhöflichkeit, ganz ohne böse Absicht, versichere ich Ihnen. Bitte, nehmen Sie Platz.»
Lestrade setzte sich.
veWarten Sie. Ich hatte meine Zeit in Harrow gerade beendet, als die Nachricht vom Tod des lieben Sherlock eintraf. Doctor Watson informierte uns.»
«Und was sagte er?»
«An die genauen Worte erinnere ich mich nicht mehr, Inspector, aber im Kern sagte er, Sherlock habe einen Erzhalunken bis in die Schweiz verfolgt und beide seien bei einem Zweikampf in der Nähe eines Wasserfalles ums Leben gekommen. Ziemlich tragisch. Sherlock war beinahe der hervorragendste Mann, dem ich je begegnet bin.»
«Tatsächlich?» sagte Lestrade. «Darf ich fragen, wer der hervorragendste war?»
«Sein Bruder Mycroft natürlich. Es ist kein Geheimnis, Lestrade, daß Sherlock ihm seine vertrackteren Fälle zu übertragen pflegte.»
«Würden Sie sagen, daß Mycroft der Gesellschaft mit einer gewissen Bitterkeit gegenüberstand?»

Die Kavaliere von Tintagel ──────────────────── 197

«Der Gesellschaft? Sie meinen die *haute monde*?»
Lestrade nahm an, es handle sich um ein französisches Frühstück, doch er ließ sich nicht beirren. «Ich meine Leute im allgemeinen.»
Das hörte sich vernünftig an.
«Warum sollte er, Inspector?»
«Warum sollte jemand Sherlocks Sarg mit Steinen füllen?»
«Ja, das war absonderlich, nicht wahr? Darf ich annehmen, daß Sie alle befragen, die an der Beerdigung teilgenommen haben?»
«Ja, Sir. Ich möchte jeden Stein umdrehen», sagte Lestrade und bereute es sofort.
«Es gab einmal bessere Tage, Lestrade, hellere Tage, Lestrade. Holmes wurde plötzlich wehmütig. «Wenn ich bedenke, wie mein Licht erlosch...»
«Sir?»
Holmes lachte. «Wußten Sie, daß ich einmal mit dem Gedanken spielte, in die Politik zu gehen, Lestrade. Ich hatte die Absicht, dasselbe zu machen wie dieser Bursche Churchill. Als ich die Armee verließ...»
«Sie waren in der Armee, Sir?»
«Ja, habe ich Ihnen das nicht erzählt?»
«Ich habe Sie noch nicht danach gefragt, Sir.»
«Nein, natürlich nicht. Warum sollten Sie? Ja, ich diente in Südafrika. Bei Ausbruch der Feindseligkeiten schloß ich mich Lumsden an. Dort verlor ich mein Augenlicht.»
Lestrade blickte auf. «Verzeihen Sie, Mr. Holmes. Ich glaube, Sie haben mir einmal erzählt, daß Sie Ihr Augenlicht durch einen dummen Streich verloren.»
Holmes lachte. «Welch ein Gedächtnis Sie haben, Inspector. Sie haben ganz recht. Wir trieben etwas Unsinn mit einem Hotchkiss-Maschinengewehr. Ich stand zu nahe an dem Ding, als es losging. Sehen Sie das hier?» Er deutete auf die blaßbraunen Narben auf seinen Wangen. «Brandnarben. Oh, sie sind gut verheilt. Aber die Ärzte sagen mir, meine Sehnerven seien dahin. Ich werde nicht in Mr. Churchills Fußstapfen treten können.» Er leerte sein Glas. «Trotzdem, würden Sie nicht auch sagen, daß es gesünder ist, sich aus der Politik herauszuhalten, so wie die Dinge im Augenblick liegen?»
Das war auch Lestrades Ansicht und er hielt sich daran. Er verab-

schiedete sich von Holmes und wurde von Blenkinsop hinausgeleitet.
«Blenkinsop.» Lestrade blieb in der Halle stehen.
«Sir?»
«Hier ist etwas für Sie.» Er drückte ihm eine Münze in die Hand. Blenkinsop warf einen verächtlichen Blick darauf. Seit Jahren hatte er eine so kleine Münze nicht zu Gesicht bekommen.
«Ich werde bis zum Ende der Straße gehen. Ich möchte, daß Sie aufpassen und feststellen, ob ich von jemandem verfolgt werde. Ich werde mich bücken und mir den Schuh zubinden, das macht es einfacher für Sie. Wenn Sie jemanden sehen, der wartet oder sich im Hintergrund hält, während ich das tue, möchte ich, daß Sie diesen Rolladen herunterlassen, wenn ich das Ende der Straße erreicht habe. Wenn Sie niemanden sehen, der sich verdächtig benimmt, machen Sie gar nichts. Verstanden?»
«In Ordnung, Sir.»
Es war ein kühler Februarabend und Lestrade knöpfte seinen Donegal zu. Er bemerkte das stille Haus, das dem Baronet Sir Geoffrey Manners gehört hatte und dessen Jalousien heruntergelassen waren und blieb stehen, um sich den Schuh zuzubinden. Als er am Ende der Straße angelangt war, warf er einen Blick zurück und sah Blenkinsop den Rolladen herunterlassen. Doch inzwischen war die Straße leer bis auf einen Kastanienverkäufer, den Lestrade bereits bemerkt hatte und der sich nicht von der Stelle gerührt hatte. Doch jetzt war er sicher, daß er beobachtet wurde. Das Spiel, worin es auch bestehen und wer es auch spielen mochte, war im Gang.

Mycroft Holmes war für Lestrade unerklärlicherweise nicht erreichbar. Er war in Geschäften von größter internationaler Bedeutung unterwegs und wurde in absehbarer Zeit nicht zurückerwartet. Mehr als das ließ das Außenministerium nicht verlauten. Als einziger Zeuge der Beerdigung von Sherlock Holmes blieb jetzt nur noch einer übrig: Dr. John Watson. Lestrade hatte sich den guten Doctor bewußt bis zuletzt aufgespart. Das Rad hatte sich genau einmal gedreht: Von Watson hatte Dickens überhaupt erst die Liste der Trauergäste bekommen, und Watson war es auch, zu dem Lestrade jetzt zurückkehrte. War es denn nicht Watson, fragte er sich,

Die Kavaliere von Tintagel ─────────────────── 199

als er an diesem letzten Märztag mit der Untergrundbahn nach Baker Street fuhr, der Sherlock Holmes gesehen hatte? War es nicht Watson, der Mrs. Hudson bezahlte, die einzige andere Person, welche die Erscheinungen bezeugte? War es nicht Watson, der einen Schlüssel zu Holmes' persönlichen Dingen hatte? Und war es nicht Watson, der die Exhumierung gefordert hatte, deren Ergebnis den Schluß nahelegte, daß der Mann überhaupt nicht tot war? Und wer, von Conan Doyle abgesehen, hatte ein Motiv, «Holmes» am Leben zu erhalten? Dr. med. John Watson. Lestrade hatte Watson schon früher in Verdacht gehabt. Er hatte das Talent, zur richtigen Zeit am richtigen Ort aufzutauchen, in Fällen eine Rolle zu spielen, in denen er nach menschlichem Ermessen rechtens nichts zu suchen hatte.
Doch für den Augenblick wurde Lestrade ein Strich durch die Rechnung gemacht. Watson hatte sich zum historischen Festspiel nach Tintagel begeben. Der Mann, den Lestrade in Baker Street postiert hatte, wußte von drei Männern zu berichten, die Deerstalker trugen. Einer davon, so verlautete, war ein pensionierter Bischof aus den Kolonien; der zweite war Angestellter eines Börsenmaklers, der von der Vorstellung besessen war, daß die Leute seine Ohren komisch fänden und aus diesem Grund den Deerstalker trug, sogar im Bett. Der dritte war Mr. Edward Henry, Chef der Obersten Kriminalpolizeibehörde, und welcher Idiot, hatte er wissen wollen, dem Constable befohlen habe, sich harmlosen Passanten mit der dummen Frage zu nähern: «Verzeihung, Sir, woher haben Sie diesen Hut?» Als er hörte, diese Anweisung komme von Inspector Lestrade, schien das Mr. Henry alles zu sagen. Keiner der Männer rauchte eine Meerschaumpfeife. Keiner von ihnen trug eine Geige bei sich. Der Constable war total durchnäßt und sah niedergeschlagen aus.
«Machen Sie sich nichts draus, Braden», sagte Lestrade, «Sie bleiben auf Posten.»

Dieses Festspiel sollte das erste und spektakulärste der Saison werden und war dem Zeitplan möglicherweise ein wenig voraus. Für den sogenannten «Königlichen Sommer» waren zahlreiche Festspiele geplant, und den Höhepunkt sollten die Festlichkeiten anläßlich der Krönung bilden, die auf den 26. Juni festgesetzt war. Lestrade nahm Dew mit, der ein bißchen frische Luft brauchte, und sie bestiegen den Morgenzug nach Cornwall. Die Wagen erster Klasse waren vollgestopft mit Aumerle Holmes' *haute monde*, die exakt dem gleichen Ziel zustrebten wie die Beamten des Yard, wenngleich ihre Beweggründe andere sein mochten. Dew war in westlicher Richtung nie über Wimbledon hinausgekommen, und die neue Erfahrung entnervte ihn offensichtlich. Als sie Swindon erreichten, empfand er starkes Heimweh und tröstete sich mit den Sandwiches, die Mrs. Dew ihm gemacht hatte. Auch Lestrade mochte Kutteln und Zwiebeln, doch nicht eingezwängt zwischen Brotscheiben.

«Es sind mehr Polizisten da als Vertreter der Öffentlichkeit», stellte Dew fest, als sie über das federnde Gras auf das Dorf Tintagel zuschritten.

«Schutzmaßnahmen», erklärte Lestrade. «Heute sind vier MP's in verschiedenen Eigenschaften hier. Sie hätten besser ihren Verstand gebrauchen und zu Hause bleiben sollen.»

Sie wurden zum diensthabenden Beamten, dem Chief Constable der Grafschaft, geführt, keinem Geringeren, da man wohl hoffte, die Federn und Litzen der Amtstracht würden einen Mörder abschrecken.

«Natürlich fühlen wir uns geehrt», sagte der Chief Constable durch die zusammengebissenen Zähne kaum verhehlter Abneigung.

«Seien Sie unbesorgt, Sir», sagte Lestrade, «wir sind nicht hier, um jemandem auf die Hühneraugen zu treten. Wir möchten ein paar Fragen an einen Gast richten, Doctor John Watson aus London.»

Der Chief Constable nahm Rücksprache mit einem seiner Beamten. «Er ist vermutlich da drüben.» Er deutete auf einen hell gestrichenen Pavillon am Ende eines großen Grasplatzes. «Er ist auf unserer Gästeliste. Karteninhaber sind in diesen Zelten.»

Lestrade dankte ihm, und die Männer vom Yard begannen sich ihren Weg durch die sich versammelnde Menge zu bahnen. Schirme gegen die dünne Sonne, Bänder, Seide und Satin – es schien, als sei die gesamte feine Gesellschaft über die Ruinen des alten Camelot hereingebrochen, die sich karg vor dem atemberaubenden Hintergrund von Meer und Himmel abhoben.

«Sholto?» Lestrade drehte sich in die Richtung, aus welcher der Ruf kam. Es war Letitia Bandicoot, die in einer der Bankreihen eines Pavillons saß. «Was treiben Sie hier?»
Die Polizisten tippten an ihre Hüte. «O nein, da müssen Sie sich schon etwas Besseres einfallen lassen, wissen Sie», sagte Letitia foppend, «dies ist das Tintagel-Turnier. Von Fahrenden Rittern erwartet man, daß sie ihr Barett lüften und ihren Damen unsterbliche Liebe schwören.»
Dews Lippen zitterten einen Augenblick, als er an Mrs. Dew dachte, die so viele, viele Meilen entfernt war.
«Wir sind dienstlich hier», erklärte Lestrade, sich auf die Stufe neben ihr hockend.
«Onkel Sholto!» Rupert und Ivo Bandicoot, in prächtige Heroldsröcke aus scharlachrotem Stoff gekleidet, krabbelten über ihre Mutter hinweg, um den Inspector am Schnurrbart zu zupfen und zu lauschen, wie seine Uhr tickte. Er fuhr ihnen durch die Haare, während ihre Mutter sie mit sanfter Gewalt auf ihre Plätze zurückbeförderte.
«Sie sind ja so aufgeregt», sagte sie. «Das Kindermädchen sagt, daß sie die ganze Nacht kein Auge zugetan haben.»
Die kleine Emma, hinreißend in einer mit weißem Pelz gefütterten Kapuze und einem langen, karmesinroten Umhang, quetschte sich an ihren Brüdern vorbei und versetzte Rupert einen Schlag, als er nicht rasch genug Platz machte. Sie warf ihre Arme um Lestrades Hals und drückte ihn an sich. Hinter dem Rücken des Kindes sahen sich Letitia und Lestrade an und ihr Blick sprach Bände. Er zog das Mädchen fort und gab ihm einen Kuß auf die Nasenspitze.
«Wie geht's meinem kleinen Mädchen?» fragte er, doch ihre Antwort ging in einem Aufschrei der Menge unter. Lestrade blickte auf und sah einen Ritter in schwerer Rüstung, der über den Turnierplatz auf den Pavillon zugaloppierte.
«Papa!» rief Emma.
Der Ritter klappte sein Visier auf und das strahlende Schuljungengesicht von Harry Bandicoot kam zum Vorschein.
«Sholto», rief er, «wie gefällt Ihnen das? Der Ritter vom Goldenen Kelch!» stellte er sich selbst vor.
«Sehr gut, Harry», lächelte Lestrade.

Unter den anerkennenden Rufen des Publikums stob Bandicoot mit seinem Pferd davon und gesellte sich zu anderen Rittern, die am anderen Ende der Schranken Aufstellung genommen hatten.
«Was hat er vor, Letitia?»
«Schämen Sie sich, Sholto Lestrade. Haben Sie denn überhaupt keinen Sinn für Geschichte? Dies ist ein Turnier zu Ehren der Krönung. Harry hat sich sofort bereit erklärt, dabei mitzumachen. Schauen Sie sich meine armen Finger an, ich habe Tage gebraucht, die ganzen Ziermünzen an seinen Wappenrock zu nähen!»
Und ich dachte, er habe das alles allein gemacht, dachte Lestrade.
«Dienstlich hier?» flüsterte Letitia ihm mit dunkler, verschwörerischer Stimme ins Ohr.
«Ich glaube, Sie sind neugierig, Letitia», schalt Lestrade.
«Richtig», bestätigte sie.
Lestrade lachte.
Eine Stimme verkündete laut, daß die Festlichkeiten anfingen. Glücklicherweise übertönte der Wind die Ansprache, die darauf folgte, gehalten vom Lord Lieutenant der Grafschaft. Seine Gemahlin sah weniger erfreut aus, doch für sie stand der Wind weniger günstig. Einer nach dem anderen trotteten die Ritter, die kämpfen sollten, vor den Pavillon des Lord Lieutenant und wurden von der Menge mit Geschrei und Hochrufen empfangen.
«Ich hoffe, daß es nicht regnet», sagte Letitia und blickte prüfend zum Himmel. «Harrys Großvater kämpfte achtzehndreiundneunzig in Eglington, wissen Sie. Der Himmel öffnete seine Schleusen. Es soll eine Schlammwüste gewesen sein.»
Es wäre Lestrade unmöglich gewesen, zu dem Pavillon vorzudringen, in dem er John Watson finden konnte. Er würde einfach ausharren und warten müssen, bis dieser Unsinn vorüber war. Eine weitere Ankündigung wurde durch einen Trompetenstoß unterstrichen – die Marazion Brass Band, die hartnäckig an ihren mit Litzen besetzten modernen Uniformen festgehalten hatte, ohne jede Hochachtung vor dem feierlichen Anlaß. Die Menge rief und klatschte begeistert, als zu den «Ooos» und «Aaaas» der Damen und der nervösen Unruhe der Gentlemen die Königin der Schönheit in einer vergoldeten Karosse an den Schranken entlangfuhr. Historiker wären angesichts des Fahrzeuges – neoelisabethanisch

Die Kavaliere von Tintagel ──────────────── 203

– vielleicht zusammengezuckt, doch die meisten der Zuschauer, Lestrade eingeschlossen, fanden sie prachtvoll.
«Gütiger Gott!» Letitia richtete ihr Fernglas auf die Königin, ein schönes Mädchen mit langen Haarflechten, die in verschwenderischer Fülle über den Stoff ihres goldenen Umhanges fielen. «Es ist Mercy Alabaster. Seit ihrer Verlobung habe ich sie nicht mehr gesehen. Ist sie nicht hinreißend, Sholto?»
«In der Tat», erwiderte Lestrade, «besonders ihre Haare.»
«Oh, das sind nicht ihre eigenen», sagte Letitia, «in Wirklichkeit ist sie dunkel. Sie hat mir einmal erzählt, Aumerle liebe dunkelhaarige Mädchen.»
«O'Merle?» Lestrade spitzte die Ohren.
«Aumerle Holmes. Ihr Verlobter. Er ist...»
«Ein Vetter des großen Detektivs», kam Lestrade ihr zuvor.
«Kennen Sie ihn?»
«Wir sind uns begegnet.»
«Welch eine Schande. Ich halte die Art, wie Mercy ihn behandelt hat, für abscheulich.»
«Wirklich?»
«Sie verließ ihn, wissen Sie. Oh, ich bin sicher, daß sie dabei sehr freundlich war. Er war offenbar untröstlich. Vor etwa einem Jahr hat sie einen Großreeder geheiratet. Man sagt, seitdem habe Aumerle ihren Namen nicht mehr erwähnt.»
Die Königin der Schönheit nahm ihren Platz auf dem mittleren Podium ein. Die Trompeten erklangen abermals. Letitia warf einen Blick in ihr Programm.
«Harry ist als erster dran, Sholto. O Gott, ich hoffe so sehr, daß er es schafft.»
«Wenn ich Harry Bandicoot richtig kenne, wird er die Arena als Sieger verlassen. Gegen wen kämpft er?»
«Gegen William Lord Dymoke, Streiter des Königs. Ich fürchte, er wird den kürzeren ziehen. William hat einen ziemlichen Ruf als *beau sabreur*. Man sagt, er habe in Deutschland einen Mann im Duell getötet.»
«Dann wollen wir hoffen, daß er heute nicht in Form ist», sagte Lestrade.
Harry galoppierte zu Letitias Pavillon hinüber und streckte Letitia seine Lanzenspitze entgegen. «Euren Wimpel, Mylady», strahlte

er durch das eiserne Visier. Letitia fühlte ihr Herz höher schlagen und ihre Wangen erröten, als sie ihren Schal um den Eschenschaft band. Er nickte ihr zu, wendete und ritt fort, während die Kinder aufgeregt aufsprangen. Lestrade bemerkte, daß Letitia Tränen in den Augen hatte. «Sie müssen mich für albern halten, Sholto», sagte sie. Er lächelte und tätschelte ihre Hand.

Harrys Pferd fegte an der Barriere entlang und der Mann auf seinem Rücken kauerte sich zusammen, um die Wucht des Aufpralls aufzufangen. Seine Lanze war waagerecht vorgestreckt, der Schild hoch, und er und Dymoke schossen, sich kläglich verfehlend, aneinander vorbei. Tausend Lippen entrang sich ein Laut des Unmutes. Die Turnierkämpfer wendeten und gaben ihren Tieren noch einmal die Sporen. Dieses Mal zielte Harry besser und seine Lanze krachte hoch gegen Dymokes Schild, so daß der Streiter des Königs rücklings über die Kruppe geschleudert wurde und als ein würdeloser Haufen im Gras landete. Letitia umarmte ihre Kinder, und die Menge raste.

«Brot und Spiele», sagte Dew vor sich hin. Der Mann machte unzweifelhaft Fortschritte.

Harry machte eine halbe Wendung, grüßte die jubelnde Menge, als ein einzelner Reiter von irgendwo her galoppierte und geradewegs auf ihn losritt. Der Reiter schwang einen Sack, der sich beim Aufprall öffnete und den Ritter vom Goldenen Kelch mit Mehl überflutete. Er traf ihn mit solcher Wucht, daß er nach vorn aus dem Sattel kippte. Dann drehte der Reiter ab, preschte zum Pavillon der Königin der Schönheit und warf einen zweiten Sack auf Mercy Alabaster. Er traf abermals genau, und die hinreißende Königin stand hysterisch schluchzend da, triefend von einer Masse, die sich als Schlamm vom Grund eines Flusses entpuppte. Es gab Rufe und Schreie des Entsetzens. Ein betäubter Harry Bandicoot setzte sich auf, hustete und spuckte, sehr zur Freude von William Dymoke, der ihn wie ein Verrückter mit einer frischen Zahnlücke angrinste, die er sich beim Sturz vom Pferd eingehandelt hatte.

«Greifen Sie sich den Mann, Dew!» rief Lestrade, als der unbekannte Angreifer vorbeipreschte. Der Sergeant bahnte sich mit beiden Armen den Weg durch die Menge und warf sich auf den zurückweichenden Reiter. Er verfehlte ihn ganz und gar, griff ins Leere, als er zusprang, und riß zwei oder drei Mitglieder der Marazion Brass Band zu Boden, die gerade ihr nächstes Stück anzustimmen gedachten. Le-

strades Angriff war besser, wenn er dabei auch ein paar Köpfe und Schultern als Sprungbretter benutzen mußte, um ans Ziel zu gelangen. Er packte den Reiter beim Kragen und beide stürzten sie auf die Erde des Turnierplatzes. Als er sich aufrichtete, umringte sie eine Armee stämmiger Constables, und einer davon riß die Kapuze ab, die das Gesicht des Reiters verhüllte. Das lange, kastanienbraune Haar kam zum Vorschein.
«Emily!» Lestrade war wirklich verblüfft, als er Miss Greenbush vor sich im Schlamm knien sah.
«Es mußte so kommen, daß du es bist, Sholto, nicht wahr?»
«Darf ich daraus entnehmen, daß Sie diese... Dame kennen, Lestrade?» Der Chief Constable war eingetroffen.
«Gewissermaßen, Sir», erwiderte der Inspector.
«Was hat diese Ungeheuerlichkeit zu bedeuten», herrschte der Chief Constable sie an, «das Vergnügen dieser braven Leute zunichte zu machen?»
«Vergnügen?» Emily blickte ihn kühl an. «Dieser Ritterunsinn erniedrigt alle Frauen. Er ist eine Rückkehr zur Bestialität des finsteren Mittelalters. Ich habe lediglich meinem Protest Ausdruck verliehen.»
«Sie stören den Frieden, Madame.»
«Wenn ich darf, Sir, möchte ich diese Sache gern übernehmen», unterbrach ihn Lestrade.
«Wie?» Der Chief Constable sah verärgert aus. Gleichviel, dieser Mann *war* der Yard. Es war nicht klug, sich gegen ihn zu stellen. «Oh, sehr gut. Weisen Sie sie auf ihre Rechte hin, Lestrade.»
«Rechte?» fauchte Emily. «Frauen haben keine Rechte. Aber warten Sie nur. Die Frauen Britanniens werden bald eine solche Kampagne entfesseln, daß alle Polizisten des Landes nicht ausreichen werden, um damit fertig zu werden.»
«Komm, Emily», und Lestrade zerrte sie aus dem Ring der Polizisten und zog sie unter dem zustimmenden Beifall der Menge zu den Pferden. Als sie außer Sichtweite waren, riß er sie so heftig herum, daß sie keuchte. «Was, zum Teufel, hat das alles zu bedeuten?» zischte er.
Sie befreite ihr Handgelenk. «Bloß weil du von Zeit zu Zeit mein Bett teilst, heißt das noch nicht, daß du meinen Entschluß umwirfst.»

«Entschluß?» wiederholte Lestrade ungläubig. «Du wirst jeden Tag Mrs. Pankhurst ähnlicher.»
Emily hielt inne und blickte Lestrade an. Sie begannen beide zu lachen. «Wirklich?» sagte sie. «Mein Gott, wie schrecklich. Es tut mir leid, Sholto, daß ich dich in Verlegenheit gebracht habe.»
«Nein», sagte er und bürstete das Gras von ihrem Reitkostüm. «Habe ich dir weh getan?»
«Nein.» Und sie küßte ihn.
«Der Ritter, den du mit Mehl gepudert hast, ist ein Freund von mir. Ich könnte ihn überreden, von einer Anzeige abzusehen. Doch ich fürchte, die Königin der Schönheit wird Klage einreichen.»
«Ist schon in Ordnung, Sholto», flüsterte sie, die hagere Wange streichelnd, «ich kenne mich im Gefängnis aus.»
Ein Schrei der Menge sagte ihnen, daß das Turnier wieder aufgenommen worden war.
«Dew!» rief Lestrade.
«Sir?» Der Sergeant kam, ein paar Zoll von ihnen entfernt, unter einer Zeltbahn zum Vorschein. Der Inspector war überrascht.
«Sie haben diese Unterhaltung nicht gehört, verstanden?»
«Welche Unterhaltung, Sir?»
Lestrade klopfte ihm auf die Schulter. «Gut, der Mann. Begleiten Sie Miss Greenbush zum Rand des Platzes. Ich werde der Königin der Schönheit und dann John Watson meine Aufwartung machen. Wird Zeit, daß wir aus diesem Irrenhaus verschwinden.»
Die Königin der Schönheit saß in einem improvisierten Zelt und schlürfte Kakao. Eine Anzahl von Dienern wieselte um sie herum. Lestrade stellte sich vor und fragte, wie die Lady den Angriff auf ihre Person überstanden habe. Auf Geheiß der Königin verschwand die Dienerschaft.
«Die Kosten für mein Kleid muß ich wohl abschreiben», sagte sie mit einer Nüchternheit, die Lestrade überraschte. Sie nahm die lange, blonde Perücke ab und kämmte ihr Haar. «Aber diese alte Vettel sollte man auspeitschen.»
«Ganz recht, Madame. Oh, da fällt mir ein...» Lestrade drehte sich im Eingang um. «Ich habe gehört, daß Sie mit Mr. O'Merle Holmes bekannt sind?»
Mercy Alabaster öffnete den Mund, warf einen schnellen Blick um sich und sagte: «Ich *war*.»

«Er war Ihr Verlobter, hörte ich?»
«Bis zu seiner Erblindung, ja, war er das. Warum stellen Sie mir diese Fragen?»
«Sie haben die Verlobung wegen seiner Erblindung gelöst?»
Sie machte eine Pause. «Ja, Inspector. Schockiert Sie das?» So königlich, wie es ihre feuchten Kleider zuließen, schwebte sie an ihm vorbei.
«Ein Leben lang mit einem blinden Mann. Stellen Sie sich das vor, Mr. Lestrade. Ich bin jung und hübsch. Er ist ein Wrack. Ich weiß, ich sollte etwas für ihn empfinden, aber ich tue es nicht, nicht einmal Mitleid…»
«Und alles, weil er eine Sekunde lang unvorsichtig mit einem Hotchkiss umging», murmelte Lestrade.
«Mit einem Hotchkiss?» fragte sie.
«Das ist eine Art Kanone, Madame», erklärte er. «Sie führte im Veld zu Mr. Holmes' Erblindung.»
«Ich glaube, da muß man Sie falsch informiert haben, Inspector.»
«Meine Teuerste!» Ein Mann in Rüstung stürzte ins Zelt. «Vergeben Sie mir, aber wegen der Menschenmenge konnte ich nicht zu Ihnen. Dieses bestialische Weib. Wer sind Sie?»
«Inspector Lestrade, Sir, Scotland Yard.»
«Ah, gut. Sie haben das Luder, nicht wahr?»
«Nein, Sir», erwiderte Lestrade ungewöhnlich scharf, «das haben Sie.» Und er ging.
In einem letzten entschlossenen Versuch, John Watson zu finden, überquerte er den Platz, als ihm ein Trompetenstoß in die Ohren dröhnte. Als er vor dem Lärm zurückwich, entnahm er der Unterhaltung zweier Männer in seiner Nähe, was es bedeutete.
«Ein unbekannter Ritter», sagte einer, «welch ein Spaß. Genau wie *Ivanhoe*, was?»
Diesen Namen hatte Lestrade schon einmal gehört, konnte ihn jedoch nicht einordnen und wandte sich um, um den Ritter auf den Platz reiten zu sehen. Er schlug an den Schild von Dymoke, der an einem farbig angemalten Pfosten hing.
«Welches Wappen führt er?» fragte ein anderer Mann.
«Drei Federn», antwortete der erste, «das ist Böhmen, nicht wahr? Sonderbar.»

Der böhmische Ritter galoppierte zum entfernten Ende der Barriere und wartete, daß William Dymoke erneut aufsaß und es mit ihm aufnahm. Während die Trompeten erklangen, sah die Menge gespannt und schweigend zu. Dann fiel Lestrades Blick darauf. Er entsann sich an Harry Bandicoots Lanzenspitze, die vorhin so dicht vor seinem Gesicht gewesen war, als Letitia ihren Schal darumgebunden hatte, und wurde plötzlich hellwach: die Lanze dieses Ritters hatte eine eiserne Spitze. Und sie war scharf. Er ritt hinüber zum Podium, wo die Königin der Schönheit ihren Platz wieder eingenommen hatte.

«Euren Wimpel, Mylady!» dröhnte die Stimme, irisch und wild, unter dem Helm hervor.

Mercy Alabaster verneigte sich und überreichte ihm ihren Schal. Er wickelte ihn um seine Lanze und gab seinem Pferd die Sporen. Es war etwas in den Bewegungen des Mannes, etwas Kaltes, Ruchloses, das Lestrade auf Trab brachte. Er rannte quer über den Platz, taub für das «Nicht zu glauben» und «Schlechte Manieren», die ihn begleiteten. Jene, die mit dem mittleren Pavillon auf gleicher Höhe waren, sahen es am deutlichsten. Sie sahen, wie die Lanze des Böhmen im letzten Augenblick hochgerissen wurde und am Schild seines Gegners vorbei geradewegs auf dessen Kopf zielte. Die sehr Aufmerksamen sahen die Eisenspitze mit einem gräßlichen dumpfen Geräusch durch den Schlitz von Dymores Visier gleiten und sich in Knochen und Hirn bohren. Der Streiter des Königs ließ Lanze, Schild und Zügel los und kippte seitlich aus dem Sattel, und Blut sickerte über seinen dunklen stählernen Helm. Der böhmische Reiter galoppierte bis zum Ende der Barriere, dann riß er sein Pferd herum und steuerte die Lücke in der Menschenmenge an. Die Leute sprangen auf, schrien und kreischten. Kinder weinten, Frauen fielen in Ohnmacht. Lestrade versuchte den Reiter zu packen, seine Finger umkrallten für einen Augenblick den Steigbügel, doch der Reiter ließ eine kurze eiserne Keule auf seine Schulter heruntersausen, und der Inspector schlug auf dem harten Boden einen Purzelbaum.

Polizisten rannten auf den Ritter los, der mit seiner Keule auf sie eindrosch und auf seinem schnaubenden Pferd davonraste, das mit seinen beschlagenen Hufen ausschlug. Immer wieder ritt er auf die blauen Reihen los, wendete erneut und verschwand schließlich durch eine Lücke.

Benommen und blutend stieß Lestrade mit Sergeant Dew zusammen.
«Sind Sie in Ordnung, Sir?»
«Dew. Wo ist Bandicoot? Ich brauche sein Pferd.»
Harry war im Nu zur Stelle. «Mein de Dion ist schneller, Sholto. Halten Sie das aus?»
Lestrade bedeutete ihm, nicht einen solchen Wirbel zu machen, und der Ritter vom Goldenen Kelch sauste zu seinem Automobil. Sie sprangen alle in das glänzende Vehikel.
«Was passiert jetzt?» fragte Lestrade.
«Oh, Verzeihung», sagte Bandicoot und riß seinen Helm vom Kopf.
«Sergeant Dew, nehmen Sie das Ding.»
«In Ordnung, Sir.» Dew ergriff den Helm.
«Nicht den Helm, Mann», sagte Bandicoot, «die Anlaßkurbel. Auf dem Boden.»
Bandicoot nahm Dew das Ding aus der Hand und verschwand. Lestrade und Dew warteten geduldig, daß der Motor ansprang. Einmal, zweimal, Bandicoots Schulter tauchte an der Vorderseite auf und das ganze Fahrzeug erwachte krachend zum Leben. Dew und Lestrade vibrierten wie zwei Wackelpuddings. Bandicoot zog Hebel und drückte alle möglichen Knöpfe, und der de Dion schoß vorwärts, während die Cornwall Constabulary in einer Droschke an ihnen vorbeifegte. Bandicoot, nach vorn in den Wind gebeugt, ließ sie bald hinter sich. Der böhmische Reiter war ein hüpfender Fleck am Horizont.
«Er wird querfeldein reiten», rief Lestrade, dessen Mantel hinter ihm herflatterte. «Kann dieser komische Apparat ihm folgen?»
«Bis ans Ende der Welt, alter Junge!» Bandicoot strahlte vor Stolz.
Die Augen fest zusammengekniffen, hielt Dew krampfhaft seinen Bowler fest. Mit Mühe stieß er hervor: «Wie schnell fahren wir, Mr. Bandicoot?»
«Ach, es müssen etwa zwanzig Meilen in der Stunde sein, Dew.»
Und als er sich lachend umdrehte, sah er, wie der stämmige Sergeant in tiefer Ohnmacht nach hinten über den Sitz rutschte. Er schlug gegen die Böschung und rollte auf die Straße. Bandicoot langte nach der Bremse.

«Fahren Sie weiter, Harry. Dew wird am Leben bleiben. Es gibt keine Straße, die auf diesen Schädel Eindruck machen könnte. Außerdem wird die Droschke ihn aufnehmen.»
Als Lestrade sich umblickte, sah er gerade noch, wie die Droschke den liegenden Dew umkurvte und weiterfuhr.
«Zu allem entschlossen, der Chief Constable, oder?» bemerkte Bandicoot.
«Ich glaube, er ist mehr darauf erpicht, uns zu schlagen, als unseren Mörder einzufangen», sagte Lestrade.
Bandicoot trat das Gaspedal bis zum Bodenblech, und der de Dion sauste von der Straße, hüpfte ohne Kontrolle querfeldein und schwankte durch die Furchen.
«Wenn er den Wald erreicht, sind wir angeschmiert», sagte Harry. «Ich kann ein Pferd zwar überholen, aber ausmanövrieren kann ich es nicht.»
Das Wild, das sie jagten, war jetzt deutlich zu sehen. Der Ritter, noch immer von Kopf bis Knie in der Rüstung steckend, peitschte sein schäumendes Pferd, als er dem Schutz der Bäume zustrebte. Der de Dion ratterte wie besessen, die verfolgenden Constables waren durch den spritzenden Schlamm und den Qualm nicht zu sehen.
«Fahren Sie von der anderen Seite an ihn heran, Bandicoot. Haben Sie Ihr Schwert parat?»
«Ruhig Blut, Sholto. Können Sie damit umgehen?»
Lestrade warf dem jüngeren Mann einen vernichtenden Blick zu und entriß ihm das breite Schwert. Es war nicht scharf, aber schwer und konnte ohne Zweifel beträchtlichen Schaden anrichten, wenn es in den richtigen Händen war. Doch waren das Lestrades Hände? Es würde sich herausstellen. Er stand in dem schlingernden Vehikel auf, stemmte seine Knie gegen das Vorderteil der Karosserie, stützte sich ab und streckte probeweise seinen Schwertarm aus. Bandicoot schwenkte nach rechts, um einem kleinen Hügel auszuweichen, und Lestrade saß wieder, nicht ohne sich das Rückgrat zu stauchen.
«Um Gottes willen, Bandicoot, Sie haben mir gesagt, Sie könnten dieses Ding steuern.»
Mühsam richtete Lestrade sich wieder auf und wartete, bis der de Dion mit dem Reiter auf gleicher Höhe war. Er benutzte den lin-

Die Kavaliere von Tintagel ——————————————— 211

ken, nicht gerade seinen starken Arm, und der Ritter schoß vorwärts, doch er holte ungestüm aus und zerschmetterte die hohe Hinderpausche des verzierten Sattels. Leder und Beschläge zerbarsten unter der Wucht der Klinge, doch das war alles. Wieder schlug Lestrade zu, dieses Mal höher zielend, um den Mann zu treffen. Der Ritter parierte mit seiner Keule, und die beiden Männer droschen aufeinander ein. Bandicoot schlug sich tapfer am Steuer, verfehlte Bäume um ein paar Zoll und krachte durch Buschwerk. Lestrade empfing einen Schlag auf den Unterarm, und als er mit beiden Händen einen verzweifelten Versuch unternahm, den Mann aus dem Sattel zu holen, trieb er die Klinge tief in eine Silberbirke. Dabei wurde ihm das Schwert aus den Händen gerissen, das Vehikel geriet außer Kontrolle, kippte beinahe um und landete dann in einer Senke. In sicherer Entfernung wendete der böhmische Ritter sein erschöpftes Pferd und salutierte mit seiner Keule. Lestrade kniete im Gebüsch, rang nach Atem und fragte sich, welches Gesicht sich hinter dem dunklen Stahl des Helms verbergen mochte. Als die schwerfällige Droschke eintraf, hatten sich Bandicoot und Lestrade aus dem Gewirr des Automobils und des Unterholzes befreit und stiegen erschöpft auf.

«Pech, Lestrade», sagte der Chief Constable, «jetzt ist uns der Mistkerl bestimmt durch die Lappen gegangen.»

«Bringen Sie uns zum Dorf zurück, Sir», sagte Lestrade, «wir können ihn noch immer fassen. Nach einem Ritter, der in einer Rüstung herumreitet, werden sich selbst in Cornwall ein paar Leute umdrehen. Wir schreiben schließlich 1902.»

Aber der böhmische Ritter hatte andere Pläne. Auf der anderen Seite des Waldes legte er seine Rüstung ab, ließ sein Pferd laufen und kletterte auf den Sitz seines wartenden Lanchester. Es war alles so einfach gewesen.

William Lord Dymoke lag in einem der Pavillons, neben ihm sein Helm und seine Rüstung. Die Menge hatte sich inzwischen verlaufen, und es war fast dunkel. Das Turnier von Eglington hatte mit einem Wolkenbruch geendet, das Turnier von Tintagel mit einem Mord. Jeder hatte einen bitteren Geschmack im Mund. Lestrade stand barhäuptig neben der Leiche. Es war der achte Mord dieser Art, und wieder war die Methode eine andere gewesen.

«Also hatte Mr. Churchill recht», sagte er im Kerzenlicht leise zu sich selbst, «es hat an dem ‹anderen Ort› einen Tod gegeben.»

«Was sagen Sie, Lestrade?» Dr. Watson brach gewaltsam das Schweigen, in dem er einige Zeit verharrt hatte.

«Nichts. Danke, daß Sie gewartet haben, Doctor. Ich kam, um Sie etwas zu fragen, und habe den Mann, hinter dem ich her bin, gefunden oder besser fast.»

«Welche Frage wollten Sie mir stellen?»

«Haben Sie einen Schlüssel zu Sherlock Holmes' Zimmer?»

«Natürlich.»

«Wer hat den anderen?»

«Den anderen? Mrs. Hudson, denke ich.»

«Und haben Sie Ihren Schlüssel in der letzten Zeit verloren oder verlegt?»

«Aber ja, das habe ich wirklich. Es war… warten Sie mal… an dem Abend, da Hamilcar Waldo starb. Einen Tag später, glaube ich, brachte Boscombe ihn zurück. Ich hatte ihn vergessen.»

«Boscombe?» fragte Lestrade.

«Ja, Sie wissen doch, Mycrofts Diener im Diogenes Club.»

Des Teufels Meisterstück

«Du willst nicht mehr herkommen, Sholto, nicht wahr?» Emily Greenbush sah von ihrem Buch auf.
Lestrade starrte in den wolkenverhangenen, dunklen Abendhimmel, der Aprilregen versprach.
«Warum sagst du das?» lächelte er.
«Weil es wahr ist. Weil du überhaupt nur aus einem einzigen Grund hergekommen bist, nämlich um mich – wie nennt ihr Polizisten das doch gleich – zu überwachen.» Weder ihre Stimme noch ihre Miene verriet Bosheit.
Lestrade ging zu ihr hinüber. «Zuerst war es so», gab er zu, «inzwischen...»
«Inzwischen hast du mich gern?» Das gelassene Lächeln umspielte ihre Lippen.
Er nickte.
«Aber nicht genug», sagte sie. «Mit Geoffrey war es dasselbe. Oh, Sholto, begreifst du denn nicht, wie das ist? Trotz all deiner Zuneigung akzeptierst du mich nicht. Das, wofür ich eintrete. Und ich... ich sollte dich auch nicht gern haben.»
«Und das hast du?» fragte er.
Sie nickte.
Er hob mit der Hand ihr Gesicht in die Höhe und gab ihr einen zarten Kuß. Er spürte einen eisernen Kloß im Hals, doch er nahm den Donegal und den Bowler vom Sofa.
«Bevor du gehst», sagte sie, «tu mir einen Gefallen. Sage diesem kleinen Mädchen, Emma, daß du ihr Vater bist, erzähl ihr von dir. Ich glaube, sie würde es gern hören.»
«Vielleicht», sagte Lestrade, seinen Kopf schüttelnd.
Sie stand auf, schniefte die Tränen fort, entschlossen, nicht zu weinen. «Sollte ich dich wiedersehen, Sholto, wenn ich an das Geländer vor No. 10 Downing Street gekettet bin, werde ich so tun, als kennte ich dich nicht. Ich werde dich nie mehr in Schwierigkeiten bringen.

Aber eines Tages –» sie stand stolz und aufrecht im Lampenlicht –
«werden wir uns im Wahllokal wiedersehen und ich werde neben
dir mein Kreuz machen.»
«Dessen bin ich sicher, Emily Greenbush», sagte er und ging hinaus
in den Abend.

Für einen Sonntag war es ruhig in Curzon Street. Die Theaterbesucher waren noch nicht unterwegs, und die wimmelnde tausendköpfige Menge war zur Nachtruhe in die Vorstädte zurückgekehrt. Doch irgendwo hinter sich gewahrte Lestrade einen Schatten. Nicht nur einen, wie ihm klar wurde, sondern einen zweiten und dritten. Er wurde noch immer verfolgt. Seit seinem Besuch in 221 B Baker Street hatte er es gewußt. Er duckte sich nach links in eine Gasse und wartete. Eine dunkle Gestalt schlich vorbei, gefolgt von einer zweiten. Lestrade wartete auf den dritten Mann, packte ihn am Kragen und schleuderte ihn rücklings gegen die Mauer. Er drehte dem Herumtreiber brutal den Arm auf den Rücken und zwang ihn auf die Knie.
«So, Bürschchen», zischte er, «wer bist du?»
«Find's raus, Polyp.»
Lestrade riß ihn hoch, so daß sein Gesicht beim Weg nach oben über jeden Ziegel der Mauer schrammte...
Lestrade drehte ihn herum und zündete dicht vor seinem Gesicht ein Streichholz an. Ein Mann Mitte Zwanzig, grobes Gesicht, unrasiert.
«Wiggins!» rief eine Stimme. Lestrade verschloß dem Burschen mit der Hand den Mund und drückte ihn wieder zu Boden.
«Wiggins!» rief die Stimme. «Wo bist du? Wir haben ihn verloren.»
«Habt ihr nicht», sagte Lestrade und versetzte Wiggins einen Stoß, so daß die beiden anderen über ihn stürzten. Sie rappelten sich auf und holten schwere Totschläger hervor. Lestrade versuchte den alten Trick und schob seinen Finger in die Tasche seines Donegal, so daß es aussah wie eine Pistole.
«Fallen lassen!» stieß er hervor.
Die drei Männer blickten einander an und umklammerten schwitzend ihre Waffen.

Des Teufels Meisterstück 215

«Irgendwelcher Ärger, Gentlemen?» knurrte hinter den dreien die sanfte Stimme eines Constable der Metropolitan Police. Sie warfen ihre Totschläger zu Boden und Lestrade hob sie auf.
«Nein, danke, Officer, kein Ärger. Oder, Gentlemen?»
Die drei Männer murmelten.
«Nun, Wiggins, erzähl mir, warum ihr mich verfolgt», sagte Lestrade, nachdem der Polizist weitergegangen war.
«Befehle», sagte Wiggins.
«Befehle? Wessen Befehle?»
«Befehle von Mr. Holmes», entgegnete Wiggins.
«Sherlock Holmes?» bohrte Lestrade.
«Richtig.»
«Er ist tot.»
«Nein, isser nich», sagte der zweite Mann.
«Is so lebendig wie Sie», fiel der dritte ein.
«Wo?»
Die drei blickten einander an.
«Weiß nich», sagte Wiggins.
«Woher kennen Sie Mr. Holmes?» fragte Lestrade.
Neuerliche Pause.
«Wir sind seine Irregulären», sagte Wiggins. «Hat uns selber so genannt. Die Irregulären von Baker Street. Seit ich denken kann, hab ich Polypen und Schnüffler beschattet.»
«Wenn Mr. Holmes es befahl?»
«Richtig.»
«Und wann gab er euch den Befehl, mich zu verfolgen?»
«Vor ungefähr 'ner Woche», sagte Wiggins.
«Hast du ihn gesehen, von Angesicht zu Angesicht?»
«Nee. Is doch im Versteck. Moriarty is in England.»
Das letztere wurde mit solcher Ehrerbietung geflüstert, als sei der König selbst gerade vorbeigegangen.
«Ist er das?» sagte Lestrade. «Wie ließ Holmes euch denn die Nachricht zukommen?»
«Mit 'nem Brief. Wir sollten Ihnen folgen, bis wir was anderes hörten, und ihm regelmäßig Bericht erstatten.»
«Wo?»
Schweigen.
«Wiggins, ich kann dir und deinen Freunden zwei Jahre aufbrum-

men lassen. Und nicht mal Mr. Holmes kann euch davor bewahren.»
Die Irregulären konferierten mittels einer Reihe von Grunzlauten und Einsilbern.
«Am Zeitungsstand gegenüber von 221 B Baker Street.»
«Und wann erstattet ihr zum nächsten Mal Bericht?»
«Morgen abend. Genau um zehn.»
«In Ordnung. Geht hin. Aber ich werde ebenfalls dort sein. Und Wiggins – ich will euch alle drei sehen. Ein Signal, eine Bewegung und ich stecke euch so schnell in den Knast, daß ihr mit euren Ärschen nicht mal die Anklagebank berührt. Kapiert?»
«Ja, Mr. Lestrade», murmelten sie und schlurften in die Dunkelheit.

«Roderick, Liebchen, wir müssen miteinander reden», jammerte die körperlose Stimme in der Dämmerung des Theaters.
Lestrade stolperte die Treppe hinunter in ihre Richtung.
«Es ist nicht gut, Süßer», sagte die Stimme höchst gereizt, «Sie bringen es nicht. Die schroffe Art eines gereizten Polizisten, eines Mannes, der hoffnungslos verunsichert ist. Ich spüre es einfach nicht. Es muß von hier kommen.» Und der Regisseur tippte mit seinen spitz zulaufenden Fingern gegen Lestrades Weste. «Und Sie haben Proben versäumt, nicht wahr?»
«Was sagen Sie?» fragte Lestrade.
«Sie sind leider draußen, mein Lieber. Ich habe Lewis Casson die Rolle gegeben. Gut, er ist nicht Henry Irving, aber es muß halt gehen. Tut mir leid, Roderick. Schicken Sie uns kein Telegramm. Wir werden Ihnen eines schicken, mein Lieber.»
Lestrade tat es nicht leid. Dieser eine Versuch hatte ihm mehr Ärger gemacht als alle Mörder und böhmischen Ritter zusammengenommen. Außerdem hatte er während der endlosen Proben Zeit genug gehabt, Fragen zu stellen und Antworten zu notieren. Er war ganz sicher, daß niemand in diesem Theater, weder auf der Bühne noch auf den Straßen, Sherlock Holmes verkörperte. Mr. Roderick Lister, Schauspieler, konnte zur wohlverdienten Ruhe in die Schublade zurückkehren. Und Lestrade schwor, er werde sich nie mehr zur Teilnahme an einer Polizei-Revue überreden lassen.

Des Teufels Meisterstück

«Ich hab's», zirpte der kleine Mann und fuchtelte mit Papierblättern vor Lestrade herum.
«Tut mir leid, das zu hören.» Der Inspector tauchte hinter einem Aktenstoß auf. «Was haben Sie und wer sind Sie?»
Der kleine Mann sah niedergeschlagen aus. «Bloom. Abteilung Entschlüsselungen. Ich habe Ihre Geheimschrift entziffert.»
Das geheimnisvolle Notizbuch des toten Ralph Childers hatte Lestrade beinahe vergessen.
«Wird auch Zeit», sagte er. «Was ist dabei rausgekommen?»
«Nicht viel, fürchte ich. Es ist eine Reihe von Verabredungen, Wochenend-Parties und so weiter. Ich habe sie hier aufgelistet. Dies hier...», er deutete auf die Seite 121, «sind die Initialen von... wer weiß. Freunden, Bekannten, Kollegen? Diese Eintragung ist interessant: ‹Schreckliche Zeit in Grange. Fühlte mich schuldig.› Oder: ‹Die Wunden beginnen zu heilen.› Oder diese: ‹Heute nacht wieder Galeerensklave. Sehr angenem. Morgen kommt die neue Neunschwänzige.›»
«Ja, sehr schön, ich glaube nicht, daß wir auf all das näher einzugehen brauchen», sagte Lestrade. «Ich danke Ihnen, Mr. Bloom. Besser spät als nie, meine ich.»
Der kleine Mann verschwand.
«Jones?»
«Inspector?»
«Was wissen Sie über Johann von Böhmen?»
«Johann von Böhmen?»
Lestrade war an diese Verzögerungstaktik gewöhnt. Dickens ebenfalls. Sie war ein Vorwand, um dem fotografischen Gedächtnis Zeit zu geben, in Aktion zu treten.
«Der Name, den der unbekannte Ritter dem Zeremonienmeister nannte.»
«Johann von Böhmen.» Durch das Klappern von Dews Schreibmaschine hörte Lestrade, wie es in Jones' Hirn klickte. Bei Dews Schreibkünsten hätte er ebensogut die Ellenbogen benutzen können. «Gewählt von den deutschen Fürsten, regierte von 1311 bis 1346. Er war Graf von Luxemburg...»
«Ja?»
«Verzeihen Sie, Sir, aber an diesem Punkt meiner Ausführungen unterbrechen Sie mich gewöhnlich.»

«Wenn's um mich ginge, schon», erwiderte Lestrade, «doch unter uns: Sergeant Dew hofft auf Beförderung und er braucht alles an Bildung, das er kriegen kann. Fahren Sie fort.»
«Graf von Luxemburg», wiederholte Jones, «heiratete Elisabeth, Schwester von Wenzeslaus III.»
«Ach ja», sagte Dew. «Der gute König Wenzeslaus; ich habe von ihm gehört.»
«Gratuliere, Dew», sagte Lestrade.
«Er wurde 1346 in der Schlacht bei Crécy getötet, und es heißt, daß er es war, von dem der Schwarze Prinz sein Emblem mit den drei Federn und seinen Wahlspruch übernahm – ‹Ich dien›.»
Lestrade rieb sich das Kinn. «Das alles hat ihm bloß den Tod eingebracht. Sie sehen aus, als hätten Sie Verstopfung, Constable. Was ist los?»
«Da ist noch etwas, Sir, über König Johann, glaube ich. Aber es… fällt mir einfach nicht ein.»
«Machen Sie sich nichts draus, Jones. Man hat nicht immer Erfolg. Es wird nichts sehr Wichtiges gewesen sein. Dew, Dickens. Wir wollen uns aufmachen, um Mr. Sherlock Holmes zu treffen.

Es war vergeudete Zeit. Die drei ließen den an den Schreibtisch gefesselten Jones zurück und schlüpften im Umkleideraum im Erdgeschoß des Yard in die Kleider von Straßenhändlern, bevor sie mit dem Autobus in die Baker Street fuhren. Sie beschäftigten sich auf verschiedene Weise. Lestrade drängte sich rücksichtslos in den Stand eines Kastanienverkäufers. Schließlich hatte er den Mann viermal wegen Ladendiebstahls hinter Gitter gebracht. Der Kastanienverkäufer war froh, in die warme Frühlingsnacht entschlüpfen zu können. Zu dieser Jahreszeit kaufte ohnehin niemand Kastanien. Dew gröhlte etwas Unverständliches in der Manier eines Zeitungsverkäufers, und Dickens putzte mehr Schuhe, als er in seinem Leben bislang zu Gesicht bekommen hatte. Zur festgesetzten Zeit strolchten Wiggins und seine Irregulären vorbei. Sie warteten. Und warteten. Niemand kam. Kein Sherlock Holmes. Kein Mann mit Deerstalker, der eine Meerschaumpfeife rauchte. Kein König von Böhmen donnerte durch Baker Street.
Um Mitternacht blies Lestrade das ganze Unternehmen ab. Er hätte

sich denken können, daß es ein vergeblicher Gang sein würde. Er warf einen Blick hinauf zu den Fenstern von Nummer 221 B. Sie waren dunkel. Dr. Watson und Mrs. Hudson waren zu Bett gegangen – ob zusammen oder getrennt, spielte keine Rolle. Drei müde, niedergeschlagene Polizisten gingen heim.

«Sie haben mich rufen lassen, Sir?» Lestrade stand vor Edward Henry.
«Nehmen Sie Platz, Lestrade. Zitronentee?»
«Der ist auch viel besser für Sie», äußerte Miss Featherstonehaugh mit albernem Lächeln.
«Das wäre alles», sagte Henry zu ihr.
«Mr. Frost pflegte...»
«...sich über Sie genauso zu ärgern wie ich», sagte Henry. Die Sekretärin stand auf, als stecke eine Rakete in ihrer Unterwäsche, und verließ den Raum mit der Gutmütigkeit einer Gottesanbeterin.
«Diese Frau muß gehen», knurrte Henry. «Und nun, Lestrade – der Fall.»
«Es ist so, wie ich dachte, Sir. Bradstreet und der Commander gingen und gehen von der Annahme aus, daß der Täter ein bezahlter Mörder ist. Daß diese Morde politischer Natur sind.»
«Und?»
«Und der Tod von ‹Onkel› Deering machte mir Kummer. Er paßte nicht in das Muster. Er war ein Mann, der mit dem Gedanken spielte, in die Politik zu gehen. Er war noch immer aktiver Soldat. Der Tod von Lord Dymoke hat mich in meiner Ansicht bestärkt. Auch er war im landläufigen Sinne kein MP.»
«Wohin führt uns das?» Henry schlürfte seinen Tee.
«Zu der Annahme, daß es sich um Rache handelt.»
«Die Rache des Sherlock Holmes?»
«Die Rache eines Mannes, der vorgibt, Sherlock Holmes zu sein. Bleibt die Frage: wer und warum?»
Henry lehnte sich in seinen Sessel zurück und blickte den Inspector an.
«Das ist eine Frage, die ich Sie nicht mehr beantworten lassen kann, Sholto», sagte er.

«Sir?» Lestrade witterte eine Verschwörung. Dafür hatte er eine feine Nase.
«Sie sind raus aus dem Fall, Lestrade. Von jetzt an übernimmt ihn Gregory als Rangältester.»
«Gregory?» Lestrade erstickte beinahe an seinem Tee.
Henry ging zum regengepeitschten Fenster. «Es ist nicht auf meinem Mist gewachsen, Lestrade. Auch ich habe Vorgesetzte.»
Lestrade konnte es nicht glauben. «Mycroft Holmes?» fragte er.
«Lord Lansdowne übte Druck auf den Innenminister aus und Hokuspokus...»
«Gregory hat keine Ahnung von dem Fall», sagte Lestrade. Er stellte seine Tasse hin. «Und wenn ich mich weigere?»
Henry blickte ihn an. «Seien Sie kein Idiot. Sie haben nur noch ein paar Jahre bis zur Pensionierung. Was wird aus Ihrer Tochter?»
«Ja, was?» sagte Lestrade. Und er ging fort, um seinem Zorn Luft zu machen.

In jenem Mai hörten die Buren auf, sich bestialisch zu benehmen. Es wurde ein Waffenstillstand verkündet, und als die Wogen sich geglättet hatten, begannen die Vorwürfe. Warum war die Armee nicht vorbereitet gewesen. Wie sollte man sich gegenüber Krupp verhalten, der dem Feind die Kanonen geliefert hatte? Und wer war nun wirklich in den Beschaffungsskandal der Armee verwickelt. In diesem Fall hätte Lestrade ihnen vermutlich weiterhelfen können, doch er verspürte keine Neigung dazu. Der Sommer nahte mit Wärme und Trockenheit, und ganz London begann der bevorstehenden Krönung entgegenzufiebern. Flaggen wehten meilenweit von Laternenpfahl zu Laternenpfahl. Und überall sonst wehten Bänder und Spitzen und Blumen. Niemand dachte an den Verrückten, der in den vergangenen Monaten die Zahl der Männer, für die sich der Wähler entscheiden konnte, reduziert hatte. Keiner, außer Tom Gregory, von dem man erwartete, daß er ihn faßte. Und Sholto Lestrade, der ihn nicht vergessen konnte. Der Chef der Spezialabteilung hatte beide Häuser des Parlaments so perfekt abgeriegelt, daß kein Mückenarsch durchkommen könne, wie er sagte. Er sprach nicht gerade eine gewählte Sprache, dieser Gregory. Miss Featherstonehaugh fiel in Ohnmacht, als sie es hörte.

Des Teufels Meisterstück

Es war in der Nacht vor der Krönung, als man Lestrade aus dem Bett holte. Zwei stockstarre, finster blickende Herren mit Zylindern erschienen an seinem Bett und schafften ihn fort. Es sei dringend, sagten sie. Von äußerster Dringlichkeit. Es mochte zwei Uhr früh sein, doch er solle keine Fragen stellen und sie begleiten. Unter den Sternen der klaren Nacht sah er die Fassade von Buckingham Palace aufragen, als die Kutsche durch die stille Mall ratterte. In einer Stunde, vielleicht früher, würden die Massen sich zu sammeln beginnen und sich am Straßenrand niederlassen. Bobbies patrouillierten bereits durch die Schatten, bereit, ihr Tagewerk zu beginnen. Es sah so aus, als sollten es drei lange Tage werden.

Er folgte den Leichenbestattern – denn so benahmen sie sich – durch ein Labyrinth von Korridoren, die von Gas- und elektrischem Licht erhellt waren. Man führte ihn in eine Halle von riesigen Ausmaßen mit bemaltem Plafond und Marmorsäulen und bedeutete ihm, er möge warten.

«Lestrade.» Eine schroffe Stimme ließ ihn herumfahren.

«Sir Frederick.» Lestrade machte den Versuch einer Verbeugung und bemerkte, daß seine Pyjamajacke unter seiner Weste hervorguckte. Er versuchte, sie so unauffällig wie möglich in die Hose zu stopfen. Eine zweite Gestalt eilte mit flatterndem Gehrock in den Raum.

«Ist er das?» sagte der Mann zu Ponsonby.

«Das ist Inspector Lestrade, Lord Esher.» Für weitere Förmlichkeiten schien keine Zeit zu sein.

«Wissen Sie, warum Sie hier sind?» fragte Ponsonby.

«Ich habe keine Ahnung», erwiderte Lestrade.

«Das verspricht nichts Gutes», knurrte Esher Ponsonby an.

«Lestrade», Ponsonby nahm den Inspector beim Arm und führte ihn zu einem Tisch in einer Ecke des Raumes, «was ich Ihnen jetzt erzählen werde, ist von äußerster Wichtigkeit. Es betrifft...» Er machte eine Pause und sah sich um. «...den Höchsten im Lande.»

Lestrade blickte ihn spöttisch an.

«Wir sind ohne König.»

«Gott habe ihn selig», sagte Lestrade. «Das Herz?» Er erinnerte sich an das plötzliche Hinscheiden des übergewichtigen Nimrod Frost.

«Nein, nein, Lestrade. Er ist nicht tot, Mann. Er ist entführt worden.»
«Entführt?» wiederholte Lestrade fassungslos.
«Sind Sie sicher, daß er der Richtige ist?» vergewisserte sich Esher bei Ponsonby.
«Gentlemen», erklang eine weibliche Stimme von der Empore.
«Ihre Majestät.» Ponsonby und Esher schlugen die Hacken zusammen und verneigten sich. Lestrade machte es ihnen nach, doch seine Pantoffeln erwiesen sich als kaum geeignet. Zumindest erhielt er Gelegenheit, den Sitz seines Pyjamas noch einmal zu überprüfen. Alexandra, Königin von England, schritt lautlos und so elegant, wie ihre Hüfte es zuließ, auf die Gruppe zu.
«Das ist Inspector Lestrade, Madame», polterte Posonby.
«Sie brauchen nicht zu schreien, Freddie, ich bin nicht taub.»
Ponsonby sah einigermaßen zerknirscht drein. Sie wandte sich zu Lestrade und hielt ihm ihre Hand hin.
«Inspector Despade. Wie reizend von Ihnen, zu kommen.»
«Ich bin entzückt, Madame.» Lestrade küßte den Ring an der ausgestreckten Hand.
Ob mich das wohl zum Premierminister macht, dachte er.
«Sie werden uns helfen, Inspector? Sehen Sie, mein Gatte ist uns allen so teuer.»
Er blickte in das feine, kluge Gesicht. Die Lippen waren unbewegt, doch die Augen tränenfeucht.
«Haben Sie keine Angst, Madame. Wir werden Seine Majestät finden», sagte er.
Sie tätschelte seine Hand.
«Sie gehen besser zur Ruhe, Madame», drängte Ponsonby. «Überlassen Sie alles uns.»
Die Königin sah ein wenig überrascht aus. «Ich weiß nicht, Freddie», sagte sie, «es muß fast halb drei sein.» Und sie humpelte allein in die Schatten.
«Sie nimmt es sehr gefaßt auf», flüsterte Ponsonby.
«Ich will das zu Ihrer Majestät Gunsten annehmen», sagte Esher, «fest steht nur, daß sie Lestrade Despade nannte. Ha, ha!»
Die anderen sahen ihn an. «Ich bin nicht sicher, ob dies die Zeit für eine Anzüglichkeit ist, Esher.»
Jetzt war es Esher, der in seine Schranken gewiesen wurde.

«Gentlemen, mit Verlaub. Ich darf Sie um ein paar Details bitten.»
Lestrade war verwirrt.
«Natürlich», fing Ponsonby an. «Sie wissen, daß heute abend hier ein Bankett stattgefunden hat? Königliche Häupter und Hochadel aus der ganzen Welt. Seine Majestät zog sich kurz nach Mitternacht zurück, nachdem alle Tischreden gehalten worden waren. Kurz nach ein Uhr ging ich in seine Gemächer, um Miss… um zu sehen, ob er etwas brauche. Und er war verschwunden. Sein Bett war unberührt. Miss… niemand hatte ihn gesehen.»
«Haben Sie gesucht?»
«Natürlich», fauchte Esher. «Guter Mann, Sie glauben doch wohl nicht, daß wir diese Sache erfunden haben, oder? Die ganze Welt wartet auf eine Krönung, die in zwei Tagen erfolgen soll, und es gibt keinen König, den wir krönen können.»
«Außerdem», sagte Ponsonby, entschieden der ruhigere der beiden Männer, «gibt es noch das hier.» Er zeigte Lestrade ein Blatt Papier.
«Es ist der Wortlaut eines Telefonanrufes, den ich vor einer Stunde erhielt.»
Lestrade las: «Ich habe den letzten von ihnen. Den ganz großen Fisch. Wenn Du Bertie wiedersehen willst, bringe eine Million Pfund in gebrauchten Banknoten nach…»
«Ist das der ganze Text?»
«Das Telefon war plötzlich tot. Ich versuchte, die Verbindung wiederzubekommen, doch ohne Erfolg.»
«Wie hörte sich die Stimme an?»
«Sie hatte einen irischen Akzent.»
«Was?» brüllte Lestrade Ponsonby an.
«Ich sagte…»
«Ja, ja.» Lestrade begann, auf und ab zu gehen. «Ich habe gehört, was Sie sagten.»
«Glauben Sie, daß es sich um einen Scherz handelt, Lestrade?» fragte Esher.
Lestrade sah die besorgten Höflinge an. «Nein, Gentlemen. Wenn ich mich nicht irre, ist der Mann, der angerufen hat – der den König hat – derselbe Mann, der in den letzten Monaten Mitglieder des Parlaments ermordet hat.»
«Gütiger Gott!» sagte Esher.

«Also ist der Mann ein Ire? Also doch ein Fenier?» fragte Ponsonby.
«Nein, Sir. Das glaube ich nicht. Das ist bloß Tarnung. Der Mann ist Engländer, genau wie Sie und ich.»
«Nun, was Sie angeht, bin ich da nicht so sicher, Lestrade», brummte Ponsonby. «Was, zum Teufel, machen wir?»
«Warum haben Sie mich kommen lassen?» fragte Lestrade.
«Die Königin wünschte es», erklärte Ponsonby. «Seine Majestät spricht oft höchst anerkennend über Sie. Da fiel die Wahl leicht.»
«Daß Ihnen das bloß nicht zu Kopf steigt, Lestrade. Wenn Sie ihn bis zum Morgen nicht finden, werden wir alle arbeitslos sein», knurrte Esher.
«Das wird nicht zu machen sein», sagte der Inspector.
«Gott!» Das war nicht mehr, als Esher erwartet hatte.
Die drei Männer durchmaßen den Raum. «Wie wäre es...» fing Lestrade an.
«Ja?» fragten die beiden anderen.
«Eine Bekanntmachung, der König sei krank, vielleicht eine plötzliche Blinddarmentzündung. Die Krönung muß natürlich abgesagt werden. Aber das wird uns Zeit zum Nachdenken und Handeln verschaffen.»
«Was halten Sie davon, Freddie?» fragte Esher.
«Eine glänzende Idee», antwortete Ponsonby, der mittlerweile ein Erdbeben herbeiflehte, eine Invasion, irgend etwas, das verhinderte, daß die Wahrheit publik wurde.
«Gut. Nehmen wir an, wir machen es. Natürlich müssen wir den Arzt des Königs einweihen. Wir müssen ein Krankenzimmer einrichten. Nur wir, Ihre Majestät und der Arzt dürfen kommen und gehen. Stündliche Bulletins und so weiter. In dieser Art. Es könnte vielleicht funktionieren, Lestrade.»
«Es muß», sagte Lestrade. «Jetzt zur Entführung selbst. Wie konnte jemand den König aus dem Gebäude schmuggeln, ohne daß ihn jemand sah?»
«Das weiß Gott. Er ist ziemlich groß, wenn man es genau betrachtet», sagte Ponsonby. «Es muß eine wahre Heidenarbeit gewesen sein.»
«Gut und schön, das bringt uns nicht weiter!» schnaubte Esher.
Eine Pause. «Sie wissen, daß es die Browns sind, nicht wahr?»

«Die Browns?» Lestrade sah ihn fragend an.
«Die Familie dieses Burschen aus den Highlands, John Brown.»
«Der Gesellschafter Ihrer verstorbenen Majestät?»
«Gesellschafter? Das ist eine schmeichelhafte Umschreibung!» sagte Esher.
«Tatsache ist», sagte Ponsonby, «daß bei Hof jeder um den Abscheu weiß, den Seine Majestät gegen Brown hegte. Als die alte Königin starb, verfügte er persönlich, daß alles, was nach Brown roch, jedes Erinnerungsstück, jedes Andenken vernichtet werden sollte.»
«Also ist doch wohl klar, daß die Browns an ihm Rache üben. Dort werden Sie den König finden.»
«Mit Verlaub, Lord Esher, der Mann, der den König hat, ist derselbe Mann, der im letzten Jahr MP's umgebracht hat.»
«Ja, ja, Lestrade. Das sagten Sie schon. Doch wo sind Ihre Beweise, Mann?»
«Der Telefonanruf. Der irische Akzent. Einen ebensolchen Anruf erhielt ich in der Nacht, als einer meiner Kollegen im Parlamentsgebäude getötet wurde.»
«Ich erinnere mich daran», sagte Esher. «Hieß er nicht Broadstreet?»
«Ungefähr», sagte Lestrade.
«Was haben Sie vor?» fragte Esher.
«Ein Mütze voll Schlaf zu nehmen.»
«Guter Gott, Mann, das Leben des Königs von England steht auf dem Spiel, und Sie gehen zu Bett!» Esher war puterrot.
«Ich bin vielleicht der einzige, der dieses Leben retten kann, Lord Esher. Und wenn ich mich daran mache, will ich in Hochform sein.»
«Lestrade.» Ponsonby nahm ihn beiseite. «Von dieser Sache darf der Yard nichts erfahren. Wer weiß, wie dieser Wahnsinnige reagiert, wenn es von Polizisten wimmelt. Nicht einmal der Commissioner weiß Bescheid. Und Edward Henry steht völlig im dunklen.»
«Sein üblicher Platz», murmelte Lestrade. «Ich kann mich heute morgen krank melden», sagte er, «aber ich werde einen Mann brauchen. Meinen Sergeanten, Walter Dew.»
«In Ordnung. Aber Sie und er operieren besser von hier aus. Ich

wünsche keine undichte Stelle. Kommen Sie, Esher, wir haben viel zu tun.»
Vierundzwanzig Stunden lang bekam Walter Dew seinen Mund nicht mehr zu. Wie träumend bewegte er sich durch den für «die Herren» reservierten Flügel des Palastes, und neugierige Diener und Speichellecker aller Art und Größe fragten sich, wer wohl diese beiden heimlich tuenden Herren sein mochten. Walter Dew fiel die hoffnungslose Aufgabe zu, die Gästeliste der Krönung zu durchforschen, für den Fall, daß einer der Gäste, der in der vergangenen Nacht mit dem König gespeist hatte, diesen anschließend bei der verwegensten Verschwörung der Geschichte wer weiß wohin geschmuggelt hatte. Was Lestrade zu seiner Unterstützung brauchte, waren tausend Constables und alle Hilfsmittel des Yard, doch aus Gründen der Staatssicherheit, an die ihn Ponsonby fortwährend erinnerte, hatte er statt dessen Sergeant Dew. Dieses glanzvolle Musterbeispiel eines Polizisten der Metropolitan Police brütete über den Namen, die ihm zur Verfügung standen: die Kronprinzen von Rußland, Dänemark, Portugal und Italien, der Prinz von Asturien, Prinz Tsai Chen. Als seine widerwilligen Augen auf den Prinzen Akihito Komatsu, den japanischen Vertreter, fielen, ließ die Erinnerung an sein Abenteuer im *Strand Palace* einen Schauer über seinen Rücken laufen. Als Inspector Lestrade ihn fragte, wen er verdächtige, gab er zur Antwort: «Alle, Chef.» Er weigerte sich, von Menschen etwas Gutes zu glauben, die Namen trugen wie Ras Makunan, Mohammed Ali Pascha oder Said Ali. Als sein Chef ihn fragte, welcher dieser Männer Ralph Childers abgeschlachtet, Hamilcar Waldo vergiftet, Arthur L'Estrange erschossen, Reginald Cobham erstochen, Geoffrey Manners mit Gas getötet und Lord Dymoke und Major Deering mit alten und modernen Lanzen aufgespießt habe, fand Sergeant Dew keine Worte.
Esher und Ponsonby hatten ihre Sache gut gemacht. Beide Häuser des Parlaments nahmen die Nachricht von der akuten Blinddarmentzündung und der auf unbestimmte Zeit verschobenen Krönung mit einer Gelassenheit auf, die für eine Ansammlung von Männern, die von Nimrod Frost wie von Emily Greenbush gleichermaßen verflucht wurde, ungewöhnlich war. Die Telegrafen- und Postämter wurden mit Briefen und Telegrammen überflutet. Geänderte Pläne und Reiserouten. Nichts war so sehr gefragt wie Züge, Yachten,

Linienschiffe und Postschiffe, ganz zu schweigen von Straßenbahnen, Autobussen und Mietskutschen. Die eingeladene große Welt kehrte nach Hause zurück. Niemand jedoch hatte den Arbeitern Bescheid gesagt, und so schlugen sie weiterhin Nägel ein und hängten Fahnen auf, bis die Männer in Blau, vom Wegscheuchen der Mengen bereits erschöpft, sie nach Hause schickten.
Verzweifelte Königliche Küchenchefs rannten hin und her, und der Palast widerhallte von Aufschreien. «Was fange ich mit 2500 Wachteln an?» Lestrade legte Dew die Hand auf den Mund, bevor dieser eine Chance hatte, zu antworten. Am Ende wurde der größte Teil der Speisen in Whitechapel bei den Barmherzigen Schwestern abgeliefert. Lestrade und Dew bekamen jeder ein Hähnchen und eine Flasche überaus kostbaren Weins. Beide verschmähten das schwarze Zeugs, das wie durchgesiebter Hasenkot aussah, und fühlten sich danach erheblich besser.
Der Arzt des Königs kam und ging wie bei einer richtigen Operation, lieferte mit untadeliger Pünktlichkeit Bulletins, worin er sich so unverbindlich wie möglich über den Gesundheitszustand Seiner Majestät ausließ. Dann traf der Brief ein. Er war an Ponsonby adressiert.
Er lautete: «Inzwischen werden Sie Lestrade hinzugezogen haben. Das habe ich erwartet. Er wird Ihnen wirklich nicht von Nutzen sein. Doch kann er eine Aufgabe übernehmen. Er soll eine Million Pfund in gebrauchten Banknoten in einem Koffer Ihrer Wahl morgen um Mitternacht nach Old Wharf, Shadwell, bringen. Er soll allein und unbewaffnet kommen. Sollte eine dieser Forderungen nicht erfüllt werden oder irgend etwas schiefgehen, muß der König sterben. Begreifen Sie, wie schlau ich bin?»
Lestrade begriff. Er kannte Old Wharf aus seiner Jugend, als er bei der City Force gewesen war. Nachdem die neuen Docks erbaut worden waren, gab es nur einen Zugang – einen schmalen Durchgang, wo ein einziger Mann, wenn er wollte, eine Armee aufhalten konnte. Und dahinter erstreckte sich ein labyrinthisches Gewirr von Höfen und Gassen, die entlang und unterhalb der Themse in alle Richtungen verliefen.
«Glauben Sie, daß er den König dort versteckt hat?» fragte ihn Ponsonby.
«Wenn ja, brauchen wir vielleicht Monate, um ihn zu finden.»

Lestrade erreichte Shadwell Stair fünf Minuten vor der Zeit. Wie verlangt, trug er einen verbeulten Koffer und ansonsten nichts außer seinem verläßlichen Schlagring mit dem Schnappmesser. Der Mond schien, und der Fluß lag hell und silbrig unter den ächzenden Planken. Er ließ Ratcliffe Highway hinter sich und gesellte sich zu den Wasserratten, die quietschend auf den verfaulenden Strombrechern und grünen Bohlen umherhuschten. Er jedoch schlich mehr, als daß er huschte, und er beschränkte sein Quietschen auf ein Mindestmaß.

Ein dünner Nebel wogte über dem Fluß. In der Mitte des Stroms sah er einen Lastkahn vor Anker liegen, mit festgezurrten Segeltuchballen beladen. An der Mole ertönte ein Pfiff, ein Signal, das, wie er wußte, von der Hafenpolizei benutzt wurde. Er duckte sich in den Schatten und hielt für eine Weile den Atem an. Zumindest war sein Atem in der warmen Nachtluft nicht sichtbar. Das letzte, was er jetzt brauchen konnte, war irgendein Hornochse von Constable, der ihm mit seinem Diensteifer in die Quere kam. Der Pfiff entfernte sich, Lestrade hörte das plätschernde Wasser und sah kurz ein Boot im Mondlicht. Die Silhouette der Lagerhäuser und Speicher auf der anderen Seite des Flusses sah dunkel und bedrohlich aus. Er drückte sich an die Mauer und bewegte sich langsam auf Old Wharf zu.

«Hallo, Lestrade», erklang eine kalte Stimme in der Wärme der Nacht. Als wolle sie darauf antworten, heulte, eine Meile entfernt, eine Schiffssirene, und von irgendwo, wahrscheinlich von der Isle of Dogs, kam Gebell.

«Wer ist da?» Lestrades Fingerknochen wurden weiß, so fest umklammerte er den Apachendolch in seiner Tasche.

«Kennen Sie meine Stimme nicht wieder, Lestrade?»

«Sherlock Holmes?» fragte der Inspector.

«Es ist lange her», erwiderte die Stimme.

«Wo ist der König?» Lestrade starrte angestrengt in die totale Dunkelheit des Eingangs und bemühte sich verzweifelt, eine Gestalt zu erkennen, die Richtung zu erraten, aus der die Stimme kam.

«Der König ist tot, lang lebe der König», sagte Holmes.

«Warum tun Sie das, Mr. Holmes?» fragte Lestrade. «Oh, ich kann verstehen, warum Sie versuchen, Watson zu töten, vermutlich sogar mich...»

«Sie, Lestrade?» zischte die Stimme. «Sie schmeicheln sich.»

«Dann Bradstreet. Warum haben Sie ihn umgebracht? Weil er all das verkörperte, was Sie nicht sind? Ein guter Detektiv?»
Es gab ein Krachen von Holz. Lestrade erkannte, daß ein Flaschenzug aus schwerem Eisen hinter ihm die Wand zersplittert hatte, so daß plötzlich Steinbrocken und Mörtel auf ihn herunterrieselten.
«Eine meiner vielen Fähigkeiten, Lestrade», fuhr Holmes fort, «besteht darin, daß ich in der Dunkelheit sehen kann. Hat Watson das nicht in einer seiner infantilen Geschichten aufgezeichnet? Ah, ich sehe, Sie haben das Geld bei sich.»
«Es ist alles da.» Lestrade bürstete sich ab, stand währenddessen auf, hielt sich aber außerhalb des Mondlichts.
«Warum haben Sie diese Männer umgebracht? Childers, Waldo, die anderen? Was kümmerten Sie diese Männer?»
«Nichts, Lestrade. Nicht das geringste.»
«Und warum der König?»
«Das ist meine Sache. Ich habe meine Gründe. Aber das ist jetzt vorbei. Erledigt. So wie Sie. Ich habe eine Martini-Henry. Sie zielt auf Ihren Kopf. Ich will, daß Sie den Koffer auf die Mole stellen. Nein, rechts.»
Lestrade überdachte seine Position. Er war noch immer im Dunkeln, der scharfe Schatten des Gebäudes war rechts ein paar Zoll entfernt. Wenn er den Koffer, Holmes' Anweisung folgend, dorthin stellte, befand er sich im Mondlicht wie auf einem Präsentierteller.
«Wird's bald!» bellte die Stimme.
«Los, Sergeant», bluffte Lestrade, «rufen Sie Ihre Leute! Er ist da drin!»
Ein Schuß krachte, während Lestrade sich nach rechts wegrollte. In diesem Augenblick sah er, von wo der Knall kam. Die Kugel streifte seinen Unterarm und er ließ den Koffer fallen, doch der Schwung seiner Rolle hatte ihn zu weit getragen und er überschlug sich an der Molenkante und stürzte klatschend ins Wasser. Er hielt krampfhaft den Mund geschlossen. Er wußte, daß ein paar Schlucke dieses Wassers ebenso tödlich waren wie das Zyankali, das Sherlock Holmes Christian Barrett verabreicht hatte. Er lockerte seine Glieder und trieb an die Oberfläche. Er erblickte den Mond und die Sterne und ließ seine Augen geöffnet.
Als er die Wasseroberfläche durchstieß und das Wasser in seinen

Ohren alle Geräusche erstickte, sah er wie in einem Traum die große, hagere Gestalt im Ulster, die auf die Mole hinausschlenderte. Er sah den Deerstalker und in der einen Hand das schußbereite Gewehr. Sherlock Holmes bückte sich und nahm den Koffer an sich. Lestrade lag reglos und ließ sich von dem stinkenden Wasser überspülen. Er wußte, daß er in dieser Lage hilflos war. Daß ihn der angeblich tote große Detektiv jederzeit mit einem zweiten Schuß erledigen konnte. Ihm blieb nur die Hoffnung, den toten Mann zu spielen, etwas, was Sherlock Holmes elf Jahre lang getan hatte. Er setzte seine Hoffnung auf den Hochmut des Mannes, daß er es nicht würde über sich bringen können, zuzugeben, daß er einen zweiten Schuß brauchte. Er hörte ihn lachen, als er den Inhalt des Koffers überprüfte und sich zum Gehen wandte. Und es war irgend etwas in seinem Gang…

«Sie haben diesem Wahnsinnigen eine Million Pfund gegeben?» Esher wütete, während der Königliche Leibarzt Lestrades Arm verband.
«Es ist bloß ein Kratzer», verkündete der berühmte Mann.
«Hol der Teufel den Kratzer», schrie Esher, «Lestrade, Sie haben den König umgebracht.»
«Das glaube ich nicht, Mylord. Und, das nur nebenbei, ich gab dem Verrückten dreihundertundzwölf Pfund. Der Rest war Papier.»
«Was? Sie verdammter Idiot, Sie haben den Tod des Königs besiegelt!»
«Was soll das heißen, Esher?» Ponsonby kam herein. «Sind Sie scharf auf den Rekord, wie oft man dieselbe Sache auf verschiedene Weise ausdrücken kann?»
«Ponsonby, Sie sind verdammt gleichgültig. Natürlich wissen Sie, daß der König erledigt ist!»
«Das macht drei», sagte Ponsonby. «Erzählen Sie's ihm, Lestrade.»
«Entweder war Seine Majestät tot, bevor der Erpresserbrief geschrieben wurde, oder er ist noch am Leben. So machen es Entführer in der Regel.»
«Aber wenn er entdeckt, daß er getäuscht worden ist?»
«Wir mögen ihn vielleicht einen Verrückten nennen, Lord Esher,

doch eigentlich ist er sehr gerissen. Ihm muß klar sein, daß selbst die Königliche Familie nicht binnen vierundzwanzig Stunden eine Million Pfund in gebrauchten Banknoten zusammenbringen kann, nicht ohne die Bank von England einzuweihen, und in diesem Fall kann man es ebensogut an den Straßenecken verkünden.»

«Was schert er sich um Geheimhaltung?» bellte Esher. «Wenn die Geschichte im ganzen Land ausposaunt wird, warum sollte ihn das stören?»

«Weil er sich an die Zeitungen gewandt hätte, wenn er öffentliche Aufmerksamkeit gewollt hätte. Northcliffe, Liesindad, irgend jemand wäre informiert worden. Wir wissen, daß er solche Kontakte früher schon hergestellt hat.»

«Warum dann...»

«Weil er den König an einem öffentlichen Ort festhält. Oh, nicht mitten im Hyde Park, das versichere ich Ihnen, aber irgendwo, wo er vielleicht entdeckt und erkannt werden kann.»

«Ich verstehe nicht.»

«Schlüpfen Sie einmal in die Rolle des Mannes von der Straße», erklärte Lestrade. «Wenn Sie im Autobus Nummer 37 einen kräftigen älteren Herrn mit einem grauen Bart und Glotzaugen zu Gesicht bekämen, würden Sie ihn für den König halten?»

«Nun, nein, denke ich... Ist der Ort so öffentlich wie ein Bus?»

«Nicht ganz.»

«Sie wissen, wo der König ist, Lestrade, oder?» Ponsonby ging plötzlich ein Licht auf.

«Sagen wir, ich kann es mir denken. Sergeant Dew hat großen detektivischen Spürsinn bewiesen. Dieses Papier...» Er wedelte mit dem Erpresserbrief, «hat ein besonderes Wasserzeichen. Halten Sie es ans Licht, Lord Esher.»

«Welches Wasserzeichen?» Lord Esher konnte nichts Besonderes erkennen.

«Es ist das Wasserzeichen des Papiers, das im Außenministerium verwendet wird.»

«Das Außenministerium? Mein Gott!»

«Könnte das nicht erklären, auf welche Weise der König weggeschafft wurde?» sagte Lestrade. «Nicht bewußtlos, betäubt, gefesselt und geknebelt, sondern aus eigenem Entschluß, weil ihn eine dringende Sache ins Außenministerium rief, die, unmittelbar vor

seiner Krönung, nicht warten konnte? War er erst einmal draußen und in einer bereitgestellten Kutsche, war alles zu spät.»
«Wollen Sie mir erzählen...» begann Esher.
«Gentlemen, mein Arm tut höllisch weh. Ich muß mich ein Stündchen aufs Ohr legen. Vertrauen Sie mir. Dem König wird nichts geschehen, und ich glaube, daß ich weiß, wo er zu finden ist. Darf ich mich jetzt empfehlen?»
Ponsonby und Esher hatten mehr Fragen als Antworten, doch ihnen blieb kaum eine andere Wahl. Sollte das Geheimnis um den König gewahrt und sein Leben sicher bleiben, *mußten* sie sich auf Lestrade verlassen, weil es niemand anderen gab. Während er schlummerte, versuchte Lestrade seinen Arm so locker wie möglich zu halten. Er begann steif zu werden, und was immer der Arzt ihm raten mochte, er konnte es nicht riskieren, daß er ihn nicht mehr benutzen konnte. Es gab viel zuviel zu tun. Abermals trat ihm das geheimnisvolle Tagebuch Ralph Childers' vor die Augen, und er dachte an die Übersetzung des Gelehrten, die Dew vom Yard hergebracht hatte. Über den großen, grauen Gärten des Palastes dämmerte der Morgen herauf, als Lestrade plötzlich begriff. Da war das fehlende Glied. Heftig zog er an der Glocke neben seinem Bett. Augenblicke später stolperte Ponsonby im Nachthemd und eine Nachtmütze auf dem Kopf ins Zimmer, nach der halben Stunde Ruhe, die er sich gegönnt hatte, noch verschlafen.
«Besitzen Sie ein Buch, in dem die privaten Termine des Königs verzeichnet sind. Jagdgesellschaften und so weiter?»
«Gewiß, aber das meiste habe ich im Kopf. Warum?»
«Ich spreche von einem Termin, der jetzt drei Jahre zurückliegt, Dezember 1899. Wo war er?»
Lestrade und Ponsonby eilten in das Büro des Stallmeisters. Gemeinsam öffneten sie Hauptbücher und sahen Papiere durch.
«The Grange!» triumphierte Lestrade. «Ich wußte es! Ralph Childers war ebenfalls dort.»
«Es ist der Landsitz der Dymokes», sagte Ponsonby, dem ebenso wie Lestrade aufging, wie die Teile des Puzzles zusammenpaßten.
«Was sagen Ihnen diese Initialen?» Lestrade deutete auf eine andere entzifferte Seite von Childers' Notizbuch. «Neben dem Grange-Eintrag. Namen von Leuten? Wer sind sie?»

Des Teufels Meisterstück

Ponsonby las laut: «CR, MG, WH, BC...» Er hielt inne. «Das weiß Gott!»

«Wahrscheinlich», sagte Lestrade, «und ich weiß es auch. Was ist mit diesen hier?» Er deutete auf die letzten Initialen auf der Liste.

«HM», las Ponsonby. «Die Majestät! Aber nein, 1899 war der König noch HRH...»

«Genau», sagte Lestrade. «Aber wenn Sie die Initialen herumdrehen, was haben wir dann? CR: Ralph Childers selbst; MG: Geoffrey Manners; WH: Hamilcar Waldo; BC: Christian Barrett. Muß ich weitermachen? Die Namen aller Männer, die in den vergangenen Monaten ermordet wurden.»

«Und HM?» fragte Ponsonby.

«Ach ja», sagte Lestrade. «Es wird mir großes Vergnügen bereiten, diese Initialen selbst herumzudrehen.»

Die Rückkehr des Sherlock Holmes

Außerhalb der Königlichen Familie wußten nur sechs Männer, daß die Geschichte von der Blinddarmentzündung des Königs eine Lüge war. Zwei waren Königliche Vertraute, zwei waren Beamte von Scotland Yard. Einer war der Leibarzt des Königs. Und der sechste war der Entführer selbst.

Und zu ihm waren Lestrade und Dew spät in jener Nacht in einer Droschke unterwegs. Die Uhr schlug zehn, als sie den Diogenes Club erreichten. Das Gebäude war dunkel, und seine imposante Fassade war mit Baugerüsten überzogen.

«Wie ich's mir dachte», nickte Lestrade, «eine sehr passende Zeit für bauliche Veränderungen.»

«Nun, das war's wohl, Sir.» Dew war bereit, in den Palast zurückzukehren. Es kam nicht oft vor, daß ein Sergeant der Metropolitan Police im selben Haus schlief wie ein König. Aber andererseits war der König nicht da, oder?

«Verflucht noch mal», sagte Lestrade und entließ den Kutscher. «Wir werden es mal auf der Rückseite versuchen.»

Die Rückseite war ebenso ausgestorben wie die Vorderseite, doch im Dachgeschoß des Gebäudes brannte ein Licht.

«Schulter, Dew», sagte Lestrade. «Ich würd's ja machen, aber der Arm...»

Der Sergeant war schon einmal hier gewesen. «Ja, Sir, natürlich.» Und er trat auf dem Kopfsteinpflaster des Hofes ein paar Schritte zurück. Er fixierte die Tür im Mondlicht und schritt im Geist die Entfernung ab. Dann holte er ein paarmal tief Luft, senkte den Kopf und stürmte vor. So muß er der Geisha auf den Leib gerückt sein, stellte Lestrade sich vor. In Erwartung des Aufpralls einer Polizistenschulter und des entsprechenden Splitterns von Eichenholz, war alles, was Lestrade hörte, das Klicken eines Riegels und einen Schrei, als sich die Tür gerade in dem Augenblick öffnete, als Dew sie erreichte. Lestrade sah ihn mit halsbrecherischer Geschwindigkeit im dunklen Gang verschwinden und zuckte zusammen, als er das widerhallende Getöse von Kupfer und Aspidistren hörte.

«Kann ich Ihnen helfen, Sir?» Es war der fröhliche Boscombe, in Zeiten wie diesen immer zu einem kleinen Scherz aufgelegt, der die Tür in einem so unpassenden Moment geöffnet hatte.

«Vielleicht», sagte Lestrade und tastete sich an dem Diener und seiner Kerze vorbei, «aber lassen Sie mich zuerst meinem Sergeanten...»

Dew stöhnte und blutete heftig aus einer Kopfwunde, eine Verletzung, die ihm seine Schwiegermutter schon ungezählte Male beigebracht hatte.

«Wie fühlen Sie sich, Walter?» Lestrade half ihm, sich aufzusetzen.

«Bestens, Sir, danke. Ich frage mich gerade, wo Ihr Zwillingsbruder herkommt.»

«Ah.» Lestrade zog ihn zurück, so daß er seinen Kopf an eine Mauer lehnen konnte. «Das ist Sergeant Dew, Boscombe. Kümmern Sie sich um ihn, ja? Warum die Kerze? Gibt es keinen Strom im Club?»

«Der Strom ist abgeschaltet, Sir, wegen der Arbeiter. Darf ich fragen, was Sie herführt?»

«Dürfen Sie, Boscombe», erwiderte Lestrade geheimnisvoll, an Boscombes Kerze eine zweite anzündend, «das dürfen Sie in der Tat. Wenn Dew wieder auf den Beinen ist, wird er Ihnen ein paar Fragen zu stellen haben. Und ich nehme an, daß Sie mitteilsamer sein werden als ich. Oder ist Ihre Drei-Worte-Regel noch in Kraft?»

«Nein, Sir, nicht solange der Club umgebaut wird.»

«Gut», sagte Lestrade und machte sich, mit der Kerze bewaffnet, auf den Weg zur Treppe. «Wer ist da oben?» fragte er.

«Oh, niemand, Sir. Ich bin allein im Haus. Denke ich wenigstens...»

«Wann waren Sie zuletzt im Dachgeschoß?»

«In letzter Zeit nicht, glaube ich. Ich leide an Schwindelanfällen, wissen Sie...»

Endlich wußte Lestrade, warum er so komisch ging.

Boscombe wurde von Dew zurückgehalten, der tapfer versuchte, einen klaren Kopf zu bekommen.

«Also dann, Sir.» Dew fummelte nach seinem Notizbuch und Blei-

stift. «Sie waren hier an dem Abend, als Hamilcar Waldo getötet wurde? Richtig oder falsch?»
«Richtig», sagte Boscombe.
«Und Sie kennen den Burschen, der ihn umgebracht hat. Richtig oder falsch?»
«Falsch, Inspector Dew.» Boscombe wollte korrekt sein.
«Sergeant, Sir, Sergeant Dew», sagte Dew und sackte ohnmächtig vornüber.
Lestrade war erst einmal im Diogenes Club gewesen, und in der Dunkelheit war die Orientierung besonders schwierig. Er kam an der Nische vorbei, in der Hamilcar Waldo lautlos erstochen worden war, durchquerte den Raum, in dem er mit vermeintlichen Zeugen des Mordes gesprochen hatte. Seine Hand glitt über das im Mondlicht glänzende polierte Mahagoni des Geländers. Das Dachfenster tauchte die Treppe in ein geisterhaftes Silber. Alles übrige war dunkel. Lestrade konnte hören, wie sich unten Boscombe um den ohnmächtigen Dew bemühte. Über ihm, wo sich, wie sein Instinkt ihm untrüglich sagte, seine Beute befand, war alles still. Er nahm sich ein Beispiel an Inspector Smellie, dem er im Childers-Fall vor vielen Monaten begegnet war. Er rief sich ins Gedächtnis, an welcher Stelle des Dachgeschosses er das Licht gesehen hatte, und versuchte, sich an den Sternen zu orientieren.
Er fand die Tür ganz oben im Haus, unter der ein Lichtstreif zu sehen war. Hier blätterte die Farbe von den Wänden ab. Die Luft war abgestanden, es roch nach Verfall. Vielleicht sogar nach Tod. Eingedenk des Schiffbruchs, den Dew unten erlitten hatte, versuchte er es mit dem Türgriff. Er gab unter dem Druck seiner Hand nach, und er stieß die Tür auf. Sie krachte in den Angeln, und er schoß geduckt ins Zimmer. Dann kniete er auf nackten Dielenbrettern. Vor ihm ein Tisch, darauf nur ein eiserner Helm und ein Schild, der die drei Federn trug. Doch es war die Gestalt hinter dem Tisch, klar vom Perlmutt des Nachthimmels abgehoben, die seinen Blick fesselte. Der unverkennbare Umriß von Deerstalker und Ulster, der aus der verzierten Meerschaumpfeife gemächlich aufsteigende Rauch.
«Mr. Holmes?» Lestrade schmiegte seine rechte Hand behutsam an die Messingbuckel in seiner Tasche.
Keine Antwort.

Lestrade erhob sich, und das Licht der Kerze tanzte auf den Wänden und der Decke. Die Gestalt hinter dem Tisch erhob sich nicht zugleich mit ihm, wie er erwartet hatte. Er überdachte rasch seine Lage: die Tür zu seiner Linken, noch geöffnet, vor ihm der Tisch und der Stuhl. Wenig Raum für Manöver. Im Schoß konnte er die behandschuhte rechte Hand ausmachen, doch die linke konnte er nicht sehen. Was hielt sie? Eine Pistole, gespannt und auf den Kopf des Inspectors gerichtet? Er kam zu dem Schluß, daß er keine Zeit zu verlieren hatte.
«Haben Sie mir nichts zu sagen, Mr. Holmes, nach all diesen Jahren?» Er schob sich näher an den Tisch heran. «Keine freundliche Begrüßung? Nicht einmal ein Knurren?» Und plötzlich schleuderte er den Helm mit aller Kraft, der sein Arm fähig war, durch den Raum. Irgendwie brannte die Kerze weiter und blieb in seiner Hand, und er sah, wie die Pfeife nach links, der Deerstalker nach rechts flog und der Kopf nach vorn auf den Boden kippte.
Sekundenlang setzte Lestrades Herzschlag aus. Ungläubig blinzelte er auf den im Stuhl zusammengesunkenen Körper, dann ließ er sich wieder auf die Knie nieder und beleuchtete mit der Kerze den Kopf. Das war keine Attrappe. Dort lag ein torfbrauner Schädel mit gähnendem Kiefer und leeren Augenhöhlen. Lestrade fuhr mit den Fingern über die Kleider im Stuhl und spürte ein zerbrechliches Knochengerüst. «Das Gerippe von Sherlock Holmes», sagte er laut. Das war nichts Besonderes. Immerhin hatte er in den letzten fünf Minuten mit sich selbst gesprochen.
Ein plötzlicher Luftzug blies seine Kerze aus. «Verdammt!» Er duckte sich in der Dunkelheit, noch immer den Schädel im Schoß, der einst das große Hirn beherbergt hatte, jene graue Masse, die Watson und Conan Doyle und ungezählte andere so verehrten. Er ging zum Fenster hinüber und blickte über die schlafenden Dächer. Er sah die Silhouette des Parlamentsgebäudes, abgeriegelt, «daß kein Mückenarsch» durchkonnte, und, wenn er ein wenig den Hals reckte, die verborgenen Giebel des Außenministeriums, wo unter Lansdownes Herrschaft noch immer die Lichter glimmten. Hätte er sechs Stockwerke höher gestanden, hätte er wahrscheinlich die runden Bastionen des Yard und den flüchtigen Trost von Curzon Street ausmachen können. Nicht zum erstenmal in seinem Leben fragte er sich, ob er diese Dinge wiedersehen würde nach

heute nacht. Es hat zu viele solcher Nächte gegeben. Er warf einen prüfenden Blick nach unten auf das Pflaster. Er hatte den Raum nur um ein paar Fuß verfehlt. Er zog sich vom Fenster zurück und wagte sich ein weiteres Mal in den kahlen Flur.
Dieses Mal brauchte er sich nicht mit der Kerze zu plagen. Er hatte ohnehin keine Möglichkeit, sie wieder anzuzünden, es sei denn, es hätte sich in der Pfeife des Gerippes etwas Brennbares gefunden. Besser, er verließ sich auf das unberechenbare Spiel des Mondlichts. Er umklammerte wieder seinen Schlagring und ließ das Messer in seiner Tasche aufspringen. Er stieß mit dem Stiefel die Tür auf, betete eine Sekunde zu seinem Gott, und dann warf er sich nach vorn. Der Raum lag im Dunkel, bis auf eine einzige Kerze, die entfernt zu seiner Rechten brannte. Sie erhellte die dickliche Gestalt von Seiner Majestät, Eduard, von Gottes Gnaden, König von England etc. Er war gefesselt, geknebelt und trug eine Binde vor den Augen, doch der königliche Bauch und der pelzbesetzte Mantel schlossen jeden Irrtum aus. Sogar der Homburg saß schief auf seinem Kopf. Aufgeschreckt drehte er sich in die Richtung des Geräusches und brüllte, soweit die straffe Binde es erlaubte.
«Sie kommen spät, Lestrade», sagte eine Stimme, «und wie diskret Sie sich Eingang verschafft haben.»
Lestrade schnellte von der Tür fort. Dort bot er ein allzu deutliches Ziel. In der Ecke, ein wenig vom König entfernt, hatte er vielleicht eine Chance. Dann sah er das Schimmern des Gewehrlaufes, der aus der totalen Dunkelheit hervorragte.
«Das ist ein Martini-Henry-Karabiner», sagte die Stimme, «und er wird Ihnen fast genauso den Kopf von den Schultern blasen, wie Sie es nebenan mit meinem Bruder gemacht haben, nach dem Lärm zu urteilen.»
«Mycroft Holmes», sagte Lestrade so sachlich wie möglich, während er dem Tod ins Gesicht blickte, «ich verhafte Sie wegen Entführung des Königs. Zu den Morden kommen wir später.»
«Später?» fragte Holmes und kicherte. «Ich will nachsichtig sein, Lestrade, und annehmen, Sie wußten, daß ich es war, bevor ich meinen Bruder nebenan erwähnte.»
«Sie hinterließen eine Spur, der ein Blinder folgen konnte.» Lestrade spielte auf Zeit.

«Tatsächlich?» Holmes schien willens, das Spiel mitzumachen. «Zum Beispiel?»
«Zum Beispiel die Todesmeldung von Hamilcar Waldo. Nicht zum erstenmal, daß ein Mörder sein eigenes Verbrechen hinausposaunt hat. Die irische Stimme, die Ihr Bruder O'Merle nach Waldo fragen hörte, war die Ihre – wahrscheinlich als die Rezeption gerade nicht besetzt war, nur daß Ihr Vetter das natürlich nicht wissen konnte.»
«Sehr richtig. Fahren Sie fort.»
Der König kämpfte mit seinen Fesseln. «Maul halten, Majestät», fauchte Holmes. «Ich habe keine Angst, die Liste der Verbrechen, die Lestrade mir vorlegt, um Königsmord zu bereichern. Natürlich vorausgesetzt, daß er das Wort richtig schreiben kann.»
«Dann war da Ihre übertriebene Reaktion auf Watsons Exhumierung der Leiche Ihres Bruders.» Lestrade tastete hinter seinem Rücken nach der Wand. «Natürlich wollten Sie uns nicht dahinterkommen lassen, daß der Mann wirklich tot war, weil Sie mittlerweile eine schlaue Spur gelegt hatten – der Deerstalker, der Ulster – Ihre Ähnlichkeit mit Sherlock Holmes war in der Tat ein entscheidender Faktor. Aber Sie sind vor uns dort gewesen und haben den Sarg mit Steinen gefüllt, nicht wahr? Ich hätte merken müssen, daß sich am Grab jemand zu schaffen gemacht hatte. Doch die Szene, die Sie am Grab gemacht haben, verstehe ich dennoch nicht. Sie war doch überhaupt nicht mehr nötig, nachdem Sie die Leiche entfernt hatten. Vermutlich war's wegen der Familienehre und so weiter, oder?»
«Oh, gewiß.»
Lestrade versuchte den Umriß des Mannes hinter dem Gewehr auszumachen, einen Weg zu finden, sich unter der Kugel wegzuducken, die, wie er wußte, zwangsläufig abgefeuert werden würde. «Weiter: Dann bewiesen Sie Ihre Macht, als Sie dafür sorgten, daß mir der Fall entzogen wurde, dann kamen die Erpresserbriefe auf dem offiziellen Papier des Außenministeriums – sehr unbedacht. Vor allen Dingen spürte ich vielleicht, daß ich nach einem Mann suchte, den im Traum niemand verdächtigt haben würde. Wer konnte einen Kavalleristen mit einer Lanze, einen glänzenden Sportsmann mit einem Ping-Pong-Schläger und einen Streiter des Königs bei einem Turnier besser töten als ein Mann, der für seine

Trägheit bekannt war? Ein Mann, von dem man wußte, daß für ihn der Gang in seinen Club eine zu große Anstrengung war – und seine einzige körperliche Bewegung. Und, natürlich, konnte ein Mitarbeiter des Außenministeriums jede Menge Sonderausweise aus der Tasche ziehen, die es ihm ermöglichten, jegliche polizeiliche Absperrung zu überwinden. Daher die Bombe, die Bradstreet tötete – eine ausgesprochen sinnlose Machtdemonstration, wie ich fand.»
«Ja? War es das?» kicherte Holmes.
Lestrade hörte das Gewehrschloß klicken.
«Sagen Sie mir», sagte er hastig, jetzt verzweifelt bemüht, das nächste Geräusch hinauszuschieben, von dem es hieß, das Opfer höre es nie, «ist es nicht üblich, einem sterbenden Mann einen letzten Wunsch zu gewähren?»
«Oh, jetzt hören Sie aber auf, Lestrade», sagte Holmes aus dem Schatten, «Sie werden doch gewiß keine Zigarette rauchen wollen?»
«Rühr ich nicht an», sagte der Inspector, «aber ich hätte gern Antworten.»
«Schießen Sie los.» Er hörte Holmes vor sich hin kichern.
«Wie gelangten Sie in Ralph Childers' Haus, ohne daß sein Diener es merkte?»
«Ich bezahlte ihn dafür. Ich war Mitglied seines albernen ‹Hell Fire Clubs›. Es amüsierte mich eine Zeitlang, aber es war so prickelnd wie eine Radfahrt ohne Räder. Was Miss Fifi Labedoyere angeht...»
«Und Sie prügelten ihn zu Tode und gingen mit blutgetränkter Kleidung nach Hause?»
«Nein, ich hatte Kleider zum Wechseln mitgebracht. Ich kannte Ralphs Neigungen. In jener Nacht tat ich so, als teile ich sie. Dieses ekelhafte Miststück. Er verdiente, was er bekam. So wie alle anderen.»
Holmes' Stimme schwoll jetzt vor Zorn an. Er schien außer sich zu sein.
«Und Sie waren der Reiter auf dem grauen Pferd bei der Fuchsjagd mit John Deering?»
«Natürlich. Onkel war ein Idiot. Ein geiler alter Bastard, der seine wohlverdiente Strafe bekam. In der Tat hätten seine erotischen Ab-

sichten mir damals beinahe die Suppe versalzen. Ich stand hinter einem Baum bereit, als er sich plötzlich auf die arme Lady Brandling stürzte. Ich mußte warten.»

«Ein Jammer», sagte Lestrade, doch die Gewehrmündung hob sich mißbilligend ob dieser Schnoddrigkeit und Lestrade wechselte das Thema. «Über Hamilcar Waldo weiß ich Bescheid. Ihr Hochmut war so groß, daß Sie mich anrufen mußten, um meine Fähigkeiten als Detektiv auf die Probe zu stellen. Und Sie hatten die perfekten Zeugen – einen Blinden und einen Idioten.»

«Na, na!» Holmes schnalzte mit der Zunge. «Wie kann man nur so von Doctor Watson sprechen! Er mag Sie wirklich, wissen Sie. Ich habe ihm sogar die Ehre erwiesen, mich nach einer seiner Figuren Henry Baskerville zu nennen.»

«Ich nehme an, das ist das Gewehr, mit dem Sie Arthur L'Estrange erschossen?»

«In der Tat. Schade um Arthur. Ich mochte ihn wirklich gern. Ihnen ist natürlich klar, daß *ich* der Lakai war, der Christian Barrett vergiftete?»

«Ich weiß, wie Sie Barrett umbrachten, Holmes», sagte Lestrade. «Ich war nur ein paar Zoll von Ihnen entfernt, Mann. Sie nahmen das Glas von meinem Tablett und hatten keinen Blick für mich. Niemand, noch nicht einmal ein Inspector von Scotland Yard, nimmt Notiz von Lakaien.»

«Das Blausäuregas im Ping-Pong-Schläger war gerissen.» Lestrade versuchte es mit Schmeichelei, um den Finger am Abzug zu beruhigen.

«Ja, nicht wahr? Aumerle war so freundlich, mich in sein Haus in Jermyn Street einzuladen, von wo man das Haus von Geoffrey Manners mit einem Ping-Pong-Ball treffen kann. Sie hätten Geoffreys Gesicht sehen müssen, als ich hereinkam!»

«Warum das japanische Schwert, um Reginald Cobham zu töten?»

«Eine Laune, nicht mehr. Ich sah diese kleinen, gelben Burschen umherlaufen und kam auf die Idee, die Spur durch weitere falsche Hinweise verwirrender zu gestalten. Zum Beispiel durch den Brief aus der Schweiz. In Wirklichkeit schrieb ich ihn in meinem Büro in St. James und verschmierte den Poststempel. Und natürlich der deutsche Maßkrug. Ich dachte, Sie würden womöglich auf der

Stelle losrasen und das gesamte Personal der Kaiserlichen Botschaft verhaften. Es ist ganz sicher, daß Sie Zeit damit verschwendet haben, in diese Sackgassen zu rennen.»
«Und natürlich sind Sie der japanischen Delegation in offizieller Eigenschaft begegnet.»
«Gewiß», sagte Holmes, und sein Lachen war plötzlich schneidend. «Sie bewegen sich nach rechts, Lestrade. Das wird nicht klappen. Wissen Sie, ich werde Sie auf jeden Fall töten. Was spielt es für eine Rolle, wie langsam ich es tue. Wenn Sie sich noch einmal bewegen, zerschieße ich Ihnen die Kniescheibe. Ich habe Zeit, jedes Glied zu treffen und den König zu töten, bevor jemand kommt, um nach der Ursache des Lärms zu forschen. Ich werde natürlich weg sein.»
«Childers war der allererste, der Sie verriet, Holmes. Er führte ein geheimes Tagebuch. Es enthielt die Initialen, in umgekehrter Reihenfolge, aller Opfer. Auch die Ihren. HM. Und eine letzte Frage», stieß Lestrade hervor, denn er sah, wie die Mündung sich wieder hob, und hörte das gequälte Atmen des Königs jetzt fast in seinem Rücken, «die wirklich naheliegende: Warum? Warum diese Männer?»
«Ach ja», sagte Holmes. «Ich dachte mir, daß Sie am Ende danach fragen würden.» Und er schritt vorwärts ins Kerzenlicht.
«Aumerle!» Lestrade taumelte buchstäblich wie unter einem Schlag zurück.
«Jetzt sehen Sie ein, Lestrade, daß die Meinung, die mein verstorbener Vetter von Ihnen hatte, gerechtfertigt war, oder? Sie sind ein Idiot. Es ist wirklich zum Lachen: eigentlich waren Sie auf der richtigen Fährte. Sie suchten in der Tat nach einem Mann, den im Traum niemand verdächtigt hätte. Doch es war nicht ein geschniegelter, selbstgefälliger Tölpel wie Vetter Mycroft. Wer dachte im entferntesten daran, ein blinder Mann könne alle diese Morde begehen? Und ich führte Sie wie ein Lamm zur Schlachtbank, Lestrade. Der blinde Mann führte den Blinden.»
«Das erklärt Mycrofts Verärgerung bei Sherlocks Exhumierung.»
«Natürlich», sagte Holmes, «war sie echt. Er wußte nicht, daß ich die Leiche ein paar Tage vorher entfernt hatte, um Watsons fixer Idee Glaubwürdigkeit zu geben. Ein paar Geistererscheinungen

vor 221 B Baker Street, die sonderbare Verbindung mit jenen Schwachköpfen, die Sherlock seine Irregulären nannte, und das Bild war komplett. Die Kokainspritze hat es bloß noch gerahmt. Sherlock Holmes lebte.»

«Aber können Sie denn sehen?» Lestrade blickte argwöhnisch in die klaren, blauen Augen.

«Besser als Sie, Inspector, also keine Tricks. Ich will das Ende für Sie wirklich nicht in die Länge ziehen. Tut mir leid, daß ich all den Unsinn mit dem Tagebuch des lieben alten Ralph zunichte machen muß. Das umgekehrte HM war genial. Wenn, ja wenn Mycroft Ihr Mann gewesen wäre. Außerdem wären Sie, hätten Sie eingehender nachgeforscht, darauf gekommen, daß Childers, lange bevor die alte Königin starb, HM immer nur Prince of Wales nannte. Das war eine Art privater Spaß zwischen den beiden. Gab es da nicht noch andere Initialen? HA, zum Beispiel?»

«Oh, ja», sagte Lestrade. «Ich konnte damit nichts anfangen. Vermutlich jemand, den Sie sich noch vornehmen müssen.»

Holmes lachte. «Dummkopf!» sagte er barsch. «Bringen Sie euch beim Yard denn nicht das Buchstabieren bei? *Ich* bin HA.»

Lestrade zog es vor, die Verleumdung zu überhören. Er hatte diesen Namen jedenfalls niemals in schriftlicher Form zu Gesicht bekommen. Bei Childers hatte sich kein Hinweis darauf gefunden, daß an Holmes' Anwesenheit in The Grange etwas Besonderes sei. Er fragte sich, was er und der Bursche von der Dechiffrier-Abteilung im Tagebuch sonst noch übersehen hatten.

«Und das Motiv?»

«Ja, das Motiv. Ich glaube, vielleicht hatten Sie die ganze Zeit über recht. Rache, nicht die Rache von Sherlock Holmes, sondern die von Aumerle Holmes. Nachahmung ist mir immer leichtgefallen –» er sprach jetzt im knappen, schroffen Tonfall Mycrofts –, ‹meinen Sie nicht auch, Inspector?› Und dann der große Detektiv – ‹Kommen Sie, Lestrade, ein Drei-Pfeifen-Problem›. So etwas schüttele ich aus dem Ärmel. Ich wußte, daß Watson auf ‹Sherlocks Brief aus der Schweiz› sofort reinfallen würde. Oh, ich war wirklich blind, Inspector.» Er kam näher. «Können Sie sich vorstellen, was das heißt? Totale, unaussprechliche Finsternis? Und diese prächtigen Burschen, diese Stützen der Gesellschaft, trugen die Schuld daran. Es war an einem Wochenende auf einer Jagd. Ich

war auf Urlaub aus Südafrika gekommen. Seine Königliche Hoheit waren anwesend. Der große Fisch höchstselbst. Alle lachten und scherzten. Trinksprüche auf die Konservativen und auf die Unionistische Partei und auf Onkel Deering, der ihr beitreten wollte. Wir waren auf Dymokes Besitz, als es passierte. Ein Spaß unter Männern, sagten sie. Ein bißchen Unfug mit einem Hotchkiss, das Dymoke gekauft hatte. Ich wußte, daß es gefährlich war. Deering hätte es als Soldat besser wissen müssen. Das Ding ging los, mir genau ins Gesicht, als ich versuchte, sie aufzuhalten. Erblindung. Oh, sie waren alle sehr traurig. Überaus traurig!» Er spie verächtlich auf das korpulente Bündel Monarchie an Lestrades Ellenbogen. «Ich verlor mein Augenlicht, das Mädchen, das ich liebte...»
«Mercy Alabaster», sagte Lestrade.
«Sie kennen sie?»
«Ich begegnete ihr auf dem Turnier», sagte er. «Komisch, sie hätte Sie beinahe verraten. Als ich erwähnte, Sie hätten mir erzählt, Ihre Verwundung stamme aus Afrika, sagte sie, da sei ich wohl falsch informiert. Ich hörte nicht hin.»
«Das hätten Sie tun sollen, Lestrade. Nun gut, meine Sehkraft kehrte zurück. Eines Tages, als Blenkinsop nicht da war, fiel ich die Treppe hinunter. Es war ein Wunder. Ein reines, verdammtes Wunder. Irgendwie hatte der Sturz Nerven wieder in Gang gebracht, die durch den Kopfschuß in Mitleidenschaft gezogen worden waren. Und dieses schiere Wunder gab mir meine Chance. Als blinder Mann hätte ich an Rache nicht denken können, aber als Mann, der sehen konnte und den Blinden markierte, war es einfach! Ich kriegte sie alle, Lestrade. Sie und Bradstreet gingen mir auf die Nerven. Also tötete ich ihn in einem Anfall von Verärgerung. Mit Ihnen habe ich nur gespielt. Es amüsierte mich, so wie es mich amüsierte, vor Blenkinsop und der Welt weiterhin den Blinden zu spielen. So wie es mich amüsierte, den Diogenes Club, Mycrofts merkwürdiges Domizil, als Schauplatz für Ihren Tod auszuwählen. Weil Sie jetzt nämlich ebenfalls sterben werden. Wenn der König tot ist, wird meine Rache vollendet sein. Aumerle Holmes wird, nachdem eine angemessene Zeit verstrichen ist, das Land verlassen und irgendwo in der Welt eine neue Identität als Sehender annehmen. Und das genau ist der Grund, warum ich das Lösegeld brauchte. Sie schulden mir was, Lestrade. Aber das ist eine Schuld,

über die ich hinwegsehen werde, weil Sie ja nicht hier sein werden, um sie zu bezahlen.»
Die Mündung hob sich zum letztenmal. Klick. Klick. Lestrades Züge waren zu einem wahnsinnigen Grinsen erstarrt. Holmes lachte schneidend. «Leer», sagte er, «wie unbedacht von mir. Und Londons bester Mann hat hier eine halbe Stunde lang vor einem ungeladenen Gewehr gezittert. Was würde Mr. Henry sagen?»
Lestrade warf sich nach vorn, doch nur um mit der Nase an die Spitze der Rasierklinge von Holmes' weißem Stock zu stoßen.
«Diese Waffe freilich ist geladen», zischte Holmes. «Sie tötete Hamilcar Waldo. Sie sehen, ich war wirklich Kavallerieoffizier, Lestrade. Lumsdens Regiment, erinnern Sie sich? Ich pfeife auf Martini-Henry und Zyankali. Geben Sie mir die reine Poesie einer Klinge. Sie sehen, wie schlau ich bin.» Er drängte Lestrade an die Wand zurück und verfiel in den irischen Tonfall, der Lestrade fast seit Beginn dieses Falles verfolgt hatte: «Leben Sie wohl, Inspector, Liebling.»
Er sprang vor. Die Klinge durchstach Lestrades Kragen, glitt jedoch an einem Knopf ab und zog eine scharlachrote Linie über seinen Nacken. Im selben Augenblick fuhr der Apachendolch durch Lestrades Tasche und grub sich mit einem gräßlichen, dumpfen Geräusch in Holmes' Magengrube. Er verdrehte die Augen und verharrte sekundenlang, von seinem Stockdegen an die Wand gedrückt. Dann riß er sich los und stolperte röchelnd rückwärts. Lestrade fiel gegen den König und versuchte vergeblich, Holmes festzuhalten, als dieser schwer durch das mondhelle Fenster krachte. Alles, was in Lestrades Hand zurückblieb, war ein Fetzen Stoff und die weißgefärbten Linsen, die Holmes sich unter die Augenlider geschoben hatte – die perfekte Tarnung für einen Mann, der im Dunkel sehen konnte.
Er eilte zum Fenster und blickte hinunter. Fünf Stockwerke tiefer lag der sonderbar verkrümmte Körper Holmes' auf dem Pflaster. Boscombe kam bereits herausgelaufen, um nachzusehen, was der Tumult zu bedeuten habe.
«Das ist für Edgar Bradstreet», sagte Lestrade.
Er stillte mit der einen Hand das aus der Wunde am Nacken fließende Blut und begann mit der anderen, den König aufzuschnüren. Seine Majestät keuchte und sog voller Dankbarkeit die kühle

Nachtluft ein. Als er wieder Gefühl in den Händen hatte, umarmte er Lestrade mit aller Macht. Nicht viele Männer konnten sagen, sie seien von einem König umarmt worden. Namentlich von diesem König.
«Harlekin», knurrte der ältere Mann, «ich verdanke Ihnen mein Leben. Was wollen Sie zur Belohnung?»
Lestrade winkte ab. «Die Pflicht jedes Staatsbürgers, Sir», sagte er.
«Lestrade, ich überschreite die Grenzen des Anstandes. Sie haben Ihr Leben riskiert, um das meine zu retten. Und das ist nicht gerade wenig. Aber ich werde Sie noch etwas fragen.»
«Sprechen Sie, Majestät.» Lestrade nahm Haltung an, so gut er es angesichts der betäubenden Schmerzen in seinem Nacken vermochte.
«Haben Sie eine Zigarre?»
Und der Inspector und sein König rauchten zusammen im Schein der Kerze.

«Ich hab's, Sir.» Constable Jones humpelte zu dem bandagierten Inspector hinüber. «Oh, Sie sehen aus, als hätten Sie's auch.»
«Danke, Constable», sagte Lestrade verbissen. «Ich mache hier die Witze.» Er ließ sich dankbar in den durchgesessenen alten Sessel plumpsen. «Nun erzählen Sie mir mal, was Sie haben.»
«König Johann von Böhmen, Sir. Da war etwas mit ihm, woran ich mich nicht erinnern konnte. Endlich ist es mir eingefallen. Der Mann war blind. Hilft das in dem Fall weiter, Sir?»
Lestrade warf Dew einen Blick zu. «Ungeheuer, Constable, ungeheuer.»
Und er blickte auf Dew und auf Plisch und Plum – ein fröhliches, grinsendes Trio von Polizisten. Und er fing an zu lachen.

Der Rest ist Geschichte. Für seine Verdienste bei der Aufklärung dieses Falles wurde Walter Dew zum Chief Inspector befördert. Niemals hatte es im Yard einen so kometenhaften Aufstieg gegeben. Sehr zum Mißfallen von Abberline. Sholto Lestrade wurde Superintendent. Darüber hinaus schuf der König für ihn einen neuen Orden, den Verdienstorden, und Lestrade war der erste, dem das Band überreicht wurde. Der Grund für diese Ehrung wurde nie offenbart. Einer Welt, die sich am Rande eines Abgrundes bewegte, mußte man die Nachricht von der Entführung des Königs vorenthalten. Als Lestrade aus dem Palast zurückkehrte, erwartete ihn ein funkelnagelneuer Lanchester. Er nannte ihn Elsa. Doch alte Gewohnheiten legt man schwer ab. Und bei der Krönung des Königs, als der gebrechliche alte Erzbischof von Canterbury Königin Alexandras Nase mit Heiligem Öl beträufelte, sorgte Superintendent Lestrade für eine Szene, indem er auf Mr. Balfours Pudel trat. Er hatte eben immer noch zwei linke Füße. Ruhm und Beförderung konnten daran nichts ändern.

«Sie sind jetzt sehr beliebt, Sir», sagte der beflissene Verkäufer in Hamleys Spielzeugladen und schwenkte ein Paar Ping-Pong-Schläger.
«Daran habe ich keinen Zweifel», sagte Lestrade, «doch ich glaube, ich habe an so etwas gedacht.»
Er nahm eine hübsche Puppe mit einem Porzellangesicht in die Hand. Ihre Haare hatten die Farbe von Kupfer, und ihre Augen waren leuchtend und klar.
«Für ein kleines Mädchen, Sir?» fragte der Verkäufer, während er die Puppe verpackte.
«Ja, für meine Tochter», sagte Lestrade. «Wir haben einander eine ganze Weile nicht gesehen. Wir werden ein kleines Schwätzchen machen...»

Anmerkungen

Seite 9
«Die Große Königin war tot» – Nach 64 Jahren Regentschaft hatte Königin Viktoria am 22. Januar 1901 um 6 Uhr 30 ihren letzten Atemzug getan.

«auch für Oscar Wilde» – Der war, keine zwei Monate vorher, am 30. November 1900, im französischen Exil und in Armut gestorben.
Der Vater seines Freundes Lord Alfred Douglas (1870–1945), der VIII. Marquess of Queensberry, hatte Wilde als «Sodomiten» bezeichnet. Dieser verklagte den Adligen wegen Verleumdung, doch der Marquess wurde freigesprochen und Wilde und Douglas zu einer zweijährigen Zuchthausstrafe mit schwerer Arbeit verurteilt. Nach seiner Freilassung am 19. Mai 1897 floh Oscar Wilde nach Frankreich und Italien.

Seite 10
«dieses unanständige indische Buch... in Sir Richard Burtons Übersetzung» – Wahrscheinlich lasen die Beamten das *Kama Sutra of Vatsyayana*, das 1883 erstmals auf englisch erschienen war. Sir Richard Burton (1821–1890) war einer der größten Abenteurer seiner Zeit, der u. a. als afghanischer Muslim verkleidet Mekka besuchte oder die Quellen des Nil erforschte. Über seine Expeditionen durch Afrika, den Nahen Osten und Indien schrieb er 43 Bücher; dazu mehr als 30 Bände Übersetzungen, darunter einige sorgfältig edierte und mit Anmerkungen versehene Erotische Texte.

«in der Abteilung ‹H›» – Der Londoner Polizeidistrikt bestand aus 23 Divisionen. Eine davon, die Abteilung ‹H›, war für das East End zuständig, eine der am dichtesten besiedelten Gegenden Londons mit besonders hoher Kriminalitätsrate.

Seite 11
«Nimrod Frost» – Eine erfundene Figur, deren Vorbilder nach einer Aussage von M. J. Trow die Superintendents Frank Froest (1905 Commissioner von Scotland Yard) und James Nimrod Race (in den neunziger Jahren Polizeichef von Liverpool) waren.

«die Chefs des C.I.D.» – Abkürzung für Criminal Investigation Department. Diese Behörde wurde 1878 bei einer Neuorganisierung der Londoner

Anmerkungen — 249

Metropolitan Police gegründet. Ursprünglich residierte die Metropolitan Police in 4 Whitehall Place und mit einem Seiteneingang in Great Scotland Yard – seit dem 13. Jahrhundert stand hier ein Palast, den die Könige und Königinnen Schottlands bei ihren Londoner Aufenthalten bewohnten.
Das C.I.D. umfaßte bald 800 Mitarbeiter. In den neunziger Jahren des 19. Jahrhunderts arbeiteten 3 Chefinspektoren, 20 Inspektoren, 29 Sergeanten «first class», 150 Sergeanten «second class» und zahlreiche Detektivanwärter beim Yard.

«Miss Featherstonehaugh» – sprich: Fanshaw.

Seite 13
«die neue Untergrundbahn wäre schneller gewesen» – Auch wenn der Chronist Sherlock Holmes', Sir Arthur Conan Doyle (1859–1930), es nie erwähnt – im Jahre 1863 war die erste Station jener neuen Untergrundbahn eröffnet worden. Der Bahnhof liegt vis-à-vis 221 B Baker Street. Im übrigen dürfte der Verkehr in London heute nur unwesentlich dichter sein als damals.

Seite 14
«eines hier ziemlich deplazierten Buches von Mrs. Beeton» – Isabella Beeton (1836–1865) hatte in ihrem überaus populären *Household-Management* (1861) dargelegt, wie ein herrschaftliches Haus zu führen ist – allein, warum sollte ein Parlamentsmitglied, das Bedienstete und Küchenpersonal beschäftigt, dieses Buch in seiner Privatbibliothek haben?

Seite 16
«eine Blauflasche» – engl. Bluebottle, so genannt nach der blauen Uniform der Thames Division of Metropolitan Police.

«oben wartet ein Coroner» – (von lat. corona, Krone), ein ursprünglich den König vertretender Beamter, der bei Todesfällen mit nicht eindeutig geklärter Ursache ermittelt, beispielsweise durch eine Leichenschau.

«ein Haus namens ‹Draughts›» – Das amerikanische Wort für ‹Chequers›, d. h. Schachbrett. Chequers heißt auch der Wochenendsitz des britischen Premiers.

Seite 18
«fünf Fuß neun oder zehn» – etwa 1,73 m bis 1,75 m.

Seite 19
«der Diogenes» – Der Diogenes Club in der Pall Mall beherbergte Sherlock Holmes zufolge «die ungeselligsten und clubunfähigsten Männer der Stadt» (so in der Erzählung *Der griechische Dolmetscher* in *Die Memoiren des Sherlock Holmes*, 1894).

«haben sie vom ‹Hell Fire Club› gehört?» – Der ‹Hell Fire Club› war von Sir Francis Dashwood (1708–1781) gegründet worden. Seine Mitglieder frönten in der alten Zisterzienser-Abtei von Medmenham ausgelassenen Orgien. Der Club löste sich auf, nachdem ein Mitglied während einer Schwarzen Messe einen als Satan gekleideten Pavian losließ, worunter die Gesundheit von Lord Oxford litt.

Seite 20
«der kleine in Cleveland Street» – In 19 Cleveland Street war in den späten achtziger Jahren ein Männerbordell, in dem sich Adlige und Offiziere trafen.

Seite 21
»der Grand Old Man» – Der Große Alte Mann der Liberalen war der mehrfache Premierminister William Gladstone (1809–1898).

Seite 22
«Pentonville wird ihnen jede Information entreißen» – Eines der großen und berüchtigten Gefängnisse Londons. Wenige Jahre vor der Handlung war in einem vergleichbaren Gefängnis ein Wärter vom Dienst suspendiert worden, weil er einem inhaftierten Kind Zwieback geschenkt hatte – die Drohung Lestrades ist glaubwürdig.

Seite 23
«Mr. Chamberlain *war* ein Liberaler» – 1885 trennte Joseph Chamberlain (1836–1914) sich von seinem langjährigen Freund Gladstone. Mit einer Gruppe von liberalen Dissidenten, den Liberal Unionists, und in einer Koalition mit den Konservativen dominierte Chamberlain nahezu 20 Jahre die britische Politik; er setzte zahlreiche Sozialreformen durch.

Seite 24
«Karikaturen von Spy» – Unter diesem Pseudonym veröffentlichte Sir Leslie Ward (1851–1922) seine Karikaturen in der Zeitschrift *Vanity Fair*.

Anmerkungen

Seite 25
«daß er mal in einem Himmelbett verführt worden war» – Mehr darüber im ersten Lestrade-Roman *Lestrade und die Struwwelpeter-Morde*.

Seite 26
«mit einer Spur Seven Dials» – Ein Platz in London, von dem aus man sieben Kirchtürme mit sieben Uhren sehen konnte.

Seite 27
«Alfred Austin konnte sich davon eine Scheibe abschneiden» – Wir wissen nicht, ob der Poete Laureate der Königin, der Ehrenwerte Mr. Austin (1835–1913), das in seinen 20 Versbänden getan hat.

Seite 42
«Norman Shaws elegantem Gebäudekomplex» – Das neue Gebäude war 1890 am Embankment, dem Themseufer, fertig geworden, im folgenden Jahr zog New Scotland Yard ein. Norman Shaw hatte das Haus ursprünglich als Oper geplant.

Eine idealisierte Ansicht von New Scotland Yard, 1890

Seite 43
«Dickens und Jones» – Dickins & Jones, ein Kaufhaus auf der Regent Street, Spezialität Haushaltswaren.

«im Fall Terris» – Der Schauspieler Wiliam Lewin (1841–1897) war unter seinem Künstlernamen William Terris zu seiner Zeit sehr populär. Er wurde am Bühneneingang des Adelphi-Theaters am Londoner Strand von dem schottischen Schauspieler Richard Archer erstochen, weil der – tagelang ohne Geld und Nahrung – sich von seinem erfolgreicheren Kollegen verfolgt fühlte. Der Tatort war jahrelang das Ziel von Schaulustigen.

Seite 44
«Athelney Jones' kleiner Junge» – Athelney Jones hatte als Inspector von Scotland Yard den öffentlichen Ruhm für die Lösung des Falles *Das Zeichen der Vier* im September 1888 eingeheimst. Conan Doyle und John Watson schildern ihre Sicht der Dinge in dem Band *Das Zeichen der Vier* 1890. Watson beschreibt Jones so: «Er war bullig, hatte ein rotes Gesicht, das auf hohen Blutdruck hindeutete, und hinter seinen wulstigen, aufgedunsenen Tränensäcken blinzelten mit wachem Blick zwei kleine, funkelnde Äuglein hervor.»

Seite 45
«die stahlharte Gestalt von Harry Bandicoot» – Als Constable hatte Bandicoot im Struwwelpeter-Fall 1891 mit Lestrade zusammengearbeitet.

Seite 53
«Ich bin Rudyard Kipling» – Kipling war in diesem Monat, im April 1901, eben von einer mehrmonatigen Reise aus Südafrika zurückgekehrt, wo er gerne die Wintermonate verbrachte. Seit 1897 lebte er mit seiner Familie in ‹The Elms› (‹Die Ulmen›) in Rottingdean, bevor er 1902 sein endgültiges Heim ‹Bateman's› bei Burwash bezog. In jenen Jahren war Kipling bereits einer der berühmtesten und meistgelesenen Schriftsteller im englischen Sprachraum überhaupt; *Dschungelbuch I* und *II* waren erschienen, der in Rottingdean und Südafrika geschriebene Roman *Kim* war wenige Wochen zuvor publiziert worden.
Die gemeinsamen Abenteuer mit Sholto Lestrade erwähnt Rudyard Kipling (1865–1936) in seinen lakonischen Erinnerungen *Something of Myself* (1937)

Rudyard «Gigger» Kipling,
Lestrades Chauffeur

Anmerkungen

nicht. Doch heißt es im 5. Kapitel über Rottingdean: «Wenn ein Fremder auf dem Dorfanger erschien, streckte ihm die örtliche Jugend die Zungen heraus» – Lestrades Erlebnisse mit den Damen Lawrence scheinen nicht untypisch für die Gegend zu sein.

Seite 58

«von einem gewissen John Watson, Arzt» – Dieser John Hamish Watson ist Lestrade häufig über den Weg gelaufen. Um 1855 war Watson im Süden Englands geboren worden, nach einer Studien- und Bildungsreise durch «drei Kontinente» und der Erlangung des Doktortitels wurde er Armeearzt. Im Zweiten Afghanischen Krieg (1878–1881) wurde Watson in der Schlacht von Maiwand an der Schulter schwer verletzt und kehrte nach England zurück. Im Januar 1881 lernte er Sherlock Holmes kennen, beide teilten seitdem «ein paar hübsche Zimmer» in 221 B, Baker Street.

Im Gefolge von Holmes, der als «beratender Detektiv» arbeitet, erfährt Watson zahlreiche Details über die gerissensten Kriminellen und bemerkenswertesten Verbrechen seiner Zeit. In erzählender Prosa versucht er über einige Erlebnisse zu berichten, doch ist der «arme, alte Watson nicht der beste Schreiber». Die Fakten teilt er seinem Freund, dem Arzt Sir Arthur Conan Doyle (1859–1930) mit, die dieser in Romanen und Erzählungen verarbeitet. Dazu mehr im Nachwort zum ersten Lestrade-Roman *Lestrade und die Struwwelpeter-Morde*.

Dr. John H. Watson,
über einen Fall von Sherlock Holmes nachdenkend

Seite 61
«Mr. Mycroft Holmes ist Gründungsmitglied» – Ein großer und stämmiger Mann, der 1848 geborene ältere Bruder des Detektivs. Mycroft Holmes arbeitet als Regierungsrechnungsprüfer und interministerieller Berater im Regierungsviertel Whitehall und bewohnt ein Appartment in der Pall Mall.

Mycroft Holmes,
Begründer des Diogenes Club

«den Kaiser zu ermorden» – Mehr über dieses Mißverständnis im zweiten Lestrade-Roman *Lestrade und der Tasmanische Wolf*.

Seite 65
«wie es Mrs. Hudson zur Zeit geht» – Die Vermieterin von 221 B Baker Street, eine leidgeprüfte und bewundernswerte Frau, denn – so schreibt Watson über seinen Wohnungsgenossen Holmes –: «Nicht genug damit, daß die Wohnung im ersten Stockwerk ihres Hauses zu allen Tages- und Nachtzeiten von Scharen merkwürdiger und oft auch anrüchiger Gestalten heimgesucht wurde; ihr eigenartiger Mieter führte zudem auch noch einen so exzentrischen und unregelmäßigen Lebenswandel, daß ihre Geduld wohl des öfteren auf eine harte Probe gestellt wurde. Seine unglaubliche Schlampigkeit, seine musikalischen Exzesse zu den seltsamsten Zeiten, seine gelegentlichen Revolverübungen in der Wohnung, seine abstrusen und oft übelriechenden Experimente und schließlich die Atmosphäre von Gewalt und Gefahr, die ihn umgab, dies alles machte ihn zum allerschlimmsten Mieter von ganz London» – in der Erzählung *Der Detektiv auf dem Sterbebett* (in dem Band *Seine Abschiedsvorstellung*, 1917).

Anmerkungen — 255

Seite 70
«Wäre das Inspector Bradstreet» – Ein großer, stämmiger Mann, mit dem Lestrade u. a. in *Lestrade und der Tasmanische Wolf* zu tun hatte. Auch Sherlock Holmes hat in drei Fällen mit Bradstreet Bekanntschaft geschlossen (in *Der Mann mit der entstellten Lippe*, *Der Daumen des Ingenieurs* und in dem Fall *Der blaue Karbunkel*).

Seite 83
«ein eindrucksvolles Begräbnis für den Sohn eines Krämers aus Grantham» – Nach Nimrod Frost hat – als Krämerstochter aus Grantham – wohl nur noch die Ehrenwerte Margaret Thatcher den Ruf des Dörfchens in die Welt getragen.

«wegen der neunzehn Stone» – 1 Stone (= 14 lb) sind 6,35 kg, Lestrades verblichener Vorgesetzter bringt etwa 120 kg in den Sarg.

Seite 87
«Mr. Edward Henry» – Mr. Edward Henry hat die Abteilung für Daktyloskopie bei Scotland Yard aufgebaut. 1901 stellte er ein teilweise auch heute noch gültiges System auf, das die fünf wesentlichen Merkmale von Fingerabdrücken charakterisiert.
Der Polizist (1859–1931) hatte u. a. als Generalinspekteur der Polizei von Bengalen gearbeitet, bevor er 1903 Chef des C.I.D. wurde (bis 1919).

Seite 89
«sind sie mit dem Struwwelpeter-Fall vertraut?» – Die nötigen Informationen finden sich in *Lestrade und die Struwwelpeter-Morde*.

Seite 91
«Dew, der verhinderte Literat» – Es wird noch Jahre dauern, bis Dew seiner Passion nachkommen kann. 1935 veröffentlicht er sein Buch *I caught Crippen*, die Geschichte eines berühmten Kriminalfalles von 1910. Dr. Crippen floh nach dem Mord an seiner Frau auf einem Dampfer über den Atlantik. Zu seiner Festnahme wurde zum ersten Male in der Kriminalgeschichte der drahtlose Funkverkehr vom Festland mit einem Schiff auf hoher See eingesetzt.

Seite 92
«dessen Züge jetzt vielleicht eher dem Rattengesicht entsprachen, das der dubiose Dr. Watson und sein Mitarbeiter Conan Doyle ihm nachgesagt hatten» – In *Eine Studie in Scharlachrot* (1887), dem ersten Sherlock-Holmes-Roman, schreibt Watson: «Es gab da einen kleinen blassen Burschen mit einem Rattengesicht und dunklen Augen, der mir als Mr. (!) Lestrade vorgestellt wurde.»

Seite 98
«ich bin Sir Frederick Ponsonby, Stallmeister Seiner Majestät» – Heutzutage würde man die Funktion von Sir Frederick als die eines Privatsekretäres bezeichnen.
Die Befürchtungen Ponsonbys sind nicht völlig unbegründet. Am 4. April 1900 hatte auf dem Brüsseler Gare du Nord ein Attentat auf Edward Prince of Wales stattgefunden. Der Zug hatte einen längeren Aufenthalt, und der Thronfolger ging auf dem Bahnsteig spazieren. Der Attentäter, nach Auskunft der Nachrichtenagenturen «ein blutjunges, bartloses, gutmütig aussehendes Bürschlein namens Sipido», promenierte ebenfalls auf dem Bahnsteig. Plötzlich zog er eine Pistole und schoß zweimal auf Edward. Der Prinz wurde nicht verletzt. Der Attentäter erklärte: «Ich bin Anarchist.»

«der massiven Gestalt des Königs» – Albert Edward (1841–1910) mußte als ältester Sohn seiner langlebigen Mutter, Queen Viktoria, lange auf die Thronbesteigung warten. In der Zwischenzeit vertrieb er sich die Zeit mit Yachtsegeln, Pferderennen und Birkhuhnjagd. Er galt als Freund der Damen und war zugleich mit seiner Gattin Alexandra der stilbildende Gastgeber seiner Epoche im Londoner Marlborough House und auf seinem Landsitz Sandringham (siehe Anmerkung zu S. 9).
Mit Lestrade traf der Thronfolger mehrfach zusammen; der Sohn von Edward forderte Lestrade gar zum Duell, das für Lestrades Nasenspitze nicht folgenlos blieb (in *Lestrade und die Struwwelpeter-Morde*).

Seite 100
«dreiundneunzig im Brigade-Fall» – Alles darüber in *Lestrade und der Tasmanische Wolf*.

Seite 104
«Lestrade war Rosebery bereits begegnet» – Und zwar während der Arbeit an dem Struwwelpeter-Fall 1891. Archibald Philip Primrose Earl of Rosebery (1847–1929) war von März 1894 bis Juni 1895 Premierminister.

Anmerkungen

Seite 105

«als in jenem Oktober Mary Kelly gefunden wurde» – Der nie entdeckte Mörder ‹Jack the Ripper› hatte im Spätsommer 1888 in Whitechapel im Londoner East End sechs Frauen ermordet (Martha Turner, Annie Chapman, Elizabeth Stride, Catherine Eddows, Mary Anne Nicholls, Mary Kelly). Seinen Beinamen erhielt der Mörder, weil einige der Opfer viehisch verstümmelt waren. Die Theorien über die Identität des Rippers sind Legion. Manche Autoren verdächtigen den Duke of Clarence, den ältesten Sohn des Prince of Wales; ein anderer, William S. Baring-Gould, will einen Inspector von Scotland Yard enttarnt haben.

Seite 107

«auf der Höhe der wissenschaftlichen Entwicklung» – Das ist Chief Superintendent Abberline mit seiner Vorliebe für den Craniographen ganz sicher nicht. Überhaupt bediente sich Scotland Yard in dieser Zeit nicht immer der modernsten Methoden. So wurden Fingerabdrücke zum erstenmal 1905 in einem Fall zum entscheidenden Indiz, obwohl diese Methode seit 12 Jahren zur Verfügung stand.

Seite 112

«wie Paget ihn gewöhnlich zeichnete» – Sidney Paget hat als erster das Bild Sherlock Holmes' in der Öffentlichkeit geprägt. Seine Illustrationen wurden seit März 1891 im *Strand Magazine* gedruckt und trugen wesentlich zur Popularität von Holmes bei. Vermutlich hat ihm sein Bruder Walter Paget Modell gesessen; Sidney Pagets eigene Kopfbedeckung, der Deerstalker – eine Mütze mit einem Schirm vorn und hinten –, wurde zu einem der Markenzeichen des Detektivs.

Seite 113

«Sein Körper wurde am Fuß der Reichenbach-Fälle gefunden» – Hier irrt Lestrade. Zwar stirbt Sherlock Holmes am Nachmittag des 4. Mai 1891 im Kampf mit dem «Napoleon des Verbrechens», mit Professor Moriarty, an diesen Schweizer Wasserfällen. So zumindest weiß es Dr. Watson, und so berichtet er es auch in der Erzählung *Das letzte Problem* (in *Die Memoiren des Sherlock Holmes*, 1894). Doch Holmes hat überlebt und taucht nach Reisen durch Montenegro, Persien, die arabische Halbinsel und Frankreich am 5. April 1894 vor den Augen Watsons wieder auf – so geschildert in der Erzählung *Das leere Haus* (in dem Band *Die Rückkehr des Sherlock Holmes*, 1905).

258 — M. J. Trow

Seite 115
«länger als ich mich erinnern möchte, Mr. Churchill» – Mehr als 8 Jahre liegt die erste Begegnung der beiden Männer zurück (in *Lestrade und der Tasmanische Wolf*). Winston Churchill (1874–1965) hatte als Kriegsberichterstatter am Burenkrieg (1898–1900) teilgenommen, durch seine abenteuerliche Flucht aus burischer Gefangenschaft wurde sein Name landesweit bekannt. Dies half ihm beim Wahlkampf 1900 um sein erstes Unterhausmandat. Im ersten Band seiner Erinnerungen *My Early Life 1874–1908* erwähnt Churchill Lestrade und die Morde an den Abgeordneten mit keinem Wort.

Der junge Winston Churchill, 1900

«hat man Nigel berufen» – In jener Zeit war ‹Nigel› das Synonym für junge arrogante Absolventen der Public Schools, die als Offiziere ohne jegliche Erfahrung in der Armee Karriere machten.

Seite 119
«dies sind Emmeline Pankhurst und ihre Töchter Christabel und Sylvia» – Emmeline Pankhurst (1858–1928) gründete 1889 ‹The Womens Franchise Ligue› (Liga für das Frauenstimmrecht) und trat 1892 der Independent Labour Party bei. Insgesamt achtmal wurde sie verhaftet, u. a. wegen angeblichen Aufruhrs. Trotzdem wurde sie zur maßgeblichen Führerin der Suffragetten; ihre Töchter Christabel (1880–1958) und Sylvia (1882–ca. 1960) unterstützten ihre Mutter.
1919 durften Frauen das erste Mal wählen.

Seite 120
«*non sequitur*» – lat. es wird nicht verfolgt.

Anmerkungen   259

Seite 127
«Hot Toddy» – Vorzügliches Grog-Getränk, in der kalten Jahreszeit zu genießen, etwa aus heißem Wasser, Arrak, Zucker und einer Prise geriebener Muskatnuß oder die Mischung aus heißem Wasser, Myer's Rum, Zitrone und Zucker, bestäubt mit einer Prise gemahlenem Zimt.

Seite 134
«denken Sie an die Sache am Hanover Square» – In einem Haus am Hanover Square im vornehmen Londoner Stadtteil Mayfair war im Jahre 1850 eine Geistererscheinung zu beobachten.

Seite 135
«auf dem Nachhauseweg komme ich durch den Strood-Tunnel» – Die Angst vor dem neuen Verkehrsmittel Eisenbahn führte zu kuriosen Ratschlägen. Um Küsse oder Vergewaltigungen zu vermeiden, falls der Zug einmal in einem Tunnel anhalte, wurde jungen Damen geraten, sich beispielsweise eine Nadel zwischen die Zähne zu stecken.

Seite 137
«Mr. Strachey» – Bekannter wurde Lytton Strachey (1880–1932) eher als Essayist, so für seine ironischen Charakteranalysen in *Eminent Victorians* (1918).

Seite 152
«Mr. Redmond» – John Redmond (1856–1918) war einer der Führer der irischen Nationalisten und jahrzehntelang Abgeordneter im Unterhaus.

Seite 153
«konnte der Ire an jenem Abend im Diogenes Club ebensogut Miss Langtry gewesen sein» – Damals ein beliebter Star der Music-Halls.

«sie tragen immer einen Deerstalker, Mr. Hardie» – James Keir Hardie (1856–1915) war 1892 der erste sozialistische Abgeordnete im Unterhaus. Als Sieben- oder Achtjähriger hatte Hardie begonnen zu arbeiten, mit zehn Jahren arbeitete er untertage; als er arbeitslos wurde, engagierte er sich in der Gewerkschaft.

Seite 154
«Bonar Law» – Im Jahr zuvor hatte Bonar Law (1858–1923) sein erstes Mandat errungen. Später sollte er für ein Jahrzehnt Führer der Konservativen werden und von Oktober 1922 bis Mai 1923 auch Premierminister.

Daß Lestrade im folgenden Bonar Laws Namen immer wieder vergißt, muß mit dessen politischem Schicksal zusammenhängen – schließlich hat Robert Blake seine Biographie Laws *The Unknown Prime Minister* (1955) genannt.

Bonar Law

Seite 156
«Mr. Lloyd George... ich hoffe, ich habe Sie nicht bei etwas unterbrochen» – Nicht wesentlich jedenfalls, David Lloyd George (1863 bis 1945) heiratete später eine Sekretärin. Er galt als großer ‹womanizer› und dominierte als Premierminister 1916 bis 1922 die politische Szene Großbritanniens.

David Lloyd George, Damenfreund und späterer Premierminister

Seite 170
«von Lord Lansdowne persönlich» – Henry Petty-Fitzmaurice, der 5. Marquess of Lansdowne (1845–1927), diente im diplomatischen Dienst u. a. als Gouverneur Kanadas und indischer Vizekönig, bevor er 1900 Außenminister wurde (bis 1906).

Anmerkungen

Seite 173
«erinnern Sie sich an Faschoda?» – Am 18. September 1898 trafen britische Truppen im Fort Faschoda im Sudan auf französische Soldaten. Beide Länder beanspruchten das Gelände; der Konflikt wurde auf diplomatischem Wege beigelegt.

Seite 179
«Cannon Street und Clapham» – Zwei Polizei-Stationen in London.

Seite 180
«William Gillette» – Der amerikanische Schauspieler (1853–1937) wurde ab 1899 zur Inkarnation Sherlock Holmes' auf der Bühne.

Seite 189
«Sie sind dran mit den Bath Olivers» – Damals sehr beliebte Kekse (Digestives), heute nicht mehr erhältlich.

Seite 197
«*Haute monde*» – franz. vornehme Welt.

«‹Wenn ich bedenke, wie mein Licht erlosch›» – Eine Zeile aus John Miltons (1608–1674) *On His Blindness*.

Seite 203
«einen ziemlichen Ruf als *beau sabreur*» – franz. schneidiger Kavallerieoffizier.

Seite 221
«Lord Esher» – Reginald Brett, II. Viscount Esher (1852–1930), erzogen in Eton und am Trinity College in Cambridge, war einer der engsten Vertrauten von Königin Viktoria und Deputy Governor von Windsor Castle.

Seite 224
«die Krönung muß natürlich abgesagt werden» – Die Krönung war ursprünglich für den 26. Juni 1902 vorgesehen. Wegen der erwähnten «Blinddarmentzündung» wurde die Feierlichkeit verschoben. Am 9. August 1902, kurz vor elf Uhr vormittags, verkündeten Kanonenschüsse vom Hyde Park her, daß sich König Edward VII. und Königin Alexandra vom Buckingham Palace auf den Weg zur Westminster Abbey gemacht hatten, um sich dort die Krone aufsetzen zu lassen.

Edward VII und Königin Alexandra, nach der Krönung am 9. August 1902

Ein lyrischer Moment im Leben Sherlock Holmes

Der Morgenrock des Detektivs

oder

Was wissen wir schon über Sherlock Holmes?

Eine Skizze von Thomas Schreiber

Sherlock Holmes *muß* tot sein, denn ein lebender Detektiv hätte dieses peinliche Spiel um seinen Nachlaß niemals geduldet.
Am 25. September 1990 versteigerte die Firma Vennett-Smith im Sherwood Arts Centre von Nottingham einen Morgenrock. Einen alten und verschlissenen Morgenrock, von dem der Auktionator Richard Davie behauptete, das mehr als 100 Jahre alte, wadenlange und hellbraun-karierte Kleidungsstück sei ein «Morgenmantel des weltbekannten Detektivs Sherlock Holmes».
Die Auktionsfirma versteigerte das Kleidungsstück für 1000 £. Über den Vorbesitzer und den Käufer verweigert das Haus jede Auskunft. *

*

Am 6. Januar 1957, an einem Sonntag, starb Sherlock Holmes in der Nähe seines Alterssitzes in den Sussex Downs. Hier hatte er Bienen gezüchtet und am *opus magnum* seiner späten Jahre gearbeitet, einem *Praktischen Handbuch der Bienenzucht, nebst einigen Beobachtungen zur Segregation der Königin.*
Wenn man William Stuart Baring-Gould, dem bedeutendsten Bio-

---

* Falls Sie mehr herausbekommen wollen, die Telefonnummer des Unternehmens lautet 0044 602 83 05 41.

graphen Sherlock Holmes', Glauben schenkt, so hatte Holmes bei seiner Arbeit die besondere Wirksamkeit des *Gelee Royal* erforscht, eines Nährsaftes, mit dem Bienen ihre Larven füttern. Richtig konsumiert konnte *Gelee Royal* auch die menschlichen Alterungsprozesse aufhalten. Holmes hatte auch dieses Experiment, wie so viele andere schon, an sich selbst vollzogen. Das mag erklären, warum er so ein hohes Alter erreichte.

※

Mr. Baring-Gould* datiert die Geburt von Sherlock Holmes auf den 6. Januar 1854. Der jüngste von drei Söhnen kommt auf dem Landgut Mycroft in North Yorkshire zur Welt.
Doch dort bleibt die Familie nicht lange. Der Vater zieht mit seiner Frau und den Kindern nahezu neun Jahre durch Europa; längere Aufenthalte in Pau und Montpellier sind belegt. Sherlock Holmes erhält vermutlich Privatunterricht durch seine Mutter.
Die Erfahrungen dieser Jahre prägen das Kind nachhaltig. Seine Eindrücke vom kontinentalen Europa unterscheiden ihn von seinen Altersgenossen und ihren insularen Erfahrungen. Kinderfreundschaften kann der Junge kaum schließen. Möglicherweise erklärt dies, warum der erwachsene Holmes so gut auf sich zurückgezogen leben kann.
1864 kehrt die Familie nach England zurück. Wegen einer Erkrankung geht Holmes mit seinen Eltern noch einmal nach Südfrankreich. Von 1868 bis 1871 lebt er wieder in Pau, wo er bei dem berühmten Maitre Alphonse Bencin Fechtunterricht erhält. Die ebenfalls hervorragenden Boxkenntnisse verdankt er seinem Vater.
In den Jahren 1872 bis 1877 studiert Holmes in den beiden bedeutenden Universitätsstädten Oxbridge; Baring-Gould glaubt, den

---

* William S. Baring-Gould *Sherlock Holmes. Die Biographie des großen Detektivs aus der Baker Street*. Aus dem Englischen von Anja Hegemann. Herausgegeben von Zeus Weinstein. Stuttgart: Deutsche Verlags Anstalt 1978.
An diesem Werk kommt niemand vorbei, der sich mit der Lebensgeschichte von Sherlock Holmes beschäftigen möchte. Zudem liefert Baring-Gould die wenigen, als gesichert geltenden Kenntnisse über die Frühzeit des Detektivs. Daher beruhen alle zeitlichen Angaben auf den Forschungen Baring-Goulds.

Besuch des Christ Church College Oxford und des Caius College Cambridge nachweisen zu können.

In dieser Zeit, genauer im Spätsommer 1874, löst der junge Mann seinen ersten Fall, im Familienkreis seines Kommilitonen Victor Trevor. Seine Privatpraxis als «beratender Detektiv» beginnt Holmes im Jahre 1877 in London. Doch vor dem Erfolg stehen «Monate der Untätigkeit».

Ebenfalls durch einen früheren Kommilitonen schließt Holmes Bekanntschaft mit der Theaterbühne. Und da er sich der Schauspielerei mit der gleichen Ernsthaftigkeit nähert wie seinen anderen Tätigkeiten, ist Holmes erfolgreich. Vermutlich geht er mit einer Theatergruppe gar auf Tournee in die Vereinigten Staaten. Diese Erfahrung erklärt zumindest die ungeheure Wandlungsfähigkeit des späteren Detektivs, der in zahlreiche Rollen schlüpfen kann, ohne daß ihn selbst sein bester Freund und Begleiter Watson darin zu erkennen vermag.

*

Im Januar 1881 kommt es zu jener Begegnung*, die von so großer Bedeutung für zwei grundverschiedene Charaktere werden wird. Der junge Stamford bringt zwei seiner Bekannten zusammen. Der eine, Holmes, findet keinen, der mit ihm ein paar hübsche Zimmer teilen will, die er aufgetan hat. Der andere, Watson, ist auf der Suche nach einer gemütlichen, aber billigen Wohnung. Die beiden Männer einigen sich und beziehen noch in den Januartagen die geräumigen und luftigen Zimmer in 221 B Baker Street.

Über das Geschehen der folgenden Jahre hat John Hamish Watson, MD beredt Auskunft erteilt. In vier Romanen und 56 Erzählungen berichtet er von einigen Fällen aus der Praxis des «beratenden Detektivs» Sherlock Holmes.

Die ungenauen und mitunter widersprüchlichen Angaben Watsons haben wesentlich zur Mystifikation Holmes' beigetragen. Doch mußte der Autor lebende Personen schützen; die Vorfälle waren den Zeitgenossen durch Presseberichte teilweise geläufig.

---

* Dr. John H. Watson schildert diese Begegnung in seinem ersten Bericht, der in Romanform publizierten *Studie in Scharlachrot* von 1887.

Zugleich darf die Rolle von Sir Arthur Conan Doyle nicht unterschätzt werden. Doyle, ebenfalls Arzt, ging seinem Freund oder Bekannten zur Hand, da der «arme, alte Watson nicht der beste Schreiber» war. Durch seine guten Kontakte zu Verlagen und Redaktionen, insbesondere zum *Strand Magazine*, trägt Doyle zur Popularität von Sherlock Holmes bei.

Allein, Doyle muß sich auf die Informationen Watsons verlassen; daß daraus Mißverständnisse und Ungereimtheiten entstehen, ist nur zu verständlich.

Die Zusammenarbeit der Freunde Holmes und Watson dauert – mit Unterbrechungen – von 1881 bis zum *Letzten Fall* 1914. Mr. Baring-Gould vermutet, daß Dr. Watson in den zwanziger Jahren stirbt. Holmes muß, alleine mit seinen Bienen und seiner Haushälterin, seine letzten Jahre in großer Einsamkeit verbracht haben.

Die Holmes- und Watson-Forscher Michael und Mollie Hardwick sind der Meinung, daß die beiden Freunde unsterblich sind. So bestehe keine eigentliche Notwendigkeit, allzu hartnäckig nach ihren Grabinschriften zu suchen.

Bildnachweis

Das Vorsatz ist mit einem Muster von William Morris (*Weidenzweig*, 1887) bedruckt.
Die Vignette von Inspector Lestrade sowie die Vignette von Sherlock Holmes und Inspector Lestrade zeichnete M. J. Trow.
Die Landkarte basiert auf einer Vorlage aus dem Archiv des Haffmans Verlages Zürich.

Bildnachweis «Lestrade und die Struwwelpeter-Morde»

Seite 232, *A Study in Scarlet*, London: Ward, Lock & Bowden 1891.
Seite 235, Charles Viney, *Sherlock Holmes in London*, London: Phoebe Phillips Editions 1989
Seite 238, Stuart Mason, *Bibliography of Oscar Wilde*, London: T. Werner Laurie 1914
Seite 242, *Struwwelpeter*, London & Glasgow: Blackie & Son o. J.

Bildnachweis «Lestrade und der Tasmanische Wolf»

Seite 241, C. Falls *A Hundred Years of War*, London: Duckworth 1967.
Seite 245, Brehms *Tierleben*. Dritte, gänzlich neubearbeitete Auflage von Prof. Dr. Pecuel-Loesche. Dritter Band *Säugetiere*, Leipzig und Wien: Bibliographisches Institut 1891.
Seite 248, Aus dem Familienarchiv Bentley.
Seite 252, Virginia Cowles *Edward VII. and His Circle*, London: Hamish Hamilton 1956.
Seite 257, The Royal Hussars Museum, Winchester.
Seite 260, Fotografie von Michelle Yvonne, 1989.

Bildnachweis «Lestrade und der Sarg von Sherlock Holmes»

Seite 250, Jerold J. Savary *The Vanity Fair Gallery*, South Brunswick and New York: A.S. Barnes and Company 1979.
Seite 251, Radierung aus *Illustrated London News*, 14. Juni 1890.
Seite 252, Zeichnung von Harry Furniss; National Portrait Gallery, London.
Seite 253, *The Cardboard Box*, *The Strand Magazine*, September 1893.
Seite 254, *The Greek Interpreter*, *The Strand Magazine*, September 1893.
Seite 258, Zeichnung von Spy, *Vanity Fair*, 27. September 1900.

Seite 260 oben, Zeichnung von Spy, *Vanity Fair*, 2. März 1905.
Seite 260 unten, Sir Sidney Lee, *Eduard VII.*, Dresden, Paul Aretz Verlag 1928.
Seite 261, Virginia Cowles *Edward VII. and His Circle*, London: Hamish Hamilton 1956.
Seite 262, *The Naval Treaty*, *The Strand Magazine*, Oktober/November 1893.

Alle Zitate aus Sherlock-Holmes-Geschichten sind der neunbändigen Edition sämtlicher Sherlock-Holmes-Romane und -Erzählungen Sir Arthur Conan Doyles im Haffmans Verlag Zürich entnommen. Die Redaktion dankt den Mitarbeitern des Haffmans Verlages für die bereitwillige Unterstützung.